U0720211

【传世经典 文白对照】

资治通鉴

十五

唐纪

〔宋〕司马光 编撰

沈志华 张宏儒 主编

中華書局

目录

卷第二百三十七　唐纪五十三

起丙戌(806)尽己丑(809)六月凡三年有奇

宪宗昭文章武大圣至神孝皇帝上之上

元和元年(丙戌,806)

1　春,正月丙寅朔,上帅群臣诣兴庆宫上上皇尊号。

2　丁卯,赦天下,改元。

3　辛未,以鄂岳观察使韩皋为奉义节度使。癸酉,以奉义留后伊宥为安州刺史兼安州留后。宥,慎之子也。壬午,加成德节度使王士真同平章事。

4　甲申,上皇崩于兴庆宫。

5　刘辟既得旌节,志益骄,求兼领三川,上不许。辟遂发兵围东川节度使李康于梓州,欲以同幕卢文若为东川节度使。推官莆田林蕴力谏辟举兵,辟怒,械系于狱,引出,将斩之,阴戒行刑者使不杀,但数砺刃于其颈,欲使屈服而赦之。蕴叱之曰:“竖子,当斩即斩,我颈岂汝砥石邪!”辟顾左右曰:“真忠烈之士也!”乃黜为唐昌尉。

上欲讨辟而重于用兵,公卿议者亦以为蜀险固难取,杜黄裳独曰:“辟狂戆书生,取之如拾芥耳!臣知神策军使高崇文勇略可用,愿陛下专以军事委之,勿置监军,辟必可擒。”上从之。翰林学士李吉甫亦劝上讨蜀,上由是器之。

宪宗昭文章武大圣至神孝皇帝上之上

唐宪宗元和元年(丙戌,公元806年)

1 春季,正月丙寅朔(初一),宪宗率领群臣来到兴庆宫,向太上皇进献尊号。

2 丁卯(初二),宪宗大赦天下罪囚,改年号。

3 辛未(初六),宪宗任命鄂岳观察使韩皋为奉义节度使。癸酉(初八),任命奉义留后伊宥为安州刺史兼安州留后。伊宥是伊慎的儿子。壬午(十七日),加封成德节度使王士真为同平章事。

4 甲申(十九日),太上皇在兴庆宫驾崩。

5 刘辟得到节度使的任命以后,愈发心志骄矜,又要求兼管整个三川,宪宗不肯答应。于是,刘辟派兵在梓州围困东川节度使李康,打算让本幕府的卢文若担任东川节度使。推官莆田人林蕴极力规劝刘辟不要起兵,刘辟大怒,给林蕴加上枷锁,投入监牢,后来又将他拖出来,做出将要杀他的样子,却又暗中告诫执行刑罚的人不要杀死他,只在他的脖子上用刀刃磨上几下,打算使他屈服,然后赦免他。林蕴呵斥执行刑罚的人说:"小子,要杀就杀,我的脖子难道是你的磨刀石吗!"刘辟回头对着周围的人们说:"林蕴真是一位忠烈之士啊!"于是,刘辟将林蕴贬为唐昌县尉。

宪宗打算讨伐刘辟,但是又不愿意轻易开启战端,公卿中议论此事的人们也认为蜀地险要坚固,难以攻取,唯独杜黄裳说:"刘辟是一个心气狂傲但又戆直无谋的书生,征服他就如同拾取芥子一般容易!据我了解,神策军使高崇文有勇有谋,堪当此任,希望陛下将军中事务交托给他,不要设置监军,刘辟肯定能够就擒。"宪宗听从了他的建议。翰林学士李吉甫也规劝宪宗讨伐蜀中,宪宗由此便器重他了。

戊子，命左神策行营节度使高崇文将步骑五千为前军，神策京西行营兵马使李元奕将步骑二千为次军，与山南西道节度使严砺同讨阚。时宿将名位素重者甚众，皆自谓当征蜀之选，及诏用崇文，皆大惊。

上与杜黄裳论及藩镇，黄裳曰："德宗自经忧患，务为姑息，不生除节帅，有物故者，先遣中使察军情所与则授之。中使或私受大将赂，归而誉之，即降旄钺，未尝有出朝廷之意者。陛下必欲振举纲纪，宜稍以法度裁制藩镇，则天下可得而理也。"上深以为然，于是始用兵讨蜀，以至威行两河，皆黄裳启之也。

高崇文屯长武城，练卒五千，常如寇至，卯时受诏，辰时即行，器械糗粮，一无所阙。甲午，崇文出斜谷，李元奕出骆谷，同趣梓州。崇文军至兴元，军士有食于逆旅，折人匕箸者，崇文斩之以徇。

刘阚陷梓州，执李康。二月，严砺拔剑州，斩其刺史文德昭。

6　奚王诲落可入朝。丁酉，以诲落可为饶乐郡王，遣归。

7　癸丑，加魏博节度使田季安同平章事。

8　戊午，上与宰相论"自古帝王，或勤劳庶政，或端拱无为，互有得失，何为而可？"杜黄裳对曰："王者上承天地宗庙，下抚百姓四夷，夙夜忧勤，固不可自暇自逸。然上下有分，

戊子(二十三日),宪宗命令左神策行营节度使高崇文率领步、骑兵五千人担当前军,命令神策京西行营兵马使李元奕率领步、骑兵两千人担当后军,与山南西道节度使严砺共同讨伐刘闢。当时,名声与地位平素便为人们推重的老将很多,都自认为自己应当是征讨蜀中的人选,及至宪宗颁诏起用了高崇文,都感到非常惊讶。

宪宗与杜黄裳谈论到藩镇问题的时候,杜黄裳说:"德宗自从经过朱泚作乱的忧患以后,总是无原则地宽容藩镇的行为,不肯在节度使生前免除他们的职务,有节度使故去,他就先派遣中使探察军中人心归向的人物,而将节度使授给其人。有时中使私自收受大将的贿赂,回朝称誉其人,德宗便立即将该人除授为节度使,对节度使的任命就不曾有过出自朝廷本意的例子。如果陛下准备振兴法纪,应当逐渐按照法令制度削弱和约束藩镇,这样天下便能够得到治理了。"宪宗认为很对,于是开始调兵遣将,征讨蜀中,终于使朝廷的威严遍及河南、河北一带,这都是由杜黄裳的建议发端的。

高崇文在长武城驻扎的时候,训练了五千士兵,经常保持着战备状态,他在卯时接受诏命,到辰时便已启程,军中的器械装备与制成的干粮,没有一样是缺少的。甲午(二十九日),高崇文由斜谷出兵,李元奕由骆谷出兵,共同奔赴梓州。高崇文军来到兴元的时候,将士们途中在客舍进餐,有人把主人的筷子折断了,高崇文便将此人斩首示众。

刘闢攻陷梓州,捉住了李康。二月,严砺攻克剑州,将剑州刺史文德昭斩杀。

6 奚王诲落可入京朝见。丁酉(初三),宪宗将诲落可封为饶乐郡王,遣送他返回。

7 癸丑(十九日),宪宗加封魏博节度使田季安为同平章事。

8 戊午(二十四日),宪宗与宰相谈论道:"自古以来,有些帝王为各项政务勤勉地操劳,有些帝王却端身拱手,清静无为,他们各自都有成功的地方,也有失败的地方,怎么做才是最适当的呢?"杜黄裳回答说:"帝王对上面承受着天地与国家赋予的使命,对下面负有安抚百姓与周边民族和邦国的重任,朝夕忧心劳苦,固然不能够自图清闲,自求安逸。然而,君主与臣下是各有职分的,

纪纲有叙。苟慎选天下贤材而委任之，有功则赏，有罪则刑，选用以公，赏刑以信，则谁不尽力，何求不获哉！明主劳于求人而逸于任人，此虞舜所以能无为而治者也。至于狱市烦细之事，各有司存，非人主所宜亲也。昔秦始皇以衡石程书，魏明帝自按行尚书事，隋文帝卫士传餐，皆无补于当时，取讥于后来，其耳目形神非不勤且劳也，所务非其道也。夫人主患不推诚，人臣患不竭忠。苟上疑其下，下欺其上，将以求理，不亦难乎！”上深然其言。

9　三月丙寅，以神策行营京西节度使范希朝为右金吾大将军。

10　高崇文引兵自阆州趣梓州，刘辟将邢泚引兵遁去，崇文入屯梓州。辟归李康于崇文以求自雪，崇文以康败军失守，斩之。丙子，严砺奏克梓州。丁丑，制削夺刘辟官爵。

11　初，韩全义入朝，以其甥杨惠琳知夏绥留后。杜黄裳以全义出征无功，骄蹇不逊，直令致仕，以右骁卫将军李演为夏绥节度使。惠琳勒兵拒之，表称“将士逼臣为节度使”。河东节度使严绶表请讨之，诏河东、天德军合击惠琳，绶遣牙将阿跌光进及弟光颜将兵赴之。光进本出河曲步落稽，兄弟在河东军，皆以勇敢闻。辛巳，夏州兵马使张承金斩惠琳，传首京师。

国家的法度是有一定的程序的。如果能够慎重地选拔天下的贤才，并且将重任托付给他们，当他们立功的时候便予以奖赏，当他们犯罪的时候便处以刑罚，选拔与任用出以公心，奖赏与惩罚不失信用，那还会有什么人不肯竭尽全力为朝廷办事呢，朝廷还会有什么寻求的目标不能实现呢！贤明的君主在寻求人才的时候是辛劳的，而在任用人才以后却是安逸的，这便是虞舜能够清静无为而使政治修明的原因啊。至于诉讼与交易等烦琐细小的事情，有各有关部门存在，不是君主所应该躬亲过问的。过去，秦始皇用衡器称取所阅疏表奏章，魏明帝亲自到尚书台按验发行文书，隋文帝议事早晚不息，侍卫人员只好互传食物充饥，对当世全无补益，却反被后人讥笑。他们的双耳与双眼、身体与心志并非不勤劳而辛苦，但是他们致力的事情，并不合乎事理啊！一般说来，君主最忌不能推心置腹，臣下最忌不能竭尽忠心。如果君子怀疑他的臣下，臣下诓骗他们的君主，将要以这种局面来寻求政治修明，不是很困难吗？”宪宗认为他的话极为正确。

9　三月丙寅（初二），宪宗任命神策行营京西节度使范希朝为右金吾大将军。

10　高崇文领兵由阆州奔赴梓州，刘辟的将领邢泚领兵逃走，高崇文进入梓州，屯扎下来。刘辟为了洗刷自己的罪责，将李康交还给高崇文，高崇文因李康打了败仗，失去梓州，便将他斩杀了。丙子（十二日），严砺奏称攻克梓州。丁丑（十三日），宪宗颁布制书革除刘辟的官职爵位。

11　当初，韩全义入京朝见，德宗皇帝任命他的外甥杨惠琳代理夏绥留后事务。杜黄裳认为韩全义出兵征讨吴少诚全无建树，态度傲慢，有失恭顺，便索性让他辞官归居，而任命右骁卫将军李演为夏绥节度使。杨惠琳率领兵马阻止李演上任，上表奏称：“将士们逼迫我出任节度使。”河东节度使严绶上表奏请讨伐杨惠琳，宪宗颁诏命令河东、天德军合兵进击杨惠琳，严绶派遣牙将阿跌光进与他的弟弟阿跌光颜带领兵马前去进击杨惠琳。阿跌光进本来是河曲步落稽人氏，他们兄弟二人在河东军中，都以勇敢著称。辛巳（十七日），夏州兵马使张承金斩杀杨惠琳，将他的头颅传送京城。

12　东川节度使韦丹至汉中，表言“高崇文客军远斗，无所资，若与梓州，缀其士心，必能有功”。夏，四月丁酉，以崇文为东川节度副使、知节度事。

13　潘孟阳所至，专事游晏，从仆三百人，多纳贿赂。上闻之，甲辰，以孟阳为大理卿，罢其度支、盐铁转运副使。

14　丙午，策试制举之士，于是校书郎元稹、监察御史独孤郁、校书郎下邽白居易、前进士萧俛、沈传师出焉。郁，及之子；俛，华之孙；传师，既济之子也。

15　杜佑请解财赋之职，仍举兵部侍郎、度支使、盐铁转运副使李巽自代。丁未，加佑司徒，罢其盐铁转运使，以巽为度支、盐铁转运使。自刘晏之后，居财赋之职者，莫能继之。巽掌使一年，征课所入，类晏之多，明年过之，又一年加一百八十万缗。

16　戊申，加陇右经略使、秦州刺史刘澭保义军节度使。

17　辛酉，以元稹为左拾遗，白居易为盩厔尉、集贤校理，萧俛为右拾遗，沈传师为校书郎。

稹上疏论谏职，以为：“昔太宗以王珪、魏徵为谏官，宴游寝食未尝不在左右，又命三品以上入议大政，必遣谏官一人随之，以参得失，故天下大理。今之谏官，大不得豫召见，次不得参时政，排行就列，朝谒而已。近年以来，正牙不奏事，庶官罢巡对，谏官能举职者，独诰命有不便则上封事耳。君臣之际，讽谕于未形，筹画于至密，尚不能回至尊之盛意，况于既行之诰令，

12　东川节度使韦丹来到汉中以后，上表声称："高崇文率领外来的军队长途征战，没有任何凭依，如果将梓州归属于他，借以维系部下的心愿，肯定能够使他获得成功。"夏季，四月丁酉（初四），宪宗任命高崇文为东川节度副使，知节度使事。

13　潘孟阳每到一个地方，专门以游玩娱乐为务，随从仆人有三百人，还接受了大量的贿赂。宪宗闻知此事以后，甲辰（十一日），任命潘孟阳为大理卿，免除了他度支副使和盐铁转运副使的职务。

14　丙午（十三日），宪宗亲自在大殿对应诏赴试的士子举行考试，在这场考试中，校书郎元稹、监察御史独孤郁、校书郎下邽人白居易、前进士萧俛、沈传师都崭露头角。独孤郁是独孤及的儿子，萧俛是萧华的孙子，沈传师是沈既济的儿子。

15　杜佑请求解除自己管理资财赋税方面的职务，还推举兵部侍郎、度支使、盐铁转运副使李巽来替代自己。丁未（十四日），宪宗加封杜佑为司徒，免除了他盐铁转运使的职务，任命李巽为度支使和盐铁转运使。自刘晏以后，担任财物赋税管理职务的人们都赶不上他。李巽掌管使职一年，征收赋税的收入，便像刘晏时那样多了，第二年又超过了刘晏，再过一年，又较刘晏时增加了一百八十万缗。

16　戊申（十五日），宪宗加封陇右经略使、秦州刺史刘澭为保义军节度使。

17　辛酉（二十八日），任命元稹为左拾遗，任命白居易为盩厔县尉、集贤校理，任命萧俛为右拾遗，任命沈传师为校书郎。

元稹上书谈论谏官的职任，他认为："过去，太宗任命王珪与魏徵为谏官，自己无论宴饮游玩，还是寝息就餐，没有一时不让他们跟随在身边，还命令在三品以上官员入朝计议重大政务的时候，一定要派遣一位谏官跟随，以便检验各种议论的优劣，所以当时天下政治修明。现在的谏官，首先不能得到圣上的召见，其次不能参究当前的政治措施，只是跻身于朝班的行列之中，按时上朝拜见圣上罢了。近些年来，免除正殿奏事，停止百官轮流奏事，谏官能够奉行的职责，只有在诏诰命令不尽合宜的时候，献上一本皂囊封缄的奏章而已。君臣际会，即使在事情发生以前便委婉规劝，进行极为周密的谋划，尚且难以回转圣上的盛意，何况诏诰命令已经颁行，

已命之除授，而欲以咫尺之书收丝纶之诏，诚亦难矣。愿陛下时于延英召对，使尽所怀，岂可置于其位而屏弃疏贱之哉！”

顷之，复上疏，以为：“理乱之始，必有萌象。开直言，广视听，理之萌也。甘谄谀，蔽近习，乱之象也。自古人君即位之初，必有敢言之士，人君苟受而赏之，则君子乐行其道，小人亦贪得其利，不为回邪矣。如是，则上下之志通，幽远之情达，欲无理得乎！苟拒而罪之，则君子卷怀括囊以保其身，小人阿意迎合以窃其位矣。如是，则十步之事，皆可欺也，欲无乱得乎！昔太宗初即政，孙伏伽以小事谏，太宗喜，厚赏之。故当是时，言事者惟患不深切，未尝以触忌讳为忧也。太宗岂好逆意而恶从欲哉？诚以顺适之快小，而危亡之祸大故也。陛下践阼，今以周岁，未闻有受伏伽之赏者。臣等备位谏列，旷日弥年，不得召见，每就列位，屏气鞠躬，不敢仰视，又安暇议得失，献可否哉！供奉官尚尔，况疏远之臣乎！此盖群下因循之罪也。”因条奏请次对百官、复正牙奏事、禁非时贡献等十事。

稹又以贞元中王伾、王叔文以伎术得幸东宫，永贞之际几乱天下，上书劝上早择修正之士使辅导诸子，以为：“太宗自为藩王，与文学清修之士十八人居。后代太子、诸王，虽有僚属，日益疏贱，

对官员的任命已经发布，要想凭着谏官进呈一纸章奏收回圣上的诏书，实在也是够困难的了。希望陛下经常在延英殿召见谏官奏对，让他们把意见都讲出来，怎么能够将他们安置在谏官的职位上，但又对他们弃置不顾，并且疏远贱视呢！”

不久，元稹再次上疏，他认为：“在政治修明与祸乱危亡的初期，肯定是有萌芽和迹象的。开通直言进谏的道路，拓宽接受意见的范围，这是政治修明的萌芽。喜欢阿谀逢迎，被自己亲幸的人们蒙蔽，这是祸乱危亡的迹象。自古以来，在君主即位的初期，肯定会有敢于直言切谏的人士，如果人君接受这些人士的意见，从而奖赏他们，君子便愿意奉行他们的理想，小人也贪图其中的利益，不做奸邪的事情了。如果能够做到这些，那么上下之志相通，幽深辽远之情畅达，即使不打算政治修明，能够办得到吗！如果君主抵制直言切谏的人士，从而惩罚他们，君子便会藏身隐退，缄口不言，但求明哲保身了，小人便会曲意迎合，从而窃居君子的地位了。像这个样子，要办的事情就是近在十步以内，也完全有可能做出欺上罔下的勾当来，即使不打算招致祸乱危亡，能够办得到吗！过去，太宗刚刚执掌政权的时候，孙伏伽就一件小事进谏，太宗大喜，重重地奖赏了他。所以在这一段时间里，谈论政事的人们惟恐自己讲得不够深挚切实，从来不曾有人担心触犯忌讳。难道是太宗喜欢让人违背自己的意志而厌恶人们顺从自己的愿望吗？这诚然因为顺心适意的快乐太渺小，而国家危亡的祸殃太重大的原故。自从陛下登基以来，至今已满一年，没听说过有人受到孙伏伽那样的奖赏。我等在谏官行列中聊以充数，空费时日，不能够得到陛下的召见，每当站进朝班的行列位次之中，屏住呼吸，曲身行礼，连抬头看上一眼都没有胆量，又怎么会顾得上议论得失，诤言进谏呢！在皇帝周围供职的官员尚且如此，何况其他职位疏远的臣下呢！这恐怕是群臣因袭故习的原故吧。”于是，他逐条上奏，请求实行依次召对百官、恢复正殿奏事、禁止不合时令地进献贡物等十件事情。

元稹还认为，贞元年间王伾、王叔文靠着擅长方伎小术得到太子的宠爱，到永贞年间几乎使天下大乱，于是上书劝宪宗及早选拔善良正派的人士，辅佐诱导各位皇子，他认为：“自从太宗当了藩王以后，便与十八位博学能文、操行洁美的人士相处。虽然后世的太子与诸王仍有所属的官吏，但是他们的地位越来越遭受疏远与轻贱，

至于师傅之官，非眊聩废疾不任事者，则休戎罢帅不知书者为之。其友谕赞议之徒，尤为冗散之甚，缙绅皆耻由之。就使时得僻老儒生，越月逾时，仅获一见，又何暇傅之德义，纳之法度哉！夫以匹士爱其子，犹知求明哲之师而教之，况万乘之嗣，系四海之命乎！”上颇嘉纳其言，时召见之。

18　壬戌，邵王约薨。

19　五月丙子，以横海留后程执恭为节度使。

20　庚辰，尚书左丞、同平章事郑馀庆罢为太子宾客。

21　辛卯，尊太上皇后为皇太后。

22　刘辟城鹿头关，连八栅，屯兵万馀人以拒高崇文。六月丁酉，崇文击败之。辟置栅于关东万胜堆。戊戌，崇文遣骁将范阳高霞寓攻夺之，下瞰关城。凡八战皆捷。

23　加卢龙节度使刘济兼侍中。己亥，加平卢节度使李师古兼侍中。

24　庚子，高崇文破刘辟于德阳。癸卯，又破之于汉州。严砺遣其将严秦破辟众万馀人于绵州石碑谷。

25　初，李师古有异母弟曰师道，常疏斥在外，不免贫窭。师古私谓所亲曰：“吾非不友于师道也，吾年十五拥节旄，自恨不知稼穑之艰难。况师道复减吾数岁，吾欲使之知衣食之所自来，且以州县之务付之，计诸公必不察也。”及师古疾笃，

至于太师、少师、太傅、少傅一类官员，不是由眼昏耳聋、身体残废、不能办事的人物担承，就是让战事完结以后免去节帅职务而又不懂诗书的人物出任。尤其王府那些友、司议郎、谕德、赞善大夫等官员，更是闲散之职，士大夫都以担当过这类官员为耻辱。即使有时能够得到一些孤陋寡闻，年纪老迈的儒生，也是历时数月，仅仅获得一次与太子、诸王见面的机会，又哪里有闲暇为他们辅导仁德道义，使他们深明法令制度呢！一般说来，就连地位低贱的人们，为了疼爱自己的子女，还知道去寻找明达事理的老师来教诲自己的子女，何况太子、诸王都是帝王的后嗣，关系着国家的命运呢！”宪宗对他的话很是赞许，颇多采纳，还时常要召见他。

18　壬戌（二十九日），邵王李约故去。

19　五月丙子（十三日），宪宗任命横海留后程执恭为该军节度使。

20　庚辰（十七日），尚书左丞、同平章事郑馀庆被降职为太子宾客。

21　辛卯（二十八日），尊奉太上皇的皇后为皇太后。

22　刘闢修筑鹿头关，连结八座栅垒，屯聚兵马一万多人，以便抵御高崇文。六月丁酉（初五），高崇文打败了刘闢。刘闢又在鹿头关东面的万胜堆设置栅垒。戊戌（初六），高崇文派遣骁将范阳人高霞寓前去攻取了万胜堆，由此可以俯视鹿头关全城。共计经过八次交战，高霞寓全都获胜。

23　宪宗加封卢龙节度使刘济兼任侍中。己亥（初七），加封平卢节度使李师古兼任侍中。

24　庚子（初八），高崇文在德阳打败刘闢。癸卯（十一日），高崇文在汉州再败刘闢。严砺派遣他的将领严秦在绵州的石碑谷打败刘闢的部众一万多人。

25　当初，李师古有一个异母兄弟，名叫李师道，经常遭受冷落，被斥逐在外地，不免贫困。李师古私下里告诉亲近的人们说：“并不是我不肯与李师道友好，我十五岁的时候担任节度使，为自己不懂得耕种与收获的艰难而遗憾。况且李师道又比我小了几岁，我想让他了解吃穿供给是从哪里来的，准备把治理州县的事务交付给他，想来诸位肯定还没有看出来吧。”及至李师古病情危笃的时候，

师道时知密州事，好画及觱篥。师古谓判官高沐、李公度曰："迨吾之未乱也，欲有问于子。我死，子欲奉谁为帅乎？"二人相顾未对。师古曰："岂非师道乎？人情谁肯薄骨肉而厚他人，顾置帅不善，则非徒败军政也，且覆吾族。师道为公侯子孙，不务训兵理人，专习小人贱事以为己能，果堪为帅乎？幸诸公审图之！"闰月壬戌朔，师古薨。沐、公度秘不发丧，潜逆师道于密州，奉以为节度副使。

26　秋，七月癸丑，高崇文破刘辟之众万人于玄武。甲午，诏："凡西川继援之兵，悉取崇文处分。"

27　壬寅，葬至德大圣大安孝皇帝于丰陵，庙号顺宗。

28　八月壬戌，以妃郭氏为贵妃。

29　丁卯，立皇子宁为邓王，宽为澧王，宥为遂王，察为深王，寰为洋王，寮为绛王，审为建王。

30　李师道总军务，久之，朝命未至。师道谋于将佐，或请出兵掠四境，高沐固止之，请输两税，申官吏，行盐法，遣使相继奉表诣京师。杜黄裳请乘其未定而分之，上以刘辟未平，己巳，以师道为平卢留后、知郓州事。

31　堂后主书滑涣久在中书，与知枢密刘光琦相结，宰相议事有与光琦异者，令涣达意，常得所欲，杜佑、郑细等皆低意善视之。郑馀庆与诸相议事，涣从旁指陈是非，馀庆怒叱之，

李师道当时正在代理密州事务，喜欢绘画和吹奏胡人的葭管。李师古对判官高沐和李公度说："趁着我神智还没有迷乱的时候，我想征求你们的意见。我死了以后，你们打算拥戴何人担当主帅呢？"两人相互看了一眼，没有回答。李师古说："难道你们不是准备拥戴李师道的吗？由人们的常情说来，谁愿意对骨肉兄弟刻薄寡恩，而对其他的人却优渥丰厚呢，但是设置主帅一旦不得其人，便不只是败坏军中政务，而且将会倾覆我的家族。李师道是公侯家族的后人，却不致力训练军队，治理百姓，专门学习小人的下贱行当，以此作为自己的才能，他担当主帅果真胜任吗？希望诸位审慎地计议一下吧！"闰六月壬戌朔（初一），李师古故去。高沐与李公度隐秘其事，暂不公布李师古的死讯，暗中从密州迎接李师道，拥戴他担当节度副使。

26　秋季，七月癸丑，高崇文在玄武打败刘闢的部众一万人。甲午（初三），宪宗颁诏："凡是在西川相继增援的军队，一概听从高崇文的指挥。"

27　壬寅（十一日），宪宗将至德大圣大安孝皇帝安葬在丰陵，庙号顺宗。

28　八月壬戌（初二），宪宗册立皇妃郭氏为贵妃。

29　丁卯（初七），宪宗册立皇子李宁为邓王，李宽为澧王，李宥为遂王，李察为深王，李寰为洋王，李寮为绛王，李审为建王。

30　李师道总揽军中事务以后，过了许久，朝廷的任命还没有到来。李师道与将佐们商讨对策，有人请求往四邻的边境上派兵掳掠，高沐坚决制止了这一企图，请李师道向朝廷缴纳两税，申报所任用的官吏，实行食盐法，派遣使者接连不断地前往京城进献表章。杜黄裳请求趁着李师道没有安定下来的时机，将平卢分而治之，宪宗因刘闢尚未平定，己巳（初九），任命李师道为平卢留后、知郓州事。

31　堂后主书滑涣长期在中书省任职，与知枢密刘光琦相互交结，凡是宰相计议的事与刘光琦发生分歧的时候，刘光琦便让滑涣传达自己的意图，常能够满足自己的愿望，杜佑、郑絪等人都低声下气，用友好的态度对待他。郑馀庆与各位宰相计议事情的时候，滑涣在旁边指点评说诸相意见的曲直短长，郑馀庆怒气冲冲地呵斥了他，

未几，罢相。四方赂遗无虚日，中书舍人李吉甫言其专恣，请去之。上命宰相阖中书四门搜掩，尽得其奸状，九月辛丑，贬涣雷州司户，寻赐死，籍没，家财凡数千万。

32　壬寅，高崇文又败刘辟之众于鹿头关，严秦败刘辟之众于神泉。河东将阿跌光颜将兵会高崇文于行营，愆期一日，惧诛，欲深入自赎，军于鹿头之西，断其粮道，城中忧惧。于是辟、绵江栅将李文悦、鹿头守将仇良辅皆以城降于崇文，获辟婿苏强，士卒降者万计。崇文遂长驱直指成都，所向崩溃，军不留行。辛亥，克成都。刘辟、卢文若帅数十骑西奔吐蕃，崇文使高霞寓等追之，及于羊灌田。辟赴江不死，擒之。文若先杀妻子，乃系石自沉。崇文入成都，屯于通衢，休息士卒，市肆不惊，珍货山积，秋豪不犯，槛刘辟送京师，斩辟大将邢泚、馆驿巡官沈衍，馀无所问。军府事无巨细，命一遵韦南康故事，从容指㧑，一境皆平。

初，韦皋以西山运粮使崔从知邛州事，刘辟反，从以书谏辟，辟发兵攻之，从婴城固守。辟败，乃得免。从，融之曾孙也。

韦皋参佐房式、韦乾度、独孤密、符载、郗士美、段文昌等素服麻屦，衔土请罪，崇文皆释而礼之，草表荐式等，厚赆而遣之。目段文昌曰："君必为将相，未敢奉荐。"载，庐山人；式，琯之从子；文昌，志玄之玄孙也。

没过多久，郑馀庆便被罢免了宰相的职务。各地向滑涣贿赂财物，没有停闲的时日。中书舍人李吉甫进言说滑涣肆意专权，请求除去他。宪宗命令宰相将中书省四面的门户关闭起来，进行突然搜查，取得了滑涣肆行邪恶的全部罪状，九月辛丑（十一日），宪宗将滑涣贬为雷州司户，不久便赐他自裁，没收他家的财产计有数千万之多。

32　壬寅（十二日），高崇文再次在鹿头关打败刘闢的部众，严秦在神泉也打败了刘闢的部众。河东将领阿跌光颜带领兵马与高崇文在行营会合，耽误了一天时间，因害怕高崇文杀他，打算深入前敌，赎回自己的过失，在鹿头关西面驻扎下来，断绝了刘闢的运粮通道，使鹿头关内将士忧愁恐惧起来了。于是，刘闢的绵江栅守将李文悦、鹿头关守将仇良辅都率城向高崇文投降，还捉获了刘闢的女婿苏强，投降的士兵数以万计。于是，高崇文以锐不可当的声势直逼成都，所到之处，敌军无不崩溃，军队在行进中从未受阻。辛亥（二十一日），高崇文攻克成都。刘闢、卢文若带领数十人骑马向西逃奔吐蕃，高崇文让高霞寓等人追赶，并在羊灌田追上了他们。刘闢跳入长江没有淹死，终被擒获。卢文若事先将妻子儿女杀死，然后便在身上系了石头沉江自杀。高崇文进入成都以后，在四通八达的大道上驻扎下来，让士兵就地休息，市中的店铺没有受到惊动，市场上珍贵的货财堆积如山，也没有遭受丝毫的侵犯，他还将刘闢装入槛车，送往京城，斩杀了刘闢的大将邢泚和馆驿巡官沈衍，对其他的人一概不加追究。对军府的事务，无论大小，高崇文命令一律遵从南康郡王韦皋先前奉行的惯例，他从容不迫地指挥着，西川全境便完全平定了。

当初，韦皋委任西山运粮使崔从掌管邛州事务，刘闢反叛朝廷以后，崔从写书信劝阻刘闢，刘闢派兵攻打邛州，崔从据城坚守。直到刘闢失败，崔从终于得以幸免。崔从是崔融的曾孙。

韦皋的参佐房式、韦乾度、独孤密、符载、郗士美、段文昌等人身着白色丧服，脚穿麻鞋，按死罪制度口衔土块，请求治罪，高崇文全都释放了他们，对他们以礼相待，还草拟表章举荐房式等人，赠给他们丰厚的财物，送他们前去就任。高崇文看着段文昌说："你肯定会成为将相的，我是不敢推荐你的。"符载是庐山人，房式是房琯的侄子，段文昌是段志玄的玄孙。

阚有二妾，皆殊色，监军请献之，崇文曰：“天子命我讨平凶竖，当以抚百姓为先，遽献妇人以求媚，岂天子之意邪！崇文义不为此。”乃以配将吏之无妻者。

杜黄裳建议征蜀及指受高崇文方略，皆悬合事宜。崇文素惮刘澭，黄裳使谓之曰：“若无功，当以刘澭相代。”故能得其死力。及蜀平，宰相入贺，上目黄裳曰：“卿之功也！”

33　辛巳，诏征少室山人李渤为左拾遗，渤辞疾不至，然朝政有得失，渤辄附奏陈论。

34　冬，十月甲子，易定节度使张茂昭入朝。

35　制割资、简、陵、荣、昌、泸六州隶东川。房式等未至京师，皆除省寺官。丙寅，以高崇文为西川节度使。戊辰，以严砺为东川节度使。

庚午，以将作监柳晟为山南西道节度使。晟至汉中，府兵讨刘阚还，未至城，诏复遣戍梓州。军士怨怒，胁监军，谋作乱。晟闻之，疾驱入城，慰劳之，既而问曰：“汝曹何以得成功?”对曰：“诛反者刘阚耳。”晟曰：“阚以不受诏命，故汝曹得以立功，岂可复使他人诛汝以为功邪?”众皆拜谢，请诣戍所如诏书。军府由是获安。

36　壬申，以平卢留后李师道为节度使。

37　戊子，刘阚至长安，并族党诛之。

38　武宁节度使张愔有疾，上表请代。十一月戊申，征愔为工部尚书，以东都留守王绍代之，复以濠、泗二州隶武宁军。徐人喜得二州，故不为乱。

刘闢有两个小妾，容貌都特别美丽，监军请求将她们献给朝廷，高崇文说："天子命令我征伐平定刘闢这一凶顽竖子，我应当首先安抚百姓，忙着进献妇女，讨好天子，这哪里会是天子的本意呢！我奉行正义，不干这种事情。"于是，他将刘闢的两个小妾许配给没有妻室的将吏了。

杜黄裳建议征讨蜀中并授意高崇文应采取的谋略，这些谋略对后来发生的事情完全适宜。由于高崇文平时畏惧刘澭，杜黄裳便让人告诉他说："如果你不能取得成功，便会让刘澭替代你。"所以杜黄裳能够使高崇文尽到最大的力量。及至平定蜀中以后，宰相入朝祝贺，宪宗望着杜黄裳说："这都是你的功劳啊！"

33　辛巳，宪宗颁诏征召少室山的隐士李渤担任左拾遗，李渤称病，不肯前来，然而，一旦朝廷大政发生问题，他总是寄上奏章，陈述论说自己的见解。

34　冬季，十月甲子（初五），易定节度使张茂昭入京朝见。

35　宪宗颁布制令分出资州、简州、陵州、荣州、昌州、泸州六地，归属给东川。房式等人还没有来到京城，宪宗已经全部任命他们为各省、各寺的官员。丙寅（初七），任命高崇文为西川节度使。戊辰（初九），任命严砺为东川节度使。

庚午（十一日），宪宗任命将作监柳晟为山南西道节度使。柳晟来到汉中的时候，汉中府的兵马征讨刘闢回来，还没有进城，便有诏书派遣他们再去戍守梓州。将士们既怨恨，又恼怒，胁迫监军，策划发起变乱。柳晟得知消息以后，连忙策马进城，慰劳他们，过了一会儿，柳晟问道："你们是怎么获得成功的呀？"将士们回答说："是由于前去讨伐反叛者刘闢呗。"柳晟说："由于刘闢不肯接受诏书的命令，所以使你们获得了立功的机会，怎么能够让别人再来讨伐你们，从而建立功劳呢？"大家都向柳晟行礼，表示感谢，请求按照诏书前往戍守之地。从此，军府获得安宁。

36　壬申（十三日），宪宗任命平卢留后李师道为节度使。

37　戊子（二十九日），刘闢被押送到长安，朝廷命令将他连同他的同族亲属一并诛杀。

38　武宁节度使张愔身患重病，上表请求派人替代自己。十一月戊申（十九日），宪宗征召张愔回朝担任工部尚书，任命东都留守王绍代替张愔的原职务，又将濠州、泗州两地归属武宁军。徐州地区的将士们得到两州的土地很高兴，所以不作乱。

39 丙辰，以内常侍吐突承璀为左神策中尉。承璀事上于东宫，以干敏得幸。

40 是岁，回鹘入贡，始以摩尼偕来，于中国置寺处之。其法日晏乃食，食荤而不食湩酪。回鹘信奉之，可汗或与议国事。

二年(丁亥,807)

1 春，正月辛卯，上祀圜丘，赦天下。

2 上以杜佑高年重德，礼重之，常呼司徒而不名。佑以老疾，请致仕，诏令佑每月入朝不过再三，因至中书议大政，他日听归樊川。

3 门下侍郎、同平章事杜黄裳，有经济大略而不修小节，故不得久在相位。乙巳，以黄裳同平章事，充河中、晋、绛、慈、隰节度使。己酉，以户部侍郎武元衡为门下侍郎，翰林学士李吉甫为中书侍郎，并同平章事。吉甫闻之感泣，谓中书舍人裴垍曰："吉甫流落江、淮，逾十五年，一旦蒙恩至此。思所以报德，惟在进贤，而朝廷后进，罕所接识，君有精鉴，愿悉为我言之。"垍取笔疏三十馀人，数月之间，选用略尽。当时翕然称吉甫为得人。

4 二月癸酉，邕州奏破黄贼，获其酋长黄承庆。

5 夏，四月甲子，以右金吾大将军范希朝为朔方、灵、盐节度使，以右神策、盐州、定远兵隶焉，以革旧弊，任边将也。

39　丙辰(二十七日),宪宗任命内常侍吐突承璀为左神策中尉。吐突承璀在宪宗当太子的时候曾侍奉左右,因干练机敏而得到宪宗的宠爱。

40　这一年,回鹘入京进贡,开始带着摩尼教僧人一同前来,朝廷在国内设置寺院,安置摩尼僧人居住。根据摩尼僧人的规矩,日暮时分才开始进食,可以吃荤腥食品,但不能够食用奶酪。回鹘信奉摩尼教,回鹘可汗有时要与摩尼僧人计议国家大事。

唐宪宗元和二年(丁亥,公元807年)

1　春季,正月辛卯(二十七日),宪宗祭祀圜丘,大赦天下罪囚。

2　宪宗因杜佑年迈,品德高尚,以隆重的礼数对待他,经常称呼他为司徒,而不直呼其名。杜佑因年老多病,请求辞官归居,宪宗颁诏令杜佑每月来朝廷朝见不超过两三次,并趁此机会前往中书省计议重大的政务,其他日子准许他回到樊川府第。

3　门下侍郎、同平章事杜黄裳,具有经国济民的远大谋略,但是对生活小事不加检点,所以没有能够长期保持宰相的职位。乙巳(十七日),宪宗让杜黄裳挂衔同平章事,充任河中、晋、绛、慈、隰节度使。己酉(二十一日),宪宗任命户部侍郎武元衡为门下侍郎,任命翰林学士李吉甫为中书侍郎,两人一并同平章事。李吉甫得知消息以后,感动得哭了,他告诉中书舍人裴垍说:“我漂泊江、淮,穷困失意,超过了十五年,现在忽然蒙受朝廷的恩典达到如此地步。我想到的报答朝廷恩德的途径,只有引进贤明之士,但是我很少接触并结识朝廷中后来入仕的人们,您是善于识别人才的,希望您向我讲出您的意见。”于是,裴垍拿起笔来,开列了一张三十多人的名单,在几个月内,李吉甫将这些人几乎都选拔起用了。当时人们纷纷称道李吉甫用人得当。

4　二月癸酉(十五日),邕州奏报击败西原洞蛮族黄氏乱民,俘获了他们的酋长黄承庆。

5　夏季,四月甲子(初七),宪宗任命右金吾大将军范希朝为朔方、灵、盐节度使,将右神策军、盐州、定远的兵马归属给他,为的是以此革除以往的弊病,由朝廷直接任命驻守边塞的将领。

6 秋，八月，刘济、王士真、张茂昭争私隙，迭相表请加罪。戊寅，以给事中房式为幽州、成德、义武宣慰使，和解之。

7 九月乙酉，密王绸薨。

8 夏、蜀既平，藩镇惕息，多求入朝。镇海节度使李锜亦不自安，求入朝，上许之，遣中使至京口慰抚，且劳其将士。锜虽署判官王澹为留后，实无行意，屡迁行期，澹与敕使数劝谕之，锜不悦，上表称疾，请至岁暮入朝。上以问宰相，武元衡曰："陛下初即政，锜求朝得朝，求止得止，可否在锜，将何以令四海！"上以为然，下诏征之。锜诈穷，遂谋反。

王澹既掌留务，于军府颇有制置，锜益不平，密谕亲兵使杀之。会颁冬服，锜严兵坐幄中，澹与敕使入谒，有军士数百噪于庭曰："王澹何人，擅主军务！"曳下，脔食之。大将赵琦出慰止，又脔食之。注刃于敕使之颈，诟詈，将杀之，锜阳惊，救之。

冬，十月己未，诏征锜为左仆射，以御史大夫李元素为镇海节度使。庚申，锜表言军变，杀留后、大将。先是锜选腹心五人为所部五州镇将，姚志安处苏州，李深处常州，赵惟忠处湖州，丘自昌处杭州，高肃处睦州，各有兵数千，伺察刺史动静。至是，锜各使杀其刺史，遣牙将庾伯良将兵三千治石头。常州刺史颜防用客李云计，矫制称招讨副使，斩李深，传檄苏、杭、湖、睦，请同进讨。湖州刺史辛秘潜募乡闾子弟数百，夜袭赵惟忠营，斩之。

6　秋季，八月，刘济、王士真、张茂昭因私怨而发生争执，交替上表请求朝廷惩治对方。戊寅（二十三日），宪宗任命给事中房式为幽州、成德、义武宣慰使，前去平息纷争，使他们和解。

7　九月乙酉（初一），密王李绸故去。

8　夏州杨惠琳、蜀中刘闢被平定以后，藩镇极为恐惧，多数请求入京朝见。镇海节度使李锜也感到不安，请求入京朝见，宪宗答应了他的请求，派遣中使前往京口抚慰他，并且慰劳他部下的将士们。李锜虽然委任判官王澹暂且担任留后，但实际并没有离开的打算，好几次拖延了启程的日期，王澹与宪宗派来的使者屡次劝告他，李锜心中不快，上表声称身染疾病，请求延缓到年底再入京朝见。宪宗就此事征询宰相的意见，武元衡说："陛下刚刚执掌朝政大权，李锜要求朝见就得以朝见，要求中止朝见就得以中正朝见，由李锜决定去就，将来怎么就够对全国发号施令呢！"宪宗认为有理，使颁发诏书征召他前来。李锜计谋已穷，于是便策划造反。

王澹执掌留后事务以后，对军府的建制颇有些改革，李锜愈发愤郁不满，便暗中谕示亲兵杀掉王澹。适逢发放冬季的服装，李锜全副武装地坐在帐幕中间，正当王澹与宪宗特使进帐谒见的时候，有数百名将士在庭院中喧噪着说："王澹是什么人物，竟敢擅自掌管军中事务！"于是，将士们将他拖了出来，割碎了他的身体吃掉。大将赵琦出来劝慰阻止将士们，大家又将他割碎了吃掉。将士们用兵器直指宪宗特使的脖颈痛骂，准备将他杀掉，李锜佯装大惊，将他救了下来。

冬季，十月己未（初五），宪宗颁诏征调李锜出任左仆射，任命御史大夫李元素为镇海节度使。庚申（初六），李锜上表宣称军队发生变故，杀害了留后与大将。在此之前，李锜选拔出五个亲信，担任他所管辖的五个州的镇守将领，姚志安在苏州，李深在常州，赵惟忠在湖州，丘自昌在杭州，高肃在睦州，各自拥有兵马数千人，伺察刺史的举动。至此，李锜让他们分别杀掉本州刺史，又派遣牙将庾伯良率领兵马三千人修整石头城。常州刺史颜防采用宾客李云的计策，假托制书已有任命，自称招讨副使，斩杀李深，向苏州、杭州、湖州、睦州传送檄文，请各州共同进军讨伐李锜。湖州刺史辛秘暗中募集乡里子弟数百人，在夜间袭击赵惟忠的营地，并将赵惟忠斩杀。

苏州刺史李素为姚志安所败，生致于锜，具桎梏钉于船舷，未及京口，会锜败，得免。

乙丑，制削李锜官爵及属籍。以淮南节度使王锷统诸道兵为招讨处置使，征宣武、义宁、武昌兵并淮南、宣歙兵俱出宣州，江西兵出信州，浙东兵出杭州，以讨之。

9　高崇文在蜀期年，一旦谓监军曰："崇文，河朔一卒，幸有功，致位至此。西川乃宰相回翔之地，崇文叨居日久，岂敢自安！"屡上表称"蜀中安逸，无所陈力，愿效死边陲"。上择可以代崇文者而难其人。丁卯，以门下侍郎、同平章事武元衡同平章事，充西川节度使。

10　李锜以宣州富饶，欲先取之，遣兵马使张子良、李奉仙、田少卿将兵三千袭之。三人知锜必败，与牙将裴行立同谋讨之。行立，锜之甥也，故悉知锜之密谋。三将营于城外，将发，召士卒谕之曰："仆射反逆，官军四集，常、湖二将继死，其势已蹙。今乃欲使吾辈远取宣城，吾辈何为随之族灭！岂若去逆效顺，转祸为福乎！"众悦，许诺，即夜，还趋城。行立举火鼓噪，应之于内，引兵趋牙门。锜闻子良等举兵，怒，闻行立应之，抚膺曰："吾何望矣！"跣走，匿楼下。亲将李钧引挽强三百趋山亭，欲战，行立伏兵邀斩之。锜举家皆哭，

苏州刺史李素被姚志安击败，姚志安将李素交送李锜，他给李素带上脚镣手铐，再将脚镣手铐钉死在船舷上，但是在到达京口以前，适逢李锜失败，李素得以幸免。

乙丑（十一日），宪宗颁布制书，命令革除李锜的官职爵位，并在宗室名册中除名。命令淮南节度使王锷统领各道兵马，出任招讨处置使，征调宣武、义宁、武昌兵马，连同淮南、宣歙兵马一起由宣州进军，江西兵马由信州进军，浙东兵马由杭州进军，以便讨伐李锜。

9　高崇文任职蜀中满了一年，有一天他告诉监军说："我高崇文，不过是河朔地带的一名小卒，幸而立下战功，才达到现在这个职位。西川是宰相施展才干的地方，我含愧居于此地的时间已经很长了，怎敢心安理得地待下去呢！"他屡次上表声称："蜀中安适闲逸，没有我施展自己能力的地方，希望让我前往边疆，尽死效力。"宪宗择选能够替代高崇文的人，但难以找到合适的人选。丁卯（十三日），宪宗命令门下侍郎、同平章事武元衡挂衔同平章事，充任西川节度使。

10　李锜认为宣州富庶丰饶，准备首先夺取此地，便派遣兵马使张子良、李奉仙和田少卿带领兵马三千人前来袭击宣州。三人知道李锜肯定是要失败的，便与牙将裴行立共同策划讨伐李锜。裴行立是李锜的外甥，所以他完全了解李锜的机密策谋。三位将领在镇海军治所润州城外扎营，在准备出发的时候，把将士们召集起来，开导他们说："李仆射谋反叛逆，官军已经从各地汇集起来，常州和湖州的李深与赵惟忠二位将领接连败死，李锜的形势已经窘迫。现在，李锜准备让我们这些人经长途攻取宣州，我们这些人为什么要跟着他去使自己整个家族遭受诛灭呢！何不脱离李锜，效力朝廷，将祸殃转变为福缘呢！"大家都很高兴，便应承下来了，就在当天夜晚时分，三位将领回军直奔润州城。裴行立点着火，擂鼓呐喊，在城内响应三位将领，领兵直奔军府牙门。李锜得知张子良等人起兵，感到十分恼怒，在得知裴行立接应他们以后，这才捶击着自己的胸口说："我还有什么希望呢！"于是，他光着脚逃走，躲藏在一座楼宇的下面。李锜的亲信将领李钧率领弓弩手三百人直奔山亭，准备交战，裴行立埋伏的兵马截击并斩杀了他。李锜全家人都在哭泣，

左右执锜，裹之以幕，缒于城下，械送京师。挽强、蕃落争自杀，尸相枕藉。癸酉，本军以闻。乙亥，群臣贺于紫宸殿，上愀然曰：“朕之不德，致宇内数有干纪者，朕之愧也，何贺之为？”

宰相议诛锜大功以上亲，兵部郎中蒋乂曰：“锜大功亲，皆淮安靖王之后也。淮安有佐命之功，陪陵、享庙，岂可以末孙为恶而累之乎！”又欲诛其兄弟，乂曰：“锜兄弟，故都统国贞之子也，国贞死王事，岂可使之不祀乎！”宰相以为然。辛巳，锜从父弟宋州刺史铦等皆贬官流放。

十一月甲申朔，锜至长安，上御兴安门，面诘之。对曰：“臣初不反，张子良等教臣耳。”上曰：“卿为元帅，子良等谋反，何不斩之，然后入朝？”锜无以对。乃并其子师回腰斩之。

有司请毁锜祖考冢庙，中丞卢坦上言：“李锜父子受诛，罪已塞矣。昔汉诛霍禹，不罪霍光；先朝诛房遗爱，不及房玄龄。《康诰》曰：‘父子兄弟，罪不相及。’况以锜为不善而罪及五代祖乎！”乃不毁。

有司籍锜家财输京师，翰林学士裴垍、李绛上言，以为：“李锜僭侈，割剥六州之人以富其家，或枉杀其身而取其财。陛下闵百姓无告，故讨而诛之，今辇金帛以输上京，恐远近失望。愿以逆人资财赐浙西百姓，代今年租赋。”上嘉叹久之，即从其言。

李锜的随从们捉住李锜，用帐幕裹着他，用绳索将他缒到城下，给他带上枷锁，送往京城。李锜的弓弩手和由胡人、奚人等组成的番兵纷纷自杀，尸体纵横交陈。癸酉（十九日），镇海军将本军发生的事情上奏朝廷闻知。乙亥（二十一日），群臣在紫宸殿向宪宗祝贺，宪宗愁容满面地说："由于朕不施恩德，致使国内屡次出现违犯法纪的人，朕惭愧得很啊，有什么值得祝贺的呢？"

宰相商议诛杀李锜叔伯兄弟姊妹以上的亲属，兵部郎中蒋乂说："李锜叔伯兄弟姊妹以上的亲属都是淮安靖王李神通的后裔。淮安靖王有辅佐太祖、太宗、创建国家的功勋，陪葬于献陵，配享于高祖祠庙，难道能够因为末代子孙作恶，便受到连累吗！"宰相们又打算诛杀李锜的兄弟，蒋乂说："李锜的兄弟，是已故的都统李国贞的儿子，李国贞为朝廷献身，难道能够让他失去后人的祭祀吗！"宰相们认为所言有理。辛巳（二十七日），李锜的叔伯弟弟宋州刺史李銛等人都被贬官流放。

十一月甲申朔（初一），李锜被押送到长安，宪宗亲临兴安门，当面责问他。李锜回答说："我起先并没有造反，是张子良等人教我这样做的。"宪宗说："你身为主帅，既然张子良等人策划造反，你为什么不将他们杀了，然后再入京朝见？"李锜无法回答了。宪宗将他连同他的儿子李师回一并腰斩处死。

有关部门请求拆除李锜祖先的坟墓和家庙，中丞卢坦进言说："李锜父子遭受诛戮，已经足以抵罪。过去汉宣帝诛杀霍禹，并不处罚霍光；本朝前代诛杀房遗爱，并不牵连房玄龄。《康诰》说：'在父子兄弟之间，无论谁触犯刑罚，都不能互相牵连。'何况因李锜作恶，而要牵连五代祖先一起治罪呢！"于是作罢。

有关部门没收李锜家中的财产，准备转运到京城来，翰林学士裴垍与李绛进言认为："李锜过度奢侈，残酷掠夺润、睦、常、苏、湖、杭六州百姓，使自己家富有，甚至滥杀无辜，从中夺取资财。陛下怜悯百姓无处说理，所以征讨并诛杀了他，现在要将没收的金银丝帛装载成车，转运京城，恐怕会使各地的人们感到失望。希望将李锜的物资钱财颁赐给浙西的百姓，用以代替他们今年应交纳的赋税。"宪宗嘉许赞叹良久，随即听从了他的建议。

11　昭义节度使卢从史，内与王士真、刘济潜通，而外献策请图山东，擅引兵东出。上召令还，从史托言就食邢、洺，不时奉诏，久之，乃还。

他日，上召李绛对于浴堂，语之曰："事有极异者，朕比不欲言之。朕与郑细议敕从史归上党，续征入朝。细乃泄之于从史，使称上党乏粮，就食山东。为人臣负朕乃尔，将何以处之？"对曰："审如此，灭族有馀矣！然细、从史必不自言，陛下谁从得之？"上曰："吉甫密奏。"绛曰："臣窃闻缙绅之论，称细为佳士，恐必不然。或者同列欲专朝政，疾宠忌前，愿陛下更熟察之，勿使人谓陛下信谗也！"上良久曰："诚然，细必不至此。非卿言，朕几误处分。"

上又尝从容问绛曰："谏官多谤讪朝政，皆无事实，朕欲谪其尤者一二人以儆其馀，何如？"对曰："此殆非陛下之意，必有邪臣以壅蔽陛下之聪明者。人臣死生，系人主喜怒，敢发口谏者有几！就有谏者，皆昼度夜思，朝删暮减，比得上达，什无二三。故人主孜孜求谏，犹惧不至，况罪之乎！如此，杜天下之口，非社稷之福也。"上善其言而止。

12　群臣请上尊号曰睿圣文武皇帝，丙申，许之。

11　昭义节度使卢从史，在内与王士真、刘济暗中交往，在外却向朝廷进献计策，请求谋取太行山以东的魏博、恒冀等藩镇，擅自率领兵马东进。宪宗传召并命令他返还昭义，他却托称移兵前往邢州与洺州，就地获取给养，不肯按时奉行诏书的指令，过了好久，才返回昭义。

后来，宪宗在浴堂殿传召李绛前来应对谘询，对李绛谈道："有件极为异常的事情，朕完全不愿意讲到它。朕与郑絪商议敕令卢从史返回上党，接着便征召他入京朝见。郑絪却将此事泄露给卢从史，让他声称上党缺乏粮食，需要移兵太行山以东，就地取得粮食给养。作为人臣，辜负朕达到如此程度，将应当怎么处治他呢？"李绛回答说："假如确实是这个样子的话，处以诛戮整个家族的罪罚还有馀！然而，郑絪与卢从史肯定不会自己说出去，陛下是从谁那里得到消息的呢？"宪宗说："是李吉甫秘密奏报的。"李绛说："我私下里听到士大夫的评论，称许郑絪是一位德才兼优的人，恐怕他不会这样做的。或许是他的同事中有人打算独揽朝廷大政，嫉妒郑絪得到宠信，居己之先吧，希望陛下再深入验察此事，不要让人说陛下是在听信谗言啊！"宪宗停了许久才说："的确如此，郑絪肯定不至于干出这种事情。如果不是你这一席话，朕几乎要做出错误的决定来了。"

宪宗还曾从容询问李绛说："谏官往往毁谤朝廷政务，全然没有事实依据，朕打算将他们中间一两个突出人物处以罪罚，以便使其他的人有所警惕，你认为怎么样呢？"李绛回答说："这大概不是陛下的本意，肯定有邪恶臣下蒙蔽陛下视听的事情发生。臣下的死与生，都是与主上的喜与怒相联系着的，有勇气开口进谏的能有几人呢！即使有人进谏，也都是经过日日夜夜的思量，朝朝暮暮的删减，及至谏言得以送交到上面来的时候，所剩已经没有十分之二三了。所以，主上勤勉不怠地寻求规谏，还怕无人进谏，何况要对谏官处以罪罚呢！倘若如此，就会让天下之人闭口不言，这可不是国家之福啊。"宪宗赞赏他的进言，于是不再罚谏官。

12　群臣请求向宪宗进献尊号，称作睿圣文武皇帝，丙申（十三日），宪宗应允了这一请求。

13　盩厔尉、集贤校理白居易作乐府及诗百馀篇，规讽时事，流闻禁中，上见而悦之，召入翰林为学士。

14　十二月丙辰，上谓宰相曰："太宗以神圣之资，群臣进谏者犹往复数四，况朕寡昧！自今事有违，卿当十论，无但一二而已。"

15　丙寅，以高崇文同平章事，充邠宁节度、京西诸军都统。

16　山南东道节度使于頔惮上英威，为子季友求尚主，上以皇女普宁公主妻之。翰林学士李绛谏曰："頔，虏族；季友，庶孽，不足以辱帝女，宜更择高门美才。"上曰："此非卿所知。"己卯，公主适季友，恩礼甚盛，頔出望外，大喜。顷之，上使人讽之入朝谢恩，頔遂奉诏。

17　是岁，李吉甫撰《元和国计簿》上之，总计天下方镇四十八，州府二百九十五，县千四百五十三。其凤翔、鄜坊、邠宁、振武、泾原、银夏、灵盐、河东、易定、魏博、镇冀、范阳、沧景、淮西、淄青等十五道七十一州不申户口外，每岁赋税倚办止于浙江东西、宣歙、淮南、江西、鄂岳、福建、湖南八道四十九州，一百四十四万户，比天宝税户四分减三。天下兵仰给县官者八十三万馀人，比天宝三分增一，大率二户资一兵。其水旱所伤，非时调发，不在此数。

三年(戊子,808)

1　春，正月癸巳，群臣上尊号曰睿圣文武皇帝，赦天下。"自今长吏诣阙，无得进奉。"知枢密刘光琦奏分遣诸使赍赦诣

13　盩厔县尉、集贤校理白居易写作乐府与诗歌一百多篇，婉言规谏时事，流传到宫廷之中，宪宗看了白居易的乐府与诗歌以后，很是喜爱，便传召白居易进入翰林院，担任翰林学士。

14　十二月丙辰(初三)，宪宗告诉宰相说："就凭着太宗那样的圣明资质，群臣进献的谏言尚且需要往返三四次，何况朕是愚昧寡闻的呢！从今以后，如果有什么不对的事情，你们应当论说十次，而不是仅仅论说一两次就算了事。"

15　丙寅(十三日)，宪宗任命高崇文挂衔同平章事，充任邠宁节度使、京西诸军都统。

16　山南东道节度使于頔忌惮宪宗的英明威严，为儿子于季友请求娶公主为妻，宪宗便将皇女普宁公主嫁给了他。翰林学士李绛进谏说："于頔出身于虏族，于季友是于頔的偏房所生，配不上帝室的女儿，应当为公主另选出于名门、才具秀美的人才。"宪宗说："你不知道这里面的原由。"己卯(二十六日)，普宁公主下嫁给于季友，宪宗对于家的礼遇很是隆盛，于頔出于预料之外，感到非常高兴。不久，宪宗让人婉言规劝于頔前往朝廷感谢皇帝的恩典，于頔便接受了诏命。

17　这一年，李吉甫撰写成《元和国计簿》，进献给朝廷，据该书记载，总计全国有方镇四十八个，有州府二百九十五个，有县一千四百五十三个。其中凤翔、鄜坊、邠宁、振武、泾原、银夏、灵盐、河东、易定、魏博、镇冀、范阳、沧景、淮西、淄青等十五个道七十一个州不向朝廷申报户口，除此以外，每年的赋税征收只靠着浙江东西、宣歙、淮南、江西、鄂岳、福建、湖南等八个道四十九个州，在编人口共一百四十四万户，比天宝年间纳税人户减少了四分之三。全国依赖国库供给的军队有八十三万多人，比天宝年间增加了三分之一，大约每两户人家供养一个士兵。若有旱涝灾害损坏收成，或者有临时的征发调用，还不能包括在这个数目以内。

唐宪宗元和三年(戊子，公元808年)

1　春季，正月癸巳(十一日)，群臣向宪宗进献尊号，称作睿圣文武皇帝，宪宗大赦天下罪囚。规定："从今以后，各地长官前往朝廷，不得进献贡物。"知枢密刘光琦奏请分别派遣各使者携带赦书前往

诸道，意欲分其馈遗。翰林学士裴垍、李绛奏“敕使所至烦扰，不若但附急递”。上从之。光琦称旧例，上曰：“例是则从之，苟为非是，奈何不改！”

2　临泾镇将郝玼以临泾地险要，水草美，吐蕃将入寇，必屯其地，言于泾原节度使段祐，奏而城之，自是泾原获安。

3　二月戊寅，咸安大长公主薨于回鹘。三月，回鹘腾里可汗卒。

4　癸巳，郇王总薨。

5　辛亥，御史中丞卢坦奏弹前山南西道节度使柳晟、前浙东观察使阎济美违赦进奉。上召坦褒慰之，曰：“朕已释其罪，不可失信。”坦曰：“赦令宣布海内，陛下之大信也。晟等不畏陛下法，奈何存小信弃大信乎！”上乃命归所进于有司。

6　夏，四月，上策试贤良方正直言极谏举人，伊阙尉牛僧孺、陆浑尉皇甫湜、前进士李宗闵皆指陈时政之失，无所避。吏部侍郎杨於陵、吏部员外郎韦贯之为考策官，贯之署为上第。上亦嘉之，诏中书优与处分。李吉甫恶其言直，泣诉于上，且言“翰林学士裴垍、王涯覆策。湜，涯之甥也，涯不先言，垍无所异同”。上不得已，罢垍、涯学士，垍为户部侍郎，涯为都官员外郎，贯之为果州刺史。后数日，贯之再贬巴州刺史，涯贬虢州司马。乙亥，以杨於陵为岭南节度使，亦坐考策无异同也。僧孺等久之不调，各从辟于藩府。僧孺，弘之七世孙；宗闵，元懿之玄孙；贯之，福嗣之六世孙；湜，睦州新安人也。

各道，想要分别占有各地赠送的财物。翰林学士裴垍、李绛奏称："朝廷派出的使者每到一处，就要烦劳搅扰一处，不如只将赦书交付驿站火速传递。"宪宗听从了二人的建议。刘光琦援引惯例反对，宪宗却说："如果惯例是正确的，自然要依从惯例，如果惯例是不正确的，为什么不纠正呢！"

2　临泾镇将郝玼认为临泾地势险要，水草肥美，如果吐蕃准备前来侵犯，肯定要在此地驻扎，便向泾原节度使段祐进言，经奏请后修筑了临泾城，从此，泾原获得了安宁。

3　二月戊寅（二十六日），咸安大长公主在回鹘故去。三月，回鹘腾里可汗故去。

4　癸巳（十一日），郇王李总故去。

5　辛亥（二十九日），御史中丞卢坦上奏弹劾揭发前任山南西道节度使柳晟和前任浙东观察使阎济美违背赦书，进献贡物。宪宗召见卢坦，对他称赞慰问了一番以后说："朕已经将他们的罪责免除了，这是不能失信的啊。"卢坦说："赦令是向全国公布的，是陛下的大信用。柳晟等人不畏惧陛下之法，陛下怎么能够只顾小信用，反而丢弃大信用呢！"于是，宪宗命令将他们进献的物品交给有关部门。

6　夏季，四月，宪宗对有关部门推举的贤良方正、直言极谏科的考生举行考试，伊阙县尉牛僧孺、陆浑县尉皇甫湜、前科进士李宗闵等人，指明并陈述当时政务的过失，都能够毫无避讳。吏部侍郎杨於陵、吏部员外郎韦贯之担任主考策对的官员，韦贯之将牛僧孺等人纳入成绩优秀的名册中。宪宗对他们也很嘉许，颁诏命令中书省对他们从优安排。李吉甫讨厌他们言语直切，哭泣着向宪宗陈诉，而且说："策对考试是由翰林学士裴垍和王涯来覆核审定的。皇甫湜是王涯的外甥，王涯没有事先说明，裴垍也没有提出异议。"宪宗没有办法，免除了裴垍与王涯翰林学士的职务，让裴垍出任户部侍郎，王涯出任都官员外郎，韦贯之出任果州刺史。几天以后，韦贯之又被贬为巴州刺史，王涯被贬为虢州司马。乙亥（二十三日），宪宗任命杨於陵为岭南节度使，他也是由于主考策对时没有提出异议而受到处罚。牛僧孺等人长期不得调任，分别被藩镇征用为幕府的僚属。牛僧孺是牛弘的七世孙，李宗闵是李元懿的玄孙，韦贯之是韦福嗣的六世孙，皇甫湜是睦州新安人。

7　丁丑，罢五月朔宣政殿朝贺。

8　以荆南节度使裴均为右仆射。均素附宦官得贵显，为仆射，自矜大。尝入朝，逾位而立，中丞卢坦揖而退之，均不从。坦曰："昔姚南仲为仆射，位在此。"均曰："南仲何人？"坦曰："是守正不交权幸者。"坦寻改右庶子。

9　五月，翰林学士、左拾遗白居易上疏，以为："牛僧孺等直言时事，恩奖登科，而更遭斥逐，并出为关外官。杨於陵等以考策敢收直言，裴垍等以覆策不退直言，皆坐谴谪。卢坦以数举职事黜庶子。此数人皆今之人望，天下视其进退以卜时之否臧者也。一旦无罪悉疏弃之，上下杜口，众心汹汹，陛下亦知之乎？且陛下既下诏征之直言，索之极谏，僧孺等所对如此，纵未能推而行之，又何忍罪而斥之乎！昔德宗初即位，亦征直言极谏之士，策问天旱，穆质对云：'两汉故事，三公当免；卜式著议，弘羊可烹。'德宗深嘉之，自畿尉擢为左补阙。今僧孺等所言未过于穆质，而遽斥之，臣恐非嗣祖宗之道也！"质，宁之子也。

10　丙午，册回鹘新可汗为爱登里啰汩密施合毗伽保义可汗。

11　西原蛮酋长黄少卿请降。六月癸亥，以为归顺州刺史。

7　丁丑(二十五日),宪宗撤销了五月朔日(初一)在宣政殿举行的朝贺。

8　宪宗任命荆南节度使裴均为右仆射。裴均平时依附宦官,得以富贵显达,出任右仆射以后,更为骄矜自大。有一次,裴均前来上朝,在超越自己职位的地方站了下来,中丞卢坦向他拱手行礼,请他退回到自己的位置上去,裴均不肯听从。卢坦说:"过去,姚南仲担任仆射的时候,他的位置就是在这里的。"裴均说:"姚南仲是什么人?"卢坦说:"是信守正道,不肯交结权贵宠臣的人。"不久,卢坦被改任为右庶子。

9　五月,翰林学士、左拾遗白居易上疏认为:"牛僧孺等人直率地谈论当时的事务,蒙恩登科,复试合格,但是又遭受驱逐,一并被贬黜为幕府的僚属。杨於陵等人因主考策问时敢于收录直率进言的人们,裴垍等人因复试策问时不肯斥逐直率而言的人们,都获罪贬官。卢坦则因屡次纠劾任职官员,被贬为右庶子。这几个人都是当今众望所归的人物,天下的人们就是根据他们的升降情况来估量时势的好坏的。朝廷忽然在他们无罪的情况下,对他们全都予以贬逐,使大小官员缄口不言,大家心中动荡不安,陛下也知道这种情形吗?而且,既然陛下颁布诏书征求人们直率进言,要求人们极言规谏,牛僧孺等人才会作出这样的策对,即使陛下不能够将他们的策对推广实施,又怎么忍心处以罪罚,将他们驱逐出去呢!过去,在德宗刚刚即位的时候,也曾征召直率而言、尽力规谏的人士,当时的策对考试问到自然干旱问题,穆质的策对说:'如果发生自然干旱,依照西汉和东汉的惯例,应当将三公免职;根据卜式的著名议论,应当将桑弘羊一类人物煮死。'德宗对穆质的话深为嘉许,便将穆质由京郊的县尉提升为左补阙。现在,牛僧孺等人说的话不及穆质言辞激烈,但陛下连忙驱逐了他们,我看这恐怕并不是继承祖宗事业的办法啊!"穆质是穆宁的儿子。

10　丙午(二十五日),宪宗将回鹘的新任可汗册封为爱登里啰汩密施合毗伽保义可汗。

11　西原蛮人酋长黄少卿请求投降。六月癸亥(十二日),宪宗任命黄少卿为归顺州刺史。

12　沙陀劲勇冠诸胡，吐蕃置之甘州，每战，以为前锋。回鹘攻吐蕃，取凉州，吐蕃疑沙陀贰于回鹘，欲迁之河外。沙陀惧，酋长朱邪尽忠与其子执宜谋复自归于唐，遂帅部落三万，循乌德鞬山而东。行三日，吐蕃追兵大至，自洮水转战至石门，凡数百合，尽忠死，士众死者太半。执宜帅其馀众犹近万人，骑三千，诣灵州降。灵盐节度使范希朝闻之，自帅众迎于塞上，置之盐州，为市牛羊，广其畜牧，善抚之。诏置阴山府，以执宜为兵马使。未几，尽忠弟葛勒阿波又帅众七百诣希朝降，诏以为阴山府都督。自是，灵盐每有征讨，用之所向皆捷，灵盐军益强。

13　秋，七月辛巳朔，日有食之。

14　以右庶子卢坦为宣歙观察使。苏强之诛也，兄弘在晋州幕府，自免归，人莫敢辟。坦奏："弘有才行，不可以其弟故废之，请辟为判官。"上曰："向使苏强不死，果有才行，犹可用也，况其兄乎！"坦到官，值旱饥，谷价日增，或请抑其价。坦曰："宣、歙土狭谷少，所仰四方之来者。若价贱，则商船不复来，益困矣。"既而米斗二百，商旅辐凑。

15　九月庚寅，以于頔为司空，同平章事如故，加右仆射裴均同平章事，为山南东道节度使。

淮南节度使王锷入朝。锷家巨富，厚进奉及赂宦官，求平章事。翰林学士白居易以为："宰相人臣极位，非清望大功不应授。昨除裴均，外议已纷然，今又除锷，则如锷之辈皆生冀望。

12　沙陀在各胡人中最为精壮骁勇，吐蕃将沙陀安置在甘州，每当交战的时候，便让沙陀充当前锋。回鹘攻打吐蕃，占领了凉州，吐蕃怀疑沙陀同时听从回鹘的指使，便准备将沙陀迁徙到黄河以外。沙陀人害怕了，酋长朱邪尽忠与他的儿子朱邪执宜商量再次主动归附唐朝，便率领部落三万，沿着乌德鞬山向东而来。沙陀部落行走了三天的时候，吐蕃追赶的兵马纷纷来到了，沙陀与吐蕃由洮水辗转打到石门，共计交战数百次，朱邪尽忠死去，战士与人众死去了一多半。朱邪执宜率领剩下来的部众，还有将近一万人，骑兵三千人，前往灵州归降。灵盐节度使范希朝得知消息以后，亲自率领部众在边塞上迎接沙陀人，将他们安顿在盐州，替他们购买牛羊，扩大他们的畜牧范围，好好地安抚他们。于是，朝廷颁诏命令设置阴山府，任命朱邪执宜为兵马使。不久，朱邪尽忠的弟弟朱邪葛勒阿波又率领部众七百人前往范希朝处归降，朝廷颁诏任命他为阴山府都督。从此，每当灵盐遇有战事，便让沙陀兵马参战，无论打到哪里，无不取得胜利，灵盐的军队愈发强盛起来了。

13　秋季，七月辛巳朔（初一），出现日食。

14　宪宗任命右庶子卢坦为宣歙观察使。苏疆被诛杀的时候，他的哥哥苏弘正在晋州幕府任职，他自请免职回来，人们都不敢征召任用他。卢坦上奏说："苏弘有才能，品行好，不能够因他弟弟的缘故而遭受罢免，请征召他出任判官吧。"宪宗说："假如苏疆不死，果真德才兼备，尚且是可以起用的，何况对于他的哥哥呢！"卢坦就任的时候，正赶上当地发生旱灾，闹了饥荒，谷物的价格日益增高，有人请求压低谷物价格。卢坦说："宣歙地区耕地面积狭小，谷物出产较少，仰仗着各地前来经商的人们运来粮食。如若粮食价格降低了，商人的船只便不再前来了，宣歙地区就越发困难了。"不久，当地一斗米价值二百钱，行商都聚集到这里来了。

15　九月庚寅（十一日），宪宗任命于頔为司空，仍然如前同平章事，加封右仆射裴均同平章事，出任山南东道节度使。

淮南节度使王锷入京朝见。王锷家中极为富有，他以大量资财进献贡物和贿赂宦官，谋求出任平章事。翰林学士白居易认为："宰相是人臣中的最高职位，如果不是声望清正或者功劳巨大的人是不应当授给的。过去任命裴均为宰相，外界的议论已经很多了，如今又要任命王锷为宰相，那么像王锷这一类人都会生出要当宰相的希望来了。

若尽与之，则典章大坏，又不感恩。不与，则厚薄有殊，或生怨望。幸门一启，无可奈何。且锷在镇五年，百计诛求，货财既足，自入进奉。若除宰相，四方藩镇皆谓锷以进奉得之，竞为刻剥，则百姓何以堪之！”事遂寝。

16　壬辰，加宣武节度使韩弘同平章事。

17　丙申，以户部侍郎裴垍为中书侍郎、同平章事。上虽以李吉甫故罢垍学士，然宠信弥厚，故未几复擢为相。

初，德宗不任宰相，天下细务皆自决之，由是裴延龄辈得用事。上在藩邸，心固非之，及即位，选擢宰相，推心委之，尝谓垍等曰：“以太宗、玄宗之明，犹藉辅佐以成其理，况如朕不及先圣万倍者乎！”垍亦竭诚辅佐。上尝问垍：“为理之要何先？”对曰：“先正其心。”旧制，民输税有三：一曰上供；二曰送使；三曰留州。建中初定两税，货重钱轻。是后货轻钱重，民所出已倍其初。其留州、送使者，所在又降省估就实估，以重敛于民。及垍为相，奏：“天下留州、送使物，请一切用省估。其观察使，先税所理之州以自给，不足，然后许税于所属之州。”由是江、淮之民稍苏息。先是，执政多恶谏官言时政得失，垍独赏之。垍器局峻整，人不敢干以私。尝有故人自远诣之，垍资给优厚，从容款狎。

如果完全满足他们的愿望，就会使制度遭到极大的破坏，而他们也并不会感激陛下的恩典。如果不满足他们的愿望，便是陛下有厚薄之分，有人就会生产怨恨。侥幸之门一经打开，便无法收拾了。而且，王锷出任淮南的五年间，想尽办法搜刮聚敛，在物资钱财充足以后，便亲自入朝进献贡物。倘若任命他为宰相，各地藩镇都会说王锷是由于进献贡物而得到宰相职务的，便争着干剥削百姓的事情，那么百姓怎么能够经受得住呢！”于是事情被搁置下来了。

16　壬辰（十三日），宪宗加封宣武节度使韩弘同平章事。

17　丙申（十七日），宪宗任命户部侍郎裴垍为中书侍郎、同平章事。虽然宪宗因李吉甫的缘故免去了裴垍的翰林学士职务，然而对他的宠爱信任却更为深厚，所以不久便又提拔他出任宰相。

当初，德宗不肯信任宰相，天下的细小事务完全由自己处理，因此裴延龄一类人得以当权。宪宗还在藩王府邸中的时候，内心本来就认为这种做法是不对的，及至即位以后，对选择提拔的宰相，总是推心置腹地信任他们，宪宗曾经对裴垍等人说：“凭着太宗、玄宗的英明，还要借助大臣来完成对国家的治理，何况像朕这样连先朝圣君的万分之一都赶不上的人呢！”裴垍也竭尽诚心佐助皇帝。宪宗曾经询问裴垍说：“治理国家的要务，什么居于首位？”裴垍回答说：“首先应当端正人心。”依照常例，百姓交纳的赋税有三项：第一项是进献朝廷的赋税，第二项是送交镇使的赋税，第三项是留在本州的赋税。建中初年制定了两税法，致使商品价格提高而钱币价格跌落。在此之后，商品价格跌落而钱币价格提高，百姓交纳的赋税已经多出当初的一倍了。其中留在本州的与送交镇使的赋税，各地又降低都省规定的物价而按照实际的物价征收，以加重对百姓的征敛。及至裴垍出任宰相，他上奏说：“对于全国留在本州和交送镇使的物品，请一律采用都省制定的物价。观察使应当首先在自己治理的州中征税，以便自给，如果达不到应该征收的税额，然后才允许他们在所隶属的州中征税。”由此，江淮地区的百姓逐渐得到休养生息。在此之前，主持政务的官员往往厌恶谏官谈论时政的成功与失败，唯独裴垍奖励谏官进谏。裴垍的才具气度严正而庄重，人们不敢因私事干求他。曾经有一位朋友从远方来到他那里，裴垍送给这位朋友许多财物，纵情而无拘束地接待他。

其人乘间求京兆判司，垍曰："公不称此官，不敢以故人之私伤朝廷至公。他日有盲宰相怜公者，不妨得之，垍则必不可。"

18　戊戌，以中书侍郎、同平章事李吉甫同平章事，充淮南节度使。

19　河中、晋绛节度使邠宣公杜黄裳薨。

20　冬，十二月庚戌，置行原州于临泾，以镇将郝玼为刺史。

21　南诏王异牟寻卒，子寻阁劝立。

四年(己丑,809)

1　春，正月戊子，简王遘薨。

2　渤海康王嵩璘卒，子元瑜立，改元永德。

3　南方旱饥。庚寅，命左司郎中郑敬等为江、淮、二浙、荆、湖、襄、鄂等道宣慰使，赈恤之。将行，上戒之曰："朕宫中用帛一匹，皆籍其数，惟赒救百姓，则不计费，卿辈宜识此意，勿效潘孟阳饮酒游山而已。"

4　给事中李藩在门下，制敕有不可者，即于黄纸后批之。吏请更连素纸，藩曰："如此，乃状也，何名批敕！"裴垍荐藩有宰相器。上以门下侍郎、同平章事郑絪循默取容，二月丁卯，罢絪为太子宾客，擢藩为门下侍郎、同平章事。藩知无不言，上甚重之。

5　河东节度使严绶，在镇九年，军政补署一出监军李辅光，绶拱手而已。裴垍具奏其状，请以李鄘代之。三月乙酉，以绶为左仆射，以凤翔节度使李鄘为河东节度使。

此人借机请求京兆府参军的职务，裴垍说："你不适合担当这个官职，我不敢因朋友的私情去损害朝廷至上的公道。以后若有瞎眼的宰相怜悯你，你不妨得到这个官职，我却是肯定不会同意的。"

18　戊戌（十九日），宪宗使中书侍郎、同平章事李吉甫挂衔同平章事，充任淮南节度使。

19　河中、晋绛节度使邠宣公杜黄裳故去。

20　冬季，十二月庚戌（初三），朝廷在临泾设置行原州，任命镇将郝玼为刺史。

21　南诏王异牟寻故去，他的儿子寻阁劝即位。

唐宪宗元和四年（己丑，公元809年）

1　春季，正月戊子（十一日），简王李遘故去。

2　渤海康王大嵩璘故去，他的儿子大元瑜即位，更改年号为永德。

3　南方发生旱灾，出现饥荒。庚寅（十三日），宪宗任命左司郎中郑敬等人为江淮、二浙、荆、湖、襄、鄂等道宣慰使，前去赈济抚恤饥民。在将要启程的时候，宪宗告诫他们说："朕在宫中就是使用一匹丝帛，都要登记使用数额，只有在救济百姓的时候，才不计算费用，你们这些人应当记住我的用心，不要学着潘孟阳的样子去喝酒游山就算了事。"

4　给事中李藩在门下省供职，凡是制书敕令有不适当的地方，他便在黄麻纸的末后批写意见。吏人请他再用一张白纸连在后面，李藩却说："要是这样的话，就是在写文状了，还叫什么批写敕书呢！"裴垍推荐李藩有担当宰相的器度。宪宗认为门下侍郎、同平章事郑细缄默不言，取悦于人，二月丁卯（二十一日），将郑絪罢免为太子宾客，提升李藩为门下侍郎、同平章事。李藩知无不言，宪宗很器重他。

5　河东节度使严绶在藩镇任职九年，军中政务和吏员委任一概由监军李辅光处理，严绶不过抱合双手表示恭敬罢了。裴垍将他的状况全部上奏，请求让李鄘替代他。三月乙酉（初九），宪宗任命严绶为左仆射，任命凤翔节度使李鄘为河东节度使。

6　成德节度使王士真薨，其子副大使承宗自为留后。河北三镇，相承各置副大使，以嫡长为之，父没则代领军务。

7　上以久旱，欲降德音，翰林学士李绛、白居易上言，以为“欲令实惠及人，无如减其租税”。又言“宫人驱使之馀，其数犹广，事宜省费，物贵徇情”。又请“禁诸道横敛以充进奉”。又言“岭南、黔中、福建风俗，多掠良人卖为奴婢，乞严禁止”。闰月己酉，制降天下系囚，蠲租税，出宫人，绝进奉，禁掠卖，皆如二人之请。己未，雨。绛表贺曰：“乃知忧先于事，故能无忧；事至而忧，无救于事。”

8　初，王叔文之党既贬，有诏，虽遇赦无得量移。吏部尚书、盐铁转运使李巽奏：“郴州司马程异，吏才明辨，请以为杨子留后。”上许之。巽精于督察，吏人居千里之外，战栗如在巽前。异句检簿籍，又精于巽，卒获其用。

9　魏徵玄孙稠贫甚，以故第质钱于人，平卢节度使李师道请以私财赎出之。上命白居易草诏，居易奏言：“事关激劝，宜出朝廷。师道何人，敢掠斯美！望敕有司以官钱赎还后嗣。”上从之，出内库钱二千缗赎赐魏稠，仍禁质卖。

10　王承宗叔父士则以承宗擅自立，恐祸及宗，与幕客刘栖楚俱自归京师。诏以士则为神策大将军。

11　翰林学士李绛等奏曰：“陛下嗣膺大宝，四年于兹，而储闱未立，典册不行，是开窥觎之端，乖重慎之义，非所以承宗庙、重社稷也。

6　成德节度使王士真故去，他的儿子副大使王承宗自命为留后。河北三镇相继分别设置了副大使，以嫡长子担任，一旦父亲故去，便代替父亲统领军中事务。

7　由于发生了长时间的干旱，宪宗准备颁布德音令，翰林学士李绛与白居易进言，认为："要想让人们得到实际的恩惠，没有什么措施能够赶得上减轻他们的税赋负担了。"又说："宫中人员除供内廷驱遣以外，剩下来的人为数仍然很多，办事应当节省开支，对人贵在顺乎常情。"他们还请求"禁止各道横征暴敛以充当进献的贡物"。又说："岭南、黔中、福建的习尚，往往掳掠良民，将他们卖作奴婢，请严加禁止。"闰三月己酉（初三），宪宗颁布制书，减轻对全国在押囚犯的处罚，免除本年租赋，外放宫中妇女，杜绝进献，禁止掳掠人口出卖，完全像他们两人请求的那样。己未（十三日），天下雨。李绛上表祝贺说："由此可知，忧虑在事情发生之前，才能够消除忧虑；忧虑在事情发生以后，便无可挽回了。"

8　当初，王叔文一党被贬以后，诏书规定他们即使遇到大赦，也不能够酌情迁官。吏部尚书、盐铁转运使李巽上奏说："郴州司马程异，有担当官吏的才分，明察善辨，请陛下任命他为杨子县留后吧。"宪宗答应了他的请求。李巽监督考察属下是精明的，即使吏人身在千里以外，仍然像在李巽面前那样战战兢兢地办事。程异检核账簿文书，比李巽还要精明，最后还是得到进用了。

9　魏徵的玄孙魏稠极为贫困，将祖居的住宅典押给人，换取钱币，平卢节度使李师道请求用自己的私人资财将住宅赎买出来。宪宗命令白居易草拟同意李师道请求的诏书，白居易上奏说："这件事情关系到对臣下的激励劝勉，应当由朝廷办理此事。李师道是什么人，胆敢抢去这个美名！希望陛下敕令有关部门用官府的钱赎买住宅，归还给魏氏的后人。"宪宗听从了这一建议，由皇上的内廷专库中支出钱两千缗，赎出住宅，赐给魏稠，并禁止典押出卖。

10　王承宗的叔父王士则因王承宗擅自继任节度使，惟恐祸殃牵连本宗，便与幕府宾客刘栖楚一起主动返回京城。宪宗颁诏任命王士则为神策大将军。

11　翰林学士李绛等人上奏说："陛下继承皇位，到现在已经有四年了，然而，太子尚未确立，策命没有颁行，这将开启暗中希求的端倪，违背慎重的原则，不是继承宗庙、尊重国家的办法啊。

伏望抑执谦之小节，行至公之大典。”丁卯，制立长子邓王宁为太子。宁，纪美人之子也。

12 辛未，灵盐节度使范希朝奏以太原兵六百人衣粮给沙陀，许之。

13 夏，四月，山南东道节度使裴均恃有中人之助，于德音后进银器千五百馀两。翰林学士李绛、白居易等上言：“均欲以此尝陛下，愿却之。”上遽命出银器付度支。既而有旨谕进奏院：“自今诸道进奉，无得申御史台。有访问者，辄以名闻。”白居易复以为言，上不听。

14 上欲革河北诸镇世袭之弊，乘王士真死，欲自朝廷除人，不从则兴师讨之。裴垍曰：“李纳跋扈不恭，王武俊有功于国，陛下前许师道，今夺承宗，沮劝违理，彼必不服。”由是议久不决。上以问诸学士，李绛等对曰：“河北不遵声教，谁不愤叹，然今日取之，或恐未能。成德自武俊以来，父子相承四十馀年，人情贯习，不以为非。况承宗已总军务，一旦易之，恐未必奉诏。又范阳、魏博、易定、淄青以地相传，与成德同体，彼闻成德除人，必内不自安，阴相党助，虽茂昭有请，亦恐非诚。今国家除人代承宗，彼邻道劝成，进退有利。若所除之人得入，彼则自以为功；若诏令有所不行，彼因潜相交结。在于国体，岂可遽休！

希望陛下贬损个人细小的谦逊行为，奉行国家重大的公正无私的仪典。”丁卯（二十一日），宪宗颁制将长子邓王李宁立为太子。李宁是纪美人的儿子。

12　辛未（二十五日），灵盐节度使范希朝奏请拨出太原六百士兵的衣服与口粮供给沙陀，宪宗答应了他的请求。

13　夏季，四月，山南东道节度使裴均依仗着得到宦官的帮助，在德音令颁布以后，进献银器多达一千五百多两。翰林学士李绛与白居易等人进言说：“裴均打算用此事试探陛下，希望陛下将银器退还。”宪宗赶忙命令将银器取出，交付度支。不久，宪宗颁旨谕示诸道进奏院说：“从现在起，凡是各道前来进献贡物，不允许申报御史台。倘若有人询问此类事情，你处就应当将询问者的名字向朕报告。”白居易又就此事进言，宪宗不肯听从。

14　宪宗准备革除河北各藩镇世代承袭节度使的弊病，趁着王士真死去的机会，打算由朝廷任命节度使，如果王承宗不肯服从，就起兵讨伐他。裴垍说：“李纳对朝廷骄横不敬，而王武俊却为国家立下功劳，陛下前些时候允许李师道承袭节度使职务，现在却要削夺王承宗的承袭权，既有碍对藩镇的勉励，又违反事情的情理，王承宗肯定不会服气。”因此，对王承宗的事情计议了很长时间，都没有能够决定下来。宪宗就此询问各位翰林学士，李绛等人回答说：“河北藩镇不遵本朝廷的声威与教化，谁不愤恨叹息，然而，要想现在就攻取他们，也许朝廷还没有这个能力。成德镇自从王武俊以来，父子相继承袭节度使的职位，已经有四十多年时间了，人情已经习惯，不认为有什么不对。何况王承宗已经总揽军中事务，忽然派人取代他，恐怕他不一定会接受诏命。加之，范阳、魏博、易定、淄青各藩镇也是将所统辖的地盘世代相传，与成德属于同一体制，他们得知成德由朝廷任命节度使，肯定会感到不安，暗中结成一伙，相互援助，虽然张茂昭曾经请求替代王承宗，恐怕也不是出于真心实意。倘若现在朝廷委派官员替代王承宗，便是他的邻道劝说成功了，这对张茂昭以后采取或进或退的行动是有利的。如果朝廷委派的官员得以进入成德，张茂昭便认为这是自己的功劳；如果陛下的诏令不能得以施行，张茂昭便可能与王承宗暗中相互勾结。这关系到国家的体统，怎么能够就此善罢甘休了呢！

须兴师四面攻讨,彼将帅则加官爵,士卒则给衣粮,按兵玩寇,坐观胜负,而劳费之病尽归国家矣。今江、淮水,公私困竭,军旅之事,殆未可轻议也。”

左军中尉吐突承璀欲希上意,夺裴垍权,自请将兵讨之。宗正少卿李拭奏称:“承宗不可不讨。承璀亲近信臣,宜委以禁兵,使统诸军,谁敢不服!”上以拭状示诸学士曰:“此奸臣也,知朕欲将承璀,故上此奏。卿曹记之,自今勿令得进用。”

昭义节度使卢从史遭父丧,朝廷久未起复。从史惧,因承璀说上,请发本军讨承宗。壬辰,起复从史左金吾大将军,馀如故。

15　初,平凉之盟,副元帅判官路泌、会盟判官郑叔矩皆没于吐蕃。其后吐蕃请和,泌子随三诣阙号泣上表,乞从其请,德宗以吐蕃多诈,不许。至是,吐蕃复请和,随又五上表,诣执政泣请,裴垍、李藩亦言于上,请许其和,上从之。五月,命祠部郎中徐复使吐蕃。

16　六月,以灵盐节度使范希朝为河东节度使。朝议以沙陀在灵武,迫近吐蕃,虑其反复,又部落众多,恐长谷价,乃命悉从希朝诣河东。希朝选其骁骑千二百,号沙陀军,置使以领之,而处其馀众于定襄川。于是执宜始保神武川之黄花堆。

而这就必须征集军队，从四方攻打声讨他们，对委任的将领与主帅就得加封官职与爵位，对应征的士兵就得供给衣服与口粮，还会发生顿兵不前，姑息敌寇，旁观战事的胜利与失败的事情，但是，劳苦百姓、耗费物资的弊病却全部由国家承担起来了。现在江淮地区发生了水灾，官府与平民极为困顿，对于用兵打仗的事情，恐怕是不应该轻易计议的吧。”

左神策军中尉吐突承璀，打算逢迎宪宗的意愿，削去裴垍的权力，便主动请求率领兵马讨伐王承宗。宗正少卿李拭上奏声称：“对于王承宗是不能够不加以讨伐的。吐突承璀是陛下亲近并信任的内臣，应该将禁卫亲军委托给他，让他统率各军，有谁胆敢不服从命令！”宪宗将李拭的进状拿给各位翰林学士去看，还说：“这是一个奸臣啊，知道朕打算任命吐突承璀为大将，所以他便进献这一奏状。你们这些人记住他的名字，从今以后，不要让他得到提拔任用的机会。”

昭义节度使卢从史遇到父亲去世而退官守丧，朝廷很长时间没有再起用他。卢从史害怕了，便通过吐突承璀劝说宪宗，请求让自己调发昭义本军前去攻讨王承宗。壬辰（十七日），宪宗起用卢从史为左金吾大将军，其馀职务一如既往。

15 当初，朝廷与吐蕃在平凉川举行会盟的时候，副元帅判官路泌、会盟判官郑叔矩都沦落到吐蕃去了。在此以后，吐蕃请求和好，路泌的儿子路随三次前往朝廷哭着进献表章，乞求依从吐蕃的请求，德宗认为吐蕃狡诈多变，不肯听从。至此，吐蕃再次请求和好，路随又接连五次上表，到主持政务的官员那里哭泣着请求，裴垍、李藩也向宪宗诉说，请求允许吐蕃请和，宪宗听从了他们的意见。五月，命令祠部郎中徐复出使吐蕃。

16 六月，宪宗任命灵盐节度使范希朝为河东节度使。朝廷中计议国政的人们认为沙陀住在灵武，靠近吐蕃，顾虑他们变动无常，加上沙陀部落众多，担心会因此使谷物价格上涨，便命令沙陀悉数跟从范希朝前往河东。范希朝在沙陀人中选出骁勇的骑兵一千二百人，号称沙陀军，设置兵马使统领他们，而将其馀的沙陀人众在定襄川安顿下来。从此，朱邪执宜开始防守神武川的黄花堆。

17　左军中尉吐突承璀领功德使，盛修安国寺，奏立圣德碑，高大一准《华岳碑》，先构碑楼，请敕学士撰文，且言“臣已具钱万缗，欲酬之”。上命李绛为之，绛上言：“尧、舜、禹、汤，未尝立碑自言圣德，惟秦始皇于巡游所过，刻石高自称述，未审陛下欲何所法？且叙修寺之美，不过壮丽观游，岂所以光益圣德！”上览奏，承璀适在旁，上命曳倒碑楼。承璀言：“碑楼甚大，不可曳，请徐毁撤。”冀得延引，乘间再论，上厉声曰：“多用牛曳之！”承璀乃不敢言。凡用百牛曳之，乃倒。

17　左神策军中尉吐突承璀兼任功德使的职务，大力修治安国寺，奏请树立圣德碑，长宽一概以《华岳碑》为标准，率先建造藏碑的楼宇，请求宪宗敕令翰林学士撰写碑文，而且说："我已准备好一万缗钱，打算酬谢撰文的学士。"宪宗命令李绛撰写碑文，李绛进言说："唐尧、虞舜、夏禹、商汤不曾立碑称道自己超凡的德行，只有秦始皇在巡视游历经过的地方，镌刻石碑，为自己大力宣扬，不知道陛下打算效法谁人？而且，叙述修治寺庙的美盛之处，只不过是建筑壮丽，足供游览一类，难道这是光大陛下恩德的办法吗！"宪宗览阅奏章的时候，适逢吐突承璀就在一旁，宪宗便让他将碑楼拖倒。吐突承璀说："碑楼很大，无法拖拉，请让我慢慢将它毁除吧。"希望得以招揽适当的人物，借机再说此事，宪宗语调严厉地说："用许多牛来拖拉碑楼！"吐突承璀这才不敢答言。后来，共计用了上百条牛拖拉碑楼，碑楼才倒塌下来。

卷第二百三十八　唐纪五十四

起己丑(809)七月尽壬辰(812)九月凡三年有奇

宪宗昭文章武大圣至神孝皇帝上之下

元和四年(己丑,809)

1　秋,七月壬戌,御史中丞李夷简弹京兆尹杨凭,前为江西观察使贪污僭侈。丁卯,贬凭临贺尉。夷简,元懿之玄孙也。上命尽籍凭资产,李绛谏曰:“旧制,非反逆不籍其家。”上乃止。

凭之亲友无敢送者,栎阳尉徐晦独至蓝田与别。太常卿权德舆素与晦善,谓之曰:“君送杨临贺,诚为厚矣,无乃为累乎?”对曰:“晦自布衣蒙杨公知奖,今日远谪,岂得不与之别!借如明公他日为谗人所逐,晦敢自同路人乎!”德舆嗟叹,称之于朝。后数日,李夷简奏为监察御史。晦谢曰:“晦平生未尝得望公颜色,公何从而取之?”夷简曰:“君不负杨临贺,肯负国乎!”

2　上密问诸学士曰:“今欲用王承宗为成德留后,割德、棣二州更为一镇以离其势,并使承宗输二税,请官吏,一如师道,何如?”李绛等对曰:“德、棣之隶成德,为日已久,今一旦割之,恐承宗及其将士忧疑怨望,得以为辞。况其邻道情状一同,各虑他日分割,或潜相构扇,万一旅拒,倍难处置,愿更三思。

宪宗昭文章武大圣至神孝皇帝上之下

唐宪宗元和四年(己丑,公元809年)

1　秋季,七月壬戌(十八日),御史中丞李夷简揭发京兆尹杨凭原先担任江西观察使时贪赃枉法,过度奢侈。丁卯(二十三日),宪宗将杨凭贬为临贺县尉。李夷简是李元懿的玄孙。宪宗命令将杨凭的资财田产全部没收,李绛进谏说:“根据惯例,如果不属于谋反叛逆的罪行,便不没收罪犯的家产。”因此才没有没收杨凭的资财田产。

杨凭的亲戚朋友没有敢来送行的,唯独栎阳县尉徐晦来到蓝田,与杨凭辞别。太常卿权德舆平素与徐晦交好,便告诉他说:“你为杨临贺送行,诚然是情谊深厚,但这岂不要使你遭受连累吗?”徐晦回答说:“我从身为平民时便蒙受杨公的知遇与奖拔,现在他被贬逐远方了,我怎么能够不与他告别呢!假使您以后被进谗言的人斥逐了,我敢自视为与您彼此无关的人吗!”权德舆赞叹不已,便在朝廷中称扬他。过了几天以后,李夷简奏请宪宗任命徐晦为监察御史。徐晦道谢时说:“我之前不曾与您谋面,您根据什么选取了我呢?”李夷简说:“你不肯辜负杨临贺,怎么肯辜负朝廷呢!”

2　宪宗暗中征询诸位翰林学士的意见说:“现在打算任用王承宗为成德留后,从成德分割出德州与棣州两地,再设置一个军镇,以便削弱王承宗的势力,并且让王承宗向国家缴纳两税,向朝廷请求任命官吏,完全像对李师道的措施一样,你们认为怎么样呢?”李绛等人回答说:“德州与棣州隶属成德,为时已久,现在忽然将二州分割出来,恐怕王承宗及其将士忧虑怀疑、怨恨不满,能够找到犯上的借口了。况且,相邻各道的情形和他是一样的,相邻各道各自顾虑以后也会遭到分割,或许就要暗中相互连结,彼此煽动了。假如他们聚兵抗拒朝廷,处理起来会有加倍的困难,希望陛下再反复考虑一下吧。

所是二税、官吏，愿因吊祭使至彼，自以其意谕承宗，令上表陈乞如师道例，勿令知出陛下意。如此，则幸而听命，于理固顺，若其不听，体亦无损。”

上又问：“今刘济、田季安皆有疾，若其物故，岂可尽如成德付授其子，天下何时当平！议者皆言‘宜乘此际代之，不受则发兵讨之，时不可失。’如何？”对曰：“群臣见陛下西取蜀，东取吴，易于反掌，故谄谀躁竞之人争献策画，劝开河北，不为国家深谋远虑，陛下亦以前日成功之易而信其言。臣等夙夜思之，河北之势与二方异。何则？西川、浙西皆非反侧之地，其四邻皆国家臂指之臣。刘辟、李锜独生狂谋，其下皆莫之与，辟、锜徒以货财啖之，大军一临，则涣然离耳。故臣等当时亦劝陛下诛之，以其万全故也。成德则不然，内则胶固岁深，外则蔓连势广。其将士百姓怀其累代煦妪之恩，不知君臣逆顺之理，谕之不从，威之不服，将为朝廷羞。又，邻道平居或相猜恨，及闻代易，必合为一心，盖各为子孙之谋，亦虑他日及此故也。万一馀道或相表里，兵连祸结，财尽力竭，西戎、北狄乘间窥窬，其为忧患可胜道哉！济、季安与承宗事体不殊，若物故之际，有间可乘，当临事图之，于今用兵，则恐未可。太平之业，非朝夕可致，愿陛下审处之。”

有关上缴两税、任命官吏两点是正确的，希望趁着吊祭使前往王承宗处的机会，让吊祭使以个人意见开导王承宗，使他上表陈请按照李师道的成例处理，不让他知道这是出自陛下的意见。像这样去做，假如王承宗幸好听从命令，固然是顺乎情理的，倘若王承宗不肯听从命令，也不会损害朝廷的体面。”

宪宗又询问道：“如今刘济、田季安都身患重病，如果他们一旦故去了，哪里能够完全像对待成德那样，将节度使的职务交给他们的儿子，这样下去，什么时候天下才能够平定呢！议论此事的人们都说：‘应当趁着这一时机取代他们，如果他们不肯接受命令，就派兵讨伐他们，时机不可错过。’你们认为这种看法怎么样呢？”李绛等人回答说：“群臣看到陛下西面攻取蜀地，东面攻取吴地，易如反掌，所以阿谀逢迎、争权夺势的人们争着进献策谋，劝说陛下开辟河北地区，他们不曾为国家做过深远的谋划，周密的计虑，陛下也由于前些时候成功比较容易，因而相信他们的话。我等日夜相继地考虑此事，认为河北地区的形势与西蜀、东吴两地是不同的。为什么这样说呢？西川和浙西都不是反复无常的地区，他们周边相邻的州道都是国家可以指挥自如的臣属。唯独刘辟、李锜生出狂妄的阴谋，但他们的部下都不赞成，刘辟、李锜只是用物资钱财利诱部下，官军一到，他们的势力便分崩瓦解了。所以我等当时也劝说陛下诛讨他们，因为这是万无一失的缘故啊。成德就不是这种情况了，就其内部而言，他们上下牢固结合，历时已久；就其外部而言，他们四处蔓延联结，声势已大。他们的将士与百姓感念他们累世赡养的恩惠，不晓得君主与臣下、正顺与逆反的道理，劝告他们，他们不肯听从，威慑他们，他们不肯服气，这是会给朝廷带来羞辱的。再者，相邻各道平时或许会相互猜疑与怨恨，及至得知朝廷派人代换成德节度使时，就肯定会合成一条心，这大约是各自替子孙后代打算，也顾虑到以后自己会遭到这种处置的缘故啊。如果其馀数道中有人与成德相互应援，战祸就会连绵不断，国家的资财用尽，力量耗竭，西部与北部的戎狄再乘机伺隙而动，他们造成的祸患难道是讲得完的吗！刘济、田季安与王承宗在事情的体统上是没有区别的，倘若在他们故去的时候，有机可乘，应当临至事情发生时再谋取，现在诉诸武力，恐怕就不够妥当了。天下太平的大业，不是一朝一夕可以实现的，希望陛下审慎地处理此事。”

时吴少诚病甚，绛等复上言："少诚病必不起。淮西事体与河北不同，四旁皆国家州县，不与贼邻，无党援相助，朝廷命帅，今正其时，万一不从，可议征讨。臣愿舍恒冀难致之策，就申蔡易成之谋。脱或恒冀连兵，事未如意，蔡州有衅，势可兴师，南北之役俱兴，财力之用不足。傥事不得已，须赦承宗，则恩德虚施，威令顿废。不如早赐处分，以收镇冀之心，坐待机宜，必获申蔡之利。"既而承宗久未得朝命，颇惧，累表自诉。八月壬午，上乃遣京兆少尹裴武诣真定宣慰，承宗受诏甚恭，曰："三军见迫，不暇俟朝旨，请献德、棣二州以明恳款。"

3　丙申，安南都护张舟奏破环王三万众。

4　九月甲辰朔，裴武复命。庚戌，以承宗为成德节度使、恒冀深赵州观察使，德州刺史薛昌朝为保信军节度、德棣二州观察使。昌朝，嵩之子，王氏之婿也，故就用之。田季安得飞报，先知之，使谓承宗曰："昌朝阴与朝廷通，故受节钺。"承宗遽遣数百骑驰入德州，执昌朝，至真定，囚之。中使送昌朝节过魏州，季安阳为宴劳，留使者累日，比至德州，已不及矣。

上以裴武为欺罔，又有谮之者曰："武使还，先宿裴垍家，明旦乃入见。"上怒甚，以语李绛，欲贬武于岭南，绛曰："武昔陷李怀光军中，守节不屈，岂容今日遽为奸回！盖贼多变诈，人未易尽其情。

当时，吴少诚病情非常严重，李绛等人进言说："吴少诚的病肯定不会再好起来了。淮西的局势与河北并不相同，周围都是国家的州县，不与贼寇的疆境相毗邻，没有同党应援帮助，朝廷任命淮西主帅，现在正是时候，如果淮西不肯听从，可以计议出兵征讨他们。我希望陛下丢开恒冀这一难达目的的筹策，归向申蔡这一容易成功的谋划。假如对恒冀需要连续用兵，战事并不令人满意，而蔡州出现内乱，具备可以发兵的形势，南北两方同时用兵，国家的财物人力的用度就难以充足了。倘若事情出于迫不得已，而必须赦免王承宗，那就会使陛下的恩典与仁德空自施行，朝廷的威严与号令立刻废弃了。这就不如及早颁赐对王承宗的处理办法，以便收揽恒冀的归向之心，坐等时机，肯定能够在申蔡那里得到好处。"不久，王承宗因很长时间没有得到朝廷的任命，感到很是恐惧，屡次上表自行陈诉。八月壬午（初九），宪宗便派遣京兆少尹裴武前往真定安抚王承宗，王承宗接受诏旨的时候很是恭敬地说："由于我受到部下各军的逼迫，来不及等候朝廷颁旨任命，请让我献出德州与棣州两地，用以表明我的诚意。"

3　丙申（二十三日），安南都护张舟奏称打败了林邑环王的三万人众。

4　九月甲辰朔（初一），裴武回报完成使命。庚戌（初七），宪宗任命王承宗为成德节度使与恒、冀、深、赵四州观察使，任命德州刺史薛昌朝为保信军节度使和德、棣二州观察使。薛昌朝是薛嵩的儿子，王承宗的女婿，所以朝廷就势起用了他。田季安得到快马传递的报告，事先已经知道了朝廷的任命，便派人告诉王承宗说："薛昌朝暗中与朝廷交往，所以他才得到节度使的职位。"王承宗连忙派遣数百名骑兵奔入德州，将薛昌朝捉拿到真定囚禁起来。中使颁送任命薛昌朝为节度使的旌节经过魏州，田季安佯装设宴犒劳中使，将中使留了好几天，及至中使来到德州的时候，薛昌朝已经被捉拿走了。

宪宗认为裴武是在欺蒙朝廷，还有人诬陷他说："裴武出使归来以后，先到裴垍家中过夜，第二天早晨，才入朝觐见。"宪宗非常恼怒，将此事说给李绛听，打算将裴武贬逐到岭南，李绛说："过去，裴武落在李怀光的军队中，恪守节操，不肯屈服，现在怎么会突然去做邪恶的事情！大约贼人狡诈多变，使人不容易识破其中的真情。

承宗始惧朝廷诛讨，故请献二州。既蒙恩贷，而邻道皆不欲成德开分割之端，计必有间说诱而胁之，使不得守其初心者，非武之罪也。今陛下选武使入逆乱之地，使还，一语不相应，遽窜之遐荒，臣恐自今奉使贼庭者以武为戒，苟求便身，率为依阿两可之言，莫肯尽诚具陈利害，如此，非国家之利也。且垍、武久处朝廷，谙练事体，岂有使还未见天子而先宿宰相家乎！臣敢为陛下必保其不然，此殆有谗人欲伤武及垍者，愿陛下察之。”上良久曰：“理或有此。”遂不问。

5　丙辰，振武奏吐蕃五万馀骑至拂梯泉。辛未，丰州奏吐蕃万馀骑至大石谷，掠回鹘入贡还国者。

6　左神策军吏李昱贷长安富人钱八千缗，满三岁不偿，京兆尹许孟容收捕械系，立期使偿，曰：“期满不足，当死。”一军大惊。中尉诉于上，上遣中使宣旨，付本军，孟容不之遣。中使再至，孟容曰：“臣不奉诏，当死。然臣为陛下尹京畿，非抑制豪强，何以肃清辇下！钱未毕偿，昱不可得。”上嘉其刚直而许之，京城震栗。

7　上遣中使谕王承宗，使遣薛昌朝还镇，承宗不奉诏。冬，十月癸未，制削夺承宗官爵，以左神策中尉吐突承璀为左右神策、河中、河阳、浙西、宣歙等道行营兵马使、招讨处置等使。

王承宗起初害怕朝廷讨伐他，所以请求献出两个州来。在蒙受陛下的宽宥以后，与王承宗相邻各道不愿意让成德成为分割地盘、献给朝廷的开端，估计肯定发生了暗中劝说、引诱、胁迫王承宗，使他不能够信守当初的心愿的事情，这并不是裴武的罪责啊。如今陛下挑选裴武前往反叛动乱的地区，出使回来以后，一句话说得不够适合，便急忙将他斥逐到荒远地区，我恐怕从今以后受命出使敌庭的人们会以裴武当作自己的儆戒，苟且寻求自身的便利，一概说些随声附和、模棱两可的言语，不肯披露真心而陈述利弊得失了，像这个样子，对国家可不是有利的啊。而且，裴垍与裴武长期在朝廷任职，熟悉朝事的体统，难道会在出使归来、未见天子以前便首先在宰相家中过夜吗！我敢向陛下确保裴武不会这样去做，这大概是有好进谗言的人打算危害裴武以至裴垍的一种说法，希望陛下察验此事。"宪宗停了许久才说："在道理上或许有此一说吧。"于是不再追究。

5　丙辰（十三日），振武地方奏称，吐蕃五万馀骑兵来到拂梯泉。辛未（二十八日），丰州奏称，吐蕃一万馀骑来到大石谷，掳掠那些入京进贡以后归返本国的回鹘人。

6　左神策军吏李昱向长安富人借贷钱八千缗，满了三年，还不偿还，京兆尹许孟容将李昱收捕，并给他带上枷锁，还立下期限，让他清偿，许孟容说："如果期限满了，你还没有完全还清，就会处以死罪。"左神策军全军大为震惊。左神策军中尉向宪宗申诉，宪宗派遣中使宣布诏旨，让许孟容将李昱交付本军，许孟容不肯将他遣回。中使第二次前来，许孟容说："我不肯接受诏命，该当死罪。然而，我为陛下担任京城周围地区的长官，如果不去约束地方上的豪强势力，怎么能够使京城清平整肃呢！只要没有将钱完全清偿，李昱就不能够从我这放走。"宪宗嘉许许孟容刚强正直，便答应了他，京城的人们震恐惊惧。

7　宪宗派遣中使开导王承宗，让他发送薛昌朝返回德州，王承宗不接受诏命。冬季，十月癸未（十一日），宪宗颁制削除王承宗的官职爵位，任命左神策中尉吐突承璀为左右神策、河中、河阳、浙西、宣歙等道行营兵马使、招讨处置等使。

翰林学士白居易上奏，以为："国家征伐，当责成将帅，近岁始以中使为监军。自古及今，未有征天下之兵，专令中使统领者也。今神策军既不置行营节度使，则承璀乃制将也，又充诸军招讨处置使，则承璀乃都统也。臣恐四方闻之，必窥朝廷；四夷闻之，必笑中国。陛下忍令后代相传云以中官为制将、都统自陛下始乎！臣又恐刘济、茂昭及希朝、从史乃至诸道将校皆耻受承璀指麾，心既不齐，功何由立！此是资承宗之计而挫诸将之势也。陛下念承璀勤劳，贵之可也；怜其忠赤，富之可也。至于军国权柄，动关理乱，朝廷制度，出自祖宗，陛下宁忍徇下之情而自隳法制，从人之欲而自损圣明，何不思于一时之间而取笑于万代之后乎！"时谏官、御史论承璀职名太重者相属，上皆不听。戊子，上御延英殿，度支使李元素、盐铁使李鄘、京兆尹许孟容、御史中丞李夷简、给事中吕元膺、穆质、右补阙独孤郁等极言其不可，上不得已，明日，削承璀四道兵马使，改处置为宣慰而已。

李绛尝极言宦官骄横，侵害政事，谗毁忠贞，上曰："此属安敢为谗！就使为之，朕亦不听。"绛曰："此属大抵不知仁义，不分枉直，惟利是嗜，得赂则誉跖、蹻为廉良，怫意则毁龚、黄为贪暴，能用倾巧之智，构成疑似之端，朝夕左右浸润以入之，陛下必有时而信之矣。自古宦官败国者，备载方册，陛下岂得不防其渐乎！"

翰林学士白居易上奏认为:“国家发兵征讨攻伐的时候,应当督责将帅去完成任务,近些年来,开始任命中使为监军。自古至今,还没有征调全国的兵力,专门让中使统领的先例。现在,神策军既然不设置本军的行营节度使,吐突承璀便是总领本军的主将了,吐突承璀又充任诸军招讨处置使,他便是统领各军的主帅了。我担心各地得知这一消息以后,肯定要窥伺朝廷的间隙;周边各族得知这一消息以后,必须会笑话中国无人。陛下能够忍受让后世相互传说,任命宦官为一军主将、各军主帅是由陛下肇始的吗!我还担心刘济、张茂昭以及范希朝、卢从史以至于各道将校都以接受吐突承璀的指挥为耻辱,既然军心不齐,又怎么能够建立功劳呢!这是资助王承宗计谋,挫伤各将领的声势啊。陛下顾念吐突承璀辛勤劳苦,使他尊贵起来就可以了;怜惜他忠心赤诚,使他富厚起来就可以了。至于军队和国家的权力,经常关系到政治修明或祸乱丛生,朝廷的制度,是由祖宗传承下来的,难道陛下能够忍受顺从下属的情好,从而毁坏自家的法令制度,放纵别人的欲求,从而损害自己无上的英明吗?陛下为什么不暂时思考一番,却要招来万世以后的讥笑呢!”当时,论说吐突承璀被委任的职务名分太重的谏官、御史一个接着一个,宪宗全然不肯听从。戊子(十六日),宪宗驾临延英殿,度支使李元素、盐铁使李鄘、京兆尹许孟容、御史中丞李夷简、给事中吕元膺、穆质、右补阙独孤郁等人极力进言对吐突承璀的任命是不妥当的,宪宗没有办法,第二天,免除了吐突承璀的四道兵马使职务,将处置使改为宣慰使。

李绛曾经极力进言宦官傲慢专横,侵扰损害朝中政务,谗言诋毁忠诚坚贞之士,宪宗说:“这一类人怎么有胆量说别人的坏话呢!即使他们进了谗言,我也不会听信的。”李绛说:“这一类人大都不懂得仁义,分不清是非,唯利是图,只要是得到贿赂,就能将盗跖、庄跻赞誉成廉洁善良之人,如果违背了他们的意志,便可将龚遂、黄霸毁谤为贪婪暴虐,他们能够使用狡诈的智虑,捏造成是非难辨的事端,时时刻刻围绕在四周,将谗言逐渐渗透进去,陛下肯定有时候也会相信他们的。自古以来,宦官败坏国家的事件,完全记录在典籍上面,陛下怎么能够不防备他们的浸染呢!”

己亥，吐突承璀将神策兵发长安，命恒州四面藩镇各进兵招讨。

8 初，吴少诚宠其大将吴少阳，名以从弟，署为军职，出入少诚家如至亲，累迁申州刺史。少诚病，不知人，家僮鲜于熊儿诈以少诚命召少阳摄副使、知军州事。少诚有子元庆，少阳杀之。十一月己巳，少诚薨，少阳自为留后。

9 是岁，云南王寻阁劝卒，子劝龙晟立。

10 田季安闻吐突承璀将兵讨王承宗，聚其徒曰："师不跨河二十五年矣，今一旦越魏伐赵。赵虏，魏亦虏矣，计为之奈何？"其将有超伍而言者，曰："愿借骑五千以除君忧。"季安大呼曰："壮哉！兵决出，格沮者斩！"

幽州牙将绛人谭忠为刘济使魏，知其谋，入谓季安曰："如某之谋，是引天下之兵也。何者？今王师越魏伐赵，不使耆臣宿将而专付中臣，不输天下之甲而多出秦甲，君知谁为之谋？此乃天子自为之谋，欲将夸服于臣下也。若师未叩赵而先碎于魏，是上之谋反不如下，且能不耻于天下乎！既耻且怒，必任智士画长策，仗猛将练精兵，毕力再举涉河，鉴前之败，必不越魏而伐赵，校罪轻重，必不先赵而后魏，是上不上，下不下，当魏而来也。"季安曰："然则若之何？"忠曰："王师入魏，

己亥(二十七日),吐突承璀带领神策军从长安出发,命令恒州四周的藩镇各自进军招抚讨伐。

8　当初,吴少诚宠爱他的大将吴少阳,便以堂弟的名义,委任他担当军中职务,吴少阳在吴少诚家中往来,就像最近的亲属一样,历经多次升迁,他已担任了申州刺史。吴少诚得病以后,连人都不能分辨出来了,家中的仆人鲜于熊儿诈称吴少诚的命令,传召吴少阳代理彰义节度副使,掌管军中和地方事务。吴少诚有个儿子叫吴元庆,吴少阳将他杀掉了。十一月己巳(二十七日),吴少诚故去,吴少阳自命为彰义留后。

9　这一年,云南王寻阁劝故去,他的儿子劝龙晟即位。

10　田季安得知吐突承璀带领兵马征讨王承宗,便将他的徒众聚合起来说:"朝廷的军队不跨过黄河,已经二十五年了,现在忽然越过魏博,攻打成德来了。倘若成德被俘虏,魏博也就被俘虏了,我们应当做何打算呢?"他的将领中有人从队伍中站出来说:"希望能够借给我骑兵五千人,用以消除您的忧虑。"田季安大声喊着说:"真是豪壮!我决意出兵,阻止者斩首!"

幽州牙将绛州人谭忠为刘济出使魏博,得知了魏博的企图,便前去告诉田季安:"根据我的谋算,魏博出兵,这是招引天下的军队来对付魏博啊。为什么这样说呢?现在,朝廷的军队越过魏博,攻打成德,不用老臣宿将,反而把兵权专付给宦官,不征调全国的军队,反而派出大批的关中兵马,您知道这是谁想出来的主意吗?这便是天子自己想出来的主意,想以此向臣下夸耀,让他们敬服啊。如果官军在没有攻打成德以前,便被魏博打败了,这就表示天子的谋算反而赶不上臣下的谋算,皇上在天下人面前怎么能不感到羞愧呢!皇上既羞愧又恼怒,就一定要任用能谋善算的人士来筹划长远的计策,依仗勇猛善战的将领来训练精锐的兵马,然后再全力起兵,渡过黄河,官军吸取以往失败的教训,就一定不会再越过魏博去攻打成德,比较魏博与成德罪责的大小,也一定不会先去攻打成德,然后再攻打魏博,这可谓不上不下,就是对着魏博来的了。"田季安说:"果真如此,怎么办才好呢?"谭忠说:"当官军进入魏博境内时,

君厚犒之。于是悉甲压境，号曰伐赵，而可阴遗赵人书曰：‘魏若伐赵，则河北义士谓魏卖友；魏若与赵，则河南忠臣谓魏反君。卖友反君之名，魏不忍受。执事若能阴解陴障，遗魏一城，魏得持之奏捷天子以为符信，此乃使魏北得以奉赵，西得以为臣，于赵有角尖之耗，于魏获不世之利，执事岂能无意于魏乎？’赵人脱不拒君，是魏霸基安矣。”季安曰：“善！先生之来，是天眷魏也。”遂用忠之谋，与赵阴计，得其堂阳。

忠归幽州，谋欲激刘济讨王承宗，会济合诸将言曰：“天子知我怨赵，今命我伐之，赵亦必大备我。伐与不伐孰利？”忠疾对曰：“天子终不使我伐赵，赵亦不备燕。”济怒曰：“尔何不直言济与承宗反乎！”命系忠狱。使人视成德之境，果不为备。后一日，诏果来，令济“专护北疆，勿使朕复挂胡忧，而得专心于承宗”。济乃解狱召忠曰：“信如子断矣，何以知之？”忠曰：“卢从史外亲燕，内实忌之，外绝赵，内实与之。此为赵画曰：‘燕以赵为障，虽怨赵，必不残赵，不必为备。’一且示赵不敢抗燕，二且使燕获疑天子。赵人既不备燕，潞人则走告于天子曰：‘燕厚怨赵，赵见伐而不备燕，是燕反与赵也。’此所以知天子终不使君伐赵，赵亦不备燕也。”济曰：“今则奈何？”忠曰：“燕、赵为怨，天下无不知。今天子伐赵，

你要好好犒劳官军。当此之际，你要将全部兵马压向边境，号称攻打成德，但可以暗中给成德人送上一封书信说：‘倘若魏博攻打成德，河北地区的仗义之士便会说魏博出卖朋友了；倘若魏博援助成德，河南地区的忠义之臣便会说魏博反叛君主了。出卖朋友和反叛君主的名声，魏博是不能容忍与接受的。如果您能够暗中解除城防，送给魏博一座城池，魏博得以拿此城作为向天子报捷的凭据，这才能使魏博在北面得以侍奉成德，在西面得以做成人臣，对于成德说来，仅有不多的损耗，对魏博说来，获得罕有的利益，难道您能够对魏博的主张没有一点意思吗？’假如成德人不拒绝你的主张，这便使魏博的霸主基业奠定了。”田季安说：“太好了！先生的到来，是上天对魏博的眷顾啊。”于是，田季安采用了谭忠的计谋，与成德暗中商议，得到了成德的堂阳县。

谭忠回到幽州以后，打算用计鼓动刘济攻讨王承宗，适逢刘济聚合各将领发言说：“天子知道我怨恨成德，现在命令我讨伐成德，成德也必然极力防备我。出兵讨伐与不出兵讨伐，采用哪种做法有利呢？”谭忠赶忙回答说：“天子最终是不会让我们去攻打成德的，成德也不会防备卢龙。”刘济生气地说：“你为什么不直接说我与王承宗谋反呢！”他命令将谭忠囚禁到牢狱中。刘济让人察看成德的边境，果然不曾设置防备。过了一天，果然有诏书送来，命令刘济“专力防护北部疆境，不要让朕再为胡人担忧，因而得以一心一意地对付王承宗”。于是，刘济打开牢狱，召见谭忠说：“事态诚然像你判断的那样，你是怎么知道的呢？”谭忠说：“卢从史表面上与卢龙亲近，骨子里实际是在忌恨卢龙，表面上不与成德往来，骨子里实际是在援助成德。他为成德这样筹划说：‘卢龙是把成德作为自己的屏障的，虽然卢龙怨恨成德，但肯定不会伤害成德，所以没有必要对卢龙设置防备。’这种做法，第一是准备显示成德没有胆量抵御卢龙，第二是打算让卢龙遭到天子的怀疑。既然成德人不防备卢龙，潞州人便会跑去报告天子说：‘卢龙对成德的怨恨很深，成德在遭受攻打的时候，并不防备卢龙，这说明卢龙反而是与成德亲善的。’这就是我知道天子最终不会让您攻打成德，而成德也不会防备卢龙的道理所在啊。”刘济说：“现在应当怎么办呢？”谭忠说：“卢龙与成德结下仇怨，天下无人不知。现在，天子出兵攻打成德，

君坐全燕之甲，一人未济易水，此正使潞人以燕卖恩于赵，败忠于上，两皆售也。是燕贮忠义之心，卒染私赵之口，不见德于赵人，恶声徒嘈嘈于天下耳。惟君熟思之！”济曰：“吾知之矣。”乃下令军中曰：“五日毕出，后者醢以徇！”

五年(庚寅,810)

1　春，正月，刘济自将兵七万人击王承宗，时诸军皆未进，济独前奋击，拔饶阳、束鹿。

河东、河中、振武、义武四军为恒州北面招讨，会于定州。会望夜，军吏以有外军，请罢张灯。张茂昭曰：“三镇，官军也，何谓外军！”命张灯，不禁行人，不闭里门，三夜如平日，亦无敢喧哗者。

丁卯，河东将王荣拔王承宗洄湟镇。吐突承璀至行营，威令不振，与承宗战，屡败，左神策大将军郦定进战死。定进，骁将也，军中夺气。

2　河南尹房式有不法事，东台监察御史元稹奏摄之，擅令停务。朝廷以为不可，罚一季俸，召还西京。至敷水驿，有内侍后至，破驿门呼骂而入，以马鞭击稹伤面。上复引稹前过，贬江陵士曹。翰林学士李绛、崔群言稹无罪。白居易上言：“中使陵辱朝士，中使不问而稹先贬，恐自今中使出外益暴横，人无敢言者。又，稹为御史，多所举奏，不避权势，切齿者众，

你却使整个卢龙的兵马按兵不动，坐以待敌，连一个人也没有渡过易水，这就恰好让潞州人认为卢龙以小恩小惠收买成德，因而向皇上败坏卢龙忠于朝廷的名声，在这两方面他们都能达到目的。这就使卢龙虽然内含信守忠义的心愿，终于还是招惹来偏袒成德的口实，既不能使成德人感激卢龙，还徒然使辱骂卢龙的呼声在天下喧闹不止罢了。请您周密地考虑这个问题吧！”刘济说：“我明白其中的道理啦。”于是，他命令军中将士说：“五天以内，全部出动，要是有谁落后了，就将他剁成肉酱示众！”

唐宪宗元和五年(庚寅，公元 810 年)

1　春季，正月，刘济亲自带领兵马七万人进击王承宗。当时，各军都没有前进，只有刘济向前奋力进击，攻克了饶阳与束鹿。

河东、河中、振武、义武四军担当恒州北面的招抚与讨伐，在定州会师。正赶上十五日夜晚，义武的军吏认为定州驻有外来的军队，请求禁止张灯。张茂昭说：“河东、河中、振武三镇兵马，都是官军，怎么能够把他们称作外来的军队呢！”于是，他命令点起灯来，不禁止人们夜行，不关闭坊里的大门，一连三个夜晚，都像平时一样，也没有人胆敢大声乱喊乱叫。

丁卯(二十六日)，河东将领王荣攻克了王承宗的洄湟镇。吐突承璀来到行营以后，军威政令不振，与王承宗交战，屡次失败，左神策大将军郦定进战死。郦定进是一员骁勇的将领，军中将士因他的战死而士气低落。

2　河南尹房式做了不守法纪的事情，东台监察御史元稹奏请将他拘捕，同时擅自命令停止房式办理本职事务。朝廷认为不能够这样处理，罚元稹一个季度的薪俸，将他召回西京长安。元稹来到敷水驿的时候，有一个内侍宦官从后面赶到，撞开驿站的大门，叫喊喝骂着走了进去，用马鞭抽打元稹，打伤了他的脸。宪宗又联系元稹以前的过失，将他贬为江陵士曹。翰林学士李绛与崔群都说元稹是无罪的。白居易也进言说：“中使欺凌羞辱朝中官员，不去追究中使的罪过，反而首先将元稹贬官，恐怕从今以后中使外出会愈加暴虐骄横，人们没有再敢说话的了。再者，元稹担任御史，提出不少检举奏报，对权贵势要人士无所避忌，痛恨他的人很多，

恐自今无人肯为陛下当官执法，疾恶绳愆，有大奸猾，陛下无从得知。”上不听。

3　上以河朔方用兵，不能讨吴少阳。三月己未，以少阳为淮西留后。

4　诸军讨王承宗者久无功，白居易上言，以为：“河北本不当用兵，今既出师，承璀未尝苦战，已失大将，与从史两军入贼境，迁延进退，不惟意在逗留，亦是力难支敌。希朝、茂昭至新市镇，竟不能过。刘济引全军攻围乐寿，久不能下。师道、季安元不可保，察其情状，似相计会，各收一县，遂不进军。陛下观此事势，成功有何所望！以臣愚见，须速罢兵，若又迟疑，其害有四：可为痛惜者二，可为深忧者二。何则？

“若保有成，即不论用度多少；既的知不可，即不合虚费赀粮。悟而后行，事亦非晚。今迟校一日则有一日之费，更延旬月，所费滋多，终须罢兵，何如早罢！以府库钱帛、百姓脂膏资助河北诸侯，转令强大。此臣为陛下痛惜者一也。

“臣又恐河北诸将见吴少阳已受制命，必引事例轻重，同词请雪承宗。若章表继来，即义无不许。请而后舍，体势可知，转令承宗胶固同类。如此，则与夺皆由邻道，恩信不出朝廷，实恐威权尽归河北。此为陛下痛惜者二也。

现在将元稹贬逐了，恐怕从今以后没有人愿意为陛下担当官职而执行法令，憎恨邪恶而纠正过失了，即使出现了特大的奸险狡猾的人物，陛下也无法得知了。”宪宗不肯听从他的谏言。

3 宪宗因河朔地区正在使用武力，不能再讨伐吴少阳。三月己未(十九日)，任命吴少阳为淮西留后。

4 由于讨伐王承宗的各支军队长期不能成功，白居易进言认为：“河北地区本来就不应该使用武力，既然现在出兵了，吐突承璀不曾艰苦作战，却已经失去了一员大将，他与卢从史两支军队已经进入成德的疆境，一味拖延行动，不只是有意停顿不前，也是他们的兵力难以抵敌。范希朝与张茂昭来到新市镇，竟然不能够通过。刘济率领全军攻打并围困乐寿，长期不能攻克。李师道与田季安原来就是不能担保的，观察他们的情形，好像相互经过了盘算，每人各自占领一个县，便不再进军。陛下看这样的事态趋势，还有什么成功的希望！以我愚昧的见解看来，必须迅速停止用兵，如果还要犹豫，便会有四点害处，其中应当为陛下痛切惋惜的害处有两点，应当为陛下深切忧虑的害处也有两点。为什么这样说呢？

“倘若保证能够获得成功，便可以不计较费用需要多少；既然明确知道无法获得成功，便不应该白白耗费资财与粮食。懂得了这个道理以后再去行动，为时还不算晚。现在，晚纠正一天就要多一天的费用，再拖延十天半月，需要的费用就更多了，既然终究要停止用兵，为什么不及早停止下来呢！用国家库存的钱财布帛和民脂民膏供给河北地区的节帅，反而使他们强大起来。这便是为陛下痛切惋惜的第一点。

“我还担心河北地区各将领见到吴少阳已经受到制书的任命，必定会援引处理这一件事的宽严标准，众口一词地请求为王承宗昭雪。如果奏章奏表相继而来，按道理说就不能不答应了。在经过河北地区各将领的请求以后，再放弃对王承宗的讨伐，这种格局与情势是可想而知的，只能反而使王承宗与同一种类的人们牢固地勾结在一起。像这个样子，给予与剥夺完全是按照与王承宗相邻各道的意见来决定的，恩德与信义都不是由朝廷行使的，这实在让人担心朝廷的声威与权力会完全归向河北各个藩镇了。这便是我为陛下痛切惋惜的第二点。

“今天时已热，兵气相蒸，至于饥渴疲劳，疾疫暴露，驱以就战，人何以堪！纵不惜身，亦难忍苦。况神策乌杂城市之人，例皆不惯如此，忽思生路，一人若逃，百人相扇，一军若散，诸军必摇，事忽至此，悔将何及！此为陛下深忧者一也。

“臣闻回鹘、吐蕃皆有细作，中国之事，小大尽知。今聚天下之兵，唯讨承宗一贼，自冬及夏，都未立功，则兵力之强弱，资费之多少，岂宜使西戎、北虏一一知之！忽见利生心，乘虚入寇，以今日之势力，可能救其首尾哉？兵连祸生，何事不有！万一及此，实关安危。此其为陛下深忧者二也。”

5　卢从史首建伐王承宗之谋，及朝廷兴师，从史逗留不进，阴与承宗通谋，令军士潜怀承宗号，又高刍粟之价以败度支，讽朝廷求平章事，诬奏诸道与贼通，不可进兵。上甚患之。

会从史遣牙将王翊元入奏事，裴垍引与语，为言为臣之义，微动其心，翊元遂输诚，言从史阴谋及可取之状。垍令翊元还本军经营，复来京师，遂得其都知兵马使乌重胤等款要。垍言于上曰：“从史狡猾骄很，必将为乱。今闻其与承璀对营，视承璀如婴儿，往来都不设备。失今不取，后虽兴大兵，未可以岁月平也。”上初愕然，熟思良久，乃许之。

"现在天气已经炎热，士兵身上的热气互相蒸熏，至于饥饿干渴，疲乏劳累，瘟疫流行，露天而处，驱赶着他们去参加战斗，人们怎么能够经受得住呢！即使人们并不爱惜自己的身体，也是难以忍受这种苦楚的。况且，神策军中杂乱无章的城市居民，一概都不习惯像这样的军旅生活，忽然想到应该寻找一条求生之路，若有一个逃跑了，便有一百个人相互煽动逃跑，若有一支军队溃散了，其他各军必定也要动摇了，如果事情忽然达到这般地步，后悔还来得及吗！这便是我为陛下深切忧虑的第一点。

"我听说回鹘与吐蕃都派出了密探，对于国中的事情，无论大小，全都知道。现在，朝廷聚集天下兵马，只是在讨伐王承宗这一个叛贼，由冬天到夏天，都不能够建树功勋，而军队力量的强弱，物资费用的多少，难道应该让西方与北方的戎虏逐个了解清楚吗！假如他们忽然看到有利可图，生出异心，乘着国内空虚的时机前来侵犯，就凭着朝廷现在的形势与力量，难道对两方面都能够予以救援吗？战争连续不断，灾祸从中产生，什么样的事情不会出现！如果到了这般田地，实在是关系着国家的安定与危亡了。这便是我为陛下深切忧虑的第二点。"

5　卢从史第一个提出讨伐王承宗的策谋，及至朝廷发兵以后，卢从史却停留下来，不肯进兵，暗中与王承宗互通计谋，让将士们暗地里在怀中揣着王承宗的行军标记，还抬高草料与粮食的价格，以便破坏度支的军需供应，暗示朝廷任命他为平章事，上奏诬告各道与王承宗勾结，不赞成进兵。宪宗为此甚为忧虑。

适逢卢从史派遣牙将王翊元入朝奏事，裴垍将他引至一旁，与他谈话，对他讲述作为人臣应有的义理，暗暗地打动他的内心，于是王翊元也表达了自己的诚意，将卢从史暗中的策划与潞州可以攻取的状况讲了出来。裴垍命令王翊元返回本军，经过筹措规划以后，再来京城，于是赢得了潞州都知兵马使乌重胤等人的诚心。裴垍对宪宗说："卢从史诡诈多端，骄横凶暴，肯定要发动变乱。现在听说他在吐突承璀的对面扎营，将吐突承璀当作婴儿一般，在两营之间往来，全然不设置防备。如果失去现在的时机，不将他拘捕起来，以后即使征集大批兵马前去讨伐，也是不能在短时间内将他平定的。"宪宗起初感到惊讶，经过长时间的周密考虑以后，便答应了下来。

从史性贪，承璀盛陈奇玩，视其所欲，稍以遗之。从史喜，益相昵狎。甲申，承璀与行营兵马使李听谋，召从史入营博，伏壮士于幕下，突出，擒诣帐后缚之，内车中，驰诣京师。左右惊乱，承璀斩十馀人，谕以诏旨。从史营中士闻之，皆甲以出，操兵趋哗。乌重胤当军门叱之曰："天子有诏，从者赏，敢违者斩！"士卒皆敛兵还部伍。会夜，车疾驱，未明，已出境。重胤，承洽之子；听，晟之子也。

6　丁亥，范希朝、张茂昭大破承宗之众于木刀沟。

7　上嘉乌重胤之功，欲即授以昭义节度使。李绛以为不可，请授重胤河阳，以河阳节度使孟元阳镇昭义。会吐突承璀奏，已牒重胤句当昭义留后，绛上言："昭义五州据山东要害，魏博、恒、幽诸镇蟠结，朝廷惟恃此以制之。邢、磁、洺入其腹内，诚国之宝地，安危所系也。向为从史所据，使朝廷旰食，今幸而得之，承璀复以与重胤，臣闻之惊叹，实所痛心！昨国家诱执从史，虽为长策，已失大体。今承璀又以文牒差人为重镇留后，为之求旌节，无君之心，孰甚于此！陛下昨日得昭义，人神同庆，威令再立。今日忽以授本军牙将，物情顿沮，纪纲大紊。校计利害，更不若从史为之。何则？从史虽蓄奸谋，已是朝廷牧伯。重胤出于列校，

由于卢从史生性贪婪，吐突承璀将许多珍奇的玩赏器物陈列出来，看出他希望得到什么，便逐渐地拿来送给他。卢从史很高兴，对吐突承璀愈发亲昵。四月甲申（十五日），吐突承璀与行营兵马使李听经过商议以后，叫卢从史前来营中博戏，在帐幕下面设了伏兵，卢从史来到后，伏兵突然冲了出来，擒获了他，到帐幕后面将他捆绑起来，装进车中，急奔京城。卢从史身边的人们又震惊，又慌乱，吐突承璀斩杀了十多个人，当众宣布了诏书的旨意。卢从史营中的将士们得知消息以后，都穿好铠甲，走了出来，手中握着兵器，疾步而行，大声喧哗。乌重胤站在军营门前呵斥他们说："天子发有诏令，服从的奖赏，胆敢违抗的问斩！"于是，将士们都收起兵器，回到队伍中去了。适值夜晚降临，载着卢从史的车辆急速奔驰，在天亮以前，已经走出了泽潞的疆境。乌重胤是乌承洽的儿子，李听是李晟的儿子。

6　丁亥（十八日），范希朝、张茂昭在木刀沟大破王承宗的兵马。

7　宪宗嘉许乌重胤的功劳，打算立即授给他昭义节度使的职务。李绛认为不适当，请求授给乌重胤河阳节度使的职务，而任命河阳节度使孟元阳镇守昭义。适逢吐突承璀奏称，他已经发出文书，指令乌重胤担任昭义留后，李绛进言说："昭义所属的泽、潞、邢、洺、磁五州，在太行山以东占据着关系全局的重要地位，魏博、恒州、幽州各军镇盘踞纠结，朝廷只有依仗这五州之地来控制他们。邢州、磁州、洺州伸展到魏博等军镇的中心地区，诚然是国家的宝地，关系着国家的安全与危亡。从前昭义被卢从史占据，已使朝廷为此忙得顾不上按时吃饭，现在幸亏得到了昭义，但吐突承璀又将昭义交给了乌重胤，我得知消息以后惊叹不已，实在感到痛心！不久前朝廷将卢从史诱捕了，即使这算是长远的筹策，却也已经失去了原则。现在，吐突承璀又送发文书，指派乌重胤担当这一重要军镇的留后，并请求任命他为节度使，目无君主的居心，还有比这更为严重的吗！陛下日前取得昭义，人神共同庆祝，军政号令再次树立起来。现在忽然将昭义授给本军中的牙将，众望顿时沮丧，法度大为紊乱。算计此中的好处与坏处，反而不如由卢从史担任节度使。为什么这样说呢？虽然卢从史蓄积着邪恶的阴谋，但已经是朝廷任命的州道长官。而乌重胤只是众多将官中的一员，

以承璀一牒代之，窃恐河南、北诸侯闻之，无不愤怒，耻与为伍。且谓承璀诱重胤逐从史而代其位，彼人人麾下各有将校，能无自危乎！傥刘济、茂昭、季安、执恭、韩弘、师道继有章表陈其情状，并指承璀专命之罪，不知陛下何以处之？若皆不报，则众怒益甚；若为之改除，则朝廷之威重去矣。"上复使枢密使梁守谦密谋于绛曰："今重胤已总军务，事不得已，须应与节。"对曰："从史为帅不由朝廷，故启其邪心，终成逆节。今以重胤典兵，即授之节，威福之柄不在朝廷，何以异于从史乎！重胤之得河阳，已为望外之福，岂敢更为旅拒！况重胤所以能执从史，本以杖顺成功。一旦自逆诏命，安知同列不袭其迹而动乎！重胤军中等夷甚多，必不愿重胤独为主帅。移之他镇，乃惬众心，何忧其致乱乎！"上悦，皆如其请。壬辰，以重胤为河阳节度使，元阳为昭义节度使。

戊戌，贬卢从史驩州司马。

8　五月乙巳，昭义军三千馀人夜溃，奔魏州。刘济奏拔安平。

9　庚申，吐蕃遣其臣论思邪热入见，且归路泌、郑叔矩之柩。

10　甲子，奚寇灵州。

11　六月甲申，白居易复上奏，以为："臣比请罢兵，今之事势，又不如前，不知陛下复何所待！"是时，上每有军国大事，必与诸学士谋之。尝逾月不见学士，李绛等上言："臣等饱食不言，

因吐突承璀的一纸文书便代替了卢从史，我私下里担心河南、河北的节帅得知消息以后，没有不感到愤怒，以与他同列为耻辱的。而且他们将会说是吐突承璀诱使乌重胤驱逐卢从史，从而代替了他的职位的，他们每个人的部下都有将官，怎么能够不感到自危呢！倘若刘济、张茂昭、田季安、程执恭、韩弘、李师道一个接着一个地进献章表，陈述这种情形，并且指责吐突承璀专擅君命的罪行，不知道陛下怎样处理？如果陛下一概不予答复，大家的怒气就会更为加重；如果陛下因此改为任命他人，朝廷的威严便失去了。”宪宗又让枢密使梁守谦暗中与李绛商量说：“现在乌重胤已经总揽军中事务，事情出于迫不得已，应该授给他节度使的旌节。”李绛回答说：“卢从史担任主帅便不是由朝廷任命的，所以才启动了他邪恶的意图，终于做出违反节操的事情来了。现在，由于乌重胤掌管军事，朝廷便授给他节度使的旌节，刑赏的权柄不掌握在朝廷手中，与卢从史担任节度使又有什么区别呢！乌重胤能够得到河阳，已经是超出他向往的福气了，难道他还有胆量聚众抗拒吗！何况乌重胤能够捉获卢从史的原因，本来是由于他坚持顺承朝廷才取得成功的。忽然连他自己也违背诏书的命令，怎么能够知道同事们会不沿袭他的行径，从而有所行动呢！乌重胤在军队中的同辈为数众多，他们肯定不希望乌重胤独自出任主帅。将他改任到别的军镇去，才能使大家感到满意，哪里需要为招致变乱而担忧呢！”宪宗高兴起来，完全按照他的请求去做。壬辰（二十三日），任命乌重胤为河阳节度使，任命孟元阳为昭义节度使。

戊戌（二十九日），宪宗将卢从史贬为驩州司马。

8　五月乙巳（初六），昭义军三千多人在夜间溃散，逃奔魏州。刘济奏称攻克了安平。

9　庚申（二十一日），吐蕃派遣臣下论思邪热入京朝见，而且归还了路泌和郑叔矩的灵柩。

10　甲子（二十五日），奚人侵犯灵州。

11　六月甲申（十五日），白居易再次进献奏疏认为：“近来我曾请求停止用兵，现在事情的趋势，又不如以前了，不知道陛下还要等待什么！”在这一段时间里，每当遇到军队和国家重大的事情，宪宗必定要与各位翰林学士商量。宪宗曾经有一个多月没有召见翰林学士，李绛等人便进言说：“我等只知吃喝，不用进言，

其自为计则得矣，如陛下何！陛下询访理道，开纳直言，实天下之幸，岂臣等之幸！”上遽令“明日三殿对来”。

白居易尝因论事，言“陛下错”，上色庄而罢，密召承旨李绛，谓“白居易小臣不逊，须令出院”。绛曰：“陛下容纳直言，故群臣敢竭诚无隐。居易言虽少思，志在纳忠。陛下今日罪之，臣恐天下各思箝口，非所以广聪明，昭圣德也。”上悦，待居易如初。

上尝欲近猎苑中，至蓬莱池西，谓左右曰：“李绛必谏，不如且止。”

12　秋，七月庚子，王承宗遣使自陈为卢从史所离间，乞输贡赋，请官吏，许其自新。李师道等数上表请雪承宗，朝廷亦以师久无功，丁未，制洗雪承宗，以为成德军节度使，复以德、棣二州与之，悉罢诸道行营将士，共赐布帛二十八万端匹，加刘济中书令。

13　刘济之讨王承宗也，以长子绲为副大使，掌幽州留务。济军瀛州，次子总为瀛州刺史，济署行营都知兵马使，使屯饶阳。济有疾，总与判官张玘、孔目官成国宝谋，诈使人从长安来，曰：“朝廷以相公逗留无功，已除副大使为节度使矣。”明日，又使人来告曰：“副大使旌节已至太原。”又使人走而呼曰：“旌节已过代州。”举军惊骇。济愤怒，不知所为，杀大将素与绲厚者数十人，追绲诣行营，以张玘兄皋代知留务。济自朝至日昃不食，渴索饮，总因置毒而进之。乙卯，济薨。绲行至涿州，总矫以父命杖杀之，遂领军务。

若是为自己着想，这是够好的了，但是这对陛下怎么样呢！陛下征询访求治国的方策，开辟言路，采纳谏言，这实在是国家的幸运，岂是我等的幸运！”宪宗连忙下令：“明天你们前来麟德殿奏对吧。”

白居易有一次由于在议论事情的时候说了一句“陛下错了”，宪宗面色庄重严肃地停止了谈话，暗中将翰林学士承旨李绛召来，告诉他说：“白居易这个小臣出言不逊，必须让他退出翰林院。”李绛说：“陛下能够容纳直率的进言，所以群臣才敢竭尽诚心，不作隐瞒。白居易的话虽然有欠思考，但本意是要进献忠心。现在倘若陛下将他处以罪罚，我担心天下的人们都各自想要缄默不语了，这可不是开拓视听，彰明至上德行的办法啊。”宪宗高兴起来，对待白居易也还像往常一样。

宪宗曾经准备就近在宫苑中打猎，已经来到蓬莱池的西面，却对周围的人们说：“李绛肯定是要进谏的，不如姑且停止吧。”

12　秋季，七月庚子（初二），王承宗派遣使者陈述自己是被卢从史从中挑拨的，请求缴纳赋税，要求朝廷任命官吏，允许他改过自新。李师道等人屡次上表请求为王承宗平反，朝廷也由于长期用兵，无所建树，丁未（初九），宪宗便颁布制书为王承宗平反，任命他为成德军节度使，将德州与棣州两地重新归属给他，将各道行营的将士们全部遣还，一共向他们颁赐布帛二十八万端匹，还加封刘济为中书令。

13　刘济讨伐王承宗的时候，任命长子刘绲为节度副大使，掌管幽州留后事务。刘济在瀛州驻扎，而次子刘总担任瀛州刺史，于是刘济便让刘总暂任行营都知兵马使，让他前往饶阳屯兵。适逢刘济身患疾病，刘总与判官张玘、孔目官成国宝计议，派人诈称从长安前来，对刘济说：“由于您停留不前，无所建树，朝廷已经任命副大使刘绲为节度使了。”第二天，刘总又让人前来向刘济报告说：“前来颁送旌节，任命副大使为节度使的使者已经来到太原了。”接着又使人边跑边喊地说：“颁送节度使旌节的使者已经过了代州了。”全军将士都很惊异。刘济心怀愤怒，不知所措，便斩杀了平常与刘绲亲善的大将几十个人，召刘绲立即到行营来，而任命张玘的哥哥张皋代替他掌管留后事务。从早晨起床直到太阳偏西，刘济都未进餐，觉得口渴，便要水喝，刘总乘机在水中下了毒药，送给刘济喝了。乙卯（十七日），刘济故去。刘绲走到涿州的时候，刘总诈称父亲的命令，将他用棍棒打死，于是刘总便统领了军中事务。

14　岭南监军许遂振以飞语毁节度使杨於陵于上，上命召於陵还，除冗官。裴垍曰："於陵性廉直，陛下以遂振故黜藩臣，不可。"丁巳，以於陵为吏部侍郎。遂振寻自抵罪。

15　八月乙亥，上与宰相语及神仙，问："果有之乎？"李藩对曰："秦始皇、汉武帝学仙之效，具载前史，太宗服天竺僧长年药致疾，此古今之明戒也。陛下春秋鼎盛，方励志太平，宜拒绝方士之说。苟道盛德充，人安国理，何忧无尧、舜之寿乎！"

16　九月己亥，吐突承璀自行营还，辛亥，复为左卫上将军，充左军中尉。裴垍曰："承璀首唱用兵，疲弊天下，卒无成功，陛下纵以旧恩不加显戮，岂得全不贬黜以谢天下乎！"给事中段平仲、吕元膺言承璀可斩。李绛奏称："陛下不责承璀，他日复有败军之将，何以处之？若或诛之，则同罪异罚，彼必不服；若或释之，则谁不保身而玩寇乎！愿陛下割不忍之恩，行不易之典，使将帅有所惩劝。"间二日，上罢承璀中尉，降为军器使，中外相贺。

17　裴垍得风疾，上甚惜之，中使候问旁午于道。

18　丙寅，以太常卿权德舆为礼部尚书、同平章事。

19　义武节度使张茂昭请除代人，欲举族入朝。河北诸镇互遣人说止之，茂昭不从，凡四上表，上乃许之。以左庶子任迪简为义武行军司马。茂昭悉以易、定二州簿书管钥授迪简，

14　岭南监军许遂振用不实之词向宪宗诽谤节度使杨於陵，宪宗命令将杨於陵召回朝廷，任命他当了一名闲散的官员。裴垍说："杨於陵生性廉洁耿直，陛下因许遂振的缘故贬黜节帅，这是不合适的。"丁巳（十九日），宪宗任命杨於陵为吏部侍郎。不久，许遂振自行承受了应负的罪责。

15　八月乙亥（初七），宪宗与宰相谈到了有关神仙的事情，宪宗问道："果真存在着神仙吗？"李藩回答说："秦始皇、汉武帝学习仙术的结果，全都记载在以往的史书中，太宗服用天竺僧人的长生不老之药招致疾病，这便是由古代到现在的明戒啊。陛下年富力强，正在勉励心志，再造太平盛世，应当拒绝方术之士的说教。如果能够使道德盛大而充盈，人民安居乐业，国家政治修明，还用担心没有唐尧、虞舜的年寿吗！"

16　九月己亥（初二），吐突承璀从行营回到朝廷。辛亥（十四日），吐突承璀重新担任左卫上将军，充任神策左军中尉。裴垍说："吐突承璀首先提倡使用武力，使天下百姓穷乏困苦，到头来还是不能获得成功，即使陛下因旧日的恩情而不肯将他处决示众，为了向天下百姓道歉，难道能够对他全然不加贬斥吗？"给事中段平仲与吕元膺说吐突承璀应当斩杀。李绛上奏声称："如果陛下不肯处罚吐突承璀，以后再出现战败的将领，能够怎样处治他们呢？如果诛杀他们，那便是同样的罪责，不同的处罚，他们定然不会服气；如果对他们免予治罪，那还有谁不保全自身，姑息敌军呢！希望陛下割舍对他不能狠下心来的私恩，行使不可更改的刑典，使将帅们得到一些警戒与勉励。"隔了两天，宪宗免除了吐突承璀左神策军中尉的职务，将他降职为军器使，朝廷内外的人们都相互祝贺。

17　裴垍得了风疾，宪宗很是为他惋惜，派去问候病情的中使在道路上往来纷繁。

18　丙寅（二十九日），宪宗任命太常卿权德舆为礼部尚书、同平章事。

19　义武节度使张茂昭请任命代替自己的人员，准备整个家族入京朝见。河北各藩镇交互派人前来劝阻，张茂昭不听从，张茂昭共计四次上表，宪宗才答应了他的请求。便任命左庶子任迪简为义武行军司马。张茂昭将易州、定州两地的账簿文书和钥匙悉数交给了任迪简，

遣其妻子先行，曰："吾不欲子孙染于污俗。"

茂昭既去，冬，十月戊寅，虞候杨伯玉作乱，囚迪简。辛巳，义武将士共杀伯玉。兵马使张佐元又作乱，囚迪简，迪简乞归朝。既而将士复杀佐元，奉迪简主军务。时易定府库罄竭，闾阎亦空，迪简无以犒士，乃设粝饭与士卒共食之，身居戟门下经月，将士感之，共请迪简还寝，然后得安其位。上命以绫绢十万匹赐易定将士。壬辰，以迪简为义武节度使。甲午，以张茂昭为河中、慈、隰、晋、绛节度使，从行将校皆拜官。

20　右金吾大将军伊慎以钱三万缗赂右军中尉第五从直，求河中节度使。从直恐事泄，奏之。十一月庚子，贬慎为右卫将军，坐死者三人。

初，慎自安州入朝，留其子宥主留事，朝廷因以为安州刺史，未能去也。会宥母卒于长安，宥利于兵权，不时发丧。鄂岳观察使郗士美遣僚属以事过其境，宥出迎，因告以凶问，先备篮舆，即日遣之。

21　甲辰，会王纁薨。

22　庚戌，以前河中节度使王锷为河东节度使。上左右受锷厚赂，多称誉之，上命锷兼平章事，李藩固执以为不可。权德舆曰："宰相非序进之官。唐兴以来，方镇非大忠大勋，则跋扈者，朝廷或不得已而加之。今锷既无忠勋，朝廷又非不得已，何为遽以此名假之！"上乃止。

打发他的妻子儿女率先上路，还说："我不想让自己的子孙后代沾染上污浊的习俗。"

张茂昭离去以后，冬季，十月戊寅（十一日），虞候杨伯玉发起变乱，将任迪简囚禁起来。辛巳（十四日），义武的将士们一起杀掉了杨伯玉。兵马使张佐元又一次发起变乱，将任迪简囚禁了，任迪简请求返回朝廷。不久，将士们又将张佐元杀掉，拥戴任迪简主持军中事务。当时，易州、定州的库存消耗已尽，居民也散失一空，任迪简拿不出什么东西来犒劳将士，便备办了粗米饭，与士兵们共同进餐，他亲身在军府的大门下面住了一个月，将士们被他打动了，一齐请任迪简回去就寝，此后任迪简的位子才得以安稳下来。宪宗命令拿出绫绢十万匹，颁赐给易州、定州的将士们。壬辰（二十五日），宪宗任命任迪简为义武节度使。甲午（二十七日），宪宗任命张茂昭为河中、慈、隰、晋、绛节度使，跟随他同行的将官一概授给官职。

20　右金吾大将军伊慎以三万缗钱贿赂右军中尉第五从直，要求得到河中节度使的职务。第五从直惟恐事情泄露出去，便将此事奏报了。十一月庚子（初三），宪宗将伊慎贬为右卫将军，有三个人因此获罪致死。

当初，伊慎由安州入京朝见，将他的儿子伊宥留下来主持留后事务，朝廷因而任命伊宥为安州刺史，所以他便没有能够离开安州。适逢伊宥的母亲在长安故去了，伊宥贪图兵权，不肯按时将死讯公布于众。鄂岳观察使郗士美派遣所属官吏办事经过安州疆境，伊宥出来迎接，于是告诉他母亲的死讯，先准备好竹轿，当天便让他离去了。

21　甲辰（初七），会王李纁故去。

22　庚戌（十三日），宪宗任命前任河中节度使王锷为河东节度使。宪宗身边的人们收受了王锷丰厚的贿赂，多数称赞他。宪宗让王锷兼任平章事，李藩坚持认为这是不适当的。权德舆说："宰相不是按照等次晋升的官职。唐朝兴起以来，若不是对特别忠心或立有大功的藩镇，就是对骄横强暴的节帅，朝廷有时出于迫不得已，才将宰相的官职授给他们。现在，王锷既没有显示忠心，建立勋劳，朝廷也不是迫不得已，为什么要忙着将这个名义给予他呢！"于是，宪宗不再任命王锷为宰相。

锷有吏才，工于完聚。范希朝以河东全军出屯河北，耗散甚众。锷到镇之初，兵不满三万人，马不过六百匹，岁馀，兵至五万人，马有五千匹，器械精利，仓库充实。又进家财三十万缗，上复欲加锷平章事，李绛谏曰："锷在太原，虽颇著绩效，今因献家财而命之，若后世何！"上乃止。

23　中书侍郎裴垍数以疾辞位，庚申，罢为兵部尚书。

24　十二月戊寅，张茂昭入朝，请迁祖考之骨于京兆。

25　壬午，以御史中丞吕元膺为鄂岳观察使。元膺尝欲夜登城，门已锁，守者不为开。左右曰："中丞也。"对曰："夜中难辩真伪，虽中丞亦不可。"元膺乃还。明日，擢为重职。

26　翰林学士、司勋郎中李绛面陈吐突承璀专横，语极恳切。上作色曰："卿言太过！"绛泣曰："陛下置臣于腹心耳目之地，若臣畏避左右，爱身不言，是臣负陛下；言之而陛下恶闻，乃陛下负臣也。"上怒解，曰："卿所言皆人所不能言，使朕闻所不闻，真忠臣也。他日尽言，皆应如是。"己丑，以绛为中书舍人，学士如故。

绛尝从容谏上聚财，上曰："今两河数十州，皆国家政令所不及，河、湟数千里，沦于左衽，朕日夜思雪祖宗之耻，而财力不赡，故不得不蓄聚耳。不然，朕宫中用度极俭薄，多藏何用邪！"

王锷具有治理地方的才干，擅长修城储粮一类事务。范希朝率领河东全军前往河北地区驻扎，人力物力的损耗很大。王锷来到军镇的初期，兵员不满三万人，马匹不超过六百匹。经过一年多的时间，兵员达到五万人，马匹拥有五千匹，军事器具精良而锋利，仓库中的物资装得满满的。王锷还进献自家财物三十万缗，宪宗又打算加封王锷为平章事，李绛规劝说："王锷任职太原，虽然取得的功效很是显著，但现在由于贡献自家财物便任命他为宰相，后世将怎样看待此事呢！"于是，宪宗再次打消了任命王锷为相的念头。

23　中书侍郎裴垍屡次因疾病要求辞去相位，庚申（二十三日），宪宗将裴垍罢为兵部尚书。

24　十二月戊寅（十二日），张茂昭入京朝见，请求将祖父和父亲的骸骨迁移到京兆府安葬。

25　壬午（十六日），宪宗任命御史中丞吕元膺为鄂岳观察使。有一次，吕元膺在夜间要登城，城门已经上锁，守护城门的人不肯为他打开城门。周围的人说："他是吕中丞啊。"守护城门的人回答说："夜间难以辨别真假，即使是吕中丞，也不能够打开城门。"于是，吕元膺便回去了。第二天，守门人被提拔到重要职位上去了。

26　翰林学士、司勋郎中李绛当着宪宗的面陈诉吐突承璀骄横专断，言辞极为恳切。宪宗气得变了脸色说："你说得太过分了吧！"李绛哭泣着说："陛下将我安置在亲近信任的地位上，如果我在陛下面前畏怯退缩，爱惜自身，不肯进言，这便是我辜负了陛下；我把话讲出来了，但陛下讨厌去听，这就是陛下辜负我了。"宪宗的怒气消除了，便说："你讲的全是人们不能讲的，使朕听到了无法得知的事情，是一位真正的忠臣啊。你以后尽情而言，完全应该像现在这个样子。"己丑（二十三日），宪宗任命李绛为中书舍人，翰林学士的职务仍如往常。

李绛曾经从容不迫地规劝皇帝不要聚敛钱财，宪宗说："现在河南、河北的好几十个州，都没有实行国家的政教法令，河、湟地区的好几千里地，还沦陷在异族手中，朕日夜想着洗雪祖宗的耻辱，但是财力不够丰足，所以不得不积蓄聚敛啊。不然，朕在宫廷中的花费极为俭约，多储藏财物又有什么用呢！"

六年(辛卯,811)

1　春,正月甲辰,以彰义留后吴少阳为节度使。

2　庚申,以前淮南节度使李吉甫为中书侍郎、同平章事。二月壬申,李藩罢为太子詹事。

3　己丑,忻王造薨。

4　宦官恶李绛在翰林,以为户部侍郎,判本司。上问:“故事,户部侍郎皆进羡馀,卿独无进,何也?”对曰:“守土之官,厚敛于人以市私恩,天下犹共非之,况户部所掌,皆陛下府库之物,给纳有籍,安得羡馀!若自左藏输之内藏以为进奉,是犹东库移之西库,臣不敢踵此弊也。”上嘉其直,益重之。

5　乙巳,上问宰相:“为政宽猛何先?”权德舆对曰:“秦以惨刻而亡,汉以宽大而兴。太宗观《明堂图》,禁抶人背。是故安、史以来,屡有悖逆之臣,皆旋踵自亡,由祖宗仁政结于人心,人不能忘故也。然则宽猛之先后可见矣。”上善其言。

6　夏,四月戊辰,以兵部尚书裴垍为太子宾客,李吉甫恶之也。

7　庚午,以刑部侍郎、盐铁转运使卢坦为户部侍郎、判度支。或告泗州刺史薛謇为代北水运使,有异马不以献。事下度支,使巡官往验,未返,上迟之,使品官刘泰昕按其事。卢坦曰:“陛下既使有司验之,又使品官继往,岂大臣不足信于品官乎!臣请先就黜免。”上召泰昕还。

唐宪宗元和六年(辛卯,公元811年)

1　春季,正月甲辰(初九),宪宗任命彰义留后吴少阳为节度使。

2　庚申(二十四日),宪宗任命前任淮南节度使李吉甫为中书侍郎、同平章事。二月壬申(初七),李藩被罢为太子詹事。

3　己丑(二十四日),忻王李造故去。

4　宦官不愿意让李绛在翰林院任职,使他出任户部侍郎,兼管户部。宪宗询问李绛说:"依照惯例,户部侍郎都要进献额外税收,唯独你不肯进献,这是为什么呢?"李绛回答说:"守卫疆土的地方官员,向百姓征收沉重的赋税来换取私人的恩惠,天下的人们尚且共同非难他们,何况户部掌管着的,都是陛下府库中的物品,支出与交纳都有账簿记载,怎么会有额外的盈馀!如果将财物从左藏转运到内库中去,以此作为进献的供物,这就如同将财物从东边的库房搬动到西边的库房,我可不敢因袭这一弊病啊。"宪宗嘉许李绛的耿直,更加器重他了。

5　三月乙巳(十一日),宪宗询问宰相说:"执掌大政的宽和与严厉应当哪个居于首位?"权德舆回答说:"秦朝因残酷苛刻而灭亡,汉朝因宽和大度而兴盛。太宗观看《明堂图》,禁止鞭打人们的脊背。所以安禄山、史思明以来,屡次出现悖乱忤逆的臣下,但在转足之间都自取灭亡了,这是由于祖宗的仁政维系着人心,人们不能够忘怀的缘故啊。这样说来,宽和与严厉应该孰先孰后是很清楚的了。"宪宗很赏识权德舆的进言。

6　夏季,四月戊辰(初四),宪宗任命兵部尚书裴垍为太子宾客,这是因为李吉甫憎恶他的原故。

7　庚午(初六),宪宗任命刑部侍郎、盐铁转运使卢坦为户部侍郎、判度支。有人告发泗州刺史薛謇在担任代北水运使的时候,曾有一匹不同寻常的好马,却没有进献上来。事情下交度支查问,命令巡官前去验察,尚未返回,宪宗嫌事情办得太慢,便让品官刘泰昕按察此事。卢坦说:"既然陛下让主管部门验察此事,却接着又让一个品官前往,难道是大臣比太监还不值得相信吗!请让我先来接受罢免吧。"于是,宪宗将刘泰昕传召回来了。

8　五月，前行营粮料使于皋谟、董溪坐赃数千缗，敕贷其死，皋谟流春州，溪流封州，行至潭州，并追遣中使赐死。权德舆上言，以为："皋谟等罪当死，陛下肆诸市朝，谁不惧法！不当已赦而杀之。"溪，晋之子也。

9　庚子，以金吾大将军李惟简为凤翔节度使。陇州地与吐蕃接，旧常朝夕相伺，更入攻抄，人不得息。惟简以为边将当谨守备，蓄财谷以待寇，不当睹小利，起事盗恩。禁不得妄入其地，益市耕牛，铸农器，以给农之不能自具者，增垦田数十万亩。属岁屡稔，公私有馀，贩者流及他方。

10　赐振武节度使阿跌光进姓李氏。

11　六月丁卯，李吉甫奏："自秦至隋十有三代，设官之多，无如国家者。天宝以后，中原宿兵，见在可计者八十馀万，其馀为商贾、僧、道，不服田亩者什有五六，是常以三分劳筋苦骨之人奉七分待衣坐食之辈也。今内外官以税钱给俸者不下万员，天下千三百馀县，或以一县之地而为州，一乡之民而为县者甚众，请敕有司详定废置，吏员可省者省之，州县可并者并之，入仕之涂可减者减之。又，国家旧章，依品制俸，官一品月俸钱三十缗，职田禄米不过千斛。艰难以来，增置使额，厚给俸钱，大历中，权臣月俸至九千缗，州无大小，刺史皆千缗。常衮为相，始立限约，李泌又量其闲剧，随事增加，时谓通济，理难减削。然犹有

8　五月，前任行营粮料使于皋谟和董溪因贪污数千缗钱财而获罪，宪宗颁敕免除了他们的死罪，于皋谟被流放春州，董溪被流放封州，当他们走到潭州的时候，宪宗又追派中使赐他们自裁而死。权德舆进言认为："于皋谟等二人的罪行应当处死，陛下将他们陈尸闹市，还有谁敢不畏惧法纪！但陛下不应该在赦免他们以后，却又将他们杀掉。"董溪是董晋的儿子。

9　庚子(初七)，宪宗任命金吾大将军李惟简为凤翔节度使。陇州与吐蕃接壤，以往经常天天相互侦察，交替着进入敌方攻打抄掠，人们不得宁息。李惟简认为边疆将领应当周密设防，积蓄资财和谷物，等待敌军的到来，不应当着眼细小的利益，惹起事端，窃取官家的赏赐。他禁止人们随便进入吐蕃的疆境，同时逐渐购买耕牛，铸造农用器具，以便供给不能自己备办耕牛与农具的农民，结果增垦田地数十万亩。适值一连几年丰收，公家与私人有了馀粮，于是商人将粮食贩运到外地出售。

10　宪宗赐给振武节度使阿跌光进姓氏为李氏。

11　六月丁卯(初四)，李吉甫上奏说："由秦朝到隋朝的十三个朝代，设置官员的数量，没有比我朝更多的了。天宝年间以后，中原地区驻满军队，现在能够计算出来的就有八十多万人，其馀作为商人、僧人、道士等不从事农业的人口有十分之五六，这是经常以十分之三的劳苦筋骨的人们去奉养十分之七的不织而衣、不劳而食的人们。现在，朝廷内外需要以税收的钱财供给薪俸的官员不少于一万人，全国有一千三百多个县，以一个县的地方设置成一个州，以一个乡的人口编制成一个县的情况为数很多，请陛下敕令有关部门详细地规定州县的废弃与设立，对可以省除的吏员要省除，对可以合并的州县要合并，对可以减少的入仕途径要减少。再者，根据朝廷以往的典章制度，依照官员的品级制定薪俸，一品官员每月薪俸钱三十缗，职田上所产的禄米不超过一千斛。国家遭受艰难困苦以来，增设诸使的名额，发给优厚的薪俸钱，到大历年间，有权势的大臣每月薪俸达到钱九千缗，各州不分大小，刺史一概每月薪俸钱一千缗。常衮担任宰相的时候，开始设立限制约束，李泌又酌量职务清闲与繁重的不同情况，顺从事情的机宜增加薪俸，当时号称通达融贯，从道理上说来是难以削减的。然而，仍然还有

名存职废，或额去俸存，闲剧之间，厚薄顿异。请敕有司详考俸料、杂给，量定以闻。”于是命给事中段平仲、中书舍人韦贯之、兵部侍郎许孟容、户部侍郎李绛同详定。

12　秋，九月，富平人梁悦报父仇，杀秦杲，自诣县请罪。敕：“复仇，据《礼经》则义不同天，征法令则杀人者死。礼、法二事，皆王教之大端，有此异同，固资论辩，宜令都省集议闻奏。”职方员外郎韩愈议，以为：“律无其条，非阙文也。盖以不许复仇，则伤孝子之心而乖先王之训；许复仇，则人将倚法专杀，无以禁止其端矣。故圣人丁宁其义于经，而深没其文于律，其意将使法吏一断于法，而经术之士得引经而议也。宜定其制曰：‘凡复父仇者，事发，具申尚书省集议奏闻，酌其宜而处之。’则经律无失其指矣。”敕：“梁悦杖一百，流循州。”

13　甲寅，吏部奏准敕并省内外官计八百八员，诸司流外一千七百六十九人。

14　黔州大水坏城郭，观察使窦群发溪洞蛮以治之，督役太急，于是辰、溆二州蛮反，群讨之，不能定。戊午，贬群开州刺史。

15　冬，十一月，弓箭库使刘希光受羽林大将军孙璹钱二万缗，为求方镇，事觉，赐死。事连左卫上将军、知内侍省事吐突承璀，丙申，以承璀为淮南监军。上问李绛：“朕出承璀何如？”

名义存在而职事废弃，或者名额免除而薪俸存在的情形，在任职的清闲与繁重之间，薪俸的优厚与菲薄顿时显出差别来了。请陛下敕令有关部门详细考核薪俸食料、杂项供给，酌情参定，上报闻知。”因此，宪宗命令给事中段平仲、中书舍人韦贯之、兵部侍郎许孟容、户部侍郎李绛共同详细参定。

12　秋季，九月，富平人梁悦为父亲报仇，杀死了秦果，主动前往县衙请求治罪。敕书称：“有关复仇的规定，若根据《礼记》的说法，在道理上说与仇人应是不共戴天的，但若引证法令条文，杀人的人就应当处以死刑。礼教与法令两项，都是帝王实行教化的重大根据，既然其间存在着这样的区别，固然应当通过论说辨析商量明白，应该让尚书都省召集有关人员计议，奏报闻知。”职方员外郎韩愈的议论认为：“刑律中没有关于与杀父的仇人不共戴天的条文，并不是出现了阙疑不书的文字。而是由于若不允许为父报仇，便伤害了孝子的心愿，而且违背了先代帝王的教训；若允许为父报仇，人们便将会凭借着法令擅自杀人，从而无法禁止此类事情的发生。所以圣人在经书里将此中的含义反复强调，而在刑律中又将此类条文深深隐没了，圣人的用意是让执法的官吏一概本着法令裁决，而让尊奉经学的人士得以援引经典而加以议论。应该将所规定的此项制度表达为：‘凡是为父亲报仇的人，事情被举发以后，应当一概申报尚书省，由尚书省召集有关人员计议奏报，斟酌合理的情由，作出应有的处治。’这样，经书与刑律便都不会失去各自的意指了。”于是宪宗敕令：“对梁悦处以杖刑一百，流放循州。”

13　甲寅(二十二日)，吏部上奏说，依据敕令合并与省除朝廷内外官员计有八百零八人，各部门九品以下的吏员一千七百六十九人。

14　黔州发生严重的水灾，内城与外城都被毁坏，黔中观察使窦群征发溪洞蛮人来修治内城与外城，由于督责事功过于急切，于是辰州和溆州两地的蛮人反叛了，窦群讨伐蛮人，没有能够将他们平定。戊午(二十六日)，宪宗将窦群贬为开州刺史。

15　冬季，十一月，弓箭库使刘希光接受了羽林大将军孙璹两万缗钱，便为他谋求节度使的职务，结果被发觉，宪宗赐他自裁而死。事情牵连到左卫上将军、知内侍省事吐突承璀，丙申(初五)，宪宗任命吐突承璀为淮南监军。宪宗询问李绛：“朕将吐突承璀任为外官怎么样?”

对曰："外人不意陛下遽能如是。"上曰："此家奴耳，向以其驱使之久，故假以恩私。若有违犯，朕去之轻如一毛耳！"

16 十六宅诸王既不出阁，其女嫁不以时，选尚者皆由宦官，率以厚赂自达。李吉甫上言："自古尚主必择其人，独近世不然。"十二月壬申，诏封恩王等六女为县主，委中书、门下、宗正、吏部选门地人才称可者嫁之。

17 己丑，以户部侍郎李绛为中书侍郎、同平章事。李吉甫为相，多修旧怨，上颇知之，故擢绛为相。吉甫善逢迎上意，而绛鲠直，数争论于上前，上多直绛而从其言，由是二人有隙。

18 闰月辛卯朔，黔州奏：辰、溆贼帅张伯靖寇播州、费州。

19 试太子通事舍人李涉知上于吐突承璀恩顾未衰，乃投匦上疏，称"承璀有功，希光无罪。承璀久委心腹，不宜遽弃"。知匦使、谏议大夫孔戣见其副章，诘责不受。涉乃行赂，诣光顺门通之。戣闻之，上疏极言"涉奸险欺天，请加显戮"。戊申，贬涉峡州司仓。涉，渤之兄；戣，巢父之子也。

20 辛亥，惠昭太子宁薨。

21 是岁，天下大稔，米斗有直二钱者。

七年（壬辰，812）

1 春，正月辛未，以京兆尹元义方为鄜坊观察使。初，义方媚事吐突承璀，李吉甫欲自托于承璀，擢义方为京兆尹。李绛恶义方

李绛回答说:“外界人士是想不到陛下忽然能够这么去做的。”宪宗说:“此人只是一个家奴而已,以往,朕觉得使唤他的时间很长了,所以因私情恩宠而宽宥了他。倘若他有违纪犯法的行为,朕抛弃他就如丢掉一根毫毛一样轻易呢!”

16 十六宅诸王既然都没有去做封地上的藩王,他们的女儿便不能按时出嫁,已经择偶下嫁的女儿都是通过宦官办成的,大都要以丰厚的贿赂为自己通融。李吉甫进言说:“自古以来,公主下嫁,必定要选择合适的人士,唯独近世以来不是这个样子了。”十二月壬申(十一日),宪宗颁诏将恩王等人的六个女儿封为县主,委托中书省、门下省、宗正寺和吏部选择门第人才相当的人士,将县主许配给他们。

17 己丑(二十八日),宪宗任命户部侍郎李绛为中书侍郎、同平章事。李吉甫出任宰相以来,往往报复旧日与自己结怨的人们,宪宗也略微了解一些情况,因此才提升李绛出任宰相。李吉甫善于逢迎皇上的意旨,而李绛刚正不阿,二人屡次在宪宗面前争论,宪宗时常认为李绛正确,听从他的主张,因此,二人有了嫌隙。

18 闰十二月辛卯朔(初一),黔州上奏说:辰州与溆州两地溪洞蛮人头领张伯靖侵犯播州与费州。

19 试太子通事舍人李涉得知宪宗对吐突承璀的恩宠眷顾并未减弱,便在收受臣民意见的铜匭中投递章疏上奏,内称:“吐突承璀立有功劳,刘希光没有罪过。吐突承璀被陛下长期托付亲信之任,不应当骤然将他抛弃。”知匭使、谏议大夫孔戣看到了章疏的副本,对上奏的内容加以责问,不肯受理他的章疏。于是,李涉行贿,前往光顺门进状。孔戣得知消息以后,上疏极力进言说:“李涉奸邪阴险,欺骗上天,请将他处决示众。”戊申(十八日),宪宗将李涉贬为峡州司仓。李涉是李渤的哥哥,孔戣是孔巢父的儿子。

20 辛亥(二十一日),惠昭太子李宁故去。

21 这一年,全国获得大丰收,有些地方一斗米才值两个钱。

唐宪宗元和七年(壬辰,公元812年)

1 春季,正月辛未(十一日),宪宗任命京兆尹元义方为鄜坊观察使。当初,元义方巴结取媚吐突承璀,李吉甫也打算依靠吐突承璀,因而提拔元义方出任京兆尹。李绛憎恶元义方的

为人，故出之。义方入谢，因言“李绛私其同年许季同，除京兆少尹，出臣鄜坊，专作威福，欺罔聪明”。上曰：“朕谙李绛不如是。明日，将问之。”义方惶愧而出。明日，上以诘绛曰：“人于同年固有情乎？”对曰：“同年，乃九州四海之人偶同科第，或登科然后相识，情于何有！且陛下不以臣愚，备位宰相，宰相职在量才授任，若其人果才，虽在兄弟子侄之中犹将用之，况同年乎！避嫌而弃才，是乃便身，非徇公也。”上曰：“善，朕知卿必不尔。”遂趣义方之官。

2　振武河溢，毁东受降城。

3　三月丙戌，上御延英殿，李吉甫言：“天下已太平，陛下宜为乐。”李绛曰：“汉文帝时兵木无刃，家给人足，贾谊犹以为厝火积薪之下，不可谓安。今法令所不能制者，河南、北五十馀州；犬戎腥膻，近接泾、陇，烽火屡惊；加之水旱时作，仓廪空虚，此正陛下宵衣旰食之时，岂得谓之太平，遽为乐哉！”上欣然曰：“卿言正合朕意。”退，谓左右曰：“吉甫专为悦媚，如李绛，真宰相也！”

上尝问宰相：“贞元中政事不理，何乃至此？”李吉甫对曰：“德宗自任圣智，不信宰相而信他人，是使奸臣得乘间弄威福。政事不理，职此故也。”上曰：“然此亦未必皆德宗之过。朕幼在德宗左右，见事有得失，当时宰相亦未有再三执奏者，皆怀禄偷安，今日岂得专归咎于德宗邪！卿辈宜用此为戒，事有非是，当力陈不已，勿畏朕谴怒而遽止也。”

为人，所以将他斥逐出朝。元义方入朝向宪宗谢恩，乘机说：“李绛为他的同年许季同徇私，将许季同任命为京兆少尹，将我斥逐到鄜坊，专门作威作福，欺侮蒙骗陛下的视听。”宪宗说：“朕熟知李绛，他可不是像你说的这个样子。等到明天吧，朕打算问一问他。”元义方既惶恐，又惭愧，只好走了出来。第二天，宪宗以此事责问李绛说：“人们对于自己的同年固然会有私情吗？”李绛回答说：“所谓同年，就是来自全国各地的人们偶然同时科考登第，有些人是在考中复试以后才互相认识的，这里有什么私情！而且，陛下不嫌我愚昧，让我充数担任宰相，宰相的职责在于酌量人们的才能，授给他们职任，倘若有人果真具有才能，即使他在自己的兄弟子侄一辈人中，尚且要任用他，何况与自己是同年呢！因躲避嫌疑而放弃人才，这是便利自身的做法，而不是舍身为公的态度啊。”宪宗说：“讲得好，朕知道你肯定不会私情用事的。”于是，宪宗催促元义方前去就任。

2　振武地方的黄河泛滥，冲毁了东受降城。

3　三月丙戌（二十八日），宪宗驾临延英殿，李吉甫进言说：“天下已经太平，陛下应该作乐。”李绛说：“汉文帝的时候，兵器钝弊，没有锋刃，家家富裕，人人丰足，贾谊尚且认为这是将火种放到堆积着的木柴下面，不能够说这是安定的。现在，朝廷的法纪号令不能够控制的地区，有河南、河北五十多个州；异族秽恶的气息，近处已经与泾州与陇州连接，边防上的烽火屡次报警；再加上水旱灾害经常发生，库存的粮食空匮乏用，这正是陛下应当天亮以前就起床，傍晚时分才进食的时候，怎么能够将现在称为太平，忙着作乐呢！”宪宗高兴地说：“你的话恰好符合朕的心意。”退朝以后，宪宗对身边的人说：“李吉甫专门阿谀献媚，像李绛那样，才是真正的宰相哩！”

宪宗曾经询问宰相：“贞元年间办理政务不甚修明，为什么竟会达到那般地步？”李吉甫回答说：“德宗听凭自己超人的智力行事，不肯信任宰相，却要信任其他的人，这就使邪恶的臣下能够趁机恃势玩弄权柄。办理政事不甚修明，主要由于这个缘故啊。”宪宗说：“然而，这也不一定都是德宗的过错。朕幼年在德宗身边，看到每逢事情有成败优劣之分的时候，当时的宰相也没有再三坚持奏陈的，都贪恋俸禄，但求眼前平安度日，现在，怎么能够专门将过错归给德宗呢！你们这些人最好以此为戒，如果事情有对错之分，应当尽力陈述不止，不要害怕朕会发怒而赶忙闭口不言啊。”

李吉甫尝言："人臣不当强谏，使君悦臣安，不亦美乎！"李绛曰："人臣当犯颜苦口，指陈得失，若陷君于恶，岂得为忠！"上曰："绛言是也。"吉甫至中书，卧不视事，长吁而已。李绛或久不谏，上辄诘之曰："岂朕不能容受邪，将无事可谏也？"

李吉甫又尝言于上曰："赏罚，人主之二柄，不可偏废。陛下践阼以来，惠泽深矣。而威刑未振，中外懈惰，愿加严以振之。"上顾李绛曰："何如？"对曰："王者之政，尚德不尚刑，岂可舍成、康、文、景而效秦始皇父子乎！"上曰："然。"后旬馀，于頔入对，亦劝上峻刑。又数日，上谓宰相曰："于頔大是奸臣，劝朕峻刑，卿知其意乎？"皆对曰："不知也。"上曰："此欲使朕失人心耳。"吉甫失色，退而抑首不言笑竟日。

4　夏，四月丙辰，以库部郎中、翰林学士崔群为中书舍人，学士如故。上嘉群谠直，命学士"自今奏事，必取崔群连署，然后进之"。群曰："翰林举动皆为故事。必如是，后来万一有阿媚之人为之长，则下位直言无从而进矣。"固不奉诏。章三上，上乃从之。

5　五月庚申，上谓宰相曰："卿辈屡言淮、浙去岁水旱，近有御史自彼还，言不至为灾，事竟如何？"李绛对曰："臣按淮南、浙西、浙东奏状，皆云水旱，人多流亡，求设法招抚，其意似恐朝廷罪之者，

有一次，李吉甫说："人臣不应该固执地一味进谏，让君主喜欢，臣下安宁，不是也很好吗！"李绛说："人臣应该敢于冒犯圣上的威严，讲出逆耳但又恳切的谏言，指明并陈述事情的成功与失败，不然的话，假如使君主陷在邪恶之中，怎么能够算得上是忠于君主的呢！"宪宗说："李绛说得对啊。"于是，李吉甫来到中书省，躺在那里，不肯办事，只是一味长吁叹气。有时候，李绛很长时间没有进谏，宪宗便问他说："难道是朕不能够容纳你的意见吗，还是没有事情应该进谏呢？"

又有一次，李吉甫告诉宪宗说："奖赏与惩罚，是人君的两大权柄，不能够将其中任何一方面废弃。自从陛下登基以来，施行的恩泽够深厚的了。只是刑罚未能振举，朝廷内外官员松懈懒惰，希望更为严厉地执行刑法，以便使内外官员振作起来。"宪宗看着李绛说："这种说法怎么样？"李绛回答说："帝王的政务，推尚仁德，而不是推尚刑罚，怎么能够丢开周成王与周康王、汉文帝与汉景帝的榜样，反而去效法秦始皇父子呢！"宪宗说："对。"十多天以后，于頔入朝奏对，也劝说宪宗实行严刻的刑罚。又过了几天，宪宗告诉宰相们说："于頔是一个大大的奸臣，他劝说朕实行严刑峻法，你们知道其中的用意吗？"宰相们都回答说："不知道啊。"宪宗说："他这是打算让朕失去人心罢了。"李吉甫惊慌得变了脸色，退朝以后，一整天都在低着头，不说话，也不发笑。

4　夏季，四月丙辰（二十九日），宪宗任命库部郎中、翰林学士崔群为中书舍人，担任翰林学士的职务一如既往。宪宗嘉许崔群的正直，命令翰林学士："从今以后，凡是奏请事由，一定要在取得崔群的签名连署以后，才能将奏疏进上。"崔群说："翰林学士的任何行为都是要成为惯例的。如果一定这么办，万一后来有阿谀谄媚的人物担当翰林学士的长官，便会使官位处于下级的人们的直切进言无法进献上来了。"崔群坚决不肯接受诏命，经过三次上奏，宪宗才听从了他的主张。

5　五月庚申（初三），宪宗对宰相们说："你们这些人屡次提到淮南、浙江地区去年发生了水旱灾害，近来有一个御史从那里回来，谈到那里的情况还不至于造成灾害，事情究竟是怎样的呢？"李绛回答说："我考察了淮南、浙西、浙东进奏的文状，都说发生了水旱灾害，百姓多数流离失散，请求朝廷想办法安抚，他们的意思似乎是担心朝廷加罪于他们，

岂肯无灾而妄言有灾邪！此盖御史欲为奸谀以悦上意耳，愿得其主名，按致其法。”上曰：“卿言是也。国以人为本，闻有灾当亟救之，岂可尚复疑之邪！朕适者不思，失言耳。”命速蠲其租赋。上尝与宰相论治道于延英殿，日旰，暑甚，汗透御服，宰相恐上体倦，求退。上留之曰：“朕入禁中，所与处者独宫人、宦官耳，故乐与卿等且共谈为理之要，殊不知倦也。”

6　六月癸巳，司徒、同平章事杜佑以太保致仕。

7　秋，七月乙亥，立遂王宥为太子，更名恒。恒，郭贵妃之子也。诸姬子澧王宽，长于恒，上将立恒，命崔群为宽草让表，群曰：“凡推己之有以与人谓之让。遂王，嫡子也，宽何让焉！”上乃止。

8　八月戊戌，魏博节度使田季安薨。

初，季安娶洺州刺史元谊女，生子怀谏，为节度副使。牙内兵马使田兴，庭玠之子也，有勇力，颇读书，性恭逊。季安淫虐，兴数规谏，军中赖之。季安以为收众心，出为临清镇将，将欲杀之。兴阳为风痹，灸灼满身，乃得免。季安病风，杀戮无度，军政废乱，夫人元氏召诸将立怀谏为副大使，知军务，时年十一。迁季安于别寝，月馀而薨。召田兴为步射都知兵马使。

辛亥，以左龙武大将军薛平为郑滑节度使，欲以控制魏博。

难道他们肯在没有灾情的情形下，胡乱去说本地遭受了灾害吗！这种不至造成灾害的说法，大约是御史打算做奸邪逢迎的事情，以期讨得陛下的欢心罢了，我希望得知发言人的姓名，加以按察，依法制裁。”宪宗说：“你讲得对啊。国家以百姓为根本，国家听说发生了灾情，应该赶忙去救济百姓，怎么能够还要怀疑灾情发生与否呢！朕适才所说，有欠深思，是朕说错了。”于是，宪宗命令赶快免除淮南和两浙的赋税。有一次，宪宗与宰相们在延英殿谈论治国之道，当时天色向晚，暑气甚重，汗水湿透了宪宗的衣服，宰相们担心宪宗身体困倦，便请求退下。宪宗挽留他们说：“朕进入宫廷以后，接触到的只有宫女和宦官罢了，所以朕喜欢与你们谈论治国的要领，绝不感到困倦。”

6　六月癸巳（初七），司徒、同平章事杜佑以太保的官职退休归居。

7　秋季，七月乙亥（十九日），宪宗将遂王李宥立为太子，给他更改名字叫作李恒。李恒是郭贵妃的儿子。皇子澧王李宽是姬妾所生，比李恒年长，宪宗打算将李恒立为太子，命令崔群替李宽起草推让太子的表章，崔群说：“凡将自己拥有的东西推辞给别人才叫作推让。遂王李恒是陛下正妻所生的儿子，澧王李宽有什么可以推让的呢！”于是，宪宗不再让崔群草拟李宽推让太子的表章了。

8　八月戊戌（十三日），魏博节度使田季安故去。

当初，田季安娶洺州刺史元谊的女儿为妻，所生儿子田怀谏担任了魏博节度副使。牙内兵马使田兴，是田庭玠的儿子，勇武有力，颇读过一些书籍，性情恭谨谦逊。田季安放荡而暴虐，田兴屡次规劝，军中将士都仰赖着他。田季安认为田兴收揽人心，将他斥逐到临清担任镇守将领，还准备将他杀掉。田兴佯装得了风痹，用艾草炙灼全身，才得以幸免。田季安得了风病，杀人没有限度，军政废弛而混乱，夫人元氏召集各位将领将田怀谏立为节度副大使，掌管军中事务，当时田怀谏只有十一岁。田季安被迁移到另外的寝室，过了一个多月便故去了。田怀谏将田兴召回，任命他为步射都知兵马使。

辛亥（二十五日），宪宗任命左龙武大将军薛平为郑滑节度使，准备让他来控制魏博。

上与宰相议魏博事，李吉甫请兴兵讨之，李绛以为魏博不必用兵，当自归朝廷。吉甫盛陈不可不用兵之状，上曰："朕意亦以为然。"绛曰："臣窃观两河藩镇之跋扈者，皆分兵以隶诸将，不使专在一人，恐其权任太重，乘间而谋己故也。诸将势均力敌，莫能相制，欲广相连结，则众心不同，其谋必泄；欲独起为变，则兵少力微，势必不成。加以购赏既重，刑诛又峻，是以诸将互相顾忌，莫敢先发，跋扈者恃此以为长策。然臣窃思之，若常得严明主帅能制诸将之死命者以临之，则粗能自固矣。今怀谏乳臭子，不能自听断，军府大权必有所归，诸将厚薄不均，怨怒必起，不相服从，则向日分兵之策，适足为今日祸乱之阶也。田氏不为屠肆，则悉为俘囚矣，何烦天兵哉！彼自列将起代主帅，邻道所恶，莫甚于此。彼不倚朝廷之援以自存，则立为邻道所齑粉矣。故臣以为不必用兵，可坐待魏博之自归也。但愿陛下按兵养威，严敕诸道选练士马以须后敕。使贼中知之，不过数月，必有自效于军中者矣。至时，惟在朝廷应之敏速，中其机会，不爱爵禄以赏其人，使两河藩镇闻之，恐其麾下效之以取朝廷之赏，必皆恐惧，争为恭顺矣。此所谓不战而屈人兵者也。"上曰："善！"

他日，吉甫复于延英盛陈用兵之利，且言刍粮金帛皆已有备。上顾问绛，绛对曰："兵不可轻动。前年讨恒州，四面发兵二十万，

宪宗与宰相们计议有关魏博的事宜，李吉甫请求起兵讨伐田怀谏，李绛认为对魏博不一定需要采取军事行动，田怀谏就会自行归顺朝廷。李吉甫极力陈述不能不采取军事行动的理由，宪宗说："朕的意思也认为是这样的。"李绛说："我私下里观察河南、河北骄横强暴的藩镇，都分出一部分兵力，隶属给各个将领，不让兵力专门由一人掌握，这是担心掌握兵权的将领权力与职任过重，便会趁机图谋自己的原故。各将领势均力敌，不能相互节制，倘若他们打算广泛地相互联合起来，则大家的心思并不相同，谋划肯定要泄露出去；如果他们打算单独起兵，发起变乱，则兵马太少，力量微薄，从发展趋势上说，肯定不能成功。加之，各镇既悬赏优厚，又刑罚严厉，所以各将领互相顾虑，彼此畏忌，都没有胆量率先发难，骄横的藩镇就是仗恃着这些，作为自己长远的计策。然而，我私下里考虑此事，假如经常得以起用能够节制各将领竭尽死力效命的严明的主帅来驾驭他们，大体上就能自行安定下来了。现在，田怀谏只是一个乳臭小儿，还不能够亲自听政断事，军府的大权必然要有一个归向，对待各将领有厚有薄，不能均衡，必定要产生怨恨，不肯服从主帅的命令，这就使以往分散兵力的策略，恰好足以成为如今滋生祸乱的缘由啊。即使田氏不被举家屠杀，陈尸示众，也会全家人成为俘虏与囚徒，还用烦劳朝廷的兵马吗！田怀谏由众多的将领中起来代替主帅，相邻各道所憎恶的，没有比这一点更为严重的了。田怀谏如不倚赖朝廷的援助而自存，就会立刻被相邻各道捣碎成细粉。所以，我认为不一定要采取军事行动，是可以坐着等候魏博自行归附的。我只希望陛下屯兵不动，蓄养声威，严令各道挑选并操练人马，以待日后的敕令。假使魏博将领知道了朝廷的动向，不会超过几个月时间，肯定就会有在军中主动请求效命的人了。到时候，只在于朝廷敏捷迅速地接应他们，看准时机，不爱惜官爵俸禄，以此奖赏效命之人，使河南、河北的藩镇得知这一消息，担心自己的部下效法魏博，以期得到朝廷的奖赏，因而肯定都会害怕起来，要争着向朝廷表示恭敬顺从了。这就是人们所说的不用使用武力就促使敌兵屈服的道理啊。"宪宗说："讲得好！"

后来，李吉甫又在延英殿极力陈诉采取军事行动的好处，而且说粮草钱帛都已经有了准备。宪宗征询李绛的意见，李绛回答说："武力是不能够轻易动用的。前年讨伐恒州，各地派出兵马二十万人，

又发两神策兵自京师赴之，天下骚动，所费七百馀万缗，讫无成功，为天下笑。今疮痍未复，人皆惮战。若又以敕命驱之，臣恐非直无功，或生他变。况魏博不必用兵，事势明白，愿陛下勿疑。”上奋身抚案曰：“朕不用兵决矣。”绛曰：“陛下虽有是言，恐退朝之后，复有荧惑圣听者。”上正色厉声曰：“朕志已决，谁能惑之！”绛乃拜贺曰：“此社稷之福也。”

既而田怀谏幼弱，军政皆决于家僮蒋士则，数以爱憎移易诸将，众皆愤怒。朝命久不至，军中不安。田兴晨入府，士卒数千人大噪，环兴而拜，请为留后。兴惊仆于地，众不散。久之，兴度不免，乃谓众曰：“汝肯听吾言乎！”皆曰：“惟命。”兴曰：“勿犯副大使，守朝廷法令，申版籍，请官吏，然后可。”皆曰：“诺。”兴乃杀蒋士则等十馀人，迁怀谏于外。

又派出左、右神策军的兵马由京城开往恒州，致使全国骚扰不安，消耗的费用有七百多万缗，最终不能获得成功，被天下的人们所耻笑。现在，战争的创伤尚未恢复，百姓都害怕打仗。如果又用敕令驱使他们，我担心不但不能取得成功，或许还要发生其他变故。况且，不一定要对魏博采取军事行动，事情的发展趋势很清楚，希望陛下不用迟疑了。”宪宗猛然起身用力拍着案子说：“朕决定不采取军事行动。”李绛说：“虽然陛下说了此言，恐怕在退朝以后，还会有人来迷惑陛下的听闻。”宪宗面色庄重，声音严厉地说：“朕的意图已经决定下来了，谁能够来迷惑朕！”于是，李绛行礼祝贺说：“这是国家的福气啊！”

不久，由于田怀谏幼稚弱小，军中政事完全由家中的仆从蒋士则决断，蒋士则屡次凭着个人的爱憎调动诸将，大家都愤怒起来了。朝廷的任命长时间没有送到，军中将士更是不能安下心来。有一次，田兴在早上前往军府，数千名士兵大声喊叫，围着田兴行礼，请田兴担任留后。田兴惊惶得扑倒在地，众人仍然不肯散去。过了许久，田兴估计难以走脱，便对大家说：“你们愿意听从我的话吗？”大家都说：“请下命令吧。”田兴说：“不许冒犯副大使，遵守朝廷的法纪命令，向朝廷申报版图户籍，请朝廷任命官吏，做到这些以后，我才答应你们。”大家都说：“好吧。”于是，田兴杀了蒋士则等十多个人，将田怀谏迁移到外地去了。

卷第二百三十九　唐纪五十五

起壬辰(812)十月尽丙申(816)凡四年有奇

宪宗昭文章武大圣至神孝皇帝中之上

元和七年(壬辰,812)

1　冬,十月乙未,魏博监军以状闻,上亟召宰相,谓李绛曰:“卿揣魏博若符契。”李吉甫请遣中使宣慰以观其变,李绛曰:“不可。今田兴奉其土地兵众,坐待诏命,不乘此际推心抚纳,结以大恩,必待敕使至彼,持将士表来为请节钺,然后与之,则是恩出于下,非出于上,将士为重,朝廷为轻,其感戴之心亦非今日之比也。机会一失,悔之无及!”吉甫素与枢密使梁守谦相结,守谦亦为之言于上曰:“故事,皆遣中使宣劳,今此镇独无,恐更不谕。”上竟遣中使张忠顺如魏博宣慰,欲俟其还而议之。癸卯,李绛复上言:“朝廷恩威得失,在此一举,时机可惜,奈何弃之!利害甚明,愿圣心勿疑。计忠顺之行,甫应过陕,乞明旦即降白麻除兴节度使,犹可及也。”上且欲除留后,绛曰:“兴恭顺如此,自非恩出不次,则无以使之感激殊常。”上从之。甲辰,以兴为魏博节度使。忠顺未还,制命已至魏州。兴感恩流涕,士众无不鼓舞。

宪宗昭文章武大圣至神孝皇帝中之上

唐宪宗元和七年(壬辰,公元812年)

1　冬季,十月乙未(初十),魏博监军将魏博将士废黜田怀谏、拥立田兴的文状上报,宪宗连忙召集宰相前来,对李绛说:"你的揣测和魏博的事态就像符节的两部分相互吻合一样哩。"李吉甫请求派遣中使前去安抚,以便观察事态的变化,李绛说:"这样做不恰当。现在,田兴献出魏博的土地与兵马,正在等候诏书发布命令,如果不趁此时机诚心抚慰并接纳他,以隆厚的恩惠维系他,而一定要等候陛下派出的使者到魏博,拿着将士们的上表回来请求任命田兴为节度使,然后再给他这一职务,这就是恩惠来自下边,而不出自上边,将士的作用大,而朝廷的作用小,田兴对朝廷感激与爱戴的心意也是不能够与现在相比的。一旦失去这一时机,后悔也来不及了!"李吉甫平常与枢密使梁守谦相互勾结,梁守谦也替李吉甫向宪宗说:"根据惯例,对于这种情形,都是派遣中使前去慰劳,现在唯独不向魏博派遣中使,恐怕人们更加难以明白其中的道理了。"宪宗最后还是派遣中使张忠顺前往魏博安抚将士,准备等候张忠顺回朝以后再商议此事。癸卯(十八日),李绛再次进言说:"朝廷施加恩典与声威的成功与失败,就在这一次行动,出现这一时机,是值得珍惜的,怎么能够将它放弃了呢!哪种做法有利,哪种做法有害,是非常清楚的,希望陛下心中不要再有疑虑了。计算张忠顺的行程,现在应当刚刚过了陕州,请陛下明天早晨便颁布白麻纸诏书,任命田兴为节度使,这是还来得及的。"宪宗打算暂且任命田兴为留后,李绛说:"田兴恭敬顺从到这般地步,若不肯不拘等次地施加恩典,自然无法使他感激朝廷的超常待遇。"宪宗听从了李绛的建议。甲辰(十九日),宪宗任命田兴为魏博节度使。张忠顺没有返回朝廷以前,宪宗的命令已经到达魏州。田兴因感激朝廷的恩典而流出了眼泪,将士们没有不欢欣雀跃的。

2　庚戌，更名皇子宽曰恽，察曰悰，寰曰忻，寮曰悟，审曰恪。

3　李绛又言："魏博五十馀年不沾皇化，一旦举六州之地来归，刳河朔之腹心，倾叛乱之巢穴，不有重赏过其所望，则无以慰士卒之心，使四邻劝慕。请发内库钱百五十万缗以赐之。"左右宦官以为"所与太多，后有此比，将何以给之？"上以语绛，绛曰："田兴不贪专地之利，不顾四邻之患，归命圣朝，陛下奈何爱小费而遗大计，不以收一道人心！钱用尽更来，机事一失不可复追。借使国家发十五万兵以取六州，期年而克之，其费岂止百五十万缗而已乎！"上悦，曰："朕所以恶衣菲食，蓄聚货财，正为欲平定四方。不然，徒贮之府库何为！"十一月辛酉，遣知制诰裴度至魏博宣慰，以钱百五十万缗赏军士，六州百姓给复一年。军士受赐，欢声如雷。成德、兖郓使者数辈见之，相顾失色，叹曰："倔强者果何益乎！"

度为兴陈君臣上下之义，兴听之，终夕不倦，待度礼极厚，请度遍至所部州县，宣布朝命。奏乞除节度副使于朝廷，诏以户部郎中河东胡证为之。兴又奏所部缺官九十员，请有司注拟，行朝廷法令，输赋税。田承嗣以来室屋僭侈者，皆避不居。

郓、蔡、恒遣游客间说百方，兴终不听。李师道使人谓宣武节度使韩弘曰："我世与田氏约相保援，今兴非田氏族，又首变两河事，亦公之所恶也！我将与成德合军讨之。"弘曰：

2　庚戌(二十五日),宪宗为皇子更改名字,李宽称作李恽,李察称作李悰,李寰称作李忻,李寮称作李悟,李审称作李恪。

3　李绛又说:"魏博已经有五十多年没有沾润着帝王的德化了,现在忽然带着魏、博、贝、卫、澶、相六州土地前来归顺,挖空了河朔地区的中心,倾覆了反叛作乱的巢穴,如果没有超过他们所希望的重重的奖赏,便无法安慰将士们的心意,并使四周相邻各道受到劝勉,感到羡慕。请陛下拨发内库钱一百五十万缗,颁赐给魏博。"宪宗亲近的宦官认为:"给予的赏赐太多,若以后再有此例,将拿什么给他们呢?"宪宗将宦官的话告诉了李绛,李绛说:"田兴不肯贪图专擅一地的好处,不顾四面相邻各道的祸患,归顺本朝,陛下怎么能够珍惜微小的费用,反而丢掉重大的谋划,不肯用这点钱财去收取一道的人心呢!钱财使用光了会重新得到的,而这一时机一旦失去,就不能够再追回来了。假如国家征发十五万兵马去攻取魏博六州,经过整整一年才战胜敌军,这需要的费用难道是一百五十万缗就可以止住的吗!"宪宗高兴了,就说:"朕穿粗劣的衣裳,吃薄味的食物,积蓄物资钱财的意图,正是为了平定各地。否则,将物资钱财白白储存在仓库中是为了什么呢!"十一月辛酉(初六),宪宗派遣知制诰裴度前去安抚魏博,带去钱一百五十万缗,奖赏给军中将士,对六州百姓免除一年的赋税供役。将士们得到赏赐,发出了雷鸣般的欢呼声。成德、兖郓派来的好几个使者看到了这一场景,面面相觑,惊惶变色,叹息着说:"对朝廷态度执拗的藩镇果真有什么好处吗!"

裴度为田兴讲述君臣之间的大义名分,田兴倾听着,整个晚上都没有倦意,他对待裴度的礼数非常周全,还邀请裴度走遍他管辖的州县,向各处宣布朝廷的命令。田兴奏请朝廷任命节度副使,宪宗颁诏任命户部郎中河东人胡证出任此职。田兴还奏报部下缺少官员九十人,请求有关部门登录姓名,拟定官职,在魏博行使朝廷的法纪命令,向朝廷交纳赋税。田承嗣以来所建造的过度奢华的居室,田兴一概回避,不肯居住。

郓州李师道、蔡州吴少阳、恒州王承宗派遣游说之士,想方设法私下劝说田兴,田兴始终不肯听从。李师道让人告诉宣武节度使韩弘说:"我家世代与田氏约定相互保全,彼此援助,现在,田兴并不出于田氏家族,又第一个改变了河南、河北的先例,这也是您所憎恶的啊!我准备与成德会合兵马,讨伐田兴。"韩弘说:

“我不知利害，知奉诏行事耳。若兵北渡河，我则以兵东取曹州！”师道惧，不敢动。

田兴既葬田季安，送田怀谏于京师。辛巳，以怀谏为右监门卫将军。

4　李绛奏振武、天德左右良田可万顷，请择能吏开置营田，可以省费足食，上从之。绛命度支使卢坦经度用度，四年之间，开田四千八百顷，收谷四千馀万斛，岁省度支钱二十馀万缗，边防赖之。

5　上尝于延英谓宰相曰：“卿辈当为朕惜官，勿用之私亲故。”李吉甫、权德舆皆谢不敢。李绛曰：“崔祐甫有言：‘非亲非故，不谙其才。’谙者尚不与官，不谙者何敢复与？但问其才器与官相称否耳。若避亲故之嫌，使圣朝亏多士之美，此乃偷安之臣，非至公之道也。苟所用非其人，则朝廷自有典刑，谁敢逃之！”上曰：“诚如卿言。”

6　是岁，吐蕃寇泾州，及西门之外，驱掠人畜而去。上患之，李绛上言：“京西、京北皆有神策镇兵，始置之欲以备御吐蕃，使与节度使掎角相应也。今则鲜衣美食，坐耗县官，每有寇至，节度使邀与俱进，则云申取中尉处分。比其得报，虏去远矣。纵有果锐之将，闻命奔赴，节度使无刑戮以制之，相视如平交，左右前却，莫肯用命，何所益乎！请据所在之地士马及衣粮、器械皆割隶当道节度使，使号令齐壹，如臂之使指，

"我不知道你说的这些利弊得失,只知道遵照诏书办事而已。假如你向北渡过黄河,我便领兵东进,攻打曹州!"李师道害怕了,就没敢用兵。

田兴安葬了田季安以后,便将田怀谏送往京城。辛巳(二十六日),宪宗任命田怀谏为右监门卫将军。

4 李绛奏称,振武、天德周围的良田可达一万顷,请求选择干练的官吏开设屯田,节省开支,使粮食充足,宪宗听从了他的建议。李绛命令度支使卢坦经营规划所需费用,在四年时间里,开辟田地四千八百顷,收获谷物四千多万斛,每年节省度支拨钱二十多万缗,边防都仰仗着屯田的收成。

5 宪宗曾经在延英殿对宰相们说:"你们这些人应当替朕珍惜官位,不要用官位偏袒亲戚故旧。"李吉甫、权德舆都推脱说自己没有那样的胆量。李绛说:"崔祐甫说过:'既不是亲属,又不是故交,无法了解一个人的才能。'对自己了解的人尚且不能够授予官职,对不了解的人又怎么敢授给官职呢?只须过问一个人的才能和器识与所授官职是否相称而已。倘若规避亲戚故旧的嫌疑,使本朝缺欠人才济济的局面,这便是苟求自安的臣下,并不符合大公无私的原则啊。如果任用的人是不合适的,朝廷自然会有刑罚相加,有谁敢逃避呢!"宪宗说:"诚然如你所说。"

6 本年,吐蕃侵犯泾州,一直打到西门以外,驱赶俘掠人口与牲畜离去,宪宗为此事甚为担忧,李绛进言说:"京城西面和京城北面都有神策军赴镇驻守的兵马,起初,朝廷将神策军安置到各军镇,是打算防御吐蕃,使神策军与节度使的兵马形成相互呼应夹击敌军的形势。如今神策军穿好的,吃好的,无所事事地消耗国家的物资供给,每当有敌寇到来的时候,节度使邀请神策军与自己共同进军,神策军却说需要申报上去,听取中尉的处理。及至神策军得到中尉的答复,吐蕃已经离开很远了。纵然神策军中也有果决勇猛的将领,得到命令便奔赴敌军,但是节度使无法使用刑杀的权力来控制他们,这些将领把节度使看作平等交往的人物,节度使支使他们前进或撤退时,他们不肯服从命令,这有什么益处呢!请陛下根据神策军的驻扎地,将战士、马匹、衣服、口粮、器械等一概分割给本道节度使管辖,使号令统一,犹如胳膊指使手指一般,

则军威大振，虏不敢入寇矣。”上曰：“朕不知旧事如此，当亟行之。”既而神策军骄恣日久，不乐隶节度使，竟为宦者所沮而止。

八年（癸巳，813）

1　春，正月癸亥，以博州刺史田融为相州刺史。融，兴之兄也。融、兴幼孤，融长，养而教之。兴尝于军中角射，一军莫及。融退而抶之曰：“尔不自晦，祸将及矣！”故兴能自全于猜暴之时。

2　勃海定王元瑜卒，弟言义权知国务。庚午，以言义为勃海王。

3　李吉甫、李绛数争论于上前，礼部尚书、同平章事权德舆居中无所可否，上鄙之。辛未，德舆罢守本官。

4　辛卯，赐魏博节度使田兴名弘正。

5　司空、同平章事于頔久留长安，郁郁不得志。有梁正言者，自言与枢密使梁守谦同宗，能为人属请，頔使其子太常丞敏重赂正言，求出镇。久之，正言诈渐露，敏索其赂不得，诱其奴，支解之，弃溷中。事觉，頔帅其子殿中少监季友等素服诣建福门请罪，门者不内，退，负南墙而立，遣人上表，阁门以无印引不受。日暮方归，明日，复至。丁酉，頔左授恩王傅，仍绝朝谒；敏流雷州，季友等皆贬官，僮奴死者数人。敏至秦岭而死。

军队的声威便会大大振作起来，吐蕃就不敢前来侵犯了。"宪宗说："朕不知道以往的制度竟是这个样子，应当赶紧实行你的建议。"不久，由于神策军骄横放纵得时间长了，不愿意隶属节度使，终于因受到宦官的阻挠而没有实行下去。

唐宪宗元和八年（癸巳，公元813年）

1　春季，正月癸亥（初九），宪宗任命博州刺史田融为相州刺史。田融是田兴的哥哥。田融与田兴幼年丧父，田融年长，便抚养教育田兴。有一次，田兴与军中将士比赛射箭，全军将士都赶不上他。回去以后，田融用鞭子抽打他，还说："你不能够收敛自己的锋芒，祸殃就要到来了！"所以，田兴能够在田季安猜疑而横暴的时候，将自己保全下来。

2　勃海定王大元瑜故去，弟弟大言义暂时代理执掌军政事务。庚午（十六日），宪宗任命大言义为勃海王。

3　李吉甫与李绛屡次在宪宗面前争论，礼部尚书、同平章事权德舆置身中间，没有表示过赞同或反对，宪宗因此而轻视他。辛未（十七日），权德舆被罢免宰相职务，仍然担任原有的官职。

4　二月辛卯（初七），宪宗赐名魏博节度使田兴，叫作田弘正。

5　司空、同平章事于頔长时间留在长安，自觉忧闷，难偿平生志愿。有一个叫梁正言的人，自称与枢密使梁守谦是本家，能够替别人托办各种事情，于頔便让他的儿子太常丞于敏重重地贿赂梁正言，希图出任节度使。时间长了，梁正言的骗术逐渐败露了，于敏不能够将贿赂索取回来，便诱使梁正言的奴仆，将梁正言的四肢分解了，丢弃到厕所中。事情终于被发觉了，于頔带领他的儿子殿中少监于季友等人，穿着白色丧服前往建福门请求治罪，守门人不肯让他们过去，退下来以后，于頔背倚南墙站立着，派人进献表章，阁门的值班人因表上没有印符，又没有内部人援引，因而不肯接受。直到日暮时分，于頔等才返回，第二天，又再次前来。丁酉（十三日），于頔被降职为恩王傅，并禁止他入朝谒见；于敏被流放雷州，于季友等人都被贬官，奴仆被处死的也有好几个人。于敏刚到秦岭便死去了。

事连僧鉴虚。鉴虚自贞元以来，以财交权幸，受方镇赂遗，厚自奉养，吏不敢诘。至是，权幸争为之言，上欲释之，中丞薛存诚不可。上遣中使诣台宣旨曰："朕欲面诘此僧，非释之也。"存诚对曰："陛下必欲面释此僧，请先杀臣，然后取之，不然，臣期不奉诏。"上嘉而从之。三月丙辰，杖杀鉴虚，没其所有之财。

6　甲子，征前西川节度使、同平章事武元衡入知政事。

7　夏，六月，大水。上以为阴盈之象，辛丑，出宫人二百车。

8　秋，七月，振武节度使李光进请修受降城，兼理河防。时受降城为河所毁，李吉甫请徙其徒于天德故城，李绛及户部侍郎卢坦以为："受降城，张仁愿所筑，当碛口，据虏要冲，美水草，守边之利地。今避河患，退二三里可矣，奈何舍万代永安之策，徇一时省费之便乎！况天德故城僻处确瘠，去河绝远，烽候警急不相应接，虏忽唐突，势无由知，是无故而蹙国二百里也。"及城使周怀义奏利害，与绛、坦同。上卒用吉甫策，以受降城骑士隶天德军。

李绛言于上曰："边军徒有其数而无其实，虚费衣粮，将帅但缘私役使，聚货财以结权幸而已，未尝训练以备不虞，此不可不于无事之时豫留圣意也。"时受降城兵籍旧四百人，及天德军交兵，止有五十人，器械止有一弓，自馀称是，故绛言及之。上惊曰："边兵乃如是其虚邪！卿曹当加按阅。"会绛罢相而止。

事情牵连到僧人鉴虚。自从贞元年间以来，鉴虚凭着资财与拥有权势、取得宠幸的人们交结，收受节度使贿赂的财物，使自己日常获得优厚的供养，吏人们谁也不敢过问。至此，有权势、得宠幸的人们争着替鉴虚讲情，宪宗也打算将鉴虚释放出来，中丞薛存诚认为是不适当的。宪宗派遣中使前往御史台宣布诏旨说："朕打算当面责问这个僧人，并不是要释放他。"薛存诚回答说："如果陛下一定要当面释放这个僧人，请先将我杀掉，然后再将他放走，否则，我定然不肯接受诏命。"宪宗嘉许并听从了他的请求。三月丙辰(初三)，朝廷将鉴虚用棍棒打死，没收了他所有的资财。

6　甲子(十一日)，宪宗征召前任西川节度使、同平章事武元衡入朝执掌政事。

7　夏季，六月，发生了严重的水灾。宪宗认为这是阴气满盈的象征，辛丑(二十日)，宪宗将二百车宫中妇女打发出宫。

8　秋季，七月，振武节度使李光进请求修筑受降城，同时治理黄河的堤防。当时，受降城被黄河毁坏，李吉甫请求将李光进的部众迁移到天德军的旧城去，李绛与户部侍郎卢坦认为："这座受降城是张仁愿修筑起来的，地处大漠的出口，占据着控制异族的交通紧要之地，水草丰美，是守卫边防的好地方。现在，为了避开黄河的危害，后退两三里地就行了，怎么能够舍弃万世永远安定的大计，曲从暂时节省开支的便利呢！何况天德军旧城处于荒远之地，土质瘠薄多石，距离黄河极远，烽火台示警告急时，不能够相互呼应，异族忽然前来横冲直撞，势必无法得知，这是毫无原由地使国家减缩了二百里的土地啊。"及至受降城使周怀义奏陈利弊得失，所讲的与李绛、卢坦相同。但是，宪宗最终还是采用了李吉甫的策划，将受降城的骑兵隶属于天德军。

李绛对宪宗说："边防上的军队空有数额，实际没有那么多士兵，白白浪费衣服与口粮，将帅们只知道假公济私，使唤士兵，积聚物资钱财，用以交结有权势、得宠幸的人们，却不曾训练士兵，以防备意外的事情发生，这种情形，不能不在没有事端的时候请陛下预先留意。"当时，受降城的士兵名册原有四百人，及至与天德军移交兵员的时候，只有五十人，军用器具只有一张弓，其馀的东西与此相称，所以李绛才提到此事。宪宗惊讶地说："边境的兵马竟然是这般空虚吗！你们应当加以按察。"适逢李绛被罢免了宰相的职务，于是此事便作罢了。

9　乙巳，废天威军，以其众隶神策军。

10　丁未，辰、溆贼帅张伯靖请降。辛亥，以伯靖为归州司马，委荆南军前驱使。

11　初，吐蕃欲作乌兰桥，先贮材于河侧，朔方常潜遣人投之于河，终不能成。虏知朔方、灵盐节度使王佖贪，先厚赂之，然后并力成桥，仍筑月城守之。自是朔方御寇不暇。

12　冬，十月，回鹘发兵度碛南，自柳谷西击吐蕃。壬寅，振武、天德军奏回鹘数千骑至鸊鹈泉，边军戒严。

13　振武节度使李进贤，不恤士卒，判官严澈，绶之子也，以刻核得幸于进贤。进贤使牙将杨遵宪将五百骑趣东受降城以备回鹘，所给资装多虚估。至鸣沙，遵宪屋处而士卒暴露，众发怒，夜，聚薪环其屋而焚之，卷甲而还。庚寅夜，焚门，攻进贤，进贤逾城走，军士屠其家，并杀严澈。进贤奔静边军。

14　群臣累表请立德妃郭氏为皇后。上以妃门宗强盛，恐正位之后，后宫莫得进，托以岁时禁忌，竟不许。

15　丁酉，振武监军骆朝宽奏乱兵已定，请给将士衣。上怒，以夏绥节度使张煦为振武节度使，将夏州兵二千赴镇，仍命河东节度使王锷以兵二千纳之，听以便宜从事。骆朝宽归罪于其将苏若方而杀之。

16　发郑滑、魏博卒凿黎阳古河十四里，以纾滑州水患。

9　八月乙巳(二十五日),废除天威军,将其部众隶属神策军。

10　丁未(二十七日),辰、溆蛮人首领张伯靖请求归降。九月辛亥(初二),宪宗以张伯靖为归州司马,交荆南节度使调用。

11　起初,吐蕃准备建造乌兰桥,事先在黄河边上储存木材,朔方经常暗中派人将木材投入黄河,乌兰桥到底没有能够造成。吐蕃得知朔方、灵盐节度使王佖贪婪,便先去重重地贿赂他,然后全力将乌兰桥造成,还修筑了新月形的城墙守卫着它。从此,朔方经常需要抵御吐蕃入侵,再也没有闲暇的时候了。

12　冬季,十月,回鹘派兵来到大漠南面,由柳谷西进,攻击吐蕃。壬寅(二十三日),振武、天德军奏称有回鹘骑兵数千人来到鸊鹈泉,边疆上的军队都在警戒防备。

13　振武节度使李进贤不体恤将士,判官严澈是严绶的儿子,因待人苛刻而得到李进贤的宠爱。李进贤让牙将杨遵宪带领骑兵五百人奔赴东受降城,防备回鹘,供给他的物资装备多不是原物,而是经过虚估价钱后另以他物配给的。来到鸣沙的时候,杨遵宪住在房屋里,但将士们留在露天地里,大家发怒了,在夜间堆聚柴草,围绕着房屋放火焚烧杨遵宪,收起铠甲,返回振武。十二月庚寅(十一日)夜晚时分,返回的将士焚烧大门,进攻李进贤,李进贤翻越城墙逃走,将士们屠杀了李进贤的家口,并且杀死了严澈。李进贤逃奔静边军。

14　群臣屡次上表请求将德妃郭氏立为皇后。宪宗认为郭德妃宗族门户强盛,恐怕郭德妃居正位以后,内宫的嫔妃不能够进前了,便借口时日的忌讳,始终不肯答应。

15　丁酉(十八日),振武监军骆朝宽奏称变乱的士兵已经平定,请求为将士们供应服装。宪宗大怒,任命夏绥节度使张煦为振武节度使,带领夏州兵马两千人奔赴振武,还命令河东节度使王锷率领兵马两千人接纳张煦,任凭他见机行事。骆朝宽将罪责都加给将领苏若方,将他杀掉了。

16　朝廷征发郑滑、魏博士兵开凿黎阳古黄河河道十四里,以便缓解滑州的水灾。

17　上问宰相："人言外间朋党大盛，何也?"李绛对曰："自古人君所甚恶者，莫若人臣为朋党，故小人谮君子必曰朋党。何则？朋党言之则可恶，寻之则无迹故也。东汉之末，凡天下贤人君子，宦官皆谓之党人而禁锢之，遂以亡国。此皆群小欲害善人之言，愿陛下深察之。夫君子固与君子合，岂可必使之与小人合，然后谓之非党邪!"

九年(甲午,814)

1　春，正月甲戌，王锷遣兵五千会张煦于善羊栅。乙亥，煦入单于都护府，诛乱者苏国珍等二百五十三人。二月丁丑，贬李进贤为通州刺史。甲午，骆朝宽坐纵乱者，杖之八十，夺色，配役定陵。

2　李绛屡以足疾辞位。癸卯，罢为礼部尚书。

初，上欲相绛，先出吐突承璀为淮南监军，至是，上召还承璀，先罢绛相。甲辰，承璀至京师，复以为弓箭库使、左神策中尉。

3　李吉甫奏："国家旧置六胡州于灵、盐之境，开元中废之，更置宥州以领降户。天宝中，宥州寄理于经略军。宝应以来，因循遂废。今请复之，以备回鹘，抚党项。"上从之。夏，五月庚申，复置宥州，理经略军，取鄜城神策屯兵九千以实之。

先是，回鹘屡请昏，朝廷以公主出降，其费甚广，故未之许。礼部尚书李绛上言，以为："回鹘凶强，不可无备。淮西穷蹙，事要经营。今江、淮大县，岁所入赋有二十万缗者，足以备降主之费，

17　宪宗询问宰相说："人们说外面朋党集团大大兴起，这是为什么呢？"李绛回答说："自古以来，人君特别憎恶的，以人臣结成朋党集团为甚，所以，小人诬陷君子，肯定要说他属于朋党集团。为什么要这样做呢？这是因为，朋党集团谈论起来虽然是可恶的，寻找起来却没有痕迹。东汉末年，凡是天下的贤人和君子，宦官都称他们为党人，因而勒令对他们永不任用，东汉便因此灭亡。这都是众小人打算谋害好人的说法，希望陛下深入地考察此事。一般说来，君子固然与君子相合，难道能够一定使君子与小人相合，然后才能够说君子不属于朋党集团吗！"

唐宪宗元和九年（甲午，公元814年）

1　春季，正月甲戌（二十六日），王锷派遣兵马五千人在善羊栅与张煦会合。乙亥（二十七日），张煦进入单于都护府，诛杀变乱者苏国珍等二百五十三人。二月丁丑，宪宗将李进贤贬为通州刺史。甲午（十六日），骆朝宽因放纵叛乱者获罪，将他杖责八十，剥夺品色，发配到定陵服役。

2　李绛因脚病屡次推辞官位。癸卯（二十五日），李绛被罢为礼部尚书。

当初，宪宗打算任命李绛为宰相，事先让吐突承璀出任淮南监军，至此，宪宗将吐突承璀召回，事先免除了李绛的宰相职务。甲辰（二十六日），吐突承璀来到京城，宪宗重新任命他为弓箭库使、左神策军中尉。

3　李吉甫上奏说："以往，国家在灵州和盐州境内设置了六胡州，开元年间将六胡州废除，又设置宥州来统领归降的人户。天宝年间，宥州由经略军遥控治理。宝应年间以来，由于墨守旧法，于是便被废弃了。现在，我请求恢复以往的设置，以便防备回鹘，安抚党项。"宪宗听从了他的建议。夏季，五月庚申（十四日），朝廷重新设置宥州，治所设在经略军，调来屯驻鄜城的神策军兵九千人，以便充实宥州。

在此之前，回鹘屡次请求通婚，朝廷因公主出国下嫁开支很大，所以没有答应。礼部尚书李绛进言认为："回鹘凶猛强悍，对他们不能不防备。淮西困惑犹豫，其中的事情需要图谋规划。如今江淮地区的大县，每年上缴的赋税有达到二十万缗的，足够备办下嫁公主的费用，

陛下何爱一县之赋，不以羁縻劲虏？回鹘若得许昏，必喜而无猜，然后可以修城堑，蓄甲兵，边备既完，得专意淮西，功必万全。今既未降公主而虚弱西城，碛路无备，更修天德以疑虏心。万一北边有警，则淮西遗丑复延岁月之命矣！傥虏骑南牧，国家非步兵三万，骑五千，则不足以抗御！借使一岁而胜之，其费岂特降主之比哉！”上不听。

4 乙丑，桂王纶薨。

5 六月壬寅，以河中节度使张弘靖为刑部尚书、同平章事。弘靖，延赏之子也。

6 翰林学士独孤郁，权德舆之婿也。上叹郁之才美曰：“德舆得婿郁，我反不及邪！”先是尚主皆取贵戚及勋臣之家，上始命宰相选公卿大夫子弟文雅可居清贯者，诸家多不愿，惟杜佑孙司议郎悰不辞。秋，七月戊辰，以悰为殿中少监、驸马都尉，尚岐阳公主。公主，上长女，郭妃所生也。八月癸巳，成昏。公主有贤行，杜氏大族，尊行不翘数十人，公主卑委怡顺，一同家人礼度，二十年间，人未尝以丝发间指为贵骄。始至，则与悰谋曰：“上所赐奴婢，卒不肯穷屈，奏请纳之，悉自市寒贱可制指者。”自是闺门落然不闻人声。

7 闰月丙辰，彰义节度使吴少阳薨。少阳在蔡州，阴聚亡命，牧养马骡，时抄掠寿州茶山以实其军。其子摄蔡州刺史元济，匿丧，以病闻，自领军务。

陛下为什么要珍惜一个县的赋税，不肯拿来维系强劲的回鹘呢？假如回鹘得到通婚的许可，肯定感到高兴，不再猜疑，在此之后，才可以修治城池沟堑，积蓄铠甲兵器，在边疆的防备巩固以后，才能够一心一意地对付淮西，必定获得成功，万无一失。既然如今没有下嫁公主，又使西受降城虚弱难支，对大漠的通路毫无防备，还要修筑天德城，使异族心中感到疑虑。万一北部边疆出现警报，淮西的残馀小丑便又能够在短时间内苟延残喘下去了！倘若回鹘的骑兵南来放牧，国家没有步兵三万人、骑兵五千人，就不够抵御他们了！假使需要用一年时间战胜回鹘，所需要的费用又怎么能与仅仅下嫁公主的开销相比呢！”宪宗不肯听从。

4　乙丑（十九日），桂王李纶故去。

5　六月壬寅（二十七日），宪宗任命河中节度使张弘靖为刑部尚书、同平章事。张弘靖是张延赏的儿子。

6　翰林学士独孤郁是权德舆的女婿。宪宗赞叹独孤郁的才华说：“权德舆能够使独孤郁做女婿，我反而赶不上权德舆了吗？”在此之前，公主下嫁，都是选取皇家内外亲族以及功臣家的子弟，至此，宪宗才命令宰相选择公卿、大夫家的温文尔雅、可以置身清流的子弟，然而，各家多不愿意，只有杜佑的孙子司议郎杜悰没有推辞。秋季，七月戊辰（十八日），宪宗任命杜悰为殿中少监、驸马都尉，让他娶岐阳公主为妻。岐阳公主是宪宗的大女儿，为郭德妃所生。八月癸巳（十三日），杜悰与岐阳公主成婚。岐阳公主举止贤淑，杜氏是一个庞大的家族，行辈高于她的不只数十人，岐阳公主对待他们，谦恭随和，一概如同家里人的礼数，在二十年里，人们不曾因丝毫的嫌隙而指责她恃贵骄慢。才到杜家的时候，岐阳公主就与杜悰商议说：“皇上赐给我们的奴婢，是终究不肯屈从的，可以奏请皇上将他们收回去，我们自己再悉数购买出身低微、可以指使的奴婢吧。”自此，闺阁门户清静，连人们说话的声音都听不到。

7　闰八月丙辰（十二日），彰义节度使吴少阳故去。吴少阳任职蔡州，暗中聚合逃亡的罪犯，放养骡子、马匹，时常抢劫寿州茶山的财物来充实军需。他的儿子摄蔡州刺史吴元济，隐瞒了吴少阳的死讯，以吴少阳患病上报朝廷，由自己统领军中事务。

上自平蜀，即欲取淮西。淮南节度使李吉甫上言："少阳军中上下携离，请徙理寿州以经营之。"会朝廷方讨王承宗，未暇也。及吉甫入相，田弘正以魏博归附。吉甫以为汝州扞蔽东都，河阳宿兵，本以制魏博，今弘正归顺，则河阳为内镇，不应屯重兵以示猜阻。辛酉，以河阳节度使乌重胤为汝州刺史，充河阳、怀、汝节度使，徙理汝州。己巳，弘正检校右仆射，赐其军钱二十万缗，弘正曰："吾未若移河阳军之为喜也。"

九月庚辰，以洺州刺史李光颜为陈州刺史，充忠武都知兵马使；以泗州刺史令狐通为寿州防御使。通，彰之子也。丙戌，以山南东道节度使袁滋为荆南节度使，以荆南节度使严绶为山南东道节度使。

吴少阳判官苏兆、杨元卿、大将侯惟清皆劝少阳入朝。元济恶之，杀兆，囚惟清。元卿先奏事在长安，具以淮西虚实及取元济之策告李吉甫，请讨之。时元济犹匿丧，元卿劝吉甫，凡蔡使入奏者，所在止之。少阳死近四十日，不为辍朝，但易环蔡诸镇将帅，益兵为备。元济杀元卿妻及四男以圬射堋。淮西宿将董重质，吴少诚之婿也，元济以为谋主。

8　戊戌，加河东节度使王锷同平章事。

9　李吉甫言于上曰："淮西非如河北，四无党援，国家常宿数十万兵以备之，劳费不可支也。失今不取，后难图矣。"上将讨之，张弘靖请先为少阳辍朝、赠官，遣使吊赠，待其有不顺之迹，然后加兵，上从之，遣工部员外郎李君何吊祭。

自从平定蜀中刘闢以来，宪宗就打算攻取淮西。淮南节度使李吉甫进言说："吴少阳军中将士对上面已有背叛之心，请将淮南的治所迁移到寿州去，以便让我来经略规划淮西。"适逢朝廷正在讨伐王承宗，没有馀暇考虑他的建议。及至李吉甫担任宰相以后，田弘正率领魏博归顺了朝廷。李吉甫认为："东都有汝州护卫着，在河阳屯驻兵马，本来是为了控制魏博的，现在，田弘正归顺了朝廷，河阳便成了内地的军镇，不应该屯驻重兵，显示对魏博的猜疑。"辛酉（十六日），宪宗任命河阳节度使乌重胤为汝州刺史，充任河阳、怀州、汝州节度使，将治所迁移到汝州。己巳（二十五日），加封田弘正检校右仆射，赐给魏博军钱二十万缗，田弘正说："没有比迁移河阳军更使我高兴的啦。"

九月庚辰（初七），宪宗任命洺州刺史李光颜为陈州刺史，充任忠武都知兵马使；任命泗州刺史令狐通为寿州防御使。令狐通是令狐彰的儿子。丙戌（十三日），宪宗任命山南东道节度使袁滋为荆南节度使，任命荆南节度使严绶为山南东道节度使。

吴少阳的判官苏兆、杨元卿和大将侯惟清等人都曾劝说吴少阳入京朝见。吴元济憎恶他们，诛杀了苏兆，囚禁了侯惟清。事前，杨元卿在长安奏请事情，将淮西的情况和攻取吴元济的计策全部告诉了李吉甫，并请求讨伐吴元济。当时，吴元济仍然在隐瞒吴少阳的死讯，杨元卿劝说李吉甫，对入朝奏事的蔡州使者，各处均要阻止他们入朝。吴少阳死去将近四十天了，但朝廷并没有为他停止上朝以表示哀悼，只是改换了围绕着蔡州的各军镇将帅，增调兵马，作好防备。吴元济杀掉杨元卿的妻子和四个儿子，用他们的血涂射箭的靶子。淮西老将董重质是吴少诚的女婿，吴元济便让他作为自己的主谋人。

8 戊戌（二十五日），宪宗加封河东节度使王锷为同平章事。

9 李吉甫向宪宗进言说："淮西与河北不同，四周是没有同伙援助的，国家经常屯驻数十万兵马，以便防备淮西，将士的劳苦与国家的开支都是难以支撑下去的。如果现在失去攻取吴少阳的时机，以后便难以图谋了。"宪宗准备讨伐淮西，张弘靖请求事先为吴少阳停止上朝以表示哀悼，给他追赠官爵，派遣使者前去吊丧，赠送助丧的财物，等淮西出现了对朝廷不恭顺的行迹，然后以兵力相加，宪宗听从了他的建议，派遣工部员外郎李君何前去吊唁祭奠。

元济不迎敕使，发兵四出，屠舞阳，焚叶，掠鲁山、襄城，关东震骇。君何不得入而还。

10 冬，十月丙午，中书侍郎、同平章事赵公李吉甫薨。

11 壬戌，以忠武节度副使李光颜为节度使。甲子，以严绶为申、光、蔡招抚使，督诸道兵招讨吴元济；乙丑，命内常侍知省事崔潭峻监其军。戊辰，以尚书左丞吕元膺为东都留守。

12 党项寇振武。

13 十二月戊辰，以尚书右丞韦贯之同平章事。

十年(乙未,815)

1 春，正月乙酉，加韩弘守司徒。弘镇宣武，十馀年不入朝，颇以兵力自负，朝廷亦不以忠纯待之。王锷加平章事，弘耻班在其下，与武元衡书，颇露不平之意。朝廷方倚其形势以制吴元济，故迁官使居锷上以宠慰之。

2 吴元济纵兵侵掠，及于东畿。己亥，制削元济官爵，命宣武等十六道进军讨之。严绶击淮西兵，小胜，不设备，淮西兵夜还袭之。二月甲辰，绶败于磁丘，却五十馀里，驰入唐州而守之。寿州团练使令狐通为淮西兵所败，走保州城，境上诸栅尽为淮西所屠。癸丑，以左金吾大将军李文通代之，贬通昭州司户。

诏鄂岳观察使柳公绰以兵五千授安州刺史李听，使讨吴元济，公绰曰："朝廷以吾书生不知兵邪！"即奏请自行，许之。

吴元济不肯迎接敕使，派出兵马，四面出击，屠杀舞阳，火烧叶地，掳掠鲁山与襄城，关东震恐惊骇。李君何无法进入淮西，只好回朝。

10 冬季，十月丙午（初三），中书侍郎、同平章事赵公李吉甫故去。

11 壬戌（十九日），宪宗任命忠武节度副使李光颜为节度使。甲子（二十一日），宪宗任命严绶为申、光、蔡招抚使，督促各道兵马招抚讨伐吴元济；乙丑（二十二日），宪宗命令内常侍知省事崔潭峻担任严绶的监军。戊辰（二十五日），宪宗任命尚书左丞吕元膺为东都留守。

12 党项侵犯振武。

13 十二月戊辰（二十五日），宪宗任命尚书右丞韦贯之为同平章事。

唐宪宗元和十年（乙未，公元 815 年）

1 春季，正月乙酉（十三日），宪宗加封韩弘守司徒。韩弘镇守宣武，十多年来不肯入京朝见，仗恃着军队的力量，以为自己很了不起，朝廷也不把他当作忠诚笃厚的臣下对待。王锷加封了平章事，韩弘以名列王锷之下而感到耻辱，在写给武元衡的书信中，愤慨不满之意颇有流露。朝廷正要借助他所据有的地理形势去扼制吴元济，所以给他升迁了官位，让他的班次列在王锷以上，以示荣宠与抚慰。

2 吴元济放纵兵马侵扰劫掠，到了东都洛阳周围的地区。己亥（二十七日），宪宗削夺吴元济的官职与爵位，命令宣武等十六道进军讨伐吴元济。严绶进击淮西兵马，略微取得了一些胜利，便不再设置防备，淮西兵马在夜间返回来袭击严绶。二月甲辰（初二），严绶在磁丘战败，后退了五十多里地，急速奔入唐州，据城防守。寿州团练使令狐通被淮西兵马打败，逃奔寿州城自保，州境上各处栅垒的士兵全部遭到淮西军的屠杀。癸丑（十一日），宪宗使左金吾大将军李文通代替令狐通，将令狐通贬为昭州司户。

宪宗颁诏命令鄂岳观察使柳公绰将五千兵马拨给安州刺史李听，让李听讨伐吴元济，柳公绰说："朝廷认为我是一个书生，不懂得用兵之道啊！"他当即上奏请求让他自己前去，宪宗答应了他。

公绰至安州，李听属櫜鞬迎之。公绰以鄂岳都知兵马使、先锋行营兵马都虞候二牒授之，选卒六千以属听，戒其部校曰："行营之事，一决都将。"听感恩畏威，如出麾下。公绰号令整肃，区处军事，诸将无不服。士卒在行营者，其家疾病死丧，厚给之，妻淫泆者，沉之于江，士卒皆喜曰："中丞为我治家，我何得不前死！"故每战皆捷。公绰所乘马，踶杀圉人，公绰命杀马以祭之，或曰："圉人自不备耳，此良马，可惜！"公绰曰："材良性驽，何足惜也！"竟杀之。

3　河东将刘辅杀丰州刺史燕重旰，王锷诛之，及其党。

4　王叔文之党坐谪官者，凡十年不量移，执政有怜其才欲渐进之者，悉召至京师，谏官争言其不可，上与武元衡亦恶之，三月乙酉，皆以为远州刺史，官虽进而地益远。永州司马柳宗元为柳州刺史，朗州司马刘禹锡为播州刺史。宗元曰："播非人所居，而梦得亲在堂，万无母子俱往理。"欲请于朝，愿以柳易播。会中丞裴度亦为禹锡言曰："禹锡诚有罪，然母老，与其子为死别，良可伤！"上曰："为人子尤当自谨，勿贻亲忧，此则禹锡重可责也。"度曰："陛下方侍太后，恐禹锡在所宜矜。"上良久，乃曰："朕所言，以责为人子者耳，然不欲伤其亲心。"退，谓左右曰："裴度爱我终切。"明日，禹锡改连州刺史。

柳公绰来到安州，李听让全副武装的将领前去迎接他。柳公绰将鄂岳都知兵马使、先锋行营兵马都虞候两种文书交给他们，选出士兵六千人归属李听，告诫他的部队说："有关行营的事务，一切由主将决定。"李听感激他的恩德，畏惧他的威严，就像他的部下一般。柳公绰发号施令，整齐严肃，他处置军旅事务，各位将领无不悦服。身在行营的士兵们，凡是家中人有患病或死亡的，都发给他们丰厚的物品，他们的妻子纵欲放荡的，便沉入长江淹死，将士们都高兴地说："柳中丞替我们整治家务，我们怎么能够不拼死向前呢！"所以，柳公绰每次出战，都取得了胜利。柳公绰所骑的马，将养马人踢死了，柳公绰便命令将马匹杀死来祭奠养马人。有人说："那是由于养马人不加防备造成的，这是一匹好马，杀死它太可惜了！"柳公绰说："这匹马能奔善跑，但生性顽劣，有什么值得可惜呢！"他终于将这匹马杀掉了。

3　河东将领刘辅杀死了丰州刺史燕重旰，王锷又将刘辅及其同伙诛杀了。

4　王叔文一党中获罪贬官的人们，已经十年没有酌情迁官，有些怜惜他们的才华而打算逐渐提升他们的主持政务的官员，主张将他们全部传召到京城来，谏官们争着陈说这种做法是不适当的，宪宗与武元衡也讨厌他们。三月乙酉（十四日），宪宗将他们全部任命为偏远各州的刺史，虽然官职提升了，所在地却更加遥远了。永州司马柳宗元出任柳州刺史，朗州司马刘禹锡出任播州刺史。柳宗元说："播州不是人居留的地方，而刘禹锡的高堂老母尚在，万万没有让母子二人一同前往的道理。"他打算向朝廷请求，愿意让自己由柳州改任播州。适值中丞裴度也为刘禹锡进言说："刘禹锡诚然是有罪的，但是他的母亲年事已高，与自己的儿子在那里生离死别，实在使人哀伤！"宪宗说："作为人子，尤其应该使自己行为谨慎，不要给亲人留下忧患，如此说来，刘禹锡也是甚可责难的啊。"裴度说："陛下正在侍奉太后，恐怕在刘禹锡那里也应予以怜悯。"宪宗过了许久才说："朕说的话，只是责备做儿子的罢了，但是并不打算使他的母亲伤心。"退下来以后，宪宗对周围的人说："到底是裴度对朕爱得深切啊。"第二天，刘禹锡便被改任为连州刺史了。

宗元善为文，尝作《梓人传》，以为："梓人不执斧斤刀锯之技，专以寻引、规矩、绳墨度群木之材，视栋宇之制，相高深、圆方、短长之宜，指麾众工，各趋其事，不胜任者退之。大夏既成，则独名其功，受禄三倍。亦犹相天下者，立纲纪、整法度，择天下之士使称其职，居天下之人使安其业，能者进之，不能者退之，万国既理，而谈者独称伊、傅、周、召，其百执事之勤劳不得纪焉。或者不知体要，衒能矜名，亲小劳，侵众官，听听于府庭，而遗其大者远者，是不知相道者也。"

又作《种树郭橐驼传》曰："橐驼之所种，无不生且茂者。或问之，对曰：'橐驼非能使木寿且孳也。凡木之性，其根欲舒，其土欲故。既植之，勿动勿虑，去不复顾。其莳也若子，其置也若弃，则其天全而性得矣。他植者则不然，根拳而土易，爱之太恩，忧之太勤，旦视而暮抚，已去而复顾，甚者爪其肤以验其生枯，摇其本以观其疏密，而木之性日以离矣。虽曰爱之，其实害之；虽曰忧之，其实仇之。故不我若也！为政亦然。吾居乡见长人者，好烦其令，若甚怜焉而卒以祸之。

柳宗元善于撰写文章，曾经作过一篇《梓人传》，讲道：“有一位木匠，不肯去做斧砍锯析这一类手艺活计，却专门用长尺、圆规、方尺、墨斗审度各种木料的用场，检视房屋的规制，观察高度、方圆、长短是否合度，指挥着众多的木工，各自去干自己的活计，对不能将任务承担起来的人们，便将他们辞退。一座大型的房屋建成以后，唯独以他的名字记载事功，得到的酬金是一般木工的三倍。这也正像担当天下宰相职位的人们，设立大纲要领，整饬法令制度，选择天下的人士，使他们的才干与自己的职务相称，让天下的人们居住下来，使他们安心从事自己的职业，提升有能力的人，摒退没有能力的人，全国各地得到治理以后，谈论起此事的人们唯独称赞伊尹、傅说、周公、召公等宰相，对那些各部门专职人员的辛勤劳苦就不再去予以记载了。有些宰相不识大体，不得要领，夸耀自己的才能与名望，亲自去做细小的劳务，侵犯百官的职责，在官署中吵吵嚷嚷争辩不休，而将重大而长远的方略遗落无序，这是不懂得为相之道。”

柳宗元又曾撰写《种树郭橐驼传》说：“郭橐驼种植的树木，没有不成活、不繁茂的。有人问他其中的道理，郭橐驼回答说：‘我本人并不能够使树木延长寿命并且生长繁盛。大凡树木的本性，树根喜欢舒展，喜欢让人培上陈泥。将树木种植好了以后，不需挪动它，不需为它担心，离开它以后，便不用再去看管它。栽种树木的时候，就像爱护自己的子女一样，将树木放入土中以后，就像将它抛弃了似的，这就使树木的天性得以保全，使树木的本性得到发展了。别的种植树木的人们就不是这样了，他们使树木的根部拳曲在一起，而且更换了新土，对树木的爱护过于深切，担忧过于细密，早晨去看它，晚上又去抚摸它，已经离开了，还要再回头看上一眼，更为过分的人们还要划破树皮，查看它是成活了，还是枯萎了，摇晃着树干，去观察枝叶哪里稀疏，哪里繁密，而树木却与自己的本性日见脱离了。虽然说是爱护树木，实际却是损害树木；虽然说是为树木担忧，实际却是将树木当成仇人了。所以，人们种树都不如我！办理政务，也是这个道理。我住在乡间，看到当官的人们，喜欢频频发号施令，像是对百姓非常怜悯，但终究给百姓带来祸殃。

旦暮吏来，聚民而令之，促其耕获，督其蚕织，吾小人辍饔飧以劳吏之不暇，又何以蕃吾生而安吾性邪！凡病且怠，职此故也。’”此其文之有理者也。

5　庚子，李光颜奏破淮西兵于临颍。

6　田弘正遣其子布将兵三千助严绶讨吴元济。

7　四月甲辰（初三），李光颜又奏破淮西兵于南顿。

8　吴元济遣使求救于恒、郓，王承宗、李师道数上表请赦元济，上不从。是时发诸道兵讨元济而不及淄青，师道使大将将二千人趣寿春，声言助官军讨元济，实欲为元济之援也。

师道素养刺客奸人数十人，厚资给之，其人说师道曰：“用兵所急，莫先粮储。今河阴院积江、淮租赋，请潜往焚之。募东都恶少年数百，劫都市，焚宫阙，则朝廷未暇讨蔡，先自救腹心。此亦救蔡一奇也。”师道从之。自是所在盗贼窃发。辛亥暮，盗数十人攻河阴转运院，杀伤十馀人，烧钱帛三十馀万缗匹，谷三万馀斛，于是人情恇惧。群臣多请罢兵，上不许。

9　诸军讨淮西久未有功，五月，上遣中丞裴度诣行营宣慰，察用兵形势。度还，言淮西必可取之状，且曰：“观诸将，惟李光颜勇而知义，必能立功。”上悦。

考功郎中、知制诰韩愈上言，以为：“淮西三小州，残弊困剧之馀，而当天下之全力，其破败可立而待。然所未可知者，

整天都有吏人前来，将百姓聚集起来，向人们发布命令，敦促人们快去耕地，赶忙收割，监督人们及时缫丝，趁早织布，我们这些小人把早餐晚饭都停下来，忙着去慰劳吏人还来不及呢，又怎么能够使我们的生计得以蕃息，并且使我们的天性安然无扰呢！一般说来，人民困窘倦怠，主要是由于这个缘故啊！’”这是柳宗元文章中深含哲理的作品。

5　庚子（二十九日），李光颜奏称在临颍打败淮西兵马。

6　田弘正派遣地的儿子田布率领兵马三千人，帮助严绶讨伐吴元济。

7　四月甲辰（初三），李光颜又奏称在南顿打败淮西兵马。

8　吴元济派遣使者向恒州与郓州请求援救，王承宗和李师道屡次上表请求赦免吴元济，宪宗不肯听从。这时候，朝廷征调各道兵马讨伐吴元济，还没有讨伐淄青，李师道便让大将率领两千人奔赴寿春，声称帮助官军讨伐吴元济，实际却是打算去援助吴元济。

李师道平时豢养着刺客和奸人几十人，以丰厚的资财供给他们，此中有人劝说李师道：“用兵打仗急切需要的，没有比粮食储备更为重要的了。现在，河阴转运院积存着江淮地区的赋税，请暗中前去焚烧河阴转运院。可以募集东都洛阳的顽劣少年几百个人，抢劫城市，焚烧宫廷，使朝廷没有讨伐蔡州的馀暇，却要首先去援救自己的核心地区。这也可以算作救助蔡州的一个奇计了。”李师道听从了此人的建议。从此，各处都有盗贼暗中活动。辛亥（初十），天色向晚时分，有强盗数十人攻打河阴转运院，杀伤了十多个人，烧掉钱财布帛三十多万缗匹，谷物三万多斛，由此，人们感到恐慌不安了。群臣多数请求停止用兵，宪宗不肯应许。

9　各军长时间讨伐淮西，毫无建树，五月，宪宗派遣中丞裴度前往行营抚慰将士，察看采取军事行动的情况。裴度回朝以后，陈述了淮西肯定能够攻取的情况，而且说：“我观察各位将领，只有李光颜骁勇善战，深明大义，一定能够建立功勋。”宪宗高兴起来了。

考功郎中、知制诰韩愈进言认为：“淮西只有申、光、蔡三个小州，正当残灭破败、困顿艰难的末路，而且面临着天下的全部兵力，他们的毁灭是指日可待的。然而，现在还不清楚的因素，

在陛下断与不断耳。”因条陈用兵利害，以为：“今诸道发兵各二三千人，势力单弱，羁旅异乡，与贼不相谙委，望风慑惧。将帅以其客兵，待之既薄，使之又苦。或分割队伍，兵将相失，心孤意怯，难以有功。又其本军各须资遣，道路辽远，劳费倍多。闻陈、许、安、唐、汝、寿等州与贼连接处，村落百姓悉有兵器，习于战斗，识贼深浅，比来未有处分，犹愿自备衣粮，保护乡里。若令召募，立可成军。贼平之后，易使归农。乞悉罢诸道军，募土人以代之。”又言：“蔡州士卒皆国家百姓，若势力穷不能为恶者，不须过有杀戮。”

10　丙申，李光颜奏败淮西兵于时曲。淮西兵晨压其垒而陈，光颜不得出，乃自毁其栅之左右，出骑以击之。光颜自将数骑冲其陈，出入数四，贼皆识之，矢集其身如猬毛。其子揽辔止之，光颜举刃叱去。于是人争致死，淮西兵大溃，杀数千人。上以裴度为知人。

11　上自李吉甫薨，悉以用兵事委武元衡。李师道所养客说李师道曰：“天子所以锐意诛蔡者，元衡赞之也，请密往刺之。元衡死，则他相不敢主其谋，争劝天子罢兵矣。”师道以为然，即资给遣之。

王承宗遣牙将尹少卿奏事，为吴元济游说。少卿至中书，辞指不逊，元衡叱出之。承宗又上书诋毁元衡。

就是陛下有没有作出决断。”于是他逐条陈述使用兵力的好处与害处，认为：“现在，各道派出的兵马各自有两三千人，声势微弱，力量单薄，客居外乡，不熟悉敌军的实情，以致一看到敌军的势头，就恐惧了。将帅们认为他们都是外来的兵马，既刻薄地对待他们，又极力使唤他们。有些士兵的队伍被拆散重编，士兵与将领被分隔开来，使将士们感到孤单，怀有怯意，这是很难获得成功的。再者，将士们所在本军分别需要发运给养，道路遥远，人力与财力消耗加倍繁多。听说陈州、许州、安州、唐州、汝州、寿州等与敌军连接着的地方，村庄中的百姓都有武器，已经习惯当兵打仗，晓得敌军的虚实，虽然近来对这些百姓没有做出安排，但他们仍然愿意由自己备办衣服与口粮，保护自己的家乡。如果让人招募这些百姓，立即就能够组成军队。将敌人平定以后，也容易打发他们回乡务农。请陛下将各道军队全部撤走，通过募集当地百姓来取代各道军队。”他还说：“蔡州将士都是国家的百姓，倘若到了吴元济势穷力竭，不再能够作恶的时候，不须过多地杀害他们。”

10　丙申（二十六日），李光颜奏称在时曲打败淮西兵马。早晨，淮西兵马紧紧逼迫着李光颜的营垒结成阵列，李光颜无法出兵，便自行毁除本军周围的栅栏，派出骑兵，向淮西军进击。李光颜亲自率领几个骑兵向淮西阵中冲锋，冲进去，杀出来，前后三四次，敌人都将他识别出来，箭像刺猬毛般密集地向他身上射去。他的儿子抓住缰绳，请他停止冲锋，李光颜举起兵器，呵斥他走开。于是，人们争着拼死力战，淮西兵马大规模地溃退，被杀死了数千人。宪宗认为裴度是善于识别人才的。

11　自从李吉甫故去以后，宪宗将采取军事行动的事情全部交托给武元衡。李师道豢养的宾客规劝李师道说：“天子专心一意地声讨蔡州的根由，在于有武元衡辅佐他，请让我秘密前去刺杀他。如果武元衡死了，其他宰相不敢主持讨伐蔡州的谋划，就会争着劝说天子停止用兵了。”李师道认为此言有理，当即发给盘资，打发他前去。

王承宗派遣牙将尹少卿奏报事情，为吴元济四处说情。尹少卿来到中书省的时候，言词的意旨颇不谦恭，武元衡便将他呵斥出去。于是，王承宗又上书恶意诬蔑武元衡。

六月癸卯，天未明，元衡入朝，出所居靖安坊东门，有贼自暗中突出射之，从者皆散走，贼执元衡马行十馀步而杀之，取其颅骨而去。又入通化坊击裴度，伤其首，坠沟中，度毡帽厚，得不死，傔人王义自后抱贼大呼，贼断义臂而去。京城大骇，于是诏宰相出入，加金吾骑士张弦露刃以卫之，所过坊门呵索甚严。朝士未晓不敢出门。上或御殿久之，班犹未齐。

贼遗纸于金吾及府、县，曰："毋急捕我，我先杀汝。"故捕贼者不敢甚急。兵部侍郎许孟容见上言："自古未有宰相横尸路隅而盗不获者，此朝廷之辱也！"因涕泣。又诣中书挥涕言："请奏起裴中丞为相，大索贼党，穷其奸源。"戊申，诏中外所在搜捕，获贼者赏钱万缗，官五品。敢庇匿者，举族诛之。于是京城大索，公卿家有复壁、重橑者皆索之。

成德军进奏院有恒州卒张晏等数人，行止无状，众多疑之。庚戌，神策将军王士则等告王承宗遣晏等杀元衡。吏捕得晏等八人，命京兆尹裴武、监察御史陈中师鞫之。癸亥，诏以王承宗前后三表出示百僚，议其罪。

裴度病疮，卧二旬，诏以卫兵宿其第，中使问讯不绝。或请罢度官以安恒、郓之心，上怒曰："若罢度官，是奸谋得成，朝廷无复纲纪。吾用度一人，足破二贼。"甲子，上召度入对。乙丑，以度为中书侍郎、同平章事。度上言："淮西，腹心之疾，不得不除。

六月癸卯(初三),天色尚未大亮,武元衡前往朝廷,从他居住的靖安坊东门走了出来,突然,有一个贼人从暗地里出来用箭射他,随从人员纷纷逃散,贼牵着武元衡的马匹走出十多步以后,将他杀死,砍下他的头颅,便离开了。贼人又进入通化坊,前去刺杀裴度,使他头部受伤,跌落到水沟中,由于裴度戴的毡帽很厚实,因而得以不死,副官王义从背后抱住贼人大声呼叫,贼人砍断他的胳臂,得以走脱。京城的人们都非常惊骇,于是,宪宗颁诏命令,宰相外出的时候,加派金吾骑士护卫,金吾骑士张满弓弦,亮出兵器,在需要经过的坊市门前喝呼搜索,很是严密。朝中百官在天未亮时不敢走出家门。有时皇上登殿,等了许久,朝班中的官员仍然不能到齐。

贼人在金吾卫与各府县留下纸条说:“不要忙着捉拿我,否则,我先将你杀死。”所以,捉拿贼人的人们不敢操之过急。兵部侍郎许孟容进见宪宗说:“自古以来,没有发生过宰相被人在路旁杀害,盗贼却不能捉获的事情,这是朝廷的耻辱啊!”说着,他便哭泣起来。许孟容又前往中书省流着眼泪说:“请求中书省申奏起用裴中丞为宰相,全面搜索贼人的同伙,查清他们为恶的根源。”戊申(初八),宪宗颁诏命令在朝廷内外四处搜查捉拿贼人,将贼人拿获的人,奖赏钱一万缗,赐给五品官位。如有胆敢包庇隐藏贼人的,诛杀他的整个家族。于是,京城的大搜索开始了,对家中筑有夹壁、复屋的公卿都进行了搜索。

成德军进奏院中有恒州士卒张晏等几个人,行为无礼,众人多怀疑他们就是贼人。庚戌(初十),神策军的将军王士则等人告发王承宗派遣张晏等人杀害武元衡。吏人捉拿住张晏等八人,宪宗命令京兆尹裴武与监察御史陈中师审讯他们。癸亥(二十三日),宪宗颁诏将王承宗先后三次所上表章出示百官,商议他应受的罪罚。

裴度创口不愈,卧病二十天,宪宗颁诏命令卫兵住在他的府第中,前去问候的中使接连不断。有人请求免除裴度的官职,以便使恒州王承宗、郓州李师道放下心来,宪宗生气地说:“倘若免除裴度的官职,那就是邪恶的阴谋得逞了,朝廷不再有法度可言。我任用裴度一个人,就足够打败王承宗和李师道两个人。”甲子(二十四日),宪宗传召裴度入朝奏对。乙丑(二十五日),宪宗任命裴度为中书侍郎、同平章事。裴度进言说:“淮西地区是腹心之患,不能不予根除。

且朝廷业已讨之，两河藩镇跋扈者，将视此为高下，不可中止。”上以为然，悉以用兵事委度，讨贼甚急。初，德宗多猜忌，朝士有相过从者，金吾皆伺察以闻，宰相不敢私第见客。度奏：“今寇盗未平，宰相宜招延四方贤才与参谋议。”始请于私第见客，许之。

陈中师按张晏等，具服杀武元衡，张弘靖疑其不实，屡言于上，上不听。戊辰，斩晏等五人，杀其党十四人，李师道客竟潜匿亡去。

12　秋，七月庚午朔，灵武节度使李光进薨。光进与弟光颜友善，光颜先娶，其母委以家事。母卒，光进后娶，光颜使其妻奉管籥，籍财物，归于其姒。光进反之曰：“新妇逮事先姑，先姑命主家事，不可易也。”因相持而泣。

13　甲戌，诏数王承宗罪恶，绝其朝贡，曰：“冀其翻然改过，束身自归。攻讨之期，更俟后命。”

14　八月己亥朔，日有食之。

15　李师道置留后院于东都，本道人杂沓往来，吏不敢诘。时淮西兵犯东畿，防御兵悉屯伊阙。师道潜内兵于院中，至数十百人，谋焚宫阙，纵兵杀掠，已烹牛飨士。明日，将发，其小卒诣留守吕元膺告变，元膺亟追伊阙兵围之。贼众突出，防御兵踵其后，不敢迫，贼出长夏门，望山而遁。是时都城震骇，留守兵寡弱，元膺坐皇城门，指使部分，意气自若，都人赖以安。

而且，朝廷已经讨伐淮西了，河南、河北骄横强暴的藩镇，都打算比照此一战事，来决定对朝廷的态度，因此，讨伐吴元济是不能够半途而止的。”宪宗认为言之有理，便将采取军事行动的事务全部交托给了裴度，对吴元济的讨伐甚为急切。当初，德宗往往猜疑妒忌臣下，对于相互往来的朝中百官，金吾卫一概侦察情报，上报德宗，宰相也不敢在私人宅第中会见客人。裴度奏称：“如今敌人还没有平定，宰相应当招揽延引各地德才兼备的人才参与谋划计议。”于是，他初次请求在私人宅第中会见宾客，宪宗答应了他的请求。

陈中师审讯张晏等人，他们都承认杀害了武元衡，张弘靖怀疑他们的话不属实，屡次进言，宪宗不肯听从。戊辰（二十八日），朝廷斩杀张晏等五人，杀掉他们的同伙十四人，李师道的宾客终于躲在暗中，逃亡而去了。

12　秋季，七月庚午朔（初一），灵武节度使李光进故去。李光进与弟弟李光颜关系和睦，李光颜娶妻在先，他们的母亲将家中事务都交给了李光颜的妻子。母亲故去以后，李光进后来也娶了妻子，李光颜让自己的妻子捧着锁钥，登录好家中的财物，交给她的嫂子。李光进将锁钥、账簿又退了回去，他说：“弟媳赶上了侍奉已故的婆婆，已故的婆婆命令她主持家中事务，这是不能够更改的啊。”于是，两人握着手哭泣起来。

13　甲戌（初五），宪宗颁诏数说王承宗的罪恶，不再让他入朝进贡，还说：“希望他能够翻然改过，主动投案。前去攻打的日期，再等候以后的命令。”

14　八月己亥朔（初一），出现日食。

15　李师道在东都洛阳设置了留后院，本道的人们纷织杂乱地往来于此处，吏人不敢加以责问。当时，淮西兵马侵犯东都洛阳周围地区，防御他们的兵马全部在伊阙屯驻。李师道暗中将兵马安置到留后院中，多达数十人到上百人，他策划火烧宫廷，放纵兵马连杀带抢，已经事先烹煮牛肉，对将士们进行了犒赏。第二天，就要发动的时候，他的小卒前往留守吕元膺处告发了这一事变，吕元膺连忙追回屯驻伊阙的兵马，前来包围李师道的留后院。敌军冲了出来，吕元膺的防御使兵马跟随在他们后边，不敢迫近，敌人出了长夏门，向山上逃去。这时候，东都的人们震惊恐骇，留守的兵马单薄微弱，吕元膺坐在皇城门前，指挥部署，态度镇静自如，东都的人们仰赖着他得以放下心来。

东都西南接邓、虢，皆高山深林，民不耕种，专以射猎为生，人皆趫勇，谓之山棚。元膺设重购以捕贼。数日，有山棚鬻鹿，贼遇而夺之。山棚走召其侪类，且引官军共围之谷中，尽获之。按验，得其魁，乃中岳寺僧圆净。故尝为史思明将，勇悍过人，为师道谋，多买田于伊阙、陆浑之间，以舍山棚而衣食之。有訾嘉珍、门察者，潜部分以属圆净，圆净以师道钱千万，阳为治佛光寺，结党定谋，约令嘉珍等窃发城中，圆净举火于山中，集二县山棚入城助之。圆净时年八十馀，捕者既得之，奋锤击其胫，不能折。圆净骂曰："鼠子，折人胫且不能，敢称健儿！"乃自置其胫，教使折之。临刑，叹曰："误我事，不得使洛城流血！"党与死者凡数千人。留守、防御将二人及驿卒八人皆受其职名，为之耳目。

元膺鞫訾嘉珍、门察，始知杀武元衡者乃师道也，元膺密以闻，以槛车送二人诣京师。上业已讨王承宗，不复穷治。元膺上言："近日藩镇跋扈不臣，有可容贷者。至于师道谋屠都城，烧宫阙，悖逆尤甚，不可不诛。"上以为然。而方讨吴元济，绝王承宗，故未暇治师道也。

16　乙丑，李光颜败于时曲。

17　初，上以严绶在河东，所遣裨将多立功，故使镇襄阳，且督诸军讨吴元济。绶无他材能，到军之日，倾府库，赉士卒，累年之积，一朝而尽。又厚赂宦官以结声援，拥八州之众万馀人屯境上，闭壁经年，无尺寸功。裴度屡言其军无政。

东都洛阳西南面与邓州和虢州接壤，边境上都是高山深林，山民不从事农业，专门靠打猎维持生计，人人矫捷勇猛，被称为“山棚”。吕元膺悬出重赏，捉拿贼人。过了几天，有一个山棚正在卖鹿，贼人遇到了他，便将鹿夺走了。山棚跑回去召集同伴，而且领着官军共同将贼人包围在山谷中，将他们全部捉获。经过审讯核实，找出了他们的首领，却是中岳寺的僧人圆净。圆净过去曾经担任史思明的将领，勇猛强悍，超过常人，他向李师道献计，在伊阙、陆浑两地之间多多购买田地，使山棚居住下来，而且供给他们衣服与食品。有名叫訾嘉珍与门察的两个人，暗中部署带领山棚归属圆净，圆净用李师道拨发的一千万钱，装作修治佛光寺，集结同党，制定计谋，邀结并命令訾嘉珍等人在洛阳城里暗中起事，圆净在山上点起火来，集合伊阙、陆浑两县的山棚前往洛阳城中援助他们。当时，圆净已经有八十多岁，捉拿贼人的官兵得到圆净以后，用锤子猛打他的小腿，但并不能将他的小腿打断。圆净骂着说：“鼠辈小子，连人的小腿都打不断，还敢称作强健的男儿吗！”于是他自己将小腿安放好，教那位官兵打断了它。到受刑的时候，圆净叹息着说：“你们耽误了我的大事，不能血染洛阳城了！”被处死的圆净的党羽共有数千人。留守、防御使的将领二人以及驿站的士兵八人，都接受了淮西的职名，为圆净刺探消息。

吕元膺审讯了訾嘉珍和门察以后，才知道杀害武元衡的主谋是李师道，吕元膺将此事秘密上报宪宗，用囚车将二人运往京城。宪宗已经讨伐王承宗，不再彻底处治。吕元膺进言说：“近些时候，藩镇骄横强暴，未尽臣下的礼数，还有能够宽宥的地方。至于李师道图谋屠杀东都，焚烧宫殿，悖乱忤逆，格外严重，不能够不加诛讨。”宪宗认为言之有理。然而，朝廷正在讨伐吴元济，又与王承宗决裂，所以没有馀暇处治李师道。

16　乙丑（二十七日），李光颜在时曲战败。

17　当初，严绶在河东任上的时候，由于他派出的裨将有许多人立了功劳，所以宪宗让他镇守襄阳，并且督促各军讨伐吴元济。严绶没有别的才能，只是在到军镇就任的时候，竭尽库存，赏赐将士，多年的积蓄，一时散尽。他又大力贿赂宦官，与他们声息相通，互相援助，他掌握着襄、邓、唐、随、均、房、郢、复八州兵众一万多人，驻扎在边境上，将营垒关闭了一年，没有立下任何功劳，裴度屡次说他治军无善政。

九月癸酉，以韩弘为淮西诸军都统。弘乐于自擅，欲倚贼自重，不愿淮西速平。李光颜在诸将中战最力，弘欲结其欢心，举大梁城索得一美妇人，教之歌舞丝竹，饰以珠玉金翠，直数百万钱，遣使遗之。使者先致书。光颜大飨将士，使者进妓，容色绝世，一座尽惊。光颜谓使者曰："相公愍光颜羁旅，赐以美妓，荷德诚深。然战士数万，皆弃家远来，冒犯白刃，光颜何忍独以声色自娱悦乎！"因流涕，座者皆泣。即于席上厚以缯帛赠使者，并妓返之，曰："为光颜多谢相公，光颜以身许国，誓不与逆贼同戴日月，死无贰矣！"

18　冬，十月庚子，始分山南东道为两节度，以户部侍郎李逊为襄、复、郢、均、房节度使，以右羽林大将军高霞寓为唐、随、邓节度使。朝议以唐与蔡接，故使霞寓专事攻战，而逊调五州之赋以饷之。

19　辛丑，刑部侍郎权德舆奏："自开元二十五年修《格式律令事类》后，至今《长行敕》，近删定为三十卷，请施行。"从之。

20　上虽绝王承宗朝贡，未有诏讨之。魏博节度使田弘正屯兵于其境，承宗屡败之。弘正忿，表请击之，上不许。表十上，乃听至贝州。丙午，弘正军于贝州。

21　庚戌，东都奏盗焚柏崖仓。

22　十一月，寿州刺史李文通奏败淮西兵。

九月癸酉(初五),宪宗任命韩弘为淮西诸军都统。韩弘喜欢专断独行,打算借助敌军加重自己的地位,不愿意迅速将淮西平定。李光颜在各将领中间作战最为出力,韩弘打算博取他的欢心,在全大梁城中寻找到一个漂亮的妇女,教给她唱歌跳舞,弹奏乐器,用珠宝玉石、金银翡翠将她打扮起来,价值数百万钱,派遣使者将她赠送给李光颜。使者首先将书信交给李光颜。正值李光颜大宴将士,使者将歌妓进献上来,歌妓的容貌姿色冠绝当代,满座将士都惊呆了。李光颜告诉使者说:"韩相公同情我客居他乡,赐给我漂亮的歌妓,我蒙受韩相公的恩德诚然深厚。但是,我这里有数万战士,都是丢下家庭,远道而来,在白晃晃的兵器中间冲撞,难道我能够忍心单独以娇声美色自己娱乐吗!"说着,他便流下了眼泪,在座的人们也都哭泣起来。李光颜当即在席上赠给使者许多缯帛,连同歌妓也退还给他,还说:"替我多谢韩相公。我已决心以自身为国效命,立誓不肯与忤逆的贼人共存于世间,就是死了,也不会有二心!"

18　冬季,十月,庚子(初三),朝廷开始将山南东道分成两个节度军府,任命户部侍郎李逊为襄、复、郢、均、房节度使,任命右羽林大将军高霞寓为唐、随、邓节度使。朝臣计议认为唐州与蔡州接壤,所以让高霞寓专门从事攻伐接战,而让李逊调发五州的赋税来供给高霞寓军饷。

19　辛丑(初四),刑部侍郎权德舆奏称:"我整理了自开元二十五年修撰的《格式律令事类》以后的律令格式,直至现行的《长行敕》,于最近删定为三十卷的新书,请陛下颁行。"宪宗听从了他的建议。

20　虽然宪宗不再允许王承宗入朝进贡,但是也没有颁诏讨伐他。魏博节度使田弘正在王承宗的疆境上屯驻兵马,而王承宗屡次打败田弘正军。田弘正愤怨不平,上表请求进击王承宗,宪宗不肯答应。田弘正接连十次上表,宪宗才准许他前往贝州。丙午(初九),田弘正在贝州驻扎下来。

21　庚戌(十三日),东都洛阳奏称强盗焚烧了柏崖仓。

22　十一月,寿州刺史李文通奏称打败了淮西兵。

壬申，韩弘请命众军合攻淮西，从之。

李光颜、乌重胤败淮西兵于小溵水，拔其城。

乙亥，以严绶为太子少保。

盗焚襄州佛寺军储。尽徙京城积草于四郊以备火。

丁丑，李文通败淮西兵于固始。

戊寅，盗焚献陵寝宫、永巷。

23　诏发振武兵二千，会义武军以讨王承宗。

24　己丑，吐蕃款陇州塞，请互市，许之。

25　初，吴少阳闻信州人吴武陵名，邀以为宾友，武陵不答。及元济反，武陵以书谕之曰："足下勿谓部曲不我欺，人情与足下一也。足下反天子，人亦欲反足下。易地而论，则其情可知矣。"

26　丁酉，武宁节度使李愿奏败李师道之众。时师道数遣兵攻徐州，败萧、沛数县，愿悉以步骑委都押牙温人王智兴，击破之。十二月甲辰，智兴又破师道之众，斩首二千馀级，逐北至平阴而还。愿，晟之子也。

27　东都防御使吕元膺请募山棚以卫宫城，从之。

28　乙丑，河东节度使王锷薨。

29　王承宗纵兵四掠，幽、沧、定三镇皆苦之，争上表请讨承宗，上欲许之。中书侍郎、同平章事张弘靖以为："两役并兴，恐国力所不支，请并力平淮西，乃征恒冀。"上不为之止，弘靖乃求罢。

壬申（初五），韩弘请求命令各军合力攻打淮西，宪宗听从了他的建议。

李光颜与乌重胤在小溵水打败淮西兵马，并且攻克了小溵水城。

乙亥（初八），宪宗任命严绶为太子少保。

强盗焚毁了襄州佛寺内的军事储备。朝廷将京城中堆积的干草全部迁移到四周的郊区去，以防备火灾。

丁丑（初十），李文通在固始打败淮西兵。

戊寅（十一日），强盗焚毁了南陵的后殿和长巷。

23　宪宗颁诏征振武兵马两千人，会合义武军兵马，以讨伐王承宗。

24　己丑（二十二日），吐蕃与陇州通好，请求双方进行贸易往来，得到了许可。

25　当初，吴少阳得知信州人吴武陵卓有名望，便邀请他做自己的宾客和朋友，吴武陵不肯应承。及至吴元济反叛朝廷以后，吴武陵写书信开导他说："您可不要以为您的部下不会欺骗您，人们的心情与您是一样的。既然您可以反叛皇上，人们也就打算反叛您。倘若您能够换到他们的地位上去看待这个问题，人们的心情就非常清楚了。"

26　丁酉（三十日），武宁节度使李愿奏称打败李师道的兵马。当时，李师道屡次派兵攻打徐州，打败了萧、沛等好几个县，李愿将步兵、骑兵全部交托给都押牙、温地人王智兴，王智兴击败了李师道军。十二月甲辰（初七），王智兴又一次打败李师道的兵马，斩首两千多级，追赶败走的敌军，直至平阴，才收兵返回。李愿是李晟的儿子。

27　东都防御使吕元膺请求招募山棚来护卫宫城，朝廷听从了他的建议。

28　乙丑（二十八日），河东节度使王锷故去。

29　王承宗放纵士兵四处掳掠，幽州、沧州、定州三军镇都被搅扰得困苦不堪，争着上表请求讨伐王承宗，宪宗打算答应他们的请求。中书侍郎、同平章事张弘靖认为："如果讨伐吴元济与讨伐王承宗一并进行，恐怕国家的力量难以支撑下去，请合力平定淮西，然后再去征讨恒冀。"宪宗不肯由此停止征讨王承宗，于是张弘靖便请求免除职务。

十一年(丙申,816)

1 春,正月己巳,以弘靖同平章事,充河东节度使。

2 幽州节度使刘总奏败成德兵,拔武强,斩首千馀级。

3 庚辰,翰林学士、中书舍人钱徽,驾部郎中、知制诰萧俛,各解职,守本官。时群臣请罢兵者众,上患之,故黜徽、俛以警其馀。徽,吴人也。

4 癸未,制削王承宗官爵,命河东、幽州、义武、横海、魏博、昭义六道进讨。韦贯之屡请先取吴元济,后讨承宗,曰:"陛下不见建中之事乎?始于讨魏及齐,而蔡、燕、赵皆应,卒致朱泚之乱,由德宗不能忍数年之愤邑,欲太平之功速成故也。"上不听。

5 甲申,盗断建陵门戟四十七枝。

6 二月,西川奏吐蕃赞普卒,新赞普可黎可足立。

7 乙巳,以中书舍人李逢吉为门下侍郎、同平章事。逢吉,玄道之曾孙也。

8 乙卯,昭义节度使郗士美奏破成德兵,斩首千馀级。

9 南诏劝龙晟淫虐不道,上下怨疾,弄栋节度王嵯巅弑之,立其弟劝利。劝利德嵯巅,赐姓蒙氏,谓之"大容"。容,蛮言兄也。

10 己未,刘总破成德兵,斩首千馀级。

11 荆南节度使袁滋父祖墓在朗山,请入朝,欲劝上罢兵。行至邓州,闻萧俛、钱徽贬官,及见上,更以必克劝之,仅得还镇。

唐宪宗元和十一年(丙申,公元816年)

1 春季,正月己巳(初三),宪宗让张弘靖挂衔同平章事,充任河东节度使。

2 幽州节度使刘总奏称打败了成德王承宗的兵马,攻克了武强,斩首一千馀级。

3 庚辰(十四日),翰林学士、中书舍人钱徽和驾部郎中、知制诰萧俛被分别解除了翰林院的职务,守任原来的官职。当时,群臣请求停止用兵的人很多,宪宗厌恨他们,所以将钱徽与萧俛贬官,以警告其馀的人。钱徽是吴地人。

4 癸未(十七日),宪宗颁布制书削除王承宗的官职爵位,命令河东、幽州、义武、横海、魏博、昭义六道进军讨伐王承宗。韦贯之屡次请求首先攻取吴元济,然后讨伐王承宗,他说:“陛下没有看到建中年间的事情吗?德宗开始的时候是要讨伐魏博田悦和淄青李纳,然而,申蔡李希烈、卢龙朱滔、恒冀王武俊都响应田悦与李纳,终于导致了朱泚的变乱,这是由于德宗不能够将愤恨与抑郁隐忍几年的时间,而希图天下太平的功业迅速完成的缘故啊。”宪宗不肯听从。

5 甲申(十八日),强盗折断建陵门前的棨戟四十七枝。

6 二月,西川奏称,吐蕃赞普故去,新赞普可黎可足即位。

7 乙巳(九日),宪宗任命中书舍人李逢吉为门下侍郎、同平章事。李逢吉是李玄道的曾孙。

8 乙卯(十九日),昭义节度使郗士美奏称打败了成德兵马,斩首一千馀级。

9 南诏劝龙晟荒淫暴虐,不施德政,大小官员乃至百姓都怨恨不满,弄栋节度王嵯巅将他杀掉,改立了他的弟弟劝利。劝利感激王嵯巅的恩德,赐给他姓氏为蒙氏,称他为“大容”,“大容”就是蛮语的哥哥。

10 己未(二十三日),刘总打败成德兵马,斩首一千馀级。

11 荆南节度使袁滋由于父亲与祖父的坟墓立在蔡州朗山县,便请求入京朝见,准备规劝宪宗停止用兵。来到邓州的时候,袁滋得知萧俛与钱徽已被贬官,及至见到宪宗以后,他反而规劝一定要制服淮西,然后便返回荆南去了。

12　辛酉，魏博奏败成德兵，拔其固城。乙丑，又奏拔其鵶城。

13　三月庚午，太后崩。辛未，敕以国哀，诸司公事权取中书门下处分，不置摄冢宰。

14　寿州团练使李文通奏败淮西兵于固始，拔鏉山。己卯，唐邓节度使高霞寓奏败淮西兵于朗山，斩首千馀级，焚二栅。

15　幽州节度使刘总围乐寿。

16　夏，四月庚子，李光颜、乌重胤奏败淮西兵于陵云栅，斩首三千级。

17　辛亥，司农卿皇甫镈以兼中丞权判度支。镈始以聚敛得幸。

18　乙卯，刘总奏破成德兵于深州，斩首二千五百级。乙丑，义武节度使浑镐奏破成德兵于九门，杀千馀人。镐，瑊之子也。

19　宥州军乱，逐刺史骆怡。夏州节度使田进讨平之。

20　五月壬申，李光颜、乌重胤奏败淮西兵于陵云栅，斩首二千馀级。

21　六月甲辰，高霞寓大败于铁城，仅以身免。时诸将讨淮西者，胜则虚张杀获，败则匿之。至是，大败不可掩，始上闻，中外骇愕。宰相入见，将劝上罢兵，上曰："胜负兵家之常，今但当论用兵方略，察将帅之不胜任者易之，兵食不足者助之耳。岂得以一将失利，遽议罢兵邪！"于是独用裴度之言，他人言罢兵者亦稍息矣。己酉，霞寓退保唐州。

12　辛酉(二十五日),魏博奏称打败了成德兵,攻克了成德的固城。乙丑(二十九日),魏博又一次奏称攻克了成德的鄡城。

13　三月庚午(初四),太后王氏驾崩。辛未(初五),宪宗颁布敕书说,由于遭逢国丧,各有关部门的公务姑且听候中书门下处理,不再设置摄冢宰。

14　寿州团练使李文通奏称在固始打败淮西兵,攻克了锹山。己卯(十三日),唐邓节度使高霞寓奏称在朗山县打败淮西兵,斩首一千馀级,还焚毁了两处栅垒。

15　幽州节度使刘总包围了乐寿。

16　夏季,四月庚子(初五),李光颜与乌重胤奏称在陵云栅打败淮西兵,斩首三千级。

17　辛亥(十六日),司农卿皇甫镈因兼任中丞而暂理判度支。皇甫镈从此以搜刮财货而得到宠幸。

18　乙卯(二十日),刘总奏称在深州打败成德兵,斩首二千五百级。乙丑(三十日),义武节度使浑镐奏称在九门打败成德兵,斩杀一千多人。浑镐是浑瑊的儿子。

19　宥州的军队发生了变乱,赶走了刺史骆怡。夏州节度使田进前去讨伐,将变乱平定。

20　五月壬申(初七),李光颜、乌重胤奏称在陵云栅打败淮西兵,斩首两千多级。

21　六月甲辰(初十),高霞寓在铁城大败,仅仅使自己幸免于难。当时,讨伐淮西的诸位将领,打了胜仗便凭空夸大杀伤俘获的数额,打了败仗便将实情隐瞒下来。至此,巨大的失败已无法掩盖,这才往上奏报,朝廷内外官员都很惊异。宰相们入朝进见,准备劝说宪宗停止用兵,宪宗说:“胜败乃兵家常事,现在只应该讨论使用兵力的方略,查明不能够胜任的将帅,将他们撤换下来,发现哪里军粮不充足,便去帮助哪里。难道能因为一个将领失利了,便忙着商议停止用兵吗!”于是,宪宗唯独采用了裴度的进言,其他主张停止用兵者的言论也逐渐平息了。己酉(十五日),高霞寓退兵防守唐州。

上责高霞寓之败，霞寓称李逊应接不至。秋，七月，贬霞寓为归州刺史，逊亦左迁恩王傅。以河南尹郑权为山南东道节度使，以荆南节度使袁滋为彰义节度、申光蔡唐随邓观察使，以唐州为理所。

壬午，宣武军奏破郾城之众二万，杀二千馀人，捕虏千馀人。

22 田弘正奏破成德兵于南宫，杀二千馀人。

23 中书侍郎、同平章事韦贯之，性高简，好甄别流品，又数请罢用兵。左补阙张宿毁之于上，云其朋党，八月壬寅，贯之罢为吏部侍郎。

24 诸军讨王承宗者互相观望，独昭义节度使郗士美引精兵压其境。己未，士美奏大破承宗之众于柏乡，杀千馀人，降者亦如之，为三垒以环柏乡。

25 庚申，葬庄宪皇后于丰陵。

26 九月乙亥，右拾遗独孤朗坐请罢兵，贬兴元府仓曹。朗，及之子也。

27 饶州大水，漂失四千七百户。

28 丙子，以韦贯之为湖南观察使，犹坐前事也。辛巳，以吏部侍郎韦顗、考功员外郎韦处厚等皆为远州刺史，张宿谗之，以为贯之之党也。顗，见素之孙；处厚，敻之九世孙也。

29 乙酉，李光颜、乌重胤奏拔吴元济陵云栅。丁亥，光颜又奏拔石、越二栅，寿州奏败殷城之众，拔六栅。

30 冬，十一月壬戌朔，容管奏黄洞蛮为寇。乙丑，邕管奏击黄洞蛮，却之，复宾、蛮等州。

宪宗责问高霞寓兵败之事，高霞寓声称李逊没有前来接应。秋季，七月，宪宗将高霞寓贬为归州刺史，李逊也被降职为恩王傅。同时，宪宗任命河南尹郑权为山南东道节度使，任命荆南节度使袁滋为彰义节度使和申、光、蔡、唐、随、邓各州观察使，以唐州作为治所。

壬午（十八日），宣武军奏称打败郾城的两万兵马，杀掉两千多人，俘获一千多人。

22　田弘正奏称在南宫打败成德兵，杀掉两千多人。

23　中书侍郎、同平章事韦贯之，生性清高孤傲，喜欢鉴别官员们的类别，又曾好几次请求停止用兵。左补阙张宿在宪宗面前诽谤他，说他属于朋党集团，八月壬寅（初九），韦贯之被罢为吏部侍郎。

24　讨伐王承宗的各支军队互相观望，只有昭度节度使郗士美率领精锐兵马迫近了成德的疆境。己未（二十六日），郗士美奏称在柏乡大破王承宗的兵马，杀掉一千多人，投降的人也与此相当，已经在三处建起营垒，将柏乡环绕起来。

25　庚申（二十七日），宪宗将庄宪皇后安葬在丰陵。

26　九月乙亥（十三日），右拾遗独孤朗因请求停止用兵而获罪，被贬为兴元府仓曹。独孤朗是独孤及的儿子。

27　饶州发生严重水灾，淹没并冲散了四千七百户人家。

28　丙子（十四日），宪宗任命韦贯之为湖南观察使，这仍然是对他不久前请求停止用兵的惩罚。辛巳（十九日），宪宗将吏部侍郎韦顗、考功员外郎韦处厚等人全部任命为边远各州刺史，这是由于张宿诋毁他们，说他们是韦贯之的同伙。韦顗是韦见素的孙子，韦处厚是韦夐的九世孙。

29　乙酉（二十三日），李光颜与乌重胤奏称攻克了吴元济的陵云栅。丁亥（二十五日），李光颜又一次奏称攻占了石、越二栅垒，寿州奏称打败了殷城的兵马，攻克六处栅垒。

30　冬季，十一月壬戌朔（初一），容管奏称黄洞蛮人侵扰地方。乙丑（初四），邕管奏称进击黄洞蛮人，并且打退了他们，收复了宾州和蛮州等地。

31　丙寅，加幽州节度使刘总同平章事。

32　李师道闻拔陵云栅而惧，诈请输款。上以力未能讨，加师道检校司空。

33　王锷家二奴告锷子稷改父遗表，匿所献家财，上命鞫于内仗，遣中使诣东都检括锷家财。裴度谏曰："王锷既没，其所献之财已为不少。今又因奴告检括其家，臣恐诸将帅闻之，各以身后为忧。"上遽止使者。己巳，以二奴付京兆，杖杀之。

34　庚午，以给事中柳公绰为京兆尹。公绰初赴府，有神策小将跃马横冲前导，公绰驻马，杖杀之。明日，入对延英，上色甚怒，诘其专杀之状，对曰："陛下不以臣无似，使待罪京兆。京兆为辇毂师表，今视事之初，而小将敢尔唐突，此乃轻陛下诏命，非独慢臣也。臣知杖无礼之人，不知其为神策军将也。"上曰："何不奏?"对曰："臣职当杖之，不当奏。"上曰："谁当奏者?"对曰："本军当奏；若死于街衢，金吾街使当奏；在坊内，左右巡使当奏。"上无以罪之，退，谓左右曰："汝曹须作意此人，朕亦畏之。"

35　讨淮西诸军近九万，上怒诸将久无功，辛巳，命知枢密梁守谦宣慰，因留监其军，授以空名告身五百通及金帛，以劝死事。庚寅，先加李光颜等检校官，而诏书切责，示以无功必罚。

36　辛卯，李文通奏败淮西兵于固始，斩首千馀级。

37　十二月壬寅，程执恭奏败成德兵于长河，斩首千馀级。

31　丙寅(初五),宪宗加封幽州节度使刘总为同平章事。

32　李师道因得知官军攻克了陵云栅而恐惧,便假装请求归附。宪宗因讨伐他的力量尚不具备,便加封李师道为检校司空。

33　王锷家中的两个奴仆,告发王锷的儿子王稷篡改父亲死前留下的表章,隐瞒了应当进献的家财,宪宗命令在内仗审讯王稷,派遣中使前往东都洛阳去核查王锷家中的资财。裴度进谏说:“王锷已经故去,他进献的资财也已不少。现在又要因奴仆的告发而去核查他的家产,我恐怕各将帅得知这一消息以后,都要为自己故去以后的事情担心了。”宪宗连忙阻止使者前往。己巳(初八),宪宗将两个奴仆交付京兆府,将他们杖打而死。

34　庚午(初九),宪宗任命给事中柳公绰为京兆尹。柳公绰上任去公府途中,有一个神策军的下级将官跃马横冲开路的仪仗,柳公绰止住坐骑,命人将他杖打而死。第二天,柳公绰进入延英殿奏对,宪宗满面怒容,责问柳公绰擅自杀人的情况,柳公绰回答说:“陛下不认为我不贤能,让我在京兆府任职。京兆尹是京城的表率,现在我刚刚就任,一个下级军官竟敢如此横冲直撞,这是轻视陛下的诏命,并不只是轻慢了我本人。我只知道杖打不守礼教的人,不知道他是神策军的将领。”宪宗说:“你为什么不将此事奏报?”柳公绰回答说:“我的职权是应当杖打他,不是应当上奏。”宪宗说:“什么人应当上奏?”柳公绰回答说:“遭受杖打的人的所属部队应当上奏;倘若此人死在街道上,金吾街使应当上奏;倘若此人死在坊市里边,左右巡使应当上奏。”宪宗无法责罚他,退朝以后,对周围的人们说:“你们必须小心此人,连朕也畏惧他呢。”

35　讨伐淮西各军有将近九万人,宪宗恼怒各将领长时间不能取得成功,辛巳(二十日),命令知枢密梁守谦前去安抚将士,就此留下来监督各军,还交给他五百份空着姓名的委任官职的文凭及金帛等,以勉励人们为国效死。庚寅(二十九日),宪宗首先给李光颜等人加封散官,然后在诏书中严厉责备他们,向他们表示,如果不能取得成功,一定要遭受惩处。

36　辛卯(三十日),李文通奏称在固始打败淮西兵,斩首一千馀级。

37　十二月壬寅(十一日),程执恭奏称在长河打败淮西兵马,斩首一千馀级。

38　义武节度使浑镐与王承宗战屡胜，遂引全师压其境，距恒州三十里而军。承宗惧，潜遣兵入镐境，焚掠城邑，人心始内顾而摇。会中使督其战，镐引兵进薄恒州，与承宗战，大败，奔还定州。丙午，诏以易州刺史陈楚为义武节度使，军中闻之，掠镐及家人衣，至于倮露。陈楚驰入定州，镇遏乱者，敛军中衣以归镐，以兵卫送还朝。楚，定州人，张茂昭之甥也。

39　丁未，以翰林学士王涯为中书侍郎、同平章事。

40　袁滋至唐州，去斥候，止其兵不使犯吴元济境。元济围其新兴栅，滋卑辞以请之，元济由是不复以滋为意。朝廷知之，甲寅，以太子詹事李愬为唐、随、邓节度使。愬，听之兄也。

41　初置淮、颍水运使。杨子院米自淮阴溯淮入颍，至项城入溵，输于郾城，以馈讨淮西诸军，省汴运之费七万馀缗。

42　己未，容管奏黄洞蛮屠岩州。

38　义武节度使浑镐与王承宗交战，屡次取得胜利，于是率领全军进逼成德的疆境，在距离恒州三十里处驻扎下来。王承宗害怕了，便暗中派兵进入浑镐的疆境，烧杀劫掠城镇，浑镐军因人心顾念家乡而开始发生动摇。适值中使前来督战，浑镐领兵迫近恒州，与王承宗交战，遭到严重的失败，便逃回定州去了。丙午（十五日），宪宗颁诏任命易州刺史陈楚为义武节度使，军中将士得知消息以后，抢劫浑镐及其家人的衣服，以至让他们赤身露体。陈楚策马奔入定州，压住了变乱的人众，收回军中将士抢去的衣服，交还给浑镐，派出兵员护送他返回朝廷。陈楚是定州人，张茂昭的外甥。

39　丁未（十六日），宪宗任命翰林学士王涯为中书侍郎、同平章事。

40　袁滋来到唐州以后，撤除了岗哨，不让他的士兵去侵犯吴元济的疆境。吴元济包围了袁滋的新兴栅，袁滋便以恭敬谦虚的言词请求他撤围，从此，吴元济不再把袁滋放在心上。朝廷得到这一消息以后，甲寅（二十三日），任命太子詹事李愬为唐、随、邓节度使。李愬是李听的哥哥。

41　朝廷初次设置淮、颍水运使。该使负责将杨子院的粮米从淮阴上溯淮水而进入颍水，到达项城以后转入溵水，转运到郾城，用来供应讨伐淮西各军的口粮，节省了汴水漕运费用七万多缗。

42　己未（二十八日），容管奏称黄洞蛮人屠杀岩州。

卷第二百四十　唐纪五十六

起丁酉(817)尽己亥(819)正月凡二年有奇

宪宗昭文章武大圣至神孝皇帝中之下

元和十二年(丁酉,817)

1　春,正月甲申,贬袁滋为抚州刺史。

李愬至唐州,军中承丧败之馀,士卒皆惮战,愬知之,有出迓者,愬谓之曰:“天子知愬柔懦,能忍耻,故使来拊循尔曹。至于战攻进取,非吾事也。”众信而安之。

愬亲行视士卒,伤病者存恤之,不事威严。或以军政不肃为言,愬曰:“吾非不知也。袁尚书专以恩惠怀贼,贼易之,闻吾至,必增备,吾故示之以不肃。彼必以吾为懦而懈惰,然后可图也。”淮西人自以尝败高、袁二帅,轻愬名位素微,遂不为备。

2　遣盐铁副使程异督财赋于江、淮。

3　回鹘屡请尚公主,有司计其费近五百万缗,时中原方用兵,故上未之许。二月辛卯朔,遣回鹘摩尼僧等归国,命宗正少卿李诚使回鹘谕意,以缓其期。

4　李愬谋袭蔡州,表请益兵,诏以昭义、河中、鄜坊步骑二千给之。丁酉,愬遣十将马少良将十馀骑巡逻,遇吴元济捉生虞候丁士良,与战,擒之。士良,元济骁将,常为东边患。

宪宗昭文章武大圣至神孝皇帝中之下

唐宪宗元和十二年(丁酉,公元817年)

1　春季,正月甲申(二十四日),宪宗将袁滋贬为抚州刺史。

李愬来到唐州,唐州的军队在经受死丧败亡以后,将士们都害怕作战,李愬也知道这种状况,有些人出来迎接李愬,李愬便对他们说:"天子知道我柔弱怯懦,能够忍受耻辱,因此让我来抚慰你们。至于采取军事行动,就不是我的事情了。"大家相信了他的话,都放心了。

李愬亲自去看望将士们,慰问抚恤受伤和生病的人,不摆威严的架子。有人进言说军中政事不够整肃,李愬说:"我并不是不知道。袁尚书专门以恩惠安抚敌人,敌人轻视他,现在,敌人得知我来了,肯定要增设防备,我故意让敌人看到我军不够整肃。他们肯定以为我是懦弱而又懒惰的,在此之后,才能够设法对付他们。"淮西人自认为曾经打败过高霞寓和袁滋的两支军队,因李愬的名望与官位素来卑微而轻视他,便不再作防备。

2　宪宗派遣盐铁副使程异在江淮地区督理资财与赋税。

3　回鹘屡次求娶公主,有关部门计算所需费用将近五百万缗,而当时中原地区正在用兵打仗,所以宪宗没有答应回鹘的请求。二月辛卯朔(初一),宪宗打发回鹘的摩尼教僧人等回国,命令宗正少卿李诚出使回鹘,晓示朝廷的用意,以便延缓通婚的日期。

4　李愬策划袭击蔡州,上表请求增派兵力,宪宗颁诏将昭义、河中、鄜坊的步、骑兵两千人拨给了他。丁酉(初七),李愬派遣十将马少良率骑兵十馀人巡回侦察,遇到吴元济的捉生虞候丁士良,与他交战,将他擒获。丁士良是吴元济骁勇善战的将领,经常危害东部的唐州、邓州等地。

众请刳其心，愬许之。既而召诘之，士良无惧色。愬曰："真丈夫也！"命释其缚。士良乃自言："本非淮西士，贞元中隶安州，与吴氏战，为其所擒，自分死矣，吴氏释我而用之，我因吴氏而再生，故为吴氏父子竭力。昨日力屈，复为公所擒，亦分死矣，今公又生之，请尽死以报德。"愬乃给其衣服器械，署为捉生将。

5　己亥，淮西行营奏克蔡州古葛伯城。

6　丁士良言于李愬曰："吴秀琳拥三千之众，据文城栅，为贼左臂，官军不敢近者，有陈光洽为之谋主也。光洽勇而轻，好自出战，请为公先擒光洽，则秀琳自降矣。"戊申，士良擒光洽以归。

7　鄂岳观察使李道古引兵出穆陵关，甲寅，攻申州，克其外郭，进攻子城。城中守将夜出兵击之，道古之众惊乱，死者甚众。道古，皋之子也。

8　淮西被兵数年，竭仓廪以奉战士，民多无食，采菱芡鱼鳖鸟兽食之，亦尽，相帅归官军者前后五千馀户。贼亦患其耗粮食，不复禁。庚申，敕置行县以处之，为择县令，使之抚养，并置兵以卫之。

9　三月乙丑，李愬自唐州徙屯宜阳栅。

10　郗士美败于柏乡，拔营而归，士卒死者千馀人。

11　戊辰，赐程执恭名权。

12　戊寅，王承宗遣兵二万入东光，断白桥路。程权不能御，以众归沧州。

大家请求将丁士良的心剜出来，李愬答应下来。不久，李愬把丁士良叫来，当面责问他，丁士良没有一点恐惧的神色。李愬说："丁士良真是一位大丈夫！"他命令为丁士良松绑。于是，丁士良主动说："我原来不是淮西的官吏，贞元年间我隶属安州，与吴氏作战，被吴氏擒获，自忖就要被处死了，吴氏却释放并起用了我，我因为吴氏而得以再次存活下来，所以我为吴氏父子尽力效命。昨天我力不能支，又被您所擒获，我也料想这次可要被处死了，现在您又让我存活下来，请让我竭尽死力，报答您的恩德。"于是，李愬将衣服和器具又给了他，任命他为捉生将。

5　己亥(初九)，淮西行营奏称攻克了蔡州的古葛伯城。

6　丁士良向李愬进言说："吴秀琳拥有三千兵马，据有文城栅，犹如敌人的左臂。官军不敢靠近他的原由，就在于有陈光洽做他的主谋。陈光洽勇敢善战，但是不够稳重，喜欢亲自出来接战，请让我替您首先捉住陈光洽，吴秀琳自然就会投降了。"戊申(十八日)，丁士良捉获了陈光洽，带着他回来了。

7　鄂岳观察使李道古率领兵马由穆陵关进发，甲寅(二十四日)，攻打申州，攻克了申州外围的城郭，又进军攻打内城。在城中守卫的将领夜间派兵进击李道古，李道古的兵马惊惶散乱，死者众多。李道古是李皋的儿子。

8　淮西一连几年遭受战火，只得竭尽粮仓的储备来奉养参战的士兵，百姓多数没有食物，便去寻找菱角、芡实、鱼鳖、鸟兽来吃，但也吃光了，百姓聚在一起归附官军的先后有五千多户。吴元济也担心百姓要消耗粮食，便不再禁止他们归降官军。庚申(三十日)，宪宗敕令设置行县来安顿淮西降附的百姓，为他们选择县令，让县令体恤并赡养百姓，还设置军队来保卫他们。

9　三月乙丑(初五)，李愬由唐州移兵屯驻宜阳栅。

10　郗士美在柏乡战败，撤除营垒而回，死去的将士有一千多人。

11　戊辰(初八)，宪宗赐程执恭名为程权。

12　戊寅(十八日)，王承宗派遣兵马两万人，开进东光县，切断了白桥的通路。程权不能够抵御，率领人马返回沧州。

13　吴秀琳以文城栅降于李愬。戊子，愬引兵至文城西五里，遣唐州刺史李进诚将甲士八千至城下，召秀琳，城中矢石如雨，众不得前。进诚还报："贼伪降，未可信也。"愬曰："此待我至耳。"即前至城下，秀琳束兵投身马足下，愬抚其背慰劳之，降其众三千人。秀琳将李宪有材勇，愬更其名曰忠义而用之，悉迁妇女于唐州。于是唐、邓军气复振，人有欲战之志。贼中降者相继于道，随其所便而置之。闻有父母者，给粟帛遣之，曰："汝曹皆王人，勿弃亲戚。"众皆感泣。

官军与淮西兵夹溵水而军，诸军相顾望，无敢渡溵水者。陈许兵马使王沛先引兵五千渡溵水，据要地为城，于是河阳、宣武、河东、魏博等军相继皆渡，进逼郾城。丁亥，李光颜败淮西兵三万于郾城，走其将张伯良，杀士卒什二三。

己丑，李愬遣山河十将董少玢等分兵攻诸栅。其日，少玢下马鞍山，拔路口栅。夏，四月辛卯，山河十将马少良下嵖岈山，擒淮西将柳子野。

吴元济以蔡人董昌龄为郾城令，质其母杨氏。杨氏谓昌龄曰："顺死贤于逆生，汝去逆而吾死，乃孝子也；从逆而吾生，是戮吾也。"会官军围青陵，绝郾城归路，郾城守将邓怀金谋于昌龄，昌龄劝之归国。怀金乃请降于李光颜曰："城人之父母妻子皆在蔡州，请公来攻城，吾举烽求救，救兵至，公逆击之，蔡兵必败，然后吾降，则父母妻子庶免矣。"

13　吴秀琳率文城栅兵马向李愬投降。戊子（二十八日），李愬领兵来到文城栅西面五里处，派遣唐州刺史李进诚率领兵士八千人来到城下，招呼吴秀琳，城中箭石密集如雨，大家无法上前。李进诚回来报告说："敌人是假装投降，是不能够相信的。"李愬说："这是等候我前去哩。"李愬当即来到城下，吴秀琳收起兵器，一头伏在李愬的马前，李愬抚摩着他的脊背，好言安慰他，收降了吴秀琳的三千人马。吴秀琳的将领李宪既有才能，又很勇敢，李愬为他改名为李忠义，并且起用了他，李愬将文城栅各将领的女眷全部迁移到唐州。于是，唐州与邓州军中的士气又振作起来，人人都有准备打仗的决心。前来投降的敌军在道路上一个接着一个，李愬便根据他们的具体情况，一一做出安置。得知归降者家中有父母需要照料的，便发给粮食与布帛，打发他们回去，还说："你们都是朝廷的百姓，不能丢下亲属不管。"大家都感动得哭起来。

官军与淮西军隔着溵水驻扎下来，官军的各支军队相互踌躇观望，没有哪支军队有胆量渡过溵水。陈许兵马使王沛先率领兵马五千人率先渡过溵水，占领要害的地点筑城，于是，河阳、宣武、河东、魏博等军队都一个接着一个地渡过溵水，进逼郾城。丁亥（二十七日），李光颜在郾城打败淮西兵马三万人，赶走了该军将领张伯良，杀掉全军将士的十分之二三。

己丑（二十九日），李愬派遣山河十将董少玢等人分别出兵攻打各处栅垒。就在当天，董少玢占领马鞍山，攻克路口栅。夏季，四月辛卯（初二），山河十将马少良占领嵖岈山，擒获淮西将领柳子野。

吴元济任命蔡州人董昌龄为郾城县令，而将他的母亲杨氏当作人质。杨氏告诉董昌龄说："顺承朝廷而死胜于叛逆朝廷而生，你摆脱叛逆，就是我死了，你也是我孝顺的儿子；你随从叛逆，就是我活着，也等于你杀死了我。"适值官军包围青陵，切断了郾城的退路，郾城守将邓怀金去找董昌龄商议，董昌龄便规劝他归顺朝廷。于是，邓怀金向李光颜请求降附说："郾城将士的父母、妻子、儿女都住在蔡州，请您前来攻打郾城，我点燃烽火向蔡州请求援救，等援救的兵马来到郾城的时候，您便迎击他们，蔡州兵马必定失败，在此之后，我再归降，郾城将士的父母、妻子、儿女大约便能够幸免于死了。"

光颜从之。乙未，昌龄、怀金举城降，光颜引兵入据之。吴元济闻郾城不守，甚惧。时董重质将骡军守洄曲，元济悉发亲近及守城卒诣重质以拒之。

李愬山河十将妫雅、田智荣下冶炉城。丙申，十将阎士荣下白狗、汶港二栅。癸卯，妫雅、田智荣破西平。丙午，游弈兵马使王义破楚城。

五月辛酉，李愬遣柳子野、李忠义袭朗山，擒其守将梁希果。

14　六镇讨王承宗者兵十馀万，回环数千里，既无统帅，又相去远，期约难壹，由是历二年无功，千里馈运，牛驴死者什四五。刘总既得武强，引兵出境才五里，留屯不进，月给度支钱十五万缗。李逢吉及朝士多言"宜并力先取淮西，俟淮西平，乘其胜势，回取恒冀，如拾芥耳！"上犹豫，久乃从之。丙子，罢河北行营，各使还镇。

15　丁丑，李愬遣方城镇遏使李荣宗击青喜城，拔之。

愬每得降卒，必亲引问委曲，由是贼中险易远近虚实尽知之。愬厚待吴秀琳，与之谋取蔡。秀琳曰："公欲取蔡，非李祐不可，秀琳无能为也。"祐者，淮西骑将，有勇略，守兴桥栅，常陵暴官军。庚辰，祐率士卒刈麦于张柴村，愬召厢虞候史用诚，戒之曰："尔以三百骑伏彼林中，又使人摇帜于前，若将焚其麦积者。祐素易官军，必轻骑来逐之。尔乃发骑掩之，必擒之。"用诚如言而往，生擒祐以归。将士以祐向日多杀官军，争请杀之。愬不许，释缚，待以客礼。

李光颜听从了他的主张。乙未(初六),董昌龄与邓怀金率领全城归降,李光颜带领兵马占领了郾城。吴元济得知郾城失守,非常恐惧。当时,董重质率领骡军在洄曲防守,吴元济将亲信将士以及守城士兵全部派往董重质处,以便抵御李光颜。

李愬的山河十将妫雅、田智荣攻克了冶炉城。丙申(初七),山河十将阎士荣攻克了白狗、汶港两处栅垒。癸卯(十四日),妫雅、田智荣攻破西平。丙午(十七日),游弈兵马使王义攻下楚城。

五月辛酉(初二),李愬派遣柳子野和李忠义袭击朗山,擒获了守将梁希果。

14　讨伐王承宗的河东、幽州、义武、横海、魏博、昭义六藩镇,拥有兵马十多万人,辗转数千里,既没有统领各军的主帅,又相隔遥远,约定的日期难以统一,因此历时两年,毫无建树,运输物资的路程长达千里,死去的牛和驴有十分之四五。刘总得到武强以后,率领兵马走出本道疆境只有五里地,便停留下来,屯兵不肯前进,每月朝廷拨给度支掌管的钱十五万缗。李逢吉以及朝中百官往往进言:"应当首先合力攻取淮西,等淮西平定以后,乘着胜利的形势,回兵攻取恒冀,就像拾取芥子一样容易了!"宪宗迟疑不决,过了许久,才听从了大家的建议。丙子(十七日),朝廷免除了河北行营,使六镇兵马各自返回本镇。

15　丁丑(十八日),李愬派遣方城镇遏使李荣宗掩袭青喜城,将该城攻克。

每当李愬得到归降的士兵,一定要亲自领来询问淮西的底细,因此他对敌方的地形和兵力分布都了解清楚了。李愬优待吴秀琳,与他策划夺取蔡州。吴秀琳说:"如果您打算夺取蔡州,非有李祐不可,我是无能为力的。"李祐是淮西的骑兵将领,勇敢而有谋略,防守兴桥栅,经常侵凌欺辱官军。庚辰(二十一日),李祐率领士兵在张柴村收割麦子,李愬叫来厢虞候史用诚,告诫他说:"你带领骑兵三百人在那片树林中埋伏下来,再让人在前面摇动旗帜,做出将要焚烧他们麦堆的样子。李祐平时小看官军,肯定会率领轻装的骑兵前来驱逐他们。这时,你便派骑兵袭取他,肯定能够将他擒获。"史用诚按照李愬的吩咐前往,活捉李祐而回。由于李祐往日杀害了许多官军,将士们争着请求将他杀掉。李愬不肯答应,给他松了绑,以宾客的礼节对待他。

时愬欲袭蔡，而更密其谋，独召祐及李忠义屏人语，或至夜分，他人莫得预闻。诸将恐祐为变，多谏愬，愬待祐益厚。士卒亦不悦，诸军日有牒称祐为贼内应，且言得贼谍者具言其事。愬恐谤先达于上，己不及救，乃持祐泣曰："岂天不欲平此贼邪？何吾二人相知之深而不能胜众口也！"因谓众曰："诸君既以祐为疑，请令归死于天子。"乃械祐送京师，先密表其状，且曰："若杀祐，则无以成功。"诏释之，以还愬。愬见之喜，执其手曰："尔之得全，社稷之灵也！"乃署散兵马使，令佩刀巡警，出入帐中。或与之同宿，密语不寐达曙，有窃听于帐外者，但闻祐感泣声。时唐、随牙队三千人，号六院兵马，皆山南东道之精锐也，愬又以祐为六院兵马使。

旧军令，舍贼谍者屠其家。愬除其令，使厚待之，谍反以情告愬，愬益知贼中虚实。乙酉，愬遣兵攻朗山，淮西兵救之，官军不利。众皆怅恨，愬独欢然曰："此吾计也！"乃募敢死士三千人，号曰突将，朝夕自教习之，使常为行备，欲以袭蔡。会久雨，所在积水，未果。

16　闰月己亥，程异还自江、淮，得供军钱百八十五万缗。

17　谏议大夫韦绶兼太子侍读，每以珍膳饷太子，又悦太子以谐谑。上闻之，丁未，罢绶侍读，寻出为虔州刺史。绶，京兆人。

当时，李愬准备掩袭蔡州，谋划更为隐秘，他单独叫来李祐和李忠义，屏退外人以后才进行交谈，有时谈话一直延续到夜半时分，别人都不能够参与商议。各将领担心李祐制造变故，往往规劝李愬，而李愬对待李祐更为优厚。士兵们也不高兴，各军每天都有文书声称李祐是淮西的内应，而且说是听敌方奸细讲的。李愬担心诽谤事先传到朝廷，自己来不及搭救李祐，便握着李祐的手哭泣着说："难道是上天不愿意平定这伙贼人吗？为什么你我二人相互了解得如此深切，但就是不能够制服众人的议论呢？"因而，李愬对大家说："既然诸位怀疑李祐，请大家让他到天子那里接受死刑吧。"于是，李愬给李祐加上枷锁，将他送往京城，事先暗中上表讲清具体情况，而且说："如果杀了李祐，就无法取得成功。"宪宗颁诏释放李祐，将他还给李愬。李愬见到李祐的时候，高兴地握着李祐的手说："你得以保全，这是社稷的威灵有知啊！"李愬便任命李祐为散兵马使，让他带着佩刀，巡视警戒，在自己的帐中往来。有时，李愬与他一同就寝，秘密交谈，直到透出曙色也不入睡，有人在帐外暗中偷听，只能听到李祐感动的哭泣声。当时，唐州、随州的卫队三千人，号称六院兵马，都是山南东道精悍勇锐的军队，李愬又任命李祐为六院兵马使。

原先的军令规定，对留宿敌方奸细的人，要屠杀他的全家。李愬除去这一军令，让人们优待敌人的奸细，奸细反而将实情报告给李愬，李愬愈发了解敌人的情况了。乙酉（二十六日），李愬派兵攻打朗山，淮西兵前去援救，使官军失利。大家又惆怅，又恼恨，只有李愬欢快地说："这正是我的计策啊！"于是，李愬募集了敢死之士三千人，号称突将，天天亲自教练他们，让他们经常做好出发的准备，李愬就是打算以这支军队袭击蔡州。适值多日落雨不止，到处积满雨水，这一计划就没有实现。

16　闰五月己亥（初十），程异从江淮地区回朝，得到供应军需的钱有一百八十五万缗。

17　谏议大夫韦绶兼任太子侍读，往往拿珍贵的食品请太子吃，又说些诙谐逗趣的话取悦太子。宪宗得知了这一消息，丁未（十八日），便免除了韦绶太子侍读的职务，不久，又将他斥逐为虔州刺史。韦绶是京兆人。

18　吴元济见其下数叛，兵势日蹙，六月壬戌，上表谢罪，愿束身自归。上遣中使赐诏，许以不死。而为左右及大将董重质所制，不得出。

19　秋，七月，大水，或平地二丈。

20　初，国子祭酒孔戣为华州刺史，明州岁贡蚶、蛤、淡菜，水陆递夫劳费，戣奏疏罢之。甲辰，岭南节度使崔咏薨，宰相奏拟代咏者数人，上皆不用，曰："顷有谏进蚶、蛤、淡菜者为谁，可求其人与之。"庚戌，以戣为岭南节度使。

21　诸军讨淮、蔡，四年不克，馈运疲弊，民至有以驴耕者。上亦病之，以问宰相。李逢吉等竞言师老财竭，意欲罢兵，裴度独无言，上问之，对曰："臣请自往督战。"乙卯，上复谓度曰："卿真能为朕行乎？"对曰："臣誓不与此贼俱生。臣比观吴元济表，势实窘蹙，但诸将心不壹，不并力迫之，故未降耳。若臣自诣行营，诸将恐臣夺其功，必争进破贼矣。"上悦，丙戌，以度为门下侍郎、同平章事、兼彰义节度使，仍充淮西宣慰招讨处置使。又以户部侍郎崔群为中书侍郎、同平章事。制下，度以韩弘已为都统，不欲更为招讨，请但称宣慰处置使。仍奏刑部侍郎马总为宣慰副使，右庶子韩愈为彰义行军司马，判官、书记，皆朝廷之选，上皆从之。度将行，言于上曰："臣若贼灭，则朝天有期；贼在，则归阙无日。"上为之流涕。

八月庚申，度赴淮西，上御通化门送之。右神武将军张茂和，茂昭弟也，尝以胆略自炫于度，度表为都押牙，茂和辞以疾，

18　吴元济看到部下屡次背叛自己，军事形势日益紧迫，六月壬戌（初四），他上表认罪，表示愿意亲自回朝报案。宪宗派遣中使向他颁赐诏书，答应可以免他一死。然而，吴元济被自己的亲信和大将董重质等人所控制，无法离开蔡州。

19　秋季，七月，发生了严重的水灾，有些地区平地水深两丈。

20　当初，国子祭酒孔戣担任华州刺史，明州每年进贡蚶子、蛤蜊、淡菜等，水陆长途转运的丁壮人夫既受劳苦，又多耗费，孔戣进献奏章，免除了这项进贡。甲辰（十七日），岭南节度使崔咏故去，宰相上奏了所拟定的几个代替崔咏的人选，宪宗一概不肯任用，还说："不久前有一个劝阻进献蚶子、蛤蜊和淡菜的人是谁啊，可以找到此人，就将崔咏的职务交给他吧。"庚戌（二十三日），宪宗任命孔戣为岭南节度使。

21　诸军讨伐淮西蔡州，历时四年，没有攻克，物资转运使人们疲惫不堪，以至于有些百姓只好用驴来耕种田地。宪宗也为此忧虑，便就此事询问宰相。李逢吉等人争着说军中士气低落，财物消耗已尽，意思是打算停止用兵，唯独裴度一语不发，宪宗征求他的意见，他回答说："我请求亲自前去督战。"乙卯（二十八日），宪宗又对裴度说："你果真能够为朕去走一遭吗?"裴度回答说："我发誓不与这些贼人一起生存。近日我看了吴元济的奏表，他面临的形势实在已经窘困紧迫，但是各将领心不齐，不能够合力紧逼他，所以他还没有降顺。如果我亲自前往行营，各将领惟恐我夺去他们的功劳，肯定争先进军破敌了。"宪宗大悦，丙戌，任命裴度为门下侍郎、同平章事、兼彰义节度使，还充任淮西宣慰招讨处置使。同时任命户部侍郎崔群为中书侍郎、同平章事。制书下达以后，裴度因韩弘已经出任都统，不打算再担当招讨使，请求只称宣慰处置使。他还奏请由刑部侍郎马总担任宣慰副使，右庶子韩愈担任彰义行军司马，判官、书记等职，都由朝廷选派，宪宗全部依从了他。在将要启程的时候，裴度对宪宗说："倘若贼人覆灭了，我不久就会前来朝见陛下；倘若贼人尚在，我就不会回到朝廷中来。"宪宗听得此言，不禁流下了眼泪。

八月庚申（初三），裴度前往淮西，宪宗驾临通化门为他送行。右神武将军张茂和是张茂昭的弟弟，曾经在裴度面前夸耀自己的胆识才略，裴度上表请求任命他为都押牙，张茂和以身染疾病推辞，

度奏请斩之。上曰:“此忠顺之门,为卿远贬。”辛酉,贬茂和永州司马,以嘉王傅高承简为都押牙。承简,崇文之子也。

李逢吉不欲讨蔡,翰林学士令狐楚与逢吉善,度恐其合中外之势以沮军事,乃请改制书数字,且言其草制失辞。壬戌,罢楚为中书舍人。

22　李光颜、乌重胤与淮西战,癸亥,败于贾店。

23　裴度过襄城南白草原,淮西人以骁骑七百邀之。镇将楚丘曹华知而为备,击却之。度虽辞招讨名,实行元帅事,以郾城为治所。甲申,至郾城。先是,诸道皆有中使监陈,进退不由主将,胜则先使献捷,不利则陵挫百端。度悉奏去之,诸将始得专军事,战多有功。

24　九月庚子,淮西兵寇溵水镇,杀三将,焚刍藁而去。

25　初,上为广陵王,布衣张宿以辩口得幸;及即位,累官至比部员外郎。宿招权受赂于外,门下侍郎、同平章事李逢吉恶之。上欲以宿为谏议大夫,逢吉曰:“谏议重任,必能可否朝政,始宜为之。宿小人,岂得窃贤者之位! 必欲用宿,请去臣乃可。”上由是不悦。逢吉又与裴度异议,上方倚度以平蔡。丁未,罢逢吉为东川节度使。

26　甲寅,李愬将攻吴房,诸将曰:“今日往亡。”愬曰:“吾兵少,不足战,宜出其不意。彼以往亡不吾虞,正可击也。”遂往,

裴度上奏请求将他斩杀。宪宗说："此人出于忠心顺命的人家，朕为你将他贬官到远方吧。"辛酉（初四），宪宗将张茂和改为永州司马，任命嘉王傅高承简为都押牙。高承简是高崇文的儿子。

李逢吉不愿意讨伐蔡州，而翰林学士令狐楚与李逢吉交好，裴度担心他们二人将内廷与外朝的势力合起来阻挠战事，便请求在制书上改动了几个字，并且说令狐楚起草制书言辞失当。壬戌（初五），宪宗将令狐楚罢免为中书舍人。

22　李光颜及乌重胤与淮西军队交战，癸亥（初六），二人在贾店战败。

23　裴度经过襄城南面的白草原的时候，淮西军派出骁勇的骑兵七百人前来截击他。镇将楚丘人曹华事先得到消息，做好了准备，便将他们击退了。虽然裴度辞去了招讨的名称，实际上是行使元帅的职事，他选定郾城作为自己的官署。甲申（二十七日），裴度来到郾城。在此之前，诸道都有中使监督战阵，军队的行动不能由主将做主，打了胜仗，中使率先使人向朝廷报捷；作战失利了，中使便对将帅百般凌辱。裴度奏请将各处监督战阵的中使全部罢除，各将领这才得以专力办理军中事务，在作战中经常取胜。

24　九月庚子（十四日），淮西兵马侵犯溵水镇，斩杀三员将领，烧掉喂养牲畜的干草以后便撤离了。

25　当初，宪宗在当广陵王的时候，平民张宿因能言善辩而得到宠爱；及至宪宗即位以来，张宿历经升迁，做到比部员外郎。张宿在外面招揽权力，收受贿赂，门下侍郎、同平章事李逢吉很讨厌他。宪宗准备任命张宿为谏议大夫，李逢吉说："谏议大夫是一个重要的职任，必须是能够裁断朝廷政务的人士，才适于担当这一职务。张宿是一个小人，怎么能够窃居贤能之士的官位！如果陛下一定要任用张宿，请罢去我的职务才有可能。"宪宗因此心中不快。李逢吉又与裴度持有不同的意见，而宪宗正在倚靠裴度去平定蔡州。丁未（二十一日），宪宗将李逢吉罢免为东川节度使。

26　甲寅（二十八日），李愬准备攻打吴房县，诸将领都说："今天是不利前往的往亡日啊。"李愬说："我们兵马为数较少，正面作战，兵力不够用的，适于采取出其不意的行动。敌人因今天是往亡日便不会戒备我们，这正是可以进击的时候。"于是，李愬率军前往，

克其外城,斩首千馀级。馀众保子城,不敢出,愬引兵还以诱之,淮西将孙献忠果以骁骑五百追击其背。众惊,将走,愬下马据胡床,令曰:“敢退者斩!”返旌力战,献忠死,淮西兵乃退。或劝愬乘胜攻其子城,可拔也。愬曰:“非吾计也。”引兵还营。

李祐言于李愬曰:“蔡之精兵皆在洄曲,及四境拒守,守州城者皆羸老之卒,可以乘虚直抵其城。比贼将闻之,元济已成擒矣。”愬然之。冬,十月甲子,遣掌书记郑澥至郾城,密白裴度。度曰:“兵非出奇不胜,常侍良图也。”

27　上竟用张宿为谏议大夫,崔群、王涯固谏,不听。乃请以为权知谏议大夫,许之。宿由是怨执政及端方之士,与皇甫镈相表里,谮去之。

28　裴度帅僚佐观筑城于沱口,董重质帅骑出五沟,邀之,大呼而进,注弩挺刃,势将及度。李光颜与田布力战,拒之,度仅得入城。贼退,布扼其沟中归路,贼下马逾沟,坠压死者千馀人。

29　辛未,李愬命马步都虞候、随州刺史史旻留镇文城,命李祐、李忠义帅突将三千为前驱,自与监军将三千人为中军,命田进诚将三千人殿其后。军出,不知所之。愬曰:“但东行!”行六十里,夜,至张柴村,尽杀其戍卒及烽子。据其栅,命士少休,食干糒,整羁靮,留义成军五百人镇之,以断洄曲及诸道桥梁,复夜引兵出门。诸将请所之,愬曰:“入蔡州取吴元济!”诸将皆失色。

攻克了吴房的外城，斩首一千馀级。剩下来的吴房兵马防守内城，不敢出战，李愬率领兵马撤回，以便诱使吴房兵马出动，淮西将领孙献忠果然率领骁勇的骑兵五百人在背后追击。大家惊惶失措，准备逃走，李愬跳下马来，坐在胡床上，下达命令说："有胆敢退却的，一概斩杀！"大家回军尽力作战，孙献忠阵亡，淮西兵马这才撤退。有人劝说李愬乘胜攻打吴房的内城，认为是能够攻克的。李愬说："这不是我的计策。"于是，李愬率领兵马返回营地。

李祐向李愬进言说："蔡州的精锐兵马全都被派往洄曲及四周的边境上，在那里防御守备，防守蔡州城的兵力都是老弱残兵，可以乘蔡州空虚，直接抵达蔡州城。等到敌军将领得知消息的时候，吴元济已经就擒了。"李愬认为言之有理。冬季，十月甲子(初八)，李愬派遣掌书记郑澥前往郾城，秘密禀报裴度。裴度说："用兵打仗，不出奇兵，不能取胜，李常侍提出了一个很好的计划啊。"

27　宪宗到底还是要任张宿为谏议大夫，崔群与王涯再三劝谏，宪宗不肯听从。他们便请求任命张宿为权知谏议大夫，宪宗答应了他们。张宿由此怨恨执掌政务的官员和品行正直的人士，并与皇甫镈相互勾结，诬陷这些人，使他们离位而去。

28　裴度率僚佐在沱口观看修筑城墙，董重质率领骑兵从五沟出发，前来拦击裴度，大声呼喊着向前进军，搭着弓弩，拔出兵器，兵锋将要危及裴度。李光颜与田布尽力作战，抵御董重质，裴度才得以进入沱口城中。敌军撤退的时候，田布扼守敌军在沟中的退路，敌人下马翻越沟堑，摔死压死的有一千多人。

29　辛未(十五日)，李愬命令马步都虞候、随州刺史史旻留下来镇守文城，命令李祐与李忠义率领由敢死之士组成的突将三千人作为前导，自己与监军率领三千人作为中军，命令田进诚率领三千人居于军队的尾部。军队出发以后，还不知道是往哪里开进。李愬说："只须向着东方行进！"军队走了六十里路，在夜色降临的时候，来到张柴村，将屯戍村中的淮西士兵和守候烽火的人员全部杀死。占领了敌军的栅垒，李愬命令将士稍作作息，吃些干饭，整顿马具，将义成军的五百人留下来镇守张柴村，以便截断洄曲与各条道路间的桥梁，李愬又连夜率领兵马出了张柴村的栅门。各位将领请示进军目标，李愬说："到蔡州去捉拿吴元济！"各位将领都大惊失色。

监军哭曰："果落李祐奸计！"时大风雪，旌旗裂，人马冻死者相望。天阴黑，自张柴村以东道路，皆官军所未尝行，人人自以为必死，然畏愬，莫敢违。夜半，雪愈甚，行七十里，至州城。近城有鹅鸭池，愬令击之以混军声。

自吴少诚拒命，官军不至蔡州城下三十馀年，故蔡人不为备。壬申，四鼓，愬至城下，无一人知者。李祐、李忠义镢其城，为坎以先登，壮士从之。守门卒方熟寐，尽杀之，而留击柝者，使击柝如故。遂开门纳众，及里城，亦然，城中皆不之觉。鸡鸣，雪止，愬入居元济外宅。或告元济曰："官军至矣！"元济尚寝，笑曰："俘囚为盗耳！晓当尽戮之。"又有告者曰："城陷矣！"元济曰："此必洄曲子弟就吾求寒衣也。"起，听于廷，闻愬军号令曰："常侍传语。"应者近万人。元济始惧，曰："何等常侍，能至于此！"乃帅左右登牙城拒战。

时董重质拥精兵万馀人据洄曲。愬曰："元济所望者，重质之救耳！"乃访重质家，厚抚之，遣其子传道持书谕重质，重质遂单骑诣愬降。

愬遣李进诚攻牙城，毁其外门，得甲库，取器械。癸酉，复攻之，烧其南门，民争负薪刍助之，城上矢如猬毛。晡时，门坏，元济于城上请罪，进诚梯而下之。甲戌，愬以槛车送元济诣京师，且告于裴度。是日，申、光二州及诸镇兵二万馀人相继来降。

监军哭着说："果然中了李祐的奸计了！"当时，风雪大作，旗帜破裂，冻死的战士与马匹到处可见。加之，天色阴暗，由张柴村往东去的道路，都是官军从来没有走过的，人人都暗自以为肯定活不成了，但是，他们畏惧李愬，不敢违抗命令。到了夜半时分，雪下得更大了，官军走了七十里路，来到了蔡州城附近。靠近城边有一处喂养鹅鸭的池塘，李愬命令轰打鹅鸭，以便遮掩军队行走的声音。

自从吴少诚抗拒朝命，官军不能到达蔡州城下已经有三十多年时间，所以蔡州人没有防备。壬申（十六日），四更时分，李愬来到蔡州城下，敌军无人知晓。李祐和李忠义用锄头在城墙上掘出坑坎，率先登城，强壮的士兵便跟在他们身后。看守蔡州城门的士兵正在熟睡，李祐等人将他们全部杀掉，只将巡夜打更的人留了下来，让他依然如故地去敲打木梆。之后，李祐等人打开城门，让大家进去，来到内城的时候，也是采用这种办法，城中的人们都没有发觉官军。鸡叫的时候，雪停了下来，这时李祐已经进入吴元济的外宅。有人向吴元济报告说："官军到啦！"吴元济还在躺着，便笑着说："不过是被俘的囚徒在做盗窃行径罢了！天亮以后我会把他们都杀了的。"又有前来报告的人说："州城陷落啦！"吴元济说："这肯定是洄曲的后生们到我这里来要求发放冬季服装的。"他站起身来，走到院子中聆听，听到李愬军在发布号令说："常侍传话。"响应号令的有将近一万人。吴元济这才害怕地说："这是个什么样的常侍，竟能够到此地来呢！"于是，吴元济率领亲信，登上牙城，抵御官军。

当时，董重质拥有精锐兵马一万多人，占据着洄曲。李愬说："吴元济盼望的事情，只是董重质前来援救而已！"于是，李愬寻找到董重质的家人，优厚地抚慰他们，派遣他的儿子董传道带着书信前去晓示董重质，董重质便单人匹马前往李愬处投降了。

李愬派遣李进诚攻打牙城，毁去牙城的外门，得到了兵甲仓库，取出了军用器具。癸酉（十七日），李进诚再次攻打牙城，火烧牙城的南门，百姓争着背来柴草帮助官军，射向城上的箭像刺猬毛一样密集。到了申时，城门毁坏了，吴元济在城上请罪，李进诚用梯子将他接了下来。甲戌（十八日），李愬用囚车将吴元济送往京城，并且向裴度作了报告。就在这一天，申、光二州以及各城镇军两万多人相继前来归降。

自元济就擒，愬不戮一人，凡元济官吏、帐下、厨厩之卒，皆复其职，使之不疑，然后屯于鞠场以待裴度。

30　以淮南节度使李鄘为门下侍郎、同平章事。

31　己卯，淮西行营奏获吴元济，光禄少卿杨元卿言于上曰："淮西大有珍宝，臣能知之，往取必得。"上曰："朕讨淮西，为人除害，珍宝非所求也。"

32　董重质之去洄曲军也，李光颜驰入其壁，悉降其众。庚辰，裴度遣马总先入蔡州慰抚。辛巳，度建彰义军节，将降卒万馀人入城，李愬具櫜鞬出迎，拜于路左。度将避之，愬曰："蔡人顽悖，不识上下之分，数十年矣，愿公因而示之，使知朝廷之尊。"度乃受之。

李愬还军文城，诸将请曰："始公败于朗山而不忧，胜于吴房而不取，冒大风甚雪而不止，孤军深入而不惧，然卒以成功，皆众人所不谕也，敢问其故。"愬曰："朗山不利，则贼轻我而不为备矣。取吴房，则其众奔蔡，并力固守，故存之以分其兵。风雪阴晦，则烽火不接，不知吾至。孤军深入，则人皆致死，战自倍矣。夫视远者不顾近，虑大者不详细，若矜小胜，恤小败，先自挠矣，何暇立功乎！"众皆服。愬俭于奉己而丰于待士，知贤不疑，见可能断，此其所以成功也。

自从吴元济被擒获以后，李愬没有杀戮任何一人，凡是吴元济的官吏及帐下、厨房、马厩的士兵，李愬一概恢复他们的职事，使他们没有疑虑，然后，李愬便在鞠毬场上驻屯兵马，等候裴度前来。

30　宪宗任命淮南节度使李鄘为门下侍郎、同平章事。

31　己卯（二十三日），淮西行营奏称俘获了吴元济，光禄少卿杨元卿向宪宗进言说："淮西有许多珍宝，我知道它们，让我前去寻取，一定能够得到。"宪宗说："朕讨伐淮西，是为民除害，朕并不要在那里寻求珍宝啊。"

32　董重质离开洄曲军以后，李光颜奔进他的营垒，将他的兵马全部招降。庚辰（二十四日），裴度派遣马总率先进入蔡州抚慰将士。辛巳（二十五日），裴度手执彰义军的符节，带领投降的士兵一万多人进入蔡州城，李愬全副武装，出来迎接，在道路左侧向裴度行礼。裴度准备避开李愬的拜礼，李愬说："蔡州人愚妄悖逆，不懂得长官与下属的名分，已经有几十年的时间了，希望您就此显示给他们，使他们知道朝廷的尊严。"于是，裴度接受了拜礼。

李愬返回文城栅驻扎，各位将领请教说："起初，您在朗山战败了，但并不发愁；在吴房取胜了，但并不夺取吴房；冒着大风暴雪，但并不肯停止行军；带着孤立无援的军队深入敌境，但并不畏惧。然而，您终于因此获得成功，这都是大家所不明白的，请让我们冒昧地询问其中的原由。"李愬说："朗山失利，敌人便轻视我们，因而不作防备了。夺取吴房，吴房的人马便要逃奔蔡州，合力坚守，所以我将吴房留下来，以便分散敌人的兵力。急风暴雪，天色昏暗，便不能够用烽火取得联系，敌人就不会知道我们已经到来。孤立无援的一支军队深入敌境，人们便都献身效死，打起仗来自然就会加倍出力。一般说来，眺望远处的人不必顾及近处，计虑大事的人不必知悉细事，倘若夸耀小小的胜利，顾惜小小的失败，首先就把自己搅乱了，哪里还有馀暇去建立功劳呢！"大家都服气了。李愬日常生活节俭，但对将士的供养却是丰厚的，他了解到一个人是贤能的，就不会对他产生疑心，他见到可以实行的事情，便能够做出自己的决断，这就是他获得成功的原由。

裴度以蔡卒为牙兵，或谏曰："蔡人反仄者尚多，不可不备。"度笑曰："吾为彰义节度使，元恶既擒，蔡人则吾人也，又何疑焉！"蔡人闻之感泣。先是吴氏父子阻兵，禁人偶语于途，夜不然烛，有以酒食相过从者罪死。度既视事，下令惟禁盗贼，馀皆不问，往来者不限昼夜，蔡人始知有生民之乐。

甲申，诏韩弘、裴度条列平蔡将士功状及蔡之将士降者，皆差第以闻。淮西州县百姓，给复二年。近贼四州，免来年夏税。官军战亡者，皆为收葬，给其家衣粮五年。其因战伤残废者，勿停衣粮。

十一月，上御兴安门受俘，遂以吴元济献庙社，斩于独柳之下。

初，淮西之人劫于李希烈、吴少诚之威虐，不能自拔，久而老者衰，幼者壮，安于悖逆，不复知有朝廷矣。自少诚以来，遣诸将出兵，皆不束以法制，听各以便宜自战，故人人得尽其才。韩全义之败于溵水也，于其帐中得朝贵所与问讯书，少诚束以示众曰："此皆公卿属全义书，云破蔡州日，乞一将士妻女为婢妾。"由是众皆愤怒，以死为贼用。虽居中土，其风俗犷戾过于夷貊。故以三州之众，举天下之兵环而攻之，四年然后克之。

官军之克元济也，李师道募人通使于蔡，察其形势，牙前虞候刘晏平应募，出汴、宋间，潜行至蔡。元济大喜，厚礼而遣之。

裴度任用蔡州的士卒为亲兵，有人规劝他说："蔡州人中间反复不定的人为数还很多，不能不加以防备。"裴度笑着说："我是彰义节度使，首恶已经被擒获了，蔡州人就是我的人啊，又有什么可怀疑的呢！"蔡州人得知此言，感动得哭了。在此之前，吴少阳、吴元济父子拥兵淮西，禁止人们在道路上相对私语，不许在夜间点燃灯烛，若有人以酒饭相互往来，便要处以死罪。裴度任职以后，下达命令，只须禁止盗窃，其馀一概不加过问，人们相互往来，没有白天黑夜的限制，蔡州人初次感到了做百姓的快乐。

甲申（二十八日），宪宗颁诏命令韩弘与裴度逐条罗列平定蔡州将士的立功情况，以及归降了的蔡州将士的情况，一概区别等级，上报朝廷。淮西各州县百姓，免除赋役两年。邻近淮西的陈、许、颍、唐四州，免去下一年的夏税。阵亡的官军，一概予以收殓安葬，向他们的家属供应五年的衣服与口粮。那些由于作战受伤而残废的官军，不可停止衣服口粮的供应。

十一月，宪宗驾临兴安门，接受战俘，便以吴元济献祭宗庙社稷，将他在独柳下斩杀。

当初，淮西百姓遭受李希烈与吴少诚威压虐待，无法从中摆脱出来，时间久了，老一辈的人们衰弱下去了，少一辈的人们强壮起来了，他们在悖乱忤逆的环境中心安理得，不知道还有朝廷在上了。由吴少诚以来，派遣诸将领外出打仗，一概不用法令制度约束他们，听任他们见机行事，各自为战，所以各将领得以人尽其才。韩全义在溵水战败的时候，淮西军在韩全义的营帐中得到朝廷权贵写给他的相互问候的书信，吴少城将书信捆成一束，呈示在大家面前说："这些都是公卿们嘱托韩全义的书信，说是在打破蔡州之时，要得到一位将士的妻子或女儿作为婢女姬妾。"因此，大家都心怀愤怒，誓死为敌军效力。虽然蔡州地居中原，但民间的风尚猛悍暴戾超过了异族之人。所以，吴元济凭着蔡、光、申三州人众作乱，朝廷发动全国的兵力将他包围起来，四面攻打，经过四年时间才将他制服。

官军准备攻克吴元济的时候，李师道招募人员出使蔡州，察看蔡州的发展趋势，牙前虞候刘晏平响应招募，取道汴州与宋州之间，暗中来到蔡州。吴元济非常高兴，以丰厚的礼物打发他回返郓州。

晏平还至郓，师道屏人而问之，晏平曰："元济暴兵数万于外，阽危如此，而日与仆妾游戏博奕于内，晏然曾无忧色。以愚观之，殆必亡，不久矣！"师道素倚淮西为援，闻之惊怒，寻诬以他过，杖杀之。

戊子，以李愬为山南东道节度使，赐爵凉国公，加韩弘兼侍中，李光颜、乌重胤等各迁官有差。

33　旧制，御史二人知驿。壬辰，诏以宦者为馆驿使。左补阙裴潾谏曰："内臣外事，职分各殊，切在塞侵官之源，绝出位之渐。事有不便，必戒于初；令或有妨，不必在大。"上不听。

34　甲午，恩王连薨。

35　辛丑，以唐、随兵马使李祐为神武将军，知军事。

36　裴度以马总为彰义留后。癸丑，发蔡州。上封二剑以授梁守谦，使诛吴元济旧将。度至郾城，遇之，复与俱入蔡州，量罪施刑，不尽如诏旨，仍上疏言之。

37　十二月壬戌，赐裴度爵晋国公，复入知政事。以马总为淮西节度使。

38　初，吐突承璀方贵宠用事，为淮南监军。李鄘为节度使，性刚严，与承璀互相敬惮，故未尝相失。承璀归，引鄘为相。鄘耻由宦官进，及将佐出祖，乐作，鄘泣下曰："吾老安外镇，宰相非吾任也！"戊寅，鄘至京师，辞疾，不入见，不视事，百官到门，皆辞不见。

刘晏平回到郓州以后，李师道屏退周围的人们，向他询问蔡州的情形，刘晏平说："吴元济将数万兵众暴露在外，面临如此危难的局面，却天天与仆从姬妾在内游戏下棋，安闲佚乐，没有一点忧愁的神色。在我看来，吴元济必定要灭亡，时间不会太长了！"李师道平时依靠淮西作为救援的力量，听了这一席话，又吃惊，又恼怒，不久，李师道诬称刘晏平犯了别的过失，将他杖打而死。

戊子(初三)，宪宗任命李愬为山南东道节度使，赐给凉国公的爵位，加封韩弘兼侍中，对李光颜、乌重胤等人也分别晋升官职，各有等次。

33 以往的制度规定，应当以两名监察御史掌管驿站。壬辰(初七)，宪宗颁诏任命宦官为馆驿使。左补阙裴潾进谏说："内廷的臣属和外朝的事务，职事与名分各不相同，要紧的是应该堵塞侵犯职守的根源，杜绝越出官位的苗头。遇有办理失宜的事情，一定要在最初便引起警惕；如果颁布的命令有所妨碍，不一定非要事关重大才予以纠正。"宪宗不肯听从。

34 甲午(初九)，恩王李连故去。

35 辛丑(十六日)，宪宗任唐、随兵马使李祐为神武将军，执掌军中事务。

36 裴度让马总担任彰义留后。癸丑(二十八日)，裴度从蔡州出发。宪宗将两把宝剑赐给梁守谦，让他去诛杀吴元济往日的将领。裴度来到郾城的时候，遇到了梁守谦，便又与梁守谦一起进入蔡州，他酌量罪情，施以刑罚，并没有完全执行诏书的旨意，还进献奏疏陈述自己的处理意见。

37 十二月壬戌(初七)，宪宗赐给裴度晋国公的爵位，让他再入朝执掌朝廷政务。还任命马总为淮西节度使。

38 当初，吐突承璀正身居显贵，得宠握权，担任了淮南监军。李鄘是淮南节度使，性情刚正严峻，与吐突承璀互相敬畏，所以不曾相互失和。吐突承璀回朝以后，便引荐李鄘出任宰相。李鄘以通过宦官升官为耻辱，及至将领们为他饯行送别，音乐奏起的时候，李鄘落泪说："我老了，已经安心在外面的军镇上任职了，宰相可不是我所能胜任的啊！"戊寅(二十三日)，李鄘来到京城，上报有病，不去入朝晋见，不肯任职办事，百官到家中看望他，他一概推辞，不肯接见。

39　庚辰，贬淮西降将董重质为春州司户。重质为元济谋主，屡破官军，上欲杀之，李愬奏先许重质以不死。

十三年(戊戌,818)

1　春，正月乙酉朔，赦天下。

2　初，李师道谋逆命，判官高沐与同僚郭昈、李公度屡谏之。判官李文会、孔目官林英素为师道所亲信，涕泣言于师道曰："文会等尽心为尚书忧家事，反为高沐等所疾，尚书奈何不爱十二州之土地，以成沐等之功名乎！"师道由是疏沐等，出沐知莱州。会林英入奏事，令进奏吏密申师道云："沐潜输款于朝廷。"文会从而构之，师道杀沐，并囚郭昈，凡军中劝师道效顺者，文会皆指为高沐之党而囚之。

及淮西平，师道忧惧，不知所为。李公度及牙将李英昙因其惧而说之，使纳质献地以自赎。师道从之，遣使奉表，请使长子入侍，并献沂、密、海三州。上许之。乙巳，遣左常侍李逊诣郓州宣慰。

3　上命六军修麟德殿，右龙武统军张奉国、大将军李文悦以外寇初平，营缮太多，白宰相，冀有论谏，裴度因奏事言之。上怒，二月丁卯，以奉国为鸿胪卿，壬申，以文悦为右武卫大将军，充威远营使。于是浚龙首池，起承晖殿，土木浸兴矣。

4　李愬奏请判官、大将以下官凡百五十员，上不悦，谓裴度曰："李愬诚有奇功，然奏请过多。使如李晟、浑瑊，又何如哉！"遂留中不下。

39　庚辰（二十五日），宪宗将淮西的投诚将领董重质贬为春州司户。董重质是吴元济的主谋人，屡次打败官军，宪宗打算将他杀掉，李愬奏称他事先已经应许董重质不会将他处死。

唐宪宗元和十三年（戊戌，公元818年）

1　春季，正月乙酉朔（初一），大赦天下。

2　当初，李师道策划叛逆的时候，判官高沐与同僚郭昈、李公度屡次劝阻他。判官李文会与孔目官林英平时为李师道所亲近信任，他们哭泣着向李师道进言说："我等竭尽心力为您操持家中事务，反而遭到高沐等人的忌恨，您怎么能够不爱惜淄青的十二州土地，反而要成就高沐等人的功劳与名声呢！"从此，李师道便疏远了高沐等人，还斥逐高沐前去代理莱州事务。适值林英入朝奏报事情，便让呈进奏疏的吏人暗中报告李师道说："高沐偷偷地向朝廷表示诚意。"李文会借此设计陷害高沐，于是李师道便杀死高沐，并且囚禁了郭昈，凡是劝说李师道投诚的军中将领，李文会一概将他们指斥为高沐的同伙，将他们囚禁起来。

等到淮西平定以后，李师道既担忧，又恐惧，不知道应该怎样应付。李公度以及牙将李英昙乘着李师道内心恐惧的时机来劝说他，让他向朝廷交纳人质、进献土地，以此赎罪。李师道听从了他们的意见，派遣使者上表，请求让他的长子入朝侍卫，并且献出沂、密、海三州，宪宗应允了他的请求。乙巳（二十一日），宪宗派遣左常侍李逊前往郓州安抚将士。

3　宪宗命令六军整饰麟德殿，右龙武统军张奉国与大将军李文悦认为淮西刚刚平定，修建工程太多，便禀告宰相，希望宰相能够陈论劝阻，裴度因而在奏报事情时讲到了这一问题。宪宗大怒，二月丁卯（十三日），宪宗任命张奉国为鸿胪卿，壬申（十八日），任命李文悦为右武卫大将军，充任威远使。于是，疏浚龙首池、兴建承晖殿，土木工程逐渐兴起了。

4　李愬上奏请求朝廷任命判官、大将以下的官员计有一百五十员，宪宗不甚高兴，便对裴度说："李愬诚然立下了奇功，但上奏请求任命的官员太多了。假使他立下李晟、浑瑊那样的功劳，又该怎么办呢！"于是，宪宗将李愬的奏疏留在禁中，不再下达。

5　李鄘固辞相位，戊戌，以鄘为户部尚书，以御史大夫李夷简为门下侍郎、同平章事。

6　初，渤海僖王言义卒，弟简王明忠立，改元太始。一岁卒，从父仁秀立，改元建兴。乙巳，遣使来告丧。

7　横海节度使程权自以世袭沧景，与河朔三镇无殊，内不自安。己酉，遣使上表，请举族入朝，许之。横海将士乐自擅，不听权去，掌书记林蕴谕以祸福，权乃得出。诏以蕴为礼部员外郎。

8　裴度之在淮西也，布衣柏耆以策干韩愈曰："吴元济既就擒，王承宗破胆矣，愿得奉丞相书往说之，可不烦兵而服。"愈白度，为书遣之。承宗惧，求哀于田弘正，请以二子为质，及献德、棣二州，输租税，请官吏。弘正为之奏请，上初不许。弘正上表相继，上重违弘正意，乃许之。夏，四月甲寅朔，魏博遣使送承宗子知感、知信及德、棣二州图印至京师。

幽州大将谭忠说刘总曰："自元和以来，刘阚、李锜、田季安、卢从史、吴元济，阻兵冯险，自以为深根固蒂，天下莫能危也。然顾盼之间，身死家覆，皆不自知，此非人力所能及，殆天诛也。况今天子神圣威武，苦身焦思，缩衣节食，以养战士，此志岂须臾忘天下哉！今国兵骎骎北来，赵人已献城十二，忠深为公忧之。"总泣且拜曰："闻先生言，吾心定矣。"遂专意归朝廷。

5　李鄘坚决推辞宰相的职位，三月戊戌（十五日），宪宗任命李鄘为户部尚书，任命御史大夫李夷简为门下侍郎、同平章事。

6　当初，渤海僖王大言义故去，他的弟弟简王大明忠即位，更改年号为太始。大明忠在位一年便又故去了，他的叔父大仁秀即位，更改年号为建兴。乙巳（二十二日），大仁秀派遣使者前来通报丧事。

7　横海节度使程权认为自己世代承袭沧景节度使的职务，与河朔三镇没有区别，内心感到不安。己酉（二十六日），程权派遣使者上表，请求全家族入京朝见，宪宗答应了他的请求。横海将士喜欢自占一方，不肯让程权离去，掌书记林蕴向大家讲明祸福的道理，程权才得以离开横海。宪宗颁诏任命林蕴为礼部员外郎。

8　裴度坐镇淮西的时候，平民柏耆向韩愈献计说："吴元济被擒获以后，王承宗便会大为惊恐，我希望能够携带着裴丞相的书信前去劝说他，可以不用烦劳兵马便使他归服。"韩愈禀告了裴度，裴度便写了书信，让他前往。王承宗害怕了，向田弘正乞怜，请求以自己的两个儿子作为朝廷的人质，并将德、棣二州献给朝廷，向朝廷交纳赋税，请朝廷任命官吏。田弘正为他上奏请求，宪宗起初不肯答应。田弘正便一次接一次地上表，宪宗不愿意违背田弘正的心意，便答应了他。夏季，四月甲寅朔（初一），魏博派遣使者将王承宗的儿子王知感和王知信以及德、棣两州的版图与印符送到京城。

幽州大将谭忠劝说刘总说："自从元和年间以来，刘阐、李锜、田季安、卢从史、吴元济等人依仗着手中的军队，凭借着险要的地形，自认为根基坚牢得不可动摇，天下的兵力都不能危害他们。然而，正在他们得意地左顾右盼的时候，却身败家亡，还全然不知道事情是怎样发生的，这不是个人的力量所能够做到的，恐怕是上天要诛戮他们吧。况且，当今的天子神圣威武，竭力操劳，忧心苦思，节俭衣食，以赡养战斗之士，有这样的志向，怎么会有片刻忘记天下呢！现在，官军迅速向北开进，王承宗已经向朝廷献上十二座城邑，我是深切地为您担忧啊。"刘总一边哭泣，一边行着礼说："听了先生这一席话，我的主意已定了。"于是，刘总一心一意地归向朝廷。

9　戊辰，内出废印二纽，赐左、右三军辟仗使。旧制，以宦官为六军辟仗使，如方镇之监军，无印。及张奉国得罪，至是始赐印，得纠绳军政，事任专达矣。

10　庚辰，诏洗雪王承宗及成德将士，复其官爵。

11　李师道暗弱，军府大事，独与妻魏氏、奴胡惟堪、杨自温、婢蒲氏、袁氏及孔目官王再升谋之，大将及幕僚莫得预焉。魏氏不欲其子入质，与蒲氏、袁氏言于师道曰："自先司徒以来，有此十二州，奈何无故割而献之！今计境内之兵不下数十万，不献三州，不过以兵相加。若力战不胜，献之未晚。"师道乃大悔，欲杀李公度。幕僚贾直言谓其用事奴曰："今大祸将至，岂非高沐冤气所为！若又杀公度，军府其危哉！"乃囚之，迁李英昙于莱州，未至，缢杀之。

李逊至郓州，师道大陈兵迎之，逊盛气正色，为陈祸福，责其决语，欲白天子。师道退，与其党谋之，皆曰："弟许之，他日正烦一表解纷耳。"师道乃谢曰："向以父子之私，且迫于将士之情，故迁延未遣。今重烦朝使，岂敢复有二三！"逊察师道非实诚，归，言于上曰："师道顽愚反覆，恐必须用兵。"既而师道表言军情，不听纳质割地。上怒，决意讨之。

贾直言冒刃谏师道者二，舆榇谏者一，又画缚载槛车妻子系累者以献。师道怒，囚之。

9　戊辰（十五日），内廷拿出废置印符两方，赐给了左、右三军辟仗使。以往的制度规定，以宦官担任六军辟仗使，作用犹如节度使以外另设监军使，但并不发给印信。及至张奉国获罪以后，才颁赐印信，辟仗使可以举发并惩处军政的过失，其事务可以直接向皇上奏报。

10　庚辰（二十七日），宪宗颁诏为王承宗以及成德将士平反，恢复他们的官职与爵位。

11　李师道愚昧而又懦弱，对于幕府中重大的事情，只与妻子魏氏、家奴胡惟堪、杨自温、婢女蒲氏和袁氏以及孔目官王再升等人谋划，大将以及幕府的僚属都不能参与。魏氏不愿意让自己的儿子入朝充当人质，便与蒲氏和袁氏向李师道进言说："从我们已故的司徒以来，李氏便据有了这十二个州，怎么能够毫无原由地献给朝廷呢！现在，算来淄青境内的兵力不少于数十万人，不进献沂、密、海三州，朝廷只不过派兵马前来讨伐。倘若尽力接战不能够取胜，那时再献上三州也不算太迟。"于是，李师道非常后悔，打算将李公度杀掉。幕府的僚属贾直言对李师道管事的家奴说："现在大祸将要来临了，这难道不是高沐的冤气造成的吗！如果再将李公度杀掉，恐怕幕府就危险了！"于是，李师道便将李公度囚禁起来，将李英昙贬至莱州，李英昙还没有到任，便被勒死了。

李逊来到郓州的时候，李师道布列盛大军容迎接他，李逊蓄怒不发，神色严肃，向他陈说孰祸孰福，要求他一言为定，准备禀报宪宗。李师道回去以后，与他的同党商议此事，同党们都说："尽管答应他好了，以后只要麻烦一纸书表来排解纷乱罢了。"于是，李师道向李逊道歉说："以往由于父子间的私情，并且迫于将士的压力，所以把事情拖延下来，没有遣送儿子入朝。现在，我不愿意麻烦朝廷的使者为此奔走，怎么敢再做反复无常的事情呢！"李逊看出李师道没有诚意，回到朝廷以后，便向宪宗进言说："李师道顽劣愚昧，反复无常，恐怕必须用兵了。"不久，李师道上表陈述军中情形，说是将士们不肯让他交送人质与割让土地。宪宗大怒，决心讨伐李师道。

贾直言冒着被杀害的危险向李师道劝谏了两次，抬着棺材向李师道劝谏了一次，还画了一幅李师道被绑在囚车里、妻子儿女都被拘囚着的图画献给李师道。李师道恼怒了，便将他囚禁起来。

五月丙申，以忠武节度使李光颜为义成节度使，谋讨师道也。以淮西节度使马总为忠武节度使、陈许溵蔡州观察使。以申州隶鄂岳，光州隶淮南。

12　辛丑，以知勃海国务大仁秀为勃海王。

13　以河阳都知兵马使曹华为棣州刺史，诏以河阳兵送至滴河。会县为平卢兵所陷，华击却之，杀二千馀人，复其县以闻。诏加横海节度副使。

14　六月癸丑朔，日有食之。

15　丁丑，复以乌重胤领怀州刺史，镇河阳。

16　秋，七月癸未朔，徙李愬为武宁节度使。

乙酉，下制罪状李师道，令宣武、魏博、义成、武宁、横海兵共讨之，以宣歙观察使王遂为供军使。遂，方庆之孙也。

上方委裴度以用兵，门下侍郎、同平章事李夷简自谓才不及度，求出镇。辛丑，以夷简同平章事，充淮南节度使。

17　八月壬子朔，中书侍郎、同平章事王涯罢为兵部侍郎。

18　吴元济既平，韩弘惧，九月，自将兵击李师道，围曹州。

19　淮西既平，上浸骄侈。户部侍郎判度支皇甫镈、卫尉卿、盐铁转运程异晓其意，数进羡馀以供其费，由是有宠。镈又以厚赂结吐突承璀。甲辰，镈以本官、异以工部侍郎并同平章事，判使如故。制下，朝野骇愕，至于市井负贩者亦嗤之。

裴度、崔群极陈其不可，上不听。度耻与小人同列，表求自退，不许。度复上疏，以为："镈、异皆钱谷吏，佞巧小人，陛下一旦置之相位，

五月丙申（十三日），宪宗任命忠武节度使李光颜为义成节度使，谋划讨伐李师道。又任命淮西节度使马总为忠武节度使和陈、许、溵、蔡各州观察使。将申州隶属给鄂岳，将光州隶属给淮南。

12　辛丑（十八日），朝廷将主持勃海国事务的大仁秀封为勃海王。

13　宪宗任命河阳都知兵马使曹华为棣州刺史，降诏命令河阳兵马将他护送到棣州的滴河。适逢滴河县城被平卢李师道的兵马攻陷，曹华将平卢兵马击退，杀掉两千多人，收复了县城，上报朝廷。宪宗颁诏加封曹华为横海节度副使。

14　六月癸丑朔（初一），出现日食。

15　丁丑（二十五日），宪宗又任命乌重胤兼任怀州刺史，镇守河阳。

16　秋季，七月癸未朔（初一），宪宗将李愬改任为武宁节度使。

乙酉（初三），宪宗颁布制书罗列李师道的罪状，命令宣武、魏博、义成、武宁、横海的兵马共同讨伐他，还任命宣歙观察使王遂为供军使。王遂是王方庆的孙子。

宪宗将用兵之事委托给裴度，门下侍郎、同平章事李夷简认为自己的才能不如裴度，便要求出任节度使。辛丑（二十八日），宪宗任命李夷简挂衔同平章事，充任淮南节度使。

17　八月壬子朔（初一），中书侍郎、同平章事王涯被罢免为兵部侍郎。

18　吴元济被平定以后，韩弘心怀恐惧。九月，韩弘自行带领兵马进击李师道，包围曹州。

19　平定淮西以后，宪宗逐渐骄傲奢侈起来。户部侍郎、判度支皇甫镈与卫尉卿、盐铁转运使程异晓得宪宗的心意，屡次进献额外税收，供给宪宗花销，因此两人都得到宪宗的宠爱。皇甫镈还用大量的贿赂来交结吐突承璀。甲辰（二十三日），皇甫镈以本来的官职，程异以工部侍郎的职务并同平章事，兼任使职一如既往。制书颁布以后，朝廷与民间都感到惊异，连市肆中担货贩卖之人也在嗤笑他们。

裴度与崔群极力陈述任命二人为相是不适当的，宪宗不肯听从。裴度以与小人同事为耻辱，上表请求自行引退，宪宗不肯答应。裴度又上疏认为：“皇甫镈与程异都是掌管钱财与谷物的官吏，是奸诈机巧的小人，陛下突然将他们安置在宰相的职位上，

中外无不骇笑。况镈在度支，专做丰取刻与为务，凡中外仰给度支之人无不思食其肉。比者裁损淮西粮料，军士怨怒。会臣至行营晓谕慰勉，仅无溃乱。今旧将旧兵悉向淄青，闻镈入相，必尽惊忧，知无可诉之地矣。程异虽人品庸下，然心事和平，可处烦剧，不宜为相。至如镈，资性狡诈，天下共知，唯能上惑圣聪，足见奸邪之极。臣若不退，天下谓臣不知廉耻；臣若不言，天下谓臣有负恩宠。今退既不许，言又不听，臣如烈火烧心，众镝丛体。所可惜者，淮西荡定，河北底宁，承宗敛手削地，韩弘舆疾讨贼，岂朝廷之力能制其命哉？直以处置得宜，能服其心耳。陛下建升平之业，十已八九，何忍还自堕坏，使四方解体乎？”上以度为朋党，不之省。

镈自知不为众所与，益为巧谄以自固，奏减内外官俸以助国用。给事中崔植封还敕书，极论之，乃止。植，祐甫之弟子也。

时内出积年缯帛付度支令卖，镈悉以高价买之，以给边军。其缯帛朽败，随手破裂，边军聚而焚之。度因奏事言之，镈于上前引其足曰：“此靴亦内库所出，臣以钱二千买之，坚完可久服。度言不可信。”上以为然。由是镈益无所惮。程异亦自知不合众心，能廉谨谦逊，为相月馀，不敢知印秉笔，故终免于祸。

朝廷内外没有人不诧异、不讥笑的。何况，皇甫镈掌管度支，专做多取少给的事情，凡是朝廷内外需依赖度支供给的人们，无人不想吃他的肉。近来，皇甫镈裁减淮西官员的禄粮，惹得将士们愤怨不满。适值我来到淮西行营开导、劝慰和勉励他们，这才没有发生溃散作乱的事情。现在，那些原来讨伐淮西的将士全部开向淄青，得知皇甫镈担任宰相以后，肯定人人惊惶忧恐，知道自己没有可以申诉的地方了。程异虽然人品平庸低下，但是考虑事情心平气和，可以让他处理繁杂的事务，不适合出任宰相。至于皇甫镈，天性狡猾诡诈，天下无人不知，唯独能够使陛下的明察善断受到迷惑，足以看出他奸佞邪恶到了极点。倘若我不肯引退，天下的人们便要说我不知廉耻了；倘若我不发言，天下的人们就会说我辜负了陛下的恩宠。现在，陛下既不允许我引退，又不肯听从我的意见，我感到就像烈火烧心，乱箭穿身。可惜的是，淮西荡平，河北归于安宁，王承宗拱手割让土地，韩弘抱病登车讨伐贼人，难道是朝廷的力量能够控制他们吗？只是因为对他们安排处理得当，能够使他们心服而已。陛下建立天下太平的基业，已经达到了十分之八九，怎么能够忍心再自行毁坏，使各地心灰意冷呢！”宪宗认为裴度属于朋党集团，对他的意见便不肯予以考虑。

皇甫镈知道自己不被大家所赞同，愈发做巧伪阿谀的事情来巩固自己的地位，奏请削减朝廷内外官员的薪俸来资助国家的用度。给事中崔植将诏书封合退还，经过极力论说，才没有实行皇甫镈的建议。崔植是崔祐甫弟弟的儿子。

当时，内廷拿出积存多年的丝帛交付度支出卖，皇甫镈用高价全部买下了这些丝帛，用以供给边疆的军队。那些丝帛朽蚀腐败，用手一碰，就会破裂，边疆军队将这些丝帛堆积起来烧掉了。裴度借奏报事情的机会谈到此事，皇甫镈在皇帝面前伸出他的脚来说：“这双靴子也是由内库中来的，我用两千钱买下了它们，这靴子坚固结实，可以穿很长时间。裴度说的话并不可信。”宪宗认为讲得很对。从此，皇甫镈更加无所忌惮了。程异也知道自己不得人心，但是他能够廉洁谨慎，谦逊自抑，他出任宰相一个多月，不敢掌管印信，执笔断事，所以最终得以免除祸殃。

20 五坊使杨朝汶妄捕系人，迫以考捶，责其息钱，遂转相诬引，所系近千人。中丞萧俛劾奏其状，裴度、崔群亦以为言。上曰："姑与卿论用兵事，此小事朕自处之。"度曰："用兵事小，所忧不过山东耳。五坊使暴横，恐乱辇毂。"上不悦，退，召朝汶责之曰："以汝故，令吾羞见宰相！"冬，十月，赐朝汶死，尽释系者。

21 上晚节好神仙，诏天下求方士。宗正卿李道古先为鄂岳观察使，以贪暴闻，恐终获罪，思所以自媚于上，乃因皇甫镈荐山人柳泌，云能合长生药。甲戌，诏泌居兴唐观炼药。

22 十一月辛巳朔，盐州奏吐蕃寇河曲、夏州。灵武奏破吐蕃长乐州，克其外城。

23 柳泌言于上曰："天台山神仙所聚，多灵草，臣虽知之，力不能致，诚得为彼长吏，庶几可求。"上信之。丁亥，以泌权知台州刺史，仍赐服金紫。谏官争论奏，以为："人主喜方士，未有使之临民赋政者。"上曰："烦一州之力而能为人主致长生，臣子亦何爱焉！"由是群臣莫敢言。

24 甲午，盐州奏吐蕃遁去。

25 壬寅，以河阳节度使乌重胤为横海节度使。丁未，以华州刺史令狐楚为河阳节度使。重胤以河阳精兵三千赴镇，河阳兵不乐去乡里，中道溃归，又不敢入城，屯于城北，将大掠。令狐楚适至，单骑出，慰抚之，与俱归。

先是，田弘正请自黎阳渡河，会义成节度使李光颜讨李师道，裴度曰："魏博军既渡河，不可复退，立须进击，方有成功。既至

20　五坊使杨朝汶胡乱捉拿囚禁百姓，刑讯拷打，索取利钱，使他们相互诬告牵连，被拘禁的将近一千人。中丞萧俛上奏揭发这一状况，裴度与崔群也就此进言。宪宗说："朕且与你们谈论用兵的大事，这点小事由朕自己处理。"裴度说："用兵的事情才是小事，让人担忧的不过是山东一地而已。而五坊使强暴蛮横，恐怕会扰乱京城。"宪宗不高兴了，退朝以后，宪宗传召杨朝汶，斥责他说："由于你的原故，让我不好意思见宰相了！"冬季，十月，宪宗赐杨朝汶自裁而死，将他囚禁的人全部释放了。

21　宪宗晚年喜欢神仙不老之术，颁诏在全国寻求方术之士。宗正卿李道古先前担当鄂岳观察使，以贪婪残暴闻名，担心终究要被治罪，寻求向皇上献媚的办法，于是通过皇甫镈，推荐山人柳泌，说他能够制作长生的药物。甲戌（二十四日），宪宗颁诏让柳泌住在兴唐观中炼制药物。

22　十一月辛巳朔（初一），盐州奏称吐蕃侵犯河曲与夏州。灵武奏称在长乐州打败吐蕃，攻克了长乐州的外城。

23　柳泌向宪宗进言说："天台山是神仙聚集的地方，有许多灵草，虽然我能够识别，但是没有力量将它们弄到手，如果我能够去做那里的长官，可能会找到它们。"宪宗相信了他的话。丁亥（初七），宪宗让柳泌权且代理台州刺史，还赐给他金鱼袋和紫色的朝服。谏官争着谈论上奏认为："君主喜欢方术之士，但还没有让方术之士治理百姓，处理政务的先例。"宪宗说："烦劳一个州的力量，就能够为君主带来长生，做臣子的又有什么可吝惜的呢！"从此，群臣都不敢谈论此事了。

24　甲午（十四日），盐州奏称吐蕃逃走。

25　壬寅（二十二日），宪宗任命河阳节度使乌重胤为横海节度使。丁未（二十七日），任命华州刺史令狐楚为河阳节度使。乌重胤率领河阳精锐兵马三千人前往横海，河阳士兵不愿意离开家乡，中途溃散，返回河阳，又不敢进城，便在城北驻扎着，准备大肆抢劫。恰好令狐楚来到河阳，便单人匹马地出了城，前去慰问安抚他们，与他们一同回城。

在此之前，田弘正请求由黎阳横渡黄河，会合义成节度使李光颜，前去讨伐李师道，裴度说："魏博的军队渡过黄河以后，就不能够再撤退回去，必须立刻进军出击，才能取得成功。魏博的军队已经来到

滑州，即仰给度支，徒有供饷之劳，更生观望之势。又或与李光颜互相疑阻，益致迁延。与其渡河而不进，不若养威于河北。宜且使之秣马厉兵，俟霜降水落，自杨刘渡河，直指郓州，得至阳谷置营，则兵势自盛，贼众摇心矣。”上从之。是月，弘正将全师自杨刘渡河，距郓州四十里筑垒，贼中大震。

26　功德使上言：“凤翔法门寺塔有佛指骨，相传三十年一开，开则岁丰人安。来年应开，请迎之。”十二月庚戌朔，上遣中使帅僧众迎之。

27　戊辰，以春州司户董重质为试太子詹事，委武宁军驱使，李愬请之也。

28　戊寅，魏博、义成军送所获李师道都知兵马使夏侯澄等四十七人，上皆释弗诛，各付所获行营驱使，曰：“若有父母欲归者，优给遣之。朕所诛者，师道而已。”于是贼中闻之，降者相继。

初，李文会与兄元规皆在李师古幕下。师古薨，师道立，元规辞去，文会属师道亲党请留。元规将行，谓文会曰：“我去，身退而安全。汝留，必骤贵而受祸。”及官军四临，平卢兵势日蹙，将士喧然，皆曰：“高沐、郭昈、李存为司空忠谋，李文会奸佞，杀沐，囚昈、存，以致此祸。”师道不得已，出文会摄登州刺史，召昈、存还幕府。

29　上常语宰相：“人臣当力为善，何乃好立朋党！朕甚恶之。”裴度对曰：“方以类聚，物以群分。君子、小人志趣同者，

滑州，便要依靠度支的供应，朝廷空有供给军饷的烦劳，魏博军却会重新产生观望的势态。田弘正或许再与李光颜互相猜疑，就益发会导致战机拖延。与其渡过黄河而不进军，还不如在黄河以北蓄养声威。应当让田弘正暂时饱喂战马，砥砺兵器，待到霜降以后河水下落的时候，由杨刘横渡黄河，径直奔赴郓州，可以前往阳谷设置营盘，军队的声势自然就会变得盛大起来，敌军便会人心动摇了。”宪宗听从了裴度的意见。就在本月，田弘正率领全军由杨刘渡过黄河，在距离郓州四十里处修筑营垒，敌军大为震惊。

26　功德使进言说：“凤翔法门寺的塔中有释迦牟尼佛的手指骨，相传寺塔三十年开放一次，开放的时候年成丰熟，人民安宁。明年法门寺塔正当开放，请去迎接佛骨。”十二月庚戌朔（初一），宪宗派遣中使率领僧众迎接佛骨。

27　戊辰（十九日），宪宗任命春州司户董重质为试太子詹事，将他交付武宁军驱遣，这是应李愬请求作出的决定。

28　戊寅（二十九日），魏博、义成两军将俘获的李师道的都知兵马使夏侯澄等四十七人送往京城，宪宗对他们一律释放不杀，分别交付俘获他们的行营以供驱遣，还说：“如果有人需要照料父母，打算回家，就从优发给盘费，打发他们回去。朕要诛杀的人，只有李师道一人。”于是，敌军将士得知了这一消息，前来投诚的人接连不断。

当初，李文会与哥哥李元规都在李师古的幕府中供事。李师古故去，李师道袭位，李元规辞职离去，李文会嘱托李师道的亲信同党请求把自己留下。李元规准备走的时候，对李文会说：“我离开了，便因抽身引退而获得了安全。你留下来了，肯定会因地位骤然显贵而遭受祸殃。”及至官军从四面开来，平卢军队的形势日益窘迫，将士们吵吵嚷嚷，都说：“高沐、郭旰和李存为李司空忠心谋划，而李文会诡诈而谄谀，是他杀死高沐，囚禁郭旰和李存，以至招致了这一祸患。”李师道迫不得已，将李文会斥逐为摄登州刺史，把郭旰和李存召回幕府。

29　宪宗常告诉宰相们说：“人臣应当努力向善，怎么喜欢树立朋党集团呢！朕是非常憎恶朋党集团的。”裴度回答说：“事情的原则是以门类相聚合，具体的事物是以群体相区分。君子与小人各自志趣相同，

势必相合。君子为徒，谓之同德；小人为徒，谓之朋党。外虽相似，内实悬殊，在圣主辨其所为邪正耳。”

30　武宁节度使李愬与平卢兵十一战，皆捷。乙卯晦，进攻金乡，克之。李师道性懦怯，自官军致讨，闻小败及失城邑，辄忧悸成疾，由是左右皆蔽匿，不以实告。金乡，兖州之要地也，既失之，其刺史驿骑告急，左右不为通，师道至死竟不知也。

十四年（己亥，819）

1　春，正月辛巳，韩弘拔考城，杀二千馀人。

丙戌，师道所署沭阳令梁洞以县降于楚州刺史李听。

2　吐蕃遣使者论短立藏等来修好，未返，入寇河曲。上曰：“其国失信，其使何罪！”庚寅，遣归国。

3　壬辰，武宁节度使李愬拔鱼台。

4　中使迎佛骨至京师，上留禁中三日，乃历送诸寺。王公士民瞻奉舍施，惟恐弗及，有竭产充施者，有然香臂顶供养者。

刑部侍郎韩愈上表切谏，以为：“佛者，夷狄之一法耳。自黄帝以至禹、汤、文、武，皆享寿考，百姓安乐，当是时，未有佛也。汉明帝时，始有佛法。其后乱亡相继，运祚不长。宋、齐、梁、陈、元魏已下，事佛渐谨，年代尤促。惟梁武帝在位四十八年，前后三舍身为寺家奴，竟为侯景所逼，饿死台城，国亦寻灭。事佛求福，乃更得祸。由此观之，佛不足信亦可知矣！

从情势上说就一定各自相会。君子们成为同一类人,叫作同德;小人们成为同一类人,叫作朋党。表面上虽然相互近似,实质上实在相差甚远,这就在于圣明的君主能够辨别他们做的事情是邪恶的,还是正直的了。"

30 武宁节度使李愬与平卢兵马交战十一次,都取得了胜利。己卯晦(三十日),李愬进军攻打并攻克了金乡。李师道生性胆小怕事,自从官军前来讨伐,只要得知有些小小的失败以及失去城镇邑落,总是忧恐惊吓得生一场病,因此他的亲信都隐瞒战况,不把实际情况禀告给他。金乡是兖州的险要之地,失去金乡以后,金乡刺史派遣驿站的士兵骑马前来告急,李师道的亲信不给通报,所以李师道直到死去,竟然不知道金乡的失陷。

唐宪宗元和十四年(己亥,公元819年)

1 春季,正月辛巳(初二),韩弘攻克考城,杀掉两千多人。

丙戌(初七),李师道所署任的沭阳县令梁洞率领全县向越州刺史李听投诚。

2 吐蕃派遣使者论短立藏等人前来与唐朝重归于好,使者还没有返回,吐蕃便前来侵犯河曲。宪宗说:"他们的国家失去信用,派来的使者有什么罪过!"庚寅(十一日),宪宗打发吐蕃使者回国。

3 壬辰(十三日),武宁节度使李愬攻克鱼台。

4 中使将佛骨迎接到京城,宪宗让佛骨在宫禁中停留了三天,才遍送各寺。上自王公,下至士子与庶民,人人瞻仰供奉,施舍钱财,惟恐不能赶上,有人将全部家产充当布施,也有人在上肢与头顶上点燃香火供养佛骨。

刑部侍郎韩愈上表直言极谏,他认为:"佛,是夷狄的一种法而已。由黄帝以至夏禹、商汤、周文王、周武王,都年高寿长,百姓安宁快活,那个时候,是没有佛的。东汉明帝时期,开始有了佛法。此后,中国变乱危亡接连不断,朝廷的命运与福气都不甚久长。宋、齐、梁、陈、北魏以后,对佛的侍奉逐渐恭敬起来,而这些朝代存在的年代尤其短促。只有梁武帝在位四十八年,他曾前后三次舍身去当寺院的家奴,最终却遭受侯景的逼迫,在台城饿死,不久以后国家也灭亡了。侍奉佛是为了祈求福缘,但梁武帝却反而招致了祸殃。由此例看来,佛不值得使人相信,也是清楚可见的了!

百姓愚冥，易惑难晓，苟见陛下如此，皆云‘天子犹一心敬信，百姓微贱，于佛岂可更惜身命’。佛本夷狄之人，口不言先王之法言，身不服先王之法服，不知君臣之义、父子之恩。假如其身尚在，奉国命来朝京师，陛下容而接之，不过宣政一见，礼宾一设，赐衣一袭，卫而出之于境，不令惑众也。况其身死已久，枯朽之骨，岂宜以入宫禁！古之诸侯行吊于国，尚先以桃茢祓除不祥，今无故取朽秽之物亲视之，巫祝不先，桃茢不用，群臣不言其非，御史不举其罪，臣实耻之！乞以此骨付有司，投诸水火，永绝根本，断天下之疑，绝后代之惑，使天下之人知大圣人之所作为，出于寻常万万也，岂不盛哉！佛如有灵，能作祸福，凡有殃咎，宜加臣身。”

上得表，大怒，出示宰相，将加愈极刑。裴度、崔群为言：“愈虽狂，发于忠恳，宜宽容以开言路。”癸巳，贬愈为潮州刺史。

自战国之世，老、庄与儒者争衡，更相是非。至汉末，益之以佛，然好者尚寡。晋、宋以来，日益繁炽，自帝王至于士民，莫不尊信。下者畏慕罪福，高者论难空有。独愈恶其蠹财惑众，力排之，其言多矫激太过。惟《送文畅师序》最得其要，曰：“夫鸟俯而啄，仰而四顾，兽深居而简出，惧物之为己害也，犹且不免焉。弱之肉，强之食。今吾与文畅安居而暇食，优游以生死，与禽兽异者，宁可不知其所自邪！”

百姓愚昧无知，冥顽不化，容易受到迷惑，难以晓谕开导，如果看到陛下都这样去做，都说：‘天子尚且专心一意地敬佛信佛，我们老百姓低微下贱，对待佛难道还能够顾惜性命吗？’佛本来就是异国人氏，口中不讲先代帝王留传下来的合乎礼法的言论，身上不穿先代帝王规定下来的标准的中国服装，不懂得君臣之间的大义，不明白父子之间的恩情。假如佛本身尚在人世，接受本国的命令前来京城朝拜，陛下宽容地接待他，只不过在宣政殿见他一面，在礼宾院设上一宴，赐给他衣服一套，派人护卫他走出国境，是不会让他迷惑众人的。何况佛本身久已故去，剩下来的枯朽的骸骨，怎么宜于将它请进宫殿！古代的诸侯在国内举行吊唁，还要率先用桃树与笤帚去驱除不吉祥的鬼魂，现在陛下没由来地拿腐朽秽浊的东西亲自观看，事先不让巫师降神祈福，不用桃树与笤帚除凶去垢，群臣不议论这种做法的错误，御史不纠举这种做法的罪责，我实在为此感到羞耻！请求陛下将此佛骨交付给有关部门，将它丢到水里火里消灭掉，永远断绝此事的本源，切断天下的疑问，杜绝后世的迷惑，使天下的人们知道大圣人做出的事情，超过平凡人物的千万倍，这难道不是盛大的事情吗！如果佛有灵性，能够制造祸福，一切灾殃与罪责，都加在我的身上好了。”

宪宗得到上表，非常恼怒，拿出来给宰相们披阅，准备以最严厉的刑罚处治韩愈。裴度与崔群为韩愈进言说：“韩愈虽然狂妄，但他所言发自内心的忠诚，陛下应当对他宽容，以开通言路。”癸巳（十四日），宪宗将韩愈贬为潮州刺史。

自从战国时代以来，老子、庄子与儒家较量胜负，交相谈论我是你非。到了东汉末年，又增加了佛家，但是喜好佛家的为数尚少。晋、宋年间以来，佛家日益繁盛，由帝王以至于士子庶民，没有不尊崇信奉佛家的。庸俗的人们害怕得罪，羡慕福缘，清高的人们辩论诘难空无实有的学说。唯独韩愈憎恶佛家损耗资财，迷惑百姓，尽力排斥佛家，他的话往往过于偏激。只有他的《送文畅师序》论述最得要领，文章说：“大凡飞禽低下头来啄食，仰起头来四面张望，走兽在深密之处藏身，很少出来走动，这是害怕有些物种危害自己，但仍然不能幸免。弱者的血肉，就是强者的食物。现在我与文畅安心地居住着，悠闲地饮食着，从生到死都过着闲逸自得的生活，与飞禽走兽面临的境状不同，怎么能够不知道这是从哪里得来的呢！”

5　丙申，田弘正奏败淄青兵于东阿，杀万馀人。

6　沧州刺史李宗奭与横海节度使郑权不叶，不受其节制，权奏之。上遣中使追之，宗奭使其军中留己，表称惧乱未敢离州。诏以乌重胤代权，将吏惧，逐宗奭，宗奭奔京师，辛丑，斩于独柳之下。

7　丙午，田弘正奏败平卢兵于阳谷。

5　丙申（十七日），田弘正奏称在东阿打败淄青兵马，斩杀一万多人。

6　沧州刺史李宗奭与横海节度使郑权不和，不肯接受郑权的调度管束，郑权奏报了李宗奭的情况。宪宗派遣中使调他回朝，李宗奭让军中将士挽留自己，自己上表声称害怕造成变乱，不敢离开沧州。宪宗颁诏以乌重胤替代郑权，沧州将吏恐惧了，便驱逐了李宗奭，李宗奭只好逃奔京城，辛丑（二十二日），李宗奭被斩杀于独柳下。

7　丙午（二十七日），田弘正奏称在阳谷打败平卢兵马。

卷第二百四十一　唐纪五十七

起己亥(819)二月尽辛丑(821)六月凡二年有奇

宪宗昭文章武大圣至神孝皇帝下

元和十四年(己亥,819)

1　二月,李听袭海州,克东海、朐山、怀仁等县。李愬败平卢兵于沂州,拔丞县。

李师道闻官军侵逼,发民治郓州城堑,修守备,役及妇人,民益惧且怨。

都知兵马使刘悟,正臣之孙也,师道使之将兵万馀人屯阳谷以拒官军。悟务为宽惠,使士卒人人自便,军中号曰刘父。及田弘正渡河,悟军无备,战又数败。或谓师道曰:"刘悟不修军法,专收众心,恐有他志,宜早图之。"师道召悟计事,欲杀之。或谏曰:"今官军四合,悟无逆状,用一人言杀之,诸将谁肯为用!是自脱其爪牙也。"师道留悟旬日,复遣之,厚赠金帛以安其意。悟知之,还营,阴为之备。师道以悟将兵在外,署悟子从谏门下别奏。从谏与师道诸奴日游戏,颇得其阴谋,密疏以白父。

又有谓师道者曰:"刘悟终为患,不如早除之。"丙辰,师道潜遣二使赍帖授行营兵马副使张暹,令斩悟首献之,勒暹权领行营。时悟方据高丘张幕置酒,去营二三里。二使至营,密以帖授暹。暹素

宪宗昭文章武大圣至神孝皇帝下

唐宪宗元和十四年(己亥,公元819年)

1　二月,李听出兵袭击海州,攻克东海、朐山、怀仁等县。李愬率军在沂州击败平卢兵,攻克丞县。

淄青节度使李师道听说唐官军日益逼近,于是征发民夫修治郓州城池,加强防守,男夫不足,又征发妇女,百姓更加恐惧怨恨。

都知兵马使刘悟,即唐肃宗朝平卢节度使刘正臣的孙子,李师道命刘悟率兵万馀人屯驻阳谷,以拒抗官军。刘悟治军宽惠,使士卒人人自便,不加约束,军中称誉他为"刘父"。及至魏博节度使田弘正率军南渡黄河,进攻淄青,刘悟军无准备,出战屡败。有人对李师道说:"刘悟不修军法,专意收买人心,恐有异志,应早有防备。"于是,李师道托言商议军事,召刘悟来郓州,想借机把刘悟杀死。有人劝李师道说:"今官军四面围攻淄青,刘悟尚未有谋反的迹象,听信一人之言就把他杀死,诸将中谁肯为您效力!这是自除爪牙。"李师道认为言之有理,留刘悟在郓州十日后,命他仍回阳谷,并赠送大批金帛加以安抚。刘悟知李师道已怀疑自己,返回军营后,秘密做防守准备。李师道因刘悟率兵在外,任命他的儿子刘从谏为门下别奏,留在郓州。刘从谏每天与李师道家奴游玩,获悉李师道阴谋,写密信转告父亲。

部下又有人对李师道说:"刘悟最终会成为祸患,不如早日除掉他。"丙辰(初八),李师道密派亲信二人带手令前往阳谷,命行营兵马副使张暹杀掉刘悟,割下他的头送郓州查验,然后由张暹代领行营兵马。这时,刘悟正在一块高地上树立帐幕,设置酒宴,离开军营二三里。二使到阳谷军营后,密将李师道手令授予张暹。张暹向来

与悟善，阳与使者谋曰："悟自使府还，颇为备，不可匆匆，暹请先往白之，云'司空遣使存问将士，兼有赐物，请都头速归，同受传语'。如此，则彼不疑，乃可图也。"使者然之。暹怀帖走诣悟，屏人示之。悟潜遣人先执二使，杀之。

时已向暮，悟按辔徐行还营，坐帐下，严兵自卫。召诸将，厉色谓之曰："悟与公等不顾死亡以抗官军，诚无负于司空。今司空信谗言，来取悟首。悟死，诸公其次矣。且天子所欲诛者独司空一人，今军势日蹙，吾曹何为随之族灭！欲与诸公卷旗束甲，还入郓州，奉行天子之命，岂徒免危亡，富贵可图也。诸公以为何如？"兵马使赵垂棘立于众首，良久，对曰："事果济否？"悟应声骂曰："汝与司空合谋邪！"立斩之。遍问其次，有迟疑未言者，悉斩之，并斩军中素为众所恶者，凡三十馀，尸于帐前。馀皆股栗，曰："惟都头命，愿尽死！"

乃令士卒曰："入郓，人赏钱百缗，惟不得近军帑，其使宅及逆党家财，任自掠取，有仇者报之。"使士皆饱食执兵，夜半听鼓三声绝即行，人衔枚，马缚口，遇行人，执留之，人无知者。距城数里，天未明，悟驻军，使听城上柝声绝，使十人前行，宣言"刘都头奉帖追入城"。门者请俟写简白使，十人拔刃拟之，皆窜匿，悟引大军继至，城中噪哗动地。比至，子城已洞开，惟牙城拒守，寻纵火斧其门而入。牙中兵不过数百，始犹有发弓矢者，俄知力不支，皆投于地。

和刘悟友好，便假装与使者商议说："刘悟从郓州节度使府回来后，已有防备，此事不可匆忙，请先让我去见刘悟，假称'李师道派人来慰问将士，带来大批赏赐物品，请都头速归军营，一同接受指令'。这样，刘悟必然不疑，然后可乘机下手。"二使同意张暹的意见。于是，张暹把李师道手令揣在怀中，到刘悟饮宴处，命随从退下，交刘悟观看。刘悟得知李师道阴谋后，秘密派人擒杀二使。

这时，天已傍晚，刘悟乘马缓行回营，坐在帐中，重兵把守，严加防备。随后，召集众位将领，声色严厉地说："我和你们不顾死活抗击官军，确实对得起李师道。如今李师道听信谗言，派人来杀我。如果我死，你们随后也会被杀。当朝天子发兵围攻淄青，声明只杀李师道一人，如今我军形势日渐紧迫，我等为什么要随他一同被族灭！现在，我和大家商议，打算卷旗束甲袭击郓州，奉行天子之命，杀李师道，不仅可免我等危亡，而且可图富贵。大家认为如何？"兵马使赵垂棘站在诸将前头，沉默很久，说："不知此事能否成功？"刘悟应声骂道："难道你要与李师道同谋吗！"即命斩首。接着，挨个询问，诸将凡迟疑不言者，一律斩首，并斩杀军中向来为众所憎恶者，共三十多人，尸首列于帐前。其馀诸将都恐惧发抖，说："愿听都头命令，尽死效力！"

于是，刘悟下达出兵命令，对士卒说："攻入郓州，每人赏钱一百缗，除军库外，凡节度使住宅及其他叛党家财，允许你们任意掠取，有仇者许可报仇。"接着，命士卒饱食一顿，每人携带兵器，半夜时分，听鼓声三响后出发。将士口衔枚，军马缚口，防止喧哗，凡遇行人，都执留军中，以防走漏消息，军行所至，人都不知。距郓州数里时，天还未亮，刘悟命将士就地待命，听城上巡逻的木梆声停止后，派十人先行抵城下，言称"刘都头奉节度使手令入城"。守门人请大家稍候，正想写书简禀告李师道时，十人突然拔刀欲斩，守门人一哄而逃，刘悟率大军随后赶到，城中听说有兵马袭击，喧哗动地，一片混乱。等到刘悟入城时，内城已被攻开，只有李师道所住的牙城还在抗拒坚守，刘悟下令纵火焚烧，用大斧劈开城门，将士一齐涌入。城中亲兵不过数百人，开始还有人发弓抵抗，后知寡不敌众，都投弓于地而降。

悟勒兵升听事，使捕索师道。师道与二子伏厕床下，索得之。悟命置牙门外隙地，使人谓曰："悟奉密诏送司空归阙，然司空亦何颜复见天子！"师道犹有幸生之意，其子弘方仰曰："事已至此，速死为幸！"寻皆斩之。自卯至午，悟乃命两都虞候巡坊市，禁掠者，即时皆定。大集兵民于毬场，亲乘马巡绕，慰安之。斩赞师道逆谋者二十馀家，文武将吏且惧且喜。悟见李公度，执手歔欷。出贾直言于狱，置之幕府。

悟之自阳谷还兵趋郓也，潜使人以其谋告田弘正："事成，当举烽相白；万一城中有备不能入，愿公引兵为助。功成之日，皆归于公，悟何敢有之。"且使弘正进据己营。弘正见烽，知得城，遣使往贺。悟函师道父子三首遣使送弘正营，弘正大喜，露布以闻。淄、青等十二州皆平。

弘正初得师道首，疑其非真，召夏侯澄使识之，澄熟视其面，长号陨绝者久之，乃抱其首，舐其目中尘垢，复恸哭。弘正为之改容，义而不责。

2 壬戌，田弘正捷奏至。乙丑，命户部侍郎杨於陵为淄青宣抚使。己巳，李师道首函至。自广德以来，垂六十年，藩镇跋扈河南、北三十馀州，自除官吏，不供贡赋，至是尽遵朝廷约束。

上命杨於陵分李师道地，於陵按图籍，视土地远迩，计士马众寡，校仓库虚实，分为三道，使之适均：以郓、曹、濮为一道，

刘悟率将士入淄青节度使府，命搜捕李师道。李师道和他的两个儿子藏在侧面的床下，被士卒搜出。刘悟命把李师道父子押到节度使府门外的空地上，派人对他说："刘都头奉天子密诏打算将您送到京城面见皇上，但您还有什么脸面再见皇上呢！"这时，李师道仍幻想能幸免一死，他的儿子李弘方仰面叹道："事已至此，盼求快死为幸！"随后，父子三人都被斩首。从清晨到中午，刘悟命令左、右都虞候巡行街坊和集市，禁止将士焚掠，到了下午，城内很快安定。于是，刘悟命将士和百姓到鞠毬场集中，亲自乘马绕场一周，安抚慰劳众人。然后，下令处斩与李师道一起叛乱者共二十多家，文武将吏目睹叛乱者被杀，又怕又喜。刘悟与李公度相见，二人握手哭泣。又命把贾直言从狱中放出，置于幕府参议军事。

在刘悟率军从阳谷出发袭击郓州前，曾暗中派人把行动计划转告魏博节度田弘正，约定："如果事成，就举烽火相告；万一城中有防备不能攻入，请率兵相助。事成之后，全部归功于您，我不敢据功为己有。"同时，请求田弘正率军进据阳谷营地。这时，田弘正看到烽火，知道郓州已被刘悟攻克，便派使者前往祝贺。刘悟把李师道父子三人的首级放入盒中，派人送到田弘正军营，田弘正大喜，写文告上报朝廷。至此，淄、青等十二州全部平定。

起初，田弘正得李师道首级，怀疑其不真实，于是，命夏侯澄前来辨识，夏侯澄仔细看后，大声痛哭了很久，悲痛欲绝，接着，将李师道首级捧起，用舌尖舐净眼睛中的灰尘，然后又大声哭泣。田弘正见此情景，不免受到感染，认为夏侯澄忠心重义，也不责备。

2　壬戌(十四日)，田弘正奏捷文告送到京城。乙丑(十七日)，唐宪宗任命户部侍郎杨於陵为淄青宣抚使。己巳(二十一日)，装着李师道首级的盒子送至京城。自从唐代宗广德元年(763年)以来，藩镇在河南、河北三十多州割据跋扈，自命官吏，不向朝廷上供赋税，将近六十年，至此全部重新遵守朝廷法令。

唐宪宗命杨於陵分割李师道淄青十二州，杨於陵阅视淄青地图和户籍后，根据各州土地的远近，士卒和军马的多少以及仓库虚实，拟分为三道，使各方面情况比较平均：以郓州、曹州、濮州为一道，

淄、青、齐、登、莱为一道，兖、海、沂、密为一道。上从之。

刘悟以初讨李师道诏云“部将有能杀师道以众降者，师道官爵悉以与之”，意谓尽得十二州之地，遂补署文武将佐，更易州县长吏。谓其下曰：“军府之政，一切循旧。自今但与诸公抱子弄孙，夫复何忧！”

上欲移悟他镇，恐悟不受代，复须用兵，密诏田弘正察之。弘正日遣使者诣悟，托言修好，实观其所为。悟多力，好手搏，得郓州三日，则教军中壮士手搏，与魏博使者庭观之，自摇肩攘臂，离坐以助其势。弘正闻之，笑曰：“是闻除改，登即行矣，何能为哉！”庚午，以悟为义成节度使。悟闻制下，手足失坠。明日，遂行。弘正已将数道，比至城西二里，与悟相见于客亭，即受旌节，驰诣滑州，辟李公度、李存、郭旴、贾直言以自随。

悟素与李文会善，既得郓州，使召之，未至，闻将移镇，旴、存谋曰：“文会佞人，败乱淄青一道，灭李司空之族，万人所共雠也！不乘此际诛之，田相公至，务施宽大，将何以雪三齐之愤怨乎！”乃诈为悟帖，遣使即文会所至，取其首以来。使者遇文会于丰齐驿，斩之，比还，悟及旴、存已去，无所复命矣。文会二子，一亡去，一死于狱，家赀悉为人所掠，田宅没官。

诏以淄青行营副使张暹为戎州刺史。

淄州、青州、齐州、登州、莱州为一道，兖州、海州、沂州、密州为一道。宪宗准奏。

刘悟根据当初发布的讨伐李师道诏书所说“如果部将有人能杀李师道，率军投降朝廷，即以师道官爵授予此人”，认为自己应该为淄青节度使，尽得淄青十二州，于是，开始擅自任命文武将吏，更换州县官吏。他对部下说：“军府政事，一切遵循旧制。今后，我和大家抱子弄孙，长享富贵，还有什么可以忧愁的呢！”

唐宪宗拟把刘悟调离淄青，但恐怕刘悟拒不从命，而不得不再次用兵，于是，下密诏给田弘正，命他观察刘悟的言行，看他是否可能拒诏。田弘正接到宪宗的密诏后，每天派人前往郓州，借口与刘悟交好，实际上是观察他的言行。刘悟力大无比，喜欢摔跤，攻克郓州三天后，就教军中壮士练习摔跤，他和魏博的使者在庭院中观看，刘悟一边观看，一边挽袖捋臂，有时还离座呐喊助威。田弘正听说后，哑然失笑，说：“像他这个样子，如果调动的诏书下达，肯定会立即成行，不可能有什么作为！”庚午（二十二日），唐宪宗诏命刘悟为义成节度使。刘悟接诏后，惊慌失措。第二天，就上路赴任了。这天，田弘正率众将为刘悟送行，到郓州城西二里时，在驿站与刘悟相见，刘悟接受义成节度使旌节，征召李公度、李存、郭旿、贾直言为幕僚，赶赴滑州上任。

刘悟向来和李文会友好，当初攻克郓州后，曾派人到登州去请李文会，李文会尚未到郓州，郭旿、李存听说刘悟即将调往他地，二人商议说：“李文会是奸佞小人，由于他的缘故，致使淄青败乱、李师道遭灭族之灾，众人无不以他为仇人！如果不乘此良机把他杀掉，等田弘正来后，肯定以宽大为怀，那时，将怎样来报大家的这个仇恨呢！”于是，二人伪作刘悟手令，派人出使登州，命杀李文会，割下他的头回来报告。使者在齐州东南方向的丰齐驿碰到李文会，将他杀死后，回到郓州，这时，刘悟已经和郭旿、李存等人离开郓州前往滑州，使者无法再报告了。李文会有两个儿子，一个逃亡，一个死在狱中，他的家产全都被人掠去，田地和庄宅被朝廷没收。

唐宪宗下诏，命淄青行营副使张暹为戎州刺史。

癸酉，加田弘正检校司徒、同平章事。

先是，李师道将败数月，闻风动鸟飞，皆疑有变，禁郓人亲识宴聚及道路偶语，犯者有刑。弘正既入郓，悉除苛禁，纵人游乐，寒食七昼夜不禁行人。或谏曰："郓人久为寇敌，今虽平，人心未安，不可不备。"弘正曰："今为暴者既除，宜施以宽惠，若复为严察，是以桀易桀也，庸何愈焉！"

先是，贼数遣人入关，截陵戟，焚仓场，流矢飞书，以震骇京师，沮挠官军。有司督察甚严，潼关吏至发人囊箧以索之，然终不能绝。及田弘正入郓，阅李师道簿书，有赏杀武元衡人王士元等及赏潼关、蒲津吏卒案，乃知向者皆吏卒受赂于贼，容其奸也。

裴度纂述蔡、郓用兵以来上之忧勤机略，因侍宴献之，请内印出付史官。上曰："如此，似出朕志，非所欲也。"弗许。

三月戊子，以华州刺史马总为郓、曹、濮等州节度使。己丑，以义成节度使薛平为平卢节度、淄青齐登莱等州观察使。以淄青四面行营供军使王遂为沂、海、兖、密等州观察使。

3　横海节度使乌重胤奏："河朔藩镇所以能旅拒朝命六十馀年者，由诸州县各置镇将领事，收刺史、县令之权，自作威福。向使刺史各得行其职，则虽有奸雄如安、史，必不能以一州独反也。臣所领德、棣、景三州，已举牒各还刺史职事，

癸酉(二十五日),唐宪宗加封田弘正为检校司徒、同平章事。

当初,李师道在败亡前的几个月,紧张多疑,听到风吹鸟飞,就怀疑有什么变故,于是下令禁止郓州人在一起饮宴相聚以及行人悄声私语,如有违犯,就严刑惩处。田弘正来到郓州后,下令除去这些严苛的禁令,放纵百姓们游乐,寒食节七昼夜不禁行人往来。有人劝田弘正说:“郓州人随同李师道数年,与朝廷为敌,现虽已平定,人心尚未安定,不可不防。”田弘正说:“如今淄青暴乱为首者已经诛除,应当施行惠政,如果仍以严刑为政,那就好比是以夏桀来代替夏桀,又有什么改善呢!”

起初,叛贼多次派人潜入潼关,截断皇陵门戟,焚烧官仓粮储,甚至用箭把恐吓信射入京城,制造混乱,吓唬朝廷和百姓,以便阻挠官军的进攻。朝廷严令有关部门搜查,潼关官吏甚至把来往行人的背包和箱子都打开查看,但始终未能禁绝这类不测事件的发生。等到田弘正进入郓州后,翻阅李师道的文书,发现其中有赏赐杀宰相武元衡的刺客王士元等人的记载,以及赏赐潼关、蒲津官吏、士卒的案卷,这才知道以往种种不测事件,都是由于官吏、士卒受敌贿赂,容纳叛贼作乱。

裴度把朝廷对淮西、淄青用兵以来,唐宪宗勤勉为政、日理万机的情形编纂成册,在陪伴宪宗饮宴时乘机献上,奏请宪宗盖印然后交付史官。宪宗说:“如果这样做,就会使史官产生错觉,以为是我指派你编纂的,其实,这并非我的本意。”于是没有准许。

三月戊子(初十),唐宪宗命华州刺史马总为郓、曹、濮等州节度使。己丑(十一日),命义成节度使薛平为平卢节度使和淄、青、齐、登、莱等州观察使。命淄青四面行营供军使王遂为沂、海、兖、密等州观察使。

3　横海节度使乌重胤上奏:“河朔藩镇所以能够长期抗拒朝廷诏令割据六十馀年,原因是他们在各州设置镇将主持军政,夺刺史和县令的权力,自作威福。如果能让刺史行使自己的职权,那么,就是出现像安禄山、史思明这样的奸雄,也必然不可能以一州的兵力叛乱。现在,我所管辖的德、棣、景三州,已下令各州镇将把军权归还刺史,

应在州兵并令刺史领之。”夏，四月丙寅，诏诸道节度、都团练、都防御、经略等使所统支郡兵马，并令刺史领之。自至德以来，节度使权重，所统诸州各置镇兵，以大将主之，暴横为患，故重胤论之。其后河北诸镇，惟横海最为顺命，由重胤处之得宜故也。

4　辛未，工部侍郎、同平章事程异薨。

5　裴度在相位，知无不言，皇甫镈之党阴挤之。丙子，诏度以门下侍郎、同平章事，充河东节度使。

皇甫镈专以掊克取媚，人无敢言者，独谏议大夫武儒衡上疏言之。镈自诉于上，上曰：“卿以儒衡上疏，将报怨邪！”镈乃不敢言。儒衡，元衡之从父弟也。

6　史馆修撰李翱上言，以为：“定祸乱者，武功也；兴太平者，文德也。今陛下既以武功定海内，若遂革弊事，复高祖、太宗旧制；用忠正而不疑，屏邪佞而不迩；改税法，不督钱而纳布帛；绝进献，宽百姓租赋；厚边兵，以制戎狄侵盗；数访问待制官，以通塞蔽。此六者，政之根本，太平之所以兴也。陛下既已能行其难，若何不为其易乎！以陛下天资上圣，如不惑近习容悦之辞，任骨鲠正直之士，与之兴大化，可不劳而成也。若不以此为事，臣恐大功之后，逸欲易生。进言者必曰：‘天下既平矣，陛下可以高枕自安逸，’如是，则太平未可期矣！”

各州的州兵都由刺史统辖。”夏季，四月丙寅（十九日），唐宪宗下诏，命各道节度使、都团练使、都防御使、经略使等所统辖的支郡兵马，一律归各州刺史统辖。自从至德元年以来，节度使权势日重，他们在各自管辖的州郡设置镇兵，派大将主持军务，专横跋扈，所以，乌重胤上奏论及此事。从此以后，河北藩镇中，只有横海最为顺从朝廷，都是由于乌重胤处置适宜的缘故。

4 辛未（二十四日），工部侍郎、同平章事程异去世。

5 宰相裴度知无不言，皇甫镈的党羽在暗地里不断排挤他。丙子（二十九日），唐宪宗下诏，命裴度带门下侍郎、同平章事的荣誉官衔，充任河东节度使。

皇甫镈专以聚敛取媚宪宗，朝臣都不敢言，只有谏议大夫武儒衡上奏，指斥皇甫镈的罪行。皇甫镈向宪宗上诉，表示自己清白无辜，宪宗说：“你是由于武儒衡上奏，难道想要报复他吗！”皇甫镈这才不敢再说了。武儒衡是前宰相武元衡的叔伯兄弟。

6 史馆修撰李翱上奏，认为：“平定祸乱依靠武力，开创太平大业则依靠文治和贤德。现在，皇上既然已经用武力平定天下，不如接着革除弊政，恢复高祖、太宗创立的传统制度；任用忠心正直的人士而不随便怀疑，摒斥奸邪佞幸的小人而不再亲近他们；改革赋税制度，将征收钱币改为交纳实物；禁绝地方官吏向朝廷奉献钱物，减免百姓的租税；加强边防，抵抗边境戎狄的侵犯；经常访求待制官员，倾听他们的意见，以使下情上达。以上六条，是朝廷大政的根本之道，也是达到太平盛世的主要途径。现在，皇上既然已经把那些常人难以做到的事都完成了，为什么不接着实行这些容易做到的事呢！按照皇上的天资和圣明，如果不受身边小人的巧言诱惑，信用耿直忠正的臣僚，那么，天下太平大治，可不劳皇上躬亲辛劳而自然形成。但如果皇上不注意这些方面，我担心在以武功平定天下之后，贪图安逸的欲望容易滋生。这时，就有人向皇上进言，他们必定会这样说：‘天下已经太平了，皇上可以高枕无忧，自图安逸。’如果皇上按照他们说的那样去贪图享乐的话，太平盛世也就遥远无期了！”

7　秋，七月丁丑朔，田弘正送杀武元衡贼王士元等十六人，诏使内京兆府、御史台遍鞫之，皆款服。京兆尹崔元略以元衡物色询之，则多异同。元略问其故，对曰：“恒、郓同谋遣客刺元衡，而士元等后期，闻恒人事已成，遂窃以为己功，还报受赏耳。今自度为罪均，终不免死，故承之。”上亦不欲复辨正，悉杀之。

8　戊寅，宣武节度使韩弘始入朝，上待之甚厚。弘献马三千，绢五千，杂缯三万，金银器千，而汴之库厩尚有钱百馀万缗，绢百馀万匹，马七千匹，粮三百万斛。

9　己丑，群臣上尊号曰元和圣文神武法天应道皇帝。赦天下。

10　兖、海、沂、密观察使王遂，本钱谷吏，性狷急，无远识。时军府草创，人情未安，遂专以严酷为治，所用杖绝大于常行者。每詈将卒，辄曰“反虏”。又盛夏役士卒营府舍，督责峻急。将卒愤怨。

辛卯，役卒王弁与其徒四人浴于沂水，密谋作乱，曰：“今服役触罪亦死，奋命立事亦死，死于立事，不犹愈乎！明日，常侍与监军、副使有宴，军将皆在告，直兵多休息，吾属乘此际出其不意取之，可以万全。”四人皆以为然，约事成推弁为留后。

7　秋季，七月丁丑朔（初一），田弘正把暗杀武元衡的刺客王士元等十六人押送京城，唐宪宗下诏，命将王士元等人交付京兆府、御史台详加审问，王士元等人都招供认罪。但当京兆尹崔元略向他们寻问武元衡的身形样貌时，王士元等人就说法不一了。崔元略追问是何缘故，王士元等人答称："成德王承宗和淄青李师道同谋策划派遣刺客暗杀武元衡，我们受李师道的指派赶赴京城，不料来晚了，误了约定的日期，听说成德人已经把武元衡杀害，于是，我们就把功劳据为己有，为的是回去报功领赏。现在，我们自认为罪责和暗杀者相等，最终难免于一死，所以，也就招供认罪了。"唐宪宗也不愿再辨别王士元等人是否为凶手，下令把他们全部斩首。

8　戊寅（初二），宣武节度使韩弘首次来京朝拜，唐宪宗以隆重的礼节接待韩弘。韩弘向朝廷奉献战马三千匹，丝绢五千匹，杂色丝织品三万匹，金银器皿一千件，除此之外，宣武库房还有钱百馀万缗，丝绢百馀万匹，战马七千匹，粮食三百万斛。

9　己丑（十三日），朝廷百官向唐宪宗上尊号，称为元和圣文神武法天应道皇帝。然后，宪宗下诏大赦天下。

10　兖、海、沂、密观察使王遂，本是掌管钱谷的官吏，性情急躁，气量狭小，缺乏远见卓识。这时，观察使府刚刚创建，人心尚未安定，王遂却专门以严刑酷法进行治理，他所用的刑杖比一般常用的大得多。每次责骂将士时，动不动就侮辱他们为"反虏"。他还在盛夏的季节里，命令士兵冒着炎热酷暑为自己建造观察使府的房舍，并且严加监督催促。将士无不愤怒怨恨。

辛卯（十五日），参加建造房舍的士兵王弁和同伙四人在沂水中洗澡，五人密谋作乱，王弁说："现在，我们服役犯罪不免一死，拼死奋力而建功立业也不过一死，如果死于建功立业，岂不比服役犯罪而死更胜一筹！明天，听说王常侍和监军、副使要举行宴会，而部将都在休假，卫兵也大多休息，如果我们趁此机会出其不意袭杀他们，可以说是万全之策。"四人都认为王弁的主意不错，约定事成后共推王弁为观察留后。

壬辰，遂方宴饮，日过中，弁等五人突入，于直房前取弓刀，径前射副使张敦实，杀之。遂与监军狼狈起走，弁执遂，数之以盛暑兴役，用刑刻暴，立斩之。传声勿惊监军，弁即自称留后，升厅号令，与监军抗礼，召集将吏参贺，众莫敢不从。监军具以状闻。

11　甲午，韩弘又献绢二十五万匹，绝三万匹，银器二百七十。左右军中尉各献钱万缗。自淮西用兵以来，度支、盐铁及四方争进奉，谓之“助军”；贼平又进奉，谓之“贺礼”；后又进奉，谓之“助赏”；上加尊号又进奉，亦谓之“贺礼”。

12　丁酉，以河阳节度使令狐楚为中书侍郎、同平章事。楚与皇甫镈同年进士，故镈引以为相。

13　朝廷闻沂州军乱，甲辰，以棣州刺史曹华为沂、海、兖、密观察使。

14　韩弘累表请留京师，八月己酉，以弘守司徒，兼中书令。癸丑，以吏部尚书张弘靖同平章事，充宣武节度使。弘靖，宰相子，少有令闻，立朝简默。河东、宣武阙帅，朝廷以其位望素重，使镇之。弘靖承王锷聚敛之馀，韩弘严猛之后，两镇喜其廉谨宽大，故上下安之。

15　己未，田弘正入朝，上待之尤厚。

壬辰(十六日),王遂等人正在饮宴,中午刚过,王弁等五人突然冲入,直奔卫兵值班房中夺取弓箭和刀枪,然后,向前对准观察副使张敦实射去,张敦实当即被杀死。王遂和监军仓皇站起逃窜,被王弁擒获,他历数王遂上任以来在盛夏征发劳役,以及对士兵和百姓用刑残暴的罪行,然后,将王遂斩首。王弁传令不得惊吓和冒犯监军,随即自称留后,升堂发布号令,与监军在礼仪上平起平坐,他又召集诸将和下属官吏前来参拜祝贺,众人不敢不从。监军把以上情况写成表状,上报朝廷。

11 甲午(十八日),韩弘又向朝廷奉献丝绢二十五万匹,粗丝绸三万匹,银器二百七十件。左、右神策军护军中尉各向朝廷奉献钱一万缗。自从元和九年朝廷对淮西用兵以来,度支使、盐铁使以及各地藩镇争相向朝廷进奉钱物,称为"助军";平定淮西等地以后又进奉,称为"贺礼";接着,又进奉,称为"助赏";宪宗加尊号时又进奉,也称为"贺礼"。

12 丁酉(二十一日),唐宪宗任命河阳节度使令狐楚为中书侍郎、同平章事。令狐楚与皇甫镈是同一年中举的进士,所以,皇甫镈引荐令狐楚担任宰相。

13 朝廷闻讯沂州发生军乱,甲辰(二十八日),任命棣州刺史曹华为沂、海、兖、密观察使。

14 韩弘多次上奏朝廷,请求批准自己留居京城,八月己酉(初三),唐宪宗任命韩弘代理司徒,兼中书令。癸丑(初七),任命吏部尚书张弘靖以同平章事的官衔,充任宣武节度使。张弘靖是唐德宗时的宰相张延赏的儿子,从小就美名在外,在朝做官清简练达、静默通识。河东、宣武两镇缺任节度使,朝廷认为他向来威望和地位崇重,相继任命他前往镇守。河东前节度使王锷贪财聚敛,宣武前节度使韩弘严刑苛政,张弘靖赴任后,两镇的将吏和百姓喜爱他为官廉洁谨厚、宽容大度,因此,军心和民心由此安定下来。

15 己未(十三日),田弘正来京朝拜,唐宪宗以最为隆重的礼节接待他。

16　戊辰，陈许节度使郗士美薨，以库部员外郎李渤为吊祭使。渤上言："臣过渭南，闻长源乡旧四百户，今才百馀户，阌乡县旧三千户，今才千户，其他州县大率相似。迹其所以然，皆由以逃户税摊于比邻，致驱迫俱逃，此皆聚敛之臣剥下媚上，惟思竭泽，不虑无鱼。乞降诏书，绝摊逃之弊，尽逃户之产偿税，不足者乞免之。计不数年，人皆复于农矣。"执政见而恶之，渤遂谢病，归东都。

17　癸酉，吐蕃寇庆州，营于方渠。

18　朝廷议兴兵讨王弁，恐青、郓相扇继变，乃除弁开州刺史，遣中使赐以告身。中使绐之曰："开州计已有人迎候道路，留后宜速发。"弁即日发沂州，导从尚百馀人，入徐州境，所在减之，其众亦稍逃散。遂加以杻械，乘驴入关。九月戊寅，腰斩东市。

先是，三分郓兵以隶三镇，及王遂死，朝廷以为师道馀党凶态未除，命曹华引棣州兵赴镇以讨之。沂州将士迎候者，华皆以好言抚之，使先入城，慰安其馀，众皆不疑。华视事三日，大飨将士，

16　戊辰(二十二日),陈许(忠武)节度使郗士美去世,唐宪宗任命库部员外李渤为吊祭使。李渤完成吊丧任务后,上奏朝廷说:“我这次出使路过渭南,听说长源乡过去有四百户,现在仅存百馀户,阌乡县过去有三千户,现在仅存一千户,其他州县户口耗减情况与此大体相似。户口耗减这样严重,究其原因,都是由于州县官吏把逃户所欠的税款摊派给他们的邻居,邻居不堪负担,以致被迫和逃户一样逃亡,这都是那些贪官污吏剥夺百姓而向他们的上司献媚,因此只想到竭泽而渔,不考虑以后还有没有鱼可捕捞的缘故。请求皇上降下诏书,禁绝摊逃的弊政,同时建议把逃户的全部房产用来抵税,如果还不足以抵偿的话,就请求予以免除。这样,用不了几年,逃户就会逐渐回乡重新开始农业生产。”宰相皇甫镈看到李渤的奏章,憎恨他诋毁朝政,置之不理,于是李渤假托有病,辞官回到东都洛阳。

17　癸酉(二十七日),吐蕃出兵侵犯庆州,在方渠扎寨安营。

18　朝廷商议发兵讨伐王弁,但又恐怕青州和郓州相互煽动,继而也发生兵变,于是,任命王弁为开州刺史,派宦官把任命书授予王弁。宦官到沂州后,哄骗王弁说:“开州已经预先派人在路旁迎接您,您接到任命书后,应当尽快出发上任。”王弁当天就从沂州出发,这时,他的前导和随从人员还有一百多人,进入徐州境内后,当地官吏命他减少随从人员,跟随他的人也逐渐逃散。于是,宦官命人将王弁捆绑起来,乘驴车押送,经潼关抵达京城。九月戊寅(初三),王弁在东市被腰斩。

当初,朝廷平定淄青后,把淄青分为三镇,李师道在郓州的兵士被分配到郓、青、沂三个藩镇,等到沂州观察使王遂被王弁杀害后,朝廷认为李师道的馀党仍然反叛,凶悍骄横的本性没有丝毫改变,于是,命令棣州刺史曹华率领棣州的军队奔赴沂州,进行讨伐。曹华率兵抵达沂州城下,对沂州欢迎他的将士,都用好言好语加以安抚,让他们先回城去,然后,入城安抚其馀将士,这样,众人对曹华的来意都不加怀疑。曹华上任三天后,举行盛大宴会,招待沂州的将士,

伏甲士千人于幕下，乃集众而谕之曰："天子以郓人有迁徙之劳，特加优给，宜令郓人处左，沂人处右。"既定，令沂人皆出，因阖门，谓郓人曰："王常侍以天子之命为帅于此，将士何得辄害之！"语未毕，伏者出，围而杀之，死者千二百人，无一得脱者。门屏间赤雾高丈馀，久之方散。

臣光曰：《春秋》书楚子虔诱蔡侯般杀之于申。彼列国也，孔子犹深贬之，恶其诱讨也，况为天子而诱匹夫乎！

王遂以聚敛之才，殿新造之邦，用苛虐致乱。王弁庸夫，乘衅窃发，苟沂帅得人，戮之易于犬豕耳，何必以天子诏书为诱人之饵乎！且作乱者五人耳，乃使曹华设诈，屠千馀人，不亦滥乎！然则自今士卒孰不猜其将帅，将帅何以令其士卒！上下盻盻，如寇雠聚处，得间则更相鱼肉，惟先发者为雄耳，祸乱何时而弭哉！

惜夫！宪宗削平僭乱，几致升平，其美业所以不终，由苟徇近功不敦大信故也。

事先在帐幕的背后埋伏披甲持枪的兵士一千人，将士到齐后，曹华召集大家说：“皇上考虑到郓州的兵士迁徙到沂州，十分辛苦，特此让我加给赏赐，所以，现在我命令郓州的将士站在左边，沂州的将士站到右边。”将士分别站定后，曹华命沂州的将士一律出去，随即下令关闭大门，对留在里面的郓州将士说：“王常侍奉皇上的命令到这里做观察使，你们都是他的部下，怎敢犯上作乱，肆意把他杀害！”话音未落，伏兵一齐冲出，把郓州的将士团团包围，乱刀斩杀，一千二百人全部死亡，无一人逃脱。地上的流血蒸发成红色的雾气，在大门和墙壁间萦绕飘浮，达一丈多高，很久才逐渐消散。

臣司马光说：《春秋》记载楚子虔在申地诱杀蔡侯般。这件事虽然是发生在诸侯国之间，但孔子仍然深加贬责，因为孔子憎恶楚子虔使用诱杀这种不仁道的手段来消灭自己的政敌，诸侯国之间相互诱杀尚且不仁，何况作为天子而诱杀自己的将士呢！

王遂靠他擅长搜刮百姓的才能，被唐宪宗看中，任命他镇守沂州这个刚刚被官军平定收复的地区，王遂施政苛刑暴虐，以致激发兵变。王弁不过是个见识浅陋的兵卒，他乘将士对王遂不满，才得以发动兵变，如果唐朝对沂州的观察使任用称职的话，那么，平息王弁的兵变，就如同杀一头狗和猪一样的容易，又何必劳驾唐宪宗亲自下诏，以开州刺史作诱饵来诛杀王弁呢！何况作乱者仅王弁等五个人，而唐宪宗却指派曹华设下圈套，屠杀了一千多个不相干的将士，难道这不是太滥杀无辜了吗！这样一来，以后士卒怎能不猜疑他们的将帅，将帅又怎样才能统率他们的兵士呢！将帅和士卒之间相互敌视，像仇敌一样相处在一起，发生矛盾就相互残杀，成败胜负，就看谁先动手罢了，这样下去，战祸动乱什么时候才能平息呢！

可惜啊！唐宪宗依靠武力平定藩镇叛乱，几乎已经使天下达到太平，但他所孜孜追求的美好事业之所以有始无终，都是由于只求眼前小利，而不讲求诚信的缘故。

19　甲辰，以田弘正兼侍中，魏博节度使如故。弘正三表请留，上不许。弘正常恐一旦物故，魏人犹以故事继袭，故兄弟子侄皆仕诸朝，上皆擢居显列，朱紫盈庭，时人荣之。

20　乙巳，上问宰相："玄宗之政，先理而后乱，何也？"崔群对曰："玄宗用姚崇、宋璟、卢怀慎、苏颋、韩休、张九龄则理，用宇文融、李林甫、杨国忠则乱。故用人得失，所系非轻。人皆以天宝十四年安禄山反为乱之始，臣独以为开元二十四年罢张九龄相，专任李林甫，此理乱之所分也。愿陛下以开元初为法，以天宝末为戒，乃社稷无疆之福！"皇甫镈深恨之。

21　冬，十月壬戌，容管奏安南贼杨清陷都护府，杀都护李象古及妻子、官属、部曲千馀人。象古，道古之兄也，以贪纵苛刻失众心。清世为蛮酋，象古召为牙将，清郁郁不得志。象古命清将兵三千讨黄洞蛮，清因人心怨怒，引兵夜还，袭府城，陷之。

初，蛮贼黄少卿，自贞元以来数反覆，桂管观察使裴行立、容管经略使阳旻欲徼幸立功，争请讨之。上从之。岭南节度使孔戣屡谏曰："此禽兽耳，但可自计利害，不足与论是非。"上不听，大发江、湖兵会容、桂二管入讨，士卒

19　甲辰(二十九日),唐宪宗任命田弘正兼侍中,仍为魏博节度使。田弘正三次上奏,请求留居京城,唐宪宗不准。田弘正常常担心自己一旦去世之后,魏博的将吏仍然按照以往的惯例,拥戴自己的儿子为节度使,所以,他把自己的兄弟、儿子和侄子都推荐到朝廷做官,唐宪宗也都把他们提拔到显要的官位上,以致在他的家里,身着红色和紫色官服的人布满院庭,当时的人认为他们很荣耀。

20　乙巳(三十日),唐宪宗询问宰相:"玄宗朝政治,先治而后乱,是什么原因?"崔群回答说:"玄宗任用姚崇、宋璟、卢怀慎、苏颋、韩休、张九龄为宰相,则天下大治;任用宇文融、李林甫、杨国忠为宰相,则朝政紊乱。所以,用人得失,关系重大。人们都认为天宝十四年安禄山叛乱是天下大乱的开端,我却认为开元二十四年罢除张九龄相位,任用李林甫主持朝政是治乱的分界线。但愿陛下效法玄宗开元初任用贤良,励精图治,以天宝末年玄宗任用奸佞,怠于政事为鉴戒,如果陛下能这样做,那就是国家长治久安的福分啊!"皇甫镈知道自己是靠谄媚皇上的手段才被提拔为宰相的,所以,对崔群十分痛恨。

21　冬季,十月壬戌(十七日),容管经略使奏称,安南叛贼杨清起兵攻陷都护府所在地交州城,杀死都护李象古和他的妻子儿女,以及下属官吏、随从士卒一千多人。李象古,即前鄂岳观察使李道古的哥哥,由于贪图钱财,对部下苛刻而失去众心。杨清世代为蛮人酋长,李象古召见杨清,任命他为牙将,杨清郁郁不得志。李象古命杨清率兵三千讨伐黄洞蛮,杨清乘士卒不满李象古的机会,率兵在半夜擅自返回,袭击交州城,结果把州城攻陷。

当初,蛮贼酋长黄少卿,从贞元年间以来反复无常,时而归顺,时而叛变,桂管观察使裴行立、容管经略使阳旻二人抱着侥幸立功的心理,争相上奏朝廷,请求出兵讨伐。唐宪宗批准了他们的请求。岭南节度使孔戣多次上奏劝阻说:"蛮人都是禽兽,不讲礼义廉耻,我们只应当考虑朝廷的利害得失,不必和他们争论是非曲直。"唐宪宗不听孔戣的意见,大肆征发江淮、荆湖的兵力,命令他们会同容管、桂管的军队,共同讨伐黄洞蛮,结果,士卒

被瘴疠，死者不可胜计。安南乘之，遂杀都护。行立、旻竟无功，二管凋弊，惟戣所部晏然。

丙寅，以唐州刺史桂仲武为安南都护，赦杨清，以为琼州刺史。

22　是岁，吐蕃节度论三摩等将十五万众围盐州，党项亦发兵助之。刺史李文悦竭力拒守，凡二十七日，吐蕃不能克。灵武牙将史奉敬言于朔方节度使杜叔良，请兵三千，赍三十日粮，深入吐蕃以解盐州之围。叔良以二千五百人与之。奉敬行旬馀，无声问，朔方人以为俱没矣。无何，奉敬自他道出吐蕃背，吐蕃大惊，溃去。奉敬奋击，大破，不可胜计。奉敬与凤翔将野诗良辅、泾原将郝玼皆以勇著名于边，吐蕃惮之。

23　柳泌至台州，驱吏民采药，岁馀，无所得而惧，举家逃入山中。浙东观察使捕送京师。皇甫镈、李道古保护之，上复使待诏翰林，服其药，日加躁渴。

起居舍人裴潾上言，以为："除天下之害者受天下之利，同天下之乐者飨天下之福，自黄帝至于文、武，享国寿考，皆用此道也。自去岁以来，所在多荐方士，转相汲引，其数浸繁。借令天下真有神仙，彼必深潜岩壑，惟畏人知。凡

在南方的深山密林里作战，都被瘴气染上疾病，死亡不计其数。安南牙将杨清趁此机会，率兵叛乱，杀死都护李象古。裴行立、阳旻二人也最终未能立功，桂管、容管由于长期出兵打仗，民力耗竭，田野荒芜，只有孔戣所管辖的岭南道安然无恙。

丙寅（二十一日），唐宪宗任命唐州刺史桂仲武为安南都护，宣诏赦免杨清叛乱的罪行，任命他为琼州刺史。

22　这一年，吐蕃国节度论三摩等人率十五万大军围攻唐朝的盐州，党项也派兵援助吐蕃，参与攻城。盐州刺史李文悦竭力坚守城池二十七天，吐蕃未能攻克。灵武牙将史敬奉请求朔方节度使杜叔良拨给自己兵力三千人，带三十天的干粮，深入吐蕃境内，攻击敌后，以便迫使吐蕃大军解除对盐州的围攻。杜叔良批准史奉敬的请求，拨给他两千五百兵力。史奉敬出兵后十多天，没有音信，朔方人都认为他已经全军覆没，盐州也已失守。不料没过多久，史奉敬率兵从意想不到的小路绕到吐蕃军队的背后，吐蕃得知腹背受敌，大为惊慌，急忙溃退。史奉敬率军奋力追击，大败吐蕃军队，杀伤不计其数。史奉敬和凤翔节度使部将野诗良辅、泾原节度使部将郝玼都以英勇善战而闻名于边防，吐蕃将士特别害怕他们三人。

23　柳泌抵达台州后，逼迫当地的官吏率领百姓上天台山为唐宪宗采摘灵芝仙药，经过一年多的时间，毫无所获，柳泌害怕担当欺君的罪名，携带全家老小逃到山里。浙江东道观察使派人逮捕柳泌，把他押送到京城。皇甫镈、李道古百般为柳泌辩解，开脱他的罪名，唐宪宗听信二人的话，命柳泌仍旧待诏翰林院，并服用柳泌炼制的金丹，性情越来越急躁。

起居舍人裴潾上书朝廷，认为："能够除去天下祸害的人，就能够享受天下的利益，能够和天下人同享欢乐的人，就能够享受天下的福分，从黄帝开始，一直到周文王、武王，他们的寿命和在帝位的时间之所以很长，都是由于遵循这种道理的缘故。但是，从去年以来，不少地方官吏向朝廷推荐方士，方士之间也相互举荐，以致推荐到朝廷来的方士越来越多。如果天下真的有神仙存在，他们必定躲藏在深山密林中，惟恐被人发现。凡是

候伺权贵之门，以大言自炫奇技惊众者，皆不轨徇利之人，岂可信其说而饵其药邪！夫药以愈疾，非朝夕常饵之物，况金石酷烈有毒，又益以火气，殆非人五藏之所能胜也。古者君饮药，臣先尝之，乞令献药者先自饵一年，则真伪自可辨矣。”上怒，十一月己亥，贬潾江陵令。

24　初，群臣议上尊号，皇甫镈欲增“孝德”字，中书侍郎、同平章事崔群曰：“言圣则孝在其中矣。”镈谮群于上曰：“群于陛下惜‘孝德’二字。”上怒。时镈给边军赐与，多不时得，又所给多陈败，不可服用，军士怨怒，流言欲为乱。李光颜忧惧，欲自杀，遣人诉于上，上不信。京师恟惧，群具以中外人情上闻。镈密言于上曰：“边赐皆如旧制，而人情忽如此者，由群鼓扇，将以卖直，归怨于上也。”上以为然。十二月乙卯，以群为湖南观察使，于是中外切齿于镈矣。

25　中书舍人武儒衡，有气节，好直言，上器之，顾待甚渥，人皆言且入相。令狐楚忌之，思有以沮之者，乃荐山南东道节度推官狄兼谟才行。癸亥，擢兼谟左拾遗内供奉。兼谟，仁杰之族曾孙也。楚自草制辞，盛言“天后窃位，奸臣

想和当朝权贵交结，说大话自命不凡，用奇技巧术哗众取宠的人，肯定都是急功好利的不法之徒，怎么能轻易相信他们的大话，从而服用他们炼制的金石仙药呢！药材是用来治病的东西，不是每天经常吃的食品，况且金石经过烧炼以后，浓烈而有毒性，并且增加了火气，恐怕不是人的五脏六腑所能承受得了的。古代的时候，凡是君主要饮用药物，都由臣下先尝，确信没有问题，请求皇上下令，让献药的那些方士自己先吃一年，然后，他们所献的药是真是假，自然就可以辨别了。"唐宪宗看到裴潾上书后大怒。十一月己亥（二十五日），命令把裴潾贬为江陵令。

24　当初，百官商议唐宪宗的尊号时，皇甫镈认为应当增加"孝德"两个字，中书侍郎、同平章事崔群说："尊号中有'圣'字，那么，'孝'的意义已经包含在其中了。"皇甫镈在唐宪宗面前说崔群的坏话："崔群对于陛下的尊号，竟然舍不得用'孝德'两个字。"宪宗大怒。这时，由于皇甫镈对于边军的衣粮和赏赐物品经常不按时发放，凡是供给的衣粮物品，又大多是陈旧腐败的东西，无法使用，兵士埋怨愤怒，流言要发动兵变。邠宁节度使李光颜忧心如焚，十分恐惧，甚至一度打算自杀，他派人将此情况向唐宪宗汇报，宪宗不信。这时，京城上下听说边兵要发动兵变的消息，也都惊恐不安，崔群把京城内外人们惊恐不安的情况向唐宪宗报告。皇甫镈秘密地对唐宪宗说："朝廷供给边军的衣粮赏赐物品，都是按照过去的制度发放的，可是，人们的情绪却突然发生变化，我看都是由于崔群在那里鼓吹煽动，以此来猎取名声，而把人们的怨怒推给皇上。"宪宗听信了皇甫镈的谗言。十二月乙卯（十一日），贬崔群为湖南观察使，于是，朝廷内外都咬牙切齿般地憎恨皇甫镈。

25　中书舍人武儒衡做官有节操，喜好直言不讳，因此得到唐宪宗的器重，待遇甚为优厚，人们都认为他即将被宪宗拜为宰相。令狐楚忌妒武儒衡，想找人来阻止武儒衡被拜为宰相，于是，他向宪宗推荐山南东道节度推官狄兼谟德才兼备。癸亥（十九日），唐宪宗任命狄兼谟为左拾遗内供奉。狄兼谟，是武则天朝宰相狄仁杰的同族曾孙。令狐楚亲自动手起草任命狄兼谟的制书措辞，制书夸张地说："天后武则天窃取帝位，奸臣

擅权，赖仁杰保佑中宗，克复明辟”。儒衡泣诉于上，且言：“臣曾祖平一，在天后朝，辞荣终老。”上由是薄楚之为人。

十五年（庚子，820）

1 春，正月，沂、海、兖、密观察使曹华请徙理兖州，许之。

2 义成节度使刘悟入朝。

3 初，左军中尉吐突承璀谋立澧王恽为太子，上不许。及上寝疾，承璀谋尚未息。太子闻而忧之，密遣人问计于司农卿郭钊，钊曰：“殿下但尽孝谨以俟之，勿恤其他。”钊，太子之舅也。

上服金丹，多躁怒，左右宦官往往获罪，有死者，人人自危。庚子，暴崩于中和殿。时人皆言内常侍陈弘志弑逆，其党类讳之，不敢讨贼，但云药发，外人莫能明也。

中尉梁守谦与诸宦官马进潭、刘承偕、韦元素、王守澄等共立太子，杀吐突承璀及澧王恽，赐左、右神策军士钱人五十缗，六军、威远人三十缗，左、右金吾人十五缗。

闰月丙午，穆宗即位于太极殿东序。是日，召翰林学士段文昌等及兵部郎中薛放、驾部员外郎丁公著对于思政殿。放，戎之弟；公著，苏州人。皆太子侍读也。上未听政，放、公著常侍禁中，参预机密，上欲以为相，二人固辞。

4 丁未，辍西宫朝临，集群臣于月华门外。贬皇甫镈为崖州司户。市井皆相贺。

专权，幸赖狄仁杰保护中宗皇帝，以致最终得以恢复李唐王朝。”武儒衡向唐宪宗哭泣上诉，认为令狐楚这番话是影射自己的祖先，他说：“我的曾祖武平一，在天后武则天朝时，辞官住在嵩山，信奉佛教，以至于死。”宪宗由此而鄙薄令狐楚的为人。

唐宪宗元和十五年(庚子，公元820年)

1　春季，正月，沂、海、兖、密观察使曹华奏请朝廷，将观察使所在地由沂州迁往兖州，唐宪宗准奏。

2　义成节使度刘悟来京朝拜。

3　当初，左神策军护军中尉吐突承璀密谋拥立澧王李恽为皇太子，唐宪宗不许。待到唐宪宗卧病时，吐突承璀的阴谋仍未止息。太子听说这个消息后，十分忧愁，秘密派人向司农卿郭钊询问应付此事的计策，郭钊说：“殿下只要对皇上竭尽孝顺等待事情发展的结果，而不要忧虑其他事情。”郭钊是皇太子的舅舅。

唐宪宗服用金丹后，常常暴躁发怒，左右随从宦官往往被怪罪责骂挨打，甚至有人被打死，由此人人自危。庚子(二十七日)，唐宪宗在中和殿突然死亡。当时人都说是被内常侍陈弘志杀死的，陈弘志的同党内宫官员，为了隐瞒真相，不敢追究凶手，只是说宪宗吃金丹后药性发作而死，外人都无法辨明事情真假。

神策军护军中尉梁守谦和诸位宦官马进潭、刘承偕、韦元素、王守澄等人共同拥立太子继皇帝位，杀吐突承璀和澧王李恽，赏赐左、右神策军士每人钱五十缗，左右羽林、左右龙武、左右神武六军、威远营军士每人钱三十缗，左右金吾军士每人钱十五缗。

闰正月丙午(初三)，唐穆宗在太极殿东厢即皇帝位。当天，在思政殿召见翰林学士段文昌等人以及兵部郎中薛放、驾部员外郎丁公著。薛放，即德宗朝福建观察使幕僚薛戎的弟弟；丁公著是苏州人。二人都是穆宗即位前的太子侍读。穆宗这时正为宪宗服丧，尚未亲政，薛放和丁公著常常在宫中陪伴穆宗，参预朝廷的机密工作，穆宗打算任命这两个人为宰相，二人坚决推辞。

4　丁未(初四)，唐穆宗在西宫早晚哭丧，在月华门外召见百官。随后下诏，贬皇甫镈为崖州司户。市民百姓都拍手叫好。

5　上议命相，令狐楚荐御史中丞萧俛。辛亥，以俛及段文昌皆为中书侍郎、同平章事。楚、俛与皇甫镈皆同年进士，上欲诛镈，俛及宦官救之，故得免。

壬子，杖杀柳泌及僧大通，自馀方士皆流岭表，贬左金吾将军李道古循州司马。

6　癸丑，以薛放为工部侍郎，丁公著为给事中。

7　乙卯，尊郭贵妃为皇太后。

8　丁卯，上与群臣皆释服从吉。

9　二月丁丑，上御丹凤门楼，赦天下。事毕，盛陈倡优杂戏于门内而观之。丁亥，上幸左神策军观手搏杂戏。

庚寅，监察御史杨虞卿上疏，以为："陛下宜延对群臣，周遍顾问，惠以气色，使进忠若趋利，论政若诉冤，如此而不致升平者，未之有也。"衡山人赵知微亦上疏谏上游畋无节。上虽不能用，亦不罪也。

10　壬辰，废邕管，命容管经略使阳旻兼领之。

11　安南都护桂仲武至安南，杨清拒境不纳。清用刑惨虐，其党离心。仲武遣人说其酋豪，数月间，降者相继，得兵七千馀人。朝廷以仲武为逗遛，甲午，以桂管观察使裴行立为安南都护。乙未，以太仆卿杜式方为桂管观察使。丙申，贬仲武为安州刺史。

5　唐穆宗与百官商议任命宰相，令狐楚推荐御史中丞萧俛。辛亥（初八），唐穆宗任命萧俛和段文昌二人均为中书侍郎、同平章事。令狐楚、萧俛和皇甫镈都是同一年考中的进士，穆宗恨皇甫镈和吐突承璀阴谋拥立澧王李恽，因此，打算诛杀他，萧俛和宦官劝阻穆宗，皇甫镈才得以免死。

壬子（初九），唐穆宗下令杖杀柳泌和僧人大通，其馀方士一律流放到五岭以外的荒远之地，同时下令贬左金吾将军李道古为循州司马。

6　癸丑（初十），唐穆宗任命薛放为工部侍郎，丁公著为给事中。

7　乙卯（十二日），唐穆宗尊奉郭贵妃为皇太后。

8　丁卯（二十四日），唐穆宗和群臣百官服丧期满，脱去丧服，穿上日常服装。

9　二月丁丑（初五），唐穆宗御临丹凤门楼，大赦天下。随后，在城楼上大摆乐舞和杂戏，穆宗在门里观看。丁亥（十五日），穆宗亲临左神策军，观看摔跤和杂戏表演。

庚寅（十八日），监察御史杨虞卿上奏，认为："陛下应当接见群臣百官，逐个征求他们对朝政的意见，态度要和蔼可亲，以便使对陛下尽忠的人感觉到他们是在求取功名，议论朝政的人感觉是在诉说冤屈，如果这样去做，而天下还不太平，那是没有的事。"衡山人赵知微也上奏，劝阻穆宗不要没有限度地游乐和外出打猎。穆宗虽然不能按照他们说的那样去做，但也不怪罪他们。

10　壬辰（二十日），唐穆宗下令废除邕管经略使，命容管经略使阳旻兼领。

11　安南都护桂仲武赴任抵达安南，杨清抗拒朝廷命令，不让他入境。杨清对部下用刑残酷，他的同党都离心离德。桂仲武派人劝说蛮人的酋长豪强归顺朝廷，数月之间，归降的蛮人一批接着一批，总计得兵力七千多人。朝廷得知桂仲武仍然没有上任，认为他停留观望不前，甲午（二十二日），任命桂管观察使裴行立为安南都护。乙未（二十三日），任命太仆卿杜式方为桂管观察使。丙申（二十四日），贬桂仲武为安州刺史。

12　丹王逾薨。

13　吐蕃寇灵武。

14　宪宗之末，回鹘遣合达干来求昏尤切，宪宗许之。三月癸卯朔，遣合达干归国。

15　上见夏州观察判官柳公权书迹，爱之。辛酉，以公权为右拾遗、翰林侍书学士。上问公权："卿书何能如是之善?"对曰："用笔在心，心正则笔正。"上默然改容，知其以笔谏也。公权，公绰之弟也。

16　辛未，安南将士开城纳桂仲武，执杨清，斩之。裴行立至海门而卒。复以仲武为安南都护。

17　吐蕃寇盐州。

18　初，膳部员外郎元稹为江陵士曹，与监军崔潭峻善。上在东宫，闻宫人诵稹歌诗而善之。及即位，潭峻归朝，献稹歌诗百馀篇。上问"稹安在?"对曰："今为散郎。"夏，五月庚戌，以稹为祠部郎中、知制诰。朝论鄙之。会同僚食瓜于阁下，有青蝇集其上，中书舍人武儒衡以扇挥之曰："适从何来，遽集于此!"同僚皆失色，儒衡意气自若。

19　庚申，葬神圣章武孝皇帝于景陵，庙号宪宗。

20　六月，以湖南观察使崔群为吏部侍郎，召对别殿，上曰："朕升储副，知卿为羽翼。"对曰："先帝之意，久属圣明，臣何力之有!"

12 丹王李逾去世。

13 吐蕃国出兵侵犯灵武。

14 唐宪宗末年时，回鹘国派大臣合达干来唐朝求婚，要求十分迫切，宪宗同意了回鹘国的请求。三月癸卯朔(初一)，穆宗命合达干回国。

15 唐穆宗看到夏州观察判官柳公权的书法墨迹，十分喜爱。辛酉(十九日)，任命柳公权为右拾遗、翰林侍书学士。穆宗问柳公权："你的书法为什么写得这么好?"柳公权回答说："写字运笔关键在于用心，心正则笔正。"穆宗听后默然不语，神色改变，知道柳公权是以用笔作譬喻来规劝自己。柳公权是鄂岳观察使柳公绰的弟弟。

16 辛未(二十九日)，安南的将士打开城门迎接桂仲武入城，然后，逮捕杨清，把他斩首。新任安南都护裴行立赴任到海门镇时故去。朝廷仍任命桂仲武为安南都护。

17 吐蕃国出兵侵犯盐州。

18 当初，膳部员外郎元稹任江陵士曹时，和监军崔潭峻关系亲密。唐穆宗还在东宫做太子的时候，听到宫中有人朗诵元稹的诗歌，十分喜爱。待到他继位做了皇帝以后，崔潭峻回到京城，向穆宗献上元稹的诗歌一百多篇。穆宗问道："元稹现在在哪里?"崔潭峻回答说："他现在任职为散郎。"夏季，五月庚戌(初九)，穆宗任命元稹为祠部郎中、知制诰。百官知道元稹是由于得到宦官推荐而被提拔的，都鄙视他的为人。这一天，正好中书省的官员们在一起吃瓜，一群苍蝇落在瓜上，中书舍人武儒衡用扇子一边扇一边说道："这些苍蝇是从哪里来的，都聚集在这里!"同僚们听他用苍蝇来讥讽元稹，都大惊失色，武儒衡却面不改色，神态自若。

19 庚申(十九日)，朝廷在同州奉先县的景陵埋葬神圣章武孝皇帝，庙号为宪宗。

20 六月，唐穆宗任命湖南观察使崔群为吏部侍郎，穆宗在便殿召见崔群，说："朕当年被立为皇太子，知道你曾有赞助的功劳。"崔群说："先帝立皇太子，一直是以陛下作为人选，我又有什么功劳呢!"

21　太后居兴庆宫，每朔望，上帅百官诣宫上寿。上性侈，所以奉养太后尤为华靡。

22　秋，七月乙巳，以郓、曹、濮节度为天平军。

23　门下侍郎、同平章事令狐楚坐为山陵使，部吏盗官物，又不给工人佣直，收其钱十五万缗为羡馀献之，怨诉盈路，丁卯，罢为宣、歙、池观察使。

24　八月癸巳，发神策兵二千浚鱼藻池。

25　戊戌，以御史中丞崔植为中书侍郎、同平章事。

26　己亥，再贬令狐楚衡州刺史。

27　上甫过公除，即事游畋声色，赐与无节。九月，欲以重阳大宴，拾遗李珏帅其同僚上疏曰："伏以元朔未改，园陵尚新，虽陛下就易月之期，俯从人欲，而《礼经》著三年之制，犹服心丧。遵同轨之会始离京，告远夷之使未复命。遏密弛禁，盖为齐人；合乐后庭，事将未可。"上不听。

28　戊午，加邠宁节度使李光颜、武宁节度使李愬并同平章事。

29　冬，十月，王承宗薨，其下秘不发丧，子知感、知信皆在朝，诸将欲取帅于属内诸州。参谋崔燧以承宗祖母凉国夫人命，告谕诸将及亲兵，立承宗之弟观察支使承元。

21　皇太后居住在兴庆宫，每月初一和十五，唐穆宗率领百官到兴庆宫，为皇太后敬酒祝寿。穆宗本性奢侈，所以，奉养皇太后尤为排场浪费。

22　秋季，七月乙巳（初五），唐穆宗命郓、曹、濮节度号为“天平军”。

23　门下侍郎、同平章事令狐楚任职山陵使时，他的部下官吏偷盗国家财物，而且，他又不支付工匠的工钱，把工钱总计十五万缗作为陵墓工程的节馀奉献朝廷，工匠愤怒异常，不断向官府上诉，丁卯（二十七日），穆宗贬令狐楚为宣、歙、池观察使。

24　八月癸巳（二十四日），唐穆宗征发神策军兵士两千人疏浚鱼藻池。

25　戊戌（二十九日），唐穆宗任命御史中丞崔植为中书侍郎、同平章事。

26　己亥（三十日），唐穆宗下令再贬令狐楚为衡州刺史。

27　唐穆宗刚刚为宪宗服丧期满，就开始游乐打猎，喜好歌舞和女色，对臣下赏赐毫无节制。九月，穆宗计划在重阳节举行盛大宴会，拾遗李珏率领同僚上奏说：“陛下继位不到一年，年号尚未更改，先帝的陵墓也还是新的，虽然陛下为了国家和百姓，不得不遵循汉文帝关于服丧一个月的规定，结束丧期，亲理朝政，但是根据《礼经》服丧三年的制度，还应当在内心继续哀悼。现在，邻国前来吊丧的使者才刚刚离开他们的都城出发上路，朝廷赴各国告丧的使者还没有回来禀告。解除丧期的各种禁令，都是为了百姓不受限制；至于陛下在后宫举行宴乐，恐怕不妥。”穆宗不听。

28　戊午（十九日），穆宗授予邠宁节度使李光颜、武宁节度使李愬同平章事的荣誉官衔。

29　冬季，十月，成德节度使王承宗死亡，他的部下隐瞒此事，没有公开举丧，王承宗的儿子王知感、王知信都在朝廷做人质，部将们想从成德管辖的诸州选取一人作节度使。参谋崔燧根据王承宗祖母凉国夫人的命令，通报诸将和亲兵，立王承宗的弟弟、观察支使王承元继承节度使的职位。

承元时年二十，将士拜之，承元不受，泣且拜。诸将固请不已，承元曰："天子遣中使监军，有事当与之议。"及监军至，亦劝之。承元曰："诸公未忘先德，不以承元年少，欲使之摄军务，承元请尽节以遵忠烈之志，诸公肯从之乎？"众许诺。承元乃视事于都将听事，令左右不得谓己为留后，委事于参佐，密表请朝廷除帅。

庚辰，监军奏承宗疾亟，弟承元权知留后，并以承元表闻。

30　党项复引吐蕃寇泾州，连营五十里。

31　辛巳，遣起居舍人柏耆诣镇州宣慰。

32　壬午，群臣入阁。谏议大夫郑覃、崔郾等五人进言："陛下宴乐过多，畋游无度。今胡寇压境，忽有急奏，不知乘舆所在。又晨夕与倡优狎昵，赐与过厚。夫金帛皆百姓膏血，非有功不可与。虽内藏有馀，愿陛下爱之，万一四方有事，不复使有司重敛百姓。"时久无阁中论事者，上始甚讶之，谓宰相曰："此辈何人？"对曰："谏官。"上乃使人慰劳之，曰："当依卿言。"宰相皆贺，然实不能用也。覃，珣瑜之子也。

这一年，王承元年满二十岁，成德的将士拜见他，他推辞不愿接受，一边哭泣，一边行礼。将士一再请求王承元继任节度使，王承元说："皇上派宦官来监军，如有大事，应当与监军商议。"等到监军来到以后，也劝王承元继任。王承元说："大家没有忘记我的祖辈在成德做节度使时的恩德，不认为我年少无知，请求我暂时代理节度使的职位，但是，我要请求大家允许我首先向朝廷尽忠，以便能够遵循我的祖父忠于朝廷的遗志，大家愿意听我的话吗？"诸将都表示同意。于是，王承元开始到都将听事所办公，他下令左右随从不许称自己为留后，然后，把军政事务委托部下处理，自己向朝廷秘密上奏，请求由朝廷任命节度使。

庚辰（十一日），成德监军上奏朝廷，称王承宗病重，由他的弟弟王承元暂时代理留后，同时，把王承元请求任命节度使的表奏上报朝廷。

30　党项再次勾引吐蕃侵犯泾州，军营首尾相连达五十里。

31　辛巳（十二日），穆宗派遣起居舍人柏耆前往成德安抚将士。

32　壬午（十三日），群臣入紫宸殿。谏议大夫郑覃、崔郾等五人向唐穆宗进言："陛下游乐和宴会的次数过多，外出打猎没有节制。现在，吐蕃大军侵犯边境，如果边防忽然有紧急情况上奏，不知陛下在何处。另外，陛下日夜与乐舞唱戏的优人在一起亲近游玩，对他们赏赐太多。凡金银布帛，都是百姓的血汗，如果没有战功，不可随便赏赐。现在，虽然国库的财物尚有结馀，但愿陛下爱惜，万一天下发生不测事件，就可动用国库，而不致使官吏再重税搜刮百姓。"谏官很久无人在紫宸殿奏论朝政，穆宗听到郑覃等人的进言后，觉得十分惊讶，他对宰相说："这几个都是什么人？"宰相回答说："是谏官。"于是，穆宗派人慰劳郑覃等人，说："我打算按照你们说的去做。"宰相都对穆宗虚心纳谏表示祝贺，然而，穆宗其实并没有接受郑覃等人的规劝。郑覃是唐顺宗时宰相郑珣瑜的儿子。

33　上尝谓给事中丁公著曰："闻外间人多宴乐，此乃时和人安，足用为慰。"公著对曰："此非佳事，恐渐劳圣虑。"上曰："何故？"对曰："自天宝以来，公卿大夫竞为游宴，沈酣昼夜，优杂子女，不愧左右。如此不已，则百职皆废，陛下能无独忧劳乎！愿少加禁止，乃天下之福也。"

34　癸未，泾州奏吐蕃进营距州三十里，告急求救。以右军中尉梁守谦为左右神策、京西北行营都监，将兵四千人，并发八镇全军救之，赐将士装钱二万缗。以郯王府长史邵同为太府少卿兼御史中丞，充答吐蕃请和好使。

初，秘书少监田洎入吐蕃为吊祭使，吐蕃请与唐盟于长武城下，洎恐吐蕃留之不得还，唯阿而已。既而吐蕃为党项所引入寇，因以为辞曰："田洎许我将兵赴盟。"于是贬洎郴州司户。

35　成德军始奏王承宗薨。乙酉，徙田弘正为成德节度使，以王承元为义成节度使，刘悟为昭义节度使，李愬为魏博节度使。又以左金吾将军田布为河阳节度使。

36　渭州刺史郝玼数出兵袭吐蕃营，所杀甚众。李光颜发邠宁兵救泾州。邠宁兵以神策受赏厚，皆愠曰："人给五十缗而不识战斗者，彼何人邪！常额衣资不得而前冒白刃者，此何人邪！"汹汹不可止。光颜亲为开陈大义以谕之，言与涕俱，然后军士感悦而行。将至泾州，吐蕃惧而退。丙戌，罢神策行营。

33　唐穆宗曾对给事中丁公著说:“听说朝外士大夫经常饮宴游乐,这真是国泰民安,令人欣慰。”丁公著说:“这种现象并非好事,恐怕以后有劳陛下圣虑。”穆宗问:“你这样说是什么缘故?”丁公著回答说:“自天宝以来,公卿士大夫争相游乐饮宴,沉湎于酒色,男女混杂在一起游戏跳舞,不以为耻。如此下去,必然导致朝政废弛,陛下能不忧虑吗!但愿陛下对这种现象稍加禁止,也就是天下的福分了。”

34　癸未(十四日),泾州上奏:吐蕃国进犯,军营离州城仅三十里,军书告急,请求朝廷出兵救援。穆宗任命右神策军护军中尉梁守谦为左、右神策、京西北行营都监,率兵四千人,同时征发神策京畿八镇全军前往救援,赏赐将士行装钱两万缗。穆宗又任命郑王府长史邵同为太府少卿兼御史中丞,充任答吐蕃请和好使。

当初,秘书少监田洎奉命赴吐蕃国为吊祭使,吐蕃国请求和唐朝在长武城下缔结会盟条约,田洎恐怕吐蕃把自己拘留,不能回国,所以,满口答应。不久,吐蕃由党项勾引入侵,以田洎曾答应会盟为借口说:“田洎许可我国带兵来参加会盟。”于是,穆宗贬田洎为郴州司户。

35　这时,成德镇方上奏,报告王承宗的死讯。乙酉(十六日),唐穆宗任命魏博节度使田弘正为成德节度使,任命王承元为义成节度使,刘悟为昭义节度使,李愬为魏博节度使。又任命左金吾将军田布为河阳节度使。

36　渭州刺史郝玼多次出兵袭击吐蕃军营,杀伤很多敌军。邠宁节度使李光颜征发本部兵马救援泾州。邠宁兵士认为神策军已得优厚赏赐,自己却一无所得,都愤怒地说:“有的军人给了五十缗钱而不参战,他们是什么人!有的军人连应当得到的衣服和粮食都未发给,却要冒死向前冲锋陷阵,这又是什么人呢!”兵士喧扰不息,难以制止。李光颜亲自出面,对兵士们晓以大义,一边说,一边流泪,士兵受到感染,愤怒的情绪才平息下来,出发上路了。快到泾州时,吐蕃畏惧邠宁军,于是退去。丙戌(十七日),穆宗下令,撤销梁守谦所率领的神策行营。

西川奏吐蕃寇雅州。辛卯，盐州奏吐蕃营于乌、白池。寻亦皆退。

37 十一月癸卯，遣谏议大夫郑覃诣镇州宣慰，赐钱一百万缗以赏将士。王承元既请朝命，诸将及邻道争以故事劝之，承元皆不听。及移镇义成，将士喧哗不受命，承元与柏耆召诸将以诏旨谕之，诸将号哭不从。承元出家财以散之，择其有劳者擢之，谓曰："诸公以先代之故，不欲承元去，此意甚厚。然使承元违天子之诏，其罪大矣。昔李师道之未败也，朝廷尝赦其罪，师道欲行，诸将固留之，其后杀师道者亦诸将也。诸将勿使承元为师道，则幸矣。"因涕泣不自胜，且拜之。将李寂等十馀人固留承元，承元斩以徇，军中乃定。丁未，承元赴滑州。将吏或以镇州器用财货行，承元悉命留之。

38 上将幸华清宫，戊午，宰相率两省供奉官诣延英门，三上表切谏，且言："如此，臣辈当扈从。"求面对，皆不听。谏官伏门下，至暮，乃退。己未，未明，上自复道出城，幸华清宫，独公主、驸马、中尉、神策六军使帅禁兵千馀人扈从，晡时还宫。

39 十二月己巳朔，盐州奏：吐蕃千馀人围乌、白池。

40 庚辰，西川奏南诏二万人入界，请讨吐蕃。

西川上奏：吐蕃国侵犯雅州。辛卯（二十二日），盐州上奏：吐蕃国在乌池、白池附近驻扎军队。不久，都撤退了。

37　十一月癸卯（初五），唐穆宗派谏议大夫郑覃赴镇州安抚军民，赏赐将士钱一百万缗。王承元在请求朝廷任命成德节度使以后，他的部将和邻近的藩镇争相以过去成德世袭的惯例劝说他，王承元一概不听。等到朝廷任命他为义成节度使，将士仍然喧哗不已，拒不接受朝廷任命，王承元和柏耆召集诸将，以朝廷下达的任命诏书开导大家，诸将却大声痛哭起来，仍不从命。王承元不得已，拿出自己家里的财产散发给将士，并且把那些曾有军功的将士提拔迁升，然后对他们说："诸位以我先辈在成德世代做节度使的缘故，不愿让我离开这里，你们的深情厚谊我领了。但是，要让我违抗皇上的诏令，这个罪名就太大了。过去，李师道叛乱尚未失败时，朝廷曾赦免他的罪行，李师道打算归顺朝廷，他的部将却执意挽留，不让他走，结果，后来杀李师道的人也是他的部将。因此，诸位不要再让我成为李师道第二，我也就算是幸运了。"王承元说完后，已哭泣得不能自制，他又向将士拜礼，请求让自己成行。牙将李寂等十几人再次强留，王承元下令斩首，以儆效尤，军中这才安定下来。丁未（初九），王承元出发到滑州上任，将吏有人拿成德的公用器物和财产为他送行，王承元命令一律留下。

38　唐穆宗想到华清宫去游玩，戊午（二十一日），宰相率领中书、门下两省的供奉官到延英门，三次上表劝阻，并且说："如果皇上一定要去华清宫，我们做臣下的就应当随行护送。"宰相请求面见穆宗，穆宗不听。谏官都拜伏在延英门下，一直到傍晚才退回。己未（二十二日），天尚未明，穆宗从地道出城，到华清宫去游玩，只有公主、驸马、神策军护军中尉、神策军以及羽林、龙武、神威六军军使率禁军一千多人随从护卫，到黄昏时才回宫。

39　十二月己巳朔（初一），盐州上奏：吐蕃国出动一千多人围攻乌池、白池。

40　庚辰（十二日），西川上奏：南诏国两万人进入唐朝境内，请求讨伐吐蕃。

41 癸未，容管奏破黄少卿万馀众，拔营栅三十六。时少卿久未平，国子祭酒韩愈上言：“臣去年贬岭外，熟知黄家贼事。其贼无城郭可居，依山傍险，自称洞主，寻常亦各营生，急则屯聚相保。比缘邕管经略使，多不得人，德既不能绥怀，威又不能临制，侵欺虏缚，以致怨恨，遂攻劫州县，侵暴平人，或复私仇，或贪小利，或聚或散，终亦不能为事。近者征讨本起裴行立、阳旻，此两人者本无远虑深谋，意在邀功求赏。亦缘见贼未屯聚之时，将谓单弱，争献谋计。自用兵以来，已经二年，前后所奏杀获计不下二万馀人，傥皆非虚，贼已寻尽。至今贼犹依旧，足明欺罔朝廷。邕、容两管，经此凋弊，杀伤疾疫，十室九空，如此不已，臣恐岭南一道未有宁息之时。自南讨已来，贼徒亦甚伤损，察其情理，厌苦必深。贼所处荒僻，假如尽杀其人，尽得其地，在于国计不为有益。若因改元大庆，赦其罪戾，遣使宣谕，必望风降伏。仍为选择有威信者为经略使，苟处置得宜，自然永无侵叛之事。”上不能用。

穆宗睿圣文惠孝皇帝上

长庆元年(辛丑,821)

1 春，正月辛丑，上祀圜丘，赦天下，改元。河北诸道各令均定两税。

2 门下侍郎、同平章事萧俛，介洁疾恶，为相，重惜官职，少所引拔。西川节度使王播大修贡奉，且以赂结宦官，求为相，

41　癸未（十五日），容管上奏：出兵击破蛮人黄少卿一万多人，攻拔营栅三十六个。这时，由于唐朝军队很久未能平定黄少卿，国子祭酒韩愈上言说："我于去年贬官到岭南，对黄家贼的情况很熟悉。这些人没有城池可以居住，都是依山傍险，自称洞主，平日各自谋生，发生紧急情况则屯聚在一起，相互保护。以往由于邕管经略使大多不称职，他们既不能施行德政安抚蛮人，又没有足够的威望使蛮人畏服，因而经常侵犯、欺骗甚至俘掠蛮人，致使蛮人产生仇恨，于是，起兵攻打劫掠州县，凌辱百姓，他们有时是为了报私仇，有时是贪求财物，部落之间临时聚集在一起，烧杀抢掠之后，又各自散居谋生，还不足以造成大的危害。近来征讨蛮人始于裴行立、阳旻二人，这两个人本来就没有深谋远虑，征讨蛮人的目的是为了邀功求赏。他们只看到蛮人尚未聚屯在一起的时候，认为蛮人势单力弱，因而争相向朝廷献计，请求讨伐。自从用兵以来，已经两年，他们奏报杀死和俘虏的人数，总计已不下两万多人，如果不是虚报，那么，蛮人已经灭绝。但至今蛮人仍然如旧，可见他们是在欺骗朝廷。邕管、容管两地，经过这次战争后，百姓又遭受杀伤和疾病，已经十室九空，如果长此以往，我担心岭南一道不会再有安宁休息的时候。自从南方征讨以来，黄家贼也已遭受重大伤亡损失，从情理上说，蛮人也必定十分厌战。况且蛮人都住在荒远偏僻的地方，假如把蛮人杀光，全部占领这些地区，对于国家的财政也没有什么好处。因此，不如借国家改年号大庆的机会，赦免蛮人的罪行，派使者前往安抚，蛮人必定会望风而降。然后，选择一位有威望的大臣为经略使，如果对蛮人处置得宜的话，那么，以后自然永远不会再发生叛乱的事情。"穆宗未采纳韩愈的建议。

穆宗睿圣文惠孝皇帝上

唐穆宗长庆元年（辛丑，公元821年）

1　春季，正月辛丑（初四），唐穆宗到圜丘祭天，大赦天下，改年号为长庆。下令河北各藩镇勘定两税税额。

2　门下侍郎、同平章事萧俛性情耿直，嫉恶如仇，他当宰相以后，珍惜官职，很少向朝廷引荐拔擢官吏。西川节度使王播大肆向朝廷贡献财物，同时贿赂交结宦官，请求为宰相，

段文昌复左右之。诏征播诣京师。俛屡于延英力争，言："播纤邪，物论沸腾，不可以污台司。"上不听，俛遂辞位。己未，播至京师。壬戌，俛罢为右仆射。俛固辞仆射，二月癸酉，改吏部尚书。

3　卢龙节度使刘总既杀其父兄，心常自疑，数见父兄为祟。常于府舍饭僧数百，使昼夜为佛事，每视事退则处其中，或处他室，则惊悸不敢寐。晚年，恐惧尤甚。亦见河南、北皆从化，己卯，奏乞弃官为僧，仍乞赐钱百万缗以赏将士。

4　上面谕西川节度使王播令归镇，播累表乞留京师。会中书侍郎、同平章事段文昌请退，壬申，以文昌同平章事，充西川节度使；以翰林学士杜元颖为户部侍郎、同平章事；以播为刑部尚书，充盐铁转运使。元颖，淹之六世孙也。

5　回鹘保义可汗卒。

6　三月癸丑，以刘总兼侍中，充天平节度使；以宣武节度使张弘靖为卢龙节度使。

7　乙卯，以权知京兆尹卢士玫为瀛莫观察使。

丁巳，诏刘总兄弟子侄皆除官，大将僚佐亦宜超擢，百姓给复一年，军士赐钱一百万缗。

8　戊午，立皇弟憬为鄜王，悦为琼王，惇为沔王，怿为婺王，愔为茂王，怡为光王，协为淄王，憺为衢王，惋为澶王；皇子湛为景王，涵为江王，凑为漳王，溶为安王，瀍为颍王。

段文昌也在朝中为他活动。穆宗下诏，命王播进京。萧俛多次在延英殿极力论争，他说："王播卑鄙邪恶，陛下命他进京后，朝廷议论沸腾，不可以让这种人来玷污朝廷的官职。"穆宗不听，于是，萧俛请求辞职。己未（二十二日），王播进抵京城。壬戌（二十五日），萧俛被罢为右仆射。他又坚决请辞仆射，二月癸酉（初六），改为吏部尚书。

3 卢龙（幽州）节度使刘总自从杀死他的父亲和兄弟后，心中常常自疑不安，多次梦见父亲和兄弟变为鬼祟，危害自己。于是，经常在节度使府的一个房间招待几百名僧人就餐，让他们昼夜为自己念佛，以便避免灾祸，他每次办公后就住在这里，如果偶然住在别处，就会惊吓得睡不着觉。到了晚年，他更加恐惧。同时，看到河南、河北的藩镇都已归顺朝廷，己卯（十二日），上奏朝廷，乞请弃官为僧，并请求朝廷赐钱一百万缗，用来赏赐将士。

4 唐穆宗当面告诉西川节度使王播，命令他归还本镇，王播多次上表乞请留居京城。这时，正好中书侍郎、同平章事段文昌请求辞职，二月壬申（初五），穆宗任命段文昌以同平章事的官衔，充任西川节度使；任命翰林学士杜元颖为户部侍郎、同平章事；任命王播为刑部尚书，充任盐铁转运使。杜元颖是唐太宗时宰相杜淹的第六代子孙。

5 回鹘国保义可汗去世。

6 三月癸丑（十七日），唐穆宗任命刘总兼侍中，充任天平节度使；任命宣武节度使张弘靖为卢龙节度使。

7 乙卯（十九日），任命代理京兆尹卢士玫为瀛莫观察使。

丁巳（二十一日），唐穆宗下诏：刘总的兄弟、儿子和侄子全都授予官衔，大将和僚佐也都应予以越级提拔，百姓免除一年赋税，兵士赏赐钱一百万缗。

8 戊午（二十二日），唐穆宗立自己的弟弟李憬为鄜王，李悦为琼王，李惇为沔王，李怿为婺王，李愔为茂王，李怡为光王，李协为淄王，李憺为衢王，李惋为澶王；立儿子李湛为景王，李涵为江王，李凑为漳王，李溶为安王，李瀍为颍王。

9 刘总奏恳乞为僧，且以其私第为佛寺。诏赐总名大觉，寺名报恩，遣中使以紫僧服及天平节钺、侍中告身并赐之，惟其所择。

诏未至，总已削发为僧，将士欲遮留之，总杀其唱帅者十馀人，夜，以印节授留后张玘，遁去。及明，军中始知之。玘奏总不知所在。癸亥，卒于定州之境。

10 翰林学士李德裕，吉甫之子也，以中书舍人李宗闵尝对策讥切其父，恨之。宗闵又与翰林学士元稹争进取有隙。右补阙杨汝士与礼部侍郎钱徽掌贡举，西川节度使段文昌、翰林学士李绅各以书属所善进士于徽。及榜出，文昌、绅所属皆不预，及第者，郑朗，覃之弟；裴谍，度之子；苏巢，宗闵之婿；杨殷士，汝士之弟也。

文昌言于上曰："今岁礼部殊不公，所取进士皆子弟无艺，以关节得之。"上以问诸学士，德裕、稹、绅皆曰："诚如文昌言。"上乃命中书舍人王起等覆试。夏，四月丁丑，诏黜朗等十人，贬徽江州刺史，宗闵剑州刺史，汝士开江令。

或劝徽奏文昌、绅属书，上必悟，徽曰："苟无愧心，得丧一致，奈何奏人私书，岂士君子所为邪！"取而焚之，时人多之。绅，敬玄之曾孙；起，播之弟也。自是德裕、宗闵各分朋党，更相倾轧，垂四十年。

9　刘总上奏，恳求穆宗批准自己为僧，同时请求批准以自己的私人住宅为佛寺。穆宗下诏，赐刘总的名字叫大觉，佛寺的名字叫报恩寺，派遣宦官带着紫色的僧服以及天平节度使的符节和侍中的任命书授予刘总，由他选择。

诏书尚未到达幽州，刘总已经剃发做了和尚，将士想遮拦挽留刘总，刘总杀死将士中为首者十几个人，当夜，他把节度使的大印和符节授予留后张玘，然后逃走。等到天明，军中才知道他已逃亡的消息。张玘上奏，称刘总去向不明。癸亥（二十七日），刘总死于定州境内。

10　翰林学士李德裕是李吉甫的儿子，鉴于中书舍人李宗闵曾经在元和三年科举考试的对策中讽刺过他的父亲，十分痛恨。李宗闵又与翰林学士元稹争官，二人产生矛盾。这一年，右补阙杨汝士和礼部侍郎钱徽二人主持科举考试，西川节度使段文昌、翰林学士李绅分别给钱徽写信，推荐自己所亲近的考生。等到放榜后，文昌和李绅所推荐的考生都落选了，中榜的进士是：郑朗，即郑覃的弟弟；裴譔，是裴度的儿子；苏巢，是李宗闵的女婿；杨殷士，是杨汝士的弟弟。

段文昌对唐穆宗说："今年，礼部考试很不公正，所录取的进士都是朝廷公卿大臣的子弟，没有才能，靠行贿和托人情才考中的。"穆宗将段文昌所说的情况问翰林诸位学士，李德裕、元稹、李绅都异口同声说："确实像文昌说的那样。"于是，穆宗命中书舍人王起等人复试。夏季，四月丁丑（十一日），下诏废除郑朗等十个进士，贬钱徽为江州刺史，李宗闵为剑州刺史，杨汝士为开江令。

有人劝钱徽向朝廷揭发段文昌、李绅曾写信为自己的亲友请托，认为这样的话，皇上必定会明白是非曲直，收回诏书，钱徽说："如果我问心无愧，无论升官还是贬官，都无所谓，为什么要去揭发人家的私人信件？这难道是士大夫和君子所应当干的事吗！"说完，就把段文昌和李绅的信拿出来烧了，当时的人都称赞他有君子的风度。李绅是唐高宗时宰相李敬玄的曾孙；王起是王播的弟弟。从此以后，李德裕和李宗闵二人各分为朋党，相互倾轧，近四十年。

11　丙戌，册回鹘嗣君为登啰羽录没密施句主毗伽崇德可汗。

12　五月丙申朔，回鹘遣都督、宰相等五百馀人来逆公主。

13　壬子，盐铁使王播奏：约榷茶额，每百钱加税五十。右拾遗李珏等上疏，以为："榷茶近起贞元多事之际，今天下无虞，所宜宽横敛之目，而更增之，百姓何时当得息肩！"不从。

14　丙辰，建王恪薨。

15　癸亥，以太和长公主嫁回鹘。公主，上之妹也。吐蕃闻唐与回鹘婚，六月辛未，寇青塞堡，盐州刺史李文悦击却之。戊寅，回鹘奏："以万骑出北庭，万骑出安西，拒吐蕃以迎公主。"

16　初，刘总奏分所属为三道：以幽、涿、营为一道，请除张弘靖为节度使；平、蓟、妫、檀为一道，请除平卢节度使薛平为节度使；瀛、莫为一道，请除权知京兆尹卢士玫为观察使。

弘靖先在河东，以宽简得众，总与之邻境，闻其风望，以燕人桀骜日久，故举弘靖自代以安辑之。平，嵩之子，知河朔风俗，而尽诚于国，故举之。士玫，则总妻族之亲也。

总又尽择麾下伉健难制者都知兵马使朱克融等送之京师，乞加奖拔，使燕人有慕羡朝廷禄位之志。又献征马万五千匹，然后削发委去。克融，滔之孙也。

11　丙戌（二十日），唐穆宗册命回鹘国的新任君主为登啰羽录没密施句主毗伽崇德可汗。

12　五月丙申朔（初一），回鹘国派遣都督、宰相五百人来唐迎接公主。

13　壬子（十七日），盐铁使王播上奏：国家茶叶专卖的税收数额，大约每一百文增加税钱五十文。右拾遗李珏等人上疏，认为："茶叶专卖始于贞元年间朝廷多难的时期，现在，天下太平，应当减少横征暴敛的赋税数量，却反而增加了，那么，百姓什么时候才能减轻负担呢！"穆宗不听。

14　丙辰（二十一日），建王李恪去世。

15　癸亥（二十八日），唐穆宗命以太和长公主出嫁回鹘国可汗。太和公主，是穆宗的妹妹。吐蕃国听到唐朝和回鹘国通婚的消息，六月辛未（初七），出兵侵犯青塞堡，盐州刺史李文悦率兵击退吐蕃兵。戊寅（十四日），回鹘国上奏："我国已经出动一万名骑兵到北庭，一万名骑兵到安西，抵抗吐蕃侵扰，以便迎接公主。"

16　当初，幽州节度使刘总上奏，建议将幽州所管辖的州县分为三道：幽州、涿州、营州为一道，请求任命张弘靖为节度使；平州、蓟州、妫州、檀州为一道，请求任命平卢节度使薛平为节度使；瀛州、莫州为一道，请求任命代理京兆尹卢士玫为观察使。

张弘靖过去在河东做节度使时，对部下宽容大度，因而得到将士的拥戴，幽州与河东相邻，刘总听说张弘靖在河东的情况，考虑到幽州人桀骜不驯已天长日久，因此，推荐张弘靖代替自己，以便能够安抚将士。薛平是唐代宗时相卫节度使薛嵩的儿子，熟悉河朔地区的风俗习惯，对国家竭尽忠诚，所以推荐他来幽州任职。卢士玫是刘总妻子家族的亲戚。

刘总又把部下骄纵强横难以管辖的将士，如都知兵马使朱克融等人全部挑选出来，送到京城，乞请朝廷奖励并予以提拔，以便让幽州人都能产生羡慕朝廷官爵俸禄的意向。同时，他又向朝廷奉献战马一万五千匹，然后，剃发离开幽州。朱克融是唐德宗时幽州节度使朱滔的孙子。

是时上方酣宴，不留意天下之务，崔植、杜元颖无远略，不知安危大体，苟欲崇重弘靖，惟割瀛、莫二州，以士玫领之，自馀皆统于弘靖。朱克融等久羁旅京师，至假丐衣食，日诣中书求官，植、元颖不之省。及除弘靖幽州，勒克融辈归本军驱使，克融辈皆愤怨。

先是，河北节度使皆亲冒寒暑，与士卒均劳逸。及弘靖至，雍容骄贵，肩舆于万众之中，燕人讶之。弘靖庄默自尊，涉旬乃一出坐决事，宾客将吏罕得闻其言，情意不接，政事多委之幕僚。而所辟判官韦雍辈多年少轻薄之士，嗜酒豪纵，出入传呼甚盛，或夜归烛火满街，皆燕人所不习也。诏以钱百万缗赐将士，弘靖留其二十万缗充军府杂用，雍辈复裁刻军士粮赐，绳之以法，数以反虏诟责吏卒，谓军士曰："今天下太平，汝曹能挽两石弓，不若识一丁字！"由是军中人人怨怒。

这时，唐穆宗整天沉湎于酒宴之中，不大留意天下的政务，宰相崔植、杜元颖缺乏深谋远虑，没有考虑朝政的安危大局，只是想尊崇张弘靖官位，于是，仅仅把瀛州、莫州从幽州节度使管辖的地区中分割出来，由卢士玫统辖，其馀各州，都由张弘靖统领。朱克融等人在京城客居很久，以乞求解决衣食为名，常到中书省去请求授予官职，崔植、杜元颖不理。等到朝廷正式任命张弘靖为幽州节度使，勒令朱克融等人归回幽州，受张弘靖指使为其效力，朱克融等人十分怨怒。

以前，幽州节度使都能冒着严寒酷暑，亲自和士卒一起训练作战。等到张弘靖来到幽州上任后，却雍容娴雅，傲慢华贵，乘轿出入于众人之中，幽州人看不惯，十分惊讶。张弘靖庄重自尊，每十天才到节度使府处理军政事务一次，他的幕僚和部下将吏很难见到他，因此，上下关系很不融洽，日常政务大多委托他的幕僚处理。他所任命的判官韦雍等人大多都是年少轻浮的人，嗜好饮酒奢侈，行为放纵，进出官府时，随从传叫呼喊，十分隆重，有时夜间从外面回来，烛火满街，这些，都是幽州人所不习惯的。穆宗下诏赏赐将士钱一百万缗，张弘靖截留其中二十万缗，充作节度使府杂用，韦雍等人又裁减兵士的军粮，将士不满，他们动不动就将其绳之以法，并经常嘲笑责骂官吏和士卒为反虏，他们对兵士说:“现在天下太平，你们虽然能拉开二百四十斤的弓箭，但不如认识一个字。”于是，军中将士人人怨恨愤怒。

卷第二百四十二　唐纪五十八

起辛丑(821)七月尽壬寅(822)凡一年有奇

穆宗睿圣文惠孝皇帝中

长庆元年(辛丑,821)

1　秋,七月甲辰,韦雍出,逢小将策马冲其前导,雍命曳下,欲于街中杖之。河朔军士不贯受杖,不服。雍以白弘靖,弘靖命军虞候系治之。是夕,士卒连营呼噪作乱,将校不能制,遂入府舍,掠弘靖货财、妇女,囚弘靖于蓟门馆,杀幕僚韦雍、张宗元、崔仲卿、郑埙、都虞候刘操、押牙张抱元。明日,军士稍稍自悔,悉诣馆谢弘靖,请改心事之,凡三请,弘靖不应,军士乃相谓曰:"相公无言,是不赦吾曹。军中岂可一日无帅!"乃相与迎旧将朱洄,奉以为留后。洄,克融之父也,时以疾废卧家,自辞老病,请使克融为之,众从之。众以判官张彻长者,不杀,彻骂曰:"汝何敢反,行且族灭!"众共杀之。

2　壬子,群臣上尊号曰文武孝德皇帝。赦天下。

3　甲寅,幽州监军奏军乱。丁巳,贬张弘靖为宾客、分司。己未,再贬吉州刺史。庚申,以昭义节度使刘悟为卢龙节度使。悟以朱克融方强,奏请"且授克融节钺,徐图之"。乃复以悟为昭义节度使。

穆宗睿圣文惠孝皇帝中

唐穆宗长庆元年(辛丑,公元 821 年)

1 秋季,七月甲辰(初十),韦雍外出,碰到一个小将骑马冲撞他的仪仗前导,韦雍下令把小将从马上拉下来,打算在街道中间杖责。河朔地区的军士不习惯受杖责,拒不服从。韦雍于是报告张弘靖,张弘靖命令军虞候把小将拘捕治罪。当晚,士卒连营呼噪作乱,将校制止不住,士卒便冲入节度使府舍,掠夺张弘靖的财产和妻妾,随后,把张弘靖关押在蓟门馆,杀死他的幕僚韦雍、张宗元、崔仲卿、郑埙、都虞候刘操、押牙张抱元。第二天,军士渐渐悔悟,都到蓟门馆向张弘靖请罪,表示愿意洗心革面,仍然跟随张弘靖,做他的部从,军士几次请求,张弘靖闭口不言,于是,军士商议说:"张相公闭口不言,是不愿赦免我们。但是,军中岂可一日没有统帅!"便一齐去迎接幽州的老将朱洄,拥戴他为留后。朱洄,是朱克融的父亲,这时由于身患疾病,在家卧床休养,他以自己年老多病,辞谢留后,请求让给儿子朱克融,军士都表示同意。军士因为判官张徹年长而没有杀他,张徹骂道:"你们怎敢反叛朝廷,马上就会被族灭的!'军士一拥而上,把张徹杀死。

2 壬子(十八日),群臣百官向唐穆宗奏上尊号,称为文武孝德皇帝。大赦天下。

3 甲寅(二十日),幽州监军奏报军乱。丁巳(二十三日),穆宗贬张弘靖为太子宾客、分司东都。己未(二十五日),再贬张弘靖为吉州刺史。庚申(二十六日),任命昭义节度使刘悟为卢龙节度使。刘悟认为朱克融势力正强,奏请"暂且任命朱克融为节度使,然后,再慢慢想办法除掉他"。于是,仍任命刘悟为昭义节度使。

4 辛酉，太和公主发长安。

5 初，田弘正受诏镇成德，自以久与镇人战，有父兄之仇，乃以魏兵二千从赴镇，因留以自卫，奏请度支供其粮赐。户部侍郎、判度支崔倰，性刚褊，无远虑，以为魏、镇各自有兵，恐开事例，不肯给。弘正四上表，不报。不得已，遣魏兵归。倰，沔之孙也。

弘正厚于骨肉，兄弟子侄在两都者数十人，竞为侈靡，日费约二十万，弘正辇魏、镇之货以供之，相属于道。河北将士颇不平。诏以钱百万缗赐成德军，度支辇运不时至，军士益不悦。

都知兵马使王庭凑，本回鹘阿布思之种也，性果悍阴狡，潜谋作乱，每抉其细故以激怒之，尚以魏兵故，不敢发。及魏兵去，壬戌夜，庭凑结牙兵噪于府署，杀弘正及僚佐、元从将吏并家属三百馀人。廷凑自称留后，逼监军宋惟澄奏求节钺。八月癸巳，惟澄以闻，朝廷震骇。崔倰于崔植为再从兄，故时人莫敢言其罪。

初，朝廷易置魏、镇帅臣，左金吾将军杨元卿上言，以为非便，又诣宰相深陈利害。及镇州乱，上赐元卿白玉带。辛未，以元卿为泾原节度使。

瀛莫将士家属多在幽州，壬申，莫州都虞候张良佐潜引朱克融兵入城，刺史吴晖不知所在。

癸酉，王庭凑遣人杀冀州刺史王进岌，分兵据其州。

4　辛酉(二十七日),太和公主从长安出发,前往回鹘国。

5　当初,田弘正被任命为成德节度使,自认为以往长期与成德人打仗,有父兄之仇,于是,率魏博兵两千人随行赴任,然后留在成德用来自卫,奏请朝廷度支供给这两千人的军饷。户部侍郎、判度支崔倰性情刚愎,气量狭小,缺乏深思熟虑,认为魏博、成德各自有兵,恐怕此事开一先例,因而不肯供给。田弘正四次上表朝廷,崔倰不加理会。田弘正不得已,把魏博兵遣返回镇。崔倰是开元初大臣崔沔的孙子。

田弘正厚待自己的家人,他的兄弟、儿子、侄子在长安、洛阳两都居住的有几十个人,生活竞相奢侈靡丽,每天花费约二十万钱,田弘正运魏博、成德两镇的财货供给,车辆来往于道路。河北的将士十分不满。穆宗下诏,赐钱一百万缗给成德将士,度支却没有按时运送到达,将士更加不满。

都知兵马使王庭凑,原属回鹘阿布思族的后裔,性情果敢狡诈,阴谋作乱,经常借小事以激怒将士,但由于魏博一千兵士尚在,不敢贸然行动。等到魏博兵士返回以后,壬戌(二十八日)夜间,王庭凑交结牙兵,噪乱于节度使府,杀死田弘正及其僚佐、随从将吏和他们的家属三百多人。王庭凑自称留后,逼迫监军宋惟澄为他向朝廷上奏,请求授予节度使符节。八月癸巳(三十日),宋惟澄把以上情况上报朝廷,举朝震惊。崔倰是宰相崔植的族兄弟,所以,朝官没有人敢抨击他的罪行。

当初,朝廷调换魏博、成德节度使和僚佐时,左金吾将军杨元卿曾上言,认为这样做很不适宜,他又面见宰相,反复陈述利害得失。等到成德军乱后,穆宗赐给杨元卿一条白玉带。辛未(初八),任命杨元卿为泾原节度使。

瀛州和莫州的将士家属大多留居在幽州,壬申(初九),莫州都虞候张良佐暗中勾结朱克融的兵马入城,刺史吴晖不知去向。

癸酉(初十),王庭凑派人杀死冀州刺史王进岌,分兵占领冀州。

魏博节度使李愬闻田弘正遇害，素服令将士曰："魏人所以得通圣化，至今安宁富乐者，田公之力也。今镇人不道，辄敢害之，是轻魏以为无人也。诸君受田公恩，宜如何报之？"众皆恸哭。深州刺史牛元翼，成德良将也，愬使以宝剑、玉带遗之，曰："昔吾先人以此剑立大勋，吾又以之平蔡州，今以授公，努力翦庭凑。"元翼以剑、带徇于军，报曰："愿尽死！"愬将出兵，会疾作，不果。元翼，赵州人也。

乙亥，起复前泾原节度使田布为魏博节度使，令乘驿之镇。布固辞不获，与妻子宾客诀曰："吾不还矣！"悉屏去旌节导从而行，未至魏州三十里，被发徒跣，号哭而入，居于垩室，月俸千缗，一无所取，卖旧产，得钱十馀万缗，皆以颁士卒，旧将老者兄事之。

丙子，瀛州军乱，执观察使卢士玫及监军僚佐送幽州，囚于客馆。

王庭凑遣其将王立攻深州，不克。

丁丑，诏魏博、横海、昭义、河东、义武诸军各出兵临成德之境，若王庭凑执迷不复，宜即进讨。成德大将王俭等五人谋杀王庭凑，事泄，并部兵三千人皆死。

己卯，以深州刺史牛元翼为深冀节度使。

丁亥，以殿中侍御史温造为起居舍人，充镇州四面诸军宣慰使，历泽潞、河东、魏博、横海、深冀、易定等道，谕以军期。造，大雅之五世孙也。己丑，以裴度为幽、镇两道招抚使。

魏博节度使李愬听到田弘正遇害的消息，身着丧服命令将士说："魏博人之所以得到皇上的教化，至今生活安定，富贵享乐，都是田公的功劳。现在，成德人大逆不道，竟敢把他无故杀害，这是轻视魏博，以为我们没有人才。诸位曾受田公的恩惠，应当怎样回报他呢？"将士都大声痛哭。深州刺史牛元翼是成德的优秀将领，李愬把自己的宝剑和玉带送给他，说："过去，我的父亲曾用此剑平定朱泚叛乱，立过大功，后来，我又用这把剑平定蔡州吴元济叛乱，现在，我把这剑授予你，希望你用它努力翦灭王庭凑。"牛元翼带着剑和玉带在军中环绕一周，然后回来报告说："愿尽死效力！"李愬正准备出兵讨伐王庭凑，正好得病而未成行。牛元翼是赵州人。

乙亥（十二日），唐穆宗任命正在为父亲田弘正服丧的前泾原节度使田布为魏博节度使，命他乘驿马赴任。田布一再推辞而未得允许，于是，和妻子、儿女、宾客诀别说："我此行不打算生还了！"下令撤除节度使旌节和所有前导随行人员，然后出发上任，距离魏州三十里时，散发赤脚，大声痛哭而入州城，住在垩室，为父亲服丧。他每月应得俸禄一千缗，一文不要，却把自己家留在魏博的产业卖掉，得到十几万缗现钱，全部用来赏赐士卒，对于父亲原在魏博的部将和年长的将吏，都以兄弟的礼节来礼遇他们。

丙子（十三日），瀛州发生军乱，士卒逮捕观察使卢士玫以及监军和僚佐，押送幽州，拘禁在客馆。

王庭凑派他的部将王立攻打深州，未能攻克。

丁丑（十四日），唐穆宗下诏，命令魏博、横海、昭义、河东、义武等镇军队派兵，兵临成德边境，如果王庭凑还执迷不悟，抗拒朝廷的话，就进兵攻讨。成德大将王俭等五人密谋暗杀王庭凑，不料消息泄露，这五人和他们的部下士卒三千人都被杀死。

己卯（十六日），唐穆宗任命深州刺史牛元翼为深冀节度使。

丁亥（二十四日），唐穆宗任命殿中侍御史温造为起居舍人，充任镇州四面诸军宣慰使，前往昭义、河东、魏博、横海、深冀、易定等道，传达进兵日期的命令。温造是唐高祖时黄门侍郎温大雅的第五代孙子。己丑（二十六日），任命裴度为幽州、镇州两道招抚使。

癸巳，王庭凑引幽州兵围深州。

6 九月乙巳，相州军乱，杀刺史邢濋。

7 吐蕃遣其礼部尚书论纳罗来求盟。庚戌，以大理卿刘元鼎为吐蕃会盟使。

8 壬子，朱克融焚掠易州、涞水、遂城、满城。

9 自定两税以来，钱日重，物日轻，民所输三倍其初，诏百官议革其弊。户部尚书杨於陵以为："钱者所以权百货，贸迁有无，所宜流散，不应蓄聚。今税百姓钱藏之公府。又，开元中天下铸钱七十馀炉，岁入百万，今才十馀炉，岁入十五万，又积于商贾之室及流入四夷。又，大历以前淄青、太原、魏博贸易杂用铅铁，岭南杂用金、银、丹砂、象齿，今一用钱。如此，则钱焉得不重，物焉得不轻！今宜使天下输税课者皆用谷、帛，广铸钱而禁滞积及出塞者，则钱日滋矣。"朝廷从之，始令两税皆输布、丝、纩，独盐、酒课用钱。

10 冬，十月丙寅，以盐铁转运使、刑部尚书王播为中书侍郎、同平章事，使职如故。播为相，专以承迎为事，未尝言国家安危。

11 以裴度为镇州四面行营都招讨使。左领军大将军杜叔良，以善事权幸得进。时幽、镇兵势方盛，诸道兵未敢进，上欲功速成，宦官荐叔良，以为深州诸道行营节度使。以牛元翼为成德节度使。

12 癸酉，命宰相及大臣凡十七人与吐蕃论纳罗盟于城西。遣刘元鼎与纳罗入吐蕃，亦与其宰相以下盟。

癸巳(三十日),王庭凑勾引幽州兵围攻深州。

6 九月乙巳(十二日),相州发生军乱,刺史邢濋被杀。

7 吐蕃国派遣礼部尚书论纳罗来唐朝请求缔结会盟条约。庚戌(十七日),唐穆宗任命大理卿刘元鼎为吐蕃会盟使。

8 壬子(十九日),朱克融出兵焚烧掠夺易州、涞水、遂城、满城。

9 自从建中元年实行两税法以来,钱的价值越来越高,而实物的价值越来越低,百姓纳税的数额比建中元年实际高出三倍之多,唐穆宗下诏,命百官商议革除两税法的弊端。户部尚书杨於陵认为:"钱是用来衡量货物价值的东西,天下商人贩运买卖,无处不有,所以,钱也应四处流通,不应当蓄积一处。现在,百姓交纳的钱,都收藏在官府仓库。另外,开元时期全国铸钱七十多炉,每年收入一百万缗,而现在铸钱十几炉,每年收入才十五万缗,这些钱又大多集中于商人以及夷狄的手中。还有,大历年以前,淄青、太原、魏博商品交易兼用钱和铅、铁,岭南则兼用金、银、丹砂、象牙,现在,都统一用钱。这样一来,钱的价值怎么能不高,而实物的价值又怎么能不低呢!现在,应当下令全国纳税的人都交纳粮食和布帛,增加铸钱而禁止蓄积以及钱流出塞外,如果这样,钱就会逐渐多起来。"朝廷采纳杨於陵的建议,下令以后两税都交纳布、丝和丝绵,惟独盐、酒专卖仍然用钱。

10 冬季,十月丙寅(初三),唐穆宗任命盐铁转运使、刑部尚书王播为中书侍郎、同平章事,仍兼盐铁转运使。王播担任宰相,专门阿谀逢迎皇上,很少谈论朝廷安危。

11 唐穆宗任命裴度为镇州四面行营都招讨使。左领军大将军杜叔良由于善于巴结当朝权贵得到提拔。这时,幽州、镇州的兵力正处于强盛,诸道出兵讨伐的军队都不敢进攻,穆宗想尽快看到胜利成果,而宦官又推荐杜叔良,于是,任命杜叔良为深州诸道行营节度使。任命牛元翼为成德节度使。

12 癸酉(初十),唐穆宗命宰相和大臣共十七人,与吐蕃国礼部尚书论纳罗在京城西会盟。随后,派遣刘元鼎和论纳罗赴吐蕃国,与吐蕃国宰相及其大臣会盟。

13　乙亥，以沂州刺史王智兴为武宁节度副使。先是，副使皆以文吏为之，上闻智兴有勇略，欲用之于河北，故以是宠之。

14　丁丑，裴度自将兵出承天军故关以讨王庭凑。

15　朱克融遣兵寇蔚州。

16　戊寅，王庭凑遣兵寇蔚州。

17　己卯，易州刺史柳公济败幽州兵于白石岭，杀千馀人。

18　庚辰，横海军节度使乌重胤奏败成德兵于饶阳。

19　辛巳，魏博节度使田布将全军三万人讨王庭凑，屯于南宫之南，拔其二栅。

20　翰林学士元稹与知枢密魏弘简深相结，求为宰相，由是有宠于上，每事咨访焉。稹无怨于裴度，但以度先达重望，恐其复有功大用，妨己进取，故度所奏画军事，多与弘简从中沮坏之。度乃上表极陈其朋比奸蠹之状，以为："逆竖构乱，震惊山东；奸臣作朋，挠败国政。陛下欲扫荡幽、镇，先宜肃清朝廷。何者？为患有大小，议事有先后。河朔逆贼，只乱山东；禁闱奸臣，必乱天下。是则河朔患小，禁闱患大。小者臣与诸将必能翦灭，大者非陛下觉寤制断无以驱除。今文武百寮，中外万品，有心者无不愤忿，有口者无不咨嗟，直以奖用方深，不敢抵触，恐事未行而祸已及，不为国计，且为身谋。

13　乙亥(十二日)，唐穆宗任命沂州刺史王智兴为武宁节度副使。以前，藩镇节度副使都任用文官，穆宗听说王智兴有勇有谋，想调他到河北前线，所以，用这个职务表示对他的恩宠。

14　丁丑(十四日)，裴度亲自率军，经由原承天军驻地娘子关到达河北，讨伐王庭凑。

15　朱克融派兵侵犯蔚州。

16　戊寅(十五日)，王庭凑派兵侵犯蔚州。

17　己卯(十六日)，易州刺史柳公济在白石岭打败幽州兵马，杀死一千多人。

18　庚辰(十七日)，横海节度使乌重胤奏报，在饶阳打败成德兵马。

19　辛巳(十八日)，魏博节度使田布率全军三万人讨伐王庭凑，屯驻在南宫县南，攻拔王庭凑两个营栅。

20　翰林学士元稹和知枢密魏弘简深相勾结，求做宰相，由此而得到唐穆宗的宠任，朝政大事都向他咨询。元稹和裴度虽然没有仇怨，但由于裴度在他得到重用前就有很高的威望，恐怕裴度在讨伐幽州、成德时立功，再度得到朝廷重用，妨碍自己升迁，所以，凡是裴度上奏的军事谋划，他经常和魏弘简二人从中阻挠，使他不能实施。于是，裴度上表，极力指责元稹和宦官朋比为党、奸邪害国的罪状，认为："王庭凑、朱克融逆臣竖子叛乱，震惊崤山以东；奸臣朋比为党，则搅乱朝政。陛下如果想扫平幽州、镇州叛乱的话，应当首先肃清朝廷奸党。为什么呢？因为灾祸有大有小，考虑事情也有先有后。河朔的叛臣贼党，只能扰乱崤山以东；而宫中的奸臣，则必定祸乱天下。所以，对国家来说，河朔的叛臣危害小，而宫中的奸臣危害大。对于河朔的叛臣，我和诸位将领肯定能够翦灭，但宫中的奸臣，如果陛下不觉悟，则断然无法驱除。现在，朝廷文武百官，京城和各地众多臣僚，凡是有心对朝廷尽忠的人对奸臣的所作所为无不愤怒，能够开口讲话的人也无不嗟叹，只是由于陛下正信用他们，才不敢指责，恐怕奸臣未能翦除，而祸已及身，这并非他们不为国家考虑，而是担心自己受牵连的缘故。

臣自兵兴以来，所陈章疏，事皆要切，所奉书诏，多有参差，蒙陛下委付之意不轻，遭奸臣抑损之事不少。臣素与佞幸亦无雠嫌，正以臣前请乘传诣阙，面陈军事，奸臣最所畏惮，恐臣发其过，百计止臣。臣又请与诸军齐进，随便攻讨，奸臣恐臣或有成功，曲加阻碍，逗遛日时，进退皆受羁牵，意见悉遭蔽塞。但欲令臣失所，使臣无成，则天下理乱，山东胜负，悉不顾矣。为臣事君，一至于此！若朝中奸臣尽去，则河朔逆贼不讨自平；若朝中奸臣尚存，则逆贼纵平无益。陛下傥未信臣言，乞出臣表，使百官集议，彼不受责，臣当伏辜。”表三上，上虽不悦，以度大臣，不得已，癸未，以弘简为弓箭库使，稹为工部侍郎。稹虽解翰林，恩遇如故。

21　宿州刺史李直臣坐赃当死，宦官受其赂，为之请，御史中丞牛僧孺固请诛之。上曰：“直臣有才，可惜！”僧孺对曰：“彼不才者，无过温衣饱食以足妻子，安足虑！本设法令，所以擒制有才之人。安禄山、朱泚皆才过于人，法不能制者也。”上从之。

22　横海节度使乌重胤将全军救深州，诸军倚重胤独当幽、镇东南，重胤宿将，知贼未可破，按兵观衅。上怒，以杜叔良为横海节度使，徙重胤为山南西道节度使。

自从朝廷兴兵讨伐幽州和成德以来，我所上奏陈述的用兵方略，都事关紧要，但所接到的朝廷诏书，却指令不一，我受陛下重托，指挥诸军讨伐，责任实在不轻，但遭奸臣从中阻挠的事情，也实在不少。我向来和奸臣无仇无怨，只是由于前不久我上奏朝廷，请求乘驿马到京城，当面向陛下陈述用兵方略，奸臣最害怕的，是怕我向陛下揭发他们的罪过，所以百般阻挠我进京。同时，我又上奏朝廷，请准许我率兵和诸军一同进攻，随机应变，讨伐叛乱，但奸臣恐怕我可能成功，于是，用各种理由加以阻挠，以致我军停滞很久，无论进退，都受到他们的牵制，上奏朝廷的意见，也都被他们从中阻塞。他们这样做的目的，就是要让我出兵失利，不能成功，对于国家治乱，崤山以东前线的胜负大局，却全然不顾。作为臣下侍奉皇上，他们就是这样做的！如果朝中的奸臣全部能够驱除，那么，河朔的叛臣贼党就会不讨自平；但如果朝中的奸臣仍然存在的话，则虽然讨平叛臣贼党，对于朝廷也没有什么好处。陛下如果不相信我的话，请求把我的奏章公布，让百官一起讨论，如果奸臣不遭到百官的谴责，我愿受到应有的惩罚。”裴度多次上奏指斥元稹等人的罪行，穆宗虽然很不高兴，但考虑到裴度是朝廷中威望很高的大臣，不得不做出让步。癸未（二十日），贬魏弘简为弓箭库使，元稹为工部侍郎。元稹虽然被解除翰林学士的职务，但仍然和过去一样，受到穆宗的宠信。

21　宿州刺史李直臣贪污，根据法律应当判处死刑，宦官受了他的贿赂，为他辩护，御史中丞牛僧孺一再请求杀掉李直臣。穆宗说：“直臣很有才能，杀了可惜！”牛僧孺回答说：“那些没有才能的人，整天考虑的不过是吃饱穿暖，满足妻子儿女的要求，对这些人，国家又有什么可顾虑的！制定法律的目的，本来就是约束那些有才能的人。安禄山、朱泚都才智过于常人，由于法律未能约束，才胆敢发动叛乱的。”穆宗听从了他的意见。

22　横海节度使乌重胤率全军救援深州，诸军依赖乌重胤独自抵挡幽州、镇州的东南方向，乌重胤是经验丰富的老将，知道敌人不可能一时被击破，于是，按兵不动观察敌军动静。穆宗大怒，任命杜叔良为横海节度使，调乌重胤为山南西道节度使。

23 灵武节度使李进诚奏败吐蕃三千骑于大石山下。

24 十一月辛酉，淄青节度使薛平奏突将马廷崟作乱，伏诛。时幽、镇兵攻棣州，平遣大将李叔佐将兵救之。刺史王稷供馈稍薄，军士怨怒，宵溃，推廷崟为主，行且收兵至七千馀人，径逼青州。城中兵少，不敌，平悉发府库及家财召募，得精兵二千人，逆战，大破之，斩廷崟，其党死者数千人。

25 横海节度使杜叔良将诸道兵与镇人战，遇敌辄北。镇人知其无勇，常先犯之。十二月庚午，监军谢良通奏叔良大败于博野，失亡七千馀人。叔良脱身还营，丧其旌节。

26 丁丑，义武节度使陈楚奏败朱克融兵于望都及北平，斩获万馀人。

27 戊寅，以凤翔节度使李光颜为忠武节度使、兼深州行营节度使，代杜叔良。

28 自宪宗征伐四方，国用已虚，上即位，赏赐左右及宿卫诸军无节，及幽、镇用兵久无功，府藏空竭，势不能支。执政乃议："王庭凑杀田弘正而朱克融全张弘靖，罪有重轻，请赦克融，专讨庭凑。"上从之。乙酉，以朱克融为卢龙节度使。

29 戊子，义武奏破莫州清源等三栅，斩获千馀人。

二年(壬寅,822)

1 春，正月丁酉，幽州兵陷弓高。先是，弓高守备甚严，有中使夜至，守将不内，旦，乃得入，中使大诟怒。贼谍知之，他日，伪遣人为中使，投夜至城下，守将遽内之，贼众随之，遂

23　灵武节度使李进诚上奏：在大石山下打败吐蕃三千骑兵。

24　十一月辛酉（二十八日），淄青节度使薛平上奏：突将马廷鸾作乱被杀。当时，幽州和镇州派兵攻打棣州，薛平派大将李叔佐率兵救援。棣州刺史王稷供给军队物资稍少，军士怨恨愤怒，乘夜晚溃逃，军士推马廷鸾为首领，一边行走，一边收兵共达七千多人，直向青州逼近。青州城中兵少，不足以抵抗逃兵，于是，薛平把仓库和自己家的私财全部拿出，招募士卒，得精兵两千人，出城迎战，大败逃兵，把马廷鸾斩首，逃兵死亡几千人。

25　横海节度使杜叔良率领诸道兵马与镇州军队交战，每战皆败。镇州人知道他胆怯无勇，常常首先向他发起进攻。十二月庚午（初八），监军谢良通奏报杜叔良在博野大败，损失逃亡七千多人。杜叔良脱身回到军营，但丢掉了节度使旌节。

26　丁丑（十五日），义武节度使陈楚上奏：在望都和北平两地打败朱克融的兵马，斩首和俘虏敌军共一万多人。

27　戊寅（十六日），唐穆宗任命凤翔节度使李光颜为忠武节度使、兼深州行营节度使，替代杜叔良。

28　自从唐宪宗征讨四方叛乱以来，国库已空虚，唐穆宗即位后，赏赐左右和禁卫诸军毫无节制，等到朝廷对幽州、镇州用兵，旷日持久而未立功，国库空竭，难以继续维持。于是，当政大臣建议说："王庭凑杀害了田弘正，而朱克融尚能保全张弘靖性命，二人罪行各有轻重，请求赦免朱克融，集中全力讨伐王庭凑。"穆宗采纳了他们的意见。乙酉（二十三日），任命朱克融为卢龙节度使。

29　戊子（二十六日），义武上奏，攻破莫州清源等三个营栅，斩首和俘虏敌军一千多人。

唐穆宗长庆二年（壬寅，公元822年）

1　春季，正月丁酉（初五），幽州出兵攻陷弓高县城。以前，弓高守卫很严，一次，一个宦官出使弓高，半夜到达，守将根据军法条例，拒不放他入城，天明后，宦官方才进城，宦官大怒，责骂守将。幽州的探马得知此事后，报告主将，过了不久，幽州派人伪装成宦官，半夜来到弓高城下，守将即让他入城，幽州兵随后赶到，于是

陷弓高。又围下博。中书舍人白居易上言，以为："自幽、镇逆命，朝廷征诸道兵，计十七八万，四面攻围，已逾半年，王师无功，贼势犹盛。弓高既陷，粮道不通，下博、深州，饥穷日急。盖由节将太众，其心不齐，莫肯率先，递相顾望。又，朝廷赏罚，近日不行，未立功者或已拜官，已败衄者不闻得罪。既无惩劝，以至迁延，若不改张，必无所望。请令李光颜将诸道劲兵约三四万人从东速进，开弓高粮路，解深、邢重围，与元翼合势。令裴度将太原全军兼招讨旧职，西面压境，观衅而动。若乘虚得便，即令同力翦除；若战胜贼穷，亦许受降纳款。如此，则夹攻以分其力，招谕以动其心，必未及诛夷，自生变故。又请诏光颜选诸道兵精锐者留之，其馀不可用者悉遣归本道，自守土疆。盖兵多而不精，岂唯虚费衣粮，兼恐挠败军陈故也。今既只留东、西二帅，请各置都监一人，诸道监军，一时停罢。如此，则众齐令一，必有成功。又，朝廷本用田布，令报父仇，今领全师出界，供给度支，数月已来，都不进讨，非田布固欲如此，抑有其由。闻魏博一军，屡经优赏，兵骄将富，莫肯为用。况其军一月之费，计实钱二十八万缗，若更迁延，将何供给？此尤宜早令退军者也。若两道止共留兵六万，所费无多，既易支持，自然丰足。今事宜日急，其间变故远不可知。

攻陷弓高。接着，又围攻下博县城。中书舍人白居易上书，认为："自从幽州、镇州叛乱以来，朝廷征发诸道兵马讨伐，总计有十七八万人，四面围攻，已超过半年时间，但官军至今没有进展，贼军兵势却仍然强盛。弓高失陷后，通往前线的运粮道路无法通行，下博和深州的将士，饥饿困乏，情况日益紧急。这都是由于前线节度将领太多，反而心不齐，都不肯率先进攻，相互观望的缘故。另外，朝廷对将士的赏罚，近来也不见成效，没有立功的人有的已经授予官衔，作战失败的人却没有听说被朝廷惩罚。由于赏罚不明，因而将士拖延不进，若不改弦更张，胜利就没有指望了。请求陛下命李光颜率领诸道精兵三四万人从东面急速进兵，打通到弓高的粮道，以便解除敌军对深州的重重包围，和牛元翼的军队会合一起。再命裴度率领太原的全部人马，仍兼招讨使的职务，从西面压敌边境，观察敌军动静。如能乘虚得手，即令两支兵马同力讨伐，一举歼敌；如果官军节节取胜，敌军困窘，也应当许可前线将领接受敌军的投降。这样部署指挥，就可以两面夹攻，使敌人分散兵力，并通过招降来动摇对方军心，其结果，敌人尚未灭亡，内部必定发生兵变，不伐自降。同时，再请陛下下诏，命李光颜从前线诸道兵士中挑选精锐者留下，其馀老弱病残都遣返本道，各守故土。大凡兵多则不精，不仅虚耗国家衣物钱粮，而且也会削弱官军自身士气，导致失败。现只留李光颜、裴度两支兵马，请陛下各置都监一人，各道的监军，都予以罢除。这样，就会队伍整齐，军令统一，最后必定取得胜利。再有，朝廷命田布为魏博节度使的本意，是让他为父报仇，现在，田布率领全部兵马出境讨敌，由朝廷度支供给衣粮，但几个月以来，魏博军队从未攻讨，这并非田布按兵不动，而是有他难言的苦衷。听说魏博军队经由朝廷多次优厚的赏赐，兵士骄横，将领富有，反而不愿作战。况且魏博军每月的军费按货币折算，即达二十八万缗，如果继续拖延下去，朝廷用什么来供给呢？仅就此而言，也应早日下令魏博退军。如果仅李光颜和裴度两道共留六万兵力，军费不多，朝廷易于供给，军需自然丰足。现在，前线战事日益紧迫，中间或许还会发生什么变故，难以预料。

苟兵数不抽，军费不减，食既不足，众何以安！不安之中，何事不有！况有司迫于供军，百端敛率，不许即用度交阙，尽许则人心无憀。自古安危皆系于此，伏乞圣虑察而念之。”疏奏，不省。

己亥，度支馈沧州粮车六百乘，至下博，尽为成德军所掠。时诸军匮乏，供军院所运衣粮，往往不得至院，在涂为诸军邀夺，其悬军深入者，皆冻馁无所得。

初，田布从其父弘正在魏，善视牙将史宪诚，屡称荐，至右职。及为节度使，遂寄以腹心，以为先锋兵马使，军中精锐，悉以委之。宪诚之先，奚人也，世为魏将。魏与幽、镇本相表里，及幽、镇叛，魏人固摇心。布以魏兵讨镇，军于南宫，上屡遣中使督战，而将士骄惰，无斗志，又属大雪，度支馈运不继。布发六州租赋以供军，将士不悦，曰：“故事，军出境，皆给朝廷。今尚书刮六州肌肉以奉军，虽尚书瘠己肥国，六州之人何罪乎！”宪诚阴蓄异志，因众心不悦，离间鼓扇之。会有诏分魏博军与李光颜，使救深州，庚子，布军大溃，多归宪诚。布独与中军八千人还魏，壬寅，至魏州。

癸卯，布复召诸将议出兵，诸将益偃蹇，曰：“尚书能行河朔旧事，则死生以之；若使复战，则不能也！”布无如之何，叹曰：“功不成矣！”即日，作遗表具其状，略曰：“臣观众意，终负国恩，

如果不及时抽减兵力，致使军费浩大，粮食不足，将士怎能安心作战！军心不定，随时都可能发生意外变故！况且度支迫于供军，千方百计盘剥百姓，如果朝廷不准许，则军需匮乏，若准许则人心动摇。自古以来，朝政安危都在于此，请求陛下详细了解并加以慎重考虑。”奏折递上去后，穆宗不理。

己亥（初七），度支供给沧州军粮车六百辆，行至下博县时，全部遭成德军抢夺。这时官军诸道兵马军需匮乏，供军院所运衣粮，往往未到行营供军院，在半路就被诸军哄抢，凡孤军深入的兵马，都饥寒交迫而得不到补给。

当初，田布随从他的父亲田弘正在魏博时，对牙将史宪诚十分重视，多次向田弘正称赞推荐，以至于史宪诚被提拔担任要职。等到田布被任命为魏博节度使，于是，把他作为自己的亲信，任命为先锋兵马使，军中的精锐兵力，都委托他来统辖。史宪诚的祖先是奚族人，世代在魏博为将。魏博和幽州、镇州本来就相互依赖互为表里，待到幽州和成德叛乱以后，魏博的人心已经动摇。田布率魏博军队讨伐镇州，驻扎在南宫县，唐穆宗多次派遣宦官前往督战，而魏博将士骄横懈怠，毫无斗志，这时正好又下了一场大雪，度支供给难以接续。田布命征发魏博六州的租赋供给军需，将士很不高兴，说：“按照惯例，我军出境后，都由朝廷供给。现在，田尚书刮我六州的民脂民膏来供军，虽然尚书这样做是克己奉国，但六州百姓为什么要遭这份罪呢！”史宪诚暗中早有篡夺节度使的野心，于是，乘机挑拨煽动士卒的不满情绪。正在这时，穆宗下诏，命魏博分兵由李光颜指挥，前往救援深州。庚子（初八），田布的军队溃乱，士卒大多归史宪诚。田布独自率亲军八千人返回魏州，壬寅（初十），到达魏州。

癸卯（十一日），田布再次召集部将，商议出兵，诸将更加傲慢，说：“田尚书如果能按以往河朔割据的惯例办的话，我们就舍生忘死跟从您；但如果要让我们出战，则不能服从！”田布无可奈何，叹道：“我立功报国的愿望无法实现了！”当天，他写遗书把情况向穆宗报告，大意是：“我观察将士的意向，终必背叛朝廷，辜负皇恩，

臣既无功，敢忘即死。伏愿陛下速救光颜、元翼，不然者，忠臣义士皆为河朔屠害矣！”奉表号哭，拜授幕僚李石，乃入启父灵，抽刀而言曰：“上以谢君父，下以示三军。”遂刺心而死。宪诚闻布已死，乃谕其众，遵河北故事。众悦，拥宪诚还魏，奉为留后。戊申，魏州奏布自杀。己酉，以宪诚为魏博节度使。宪诚虽喜得旄钺，外奉朝廷，然内实与幽、镇连结。

2 庚戌，以德州刺史王日简为横海节度使。日简，本成德牙将也。壬子，贬杜叔良为归州刺史。

王庭凑围朱元翼于深州，官军三面救之，皆以乏粮不能进，虽李光颜亦闭壁自守而已。军士自采薪刍，日给不过陈米一勺。深州围益急，朝廷不得已，二月甲子，以庭凑为成德节度使，军中将士官爵皆复其旧。以兵部侍郎韩愈为宣慰使。

上之初即位也，两河略定，萧俛、段文昌以为“天下已太平，渐宜消兵，请密诏天下，军镇有兵处，每岁百人之中限八人逃、死”。上方荒宴，不以国事为意，遂可其奏。军士落籍者众，皆聚山泽为盗。及朱克融、王庭凑作乱，一呼而亡卒皆集。诏征诸道兵讨之，诸道兵既少，皆临时召募，乌合之众。又，诸节度既有监军，其领偏军者亦置中使监陈，主将不得专号令，战小胜则飞驿奏捷，自以为功，不胜则迫胁主将，

我既然未能立功，只好就死。愿陛下尽快派兵救援李光颜、牛元翼，不然的话，这些忠臣义士都将被河朔的叛党屠害！”他手捧遗书大声痛哭，然后，拜倒在地，授予幕僚李石，让他转呈朝廷，接着，他走到父亲的灵位前，抽出刀说：“我以死对上向皇上和父亲表示我未能立功报国的罪责，对下向三军将士表示我忠君爱国的决心。”于是，用刀刺心而死。史宪诚听说田布已经自杀，于是，向将士宣布，他将遵循河朔的惯例，实行割据。将士十分高兴，簇拥史宪诚回到魏州，推举他为留后。戊申（十六日），魏州奏报田布自杀。己酉（十七日），穆宗任命史宪诚为魏博节度使。史宪诚虽然为得到节度使的旌节而高兴，表面遵奉朝廷，但暗地里却和幽州、镇州相勾结。

2 庚戌（十八日），唐穆宗任命德州刺史王日简为横海节度使。王日简原本是成德的牙将。壬子（二十日），贬杜叔良为归州刺史。

王庭凑出兵把牛元翼围困在深州，官军从东、北、西三个方向前往救援，都因缺粮而无法前进，即使是名将李光颜，也只能是闭壁自守而已。兵士都自己去打柴草，每天每人不过领到陈米一勺。这时，深州被围攻，形势日益严重，朝廷不得已，二月甲子（初二），任命王庭凑为成德节度使，凡成德将士，一律官复原职。同时，任命兵部侍郎韩愈为宣慰使。

唐穆宗刚刚即位的时候，河南、河北的叛乱藩镇都已平定，宰相萧俛、段文昌认为：“天下已经太平，应当逐渐裁减国家的军事武装，请陛下给各地秘密下诏，凡是有兵的军镇，每年每一百个兵士中，允许有八人逃走和死亡，注销军籍。”当时穆宗整日游乐饮宴，不理朝政，于是，批准二人的建议。兵士注销军籍的人很多，都聚集在深山江湖中成为盗贼。待到朱克融、王庭凑叛乱时，一呼百应，逃亡的兵士都投奔到他们的麾下。朝廷下诏征发诸道兵讨伐，诸道兵力既少，因而都临时招募，不过是乌合之众。同时，朝廷在诸道已设置监军，对于他们部将所统辖的军队也派中使临时监阵，以致主将不能专制军权，凡攻战取得小胜，监军就飞书向朝廷奏捷，作为自己的功劳，不胜则胁迫主将，

以罪归之。悉择军中骁勇以自卫，遣羸懦者就战，故每战多败。又凡用兵，举动皆自禁中授以方略，朝令夕改，不知所从。不度可否，惟督令速战。中使道路如织，驿马不足，掠行人马以继之，人不敢由驿路行。故虽以诸道十五万之众，裴度元臣宿望，乌重胤、李光颜皆当时名将，讨幽、镇万馀之众，屯守逾年，竟无成功，财竭力尽。

崔植、杜元颖为相，皆庸才，无远略。史宪诚既逼杀田布，朝廷不能讨，遂并朱克融、王庭凑以节授之。由是再失河朔，迄于唐亡，不能复取。

朱克融既得旌节，乃出张弘靖及卢士玫。

丙寅，以牛元翼为山南东道节度使，以左神策行营乐寿镇兵马使清河傅良弼为沂州刺史，以瀛州博野镇遏使李寰为忻州刺史。良弼、寰所戍在幽、镇之间，朱克融、王庭凑互加诱胁，良弼、寰不从，各以其众坚壁，贼竟不能取，故赏之。

3　丙子，赐横海节度使王日简姓名为李全略。

4　辛巳，中书侍郎、同平章事崔植罢为刑部尚书，以工部侍郎元稹同平章事。

5　癸未，加李光颜横海节度、沧景观察使，其忠武、深州行营节度如故。以横海节度使李全略为德棣节度使。时朝廷以光颜悬军深入，馈运难通，故割沧景以隶之。

把罪责推给他们。监军还把军中骁勇的兵力挑选出来，用来自卫，其馀老弱病残的兵士，派遣他们去攻战，以致每次战斗，大多失败。另外，大凡前线的军事行动，都由朝廷授予作战方略，朝令夕改，将士不知所措。朝廷不管作战方略是否切实可行，只是责令将士遵照执行，急速出战。中使出使前线传达诏令，来往不息，如同穿梭，驿马不足，竟掠抢行人马匹，以至行人不敢由驿路行走。所以，虽然朝廷征发诸道十五万大军，所任用的招讨使裴度是很有威望的老臣，乌重胤、李光颜也都是当时的名将，仅仅讨伐幽州、成德一万多人，但屯守一年多的时间，最后，竟然没有结果，而国家却财力耗竭。

崔植、杜元颖作为宰相，都是没有远见卓识的平庸人物。史宪诚逼迫田布自杀以后，朝廷无力征讨，于是将他和朱克融、王庭凑一起，都任命为节度使。由此朝廷再度丢失河朔地区，直到唐朝最终灭亡，一直未能收复。

朱克融被任命为幽州节度使后，才放出张弘靖和卢士玫。

丙寅(初四)，唐穆宗任命牛元翼为山南东道节度使，任命左神策行营乐寿镇兵马使、清河人傅良弼为沂州刺史，任命瀛州博野镇遏使李寰为忻州刺史。傅良弼、李寰所戍守的地方位于幽州、成德之间，朱克融和王庭凑交相引诱胁迫，二人拒而不从，各率士卒坚守，叛贼最终也未能攻取，所以，朝廷对他们加官封爵，表彰他们对朝廷的忠诚。

3　丙子(十四日)，唐穆宗赐予横海节度使王日简姓名为李全略。

4　辛巳(十九日)，唐穆宗罢免中书侍郎、同平章事崔植的宰相职务，任命他为刑部尚书，任命工部侍郎元稹为同平章事。

5　癸未(二十一日)，唐穆宗任命李光颜为横海节度使、沧景观察使，仍兼任忠武、深州行营节度使。任命横海节度使李全略为德棣节度使。这时，朝廷考虑到李光颜孤军深入，军需供给的道路很难打通，因此，分割横海的沧、景二州隶属他统辖，以便就近供给军需。

王庭凑虽受旌节，不解深州之围。丙戌，以知制诰东阳冯宿为山南东道节度副使，权知留后，仍遣中使入深州督牛元翼赴镇。裴度亦与幽、镇书，责以大义。朱克融即解围去，王庭凑虽引兵少退，犹守之不去。

元稹怨裴度，欲解其兵柄，故劝上雪廷凑而罢兵。丁亥，以度为司空、东都留守，平章事如故。谏官争上言："时未偃兵，度有将相全才，不宜置之散地。"上乃命度入朝，然后赴东都。

以灵武节度使李听为河东节度使。初，听为羽林将军，有良马，上为太子，遣左右讽求之，听以职总亲军，不敢献。及河东缺帅，上曰："李听不与朕马，是必可任。"遂用之。

6　昭义监军刘承偕恃恩，陵轹节度使刘悟，数众辱之，又纵其下乱法。阴与磁州刺史张汶谋缚悟送阙下，以汶代之。悟知之，讽其军士作乱，杀汶。围承偕，欲杀之，幕僚贾直言入，责悟曰："公所为如是，欲效李司空邪？此军中安知无如公者，使李司空有知，得无笑公于地下乎！"悟遂谢直言，救免承偕，囚之府舍。

7　初，上在东宫，闻天下厌苦宪宗用兵，故即位，务优假将卒以求姑息。三月壬辰，诏："神策六军使及南牙常参武官具由历、功绩，牒送中书，量加奖擢。其诸道大将久次及有功者，

王庭凑虽然被任命为成德节度使，但仍然不撤除对深州的包围。丙戌(二十四日)，唐穆宗任命知制诰东阳人冯宿为山南东道节度副使，暂时代理留后，同时，派遣中使出使深州，督促牛元翼赶赴山南东道上任。裴度也给幽州、镇州两道写信，责备朱克融和王庭凑仍然包围深州，抗拒朝命，并用忠君奉国的大道理劝说二人退兵。朱克融随即退兵撤围，王庭凑虽然率兵稍微后撤，但仍然屯守在那里不走。

元稹忌恨裴度，想让穆宗解除他的兵权，因而劝说穆宗赦免王庭凑，停止对幽州、成德继续用兵。丁亥(二十五日)，唐穆宗任命裴度为司空、东都留守，仍带同平章事的荣誉官衔。谏官争相上奏，认为:"朝廷对河朔藩镇的战争还未平息，裴度有将相全才，不应任命他为闲散的官职。"于是，穆宗命裴度先到京城，然后再赴东都上任。

唐穆宗任命灵武节度使李听为河东节度使。当初，李听任羽林将军时，有一匹上等的好马，穆宗当时为皇太子，派身边的人暗示李听把马奉献给自己，李听考虑到自己在禁军中任职，不敢奉献。这时，正好河东缺节度使，穆宗说:"李听不向朕献马，刚直不阿，这种人一定可以信用。"于是，下达了任命诏书。

6　昭义监军刘承偕凭借他拥立唐穆宗的功劳，擅权不法，凌辱节度使刘悟，多次当着将士的面污辱他，又纵容部下败坏法纪。他还暗中和磁州刺史张汶密谋，企图寻找借口，把刘悟缚送朝廷，由张汶替代。刘悟得知刘承偕的阴谋，暗示部下士卒作乱，杀死张汶。士卒围住刘承偕，正准备杀他，幕僚贾直言进来，责备刘悟说:"您这样做，是想效法李师道吗？您怎么能知道军中没有像您一样的人，也效法您当年杀李师道那样而谋害您呢？如果李师道还有知的话，能不在地下嘲笑您吗!"于是，刘悟向贾直言承认做得不对，把刘承偕救出来，拘留在节度使府舍。

7　当初，唐穆宗在东宫为皇太子时，听说天下人苦于宪宗长期用兵削藩伐叛，因此，即位以后，尽量宽容和优赏将士，以求相安无事。三月壬辰(初一)，下诏:"凡北衙禁军神策军，羽林、龙武、神武六军军使，以及南衙常参武官，各自将自己所历任军职、功绩报送中书省，朝廷根据各人情况，适当予以奖励提拔。诸道大将任职已久及有功的，

悉奏闻，与除官。应天下诸军，各委本道据守旧额，不得辄有减省。”于是商贾、胥吏争赂藩镇，牒补列将而荐之，即升朝籍。奏章委积，士大夫皆扼腕叹息。

8 武宁节度副使王智兴将军中精兵三千讨幽、镇，节度使崔群忌之，奏请即用智兴为节度使，不则召诣阙，除以他官。事未报，智兴亦自疑。会有诏赦王庭凑，诸道皆罢兵，智兴引兵先期入境。群惧，遣使迎劳，且使军士释甲而入，智兴不从。乙巳，引兵直进，徐人开门待之，智兴杀不同己者十馀人，乃入府牙，见群及监军，拜伏曰：“军众之情，不可如何！”为群及判官、从吏具人马及治装，皆素所办也，遣兵卫从群，至埇桥而返。遂掠盐铁院钱帛，及诸道进奉在汴中者，并商旅之物，皆三分取二。

9 丙午，加朱克融、王庭凑检校工部尚书。上闻其解深州之围，故褒之，然庭凑之兵实犹在深州城下。

韩愈既行，众皆危之。诏愈至境更观事势，勿遽入，愈曰：“止，君之仁；死，臣之义。”遂往。至镇，庭凑拔刃弦弓以逆之，及馆，甲士罗于庭。庭凑言曰：“所以纷纷者，乃此曹所为，非庭凑心。”

也都报告朝廷，授予官职。各地军队，都由本道遵循以往既定的兵额，不得随便裁减人数。”诏书下达后，各地商贾和官府中的小吏都争相贿赂藩镇节度使、观察使，以便由藩镇补授一个军将的职务，再推荐到朝廷，授予官衔。各道的奏章成批的堆积在中书省，士大夫都扼腕叹息授官太滥，而无可奈何。

8 武宁节度副使王智兴率领军中精兵三千人讨伐幽州、成德，节度使崔群忌怕王智兴，奏请朝廷任命王智兴为节度使，否则就召入京城，授予其他官职。朝廷尚未答复，王智兴自己已产生疑心。正好这时朝廷下诏赦免王庭凑，诸道参加讨伐的军队都已停罢，王智兴率兵先行一步，回到武宁境内。崔群听说王智兴已率兵入境，十分恐惧，派人前往迎接慰问，并让士卒放下武器，然后入城，王智兴拒不从命。乙巳（十四日），王智兴率兵径直向徐州城挺进，城中人开门待命，王智兴杀异己者十多人，然后来到节度使衙署，面见崔群和监军，拜倒在地说：“这都是将士的意思，我个人毫无办法！”其实，他为崔群和判官以及随行人员准备的护送的人员、马匹和行装，都早已准备好了，随后，率兵护送崔群前往京城，到埇桥返回。埇桥有朝廷设置的盐铁院仓库，于是，王智兴纵兵大掠盐铁院储藏的钱币和布帛，以及诸道向朝廷进奉而经过汴河中的船只，就连商人和行人在船上的财物，也都掠抢三分之二。

9 丙午（十五日），唐穆宗任命朱克融、王庭凑为检校工部尚书。穆宗听说朱克融和王庭凑已经撤除了包围深州的军队，所以，加官予以褒奖，其实，王庭凑的军队仍然在深州城下未撤。

韩愈被任命为宣慰使，即将出发，百官都为他的安全担忧。穆宗诏命韩愈到成德边境后，先观察形势变化，不要急于入境，以防不测，韩愈说：“皇上命我暂停入境，这是出于仁义而关怀我的人身安危；但是，不畏死去执行君命，则是我作为臣下应尽的义务。”于是毅然动身前往。到镇州后，王庭凑命将士拔刀开弓迎接韩愈，韩愈到客房后，将士仍手执兵器围在院中。王庭凑对韩愈说：“之所以这么放肆无礼，都是这些将士干的，而不是我的本意。”

愈厉声曰:“天子以尚书有将帅材,故赐之节钺,不知尚书乃不能与健儿语邪!”甲士前曰:“先太师为国击走朱滔,血衣犹在,此军何负朝廷,乃以为贼乎!”愈曰:“汝曹尚能记先太师则善矣。夫逆顺之为祸福岂远邪!自禄山、思明以来,至元济、师道,其子孙有今尚存仕宦者乎?田令公以魏博归朝廷,子孙虽在孩提,皆为美官;王承元以此军归朝廷,弱冠为节度使;刘悟、李祐,今皆为节度使。汝曹亦闻之乎!”庭凑恐众心动,麾之使出,谓愈曰:“侍郎来,欲使庭凑何为?”愈曰:“神策六军之将如牛元翼者不少,但朝廷顾大体,不可弃之耳!尚书何为围之不置?”庭凑曰:“即当出之。”因与愈宴,礼而归之。未几,牛元翼将十骑突围出,深州大将臧平等举城降,庭凑责其久坚守,杀平等将吏百八十馀人。

10 戊申,裴度至长安,见上,谢讨贼无功。先是,上诏刘悟送刘承偕诣京师,悟托以军情,不时奉诏。上问度:“宜如何处置?”度对曰:“承偕在昭义,骄纵不法,臣尽知之,悟在行营与臣书,具论其事。时有中使赵弘亮在军中,持悟书去,云‘欲自奏之’,不知尝奏不?”上曰:“朕殊不知也,且悟大臣,何不自奏!”对曰:“悟武臣,不知事体。然今事状籍籍如此,臣等面论,陛下犹不能决,况悟当日单辞,岂能动圣听哉!”

韩愈严厉地说："皇上认为你有将帅的才能，所以任命你为节度使，却想不到你却指挥不动这些士卒！"有一士卒手执兵器上前几步说："先太师王武俊为国家击退朱滔，他的血衣仍在这里，我军有什么地方辜负了朝廷，以致被作为叛贼征讨！"韩愈说："你们还能记得先太师就好了。他开始时叛乱，后来归顺朝廷，加官进爵，因此，由叛逆转变而为福贵难道还远吗！从安禄山、史思明到吴元济、李师道，割据叛乱，他们的子孙至今还有存活做官的人没有？田弘正举魏博以归顺朝廷，他的子孙虽然还是孩提，但都被授予高官；王承元以成德归顺朝廷，还未成人就被任命为节度使；刘悟、李祐当初跟随李师道、吴元济叛乱，后来投降朝廷，现在，都是节度使。这些情况，你们都听说过吗！"王庭凑恐怕将士军心动摇，命令他们出去，然后，对韩愈说："您这次来成德，想让我干什么呢？"韩愈说："神策军和羽林、龙武、神武六军的将领，像牛元翼这样的人不在少数，但朝廷顾全大局，不能把他丢弃不管！为什么你到现在仍包围深州，不放他出城？"王庭凑说："我马上就放他出城。"于是，和韩愈一起饮宴，然后，用隆重的礼节送他返回京城。不久，牛元翼率领十个骑兵从深州突围出城，深州大将臧平等人举城投降王庭凑，王庭凑指责臧平等人一直坚守，杀臧平等将吏一百八十多人。

10 戊申（十七日），裴度抵达长安，面见唐穆宗，对自己率军讨伐幽州、成德而未能取胜表示请罪。在此以前，穆宗留下诏，命刘悟把监军刘承偕送还京城，刘悟假托将士不服从自己，拒不执行。穆宗问裴度："这件事应如何处理？"裴度回答说："刘承偕在昭义骄横放纵的情况，我都知道，当时刘悟出兵在行营时，曾写信给我，报告过这些情况。中使赵弘亮当时出使在我军中，他临行时拿走了刘悟的这封信，说'我要亲自向皇上禀报'，不知他是否向陛下上奏？"穆宗说："朕根本就不知道此事，况且刘悟是大臣，为什么不自己上奏！"裴度说："刘悟是武将，不懂朝廷的制度。不过，这件事现在已弄得议论纷纷，我和其他人向陛下当面说明，陛下仍然不能决断，况且刘悟当时只是一面之词，怎能说动陛下呢！"

上曰:“前事勿论,直言此时如何处置?”对曰:“陛下必欲收天下心,止应下半纸诏书,具陈承偕骄纵之罪,令悟集将士斩之,则藩镇之臣,孰不思为陛下效死!非独悟也。”上俯首良久,曰:“朕不惜承偕,然太后以为养子,今兹囚縶,太后尚未知之,况杀之乎!卿更思其次。”度乃与王播等奏请“流承偕于远州,必得出”。上从之。后月馀,悟乃释承偕。

11　李光颜所将兵闻当留沧景,皆大呼西走,光颜不能制,因惊惧成疾。己酉,上表固辞横海节,乞归许州。许之。

12　壬子,以裴度为淮南节度使,馀如故。

13　加刘悟检校司徒,馀如故。自是悟浸骄,欲效河北三镇,招聚不逞,章表多不逊。

14　裴度之讨幽、镇也,回鹘请以兵从,朝议以为不可,遣中使止之。回鹘遣其臣李义节将三千人已至丰州北,却之,不从。诏发缯帛七万匹以赐之,甲寅,始还。

15　王智兴遣轻兵二千袭濠州。丙辰,刺史侯弘度弃城奔寿州。

16　言事者皆谓裴度不宜出外,上亦自重之。戊午,制留度辅政,以中书侍郎、同平章事王播同平章事,代度镇淮南,仍兼诸道盐铁转运使。

穆宗说:“以前的事就不说了,你只说现在怎么办?”裴度说:“陛下如果能下决心收取天下人心的话,只要下达一道诏书,指出刘承偕骄横放纵的罪行,命刘悟集会将士,当众把他斩首就可以了,这样,不仅刘悟,而且全国各个藩镇的节度使都会认为陛下执法如山,谁不愿为陛下尽死效力呢!”穆宗低头沉默很久,说:“朕并不可惜刘承偕,但皇太后把他收为养子,现在刘悟拘留了他,都没敢让皇太后知道,何况杀掉他呢!请你再想其他的办法。”于是,裴度和王播等人奏请“把刘承偕流放到遥远偏僻的州县,刘悟肯定会释放他”。穆宗采纳了二人的意见。过了一个多月,刘悟才释放了刘承偕。

11 李光颜统辖的许州兵得知皇上已经下诏停罢了诸道在河朔前线的军队,而自己还要留守沧州和景州,都大声喧哗起来,往西奔走,要回许州,李光颜制止不住,以致受惊得病。己酉(十八日),李光颜向朝廷上奏,一再请求辞去横海节度使,乞求批准自己返回许州。穆宗批准。

12 壬子(二十一日),唐穆宗任命裴度为淮南节度使,仍兼任原来的其他职务。

13 唐穆宗任命刘悟为检校司徒,仍兼任原来的其他职务。从此以后,刘悟逐渐骄横跋扈,想效仿河朔三镇,实行割据,于是,招聚在各地不得志的那些狂妄之徒,上奏朝廷的章表也往往出言不逊。

14 裴度当初奉命征讨幽州和成德时,回鹘国请求出兵参战,朝廷商议以后,认为不可,于是,穆宗派中使出使制止。不料回鹘国派遣大臣李义节率领三千人马已到达丰州的北部,中使命李义节退回,李义节不听。于是,穆宗下诏,发放丝织品七万匹赠送回鹘国,甲寅(二十三日),李义节才率兵退回。

15 王智兴派遣轻装士卒两千人袭击濠州。丙辰(二十五日),濠州刺史侯弘度弃城逃奔寿州。

16 凡是向朝廷上奏的臣僚都认为裴度不应当到外地去任职,而应留在朝廷,穆宗也器重裴度。戊午(二十七日),命裴度留京辅佐朝政,任命中书侍郎、同平章事王播带同平章事的荣誉官衔,代替裴度为淮南节度使,仍兼诸道盐铁转运使。

17　李寰帅其众三千出博野，王庭凑遣兵追之。寰与战，杀三百馀人，庭凑兵乃还，馀众二千犹固守博野。

18　朝廷以新罢兵，力不能讨徐州，己未，以王智兴为武宁节度使。

19　复以德棣节度使李全略为横海节度使。

20　夏，四月辛酉朔，日有食之。

21　甲戌，以傅良弼、李寰为神策都知兵马使。

22　户部侍郎、判度支张平叔上言“官自粜盐，可以获利一倍”；又请“令所由将盐就村粜易”；又乞“令宰相领盐铁使”；又请“以粜盐多少为刺史、县令殿最”；又乞“检责所在实户，据口团保，给一年盐，使其四季输价”；又“行此策后，富商大贾或行财贿，邀截喧诉，其为首者所在杖杀，连状人皆杖脊”。诏百官议其可否。

兵部侍郎韩愈上言，以为：“城郭之外，少有见钱籴盐，多用杂物贸易。盐商则无物不取，或赊贷徐还，用此取济，两得利便。今令吏人坐铺自粜，非得见钱，必不敢受。如此，贫者无从得盐，自然坐失常课，如何更有倍利！又若令人吏将盐家至而户粜，必索百姓供应，骚扰极多。又，刺史、县令职在分忧，岂可惟以盐利多少为之升黜，不复考其理行！又，贫家食盐至少，或有淡食动经旬月，若据户给盐，依时

17　李寰率领他的部下三千人从博野突围，王庭凑派兵追击。李寰迎战，杀伤三百多人，王庭凑的士兵才返还不再追击，李寰剩馀的两千人仍坚守博野。

18　朝廷考虑到刚刚停罢对幽州、成德的讨伐，无力再讨王智兴的叛乱，己未（二十八日），任命王智兴为武宁节度使。

19　唐穆宗仍任命德棣节度使李全略为横海节度使。

20　夏季，四月辛酉朔（初一），出现日食。

21　甲戌（十四日），唐穆宗任命傅良弼、李寰为神策都知兵马使。

22　户部侍郎、判度支张平叔上奏，建议"由官府自己粜盐，朝廷每年获利可增加一倍"；又建议"命各道掌管食盐专卖的官吏把盐送到村里出粜交易"；又建议"命宰相兼领盐铁使"；又建议"各道以粜盐多少作为考察刺史、县令政绩优劣的依据"；请求"命各道核查当地的户口，根据各户人口的多少，若干户组织在一起，给一年的食盐，让他们相互作保，一年分四次向官府交纳盐钱"；又说"实行这项政策后，如果那些有钱的大商人向官府行贿，或者出于不满而喧哗闹事，或向上控诉的话，对于为首者，命各地用刑杖打死，凡联名上诉的人都给予杖背的惩罚"。穆宗下诏，命百官讨论他的建议是否可行。

兵部侍郎韩愈上奏，认为："在城市以外的地方，很少有人用钱买盐，而大多用各种杂物交换。盐商，则什么东西都可用来交换，或者先赊账以后再还，这种交易方式，买卖双方都很方便。现在，如果朝廷下令让官吏自设摊铺卖盐，那么，官吏必定只要现钱，其他杂物，肯定不敢收。这样的话，手头没钱的贫苦百姓就无从买盐，国家自然减少盐业专卖的税收，怎么能说反而增加一倍的收益呢！其次，如果命官吏把盐送到村里让百姓按户买，那么，官吏必定借接待为名，乘机勒索百姓，骚扰极多。再次，刺史和县令的职能是为皇上分担责任，治理百姓，岂可仅仅以获取食盐专卖的收入多少作为迁升和降职的依据，而不再考察他们的政绩！最后，贫苦的百姓吃盐都很少，有的甚至十天半月的淡食，如果按户给盐，按时

征价，官吏畏罪，必用威刑，臣恐因此所在不安，此尤不可之大者也。”

中书舍人韦处厚议，以为：“宰相处论道之地，杂以鹾务，实非所宜。窦参、皇甫镈皆以钱谷为相，名利难兼，卒蹈祸败。又欲以重法禁人喧诉，夫强人之所不能，事必不立。禁人之所必犯，法必不行矣。”事遂寝。

平叔又奏征远年逋欠。江州刺史李渤上言：“度支征当州贞元二年逃户所欠钱四千馀缗，当州今岁旱灾，田损什九。陛下奈何于大旱中征三十六年前逋负？”诏悉免之。

23　邕州人不乐属容管，刺史李元宗以吏人状授御史，使奏之。容管经略使严公素闻之，遣吏按元宗擅以罗阳县归蛮酋黄少度。五月壬寅，元宗将兵百人并州印奔黄洞。

24　王庭凑之围牛元翼也，和王傅于方欲以奇策干进，言于元稹，请“遣客王昭、于友明间说贼党，使出元翼。仍赂兵、吏部令史伪出告身二十通，令以便宜给赐”。稹皆然之。有李赏者，知其谋，乃告裴度，云方为稹结客刺度，度隐而不发。赏诣左神策告其事。丁巳，诏左仆射韩皋等鞫之。

25　戊午，幽州节度使朱克融进马万匹，羊十万口，而表云先请其直充犒赏。

收钱，官吏恐怕不能按时把盐钱收上来而被上司怪罪，必然会对百姓严刑威吓，我担心这样一来，各地可能产生骚乱而不安定，这是他的建议不可行的最重要的一点。”

中书舍人韦处厚在讨论时认为：“宰相的职责是议决国家的大政方针，如果兼管盐业专卖这类具体事务，实在是不适宜的。当年窦参、皇甫镈都是以管理财政而兼任宰相，由于两方面事务难以兼顾，以致最终出了问题而被罢免。同时，要想以严刑峻法禁止商人喧哗上诉，也是不可能的，凡是强迫人们去做无法做到的事情，这种事情肯定不能成功。凡是制定人们一定会违犯的法律，这种法律就肯定难以贯彻执行。”于是，张平叔的建议被搁置而未能实行。

张平叔又奏请征收百姓多年所欠的赋税。江州刺史李渤上奏：“朝廷度支征收本州贞元二年逃户所欠钱四千多缗，本州今年遭受旱灾，庄稼损失十分之九。陛下为什么要在大旱之年征收三十六年前百姓所欠的赋税？”穆宗下诏全部免除。

23　邕州人不愿隶属容管经略使统辖，刺史李元宗把本州官吏百姓写的上诉书交给朝廷的出使御史，请他上奏朝廷。容管经略使严公素得知后，派遣官吏审查李元宗擅自把罗阳县归还黄洞蛮酋长黄少度的问题。五月壬寅（十二日），李元宗率兵百人，并携带州印投奔黄洞蛮。

24　王庭凑当初围攻深州牛元翼的时候，和王李绮的师傅于方想出奇计以求升迁，于是，向宰相元稹建议：“请派遣说客王昭、于友明二人去游说王庭凑的部下，以便放牛元翼出城。同时给尚书省所辖兵部、吏部赠送钱财，请求给予文官和武官的假任命书二十张，让王、于二人游说时随时见机授予。”元稹表示同意。有一个名叫李赏的人，听说于方的计谋后，便告诉了裴度，说于方为元镇交结刺客，阴谋暗杀裴度，裴度得知后，将此事压在心中，没有发作。于是，李赏到左神策军上告。丁巳（二十七日），唐穆宗下诏，命左仆射韩皋等人审问这个案件。

25　戊午（二十八日），幽州节度使朱克融声称要向朝廷进奉马一万匹，羊十万头，不过，他的进奉奏章上说，先请朝廷付给这些马和羊的价钱，作为对将士的犒赏，然后再进奉朝廷。

26　三司按于方刺裴度事，皆无验。六月甲子，度及元稹皆罢相，度为右仆射，稹为同州刺史；以兵部尚书李逢吉为门下侍郎、同平章事。

27　党项寇灵州、渭北，掠官马。

28　谏官上言："裴度无罪，不当免相。元稹与于方为邪谋，责之太轻。"上不得已，壬申，削稹长春宫使。

29　吐蕃寇灵武。

30　庚辰，盐州奏党项都督拔跋万诚请降。

31　壬午，吐蕃寇盐州。

32　戊子，复置邕管经略使。

33　初，张弘靖为宣武节度使，屡赏以悦军士，府库虚竭。李愿继之，性奢侈，赏劳既薄于弘靖时，又峻威刑，军士不悦。愿以其妻弟窦瑗典宿直兵，瑗骄贪，军中恶之。牙将李臣则等作乱，秋，七月壬辰夜，即帐中斩瑗头，因大呼，府中响应。愿与一子逾城奔郑州。乱兵杀其妻，推都押牙李㝏为留后。

34　丙申，宋王结薨。

35　戊戌，宣武监军奏军乱。庚子，李㝏自奏已权知留后。

乙巳，诏三省官与宰相议汴州事，皆以为宜如河北故事，授李㝏节。李逢吉曰："河北之事，盖非获已。今若并汴州弃之，则是江、淮以南皆非国家有也。"杜元颖、张平叔争之曰："奈何惜数尺之节，不爱一方之死乎！"议未决，会

26　韩皋主持刑部、大理寺和御史台会审于方阴谋暗杀裴度的案件，毫无证据。六月甲子（初五），裴度和元稹都被免去宰相职务，裴度被降为右仆射，元稹为同州刺史；唐穆宗任命兵部尚书李逢吉为门下侍郎、同平章事。

27　党项族部落侵扰灵州、渭北，掠取国家牧场上的马匹。

28　谏官上言："裴度无罪，不应当免去他的宰相职务。而元稹和于方一起策划奸谋，处置太轻。"穆宗不得已，壬申（十三日），免去元稹所兼任的长春宫使的职务。

29　吐蕃国出兵侵犯灵武。

30　庚辰（二十一日），盐州上奏：党项族都督拔跋万诚请求投降。

31　壬午（二十三日），吐蕃国出兵侵犯盐州。

32　戊子（二十九日），唐穆宗下令重新设置邕管经略使。

33　当初，张弘靖任宣武节度使时，多次赏赐军士，以求取悦士心，致使府库空竭。李愿继任为节度使后，喜好奢侈，对军士的赏赐已经大大少于张弘靖在任时的数额，而且又严刑峻法，军士报怨不满。李愿任用他的内弟窦瑗掌管护卫亲兵，窦瑗骄横贪婪，将士都憎恶他。牙将李臣则等人乘机作乱，秋季，七月壬辰（初四）夜晚，李臣则等在军帐中把窦瑗杀死，然后，大声呼叫，将士群起响应。李愿和他的一个儿子逃往郑州。乱兵杀死他的妻子，公推都押牙李㝏为留后。

34　丙申（初八），宋王李结去世。

35　戊戌（初十），宣武监军奏报发生军乱。庚子（十二日），李㝏上奏，自称已暂时主持留后。

乙巳（十七日），唐穆宗下诏，命中书、门下、尚书三省长官和宰相商议如何处置宣武的军乱，参加会议的官员多数都认为应当按照河北藩镇的惯例，任命李㝏为节度使。李逢吉说："河北藩镇割据跋扈，朝廷予以承认是不得已的事。现在，如果连宣武也一并放弃，恐怕江淮以南的广大地区都要脱离朝廷。"杜元颖、张平叔和他争论说："为什么要可惜几尺长的节度使符节，而不爱惜宣武一方百姓的生命呢！"讨论尚未决定，赶上

宋、亳、颍三州各上奏，请别命帅。上大喜，以逢吉议为然，遣中使诣三州宣慰。逢吉因请“以将军征齐入朝，以义成节度使韩充镇宣武。充，弘之弟，素宽厚得众心。脱齐旅拒，则命徐、许两军攻其左右而滑军蹙其北，充必得入矣。”上皆从之。

丙午，贬李愿为随州刺史，以韩充为宣武节度兼义成节度使。征李齐为右金吾将军，齐不奉诏。宋州刺史高承简斩其使者，齐遣兵二千攻之，陷宁陵、襄邑。宋州有三城，贼已陷其南城，承简保北二城，与贼十馀战。癸丑，忠武节度使李光颜将兵二万五千讨李齐，屯尉氏。兖海节度使曹华闻齐作乱，不俟诏，即发兵讨之。齐遣兵三千人攻宋州，适至城下，丙辰，华逆击，破之。丁巳，李光颜败宣武兵于尉氏，斩获二千馀人。

36　八月辛酉，大理卿刘元鼎自吐蕃还。

37　甲子，韩充入汴境，军于千塔。武宁节度使王智兴与高承简共破宣武兵，斩首千馀级，馀众遁去。壬申，韩充败宣武兵于郭桥，斩首千馀级，进军万胜。

初，李齐既为留后，以都知兵马使李质为腹心，及齐除将军，不奉诏，质屡谏不听。会齐疽发于首，遣李臣则等将兵拒李光颜于尉氏。既而官军四集，兵屡败，齐疾甚，

宣武管辖的宋州、亳州、颍州各向朝廷上奏，请求另外任命节度使。穆宗大喜，认为李逢吉的意见正确，于是，派遣中使出使三州安抚将士。李逢吉接着奏请："任命李岕为将军，召他来京城，同时，任命义成节度使韩充为宣武节度使。韩充，即前宣武节度使韩弘的弟弟，向来以宽容得将士爱戴。假如李岕举兵抗拒朝廷命令，就命武宁和忠武两支军队攻打他的左右，而命义成军队从北面压境，这样，韩充肯定能够率兵进入宣武。"穆宗全部采纳了他的意见。

丙午(十八日)，唐穆宗贬李愿为随州刺史，任命韩充为宣武节度使兼义成节度使。同时召李岕进京，任命他为右金吾将军，李岕拒不执行朝廷命令。宋州刺史高承简把李岕派去的使者斩首，李岕派遣两千人马攻打宋州，攻陷宁陵、襄邑两县。宋州有三座城，李岕的兵马已攻陷南城，高承简率兵坚守北边的两座城，和敌兵大战十多次。癸丑(二十五日)，忠武节度使李光颜率兵二万五千人讨伐李岕，屯驻在尉氏县。兖海节度使曹华得知李岕叛乱的消息后，不待朝廷下诏，就主动出兵征讨。李岕派兵三千人攻打宋州，刚到城下，丙辰(二十八日)，曹华率兵迎击，大败李岕兵马。丁巳(二十九日)，李光颜在尉氏打败宣武的军队，斩首和俘虏二千多人。

36　八月辛酉(初三)，大理卿刘元鼎出使吐蕃国会盟后，回到京城。

37　甲子(初六)，韩充率兵进入汴州境内，驻军于千塔。武宁节度使王智兴和宋州刺史高承简联合打败宣武的军队，斩首一千多人，其馀兵马逃亡。壬申(十四日)，韩充在郭桥镇打败宣武的军队，斩首一千多人，接着，乘胜进军万胜镇。

当初，李岕自称宣武留后，以都知兵马使李质作为自己的心腹，等到李岕被朝廷任命为右金吾将军时，拒不执行朝廷的任命，李质多次劝谏而不听。正好这时李岕的头上长了一个毒疮，他派遣李臣则等人率兵前往尉氏县抵抗李光颜的忠武军队。随后，官军四面围攻，宣武军队屡战屡败，李岕的毒疮也越来越重，

悉以军事属李质，卧于家。丙子，质与监军姚文寿擒齐，杀之，诈为齐牒，追臣则等。至，皆斩之。执齐四子送京师。

韩充未至，质权知军务，时牙兵三千人，日给酒食，物力不能支。质曰："若韩公始至而罢之，则人情大去矣！不可留此弊以遗吾帅。"即命罢给而后迎充。丁丑，充入汴。

癸未，以韩充专为宣武节度使，以曹华为义成节度使，高承简为兖、海、沂、密节度使，加李光颜兼侍中，以李质为右金吾将军。

韩充既视事，人心粗定，乃密籍军中为恶者千馀人，一朝，并父母妻子悉逐之，曰："敢少留境内者斩。"于是军政大治。

38　九月戊子朔，浙西观察使京兆窦易直奏大将王国清作乱，伏诛。初，易直闻汴州乱而惧，欲散金帛以赏军士，或曰："赏之无名，恐益生疑。"乃止。而外已有知之者，故国清作乱，易直讨擒之，并杀其党二百馀人。

39　德州刺史王稷，承父锷馀赀，家富厚。横海节度使李景略利其财，丙申，密教军士杀稷，屠其家，纳其女为妾，以军乱闻。

40　朝廷之讨李齐也，遣司门郎中韦文恪宣慰魏博，史宪诚表请授齐旌节，又于黎阳筑马头，为渡河之势，见文恪，

于是把军事指挥权都交给李质，自己卧病在家。丙子（十八日），李质和宣武监军姚文寿活捉李岕，把他杀死，然后，假传李岕的手令，派人把李臣则等人追回。李臣则等人回到汴州，都被斩首。李质和姚文寿又逮捕李岕的四个儿子，押送到京城。

韩充尚未抵达汴州，李质暂时掌管宣武军队，这时，宣武共有牙兵三千人，每天由官府供给酒食，宣武的财力已难以继续供给。李质说："如果韩充刚来宣武上任，就罢除对牙兵的优待，那么，就肯定大失军心！因此，不能把这个弊端留给我们的新任节度使来处理。"于是，下令罢除对牙兵的优厚供给，然后，去迎接韩充。丁丑（十九日），韩充进入汴州城。

癸未（二十五日），唐穆宗任命韩充专为宣武节度使，任命曹华为义成节度使，高承简为兖、海、沂、密节度使，任命李光颜兼任侍中，李质为右金吾将军。

韩充在宣武就任后，人心初步安定，于是秘密调查登记军中一贯作恶多端的将士，共一千多人，一天，下令将这些人和他们的父母、妻子全家都驱逐出境，韩充说："谁敢在宣武境内稍微迟疑停留，一律斩首。"于是，军政大治。

38　九月戊子朔（初一），浙江西道观察使、京兆府人窦易直奏报大将王国清作乱，已被斩首。当初，窦易直听说宣武军乱，十分恐惧，想从库房拿出金银布帛来赏赐将士，有人对他说："赏赐而无名目，恐怕将士更生疑心。"于是，窦易直打消了这个念头。但是，外面已有人得知这个消息，因此，王国清乘人心不定而作乱，被窦易直讨平，杀王国清和他的党羽共两百多人。

39　德州刺史王稷继承父亲王锷的遗产，家庭富裕，财产丰厚。横海节度使李景略贪图他的家产，丙申（初九），秘密地指使军士暗杀王稷和他的全家，娶他的女儿为小妾，然后，向朝廷奏报，发生了军乱。

40　朝廷出兵征讨李岕时，派司门郎中韦文恪安抚魏博，魏博节度使史宪诚上奏朝廷，请求任命李岕为宣武节度使，同时，他又在黄河北岸的黎阳县建筑码头，摆出要渡河援助李岕的样子，见到韦文恪，

辞礼倨慢。及闻夰死，辞礼顿恭，曰："宪诚，胡人，譬如狗，虽被捶击，终不离主耳。"

41　冬，十一月庚午，皇太后幸华清宫。辛未，上自复道幸华清宫，遂畋于骊山，即日还宫。太后数日乃返。

42　丙子，集王缃薨。

43　庚辰，上与宦者击毬于禁中，有宦者坠马，上惊，因得风疾，不能履地，自是人不闻上起居。宰相屡乞入见，不报。裴度三上疏请立太子，且请入见。十二月辛卯，上见群臣于紫宸殿，御大绳床，悉去左右卫官，独宦者十馀人侍侧，人情稍安。李逢吉进言："景王已长，请立为太子。"裴度请速下诏，副天下望。既而两省官亦继有请立太子者。癸巳，诏立景王湛为皇太子。上疾浸瘳。

44　是岁，初行《宣明历》。

他的言辞和礼节都十分傲慢。后来得知李岕已死，对韦文恪的言辞和礼节顿时都恭敬起来，自嘲说："宪诚是胡族人，就像家中的狗一样，虽然挨打，但始终不离开主人。"

41　冬季，十一月庚午（十四日），皇太后到达华清宫。辛未（十五日），唐穆宗从复道出京城，到达华清宫，于是，在骊山打猎游乐，当天，返回宫中。皇太后过了很多天才返回兴庆宫。

42　丙子（二十日），集王李缃去世。

43　庚辰（二十四日），唐穆宗和宦官在宫中踢毬，有一宦官不慎从马上掉下来，穆宗受惊，得了手足麻木的疾病，不能下地走路，以后，百官都不知穆宗的日常活动和行踪。宰相多次请求入宫面见，都没有答复。裴度多次上奏，请求立皇太子，并请入宫面见穆宗。十二月辛卯（初八），穆宗在紫宸殿接见群臣百官，坐在大绳床上，命左右禁卫兵暂且退下，仅留十多个宦官在身边侍候，于是，人心逐渐安定。李逢吉上言说："景王已长大成人，请立为皇太子。"裴度请求穆宗尽快下诏立皇太子，以便符合天下人的心意。接着，中书、门下两省的官员也有人相继上奏，请求立皇太子。癸巳（初十），穆宗下诏，立景王李湛为皇太子。随后，穆宗的病渐渐痊愈。

44　这一年，全国开始行用《宣明历》。

卷第二百四十三　唐纪五十九

起癸卯(823)尽戊申(828)凡六年

穆宗睿圣文惠孝皇帝下

长庆三年(癸卯,823)

1　春,正月癸未,赐两军中尉以下钱。二月辛卯,赐统军、军使等绵采、银器各有差。

2　户部侍郎牛僧孺,素为上所厚。初,韩弘之子右骁卫将军公武为其父谋,以财结中外。及公武卒,弘继薨,稚孙绍宗嗣,主藏奴与吏讼于御史府。上怜之,尽取弘财簿自阅视,凡中外主权,多纳弘货,独朱句细字曰:"某年月日,送户部牛侍郎钱千万,不纳。"上大喜,以示左右曰:"果然,吾不缪知人!"三月壬戌,以僧孺为中书侍郎、同平章事。

时僧孺与李德裕皆有入相之望,德裕出为浙西观察使,八年不迁,以为李逢吉排己,引僧孺为相。由是牛、李之怨愈深。

3　夏,四月甲午,安南奏陆州獠攻掠州县。

4　丙申,赐宣徽院供奉官钱,紫衣者百二十缗,下至承旨各有差。

穆宗睿圣文惠孝皇帝下

唐穆宗长庆三年(癸卯,公元823年)

1　春季,正月癸未(二十七日),唐穆宗赏赐左、右神策军护军中尉以下军将钱。二月辛卯(初六),赏赐左、右羽林军,左、右龙武军,左、右神武军统军、军使等军将丝锦、银器,根据他们的职务高低分等级颁给。

2　户部侍郎牛僧孺向来被唐穆宗所器重。当初,宣武节度使韩弘的儿子,右骁卫将军韩公武为了巩固父亲的地位,向朝廷内外许多当权的官员行贿。后来,韩公武去世,接着,韩弘也去世了,韩弘的小孙子韩绍宗继承家业,这时,韩绍宗家里主管优藏的家奴和宣武的官吏向御史台起诉韩公武行贿的问题。穆宗怜悯韩绍宗,于是,把韩弘家里的财产登记本全部调来,亲自审阅,发现朝廷内外凡当权的官员,大多接受过韩弘的贿赂,登记本上只有一处用红笔小字记载着:"某年某月某日,送户部牛侍郎钱一千万,拒而不收。"穆宗看后大喜,拿来给左右侍从看,并说:"果然不出我的所料,我没有看错人!"三月壬戌(初七),任命牛僧孺为中书侍郎、同平章事。

这时,牛僧孺和李德裕都有升迁宰相的希望,但李德裕被任命为浙西道观察使,以后八年没有升迁,因此,他认为是宰相李逢吉为了排斥自己,而引荐牛僧孺为宰相。从此以后,牛僧儒和李德裕二人之间的怨恨越来越深。

3　夏季,四月甲午(初十),安南都护府奏报:陆州的獠人攻打掠夺本道州县。

4　丙申(十二日),唐穆宗赏赐宣徽院供奉官钱,凡身着紫色官服的赐一百二十缗,下至承旨官,各根据他们的官品高低分等级颁给。

5　初，翼城人郑注，眇小，目下视，而巧谲倾谄，善揣人意，以医游四方，羁贫甚。尝以药术干徐州牙将，牙将悦之，荐于节度使李愬。愬饵其药颇验，遂有宠，署为牙推，浸预军政，妄作威福，军府患之。监军王守澄以众情白愬，请去之，愬曰："注虽如是，然奇才也，将军试与之语，苟无可取，去之未晚。"乃使注往谒守澄，守澄初有难色，不得已见之，坐语未久，守澄大喜，延之中堂，促膝笑语，恨相见之晚。明日，谓愬曰："郑生诚如公言。"自是又有宠于守澄，权势益张，愬署为巡官，列于宾席。注既用事，恐牙将荐己者泄其本末，密以他罪谮之于愬，愬杀之。及守澄入知枢密，挈注以西，为立居宅，赡给之。遂荐于上，上亦厚遇之。

自上有疾，守澄专制国事，势倾中外。注日夜出入其家，与之谋议，语必通夕，关通赂遗，人莫能窥其迹。始则有微贱巧宦之士，或因以求进，数年之后，达官车马满其门矣。工部尚书郑权，家多姬妾，禄薄不能赡，因注通于守澄以求节镇。己酉，以权为岭南节度使。

6　五月壬申，以尚书左丞柳公绰为山南东道节度使。公绰过邓县，有二吏，一犯赃，一舞文，众谓公绰必杀犯赃者。公绰判曰："赃吏犯法，法在；奸吏乱法，法亡。"竟诛舞文者。

5　当初，翼城人郑注虽然身材瘦小，眼睛近视，但却巧言谄媚，善解人意，他以行医游行四方，羁旅他乡，十分贫穷。一次，他以精湛的医术得到一个徐州牙将的赏识，于是，这个牙将把他推荐给节度使李愬。李愬服用他的药后，很有效果，因而非常宠爱，任命他为牙推，郑注恃宠，逐渐干预军政，胡作非为，节度使府的官员都感到忧虑。监军王守澄把众人对郑注的反映转告李愬，请求把他驱除出去，李愬说："郑注虽然如此，但他是个奇才，您若不信，请和他试见一面，如果一无是处，再驱除也不晚。"于是，李愬让郑注去拜见王守澄，王守澄开始还面有难色，后来不得已接见郑注，交谈不久，王守澄大喜，把郑注引到正堂，两人促膝交谈，笑声不断，恨相见太晚。第二天，王守澄对李愬说："郑注的确像您说的那样，是个奇才。"从此以后，郑注又得到王守澄的宠爱，权势更加扩张，李愬又任命他为巡官，成为李愬的重要幕僚。郑注掌握一定权力后，恐怕原来推荐自己的牙将暴露自己的身世，秘密地以其他罪名告于李愬，李愬把牙将杀死。等到王守澄被穆宗召入朝廷，任命为知枢密时，王守澄带郑注到京城，给他修建住宅，加以供养。接着，又向穆宗推荐，穆宗也很器重郑注。

自从穆宗得病以后，王守澄专制朝政，势倾中外。郑注频繁地出入王守澄的家里，和他商议谋划，经常通宵达旦，二人串通收受贿赂，外人都无法预测他们的踪迹。开始时，还只是一些身世卑贱但又善于钻营趋奉的官吏，通过贿赂郑注而求迁升；几年以后，达官贵戚也都争着和他交往，以致门前车水马龙。工部尚书郑权在家中蓄养了很多妻妾，但由于俸禄少而无力供养，于是，通过郑注向王守澄推荐，求为节度使。己酉（二十五日），唐穆宗任命郑权为岭南节度使。

6　五月壬申（十八日），唐穆宗任命尚书左丞柳公绰为山南东道节度使。柳公绰途经邓县，发现有两个官吏犯法，一个贪污，一个舞文弄墨，众人都认为柳公绰肯定要杀贪污者。不料柳公绰宣判说："贪污的官吏虽然犯法，但法律仍在；而舞文弄墨的奸吏紊乱法律，则法律已亡。"最后，竟杀舞文弄墨者。

7　丙子，以晋、慈二州为保义军，以观察使李寰为节度使。

8　六月己丑，以吏部侍郎韩愈为京兆尹，六军不敢犯法，私相谓曰："是尚欲烧佛骨，何可犯也！"

9　秋，七月癸亥，岭南奏黄洞蛮寇邕州，破左江镇。丙寅，邕州奏黄洞蛮破钦州千金镇，刺史杨屿奔石南砦。

10　南诏劝利卒，国人请立其弟丰祐。丰祐勇敢，善用其众，始慕中国，不与父连名。

11　八月癸巳，邕管奏破黄洞蛮。

12　丙申，上自复道幸兴庆宫，至通化门楼，投绢二百匹施山僧。上之滥赐皆此类，不可悉纪。

13　癸卯，以左仆射裴度为司空、山南西道节度使，不兼平章事。李逢吉恶度，右补阙张又新等附逢吉，竞流谤毁伤度，竟出之。又新，荐之子也。

14　九月丙辰，加昭义节度使刘悟同平章事。

15　李逢吉为相，内结知枢密王守澄，势倾朝野。惟翰林学士李绅每承顾问，常排抑之，拟状至内庭，绅多所臧否。逢吉患之，而上待遇方厚，不能远也。会御史中丞缺，逢吉荐绅清直，宜居风宪之地。上以中丞亦次对官，不疑而可之。会绅与京兆尹、御史大夫韩愈争台参及他职事，文移往来，辞语不逊。逢吉奏二人不协，冬，十月丙戌，以愈为兵部侍郎，绅为江西观察使。

7　丙子(二十二日),唐穆宗命以晋、慈二州为保义军,任命观察使李寰为节度使。

8　六月己丑(初六),唐穆宗任命吏部侍郎韩愈为京兆尹,禁军将士都不敢犯法,私下里相互说:"他连佛骨都敢烧,我们怎么敢犯法!"

9　秋季,七月癸亥(十一日),岭南奏报:黄洞蛮侵犯邕州,攻破左江镇。丙寅(十四日),邕州奏报:黄洞蛮攻破钦州千金镇,刺史杨屿逃往石南砦。

10　南诏国王劝利去世,南诏人向唐奏请立劝利的弟弟丰祐为王。丰祐勇敢而善于用人,羡慕唐朝的礼仪和文化,从他开始不再与父辈连名。

11　八月癸巳(十一日),邕管奏称攻破黄洞蛮。

12　丙申(十四日),唐穆宗从复道到兴庆宫,途经通化门楼时,向山里的僧人施舍绢二百匹。穆宗滥施赏赐,毫无节制,像这一类事情,无法一一记载。

13　癸卯(二十一日),唐穆宗任命左仆射裴度为司空、山南西道节度使,不再兼同平章事。宰相李逢吉憎恨裴度,右补阙张又新等人附和李逢吉,竞相用流言诽谤中伤裴度,结果,竟然使裴度离开朝廷,放任为外地的节度使。张又新是唐德宗时期朝臣张荐的儿子。

14　九月丙辰(初五),唐穆宗加封昭义节度使刘悟同平章事的荣誉职务。

15　李逢吉担任宰相,在宫中交结知枢密王守澄,因而势倾朝野。只有翰林学士李绅在每次参与穆宗的咨询时,经常对他加以遏制,李逢吉推荐官员的拟状上奏后,穆宗拿到翰林学士院听取意见,李绅多有批评。李逢吉十分忧虑,但因穆宗正信任李绅,李逢吉无法进谗言使穆宗疏远他。这时,正好御史中丞缺职,李逢吉推荐李绅清廉正直,适合担任监察工作的职务。穆宗考虑到御史中丞也是次对官,因而,未加怀疑就同意了。适逢李绅与京兆尹、御史大夫韩愈因台参及其他任职事争议不休,二人奏章往来,词语多有不逊。于是,李逢吉上奏二人关系不和,冬季,十月丙戌(初五),穆宗罢免二人的监察职务,任命韩愈为兵部侍郎,李绅为江西道观察使。

16 己丑，以中书侍郎、同平章事杜元颖同平章事、充西川节度使。

17 辛卯，安南奏黄洞蛮为寇。

18 韩愈、李绅入谢，上各令自叙其事，乃深寤。壬辰，复以愈为吏部侍郎，绅为户部侍郎。

四年(甲辰,824)

1 春，正月辛亥朔，上始御含元殿朝会。

2 初，柳泌等既诛，方士稍复因左右以进，上饵其金石之药。有处士张皋者上疏，以为："神虑澹则血气和，嗜欲胜则疾疢作。药以攻疾，无疾不可饵也。昔孙思邈有言，'药势有所偏助，令人藏气不平，借使有疾用药，犹须重慎'。庶人尚尔，况于天子！先帝信方士妄言，饵药致疾，此陛下所详知也，岂得复循其覆辙乎！今朝野之人纷纭窃议，但畏忤旨，莫敢进言。臣生长蓬艾，麋鹿与游，无所邀求，但粗知忠义，欲裨万一耳！"上甚善其言，使求之，不获。

3 丁卯，岭南奏黄洞蛮寇钦州，杀将吏。

4 庚午，上疾复作。壬申，大渐，命太子监国。宦官欲请郭太后临朝称制，太后曰："昔武后称制，几危社稷。我家世守忠义，非武氏之比也。太子虽少，但得贤宰相辅之，卿辈勿预朝政，何患国家不安！自古岂有女子为天下主而能致唐、虞之理乎！"

16　己丑(初八),唐穆宗任命中书侍郎、同平章事杜元颖兼同平章事的荣誉职务,充任剑南西川节度使。

17　辛卯(初十),安南奏报:黄洞蛮侵扰。

18　韩愈、李绅上殿向穆宗感谢新任职务,穆宗令二人各自陈述争论的事情经过,方才明白其中的原因。壬辰(十一日),重新任命韩愈为吏部侍郎,李绅为户部侍郎。

唐穆宗长庆四年(甲辰,公元824年)

1　春季,正月辛亥朔(初一),唐穆宗自即位以来,首次亲临在含元殿举行的大朝会。

2　当初,柳泌等人被杀后,方士又逐渐通过穆宗的左右侍从进入宫中,穆宗服用方士所炼制的金石药物。有一个隐居未仕名叫张皋的人上书朝廷,认为:"凡是精神淡泊的人就血气相和,身体康健;而欲望强烈的人则容易疾病发作。药是用来治病的东西,没有病就不要轻易吃。过去,孙思邈曾说:'药对人身体各个器官的作用是有所偏重的,它会导致人的五脏元气不平,所以,即使有病吃药,也要非常慎重。'对于一般百姓尚且如此,何况天子呢!先帝听信方士的胡言乱语,服用金丹导致疾病发作,陛下是十分清楚的,岂可再蹈覆辙!现在,朝廷内外纷纷私下议论这件事,但都恐怕违背陛下的旨意,不敢上书直言。我是生长在草莽中的隐居人士,整天和麋鹿相处一起,无所追求,但也大略懂得一些忠义的道理,所以上书朝廷,请以防患于万一。"穆宗十分赞赏张皋的这一番话,派人去访求张皋,结果,没有找到。

3　丁卯(十七日),岭南奏报:黄洞蛮侵扰钦州,杀死将士和官吏。

4　庚午(二十日),唐穆宗疾病再次发作。壬申(二十二日),病重,命皇太子代理朝政。宦官想请郭太后临朝代行皇权,太后说:"过去,武皇后称帝,几乎危害江山社稷。我家世代恪守忠义,决非武氏所能相比。太子虽然年轻,但如果能有德才兼备的宰相辅佐,你们这些人也都不干预朝政,就不用忧虑国家不安定!自古以来,岂有女人主宰天下,而能达到像唐尧、虞舜那样的天下大治的!"

取制书手裂之。太后兄太常卿钊闻有是议，密上笺曰："苟果徇其请，臣请先帅诸子纳官爵归田里。"太后泣曰："祖考之庆，钟于吾兄。"是夕，上崩于寝殿。癸酉，以李逢吉摄冢宰。丙子，敬宗即位于太极东序。

初，穆宗之立，神策军士人赐钱五十千，宰相议以太厚难继，乃下诏称："宿卫之勤，诚宜厚赏，属频年旱歉，御府空虚，边兵尚未给衣，沾恤期于均济。神策军士人赐绢十匹、钱十千，畿内诸镇又减五千。仍出内库绫二百万匹付度支，充边军春衣。"时人善之。

5　自戊寅至庚辰，上赐宦官服色及锦采金银甚众，或今日赐绿，明日赐绯。

6　初，穆宗既留李绅，李逢吉愈忌之。绅族子虞颇以文学知名，自言不乐仕进，隐居华阳川。及从父耆为左拾遗，虞与耆书求荐，误达于绅，绅以书诮之，且以语于众人。虞深怨之，乃诣逢吉，悉以绅平日密论逢吉之语告之。逢吉益怒，使虞与补阙张又新及从子前河阳掌书记仲言等伺求绅短，扬之于士大夫间，且言"绅潜察士大夫有群居议论者，辄指为朋党，白之于上"。由是士大夫多忌之。

及敬宗即位，逢吉与其党快绅失势，又恐上复用之，日夜谋议，思所以害绅者。楚州刺史苏遇谓逢吉之党曰："主上初听政，必开

说完，把宦官拟定的制书拿过来撕了。郭太后的兄长太常卿郭钊听到宦官的建议，秘密上书给郭太后说："如果您听从宦官的请求，那么，我就和儿子们把自己的官衔和爵位交还朝廷，然后回家种田。"郭太后哭着说："祖先庆幸有我的兄弟这样的好后代。"当晚，穆宗在寝殿驾崩。癸酉（二十三日），朝廷任命李逢吉兼任冢宰，主持穆宗的治丧事宜。丙子（二十六日），唐敬宗李湛在太极殿东厢即位。

当初，唐穆宗即位时，赏赐神策军军士每人钱五十缗，宰相商议，认为赏赐过于优厚，难以继续实行，于是，敬宗下诏说："按照禁军将士宿卫的功劳，实在应当给予优厚的赏赐，但近年以来屡有旱灾，庄稼歉收，国库空虚，戍边兵士至今尚未供给春衣，朝廷对将士的恩惠应当尽量平均。所以，凡神策军军士每人赐绢十匹、钱十缗，京畿神策诸镇军士每人钱减五缗。同时，从内库拨调绫二百万匹交给度支，充作边防戍兵的春衣。"当时人都称赞这次赏赐比较公允。

5　从戊寅（二十八日）至庚辰（三十日），唐敬宗赏赐宦官官服以及锦彩、金银，数额很多，或者今日赐给六品、七品的绿色官服，明日赐给四品、五品的红色官服。

6　当初，唐穆宗把李绅留在朝廷任职后，宰相李逢吉更加忌恨他。李绅的族子李虞由于文章博学而知名一时，他自称不愿做官，因而隐居在华阳川。等到他的叔父李耆任左拾遗后，李虞写信给李耆请求向朝廷推荐，不料这封信误送到李绅手中，李绅便写信讥讽他，并把这件事在大庭广众中张扬。李虞得知后非常气愤，于是，求见李逢吉，把李绅平时暗地里议论李逢吉的话全都告诉了他。李逢吉更加憎恨李绅，于是，让李虞和补阙张又新以及侄子、前河阳掌书记李仲言等人探察李绅的过失，然后，在士大夫中间张扬，并说："李绅暗地里窥察士大夫，凡有人在一起议论，便指斥为朋党，向皇上告状。"由此士大夫也大多忌恨李绅。

敬宗即位后，李逢吉和他的党羽对李绅失势拍手称快，但又恐怕敬宗重新信用他，因而日夜策划，商量能够伤害李绅的办法。楚州刺史苏遇对李逢吉的党羽说："皇上初次上朝听政，肯定要开

延英，有次对官，惟此可防。”其党以为然，亟白逢吉曰：“事迫矣，若俟听政，悔不可追！”逢吉乃令王守澄言于上曰：“陛下所以为储贰，臣备知之，皆逢吉之力也。如杜元颖、李绅辈，皆欲立深王。”度支员外郎李续之等继上章言之。上时年十六，疑未信。会逢吉亦有奏，言“绅不利于上，请加贬谪”。上犹再三覆问，然后从之。二月癸未，贬绅为端州司马。逢吉仍帅百官表贺，既退，百官复诣中书贺，逢吉方与张又新语，门者弗内，良久，又新挥汗而出，旅揖百官曰：“端溪之事，又新不敢多让。”众骇愕辟易，惮之。右拾遗内供奉吴思独不贺，逢吉怒，以思为吐蕃告哀使。丙戌，贬翰林学士庞严为信州刺史，蒋防为汀州刺史。严，寿州人，与防皆绅所引也。给事中于敖，素与严善，封还敕书，人为之惧，曰：“于给事为庞、蒋直冤，犯宰相怒，诚所难也！”及奏下，乃言贬之太轻。逢吉由是奖之。

张又新等犹忌绅，日上书言贬绅太轻，上许为杀之。朝臣莫敢言，独翰林侍读学士韦处厚上疏，指述：“绅为逢吉之党所谗，人情叹骇。绅蒙先朝奖用，借使有罪，犹宜容假，以成三年无改之孝，况无罪乎！”于是上稍开寤，会阅禁中文书，有穆宗所封文书一箧，发之，得裴度、杜元颖、李绅疏请立上为太子，上乃嗟叹，悉焚人所上谮绅书，虽未即召还，后有言者，不复听矣。

延英殿访询百官，李绅是次对官，在这时应防备李绅重新被皇上重用。”李逢吉的党羽认为言之有理，急忙转告李逢吉说：“事情紧迫，如果等到皇上驾临延英殿听政，就悔不可及了！”于是，李逢吉让知枢密王守澄对敬宗说：“陛下所以能被立为皇太子，我全都知道，主要是李逢吉的功劳。像杜元颖、李绅这些人，都是要立深王李察的。”度支员外郎李续之等人接着上奏，也同样说。敬宗这时十六岁，疑而未信。这时，李逢吉也上奏说：“李绅不忠于陛下，请予以贬谪。”敬宗仍再三询问是否属实，然后听从了李逢吉的意见。二月癸未（初三），贬李绅为端州司马。于是，李逢吉率领百官上表称贺，退朝后，百官又到中书省称贺，这时，李逢吉正和张又新在中书省交谈，守门人不让百官进去，百官等待很久，只见张又新挥汗而出，向百官作揖说：“李绅贬官端州一事，我不能再退让了。”百官都惊愕退下，惧怕张又新。百官称贺时，只有右拾遗内供奉吴思不作祝贺的表示，李逢吉发怒，任命他为吐蕃告哀使。丙戌（初六），贬翰林学士庞严为信州刺史，蒋防为汀州刺史。庞严是寿州人，他和蒋防都是由李绅推荐到翰林院任职的。给事中于敖向来和庞严关系密切，他把贬谪二人的敕书封还朝廷，百官都以为他要为二人辩解，因而替他担忧说：“于给事敢于为庞、蒋二人辩冤，触犯宰相，真是不容易啊！”后来，于敖上奏辩驳时，反而说对二人贬的太轻。李逢吉由此而夸奖他。

张又新等人仍然忌恨李绅，每天上书朝廷，认为对李绅贬得太轻，敬宗许可杀李绅。朝臣都不敢再言，只有翰林侍读学士韦处厚上奏，指出：“李绅被李逢吉的党羽进谗言诬陷贬谪，人们都感到震惊，无不叹息。李绅是由穆宗提拔任用的大臣，即使他有罪，也应当本着对父亲尽三年孝道的精神，对他予以宽容，何况他根本无罪！”于是，敬宗渐渐觉悟，这时，恰巧敬宗阅览宫中的文书，发现有一小箱穆宗亲手封存的文书，打开后，看到其中一件是裴度、杜元颖、李绅上疏请立自己为皇太子的上奏，这才嗟叹不已，把朝臣离间李绅的上书全都烧掉，不再相信，虽然敬宗尚未立即把李绅从端州召回朝廷，但以后再有人上奏离间，不再听了。

7　己亥，尊郭太后为太皇太后。

8　乙巳，尊上母王妃为皇太后。太后，越州人也。

9　丁未，上幸中和殿击毬，自是数游宴、击毬、奏乐，赏赐宦官、乐人，不可悉纪。

10　三月壬子，赦天下，诸道常贡之外，毋得进奉。

11　甲寅，上始对宰相于延英殿。

12　初，牛元翼在襄阳，数赂王庭凑以请其家，庭凑不与。闻元翼薨，甲子，尽杀之。

13　上视朝每晏，戊辰，日绝高尚未坐，百官班于紫宸门外，老病者几至僵踣。谏议大夫李渤白宰相曰："昨日疏论坐晚，今晨愈甚，请出阁待罪于金吾仗。"既坐班退，左拾遗刘栖楚独留，进言曰："宪宗及先帝皆长君，四方犹多叛乱。陛下富于春秋，嗣位之初，当宵衣求理。而嗜寝乐色，日晏方起，梓宫在殡，鼓吹日喧，令闻未彰，恶声遐布。臣恐福祚之不长，请碎首玉阶以谢谏职之旷。"遂以额叩龙墀，见血不已，响闻阁外。李逢吉宣曰："刘栖楚休叩头，俟进止！"栖楚捧首而起，更论宦官事，上连挥令出。栖楚曰："不用臣言，请继以死。"牛僧孺宣曰："所奏知，门外俟进止！"栖楚乃出，待罪于金吾仗，于是宰相赞成其言。

7　己亥(十九日),唐敬宗尊奉郭太后为太皇太后。

8　乙巳(二十五日),唐敬宗尊奉自己的母亲王妃为皇太后。皇太后是越州人。

9　丁未(二十六日),唐敬宗到中和殿去踢毬,此后多次游宴、踢毬、奏乐,并赏赐宦官和奏乐的伎工,难以全部记载。

10　三月壬子(初三),唐敬宗大赦天下,命诸道在规定的上贡数额以外,不准再向朝廷进奉。

11　甲寅(初五),唐敬宗开始在延英殿会见宰相,商谈朝政大事。

12　当初,牛元翼镇守襄阳后,多次贿赂成德节度使王庭凑,请求把自己的家眷释放送还,王庭凑拒不释放。后来,听说牛元翼已死,甲子(十五日),把他的家眷全部杀死。

13　唐敬宗每次上朝都很晚,戊辰(十九日),太阳已经很高了尚未来到,百官在紫宸门外列班等待,老弱有病者几乎双腿麻木跌倒。谏议大夫李渤对宰相说:"昨天我上疏论皇上上朝太晚,不料今天更晚,皇上不改,请允许我在金吾仗前等候皇上治罪。"敬宗上朝结束,百官退朝后,左拾遗刘栖楚独自留下,对敬宗说:"宪宗和穆宗皇帝都是成年后即位,但各地仍多有叛乱。陛下年纪正经,即位之初,应当早起晚睡,勤于政事,以求治理天下。但您却喜好音乐女色,贪睡晚起,现在,穆宗皇帝的棺木还未下葬,治丧的乐队鼓吹声不绝于耳,而陛下勤政的名声尚未显扬,不孝的恶名却已遐迩闻知。我担心国家的命运难以长久,现在,我请求死在陛下面前,作为对我这个谏官失职罪责的惩罚。"说完,用前额叩撞敬宗前面的龙形台阶,流血不止,叩撞声连宫殿外面都能听见。李逢吉宣布敬宗的旨意说:"刘栖楚不要再叩头了,现在听候皇上的决定!"刘栖楚用手捧头而起,接着,又上奏宦官专权的问题,敬宗很不耐烦,连连挥手命他出去。刘栖楚说:"陛下如果不采纳我的意见,我请求接着死在陛下面前。"牛僧孺又宣布敬宗的旨意说:"你的上奏已经知道了,请到门外听候皇上的决定!"刘栖楚于是出去,到金吾仗前等候,这时,宰相都上奏赞成刘栖楚的意见。

上命中使就仗，并李渤宣慰令归。寻擢栖楚为起居舍人，仍赐绯。栖楚辞疾不拜，归东都。

14　庚午，赐内教坊钱万缗，以备行幸。

15　夏，四月甲午，淮南节度使王播罢盐铁转运使。

16　乙未，以布衣姜洽为补阙，试大理评事陆洿、布衣李虞、刘坚为拾遗。时李逢吉用事，所亲厚者张又新、李仲言、李续之、李虞、刘栖楚、姜洽及拾遗张权舆、程昔范，又有从而附丽之者，时人恶逢吉者，目之为八关、十六子。

17　卜者苏玄明与染坊供人张韶善，玄明谓韶曰："我为子卜，当升殿坐，与我共食。今主上昼夜毬猎，多不在宫中，大事可图也。"韶以为然，乃与玄明谋结染工无赖者百馀人，丙申，匿兵于紫草，车载以入银台门，伺夜作乱。未达所诣，有疑其重载而诘之者，韶急，即杀诘者，与其徒易服挥兵，大呼趣禁庭。

上时在清思殿击毬，诸宦者见之，惊骇，急入闭门，走白上。盗寻斩关而入。先是右神策中尉梁守谦有宠于上，每两军角伎艺，上常佑右军。至是，上狼狈欲幸右军，左右曰："右军远，恐遇盗，不若幸左军近。"上从之。左神策中尉河中马存亮闻上至，走出迎，捧上足涕泣，自负上入军中，遣大将康艺全将骑卒入宫讨贼。上忧二太后隔绝，存亮复以五百骑迎二太后至军。

于是，敬宗派中使到金吾仗前安抚刘栖楚和李渤，命二人回家。不久，提拔刘栖楚为起居舍人，并赐予五品的红色官服。刘栖楚借口身体有病不接受，回到东都去了。

14　庚午(二十一日)，唐敬宗赏赐内教坊钱一万缗，作为外出巡行的准备。

15　夏季，四月甲午(十五日)，唐敬宗罢免淮南节度使王播兼任的盐铁转运使的职务。

16　乙未(十六日)，唐敬宗任命平民姜洽为补阙，试大理评事陆洿、平民李虞、刘坚为拾遗。这时，宰相李逢吉专制朝政，他所亲信重用的人有张又新、李仲言、李续之、李虞、刘栖楚、姜洽以及拾遗张权舆、程昔范，还有一些顺从而依附他们的士人，当时凡憎恨李逢吉的人，都把他们称为八关、十六子。

17　占卜术士苏玄明和朝廷染坊的供役人张韶关系亲近，苏玄明对张韶说："我为你占卜了吉凶，你将来应当进宫升殿而坐，和我同食，同事富贵。现在皇上昼夜踢毬游猎，大多数时间不在宫中，可以乘机而图大事。"张韶认为言之有理，于是，和苏玄明在暗地里交结染坊工匠无赖者一百多人，丙申(十七日)，他们把兵器藏在紫草中，装在车上，打算运进银台门，趁夜黑时作乱。还未到达目的地，有人怀疑他们的车超重，加以盘问，张韶着急，立即杀死盘问者，然后，和他的同党换去外衣，手握兵器，大喊着直冲宫中。

敬宗这时正在清思殿踢毬，宦官们发觉有人向宫中冲来，大为吃惊，急忙跑进来关闭宫门，然后跑去向敬宗报告。顷刻间，张韶等人攻破宫门，冲入宫中。原先，敬宗宠爱右神策军护军中尉梁守谦，每次左、右神策军比试武艺，敬宗常常为右军助威。这时，敬宗狼狈不堪，想到右神策军营中避难，左右侍从说："右军路远，恐怕半路遇上盗贼，不如到左军近。"敬宗同意。左神策军护军中尉河中人马存亮听说敬宗驾临，急忙跑出军营迎接，他两手捧住敬宗的双脚哭泣不已，亲自把敬宗背到军中，然后，命大将康艺全率骑兵入宫讨伐乱党。敬宗担心太皇太后和皇太后隔在宫中有危险，马存亮又派五百骑兵把两位太后接到军中。

张韶升清思殿，坐御榻，与苏玄明同食，曰："果如子言!"玄明惊曰："事止此邪!"韶惧而走。会康艺全与右军兵马使尚国忠引兵至，合击之，杀韶、玄明及其党，死者狼藉。逮夜始定，馀党犹散匿禁苑中，明日，悉擒获之。

时宫门皆闭，上宿于左军，中外不知上所在，人情恇骇。丁酉，上还宫，宰相帅百官诣延英门贺，来者不过数十人。盗所历诸门，监门宦者三十五人法当死。己亥，诏并杖之，仍不改职任。壬寅，厚赏两军立功将士。

18　五月乙卯，以吏部侍郎李程、户部侍郎判度支窦易直并同平章事。上问相于李逢吉，逢吉列上当时大臣有资望者，程为之首，故用之。上好治宫室，欲营别殿，制度甚广，李程谏，请以所具木石回奉山陵，上即从之。

19　六月己卯朔，以左神策大将军康艺全为鄜坊节度使。

20　上闻王庭凑屠牛元翼家，叹宰辅非才，使凶贼纵暴。翰林学士韦处厚因上疏言："裴度勋高中夏，声播外夷，若置之岩廊，委其参决，河北、山东必禀朝算。管仲曰：'人离而听之则愚，合而听之则圣。'理乱之本，非有他术，顺人则理，违人则乱。伏承陛下当食叹息，恨无萧、曹，今有裴度尚不能留，

张韶登上清思殿，坐在皇帝的御榻上，和苏玄明一同吃饭，说："果然像你说的那样！"苏玄明大惊，说："难道你所企求的就是这些吗！"张韶畏惧而逃。正在这时，康艺全和右神策军兵马使尚国忠率兵到达，二人合兵讨击，杀张韶、苏玄明及其同党，尸体狼藉遍地。直到夜里，宫中方才安定，张韶的馀党仍有人散藏在禁苑中，第二天，全部被擒获。

这时，大明宫的各个大门都已关闭，敬宗住在左神策军中，朝廷内外都不知敬宗去向，人心恐惧。丁酉（十八日），敬宗回宫，宰相率百官到延英门祝贺，前来的朝官不过数十人。按照法律规定，凡张韶和他的同党所经过的宫门，监门宦官有三十五人由于失职而应当判处死刑。己亥（二十日），敬宗下诏，命用刑杖责罚宦官，但未变动他们的职务。壬寅（二十三日），命重赏左、右神策军立功的将士。

18　五月乙卯（初七），唐敬宗任命吏部侍郎李程，户部侍郎、判度支窦易直并为同平章事。敬宗曾问李逢吉谁可以做宰相，李逢吉把朝中大臣按资功和声望高低，列表奏上，结果，李程排在首位，所以敬宗任命他为宰相。敬宗喜好修筑宫殿，打算再修一座别殿，设计的规模很大，李程劝阻敬宗，请求将准备好的木材和石料用来修筑穆宗的陵墓，敬宗随即采纳了他的意见。

19　六月己卯朔（初一），唐敬宗任命左神策军大将军康艺全为鄜坊节度使。

20　唐敬宗听说成德节度使王庭凑屠杀了牛元翼的家眷，叹息辅政大臣无治国的才能，导致凶贼目无朝廷，恣意残暴。于是，翰林学士韦处厚上疏说："裴度的功勋冠盖全国，声望远播四夷，如果把他召入朝廷，委托他主持朝政，河北、崤山以东的割据藩镇必然顺从朝命。管仲说：'一个人拒绝听取别人的意见就会愚昧，乐于听取别人的意见才会聪明。'所以，国家治乱的根本途径，没有其他的办法，只要顺从人心就会天下大治，违背人心则必然天下大乱。现在，陛下正当用人的时候却叹息不已，遗憾朝廷中没有像萧何、曹参那样德才兼备的宰相，但是，现在有裴度却不能留用，

此冯唐所以谓汉文得廉颇、李牧不能用也。夫御宰相，当委之，信之，亲之，礼之，于事不效，于国无劳，则置之散寮，黜之远郡，如此，则在位者不敢不厉，将进者不敢苟求。臣与逢吉素无私嫌，尝为裴度无辜贬官。今之所陈，上答圣明，下达群议耳。"上见度奏状无平章事，以问处厚。处厚具言李逢吉排沮之状。上曰："何至是邪！"李程亦劝上加礼于度。丙申，加度同平章事。

21　张韶之乱，马存亮功为多，存亮不自矜，委权求出。秋，七月，以存亮为淮南监军使。

22　夏绥节度使李祐入为左金吾大将军，壬申，进马百五十匹，上却之。甲戌，侍御史温造于阁内奏弹祐违敕进奉，请论如法，诏释之。祐谓人曰："吾夜半入蔡州城取吴元济，未尝心动，今日胆落于温御史矣！"

23　八月丁卯朔，安南奏黄蛮入寇。

24　龙州刺史尉迟锐上言："牛心山素称神异，有掘断处，请加补塞。"从之。役数万人于绝险之地，东川为之疲弊。

25　九月丁未，波斯李苏沙献沉香亭子材。左拾遗李汉上言："此何异瑶台、琼室！"上虽怒，亦优容之。汉，道明之六世孙也。

这就和汉代的冯唐所说汉文帝即使得到廉颇、李牧那样的优秀将领而不能任用的道理一样。皇上任用宰相，首先任命他，然后就应当信任他，亲近他，敬重他，如果不称职，没有政绩，那么，就罢免他的职务，任命他作闲散的官吏，或者黜放到荒远的州郡，予以惩罚，这样，凡是在宰相职位上的人就不敢不励精图治，想争取宰相职务的人也就不敢懈怠，得过且过。我和李逢吉向来没有私仇，反而曾经被裴度无辜地贬过朝中官职。以上所陈述的这些意见，只是为了对上报答陛下对我的信任，对下转达群臣的意见罢了。”后来，敬宗看到裴度的奏折上没有同平章事的官衔，问韦处厚是什么原因。韦处厚就把李逢吉怎样排挤裴度的情况作了详细的汇报。敬宗说：“怎么到了这种地步！”这时，李程也劝敬宗对裴度表示敬重。丙申（十八日），敬宗加封裴度同平章事的职务。

21 张韶作乱时，左神策军护军中尉马存亮立功最多，但马存亮并不居功自矜，反而请求出任地方职务。秋季，七月，唐敬宗任命马存亮为淮南监军使。

22 夏绥节度使李祐入朝被任命为左金吾大将军，壬申（二十五日），他向朝廷进奉马一百五十匹，敬宗拒而不收。甲戌（二十七日），侍御史温造在紫宸殿弹劾李祐违法进奉，请按法律治罪，敬宗下诏释免。李祐对人说：“当年我率军半夜攻入蔡州城活捉吴元济，都未胆怯，今天在温御史面前竟魂飞胆破了！”

23 八月丁卯朔（初一），安南奏报：黄洞蛮进犯。

24 龙州刺史尉迟锐上奏：“州内江油县牛心山向来以神仙怪异著名，现在，山上有一处被挖断，请求朝廷批准征发民夫塞补。”敬宗批准。于是，当地征发数万人，在高山险要处作业，整个东川都疲惫不堪。

25 九月丁未（初二），波斯国大商人李苏沙向朝廷奉献沉香木的亭榭材料。左拾遗李汉上奏说：“这和瑶台、琼室有什么两样！”敬宗虽然发怒，但仍然宽容了他。李汉是唐初淮阳王李道玄的弟弟李道明的第六代子孙。

26　冬，十月戊戌，翰林学士韦处厚谏上宴游曰："先帝以酒色致疾损寿，臣是时不死谏者，以陛下年已十五故也。今皇子才一岁，臣安敢畏死而不谏乎！"上感其言，赐锦采百匹、银器四。

27　十一月戊午，安南奏：黄蛮与环王合兵攻陷陆州，杀刺史葛维。

28　庚申，葬睿圣文惠孝皇帝于光陵，庙号穆宗。

29　王播以钱十万缗赂王守澄，求复领利权，十二月癸未，谏议大夫独孤朗、张仲方、起居郎柳公权、起居舍人宋申锡、拾遗李景让、薛廷老请开延英论其奸邪。上问："前廷争者不在中邪？"即日，除刘栖楚谏议大夫。景让，憕之曾孙；廷老，河中人也。

30　十二月庚寅，加天平节度使乌重胤同平章事。

31　乙未，徐泗观察使王智兴以上生日，请于泗州置戒坛，度僧尼以资福，许之。自元和以来，敕禁此弊，智兴欲聚货，首请置之，于是四方辐凑，江、淮尤甚，智兴家赀由此累钜万。浙西观察使李德裕上言："若不钤制，至降诞日方停，计两浙、福建当失六十万丁。"奏至，即日罢之。

32　是岁，回鹘崇德可汗卒，弟曷萨特勒立。

敬宗睿武昭愍孝皇帝

宝历元年(乙巳，825)

1　春，正月辛亥，上祀南郊。还，御丹凤楼，赦天下，改元。

26　冬季，十月戊戌（二十三日），翰林学士韦处厚劝阻敬宗游乐饮宴说："先帝穆宗皇帝由于酒色过度而导致疾病，减损了寿命，当时，我没有冒死劝阻，是考虑到陛下已经十五岁，长大成人了。现在，陛下的儿子才一岁，我怎么敢怕死而不规劝呢！"敬宗被他的忠心所感动，于是，赏赐韦处厚锦彩一百匹，银器四件。

27　十一月戊午（十三日），安南奏报：黄洞蛮与环王合兵攻陷陆州，杀刺史葛维。

28　庚申（十五日），朝廷在光陵埋葬睿圣文惠孝皇帝李恒，庙号穆宗。

29　淮南节度使王播贿赂知枢密王守澄钱十万缗，请求重新兼任盐铁转运使，十二月癸未（初九），谏议大夫独孤朗、张仲方、起居郎柳公权、起居舍人宋申锡、拾遗李景让、薛廷老联名上奏，请求开延英殿，当面向敬宗揭发王播的奸邪行为。敬宗问："上次在朝廷以死规劝我的刘栖楚是不是在你们中间？"当天，任命刘栖楚为谏议大夫。李景让是李憕的曾孙，薛廷老是河中人。

30　十二月庚寅（十六日），唐敬宗加封天平节度使乌重胤同平章事的职务。

31　乙未（二十一日），徐泗观察使王智兴借口唐敬宗要过生日，奏请在泗州设置戒坛，剃度僧尼，以此作为向皇上生日的祝福，敬宗批准。自从元和年以来，朝廷下敕禁止各地设戒坛剃度僧尼这种弊政，王智兴企图积聚钱财，首先破例请求设置，于是，四方百姓云集而来，其中，以江、淮尤多，王智兴的家财由此而达到数万之多。浙西道观察使李德裕上奏说："如果不赶快制止，到了陛下的生日才停止的话，那么，总计浙江东道、浙江西道、福建道就会丧失六十万个劳动力。"奏折送到朝廷的当天，敬宗命令王智兴停罢。

32　这一年，回鹘国崇德可汗去世，他的弟弟曷萨特勒被立为可汗。

敬宗睿武昭愍孝皇帝

唐敬宗宝历元年（乙巳，公元825年）

1　春季，正月辛亥（初七），唐敬宗亲自到京城南郊祭天。回宫后，御临丹凤楼，大赦天下，改年号为宝历。

先是鄠令崔发闻外喧嚣，问之，曰："五坊人殴百姓。"发怒，命擒以入，曳之于庭。时已昏黑，良久，诘之，乃中使也。上怒，收发，系御史台。是日，发与诸囚立金鸡下，忽有品官数十人执梃乱捶发，破面折齿，绝气乃去。数刻而苏，复有继来求击之者，台吏以席蔽之，仅免。上命复系发于台狱而释诸囚。

2 中书侍郎、同平章事牛僧孺以上荒淫，嬖幸用事，又畏罪不敢言，但累表求出。乙卯，升鄂岳为武昌军，以僧孺同平章事、充武昌节度使。

中旨复以王播兼盐铁转运使，谏官屡争之，上皆不纳。

牛僧孺过襄阳，山南东道节度使柳公绰服櫜鞬候于馆舍，将佐谏曰："襄阳地高于夏口，此礼太过！"公绰曰："奇章公甫离台席，方镇重宰相，所以尊朝廷也。"竟行之。

3 上游幸无常，昵比群小，视朝月不再三，大臣罕得进见。二月壬午，浙西观察使李德裕献《丹扆六箴》：一曰《宵衣》，以讽视朝希晚；二曰《正服》，以讽服御乖异；三曰《罢献》，以讽征求玩好；四曰《纳诲》，以讽侮弃谠言；五曰《辨邪》，以讽信任群小；六曰《防微》，以讽轻出游幸。

先前，鄠县县令崔发有一次听到门外有喧嚣嘈杂的声音，就问是怎么回事，有人答称："是五坊使的人殴打百姓。"崔发大怒，命将此人抓进来，拉到庭院中间。这时，天色已黑暗，过了很久，方才询问，得知是出使的宦官。敬宗知道后大怒，下令把崔发逮捕，押在御史台监狱。敬宗大赦天下的当天，崔发与即将赦免的罪犯都立在丹凤楼下的金鸡旁，等待赦罪回家，忽然，有几十个宦官冲过来，手拿棍棒照着崔发劈头盖脸就打，崔发被打得满面流血，牙齿折断，顿时不省人事，宦官这才离去。过了一会儿崔发苏醒，这时又有宦官跑来要打，御史台的官吏用席子遮挡，崔发才幸免再次被打。于是敬宗下令，把崔发重新押进御史台监狱，其馀罪犯释放。

2　中书侍郎、同平章事牛僧孺认为唐敬宗荒淫奢侈，身旁的亲信小人掌权，但又怕被敬宗怪罪而不敢直言劝阻，因而，多次上奏请求辞职，出任外地官职。乙卯(十一日)，敬宗下令升鄂岳观察使为武昌军节度使，加封牛僧孺同平章事的职务，充任武昌节度使。

唐敬宗任命淮南节度使王播重新兼任盐铁转运使，谏官多次劝阻，敬宗不听。

牛僧孺赴任武昌，途经襄阳，山南东道节度使柳公绰身佩櫜鞬，在客馆恭恭敬敬地迎候牛僧孺，部将和幕僚劝阻他说："我们襄阳的地位高于武昌，您用这样隆重的礼节，似乎太过分了！"柳公绰说："僧孺刚刚离开宰相的职位，藩镇都看重宰相，我这样做，是为了表示对朝廷的尊重。"最后，仍然用这种礼节来迎接牛僧孺。

3　唐敬宗三天两头游乐，亲近左右小人，每月听朝不过几次，即使大臣也很难进见。二月壬午(初八)，浙西道观察使李德裕向敬宗奉献《丹扆六箴》：第一叫《宵衣箴》，规劝敬宗勤政爱民，上朝不要太少太晚；第二叫《正服箴》，规劝敬宗遵循法度，服饰不要杂乱而不合制度；第三叫《罢献箴》，规劝敬宗禁止各地奉献，不要向地方征求珍宝古玩；第四叫《纳诲箴》，规劝敬宗虚心纳谏，不要侮弄和抛弃百官的忠直上言；第五叫《辨邪箴》，规劝敬宗辨别忠正奸邪，不要信用左右的小人；第六叫《防微箴》，规劝敬宗提高警惕，不要轻易外出游玩。

其《纳诲箴》略曰："汉骜流湎，举白浮钟；魏睿侈汰，陵霄作宫。忠虽不忤，善亦不从。以规为瑱，是谓塞聪。"《防微箴》曰："乱臣猖獗，非可遽数。玄服莫辨，触瑟始仆。柏谷微行，豺豕塞路，睹貌献餐，斯可戒惧！"上优诏答之。

4 上既复系崔发于狱，给事中李渤上言："县令不应曳中人，中人不应殴御囚，其罪一也。然县令所犯在赦前，中人所犯在赦后。中人横暴，一至于此。若不早正刑书，臣恐四方藩镇闻之，则慢易之心生矣。"谏议大夫张仲方上言，略曰："鸿恩将布于天下而不行御前，霈泽遍被于昆虫而独遗崔发。"自馀谏官论奏甚众，上皆不听。戊子，李逢吉等从容言于上曰："崔发辄曳中人，诚大不敬，然其母，故相韦贯之之姊也，年垂八十，自发下狱，积忧成疾。陛下方以孝理天下，此所宜矜念。"上乃愍然曰："比谏官但言发冤，未尝言其不敬，亦不言有老母。如卿所言，朕何为不赦之！"即命中使释其罪，送归家，仍慰劳其母。母对中使杖发四十。

其中，《纳诲箴》的大意说："汉成帝刘骜沉湎酒色，日夜饮宴；魏明帝曹睿骄纵奢侈，修筑陵霄宫阙。他们对逆耳忠言虽然不加拒绝，但也不予采纳。如果一定要把别人的善意规劝当作塞耳用的装饰物，那就是自我堵塞言路，拒绝使自己耳聪目明。"《防微箴》说："自古以来，乱臣贼子密谋造反的事件，不胜枚举。汉宣帝时，霍光的外曾孙任章乘黑夜不辨服色的机会，身着黑衣混进禁军侍从行列，密谋暗杀宣帝而未遂；汉武帝时，侍中仆射马何罗密谋行刺武帝，不慎碰到宫中的宝瑟跌倒而被擒。武帝曾私服到柏谷巡访，被人怀疑是奸盗，不得饮食，险遭围攻，幸赖一个村妇看武帝面貌似非常人，因而杀鸡献食，武帝方才脱险，平安回家。这些前车之鉴，实在是应当引以为戒的！"敬宗下诏，用委婉的言辞给予答复。

4　敬宗下令把崔发重新押进御史台监狱后，给事中李渤上言说："县令不应当随便拉扯宦官，但宦官也不应当随便殴打御史台监狱的囚犯，两方面的罪责是一样的。不过，县令所犯罪责是在陛下大赦以前，而宦官所犯罪责是在大赦以后。宦官横行霸道，已经达到目无朝廷诏令的程度。如果不及时予以制裁，我担心各地藩镇得知这件事后，就会萌发轻视朝廷的念头。"谏议大夫张仲方上言，大略说："陛下大赦，大恩大德遍布天下，但却不能实行于您的御驾前，恩泽遍及于昆虫，惟独遗漏了崔发。"其馀谏官也都纷纷上奏，敬宗一概不听。戊子（十四日），宰相李逢吉等人语气和缓地对敬宗说："崔发随意拉扯宦官，确实是对陛下的不尊重，但他的母亲是原宰相韦贯之的姐姐，年纪已近八十岁了，自从崔发被押进监狱后，她日夜忧虑思念，已经得了疾病。现在，陛下是以孝道来治理天下，所以，对于崔发母亲的情况，应当予以怜悯。"敬宗于是哀怜地说："近来谏官上奏，只说崔发冤枉，却从来不说他对朕不尊重，也不曾说他有老母在家。按照你所说的情况，朕怎能不赦免崔发的罪责呢！"随即下令宦官传达诏令，释免崔发的罪行，送他回家，并慰劳他的老母亲。崔发到家后，他的母亲当着宦官的面打了崔发四十棍，表示对他的惩罚。

5　三月辛酉，遣司门郎中于人文册回鹘曷萨特勒为爱登里罗汨没密於合毗伽昭礼可汗。

6　夏，四月癸巳，群臣上尊号曰文武大圣广孝皇帝。赦天下。赦文但云“左降官已经量移者，宜与量移”，不言未量移者。翰林学士韦处厚上言：“逢吉恐李绅量移，故有此处置。如此，则应近年流贬官，因李绅一人皆不得量移也。”上即追赦文改之。绅由是得移江州长史。

7　秋，七月甲辰，盐铁使王播进羡馀绢百万匹。播领盐铁，诛求严急，正入不充而羡馀相继。

8　己未，诏王播造竞渡船二十艘，运材于京师造之，计用转运半年之费。谏议大夫张仲方等力谏，乃减其半。

9　谏官言京兆尹崔元略以诸父事内常侍崔潭峻。丁卯，元略迁户部侍郎。

10　昭义节度使刘悟之去郓州也，以郓兵二千自随为亲兵。八月庚戌，悟暴疾薨，子将作监主簿从谏匿其丧，与大将刘武德及亲兵谋，以悟遗表求知留后。司马贾直言入责从谏曰：“尔父提十二州地归朝廷，其功非细，只以张汶之故，自谓不洁淋头，竟至羞死。尔孺子，何敢如此！父死不哭，何以为人！”从谏恐悚不能对，乃发丧。

5　三月辛酉（初七），唐敬宗派遣司门郎中于人文册命回鹘国曷萨特勒为爱登里罗汩没密於合毗伽昭礼可汗。

6　夏季，四月癸巳（二十日），群臣为唐敬宗上尊号，称为文武大圣广孝皇帝。然后，敬宗下诏大赦天下。对于因罪被贬的官吏，赦文只说："凡因罪被贬到荒远之地的官吏，已经酌情移往近处任职者，应再酌情迁移任职。"而不提未曾酌情移往近处任职的官吏。翰林学士韦处厚上言说："李逢吉恐怕李绅也酌情被移往近处任职，所以拟定赦文时故意这样说。如果按照诏书的这项规定，那么，近年来凡流放贬谪到荒远之地的官吏，就会由于李绅一人的缘故而不能酌情移往近处任职。"敬宗即命追回赦文，予以更正。于是，李绅由此而从端州移任江州长史。

7　秋季，七月甲辰（初二），盐铁转运使王播以节馀为名，向朝廷进奉丝绢一百万匹。王播担任盐铁转运使后，对百姓严厉征求，急如星火，朝廷规定的盐铁专卖收入往往征收不够，而以节馀为名向朝廷进奉的财物却源源不断。

8　己未（十七日），唐敬宗下诏，命王播修造用来游乐比赛用的竞渡船二十艘，并命把造船用的木材运到京城长安修造，总计费用大体相当盐铁转运半年的收入。谏议大夫张仲方等人极力劝阻，敬宗方才下令减为十艘。

9　谏官上言，揭发京兆尹崔元略以对待父辈之礼侍奉宦官、内常侍崔潭峻。丁卯（二十五日），崔元略被迁为户部侍郎。

10　昭义节度使刘悟当初离开郓州时，率郓州兵两千人作为自己的随从亲兵。八月庚戌（初十），刘悟突患急病去世，他的儿子、将作监主簿刘从谏隐瞒父亲去世的消息，拒不向朝廷报丧，他和大将刘武德以及亲兵密谋，打算以父亲的遗书上奏朝廷，请求任命自己为留后。这时，司马贾直言进来，责备刘从谏说："您的父亲当年杀李师道，率淄青十二州归顺朝廷，功劳不小，只是由于擅杀磁州刺史张汶的缘故，自认为沾染上不干净的恶名，以至羞耻而死。您现在不过是个后生，怎敢如此大胆，欺骗朝廷！父亲死了不赶快吊丧哭泣，今后还怎样做人！"刘从谏恐惧，无言以答，于是，公开父亲死亡的消息，为他吊丧。

11 初，陈留人武昭罢石州刺史，为袁王府长史，郁郁怨执政。李逢吉与李程不相悦，水部郎中李仍叔，程之族人，激怒之云，程欲与昭官，为逢吉所沮。昭因酒酣，对左金吾兵曹茅汇言欲刺逢吉，为人所告。九月庚辰，诏三司鞫之。前河阳掌书记李仲言谓汇曰："君言李程与昭谋则生，不然必死。"汇曰："冤死甘心！诬人自全，汇不为也！"狱成，冬，十月甲子，武昭杖死，李仍叔贬道州司马，李仲言流象州，茅汇流崖州。

12 上欲幸骊山温汤，左仆射李绛、谏议大夫张仲方等屡谏不听，拾遗张权舆伏紫宸殿下，叩头谏曰："昔周幽王幸骊山，为犬戎所杀；秦始皇葬骊山，国亡；玄宗宫骊山而禄山乱；先帝幸骊山，享年不长。"上曰："骊山若此之凶邪？我宜一往以验彼言。"十一月庚寅。幸温汤，即日还宫，谓左右曰："彼叩头者之言，安足信哉！"

13 丙申，立皇子普为晋王。

14 朝廷得刘悟遗表，议者多言上党内镇，与河朔异，不可许。左仆射李绛上疏，以为："兵机尚速，威断贵定，人情未一，乃可伐谋。刘悟死已数月，朝廷尚未处分，中外人意，共惜事机。今昭义兵众，必不尽与从谏同谋，纵使

11　当初，陈留人武昭被罢免石州刺史后，朝廷任命他为袁王府长史，武昭郁郁不得志，怨恨朝廷当权者。宰相李逢吉与李程关系不和，水部郎中李仍叔是李程的同族人，故意激怒武昭说，李程本来建议朝廷授予您官职，但被李逢吉阻挡而未果。一次，武昭正在饮酒兴头时，对左金吾兵曹茅汇说自己要刺杀李逢吉，后来，这件事被人告发。九月庚辰(初十)，敬宗下诏，命御史台、刑部、大理寺三司会同审判此案。前河阳掌书记李仲言对茅汇说："你如果能证明武昭刺杀李逢吉是与李程同谋，那么，还能保全性命；否则，就不免一死。"茅汇说："我甘心被冤枉而死！但要我诬告别人来保全自己，我是绝对不做这种事的！"三司审判结束，冬季，十月甲子(二十五日)，武昭被判处杖责死刑，李仍叔被贬为道州司马，李仲言流放到象州，茅汇流放到崖州。

12　唐敬宗打算前往骊山温泉游玩，左仆射李绛、谏议大夫张仲方等人多次劝阻，敬宗不听，拾遗张权舆拜伏在紫宸殿下，叩头劝阻说："过去，周幽王到骊山巡行游玩时，被犬戎杀死；秦始皇埋葬在骊山，后来秦朝也灭亡了；唐玄宗在骊山建筑宫殿，结果导致安禄山叛乱；先帝由于到骊山去游乐，后来寿命不长。"敬宗说："骊山真的这么不吉利吗？那么，我应当亲自前往一次以便验证他说的话是否灵验。"十一月庚寅(二十一日)，敬宗前往骊山温泉，当天回到宫中，对左右侍从说："那个叩头的人所说的话，能相信吗！"

13　丙申(二十七日)，唐敬宗下诏，立皇子李普为晋王。

14　朝廷接到刘悟的遗书后，朝廷商议，多数人认为上党(昭义)历来是朝廷的内镇，与河朔藩镇长期割据不同，不应允许刘从谏继承父位而为留后。左仆射李绛上疏，认为："作战用兵的关键在于军事行动的速度要快，建立权威的关键在于对任何情况作出正确的判断，只有当人心尚未统一的时候，才可使用谋略而制敌取胜。现在，刘悟已死去几个月了，朝廷却至今未对昭义的人事安排作出决定，朝廷内外，人们都对未能把握住解决昭义问题的良机感到痛惜。虽然现在昭义的兵马众多，但肯定不会都和刘从谏同谋对抗朝廷，即使

其半叶同，尚有其半效顺。从谏未尝久典兵马，威惠未加于人。又此道素贫，非时必无优赏。今朝廷但速除近泽潞一将充昭义节度使，令兼程赴镇，从谏未及布置，新使已至潞州，所谓‘先人夺人之心’也。新使既至，军心自有所系。从谏无位，何名主张，设使谋挠朝命，其将士必不肯从。今朝廷久无处分，彼军不晓朝廷之意，欲效顺则恐忽授从谏，欲同恶则恐别更除人，犹豫之间，若有奸人为之画策，虚张赏设钱数，军士觊望，尤难指挥。伏望速赐裁断，仍先下明敕，宣示军众，奖其从来忠节，赐新使缯五十万匹，使之赏设；续除刘从谏一刺史。从谏既粗有所得，必且择利而行，万无违拒。设不从命，臣亦以为不假攻讨。何则？臣闻从谏已禁山东三州军士不许自畜兵刀，足明群心殊未得一，帐下之事亦在不疑。熟计利害，决无即授从谏之理。”时李逢吉、王守澄计议已定，竟不用绛等谋。十二月辛丑，以从谏为昭义留后。刘悟烦苛，从谏济以宽厚，众颇附之。

有一半随同刘从谏叛乱，另有一半也还效忠朝廷。何况刘从谏未曾一直掌握兵权，对将士没有恩惠和应有的权威。另外，昭义向来地瘠人穷，刘从谏在时机不当的时候，必定还不会给予将士优厚的赏赐。现在，朝廷只要尽快从邻近昭义的藩镇选拔一位大将任命为昭义节度使，命令他日夜兼程赶赴昭义上任，那么，刘从谏尚未来得及安排部署，新使已到昭义的治所潞州就任了，这正是古人所说的'先于敌人一步，就可摧折敌人士气'的道理。新使上任后，昭义的军心已有所归。刘从谏得不到朝廷的任命，就没有资格对将士发号施令，假如他仍顽固不化，密谋阻挠新使上任，将士肯定不会听从。现在，朝廷对昭义的人事安排很长时间未作出决断，昭义的将士不明朝廷的意图，他们想效忠朝廷，但又恐怕朝廷忽然任命刘从谏为留后，想与刘从谏同谋，又恐怕朝廷另有任命。这样，在军心浮动不定的时候，如果有人给刘从谏出谋划策，虚张声势，宣称要赏赐军士若干钱，军士贪图钱财，到了那时，朝廷再任命节度使前往，就很难指挥得手。所以，我请求陛下迅速作出决断，首先公开下诏，向将士明确宣布，昭义的军队从李抱真担任节度使以来，一直是忠于朝廷的，为此，朝廷给予新任节度使丝织品五十万匹，命他犒赏将士，以便稳定军心；然后，任命刘从谏为一个州的刺史。刘从谏觉得自己也有所得，肯定会择利而行，决无理由违抗朝命。假如他还不听从朝廷的任命，我认为也不必立即发兵讨伐。为什么呢？因为我听说刘从谏已禁止太行山东的邢、磁、洺三州将士，不许他们私自储备兵器，可见其内部貌合神离，并不统一，那么，刘从谏的帐下亲兵中是否也会有人离心离德，甚至擒杀刘从谏而归顺朝廷，以便邀求赏赐，我看是势在必行，不容置疑了。所以，考虑到各方面的利害得失，绝没有任命刘从谏为昭义留后的任何理由。"这时，宰相李逢吉和知枢密王守澄已商议决定任命刘从谏，所以，竟然不采纳李绛的建议。十二月辛丑（初三），唐敬宗任命刘从谏为昭义留后。当初刘悟担任昭义节度使时，对部下烦扰苛刻；刘从谏上任后，略加宽厚，将士逐渐依附听命。

15　李绛好直言，李逢吉恶之。故事，仆射上日，宰相送之，百官立班，中丞列位于廷，尚书以下每月当牙。元和中，伊慎为仆射，太常博士韦谦上言旧仪太重，削去之。御史中丞王播恃逢吉之势，与绛相遇于涂，不之避。绛引故事上言："仆射，国初为正宰相，礼数至重。傥人才忝位，自宜别授贤良；若朝命守官，岂得有亏法制。乞下百官详定。"议者多从绛议。上听行旧仪。甲子，以绛有足疾，除太子少师、分司。

16　言事者多称裴度贤，不宜弃之藩镇，上数遣使至兴元劳问度，密示以还期。度因求入朝，逢吉之党大惧。

二年(丙午,826)

1　春，正月壬辰，裴度自兴元入朝，李逢吉之党百计毁之。先是民间谣云："绯衣小儿坦其腹，天上有口被驱逐。"又，长安城中有横亘六冈，如乾象，度宅偶居第五冈。张权舆上言："度名应图谶，宅占冈原，不召而来，其旨可见。"上虽年少，悉察其诬谤，待度益厚。

15　李绛对朝政得失喜好直言不讳，李逢吉由此而憎恨他。按照以往的惯例，尚书仆射上朝时，宰相送行，百官列班迎接，御史中丞在上朝的大廷中站立迎候，尚书省六部尚书以下官员每月要到仆射的府衙上去参拜。元和年间，伊慎担任仆射时，太常博士韦谦上言朝廷，认为以往对仆射的礼仪过于崇重，唐宪宗采纳了他的意见，同意削除。这时，御史中丞王播依恃李逢吉的势力，与李绛在半路相遇时，不加回避。于是，李绛引用过去的惯例，上言朝廷说："尚书仆射在建国初期是正宰相，礼仪非常崇重。如果朝廷认为我不称职，就应当另外任命德才兼备的人担任此职；如果仍然由我担任这项职务，岂能听任有人违法乱纪。请将我的意见交给百官，让他们详加讨论，予以裁定。"百官讨论时，多数人同意李绛的意见。于是，敬宗下令，对尚书仆射的礼仪，仍恢复过去的制度。甲子（二十六日），敬宗鉴于李绛的脚有病，任命他为太子少师、分司。

16　百官向朝廷上言者，大多称颂裴度德才兼备，不应弃而不用，仅仅让他做一个藩镇的节度使，于是，唐敬宗多次派人到山南西道的治所兴元去慰问裴度，向他秘密地转告即将召回朝廷重用的日期。于是，裴度上奏朝廷，请求入朝参见皇上，李逢吉和他的党羽由此而大为恐惧。

唐敬宗宝历二年(丙午，公元826年)

1　春季，正月壬辰（二十四日），裴度从兴元抵达长安，李逢吉和他的党羽千方百计地诋毁裴度。此前，民间已有民谣说："绯衣小儿坦其腹，天上有口被驱逐。"另外，长安城中从南到北，有东西方向的六个高坡，正如《易经》上所说的《乾》卦的六画的样子，裴度的住宅正好在第五个高坡上。张权舆上言说："裴度的名字应映图谶，住宅选择在第五个高坡上，现在，不待朝廷召见，竟然擅自来到京城，他的目的可以想见。"敬宗虽然还年轻，但也洞察张权舆的诬陷和诽谤，对裴度更加亲近信任。

度初至京师，朝士填门，度留客饮。京兆尹刘栖楚附度耳语，侍御史崔咸举觞罚度曰：“丞相不应许所由官呫嗫耳语。”度笑而饮之。栖楚不自安，趋出。

二月丁未，以度为司空、同平章事。度在中书，左右忽白失印，闻者失色。度饮酒自如。顷之，左右白复于故处得印，度不应。或问其故，度曰：“此必吏人盗之以印书券耳。急之则投诸水火，缓之则复还故处。”人服其识量。

2 上自即位以来，欲幸东都，宰相及朝臣谏者甚众，上皆不听，决意必行，已令度支员外郎卢贞按视，修东都宫阙及道中行宫。裴度从容言于上曰：“国家本设两都以备巡幸，自多难以来，兹事遂废。今宫阙、营垒、百司廨舍率已荒阤，陛下傥欲行幸，宜命有司岁月间徐加完葺，然后可往。”上曰：“从来言事者皆云不当往，如卿所言，不往亦可。”会朱克融、王庭凑皆请以兵匠助修东都。三月丁亥，敕以修东都烦扰，罢之，召卢贞还。

先是，朝廷遣中使赐朱克融时服，克融以为疏恶，执留敕使。又奏“当道今岁将士春衣不足，乞度支给三十万端匹”；又奏“欲将兵马及丁匠五千助修宫阙”。上患之，以问宰相，欲遣重臣宣慰，仍索敕使。裴度对曰：“克融无礼已甚，

裴度刚到京城时，百官纷纷前往看望，以致门满为患，裴度留请百官饮宴。京兆尹刘栖楚附在裴度的耳旁说话，侍御史崔咸举杯要罚裴度，说："作为宰相，不应当允许京兆尹在耳旁低声说悄悄话。"裴度笑着饮了一杯酒。刘栖楚却很不自在，急忙出去了。

二月丁未（初九），唐敬宗任命裴度为司空、同平章事。一次，裴度在中书门下办公时，左右官吏忽然报告说，中书门下的大印丢失了，当时在场听到这个消息的官吏无不大惊失色。裴度却仍然饮酒，神态自如。不久，左右官吏又报告说，大印在原来的地方找到了，裴度似未听见，闭口不应。有人问他是什么缘故，裴度说："大印丢失，肯定是官吏偷走拿去私自印制文书。如果急于追查，他们就会畏罪把印烧毁，或者扔到池水里；相反，不动声色的话，则必然把印又放回原处。"部下们都佩服他的见识和气量。

2 唐敬宗自从即位以来，一直想到东都洛阳去巡行，宰相和百官很多人都劝阻他，敬宗一概不听，决心一定要去，并已下令度支员外郎卢贞前往巡察，修建洛阳的宫阙和长安到洛阳途中的行宫。裴度不慌不忙地对敬宗说："国家设置东、西两都，本来就是为了皇上能够巡行，但是，自从安史之乱以来，这件事实际上已经废除。现在，洛阳的宫阙、禁军的营垒和朝廷各部门办公的用房都已荒废，陛下如果一定要去巡行，应当首先命令有关部门花一段时间，慢慢加以修补，然后再去。"敬宗说："从来上言劝阻我的人都众口一词，说不应去洛阳巡行，按照你这样所说，我真的不去倒也可以。"这时，恰好幽州节度使朱克融和成德节度使王庭凑二人请求本道出兵士和工匠帮助朝廷修补洛阳的宫阙。三月丁亥（二十日），敬宗下敕，鉴于修补洛阳的宫阙烦扰很多，宣布停罢，召卢贞回京城。

此前，朝廷曾派遣中使出使幽州，赐予节度使朱克融春衣，朱克融认为朝廷所给春衣质地粗劣，于是，拘留了敕使。同时又奏请朝廷说"本道将士今年的春衣不足，乞请度支补给三十万端匹"；又奏请说"我打算率领兵马和工匠五千人帮助朝廷修建东都洛阳的宫阙"。敬宗忧虑朱克融发兵叛乱，就问宰相，说自己打算派遣一位有威望的大臣前往幽州安抚朱克融，同时索还敕使。裴度认为："朱克融对朝廷极为无礼，

殆将毙矣！譬如猛兽，自于山林中咆哮跳踉，久当自困，必不敢辄离巢穴。愿陛下勿遣宣慰，亦勿索敕使，旬日之后，徐赐诏书云：'闻中官至彼，稍失去就，俟还，朕自有处分。时服，有司制造不谨，朕甚欲知之，已令区处。其将士春衣，从来非朝廷征发，皆本道自备。朕不爱数十万匹物，但素无此例，不可独与范阳。'所称助修宫阙，皆是虚语，若欲直挫其奸，宜云'丁匠宜速遣来，已令所在排比供拟。'彼得此诏，必苍黄失图。若且示含容，则云'修宫阙事在有司，不假丁匠远来。'如是而已。不足劳圣虑也。"上悦，从之。

3　立才人郭氏为贵妃。妃，晋王普之母也。

4　横海节度使李全略薨，其子副大使同捷擅领留后，重赂邻道，以求承继。

5　夏，四月戊申，以昭义留后刘从谏为节度使。

6　五月，幽州军乱，杀朱克融及其子延龄，军中立其少子延嗣主军务。

7　六月甲子，上御三殿，令左右军、教坊、内园为击毬、手搏、杂戏。戏酣，有断臂、碎首者，夜漏数刻乃罢。

8　己卯，上幸兴福寺，观沙门文溆俗讲。

9　癸未，衡王绚薨。

10　壬辰，宣索左藏见在银十万两金七千两，悉贮内藏，以便赐与。

必将自取灭亡！这就像猛兽一样，在山林中自我跳跃，时间长了，就会感到困乏，必然不敢随便离开自己的窝巢。所以，我希望陛下不要派人去幽州安抚，也不要索还敕使，等十天以后，再考虑下诏书给朱克融，说：‘朕听说中官到幽州后，行踪去留稍有差失，等他回京后，朕自当有所处理。朝廷所赐予你的春衣，有关部门制造时限不严格，朕也很想知道真实情况，现在，已经下令调查查办。关于幽州将士的春衣，从来都不是由朝廷征调供给，而是由本道自行安排。朕并非舍不得几十万匹财物，只是朝廷向来没有先例，不能只给幽州。’至于朱克融上奏声称要帮助朝廷修补东都洛阳的宫阙，其实都是假话，如果陛下想直接挫败他的奸谋，就应当在敕文中说：‘助修洛阳的工匠，应当迅速派来，朕已命沿途各地安排接待。’这样，朱克融接到这个诏书后，肯定惊慌失措。如果陛下还想对朱克融的跋扈无礼表示宽容，也可以说：‘洛阳修补宫阙的事情，已命有关部门安排，不必劳驾幽州的工匠从远地而来。’这样，就足以解决问题。不必再劳陛下担忧。”敬宗听后十分高兴，欣然采纳了裴度的意见。

3　唐敬宗立才人郭氏为贵妃，郭贵妃是晋王李普的母亲。

4　横海节度使李全略去世，他的儿子、横海节度副大使李同捷擅自为留后，用重金贿赂邻近藩镇，以求继任为节度使。

5　夏季，四月戊申（十一日），唐敬宗任命昭义留后刘从谏为昭义节度使。

6　五月，幽州发生军乱，将士杀节度使朱克融和他的儿子朱延龄，立他的小儿子朱延嗣主持军务。

7　六月甲子（二十八日），唐敬宗亲临三殿，令左右神策军、教坊使、内园栽接使的军士和官吏踢毬、摔跤、玩杂戏。游玩到兴头时，有人不慎折断胳膊，打破了头，直到半夜很晚才停。

8　七月己卯（十四日），敬宗到兴福寺观看僧人文溆讲经文。

9　癸未（十八日），衡王李绚去世。

10　壬辰（二十七日），唐敬宗向左藏库宣旨，索取现银十万两，金子七千两，都贮备在皇帝的私人内藏库中，以便随时赏赐用。

11　道士赵归真说上以神仙，僧惟贞、齐贤、正简说上以祷祠求福，皆出入宫禁，上信用其言。山人杜景先请遍历江、岭，求访异人。有润州人周息元，自言寿数百岁，上遣中使迎之。八月乙巳，息元至京师，上馆之禁中山亭。

12　朱延嗣既得幽州，虐用其人。都知兵马使李载义与弟牙内兵马使载宁共杀延嗣，并屠其家三百馀人。载义权知留后，九月，数延嗣之罪以闻。载义，承乾之后也。

13　庚申，魏博节度使史宪诚妄奏李同捷为军士所逐，走归本道，请束身归朝。寻奏同捷复归沧州。

14　壬申，以中书侍郎、同平章事李程同平章事、充河东节度使。

15　冬，十月己亥，以李载义为卢龙节度使。

16　十一月甲申，以门下侍郎、同平章事李逢吉同平章事、充山南东道节度使。

17　上游戏无度，狎昵群小，善击毬，好手搏，禁军及诸道争献力士，又以钱万缗付内园令召募力士，昼夜不离侧。又好深夜自捕狐狸。性复褊急，力士或恃恩不逊，辄配流、籍没；宦官小过，动遭捶挞，皆怨且惧。十二月辛丑，上夜猎还宫，与宦官刘克明、田务澄、许文端及击毬军将苏佐明、王嘉宪、石从宽、阎惟直等二十八人饮酒。上

11　道士赵归真以神仙术向唐敬宗宣传游说，僧人惟贞、齐贤、正简以佛教的祈祷求福理论向敬宗宣传游说，这几个人都得以出入皇宫，以致敬宗听信他们的宣传游说。占卜算命人杜景先请求敬宗允许自己前往江淮、岭南各道，历遍各州，为敬宗求访有特殊才能的异人。另有润州人周息元，自称已在世数百年，敬宗派中使前往迎接。八月乙巳(初十)，周息元抵达长安，敬宗把他安排在皇宫中的山亭住宿。

12　朱克融的小儿子朱延嗣被将士推为幽州留后以后，对部下和百姓残暴苛刻。都知兵马使李载义和弟弟牙内兵马使李载宁同谋杀死朱延嗣，并屠杀他的家眷三百多人，李载义暂时主持留后，九月，李载义历数朱延嗣的罪行，向朝廷奏报。李载义，是唐太宗的长子李承乾的后代。

13　庚申(二十五日)，魏博节度使史宪诚上奏，欺骗朝廷说，李同捷已被横海士卒驱逐，逃来魏博，请求归顺朝廷。不久，又上奏说，李同捷又返回横海的治所沧州。

14　九月壬申(初八)，唐敬宗任命中书侍郎、同平章事李程以同平章事的荣誉头衔，充任河东节度使。

15　冬季，十月己亥(初五)，唐敬宗任命李载义为卢龙节度使。

16　十一月甲申(二十一日)，唐敬宗任命门下侍郎、同平章事李逢吉以同平章事的荣誉头衔充任山南东道节度使。

17　唐敬宗游乐毫无节制，和身边的小人亲密无间，经常一起游玩，他擅长踢毬，喜爱摔跤，于是，禁军和诸道藩镇争相进献大力士，供他游乐，敬宗又出钱一万缗给内园栽接使，命令他们为自己招募大力士，这些大力士陪同敬宗摔跤游玩，昼夜不离开他的身旁。敬宗还喜欢深夜外出捕捉狐狸。他的性情极为急躁，大力士们有时恃宠出言不逊，动不动就被流放，甚至没收家产；宦官稍有小的过失，动不动就用棍棒毒打一顿，众人既怒又怕。十二月辛丑(初八)，敬宗在夜里外出打猎后回到宫中，与宦官刘克明、田务澄、许文端以及踢毬军将苏佐明、王嘉宪、石从宽、阎惟直等二十八人一起饮酒。敬宗

酒酣，入室更衣，殿上烛忽灭，苏佐明等弑上于室内。刘克明等矫称上旨，命翰林学士路隋草遗制，以绛王悟权句当军国事。壬寅，宣遗制，绛王见宰相百官于紫宸外庑。

克明等欲易置内侍之执权者，于是枢密使王守澄、杨承和、中尉魏从简、梁守谦定议，以卫兵迎江王涵入宫，发左右神策、飞龙兵进讨贼党，尽斩之。克明赴井，出而斩之。绛王为乱兵所害。

时事起苍猝，守澄以翰林学士韦处厚博通古今，一夕处置，皆与之共议。守澄等欲号令中外，而疑所以为辞。处厚曰："正名讨罪，于义何嫌？安可依违，有所讳避！"又问："江王当如何践阼？"处厚曰："诘朝，当以王教布告中外以已平内难。然后群臣三表劝进，以太皇太后令册命即皇帝位。"当时皆从其言，时不暇复问有司，凡百仪法，皆出于处厚，无不叶宜。

癸卯，以裴度摄冢宰。百官谒见江王于紫宸外庑，王素服涕泣。甲辰，见诸军使于少阳院。赵归真等诸术士及敬宗时佞幸者，皆流岭南或边地。

乙巳，文宗即位，更名昂。戊申，尊母萧氏为皇太后，王太后为宝历太后。是时，郭太后居兴庆宫，王太后居义安殿，萧太后居大内。上性孝谨，事三宫如一，每得珍异之物，先荐郊庙，次奉三宫，然后进御。萧太后，闽人也。

酒兴正浓时，到房中换衣，这时，大殿里的火烛忽然被吹灭，苏佐明等人乘机在房中杀死敬宗。刘克明等人假传敬宗的旨意，命翰林学士路隋起草遗制，由绛王李悟暂时代理朝政。壬寅（初九），宣布敬宗的遗制，然后，绛王在紫宸殿的外廊接见宰相和百官。

刘克明等人打算撤换内侍省掌权的宦官，消息传出，于是，枢密使王守澄、杨承和、神策军护军中尉魏从简、梁守谦四人商议决定，派禁军前往迎接江王李涵入宫，同时，发左右神策军和飞龙兵讨伐杀害敬宗的贼党，全部斩首。刘克明跳井躲藏，被禁军搜出斩首。绛王也被乱兵所杀。

这时，由于诛讨贼党的事件决定得非常仓促，王守澄认为翰林学士韦处厚博通古今，所以，当天晚上的所有决定，都和他共同商谈。王守澄等人打算对朝廷内外发号施令，疑虑用什么名义来措辞。韦处厚说："讨伐贼党的目的是为了端正国家的名分，这对于忠君的大义有什么嫌疑呢？在这个关系国家命运的紧急关头，怎么能够犹豫不决、模棱两可而躲避嫌疑！"王守澄又问："江王应当采取什么方式登基？"韦处厚说："明天百官上朝时，应当首先以江王教令的名义宣告天下，声称已经平定宫廷内部的叛乱。然后百官再三上表劝江王登基，最后由太皇太后下令，正式册命江王即皇帝位。"当时，王守澄等人都同意韦处厚的意见，也无暇再去问有关部门是否正确，凡江王登基的种种仪式和法规，都出于韦处厚，无不适宜。

癸卯（初十），朝廷任命裴度暂兼冢宰，主持敬宗的治丧事宜。百官在紫宸殿外廊拜见江王，江王身着丧服，哭泣流泪。甲辰（十一日），江王在少阳院接见禁军诸位军使。道士赵归真等术士以及敬宗在世时以奸妄而得宠者，都被流放到岭南或荒远的边地。

乙巳（十二日），文宗李涵正式即皇帝位，改名为李昂。戊申（十五日），尊奉母亲萧氏为皇太后，敬宗的母亲王太后为宝历太后。这时，穆宗的母亲郭太后住在兴庆宫，王太后住在义安殿，萧太后住在太极宫。文宗生性孝顺谨慎，侍奉三位太后如同一人，每次得到珍贵奇异的食品，首先用来祭天以及奉献祖庙，其次奏献三位太后，最后才自己吃。萧太后是福建人。

18　庚戌，以翰林学士韦处厚为中书侍郎、同平章事。

19　上自为诸王，深知两朝之弊，及即位，励精求治，去奢从俭。诏宫女非有职掌者皆出之，出三千馀人。五坊鹰犬，准元和故事，量留校猎外，悉放之。有司供宫禁年支物，并准贞元故事。省教坊、翰林、总监冗食千二百馀员，停诸司新加衣粮。御马坊场及近岁别贮钱谷所占陂田，悉归之有司。先宣索组绣、雕镂之物，悉罢之。敬宗之世，每月视朝不过一二，上始复旧制，每奇日未尝不视朝，对宰相群臣延访政事，久之方罢。待制官旧虽设之，未尝召对，至是屡蒙延问。其辍朝、放朝皆用偶日，中外翕然相贺，以为太平可冀。

文宗元圣昭献孝皇帝上之上

太和元年(丁未,827)

1　春，二月乙巳，赦天下，改元。

2　李同捷擅据沧景，朝廷经岁不问。同捷冀易世之后或加恩贷，三月壬戌朔，遣掌书记崔从长奉表与其弟同志、同巽俱入见，请遵朝旨。

3　上虽虚怀听纳而不能坚决，与宰相议事已定，寻复中变。夏，四月丙辰，韦处厚于延英极论之，因请避位。上再三慰劳之。

18　庚戌（十七日），唐文宗任命翰林学士韦处厚为中书侍郎、同平章事。

19　唐文宗自从被封为亲王后，深知穆宗、敬宗两朝的弊政，因此，即位以后，励精求治，除去奢侈，厉行节俭。于是下诏：凡宫女未担任后宫职务者全部放出，共放三千多人。五坊使所养的鹰和猎狗，按照元和年间唐宪宗的规定，除保留少数用于游猎外，其馀一律放出。度支、盐铁、户部和州府每年供应宫中的日常用品，一律按照贞元年间唐德宗规定的数额供给，不得增加。裁减教坊、翰林院和宫苑总监所辖多馀人员一千二百多人，停止唐敬宗对内诸司所辖宦官增加的衣粮待遇。皇家养马坊场和近年来为皇上另外积存钱谷所占用的水田，一律归还当地州县收管。此前，敬宗在各地按规定所贡奉朝廷的数额之外下诏勒索的绣缎、雕镂等物，一律停罢。敬宗在世时，每月上朝不过一二次，文宗开始恢复过去的制度，每逢单日都去上朝，向宰相和群臣百官访询朝政大事，很晚才罢朝。过去，朝廷虽然设置了待制官，但未曾召集咨询，这时，才多次被文宗召集顾问。另外，凡是对大臣去世表示哀悼等原因而辍朝，以及因酷暑或雨雪天气而放朝，也都尽量安排在双日，以便不影响单日上朝商议朝政大事，于是，朝廷内外都一致相互庆贺，认为天下太平大有希望。

文宗元圣昭献孝皇帝上之上

唐文宗太和元年（丁未，公元827年）

1　春季，二月乙巳（十三日），唐文宗下诏大赦天下，改年号为太和。

2　李同捷擅自为横海留后，割据沧景将近一年，而朝廷不闻不问。李同捷寄希望于文宗即位后会宽容自己，于是，三月壬戌朔（初一），派遣掌书记崔从长携带他给文宗的奏折，和他的弟弟李同志、李同巽一起前往长安，参见文宗，请求归顺朝廷。

3　唐文宗虽然虚心听取百官意见，但往往犹豫而不能决断，有时和宰相商谈已经决定的事情，不久，又中途改变。夏季，四月丙辰（二十五日），宰相韦处厚在延英殿极力批评文宗这种做法的弊端，于是，请求辞职。文宗再三加以慰劳。

4　忠武节度使王沛薨。庚申，以太仆卿高瑀为忠武节度使。

自大历以来，节度使多出禁军，其禁军大将资高者，皆以倍称之息贷钱于富室，以赂中尉，动逾亿万，然后得之，未尝由执政。至镇，则重敛以偿所负。及沛薨，裴度、韦处厚始奏以瑀代之。中外相贺曰："自今债帅鲜矣！"

5　五月丙子，以天平节度使乌重胤为横海节度使，以前横海节度副使李同捷为兖海节度使。朝廷犹虑河南、北节度使构扇同捷使拒命，乃加魏博史宪诚同平章事。丁丑，加卢龙李载义、平卢康志睦、成德王庭凑检校官。

6　盐铁使王播自淮南入朝，力图大用，所献银器以千计，绫绢以十万计。六月癸巳，以播为左仆射、同平章事。

7　秋，七月癸酉，葬睿武昭愍孝皇帝于庄陵，庙号敬宗。

8　李同捷托为将士所留，不受诏。乙酉，武宁节度使王智兴奏请将本军三万人，自备五月粮以讨同捷，许之。八月庚子，削同捷官爵，命乌重胤、王智兴、康志睦、史宪诚、李载义与义成节度使李听、义武节度使张璠各帅本军讨之。

同捷遣其子弟以珍玩、女妓赂河北诸镇。戊午，李载义执其侄，并所赂献之。

史宪诚与李全略为婚姻，及同捷叛，密以粮助之。裴度不知其所为，谓宪诚无贰心。宪诚遣亲吏至中书请事，韦处厚谓曰：

4　忠武节度使王沛去世。庚申（二十九日），唐文宗任命太仆卿高瑀为忠武节度使。

自从唐代宗大历年间以来，藩镇节度使大多出自禁军将领，禁军大将凡是资历较高者，都愿出百分之一百的利息向富豪贷款，用来贿赂神策军护军中尉，请求援任节度使，贿赂的钱数动不动就是数万，数额巨大，所以，往往能够达到预期的目的，而不曾经过宰相。他们赴任以后，再重税盘剥百姓以便偿还所欠的本息。王沛去世后，裴度、韦处厚方才奏请由高瑀继任。于是，朝廷内外官员都相互庆贺说："从今以后'债帅'就少了！"

5　五月，丙子（十五日），唐文宗任命天平节度使乌重胤为横海节度使，任命前横海节度副使李同捷为兖海节度使。这时，朝廷仍然担忧河南、河北的藩镇节度使怂恿和煽动李同捷抗拒朝廷任命，于是，加赐魏博节度使史宪诚同平章事的荣誉职务。丁丑（十六日），分别授予卢龙（幽州）节度使李载义、平卢（淄青）节度使康志睦、成德节度使王庭凑兼任检校官的职务。

6　盐铁转运使王播从淮南来京朝拜，企图得到朝廷的进一步重用，因而，奉献银器数千件，绫绢数十万匹。六月癸巳（初三），唐文宗任命王播为左仆射、同平章事。

7　秋季，七月癸酉（十三日），朝廷举行葬礼，在庄陵埋葬睿武昭愍孝皇帝李湛，庙号为敬宗。

8　李同捷借口被将士所强留，拒不执行朝廷的诏令。乙酉（二十五日），武宁节度使王智兴上奏，请求率本军三万人，自备五个月的粮饷，出兵讨伐李同捷，文宗批准。八月庚子（十一日），文宗下诏，削除李同捷的官爵，命乌重胤、王智兴、康志睦、史宪诚、李载义和义成节度使李听、义武节度使张璠，各率本镇兵马讨伐李同捷。

李同捷派他的儿子和侄子用珍贵的玩赏物品、歌舞妓女贿赂河北各藩镇。戊午（二十九日），幽州节度使李载义逮捕李同捷的侄子，把他和他所贿赂的物品一并献给朝廷。

魏博节度使史宪诚与李同捷的父亲李全略曾经通婚，于是，李同捷叛乱后，史宪诚秘密地用粮饷援助李同捷。裴度不知道史宪诚已与李同捷相勾结，认为他对朝廷忠贞不贰。这时，史宪诚派遣他的亲信官吏到中书门下奏请公事，韦处厚对他说：

“晋公于上前以百口保尔使主。处厚则不然，但仰俟所为，自有朝典耳！”宪诚惧，不敢复与同捷通。

王庭凑为同捷求节钺不获，乃助之为乱，出兵境上以挠魏师。又遣使厚赂沙陀酋长朱邪执宜，欲与之连兵，执宜拒不受。

冬，十月，天平、横海节度使乌重胤击同捷，屡破之。十一月丙寅，重胤薨。庚辰，以保义节度使李寰为横海节度使，从王智兴之请也。

9　十二月庚戌，加王智兴同平章事。

二年（戊申，828）

1　春，三月己卯，王智兴攻棣州，焚其三门。

2　自元和之末，宦官益横，建置天子在其掌握，威权出人主之右，人莫敢言。上亲策制举人，贤良方正昌平刘蕡对策，极言其祸，其略曰：“陛下宜先忧者，宫闱将变、社稷将危、天下将倾、海内将乱。”又曰：“陛下将杜篡弑之渐，则居正位而近正人，远刀锯之贱，亲骨鲠之直，辅相得以专其任，庶职得以守其官，奈何以亵近五六人总天下大政！祸稔萧墙，奸生帷幄，臣恐曹节、侯览复生于今日。”又曰：“忠贤无腹心之寄，阍寺持废立之权，陷先君不得正其终，致陛下不得正其始。”

"裴晋公在皇上面前百般为你的节度使主人作保，认为他对朝廷忠心耿耿。但是，我却不以为然，史宪诚到底对朝廷是否忠心，要看他的所作所为，朝廷自有法典制裁！"史宪诚得知后，十分恐惧，不敢再与李同捷勾结。

成德节度使王庭凑上奏朝廷，请求授任李同捷为横海节度使，而未得批准，于是，他援助李同捷叛乱，出兵边境，以阻挠魏博讨伐李同捷的军队。与此同时，他还派人向沙陀酋长朱邪执宜贿赂厚礼，想和沙陀连兵叛乱，朱邪执宜坚拒不收。

冬季，十月，天平兼横海节度使乌重胤率军进攻李同捷，多次打败李同捷的军队。十一月丙寅(初八)，乌重胤去世。庚辰(二十二日)，唐文宗根据王智兴的建议，任命保义节度使李寰为横海节度使。

9　十二月庚戌(二十三日)，唐文宗加封武宁节度使王智兴同平章事的职务。

唐文宗太和二年(戊申，公元828年)

1　春季，三月己卯(二十三日)，王智兴率兵攻打棣州，焚烧三个城门。

2　自从元和末年以后，宦官日益骄横跋扈，皇帝废立都由他们掌握，权威远在皇帝之上，百官敢怒而不敢言。这时，唐文宗亲自主持科举考试，贤良方正科考生、昌平县人刘蕡在回答文宗的对策中，愤怒抨击宦官专权的罪行，大意说："陛下首先应当忧虑的是，宫廷即将发生变乱，国家即将出现危机，天下即将倾覆，海内即将大乱。"又说："陛下如果真想杜绝有人可能篡夺皇位的野心，就应当端正自己的言行，亲近百官，疏远宦官，信用耿直忠正的大臣做宰相，主持朝政，使朝廷各个部门都能忠于自己的职守，但是，为什么现在却放任身边的五六个宦官专制朝政！这样下去，宫廷内部就必然酝酿祸乱，陛下身边出现奸邪小人，我担心汉桓帝时宦官曹节、侯览专权的局面又可能在今天重演。"又说："忠正贤良的大臣得不到朝廷的信用，而宦官小人却窃取了废立皇帝的大权，使敬宗皇帝惨遭杀害，不能堂堂正正地终了一生，而陛下又被宦官所拥立即位，也不能堂堂正正地开始亲政。"

又曰："威柄陵夷，藩臣跋扈。或有不达人臣之节，首乱者以安君为名；不究《春秋》之微，称兵者以逐恶为义。则政刑不由乎天子，征伐必自于诸侯。"又曰："陛下何不塞阴邪之路，屏亵狎之臣，制侵陵迫胁之心，复门户扫除之役？戒其所宜戒，忧其所宜忧！既不能治于前，当治于后；既不能正其始，当正其终。则可以虔奉典谟，克承丕构矣。昔秦之亡也失于强暴，汉之亡也失于微弱。强暴则贼臣畏死而害上，微弱则奸臣窃权而震主。伏见敬宗皇帝不虞亡秦之祸，不翦其萌。伏惟陛下深轸亡汉之忧，以杜其渐，则祖宗之鸿业可绍，三五之遐轨可追矣。"又曰："臣闻昔汉元帝即位之初，更制七十馀事，其心甚诚，其称甚美，然而纪纲日紊，国祚日衰，奸宄日强，黎元日困者，以其不能择贤明而任之，失其操柄也。"又曰："陛下诚能揭国权以归相，持兵柄以归将，则心无不达，行无不孚矣。"又曰："法宜画一，官宜正名。今分外官、中官之员，

又说："现在，朝廷威信扫地，藩镇骄横跋扈。在此情况下，如果有不懂儒家人臣礼义的武夫悍将，就可能以安定皇位为名，首先举兵发动叛乱；而不明白孔子在《春秋》中微言大义的节将大臣，也可能以清君侧为旗号，兴兵发动内战。这样一来，朝廷的大政方针就由不得陛下做主，征战讨伐都出于藩镇的好恶。"又说："陛下为什么不下决心杜绝奸邪小人往上爬的门路，革除身边那些阿谀放纵的臣僚，制止当权宦官的凌辱和威胁，恢复以往宦官不得干预朝政、只能在宫中守门扫除的制度？要想做到这些，就应当善于总结历史经验，从中汲取必要的教训，引以为戒；同时和朝廷大臣一起制定周密的计划，并注意保守秘密，设身处地替他们的处境考虑，以免遭受当权宦官的诬陷迫害！因此，我认为陛下既然已经未能在这以前有效地治理天下，也应当在今后力求做到这一点；既然已经未能在即位之初堂堂正正地开始亲政，也应当在今后堂堂正正地执掌朝政。如果这样，也就算是真正的奉行儒家的经典，继承祖宗所开创的宏图大业了。过去秦朝灭亡是由于皇帝强横残暴，而汉朝灭亡则是由于皇帝软弱无能。皇帝强横残暴，则乱臣贼子惧怕被杀，千方百计地谋害皇上；皇帝软弱无能，则朝廷大权易被奸臣窃取，威震皇上。先帝敬宗皇帝未能汲取秦朝灭亡的经验教训，把可能发生的问题消灭在萌芽之中，而导致自身被害。所以，陛下应当深入地总结汉朝灭亡的经验教训，根绝朝廷大权可能旁落的根源，这样，不仅能够真正继承祖宗的宏图大业，而且，也可追随三皇五帝所开创的圣贤大德。"又说："我听说过去汉元帝刚刚即位的时候，就大刀阔斧地革除朝廷弊政七十多件，励精图治，内心十分虔诚，由此而获得朝廷内外对他的美好赞誉，然而，没过多久，朝政却日益紊乱，国家日益衰败，奸臣日益强盛，百姓日益贫困，原因在于他未能选拔德才兼备的大臣予以重任，以至朝廷大权落到奸臣手中的缘故。"又说："陛下如果真的能够把朝廷大权交还宰相掌握，把军权交还大将执掌，那么，您励精图治的愿望就会完全实现，您所发布的诏命就会全部得到贯彻执行。"又说："朝廷执法应当内外统一，设官任职应当名正言顺。现在，朝廷的官制区分为外官、内官，

立南司、北司之局，或犯禁于南则亡命于北，或正刑于外则破律于中，法出多门，人无所措，实由兵农势异而中外法殊也。”又曰：“今夏官不知兵籍，止于奉朝请；六军不主兵事，止于养勋阶。军容合中官之政，戎律附内臣之职。首一戴武弁，疾文吏如仇雠；足一蹈军门，视农夫如草芥。谋不足以翦除凶逆而诈足以抑扬威福，勇不足以镇卫社稷而暴足以侵轶里闾。羁绁藩臣，干陵宰辅，隳裂王度，汩乱朝经。张武夫之威，上以制君父；假天子之命，下以御英豪。有藏奸观衅之心，无伏节死难之义。岂先王经文纬武之旨邪！”又曰：“臣非不知言发而祸应，计行而身戮，盖痛社稷之危，哀生人之困，岂忍姑息时忌，窃陛下一命之宠哉！”

3　闰月丙戌朔，史宪诚奏遣其子副大使唐、都知兵马使亓志绍将兵二万五千趣德州讨李同捷。时宪诚欲助同捷，唐泣谏，且请发兵讨之。宪诚不能违。

4　甲午，贤良方正裴休、李郃、李甘、杜牧、马植、崔玙、王式、崔慎由等二十二人中第，皆除官。考官左散骑常侍冯宿等见刘蕡策，皆叹服，而畏宦官，不敢取。诏下，物论嚣然称屈。谏官、御史欲论奏，执政抑之。李郃曰：“刘蕡下第，我辈登科，

设置南衙、北司分别统辖，有人在南衙犯法，就逃往北司躲避；同一罪行在南衙被判刑，在北司却被枉法释免，以致法出多门，人们不知所措，原因在于国家自从府兵制度崩溃后，兵农分离，宦官执掌军权，因而对中官、外官法律不一的缘故。”又说：“现在，朝廷的兵部不管军队，仅仅上朝时充数装装门面；禁卫六军大将不统率兵马，仅仅靠勋爵领取俸禄而已。而由宦官担任的军容使掌握军权，藩镇军将都依附于由宦官担任的监军。宦官一旦身着军装，就视文官如同仇敌；脚一踏入军队，就鄙视农夫如同草芥。他们在朝廷用兵伐叛时毫无谋略，而耀武扬威时却诡计多端；保卫国家时胆怯无勇，而侵掠百姓时却凶狠残暴。他们在地方钳制和欺凌节度使，在朝廷凌辱宰相，败坏法纪，搅乱朝政。他们倚仗掌握军权的威势，在朝廷挟制皇上；同时，又假借皇上的诏命，对下驾驭百官和藩镇。心怀叵测，伺机而动，牟取私利，却毫无为国家赴难而死的节义。朝政弄到这个地步，难道是古代的圣王所倡导的用文治武功治理天下的本意吗！”又说“我并非不知道自己毫无顾忌地抨击宦官后，必然遭受他们的打击报复，即使皇上采纳我的意见，我也难免被迫害致死，只是由于痛感国家面临危机，百姓身处水深火热，因此，岂能眼看着这些丑恶的现象，为了牟取陛下的一官半职，而不闻不问呢？”

3　闰三月丙戌朔(初一)，史宪诚上奏朝廷说，他已派遣儿子、魏博节度副大使史唐、都知兵马使亓志绍率领二万五千人前往德州，讨伐李同捷。当时，史宪诚本想援助李同捷，史唐一边哭泣，一边劝阻，请求遵循朝廷命令，发兵讨伐。史宪诚无法拒绝，只好同意。

4　甲午(初九)，参加贤良方正科考试的考生裴休、李郃、李甘、杜牧、马植、崔玙、王式、崔慎由等二十二人应试中选，都被授予官职。担任考官的左散骑常侍冯宿等人看到刘蕡的对策后，都赞叹不绝，十分佩服他的才能和胆识，但由于惧怕宦官，而不敢录取。朝廷录取的诏书宣布后，舆论哗然，都认为刘蕡被冤屈。谏官和御史台官员打算上奏反映，被当权宰相所制止。考生李郃说：“刘蕡落选，而我们却中举了，

能无厚颜!”乃上疏,以为:“蒉所对策,汉、魏以来无与为比。今有司以蒉指切左右,不敢以闻,恐忠良道穷,纲纪遂绝。况臣所对不及蒉远甚,乞回臣所授以旌蒉直。”不报。蒉由是不得仕于朝,终于使府御史。牧,佑之孙;植,勋之子;式,起之子;慎由,融之玄孙也。

5 夏,六月,晋王普薨。辛酉,谥悼怀太子。

6 初,萧太后幼去乡里,有弟一人。上即位,命福建观察使求访,莫知所在。有茶纲役人萧洪,自言有姊流落,商人赵缜引之见太后近亲吕璋之妻,亦不能辩,与之俱见太后。上以为得真舅,甲子,以为太子洗马。

7 峰州刺史王昇朝叛。庚辰,安南都护武陵韩约讨斩之。

8 王庭凑阴以兵及盐粮助李同捷,上欲讨之。秋,七月甲辰,诏中书集百官议其事。宰相以下莫敢违,卫尉卿殷侑独以为:“廷凑虽附凶徒,事未甚露,宜且含容,专讨同捷。”己巳,下诏罪状廷凑,命邻道各严兵守备,听其自新。

9 九月丁亥,王智兴奏拔棣州。

10 李寰自晋州引兵赴镇,不戢士卒,所过残暴,至则拥兵不进,但坐索供馈。庚寅,以寰为夏绥节度使。

11 甲午,诏削夺王庭凑官爵,命诸军四面进讨。

能不感到厚颜无耻吗!”于是上疏,认为:“刘蕡对策的水平,自从汉和魏以来,没有人能够和他相比。现在,考官考虑到刘蕡的对策抨击陛下左右的亲信宦官,不敢把他的对策上报陛下,我担心这样一来,忠正贤良的读书人今后入仕做官再无指望,朝廷的法纪至此荡然无存。况且我的对策远不如刘蕡,请求朝廷把授予我的官职转授给刘蕡,作为对他的表彰。”没有得到答复。于是,刘蕡一直未能在朝廷任职,到他去世为止,都在藩镇担任幕僚。杜牧是杜佑的孙子,马植是马勋的儿子,王式是王起的儿子,崔慎由是崔融的玄孙。

5 夏季,六月,晋王李普去世。辛酉(初七),朝廷追谥号为悼怀太子。

6 当初,唐文宗的母亲萧太后从小离开故乡,家里还有一个弟弟。文宗即位后,命福建观察使为太后寻找弟弟,福建观察使报告说,已不知下落。有一个给茶商当役夫的人名叫萧洪,自称有一个姐姐流落他乡,不知去向,商人赵缜把萧洪引见给萧太后的亲戚吕璋的妻子,吕璋的妻子无法辨别真假,于是,带他一起去见萧太后。文宗便以为萧洪就是自己的真舅舅,甲子(初十),任命萧洪为太子洗马。

7 峰州刺史王昇朝叛乱。庚辰(二十六日),安南都护、武陵县人韩约出兵讨伐,把王昇朝斩首。

8 王庭凑暗地里援助李同捷兵器、食盐和粮食,唐文宗打算讨伐王庭凑。秋季,七月甲辰(二十日),文宗下诏,命中书门下召集百官商议讨伐王庭凑的事。宰相和百官都无人敢有违抗,只有卫尉卿殷侑认为:“王庭凑虽然附和李同捷叛乱,但这件事尚未显露,所以,朝廷应当暂且容忍,集中兵力讨伐李同捷。”八月己巳(十六日),文宗下诏公布王庭凑的罪行,命邻近的各个藩镇严兵守备,等候王庭凑改过自新。

9 九月丁亥(初四),王智兴奏称攻下横海管辖的棣州。

10 新任横海节度使李寰从晋州率兵前往横海赴任,一路对士卒不加约束,听任士卒掠夺百姓,到达前线后,又拥兵不进,只是向朝廷索取粮饷供给。庚寅(初七),朝廷任命李寰为夏绥节度使。

11 甲午(十一日),唐文宗下诏,撤销王庭凑担任的成德节度使的职务及其爵位,命令诸道兵马四面围攻讨伐。

12 加王智兴守司徒，以前夏绥节度使傅良弼为横海节度使。

13 岳王绲薨。

14 庚戌，容管奏安南军乱，逐都护韩约。

15 冬，十月，洋王忻薨。

16 魏博败横海兵于平原，遂拔之。

17 十一月癸未朔，易定节度使柳公济奏攻李同捷坚固寨，拔之，又破其兵于寨东。时河南、北诸军讨同捷久未成功，每有小胜，则虚张首虏以邀厚赏，朝廷竭力奉之，江、淮为之耗弊。

18 傅良弼至陕而薨。乙酉，以左金吾大将军李祐为横海节度使。

19 甲辰，禁中昭德寺火，延及宫人所居，烧死者数百人。

20 十二月丁巳，王智兴奏兵马使李君谋将兵济河，破无棣。

21 壬申，中书侍郎、同平章事韦处厚薨。

22 李同捷军势日蹙，王庭凑不能救，乃遣人说魏博大将亓志绍使杀史宪诚父子取魏博。志绍遂作乱，引所部兵二万人还逼魏州。丁丑，命谏议大夫柏耆宣慰魏博，且发义成、河阳兵以讨志绍。

23 戊寅，以翰林学士路隋为中书侍郎、同平章事。

24 辛巳，史宪诚奏亓志绍兵屯永济，告急求援。诏义成节度使李听帅沧州行营诸军以讨志绍。

12　唐文宗任命王智兴暂守司徒，任命前夏绥节度使傅良弼为横海节度使。

13　岳王李绲去世。

14　庚戌（二十七日），容管奏报安南发生军乱，都护韩约被驱逐。

15　冬季，十月，洋王李忻去世。

16　魏博军队在平原打败横海军队，接着，乘胜攻占了平原城。

17　十一月癸未朔（初一），易定节度使柳公济奏称在沧州的西面攻占了李同捷设置的坚固寨，接着，又在坚固寨东打败横海军队。这时，河南、河北诸道出兵讨伐李同捷，一直没有较大进展，他们每取得一点小小的胜利，就向朝廷虚报斩获敌军的人数，邀求优厚的赏赐，朝廷竭尽全力供给诸军粮饷，以致江淮地区的百姓消耗疲弊，不堪负担。

18　傅良弼赶赴横海上任，走到陕州时死去。乙酉（初三），唐文宗任命左金吾大将军李祐为横海节度使。

19　甲辰（二十二日），宫中昭德寺着火，火势蔓延到宫女居住的地方，烧死几百人。

20　十二月丁巳（初六），王智兴上奏说，他的兵马使李君谋率兵渡过黄河，攻破横海管辖的无棣县。

21　壬申（二十一日），中书侍郎、同平章事韦处厚去世。

22　李同捷在官军的四面围攻下，军势日渐紧迫，王庭凑无法再加援救，于是，派人去游说魏博大将亓志绍，劝他杀死节度使史宪诚父子，夺取魏博。亓志绍于是叛乱，率领本部兵力两万人回逼魏州。丁丑（二十六日），唐文宗命谏议大夫柏耆前往魏博安抚将士，同时，征发义成、河阳两道兵马讨伐亓志绍。

23　戊寅（二十七日），唐文宗任命翰林学士路隋为中书侍郎、同平章事。

24　辛巳（三十日），史宪诚奏报：亓志绍已率兵进驻永济，于是，向朝廷告急并请求援助。唐文宗下诏，命义成节度使李听率领讨伐李同捷的沧州行营诸军，前往魏博征讨亓志绍。

卷第二百四十四　唐纪六十

起己酉(829)尽癸丑(833)凡五年

文宗元圣昭献孝皇帝上之下

太和三年(己酉,829)

1　春,正月,亓志绍与成德合兵掠贝州。

2　义成行营兵三千人先屯齐州,使之禹城,中道溃叛,横海节度使李祐讨诛之。

3　李听、史唐合兵击亓志绍,破之,志绍将其众五千奔镇州。

4　李载义奏攻沧州长芦,拔之。

5　甲辰,昭义奏亓志绍馀众万五千人诣本道降,置之洺州。

6　二月,横海节度使李祐帅诸道行营兵击李同捷,破之,进攻德州。

7　武宁捉生兵马使石雄,勇敢,爱士卒。王智兴残虐,军中欲逐智兴而立雄,智兴知之,因雄立功,奏请除刺史。丙辰,以雄为壁州刺史。

8　史宪诚闻沧景将平而惧,其子唐劝之入朝。丙寅,宪诚使唐奉表请入朝,且请以所管听命。

9　石雄既去武宁,王智兴悉杀军中与雄善者百馀人。夏,四月戊午,智兴奏雄摇动军情,请诛之。上知雄无罪,免死,长流白州。

文宗元圣昭献孝皇帝上之下

唐文宗太和三年(己酉,公元829年)

1 春季,正月,亓志绍与成德兵联合掠夺贝州。

2 参与讨伐李同捷的义成行营兵三千人先屯驻在齐州,后来奉命调防禹城,途中溃乱叛变,被新任横海节度使李祐诛杀。

3 李听和史唐率军联合进攻亓志绍,打败他的军队,亓志绍率五千人逃往镇州。

4 李载义奏称攻占横海沧州长芦镇。

5 甲辰(二十三日),昭义奏报:亓志绍馀众一万五千人来本道请降,已安置在洺州。

6 二月,新任横海节度使李祐率诸道行营兵击败李同捷,接着,进攻德州。

7 武宁捉生兵马使石雄作战勇敢,爱护士卒。节度使王智兴对部下残虐无道,军中打算驱逐王智兴,然后拥立石雄为节度使,王智兴得知,于是乘石雄在前线作战立功的机会,奏请朝廷任命他为刺史。丙辰(初六),朝廷任命石雄为壁州刺史。

8 史宪诚听说沧景即将平定的消息,十分恐惧。他的儿子史唐趁机劝他前往京城朝拜,归顺朝廷。丙寅(十六日),史宪诚让史唐携带上奏朝廷的表章前往长安,请求朝廷批准自己入朝参拜,同时,请求以自己管辖的魏博六州听从朝廷诏令。

9 石雄离开武宁后,王智兴将军中平日和石雄关系密切的将士一百多人全部杀害。夏季,四月戊午(初九),王智兴奏称石雄煽动军情,请朝廷把他杀掉。文宗知道石雄无罪,于是,下令免死,流放到白州。

10 戊辰，李载义奏攻沧州，破其罗城。李祐拔德州，城中将卒三千馀人奔镇州。李同捷与祐书请降，祐并奏其书。谏议大夫柏耆受诏宣慰行营，好张大声势以威制诸将，诸将已恶之矣。及李同捷请降于祐，祐遣大将万洪代守沧州。耆疑同捷之诈，自将数百骑驰入沧州，以事诛洪，取同捷及其家属诣京师。乙亥，至将陵，或言王庭凑欲以奇兵篡同捷，乃斩同捷，传首，沧景悉平。

五月庚寅，加李载义同平章事。诸道兵攻李同捷，三年，仅能下之，而柏耆径入城，取为己功，诸将疾之，争上表论列。辛卯，贬耆为循州司户。李祐寻薨。

11 壬寅，摄魏博副使史唐奏改名孝章。

12 六月丙辰，诏："镇州四面行营各归本道休息，但务保境，勿相往来，惟庭凑效顺，为达章表，馀皆勿受。"

13 辛酉，以史宪诚为兼侍中、河中节度使；以李听兼魏博节度使。分相、卫、澶三州，以史孝章为节度使。

14 初，李祐闻柏耆杀万洪，大惊，疾遂剧。上曰："祐若死，是耆杀之也！"癸酉，赐耆自尽。

15 河东节度使李程奏得王庭凑书，请纳景州。又奏亓志绍自缢。

10　戊辰(十九日),李载义奏报进攻李同捷的治所沧州,已攻破外城。李祐率军攻拔德州,城中将士三千馀人逃奔镇州。李同捷写信给李祐请求投降,李祐把李同捷的降书一并上奏朝廷。这时,谏议大夫柏耆奉诏前来安抚行营将士,他好大张自己的声威,以威严钳制诸将,诸将已深恶痛绝。等到李同捷向李祐请降,李祐派遣大将万洪代理镇守沧州。柏耆怀疑李同捷请降有诈,于是,自己率几百名骑兵奔赴沧州,寻找借口诛杀万洪,然后,把李同捷和他的家属一并带往京城。乙亥(二十六日),柏耆走到德州将陵县,有人对他说王庭凑策划出奇兵夺取李同捷,于是,柏耆斩李同捷,把他的首级送往京城,至此,沧景全部平定。

五月庚寅(十二日),唐文宗加封李载义同平章事。朝廷征发诸道兵马围攻李同捷,用了三年之久,才迫使他投降,而柏耆径直进入沧州城,将抓获李同捷作为自己的功劳,诸将都憎恨他,争相上奏予以抨击。辛卯(十三日),朝廷贬柏耆为循州司户。不久,李祐去世。

11　壬寅(二十四日),暂代魏博节度副使史唐奏称,改名为史孝章。

12　六月丙辰(初八),唐文宗下诏:"镇州四面行营各道兵马,各自返回本道休整,只求保卫边境安全,而不要互相有所往来,只有当王庭凑表示愿意归顺朝廷时,可为他转达上奏朝廷的奏折,其馀一概不要接受。"

13　辛酉(十三日),唐文宗任命魏博节度使史宪诚兼任侍中、河中节度使;任命义成节度使李听兼魏博节度使。同时下令把魏博管辖的相、卫、澶三州分割出来,任命史孝章为节度使。

14　当初,李祐听到柏耆擅杀万洪的消息后,大为吃惊,病情更加严重。文宗得知后说:"李祐如果病死,就是柏耆把他害死的。"癸酉(二十五日),命柏耆自杀。

15　河东节度使李程奏称收到王庭凑给朝廷的书信,请求把景州交还朝廷。李程又奏报说亓志绍已经自缢而死。

16　上遣中使赐史宪诚旌节，癸酉，至魏州。时李听自贝州还军馆陶，迁延未进，宪诚竭府库以治行。甲戌，军乱，杀宪诚，奉牙内都知兵马使灵武何进滔知留后。李听进至魏州，进滔拒之，不得入。秋，七月，进滔出兵击李听，听不为备，大败，溃走，昼夜兼行，趣浅口，失亡过半，辎重兵械尽弃之。昭义兵救之，听仅而得免，归于滑台。

河北久用兵，馈运不给，朝廷厌苦之。八月壬子，以进滔为魏博节度使，复以相、卫、澶三州归之。

17　沧州承丧乱之馀，骸骨蔽地，城空野旷，户口存者什无三四。癸丑，以卫尉卿殷侑为齐、德、沧、景节度使。侑至镇，与士卒同甘苦，招抚百姓，劝之耕桑，流散者稍稍复业。先是，本军三万人皆仰给度支，侑至一年，租税自能赡其半；二年，请悉罢度支给赐；三年之后，户口滋殖，仓廪充盈。

18　王庭凑因邻道微露请服之意。壬申，赦庭凑及将士，复其官爵。

19　征浙西观察使李德裕为兵部侍郎，裴度荐以为相。会吏部侍郎李宗闵有宦官之助，甲戌，以宗闵同平章事。

20　上性俭素，九月辛巳，命中尉以下毋得衣纱縠绫罗。听朝之暇，惟以书史自娱，声乐游畋未尝留意。驸马韦处仁尝著夹罗巾，上谓曰："朕慕卿门地清素，故有选尚。如此

16　唐文宗派遣宦官授予史宪诚河中节度使的旌节。癸酉(二十五日),宦官抵达魏州。这时,李听率军从贝州返回,走到魏州以北的馆陶县时,犹豫而不再前进,史宪诚竭尽魏博库存的财物为自己治办行装。甲戌(二十六日),将士哗变,杀死史宪诚,拥立牙内都知兵马使、灵武人何进滔代理留后。李听率军抵达魏州城下,遭到何进滔的抵抗,不能入城。秋季,七月,何进滔出兵攻击李听,李听毫无准备,大败而逃,昼夜兼行,直奔馆陶县浅口镇,士卒损失逃亡过半,辎重兵器全都丢弃。昭义出兵救援,李听才得以幸免,回到义成的治所滑台。

自从太和元年朝廷出兵讨伐横海李同捷以来,长期在河北地区作战,军需运输难以为继,朝廷对此十分厌烦苦恼。于是,八月壬子(初五),任命何进滔为魏博节度使,并将相、卫、澶三州重新归还魏博管辖。

17　横海的治所沧州在经过多年战乱以后,骸骨遍地,城野空旷,现存人口不到原来的十分之三四。癸丑(初六),唐文宗任命卫尉卿殷侑为齐、德、沧、景节度使。殷侑赴任后,与士卒同甘共苦,招抚百姓,鼓励耕田植桑,流散的百姓渐渐回乡复业。此前,本军三万人的军需都由朝廷度支供给,殷侑任职一年后,依靠当地租税收入,已能供给一半军需;两年以后,全部自给,请求度支停止供给;三年以后,户口大大增加,仓库充盈。

18　王庭凑通过邻近的藩镇稍稍透露出愿意归顺朝廷的意图。壬申(二十五日),唐文宗下诏,赦免王庭凑和成德将士的罪行,恢复他们的职务和爵位。

19　唐文宗征召任命浙西观察使李德裕为兵部侍郎,裴度推荐李德裕为宰相。这时,吏部侍郎李宗闵得到宦官的帮助,甲戌(二十七日),文宗任命李宗闵为同平章事。

20　唐文宗生性节俭朴素,九月辛巳(初四),命令神策护军中尉以下官员不得穿纱縠绫罗之类的高级丝织品。文宗在处理朝政以外的闲暇时间,仅仅以读书观史为乐,对于女色、音乐和外出打猎从来不曾留意。一次,驸马韦处仁头戴夹罗巾,文宗对他说:“朕羡慕你家门第清高素雅,所以,挑选你做驸马。像这样

巾服，听其他贵戚为之，卿不须尔。”

21 壬辰，以李德裕为义成节度使。李宗闵恶其逼己，故出之。

22 冬，十月丙辰，以李听为太子少师。

23 路隋言于上曰：“宰相任重，不宜兼金谷琐碎之务，如杨国忠、元载、皇甫镈皆奸臣，所为不足法也。”上以为然。于是裴度辞度支，上许之。

24 十一月甲午，上祀圜丘，赦天下。四方毋得献奇巧之物，其纤丽布帛皆禁之，焚其机杼。

25 丙申，西川节度使杜元颖奏南诏入寇。元颖以旧相，文雅自高，不晓军事，专务蓄积，减削士卒衣粮。西南戍边之卒，衣食不足，皆入蛮境钞盗以自给，蛮人反以衣食资之，由是蜀中虚实动静，蛮皆知之。南诏自嵯颠谋大举入寇，边州屡以告，元颖不之信。嵯颠兵至，边城一无备御。蛮以蜀卒为乡导，袭陷巂、戎二州。甲辰，元颖遣兵与战于邛州南，蜀兵大败。蛮遂陷邛州。

26 武宁节度使王智兴入朝。

27 诏发东川、兴元、荆南兵以救西川。十二月丁未朔，又发鄂岳、襄邓、陈许等兵继之。

28 以王智兴为忠武节度使。

29 己酉，以东川节度使郭钊为西川节度使，兼权东川节度事。

的头巾，让那些达官贵戚去戴，你最好不要戴。”

21　壬辰（十五日），唐文宗任命李德裕为义成节度使。宰相李宗闵忌恨李德裕可能威胁自己的地位，所以建议文宗任命他外出赴任。

22　冬季，十月丙辰（初九），唐文宗任命李听为太子少师。

23　宰相路隋对文宗说：“宰相责任重大，不适合兼管钱、谷之类的琐碎事务，过去，杨国忠、元载、皇甫镈身为宰相，而兼管财政，但他们都是奸臣，所以，不足以效法。”文宗认为有理。于是宰相裴度请求辞去兼任的度支使的职务，文宗批准。

24　十一月甲午（十八日），唐文宗亲赴圜丘祭天，宣诏大赦天下。禁止各地进献奇技淫巧之物，凡是细密华美的布帛一律禁止生产，织造这类物品的纺织机一律焚烧。

25　丙申（二十日），剑南西川节度使杜元颖奏报：南诏国侵犯边境。杜元颖认为自己过去曾担任宰相，文才高雅，因而自诩清高，他不懂军事，却专门积蓄财产，减削士卒的衣食供给。西南戍边的士卒衣食不足，纷纷到南诏国境内去掠夺偷盗，以便自给，南诏国反而赠送他们衣物和粮食，于是，西川的动静虚实，南诏国都能知晓。南诏国自从嵯颠执掌朝政，就密谋大举侵犯西川，西南的边防州郡多次向杜元颖反映，杜元颖一概不信。这时，嵯颠率兵来临，边防的城池毫无防备。南诏军队以西川的降卒为向导，袭击并攻陷了巂、戎二州。甲辰（二十八日），杜元颖派兵和南诏军队在邛州以南交战，西川兵大败。南诏乘胜攻占邛州。

26　武宁节度使王智兴来京城朝拜。

27　唐文宗下诏，征发剑南东川、兴元、荆南三道的兵马前往西川救援。十二月丁未朔（初一），又征发鄂岳、襄邓、陈许等道兵再往增援。

28　唐文宗任命王智兴为忠武节度使。

29　己酉（初三），唐文宗任命东川节度使郭钊为西川节度使，并代理东川节度使。

嵯颠自邛州引兵径抵成都，庚戌，陷其外郭。杜元颖帅众保牙城以拒之，欲遁者数四。壬子，贬元颖为邵州刺史。

30　己未，以右领军大将军董重质为神策、诸道西川行营节度使，又发太原、凤翔兵赴西川。南诏寇东川，入梓州西郭。钊兵寡弱不能战，以书责嵯颠。嵯颠复书曰："杜元颖侵扰我，故兴兵报之耳。"与钊修好而退。

蛮留成都西郭十日，其始慰抚蜀人，市肆安堵。将行，乃大掠子女、百工数万人及珍货而去。蜀人恐惧，往往赴江，流尸塞江而下。嵯颠自为军殿，及大度水，嵯颠谓蜀人曰："此南吾境也，听汝哭别乡国。"众皆恸哭，赴水死者以千计。自是南诏工巧埒于蜀中。

嵯颠遣使上表，称："蛮比修职贡，岂敢犯边，正以杜元颖不恤军士，怨苦元颖，竞为乡导，祈我此行以诛虐帅。诛之不遂，无以慰蜀士之心，愿陛下诛之。"丁卯，再贬元颖循州司马。诏董重质及诸道兵皆引还。郭钊至成都，与南诏立约，不相侵扰。诏遣中使以国信赐嵯颠。

四年（庚戌，830）

1　春，正月辛巳，武昌节度使牛僧孺入朝。

2　戊子，立子永为鲁王。

3　李宗闵引荐牛僧孺。辛卯，以僧孺为兵部尚书、同平章事。于是二人相与排摈李德裕之党，稍稍逐之。

嵯颠从邛州出兵，径直抵达成都城下，庚戌（初四），攻陷成都外城。杜元颖率领将士退守牙城，抵抗南诏军队，杜元颖几次想离城逃亡。壬子（初六），唐文宗贬杜元颖为邵州刺史。

30　己未（十三日），唐文宗任命右领军大将军董重质为神策军及诸道西川行营节度使，同时，征发太原、凤翔两道兵增援西川。这时，南诏军队又侵犯东川，进入东川节度使驻地梓州的西城。郭钊兵力寡弱，无力坚守，于是写信责备嵯颠入侵。嵯颠回信说："杜元颖侵扰我国，所以，我国兴兵报复。"嵯颠和郭钊休兵和好，率兵退去。

南诏军队驻留成都西城十天，开始时，还安抚西川人民，因而集市安然。临走时，方才大肆掠夺妇女和各种工匠几万人，以及各种珍宝奇货，然后退去。西川百姓大为恐惧，往往跳江而逃，尸首沿江漂流而下。嵯颠亲自率军断后，走到大渡河时，他对俘掠来的蜀人说："从这里往南，就进入我国的境内了，现在，允许你们哭别故乡。"蜀人都大声痛哭，投河而死者有千人。从此以后，南诏国工匠的技术水平可以和蜀中媲美。

嵯颠派遣使者来朝上表，说："我国近年来一直向贵国称臣纳贡，岂敢擅自侵犯边境，只是由于杜元颖不爱护士卒，士卒痛恨他，才争相做我的向导，请求我出兵诛杀杜元颖。不料此行未能把他诛杀，我无法安抚西川士卒的心情，希望陛下把他杀掉。"丁卯（二十一日），唐文宗再次贬杜元颖为循州司马。同时下诏，命董重质和诸道增援西川的兵马都退回。新任西川节度使郭钊抵达成都后，和南诏国签订友好条约，规定两国互不侵扰。于是，文宗又下诏，命宦官携带朝廷信件前往南诏国，递交嵯颠。

唐文宗太和四年（庚戌，公元 830 年）

1　春季，正月辛巳（初六），武昌节度使牛僧孺来京城朝拜。

2　戊子（十三日），唐文宗立儿子李永为鲁王。

3　宰相李宗闵向文宗推荐牛僧孺。辛卯（十六日），文宗任命牛僧孺为兵部尚书、同平章事。于是，二人一起排挤李德裕的党羽，逐渐把他们从朝廷中贬逐出去。

4　南诏之寇成都也，诏山南西道发兵救之，兴元兵少，节度使李绛募兵千人赴之，未至，蛮退而还。

兴元兵有常额，诏新募兵悉罢之。二月乙卯，绛悉召新军，谕以诏旨而遣之，仍赐以廪麦，皆怏怏而退。往辞监军，监军杨叔元素恶绛不奉己，以赐物薄激之。众怒，大噪，掠库兵，趋使牙。绛方与僚佐宴，不为备，走登北城。或劝缒而出，绛曰："吾为元帅，岂可逃去！"麾推官赵存约令去。存约曰："存约受明公知，何可苟免！"牙将王景延与贼力战死，绛、存约及观察判官薛齐皆为乱兵所害，贼遂屠绛家。

戊午，叔元奏绛收新军募直以致乱。庚申，以尚书右丞温造为山南西道节度使。是时，三省官上疏共论李绛之冤，谏议大夫孔敏行具呈叔元激怒乱兵，上始悟。

5　三月乙亥朔，以刑部尚书柳公绰为河东节度使。先是，回鹘入贡及互市，所过恐其为变，常严兵迎送防卫之。公绰至镇，回鹘遣梅录李畅以马万匹互市，公绰但遣牙将单骑迎劳于境，至则大辟牙门，受其礼谒。畅感泣，戒其下，在路不敢驰猎，无所侵扰。

4 南诏国当初侵犯成都的时候，朝廷诏命山南西道派兵前往救助，山南西道节度使驻地兴元府的兵力太少，于是，节度使李绛招募新兵一千人前往，尚未到达西川，南诏兵已经退走，新兵于是返回兴元。

兴元府的兵力编制历来有常规数额，因此朝廷诏命新招募的兵士一律遣返。二月乙卯(初十)，李绛召集新兵，传达朝廷的诏令，然后，每人赏赐麦子，命令他们回家，新兵闷闷不乐地退下。他们前去向监军杨叔元辞别，杨叔元向来恨李绛不阿谀逢迎自己，就借口说赏赐的东西太少，故意激怒新兵。新兵果然被激怒，顿时哗变，掠抢库存的兵器后，直向节度使衙门冲去。这时，李绛正和自己的幕僚在一起饮酒宴乐，毫无防备，于是慌忙向北城跑去，登上北城。有人劝李绛从城上缒下逃走，李绛说:“我是节度使，岂能逃走!”命令推官赵存约赶快走。赵存约说:“我以往得到您的赏识和重用，岂可现在自己苟且偷生!”牙将王景延和乱兵拼力厮杀而死，李绛、赵存约和观察判官薛齐都被乱兵杀害，接着，乱兵屠杀了李绛的全家。

戊午(十三日)，杨叔元上奏朝廷说，李绛擅自收取招募新兵用的财物，因而导致新兵哗变。庚申(十五日)，唐文宗任命尚书右丞温造为山南西道节度使。这时，中书省、门下省、尚书省的官员联名上疏，申诉李绛冤枉，谏议大夫孔敏行把杨叔元如何激怒新兵作乱的事实经过呈奏文宗，文宗这才明白李绛被害的事实真相。

5 三月乙亥朔(初一)，唐文宗任命刑部尚书柳公绰为河东节度使。以前，回鹘国派人来唐贡奉特产或进行商品交易时，凡是他们经过的地方，都担心回鹘兵变作乱，因而，常常在迎来送往时，严阵以待，以防不测。柳公绰上任后，回鹘国派遣梅录李畅带马一万匹前来交易，柳公绰只派一名牙将骑马到边境上去迎接，李畅到达太原后，柳公绰命令大开节度使衙门，接受李畅的拜谒。李畅被柳公绰的信任所感动，潸然泪下，告诫他的部下，不得在沿途驰猎，侵扰百姓。

陉北沙陀素骁勇，为九姓、六州胡所畏伏。公绰奏以其酋长朱邪执宜为阴山都督、代北行营招抚使，使居云、朔塞下，捍御北边。执宜与诸酋长入谒，公绰与之宴。执宜神彩严整，进退有礼，公绰谓僚佐曰："执宜外严而内宽，言徐而理当，福禄人也。"执宜母妻入见，公绰使夫人与之饮酒，馈遗之。执宜感恩，为之尽力。塞下旧有废府十一，执宜修之，使其部落三千人分守之，自是杂虏不敢犯塞。

6　温造行至褒城，遇兴元都将卫志忠征蛮归，造密与之谋诛乱者，以其兵八百人为牙队，五百人为前军，入府，分守诸门。己卯，造视事，飨将士于牙门，造曰："吾欲问新军去留之意，宜悉使来前。"既劳问，命坐，行酒。志忠密以牙兵围之，既合，唱"杀！"新军八百馀人皆死。杨叔元起，拥造靴求生，造命囚之。其手杀绛者，斩之百段，馀皆斩首，投尸汉水，以百首祭李绛，三十首祭死事者，具事以闻。己丑，流杨叔元于康州。

7　癸卯，加淮南节度使段文昌同平章事、为荆南节度使。

8　奚寇幽州，夏，四月丁未，卢龙节度使李载义击破之。辛酉，擒其王茹羯以献。

居住在河东陉岭以北的沙陀部落，向来以骁勇著称，九姓回鹘和六州胡都畏惧折服。柳公绰奏请朝廷任命沙陀酋长朱邪执宜为阴山都督、代北行营招抚使，批准他们迁居到云州、朔州的边塞，以便保卫河东的北方边境。朱邪执宜和沙陀的诸位酋长前来太原拜访柳公绰，柳公绰设宴招待。朱邪执宜神色严肃，见人彬彬有礼，柳公绰对幕僚说："执宜看起来外表严肃，实际上内心对人宽容；说话虽然缓慢但却言之成理，真是一个有福相的人啊。"朱邪执宜的母亲和妻子前来拜见，柳公绰让自己的夫人和她们一起喝酒，然后，赠送礼物。朱邪执宜感谢柳公绰的赏识和信任，表示愿意尽力效劳。云州和朔州有过去残留作废的营栅十一个，朱邪执宜派人加以修建，命令他的部落兵三千人分别镇守，从此以后，在边境上游牧的退浑、回鹘、鞑靼、奚、室韦等蛮族部落不敢再轻易侵犯。

6　温造赶赴山南西道上任，走到褒城时，遇到兴元都将卫志忠刚刚讨伐蛮人回来，温造和卫志忠秘密商议诛讨新兵哗变者的方案，于是，以卫志忠所率领的八百人作为自己的亲兵，另外五百人作为前锋，到达兴元后，进入节度使衙门，分兵把守各门。己卯(初五)，温造开始办公，在衙门用酒肉犒劳将士，他对部下说："我想问一问新兵是愿走还是愿留，请把他们全部找来。"温造慰劳新兵后，命大家都坐下，然后开始喝酒。这时，卫志忠秘密地布置亲兵包围新兵，包围圈刚刚完成，卫志忠大喊一声："杀！"顿时，新兵八百多人全被杀死。监军杨叔元急忙起身，抱住温造的靴子请求免死，温造下令把他拘捕。当时亲手杀死李绛的凶手，被斩成一百段，其馀的新兵，都被斩首，尸体全被投到汉江中，温造命用一百个新兵的首级祭奠李绛，三十个首级祭奠其他死者，然后，把以上情况向朝廷报告。己丑(十五日)，唐文宗下令，将杨叔元流放到康州。

7　癸卯(二十九日)，唐文宗加封淮南节度使段文昌同平章事的职务，任荆南节度使。

8　奚族进犯幽州，夏季，四月丁未(初三)，卢龙节度使李载义打败奚族。辛酉(十七日)，李载义活捉奚王茹羯奉献朝廷。

9　裴度以高年多疾，恳辞机政。六月丁未，以度为司徒、平章军国重事，俟疾损，三五日一入中书。

上患宦者强盛，宪宗、敬宗弑逆之党犹有在左右者。中尉王守澄尤专横，招权纳贿，上不能制。尝密与翰林学士宋申锡言之，申锡请渐除其偪。上以申锡沉厚忠谨，可倚以事，擢为尚书右丞。七月癸未，以申锡同平章事。

10　初，裴度征淮西，奏李宗闵为观察判官，由是渐获进用。至是，怨度荐李德裕，因其谢病，九月壬午，以度兼侍中，充山南东道节度使。

11　西川节度使郭钊以疾求代，冬，十月戊申，以义成节度使李德裕为西川节度使。

蜀自南诏入寇，一方残弊，郭钊多病，未暇完补。德裕至镇，作筹边楼，图蜀地形，南入南诏，西达吐蕃。日召老于军旅、习边事者，虽走卒蛮夷无所间，访以山川、城邑、道路险易广狭远近，未逾月，皆若身尝涉历。

上命德裕修塞清溪关以断南诏入寇之路，或无土，则以石垒之。德裕上言："通蛮细路至多，不可塞，惟重兵镇守，可保无虞。但黎、雅以来得万人，成都得二万人，精加训练，则蛮不敢动矣。边兵又不宜多，须力可临制。崔旰之杀郭英乂，

9　裴度以自己年老多病，恳请唐文宗批准自己辞去宰相职务。六月丁未(初五)，文宗任命裴度为司徒、平章军国重事，等病情减轻后，可三天或五天到中书办公一次。

唐文宗忧虑宦官势力过于强盛，这时，杀害唐宪宗、唐敬宗的凶手，仍有人在文宗左右侍从。神策军中尉王守澄尤其专横跋扈，招权纳贿，文宗无法驾驭。一次，文宗秘密地对翰林学士宋申锡谈及宦官专权的问题，宋申锡认为应当逐渐翦除宦官势力。文宗认为宋申锡性情深沉宽厚，忠正谨慎，可以信任依靠，于是，提拔宋申锡为尚书右丞。七月癸未(十一日)，任命宋申锡为同平章事。

10　当初，裴度率军征讨淮西吴元济叛乱时，奏请李宗闵为幕府的观察判官，由此李宗闵逐渐被提拔任用。这时，李宗闵怨恨裴度向朝廷推荐李德裕，于是，趁裴度因病提出辞职的机会，建议文宗批准并将裴度外放到藩镇任职，九月壬午(十一日)，文宗任命裴度兼任侍中，充任山南东道节度使。

11　剑南西川节度使郭钊由于身体有病，请求别人替代他，冬季，十月戊申(初七)，唐文宗任命义成节度使李德裕为西川节度使。

蜀地自从遭南诏国侵掠以后，残破凋敝，郭钊由于身体多病，没来得及整治修补。李德裕上任后，修建筹边楼，派人绘制西川的地形图，南到南诏国，西到吐蕃国。他又每天召集那些长期在军队中供职，熟悉边防情况的将士，即使是士卒或夷人、蛮人也不嫌弃，向他们仔细询问山川、城市、道路的险易、宽窄和远近情况，不到一个月，就了如指掌，如身历其境一般。

唐文宗命令李德裕派人堵塞清溪关，以断绝南诏国入侵西川的通道，如果没有土的话，就用石头垒。李德裕上言说："西川通往南诏国的小路很多，所以，不能阻塞清溪关，只能派重兵镇守，才可万无一失。同时，只要从黎州、雅州招募一万人，成都招募两万人，加强训练，则南诏必然不敢轻举妄动。边防戍兵不宜太多，关键在于能够驾驭，听从指挥。过去，崔旰杀节度使郭英义，

张朏之逐张延赏，皆镇兵也。”时北兵皆归本道，惟河中、陈许三千人在成都，有诏来年三月亦归，蜀人恟惧。德裕奏乞郑滑五百人、陈许千人以镇蜀，且言：“蜀兵脆弱，新为蛮寇所困，皆破胆，不堪征戍。若北兵尽归，则与杜元颖时无异，蜀不可保。恐议者云蜀经蛮寇以来，已自增兵，向者蛮寇已逼，元颖始募市人为兵，得三千馀人，徒有其数，实不可用。郭钊募北兵仅得百馀人，臣复召募得二百馀人，此外皆元颖旧兵也。恐议者又闻一夫当关之说，以为清溪可塞。臣访之蜀中老将，清溪之旁，大路有三，自馀小径无数，皆东蛮临时为之开通，若言可塞，则是欺罔朝廷。要须大度水北更筑一城，迤逦接黎州，以大兵守之方可。况闻南诏以所掠蜀人二千及金帛赂遗吐蕃，若使二虏知蜀虚实，连兵入寇，诚可深忧。其朝臣建言者，盖由祸不在身，望人责一状，留入堂案，他日败事，不可令臣独当国宪。”朝廷皆从其请。德裕乃练士卒，葺堡鄣，积粮储以备边，蜀人粗安。

12　是岁，勃海宣王仁秀卒，子新德早死，孙彝震立，改元咸和。

五年(辛亥,831)

1　春，正月丁巳，赐沧、齐、德节度名义昌军。

张朏驱逐节度使张延赏，所依靠的都是边防戍兵。”这时，北方各道援救西川的兵马大多已返回本道，只有河中、陈许三千人仍留在成都，朝廷下诏，命令他们在次年三月也一并撤回，于是，西川人都恐惧不安，担心各道兵马撤走后，南诏国再乘虚进犯。李德裕上奏朝廷，请求留郑滑五百人，陈许一千人，继续镇守西川，并且说：“西川兵士本性懦弱，最近又刚刚被南诏打败，都胆战心惊，不堪再用于征战戍防。如果北方各道救援西川的兵马都撤走，那就和杜元颖担任西川节度使时一样，边防空虚，西川肯定难以保全。我担心朝廷有人可能说，西川自从遭受南诏侵犯以后，本道已经增加兵力，其实，前不久直到南诏已经逼近时，杜元颖才开始招募成都市民为兵，总共得三千多人，徒有其数，实际上毫无战斗经验。郭钊仅在东川招募了一百多人，我又招募到两百多人，此外都是杜元颖的原有兵力。我还担心朝廷中有人听信蜀道险阻，一夫当关，万夫莫开，就认为只要堵塞清溪关，就可以阻挡南诏国的侵扰了。我曾访询过西川的老将，得知在清溪关的旁边，还有三条大路，小路不计其数，这都是东蛮为南诏国临时开通的道路，如果认为只要堵塞清溪关，就能阻挡南诏国的侵扰，那就是欺骗朝廷。关键是应当在大渡河以北另外修建一个城堡，和黎州连绵相接，用重兵屯守，才可能抵挡南诏国的侵犯。况且我听说南诏国把他们俘掠的两千西川人和大批金银财宝用来贿赂吐蕃，如果他们知道西川的虚实，两国联合入侵，国家的安危就很值得忧虑了。现在，朝廷有些人轻率地提出建议，都是由于他们不负责任的缘故，希望朝廷责令他们把自己的建议写成状子，留在政事堂存档，一旦将来出了问题，有案可查，不能让我一个人担当罪责。”朝廷全部批准了他的请求。于是，李德裕训练士卒，修补城堡边障，积储军粮，以便加强边防，西川人民初步安定下来。

12　这一年，渤海国宣王大仁秀去世，他的儿子大新德早年死亡，于是，他的孙子大彝震被立为国王，改年号为咸和。

唐文宗太和五年(辛亥，公元831年)

1　春季，正月丁巳（十八日），唐文宗赐沧、齐、德节度使名为义昌军节度使。

2　庚申，卢龙监军奏李载义与敕使宴于毬场后院，副兵马使杨志诚与其徒呼噪作乱，载义与子正元奔易州。志诚又杀莫州刺史张庆初。上召宰相谋之，牛僧孺曰："范阳自安、史以来，非国所有，刘总暂献其地，朝廷费钱八十万缗而无丝毫所获。今日志诚得之，犹前日载义得之也，因而抚之，使捍北狄，不必计其逆顺。"上从之。载义自易州赴京师，上以载义有平沧景之功，且事朝廷恭顺，二月壬辰，以载义为太保，同平章事如故。以杨志诚为卢龙留后。

臣光曰：昔者圣人顺天理、察人情，知齐民之莫能相治也，故置师长以正之；知群臣之莫能相使也，故建诸侯以制之；知列国之莫能相服也，故立天子以统之。天子之于万国，能褒善而黜恶，抑强而扶弱，抚服而惩违，禁暴而诛乱，然后发号施令而四海之内莫不率从也。《诗》曰："勉勉我王，纲纪四方。"载义藩屏大臣，有功于国，无罪而志诚逐之，此天子所宜治也。若一无所问，因以其土田爵位授之，则是将帅之废置杀生皆出于士卒之手，天子虽在上，何为哉！国家之有方镇，岂专利其财赋而已乎！如僧孺之言，姑息偷安之术耳，岂宰相佐天子御天下之道哉！

3　新罗王彦昇卒，子景徽立。

4　上与宋申锡谋诛宦官，申锡引吏部侍郎王璠为京兆尹，以密旨谕之。璠泄其谋，郑注、王守澄知之，阴为之备。

2　庚申（二十一日），卢龙监军奏报：节度使李载义在毬场后院设宴接待朝廷派来的敕使，副兵马使杨志诚乘机和他的党羽喧哗作乱，李载义和他的儿子李正元逃奔易州。杨志诚又擅自杀死莫州刺史张庆初。唐文宗召集宰相商议对策，牛僧孺说："范阳自从安禄山、史思明以来，一直割据跋扈，实际上已不属于朝廷管辖了，穆宗皇帝在位时，幽州节度使刘总曾经归顺朝廷，然而，朝廷花费了八十万缗钱，却一无所获。所以，今天杨志诚夺取幽州，和上次李载义夺取一样，不如借此机会安抚杨志诚，让他保卫北方边境，防备奚、契丹的侵扰，而不必计较他们对朝廷的态度。"文宗采纳了牛僧孺的意见。李载义从易州奔赴京城，文宗考虑到他曾出兵参与平定横海李同捷叛乱，立有战功，而且一直对朝廷恭敬顺服，二月壬辰（二十三日），任命李载义为太保，仍兼任同平章事的职务。任命杨志诚为卢龙留后。

臣司马光说：过去，圣人顺应天理，体察民情，知道天下的百姓不能相互治理，所以，设置官吏进行统治；知道群臣百官之间不能相互指使，所以建置诸侯加以控制；知道诸侯国之间不能相互顺服，所以设立天子进行统辖。天子对于天下的诸侯各国来说，能够表彰善良而贬斥邪恶，抑制强暴而扶持弱小，安抚服从而惩罚违逆，禁止暴虐而诛讨叛乱，然后发号施令，天下各地无不顺从。所以，《诗经》说："我们圣明的天子，之所以勤勉不懈，都是为了治理好国家。"李载义是堂堂的节度使，对国家曾立有战功，无罪而被杨志诚无端驱逐，这种不轨行为，作为天子，应当严惩不贷。如果坐视不问，反而将领地职务授予他，那么，藩镇将帅的废立生杀大权就都出于士卒的手，天子虽然高高在上，又有什么用呢！国家设置藩镇，难道就是让他们擅自据有当地的财赋吗！像牛僧孺这样的处置办法，不过是姑息藩镇，以求苟且偷安罢了，怎能算是作为国家的宰相而辅佐天子治理天下的正道呢！

3　新罗国王金彦昇去世，他的儿子金景徽被立为国王。

4　唐文宗和宰相宋申锡密谋诛除宦官，宋申锡推荐吏部侍郎王璠为京兆尹，把文宗打算诛除宦官的意图透露给他。王璠泄露了文宗的意图，郑注、王守澄得知后，暗地里进行防备。

上弟漳王凑贤，有人望，注令神策都虞候豆卢著诬告申锡谋立漳王。戊戌，守澄奏之，上以为信然，甚怒。守澄欲即遣二百骑屠申锡家，飞龙使马存亮固争曰："如此，则京城自乱矣！宜召他相与议其事。"守澄乃止。

是日，旬休，遣中使悉召宰相至中书东门。中使曰："所召无宋公名。"申锡知获罪，望延英，以笏扣头而退。宰相至延英，上示以守澄所奏，相顾愕眙。上命守澄捕豆卢著所告十六宅宫市品官晏敬则及申锡亲事王师文等，于禁中鞫之。师文亡命。三月庚子，申锡罢为右庶子。自宰相大臣无敢显言其冤者，独京兆尹崔琯、大理卿王正雅连上疏请出内狱付外廷核实，由是狱稍缓。正雅，翃之子也。晏敬则等自诬服，称申锡遣王师文达意于王，结异日之知。

狱成，壬寅，上悉召师保以下及台省府寺大臣面询之。午际，左常侍崔玄亮、给事中李固言、谏议大夫王质、补阙卢钧、舒元褒、蒋係、裴休、韦温等复请对于延英，乞以狱事付外覆按。上曰："吾已与大臣议之矣。"屡遣之出，不退。玄亮叩头流涕曰："杀一匹夫犹不可不重慎，况宰相乎！"上意稍解，曰："当更与宰相议之。"乃复召宰相入，牛僧孺曰："人臣不过宰相，今申锡已为宰相，假使如所谋，复与何求！

文宗的弟弟漳王李凑德才兼备，很有声望，郑注令神策军都虞候豆卢著诬告宋申锡阴谋拥立漳王。戊戌（二十九日），王守澄把豆卢著的诬告奏报文宗，文宗信以为真，大为恼怒。王守澄随即要派两百个骑兵去屠杀宋申锡全家，飞龙使马存亮一再劝阻说：“如果这样，京城肯定大乱！最好召集宰相一起商议这件事。”王守澄这才作罢。

这天，正值宰相休假，文宗派宦官召集全体宰相到中书省东门。宰相到齐后，宦官说：“皇上召集的名单中没有宋申锡。”宋申锡明白自己被人诬告，于是，遥望延英殿，用笏版敲着头退下。宰相到延英殿后，文宗拿出王守澄的奏折让宰相看，宰相们大吃一惊，面面相觑。文宗命令王守澄派人逮捕豆卢著所诬告的管理十六宅宫市品官晏敬则、宋申锡的亲信侍从王师文等人，押到宫中由宦官审讯。王师文得知消息后逃亡。三月庚子（初二），宋申锡被罢免宰相职务，担任右庶子。从宰相到大臣百官，几乎没有人敢公开上书为宋申锡辩冤，只有京兆尹崔琯、大理卿王正雅接连上疏，请求将宫中审讯的结果交付御史台复核，于是，宦官对此案的审理才稍微放缓。王正雅是王翊的儿子。晏敬则等人承认豆卢著所诬告的都是事实，并声称确是宋申锡派王师文向漳王转达他的意向，将来拥立漳王为皇帝。

审讯结束后，壬寅（初四），文宗召集太子太师、太子太保以下官员，以及御史台，中书、门下、尚书三省，大理寺的大臣当面询问审讯的情况。快到中午时，左常侍崔玄亮、给事中李固言、谏议大夫王质、补阙卢钧、舒元褒、蒋係、裴休、韦温等人再次请求在延英殿面见文宗，乞请将审讯结果交御史台复审。文宗说：“我已经和朝廷大臣商议过了。”接着，多次下令让这几个人退出，崔玄亮等人不退。崔玄亮一边磕头，一边哭着说：“杀掉一个百姓都不能不慎重，何况宰相呢！”文宗的怒气逐渐缓解，说：“我打算再和宰相商议。”于是，再次召集宰相来延英殿，宰相们到后，牛僧孺说：“做臣下的地位再高也不过是宰相，现在，宋申锡已经担任了宰相，假如他真的想拥立漳王而谋反，那么，他又能得到什么呢！

申锡殆不至此!”郑注恐覆按诈觉,乃劝守澄请止行贬黜。癸卯,贬漳王凑为巢县公,宋申锡为开州司马。存亮即日请致仕。玄亮,磁州人;质,通五世孙;係,乂之子;元褒,江州人也。晏敬则等坐死及流窜者数十百人,申锡竟卒于贬所。

5　夏,四月己丑,以李载义为山南西道节度使,杨志诚为幽州节度使。

6　五月辛丑,上以太庙两室破漏,逾年不葺,罚将作监、度支判官、宗正卿俸,亟命中使帅工徒,辍禁中营缮之材以葺之。左补阙韦温谏,以为:“国家置百官,各有所司,苟为堕旷,宜黜其人,更择能者代之。今旷官者止于罚俸,而忧轸所切即委内臣,是以宗庙为陛下所私而百官皆为虚设也。”上善其言,即追止中使,命有司葺之。

7　丙辰,西川节度使李德裕奏遣使诣南诏索所掠百姓,得四千人而还。

8　秋,八月戊寅,以陕虢观察使崔郾为鄂岳观察使。鄂岳地囊山带江,处百越、巴、蜀、荆、汉之会,土多群盗,剽行舟,无老幼必尽杀乃已。郾至,训卒治兵,作蒙冲追讨,岁中,悉诛之。郾在陕,以宽仁为治,或经月不笞一人,及至鄂,严峻刑罚。或问其故,郾曰:“陕土瘠民贫,吾抚之不暇,尚恐其惊;鄂地险民杂,夷俗剽狡为奸,非用威刑,不能致治。政贵知变,盖谓此也。”

我认为宋申锡决不会傻到这种地步!”郑注恐怕复审使他们的骗局揭穿,于是,劝王守澄奏请文宗只将他们贬黜。癸卯(初五),唐文宗贬漳王李凑为巢县公,宋申锡为开州司马。飞龙使马存亮当日请求退休。崔玄亮是磁州人,王质是王通的第五代孙子,蒋係是蒋乂的儿子,舒元褒是江州人。晏敬则等近百人因此案牵连而被判处死刑或被流放。宋申锡最后死在开州。

5 夏季,四月己丑(二十一日),唐文宗任命李载义为山南西道节度使,杨志诚为幽州节度使。

6 五月辛丑(初四),唐文宗因为太庙有两间房屋破损而漏雨,一年多还没有修补,罚将作监、度支判官、宗正卿的俸禄,紧急下令暂停宫中的修建,由宦官率领工匠,用宫中修建的材料修补太庙。左补阙韦温劝阻文宗说:“国家设置百官,各负其责,如果他们有人失职,应当撤职,另选有才能的官员予以替代。但是,陛下对失职的官员仅仅罚俸禄而已,而太庙漏雨却委任宦官去进行修补,这样做,就是把太庙当作陛下的私产,百官都徒为虚设而已了。”文宗认为韦温言之成理,随即命人追回宦官,仍命将作监等部门负责修补太庙。

7 丙辰(十九日),西川节度使李德裕奏报:本道派遣使者到南诏国,索要南诏国掠夺的西川百姓,总计四千人返回。

8 秋季,八月戊寅(十三日),唐文宗任命陕虢观察使崔郾为鄂岳观察使。鄂岳含有众山,长江从这里流过,该地处于百越、巴、蜀、荆、汉等地的交界,多有盗贼,剽掠行人舟船,不管老人儿童,一旦抓住就全部杀死。崔郾上任后,训练士卒,制造兵器和战船,分兵追击讨伐,不到一年,就全部讨灭。崔郾在陕虢时,为政宽厚仁慈,有时一个月都不鞭打惩罚一人,但到鄂岳后,却实行严刑峻法。有人问他是什么原因,崔郾说:“陕虢土地贫瘠,百姓穷困,我整天安抚都来不及,惟恐惊扰百姓;鄂岳却大不相同,这里地势险要,民族杂居,夷族风俗崇尚剽掠狡诈,不用重刑,就难以治理。为政贵在通变,说的就是这个意思。”

9　西川节度使李德裕奏:“蜀兵羸疾老弱者,从来终身不简,臣命立五尺五寸之度,简去四千四百馀人,复简募少壮者千人以慰其心。所募北兵已得千五百人,与土兵参居,转相训习,日益精练。又,蜀工所作兵器,徒务华饰不堪用。臣今取工于别道以治之,无不坚利。”

九月,吐蕃维州副使悉怛谋请降,尽帅其众奔成都。德裕遣行维州刺史虞藏俭将兵入据其城。庚申,具奏其状,且言“欲遣生羌三千,烧十三桥,捣西戎腹心,可洗久耻,是韦皋没身恨不能致者也!”事下尚书省,集百官议,皆请如德裕策。牛僧孺曰:“吐蕃之境,四面各万里,失一维州,未能损其势。比来修好,约罢戍兵,中国御戎,守信为上。彼若来责曰:‘何事失信?’养马蔚茹川,上平凉阪,万骑缀回中,怒气直辞,不三日至咸阳桥。此时西南数千里外,得百维州何所用之!徒弃诚信,有害无利。此匹夫所不为,况天子乎!”上以为然,诏德裕以其城归吐蕃,执悉怛谋及所与偕来者悉归之。吐蕃尽诛之于境上,极其惨酷。德裕由是怨僧孺益深。

10　冬,十月戊寅,李德裕奏南诏寇嶲州,陷三县。

9　西川节度使李德裕上奏："西川对老弱病残的士卒，从来终身不进行精简，现在，我下令按照五尺五寸的标准，淘汰四千四百多人，同时，从淘汰的士卒家属中招募年轻身壮者一千人，以便安抚他们。又在北方各道招募兵士一千五百人，和西川士卒掺杂在一起，进行训练，日益精强。另外，西川工匠制造的兵器，只讲究装饰华美而不堪使用。现在，我在其他藩镇招募工匠制造，兵器无不坚韧锋利。"

九月，吐蕃国维州副使悉怛谋请求投降唐朝，率领他的全部人马奔赴成都。于是，李德裕派遣代理维州刺史虞藏俭率兵进入维州城防守。庚申（二十五日），李德裕将以上情况奏报朝廷，并且说："我打算派遣三千没有开化的羌族人，焚烧十三桥，随后出兵直捣吐蕃的腹心之地，洗刷安史之乱以来吐蕃侵占我边防疆域的耻辱，这是前西川节度使韦皋终身努力而未能达到的目标！"文宗将李德裕的奏折交付尚书省，召集百官商议，百官都请求批准李德裕的建议。宰相牛僧孺说："吐蕃疆域广阔，四面边境各达一万里，失去一个维州，无损于它的国力。近年来唐与吐蕃和好，双方约定共同罢减边防戍守兵力，朝廷对戎夷族的政策，一贯以信义为上。如果批准李德裕的建议，那么，吐蕃国就会派人来责问朝廷说：'为什么要失信？'同时，他们在原州的蔚茹川蓄养战马，出兵直上平凉原，然后，用一万骑兵布置在回中，怒气冲冲理直气壮，不到三天就会抵达咸阳桥头。这时，京城长安危急，而西川在西南数千里外，即使收复一百个维州，又有什么用呢！按照李德裕的建议，只能使我朝丢弃诚信，有百害而无一利。即使一般百姓也不会这样做，况且陛下作为天子呢！"文宗认为牛僧孺言之有理，下诏命令李德裕将维州归还吐蕃国，同时把悉怛谋和随同他一起降唐的人员全部送还。吐蕃国把悉怛谋等人在边境上全部斩首，手段极为残酷。李德裕由此更加憎恨牛僧孺。

10　冬季，十月戊寅（初四），李德裕奏报：南诏国出兵侵犯嶲州，攻陷三个县城。

六年(壬子,832)

1　春,正月壬子,诏以水旱降系囚。群臣上尊号曰太和文武至德皇帝。右补阙韦温上疏,以为:“今水旱为灾,恐非崇饰徽称之时。”上善之,辞不受。

2　三月辛丑,以武宁节度使王智兴兼侍中,充忠武节度使;以邠宁节度使李听为武宁节度使。

3　回鹘昭礼可汗为其下所杀,从子胡特勒立。

4　李听之前镇武宁也,有苍头为牙将。至是,听先遣亲吏至徐州慰劳将士,苍头不欲听复来,说军士杀其亲吏,脔食之。听惧,以疾固辞。辛酉,以前忠武节度使高瑀为武宁节度使。

5　夏,五月甲辰,李德裕奏修邛崃关及移嶲州理台登城。

6　秋,七月,原王逵薨。

7　冬,十月甲子,立鲁王永为太子。初,上以晋王普,敬宗长子,性谨愿,欲以为嗣,会薨,上痛惜之,故久不议建储,至是始行之。

8　十一月乙卯,以荆南节度使段文昌为西川节度使。西川监军王践言入知枢密,数为上言:“缚送悉怛谋以快虏心,绝后来降者,非计也。”上亦悔之,尤中书侍郎、同平章事牛僧孺失策。附李德裕者因言:“僧孺与德裕有隙,害其功。”

唐文宗太和六年(壬子,公元832年)

1　春季,正月壬子(十八日),唐文宗下诏,鉴于各地水旱灾害严重,凡监狱中关押的罪犯,一律予以减刑。群臣为文宗上尊号,称为太和文武至德皇帝。右补阙韦温上疏认为:“现在,各地水旱灾害严重,恐怕不是推崇美饰陛下美好名声的时候。”文宗称赞韦温的规劝,辞去尊号而不受。

2　三月辛丑(初八),唐文宗任命武宁节度使王智兴兼任侍中,充任忠武节度使;邠宁节度使李听为武宁节度使。

3　回鹘国昭礼可汗被部下杀死,可汗的侄子胡特勒被立为可汗。

4　李听在以前担任武宁节度使时,提拔自己的一个家奴为牙将。这时,李听接到任命后,先派自己的一个亲信官吏到徐州去慰劳将士,李听的家奴不愿让李听再到武宁来担任节度使,于是,游说军士杀死李听的亲信官吏,接着,残酷地把尸体切成碎块吃掉。李听得知后大为恐惧,借口自己身体有病,再三请求辞去武宁节度使的职务。辛酉(二十八日),唐文宗任命前忠武节度使高瑀为武宁节度使。

5　夏季,五月甲辰(十二日),李德裕奏报,本道修补邛崃关,同时把嶲州刺史的驻地移到台登城。

6　秋季,七月,原王李逵去世。

7　冬季,十月甲子(初五),唐文宗立鲁王李永为皇太子。最初,文宗鉴于晋王李普是唐敬宗的长子,性情诚实,打算立为继承人,不巧李普去世,文宗十分痛惜,所以很长时间没有考虑此事,直到这时,才决定册立。

8　十一月乙卯(二十七日),唐文宗任命荆南节度使段文昌为西川节度使。这时西川监军王践言入朝担任枢密使,多次上言说:“朝廷命令西川把吐蕃降将悉怛谋捆绑送还,使吐蕃人心大快,以后无人再敢来降,这种处置办法实在有害。”文宗也感到后悔,埋怨中书侍郎、同平章事牛僧孺失策。依附李德裕的官员于是乘机上言说:“牛僧孺和李德裕有矛盾,所以他故意阻碍李德裕立功。”

上益疏之。僧孺内不自安,会上御延英,谓宰相曰:“天下何时当太平,卿等亦有意于此乎?”僧孺对曰:“太平无象。今四夷不至交侵,百姓不至流散,虽非至理,亦谓小康。陛下若别求太平,非臣等所及。”退,谓同列曰:“主上责望如此,吾曹岂得久居此地乎!”因累表请罢。十二月乙丑,以僧孺同平章事,充淮南节度使。

臣光曰:君明臣忠,上令下从,俊良在位,佞邪黜远,礼修乐举,刑清政平,奸宄消伏,兵革偃戢,诸侯顺附,四夷怀服,家给人足,此太平之象也。于斯之时,阍寺专权,胁君于内,弗能远也;藩镇阻兵,陵慢于外,弗能制也;士卒杀逐主帅,拒命自立,弗能诘也;军旅岁兴,赋敛日急,骨血纵横于原野,杼轴空竭于里闾。而僧孺谓之太平,不亦诬乎!当文宗求治之时,僧孺任居承弼,进则偷安取容以窃位,退则欺君诬世以盗名,罪孰大焉!

9 珍王诚薨。

10 乙亥,昭义节度使刘从谏入朝。

11 丁未,以前西川节度使李德裕为兵部尚书。

初,李宗闵与德裕有隙,及德裕还自西川,上注意甚厚,朝夕且为相,宗闵百方沮之不能。京兆尹杜悰,宗闵党也,尝诣宗闵,

于是文宗更加疏远牛僧孺。牛僧孺内心十分不安，这天，文宗亲临延英殿，对宰相说："天下什么时候能够太平，你们是否也有意向这方面努力？"牛僧孺回答说："太平没有固定的标准。现在，周边夷蛮族不至于来侵犯，百姓不至于流离失所，虽非天下大治，也可谓小康了。陛下如果还不满足，在此之外追求什么太平，那就不是我们所能考虑到的了。"退朝后，他对同僚说："皇上对我们如此责备抱怨，我们岂能久居宰相的职位！"于是，接连上表请求辞职。十二月乙丑（初七），文宗加封牛僧孺同平章事的头衔，充任淮南节度使。

臣司马光说：君主圣明而臣下忠正，上司发令而下属服从；德才兼备的人被委以重任，而奸邪小人被黜贬流放；国家的礼乐制度都能严格遵守执行，刑罚清明，政令平允；犯上作乱的行为都被清除干净，国家刀枪入库，马放南山，地方诸侯无不服从朝廷诏令，周边夷族都被安抚而顺服，百姓家给人足，这就是天下太平的景象。然而，就在唐文宗和宰相讨论什么是天下太平的时候，宦官专权，在宫廷中胁迫皇上，却未能黜贬流放；藩镇叛乱，在朝廷外欺凌怠慢皇上，却未能讨伐制服；士卒驱逐杀害主帅，抗拒朝廷命令而自立为节度使，却未能严加斥责；战乱连年不断，征税天天紧急，原野中横遍男人的尸骨和鲜血，村庄里不见女人的踪影。牛僧孺却认为这就是天下太平，难道不是在公然欺骗吗！当唐文宗孜孜不倦地励精图治的时候，牛僧孺身为宰相，被擢拔时苟且偷安、阿谀逢迎以便窃取宰相的职位，辞职时又欺骗皇上，诬蔑时事以盗取名声，他的罪行实在是太大了！

9　珍王李诚去世。

10　乙亥（十七日），昭义节度使刘从谏来京城朝拜。

11　丁未，唐文宗任命前西川节度使李德裕为兵部尚书。

当初，李宗闵和李德裕有矛盾，这时，李德裕从西川调来朝廷任职，文宗对他寄予很大希望，急于任命他为宰相，李宗闵千方百计阻止而未果。京兆尹杜悰是李宗闵的党羽，一次，往见李宗闵，

见其有忧色，曰："得非以大戎乎？"宗闵曰："然。何以相救？"悰曰："悰有一策，可平宿憾，恐公不能用。"宗闵曰："何如？"悰曰："德裕有文学而不由科第，常用此为慊慊，若使之知举，必喜矣。"宗闵默然有间，曰："更思其次。"悰曰："不则用为御史大夫。"宗闵曰："此则可矣。"悰再三与约，乃诣德裕。德裕迎揖曰："公何为访此寂寥？"悰曰："靖安相公令悰达意。"即以大夫之命告之。德裕惊喜泣下，曰："此大门官，小子何足以当之！"寄谢重沓。宗闵复与给事中杨虞卿谋之，事遂中止。虞卿，汝士之从弟也。

七年(癸丑,833)

1　春，正月甲午，加昭义节度使刘从谏同平章事，遣归镇。初，从谏以忠义自任，入朝，欲请他镇。既至，见朝廷事柄不一，又士大夫多请托，心轻朝廷，故归而益骄。

2　徐州承王智兴之后，士卒骄悖，节度使高瑀不能制，上以为忧。甲寅，以岭南节度使崔珙为武宁节度使。珙至镇，宽猛适宜，徐人安之。珙，琯之弟也。

3　二月癸亥，加卢龙节度使、检校工部尚书杨志诚检校吏部尚书。进奏官徐迪诣宰相言："军中不识朝廷之制，唯知尚书改仆射为迁，不知工部改吏部为美，敕使往，恐不得出。"

发现他面有忧色，就问："是不是忧虑兵部尚书李德裕即将被拜为宰相?"李宗闵说："是，但又有什么办法能够阻止他呢?"杜悰说："我有一计，可以消除您以往对他的仇恨，只是恐怕您不能采纳。"李宗闵说："什么计策?"杜悰说："李德裕擅长文学，但没有经过科举考试而获得进士的出身，常常为此而感到不快，如果能让他掌管科举考试，肯定会喜出望外。"李宗闵沉默了一会儿，说："是否再考虑其他的办法。"杜悰说："如果您不愿意让他掌管科举考试，那么，就任命他为御史大夫。"李宗闵说："这条计策可以。"于是，杜悰再三和李宗闵约定，不得泄露消息，然后，去见李德裕。李德裕作揖欢迎杜悰，说："您为什么事情来到我这个被人遗忘的地方?"杜悰说："靖安相公李宗闵让我来表达他的敬意。"随即把将要任命李德裕为御史大夫的意向透露给他。李德裕听后惊喜不已，不由得流下泪来，说："御史大夫是朝廷举行大礼时在宫门纠察百官班列的显贵职务，作为晚辈，我怎敢担当!"连连请他转达对李宗闵的感谢。李宗闵又和给事中杨虞卿进行商议，结果，停止了这项计划。杨虞卿是杨汝士的堂弟。

唐文宗太和七年(癸丑，公元833年)

1　春季，正月甲午(初六)，唐文帝赐昭义节度使刘从谏兼任同平章事的荣誉职务，让他返回本镇。最初，刘从谏以忠义为己任，来京城朝拜文宗，本来打算请求朝廷把自己调到其他藩镇。但抵达京城后，发现朝廷政出多门，士大夫大多通过行贿走门路才能做官升迁，于是，从心底里轻视朝廷，回到昭义后，更加骄横跋扈。

2　武宁在王智兴担任节度使以后，士卒骄横无礼，新任节度使高瑀无法控制，文宗十分担忧。甲寅(二十六日)，任命岭南节度使崔珙为武宁节度使。崔珙上任后，处理问题宽严适宜，因此，武宁人心逐渐安定。崔珙是京兆尹崔琯的弟弟。

3　二月癸亥(初五)，唐文宗任命卢龙节度使、检校工部尚书杨志诚为检校吏部尚书。幽州驻京城的进奏官徐迪面见宰相，对他说："军中将士不懂得朝廷的制度，只知道由尚书改为仆射是升官，不知道工部尚书改为吏部尚书也是升官，如果朝廷派往幽州宣布任命书的敕使到达那里，恐怕就会被他们拘留。"

辞气甚慢，宰相不以为意。

4　丙戌，以兵部尚书李德裕同平章事。德裕入谢，上与之论朋党事，对曰："方今朝士三分之一为朋党。"时给事中杨虞卿与从兄中书舍人汝士、弟户部郎中汉公、中书舍人张元夫、给事中萧澣等善交结，依附权要，上干执政，下挠有司，为士人求官及科第，无不如志，上闻而恶之，故与德裕言首及之。德裕因得以排其所不悦者。初，左散骑常侍张仲方尝驳李吉甫谥，及德裕为相，仲方称疾不出。三月壬辰，以仲方为宾客分司。

5　杨志诚怒不得仆射，留官告使魏宝义并春衣使焦奉鸾、送奚契丹使尹士恭。甲午，遣牙将王文颖来谢恩并让官。丙申，复以告身并批答赐之，文颖不受而去。

6　和王绮薨。

7　庚戌，以杨虞卿为常州刺史，张元夫为汝州刺史。他日，上复言及朋党，李宗闵曰："臣素知之，故虞卿辈臣皆不与美官。"李德裕曰："给、舍非美官而何！"宗闵失色。丁巳，以萧澣为郑州刺史。

8　夏，四月丙戌，册回鹘新可汗为爱登里罗汨没密施合句禄毗伽彰信可汗。

9　六月乙巳，以山南西道节度使李载义为河东节度使。先是，回鹘每入贡，所过暴掠，州县不敢诘，但严兵防卫而已。

徐迪言辞蛮横无礼，宰相却毫不责怪。

4　丙戌(二十八日)，唐文宗任命兵部尚书李德裕为同平章事。李德裕前来拜谢，文宗和他讨论朋党的问题，李德裕说："现今朝廷中有三分之一的人都参与了朋党活动。"当时，给事中杨虞卿和他的堂兄中书舍人杨汝士，他弟弟户部郎中杨汉公，中书舍人张元夫、给事中萧澣等人相互交结，关系亲密，他们依附朝廷中的权贵，在上层攀附宰相，在下层干扰有关部门，为读书人求取官职和科举考试中榜及第，无不达到目的。文宗得知后十分憎恨，所以和李德裕先说起这方面的事。此后，李德裕因此而得以排挤他所不喜欢的人。当初，左散骑常侍张仲方曾经驳斥过朝廷礼官给李德裕父亲李吉甫拟定的谥号太优，这时，李德裕被任命为宰相，张仲方于是借口身体有病，请假而不上朝。三月壬辰(初五)，朝廷任命张仲方为太子宾客、分司东都。

5　杨志诚由于没有得到仆射的职务而大怒，于是，拘留了朝廷派来的官告使魏宝义，春衣使焦奉鸾，送奚契丹使尹士恭。甲午(初七)，杨志诚派遣牙将王文颖来京城拜谢并辞让朝廷所授予的吏部尚书的职务。丙申(初九)，文宗再次将吏部尚书的任命书和对杨志诚辞职的批答授予王文颖，王文颖拒不接受，离开京城返还幽州。

6　和王李绮去世。

7　庚戌(二十三日)，朝廷任命杨虞卿为常州刺史，张元夫为汝州刺史。过了几天，文宗又谈起朋党的问题，李宗闵说："我早就知道这些事，所以不授予杨虞卿等人好的官位。"李德裕说："他们在这以前担任的给事中、中书舍人不是美差又是什么！"李宗闵大惊失色。丁巳(三十日)，萧澣被任命为郑州刺史。

8　夏季，四月丙戌(二十九日)，唐文宗册立回鹘国新立可汗胡特勒为爱登里罗汩没密施合句禄毗伽彰信可汗。

9　六月乙巳，唐文宗任命山南西道节度使李载义为河东节度使。以前，回鹘国每次派人来唐朝贡奉，凡是经过的地方，纵兵残暴掠夺，州县官吏不敢责问，只是布置兵力，加强防守而已。

载义至镇，回鹘使者李畅入贡，载义谓之曰："可汗遣将军入贡以固舅甥之好，非遣将军陵践上国也。将军不戢部曲，使为侵盗，载义亦得杀之，勿谓中国之法可忽也。"于是悉罢防卫兵，但使二卒守其门。畅畏服，不敢犯令。

10　壬申，以工部尚书郑覃为御史大夫。初，李宗闵恶覃在禁中数言事，奏罢其侍讲。上从容谓宰相曰："殷侑经术颇似郑覃。"宗闵对曰："覃、侑经术诚可尚，然论议不足听。"李德裕曰："覃、侑议论，他人不欲闻，惟陛下欲闻之。"后旬日，宣出，除覃御史大夫。宗闵谓枢密使崔潭峻曰："事一切宣出，安用中书！"潭峻曰："八年天子，听其自行事亦可矣！"宗闵愀然而止。

11　乙亥，以中书侍郎、同平章事李宗闵同平章事、充山南西道节度使。

12　秋，七月壬寅，以右仆射王涯同平章事、兼度支、盐铁转运使。

13　宣武节度使杨元卿有疾，朝廷议除代，李德裕请徙刘从谏于宣武，因拔出上党，不使与山东连结。上以为未可。癸丑，以左仆射李程为宣武节度使。

14　上患近世文士不通经术，李德裕请依杨绾议，进士试论议，不试诗赋。德裕又言："昔玄宗以临淄王定内难，自是疑忌宗室，不令出阁。天下议皆以为幽闭骨肉，亏伤人伦。

李载义上任后，适逢回鹘使者李畅前来贡奉，李载义对他说："可汗派您来朝廷进贡，目的是巩固两国的舅甥关系，不是派您来践踏我国百姓的。如果您不约束士兵，放纵他们掠夺百姓，那么，我只好出兵诛杀他们，你们不要认为大唐的法律可以随便轻视而不遵守。"于是，下令全部撤除州县的防卫兵马，只派两个士兵把守城门。李畅畏惧而顺服，不敢再违犯唐朝法令。

10　壬申（十六日），唐文宗任命工部尚书郑覃为御史大夫。当初，宰相李宗闵憎恨郑覃在宫中经常对文宗议论朝政得失，因此，奏请文宗罢免郑覃的翰林侍讲学士职务。一次，文宗不慌不忙地对宰相说："殷侑精通经学，水平类似郑覃。"李宗闵说："郑覃、殷侑的经学水平的确很高，但议论朝政却不足以听取。"李德裕反驳说："郑覃、殷侑议政，别人不愿听，但陛下却想听。"后来，过了十来天，朝廷宣布文宗的诏令，任命郑覃为御史大夫。李宗闵对枢密使崔潭峻说："现在，朝廷对官员的任命都由皇上直接决定，还要中书门下干什么！"崔潭峻说："皇上即位已经八年多了，应当让他自己决定！"李宗闵听后神色忧惧，不再说了。

11　乙亥（十九日），唐文宗任命中书侍郎、同平章事李宗闵以同平章事的头衔，充任山南西道节度使。

12　秋季，七月壬寅（十七日），唐文宗任命右仆射王涯为同平章事，兼度支、盐铁转运使。

13　宣武节度使杨元卿身体患病，朝廷商议由其他人前往替代，李德裕请求任命昭义节度使刘从谏为宣武节度使，这样，就可以把刘从谏从昭义调出，以免他和崤山以东的割据藩镇相互交结。文宗认为不可。癸丑（二十八日），任命左仆射李程为宣武节度使。

14　唐文宗对近年来的文人学士不精通经学感到十分忧虑，李德裕请求按照唐代宗时宰相杨绾的建议，在科举考试时，进士科只考策论，不再考诗赋。李德裕又说："过去，玄宗在当临淄王的时候平定宫内的变乱，因此即位以后怀疑猜忌皇族子弟，不让他们出宫担任中央和地方的职务。于是，天下人都议论说，这样做是囚禁自己的亲骨肉，损害儒家的伦理准则，

向使天宝之末、建中之初，宗室散处方州，虽未能安定王室，尚可各全其生；所以悉为安禄山、朱泚所鱼肉者，由聚于一宫故也。陛下诚因册太子，制书听宗室年高属疏者出阁，且除诸州上佐，使携其男女出外婚嫁。此则百年弊法，一旦因陛下去之，海内孰不欣悦！”上曰：“兹事朕久知其不可，方今诸王岂无贤才，无所施耳！”八月庚寅，册命太子，因下制：诸王自今以次出阁，授紧、望州刺史、上佐；十六宅县主，以时出适；进士停试诗赋。诸王出阁，竟以议所除官不决而罢。

15 壬寅，加幽州节度使杨志诚检校右仆射，仍别遣使慰谕之。

16 杜牧愤河朔三镇之桀骜，而朝廷议者专事姑息，乃作书，名曰《罪言》，大略以为：“国家自天宝盗起，河北百馀城不得尺寸，人望之若回鹘、吐蕃，无敢窥者。齐、梁、蔡被其风流，因亦为寇。未尝五年间不战，焦焦然七十馀年矣。今上策莫如先自治，中策莫如取魏，最下策为浪战，不计地势，不审攻守是也。”

又伤府兵废坏，作《原十六卫》，以为：“国家始踵隋制，开十六卫，自今观之，设官言无谓者，其十六卫乎！本原事迹，其实天下之大命也。贞观中，内以十六卫蓄养武臣，外开折冲、果毅府五百

假如在天宝末年的安史之乱和建中初年的朱泚叛乱时，皇族子弟都散处各州做官，虽然他们不一定能够帮助朝廷平定叛乱，但是至少可以各自保全自己的性命；之所以都被安禄山、朱泚杀害，就在于他们都居住在十六宅宫。陛下实在应当利用册立皇太子的机会，下诏让皇族子弟中年纪已大而且亲属关系疏远者出宫，任命为各州的僚佐，让他们携带自己的子女，出宫后各自结婚成家。这样，从玄宗以来沿袭了近百年的弊法，就会由陛下断然革除，那么，天下无论什么人都会感到欢欣喜悦的！"文宗说："这件事朕很久以来就知道不好，当今十六宅宫诸王中岂能没有德才兼备的人，只是还没有下决心革除罢了！"八月庚寅（初七），唐文宗正式册立皇太子，于是下制：十六宅宫诸王从今以后按照辈分高低逐渐出宫，授予紧和望一级的州刺史、僚佐；十六宅宫的县主，也根据她们的年龄大小，出宫嫁人；进士科停考诗赋。诸王出宫的事，竟由于朝廷在商议任命他们职务时，意见不一，议而不决而中止。

15　壬寅（十九日），唐文宗任命幽州节度使杨志诚为检校右仆射，同时，另外派人出使幽州加以安抚。

16　杜牧对河朔的幽州、成德、魏博三个藩镇割据跋扈和桀骜不驯而感到愤怒，而朝廷商议对策时，以姑息迁就作为唯一对策，于是，他撰写一篇文章，名叫《罪言》，大意认为："国家从天宝末年安史之乱以后，对河朔三镇的一百多座城池，一直不能收复一尺一寸，人们看待那里，就好像是回鹘国、吐蕃国一样，没有人敢窥测并希望收复。淄青、宣武、淮西也受他们恶习的影响，对抗朝廷而割据叛乱。从那时到现在，兵荒马乱七十多年，没有哪五年之间不发生一次战争的。现在，朝廷要想收复河朔三镇，上策是首先整顿内部，中策不如首先出兵攻取魏博，最为下策的是轻率出兵讨伐，既不顾地势是否有利，也不慎重地制定攻守方略。"

杜牧又为府兵制的废除而感伤，于是，撰写了《原十六卫》，认为："国家在建国初期沿袭隋朝的府兵制度，建置十六卫，统率府兵，但就现今的制度而言，设官任职却毫无意义，不正是十六卫吗！就府兵制的本来意义说，其实，它是国家的安身立命之本。贞观年间，唐太宗在朝廷设置十六卫，用来蓄养武将，各地设置折冲、果毅府五百

七十四，以储兵伍。有事则戎臣提兵居外，无事则放兵居内。其居内也，富贵恩泽以奉其身，所部之兵散舍诸府。上府不越千二百人，三时耕稼，一时治武，籍藏将府，伍散田亩，力解势破，人人自爱，虽有蚩尤为帅，亦不可使为乱耳。及其居外也，缘部之兵被檄乃来，斧钺在前，爵赏在后，飘暴交捽，岂暇异略！虽有蚩尤为帅，亦无能为叛也。自贞观至于开元百三十年间，戎臣兵伍未始逆篡，此大圣人所以能柄统轻重，制鄣表里，圣算神术也。至于开元末，愚儒奏章曰：'天下文胜矣，请罢府兵。'武夫奏章曰：'天下力强矣，请搏四夷。'于是府兵内铲，边兵外作，戎臣兵伍，湍奔矢往，内无一人矣。尾大中干，成燕偏重，而天下掀然，根萌烬然，七圣旰食，求欲除之且不能也。由此观之，戎臣兵伍，岂可一日使出落钤键哉！然为国者不能无兵，居外则叛，居内则篡。使外不叛，内不篡，古今以还，法术最长，其置府立卫乎！近代以来，于其将也，弊复为甚，率皆市儿辈多赍金玉、负倚幽阴、折券交货所能致也。绝不识父兄礼义之教，复无慷慨感概之气。百城千里，一朝得之。其强杰愎勃者则挠削法制，不使缚己，斩族忠良，不使违己，力一势便，罔不为寇。其阴泥巧狡者，亦能家算口敛，

七十四个，用来训练储备士卒。边境发生战争，则武将统兵出征；天下太平无事，则武将交出兵权，列居朝廷。武将列居朝廷时，国家授予他们的俸禄和官爵足以奉养家眷，他们统率的兵马也就散归各折冲、果毅府。折冲、果毅府分为三等，上等不超过一千二百人，春、夏、秋三季士卒从事农耕，冬季进行训练，这样，士卒的兵籍由折冲、果毅府掌管，平时散居于农田之间，力量分散，必然人人珍重自爱，这时，即使让蚩尤当统帅，也不可能让他们跟随叛乱。武将统兵出征时，他们统辖的兵马根据朝廷的诏令征发而来，士卒一方面惧怕朝廷军法的惩罚，另一方面又受朝廷爵赏的激励，两方面相互制约影响，哪里有工夫想其他的心思！这时，即使蚩尤做统帅，也不可能率领他们叛乱。从贞观到开元的一百三十年间，武将士卒没有发生过叛乱，这正是大圣太宗能够恰当地运用皇权，平衡内外军事力量的轻重分布，使之相互制约，以至圣明地计划和神奇地指挥的结果。到了开元末年，愚腐的儒生们在给玄宗的奏章中说：'现在天下太平，偃武修文，请求罢废府兵。'武将们的奏章说：'现在国家兵强马壮，请求讨伐四周的夷族，开拓疆域。'于是，废除府兵，扩充边兵，朝廷的武将和士卒，都大批地奔赴边防，内地空无一兵。这样，导致尾大不掉，外重内轻的局面，安禄山因此而拥重兵于幽州，一旦他发动叛乱，朝廷无力讨伐，疲于奔命，从唐肃宗到敬宗，皇上个个为此而昼夜焦虑，这时，再想讨除却毫无可能了。由此可见，对于武将和士卒，岂能有一天让他们脱离朝廷的控制！然而，国家不能没有军队，而军队又最容易在出征时发动叛乱，在朝廷被人利用来篡夺皇位。如何防止这一点？从古到今，最好的办法，不正是建立府兵制吗！近年以来，朝廷任命节度使，弊端更为严重，商人平民只要多拿出金玉财宝给当权的宦官，交纳钱物就能得到委任。他们既不懂父兄孝悌的儒家伦理，又没有为国慷慨赴难的气概。一旦贿赂打通关节，拥有上百个城池，周长一千里的地方，很快就能实现。他们中间，那些桀骜不驯、刚愎自用的节将，肆意扰乱朝廷法制，为了自己不受任何约束，不惜残酷屠害忠正贤良的幕僚；为了不违背自己的意愿，随意称兵作乱，对抗朝廷。另有一些阴险狡诈的节将，则对百姓重税盘剥，

委于邪幸，由卿市公，去郡得都，四履所治，指为别馆。或一夫不幸而寿，则戛割生人，略匝天下。是以天下兵乱不息，齐人干耗，靡不由是矣。呜呼！文皇帝十六卫之旨，其谁原而复之乎！”

又作《战论》，以为：“河北视天下，犹珠玑也；天下视河北，犹四支也。河北气俗浑厚，果于战耕，加以土息健马，便于驰敌，是以出则胜，处则饶，不窥天下之产，自可封殖。亦犹大农之家，不待珠玑然后以为富也。国家无河北，则精甲、锐卒、利刀、良弓、健马无有也，是一支，兵去矣。河东、盟津、滑台、大梁、彭城、东平，尽宿厚兵以塞虏冲，不可他使，是二支，兵去矣。六镇之师，厥数三亿，低首仰给，横拱不为，则沿淮已北，循河之南，东尽海，西叩洛，赤地尽取，才能应费，是三支，财去矣。咸阳西北，戎夷大屯，尽铲吴、越、荆、楚之饶以啖兵戍，是四支，财去矣。天下四支尽解，头腹兀然，其能以是久为安乎！今者诚能治其五败，则一战可定，四支可生。夫天下无事之时，殿寄大臣偷安奉私，战士离落，兵甲钝弊，是不搜练之过，其败一也。百人荷戈，仰食县官，则挟千夫之名，

然后，委任自己的亲信，用重金交结朝廷权贵，于是，他们的职务便不断升迁，或者由卿大夫而迁任国公，或者由一般的州郡迁升到重要的都市，他们在管辖的区域内俨然像住在自家的别墅一样逍遥自在。如果他们中有一人不幸而长寿不死，那么，百姓就会被任意宰割，毒害于天下。所以，我认为，天下至今战乱不息，百姓穷困潦倒，都是由于这个缘故。呜呼！当年文皇帝设置府兵制的深远意义，现在究竟谁能真正理解并重新恢复呢！"

杜牧又撰写了《战论》一文，认为："河北对于天下来说。就像珠宝一样重要；而天下对河北来说，就像人的四肢一样，相互联系而密不可分。河北人的风俗淳厚朴实，擅长作战和农耕，加上那里牧草茂盛，适合繁息战马，地势平坦，便于骑兵作战，所以，河北藩镇只要出征作战，往往大获全胜；而平时农耕，则富饶无比，不必贪图天下其他地方的物产，就可自给自足。这就像一个农家大户，虽无珠宝，但仍然富足。国家没有河北，就失去精良的盔甲、精锐的士卒、锋利的刀剑、优良的弓箭和矫健的马匹，对于国家来说，这是第一肢，失去了兵力。国家在与河北邻接的河东、河阳、义成、宣武、武宁、天平六个藩镇中，屯防重兵，专门用来防遏河北藩镇的叛乱，而不能调作他用，对于国家来说，这是第二肢，又失去了兵力。上述六个藩镇的兵力，总计三十万人，士卒无所作为，只待朝廷衣食供给，这样，从淮河以北，黄河以南，东到大海，西至洛阳，民脂民膏搜刮干净，也才勉强供给，对于国家来说，这是第三肢，失去了财力。与此同时，国家在咸阳的西北边防，也同样屯守重兵，防备吐蕃的侵扰，吴、越、荆、楚等地的赋税，全都被调往供给军饷，对于国家来说，这是第四肢，又失去了财力。国家的四肢全被解除，仅仅留下头和身子，难道靠这两者还能继续维持生命吗！现在，如果朝廷能下决心根治五个方面的弊政，那么，必能一次出战而大获全胜，安定全国，重新恢复国家业已失去的四肢。当天下太平无事的时候，宰相大臣苟且偷安，贪求私利，而士卒流离失所，兵器朽钝，这是朝廷不重视军事训练的过失，也是导致官军出征败北的第一个原因。官军中一百个人作战，但领取军饷的花名册上却有一千个人的姓名，

大将小裨，操其馀赢，以虏壮为幸，以师老为娱，是执兵者常少，縻食常多，此不责实料食之过，其败二也。战小胜则张皇其功，奔走献状以邀上赏，或一日再赐，或一月累封，凯还未歌，书品已崇，爵命极矣，田宫广矣，金缯溢矣，子孙官矣，焉肯搜奇出死，勤于我矣！此厚赏之过，其败三也。多丧兵士，颠翻大都，则跳身而来，刺邦而去，回视刀锯，气色甚安，一岁未更，旋已立于坛墀之上矣，此轻罚之过，其败四也。大将兵柄不得专，恩臣、敕使迭来挥之，堂然将陈，殷然将鼓，一则曰必为偃月，一则曰必为鱼丽，三军万夫，环旋翔羊愰骇之间，虏骑乘之，遂取吾之鼓旗，此不专任责成之过，其败五也。今者诚欲调持干戈，洒扫垢污，而乃踵前非，是不可为也。”

又作《守论》，以为：“今之议者皆曰：夫倔强之徒，吾以良将劲兵为衔策，高位美爵充饱其肠，安而不挠，外而不拘，亦犹豢扰虎狼而不拂其心，则忿气不萌。此大历、贞元所以守邦也，亦何必疾战，焚煎吾民，然后以为快也！愚曰：大历、贞元之间，适以此为祸也。当是之时，有城数十，千百卒夫，则朝廷别待之，贷以法度。

无论大将小将，都公然贪污军饷，吃士兵的空额，为了营私舞弊，他们总是为敌人的强大而高兴，而以官军的失败为娱乐，所以，现在军中真正能作战的士卒很少，而虚耗军饷的士卒却很多，这是朝廷不核实军饷供给情况的过失，也是导致军队出征败北的第二个原因。军队出战稍获小胜便虚张声势，向朝廷虚报战功，请求厚赏，朝廷对将士有时一天之内两次颁赏，有时一月之间多次封爵，因而，官军尚未凯旋班师，而军将的官品已经很高，他们朝思暮想的高官厚禄和田地住宅、金银财宝，甚至子孙的官爵都得到满足，谁还再肯出生入死为朝廷效力！这是朝廷赏赐太滥的过失，也是军队出征败北的第三条原因。军将出征失利后，死伤大批士卒，丢失重要的城市，但一旦逃回京城，却仅仅贬为州刺史了事。他们在国法军法面前，毫不在意，神色自若，不到一年半载，往往又官复原职，这是朝廷惩罚太轻的过失，也是军队出征败北的第四条原因。军队出征时，大将不能集中兵权，朝廷出使前线的宦官和监军却来往指挥，有的亲自率领兵马，有的亲自擂鼓督战，有的说应当摆偃月阵，有的说应当布鱼丽阵，常常争吵不息，三军将士不知所措，往往在徘徊慌乱的时候，被敌军骑兵乘机冲击，大败而归，这是朝廷不能集中兵权的过失，也是军队出征败北的第五条原因。现在，如果朝廷想征调兵马洗刷过去的耻辱，但又仍然沿袭过去的这些弊政，那就如同南辕而北辙，根本不可能达到预期目的。”

杜牧又撰写《守论》一文，认为：“现今上奏朝廷的官员都说：对藩镇骄横跋扈的武夫悍将，朝廷应当用精兵良将威慑他们，高官厚禄奉养他们，使他们既安心而不敢犯法，既有行动自由而不至于拘谨，就像驯养虎狼一样，只要不违背它们的天性，就不会咆哮伤人。这是代宗大历和德宗贞元年间朝廷安抚藩镇，保持国家稳定的基本方针，因此，又何必一定要通过战争来解决问题，使百姓受尽煎熬而后快呢！我认为，大历、贞元年间，朝廷正是由于奉行这种方针而深受其害。当时，凡是管辖几十个城池，拥有几千个士卒的节将大吏，朝廷就对他们另眼相看，甚至不惜枉法而加以宽容。

于是阔视大言，自树一家，破制削法，角为尊奢，天子养威而不问，有司守恬而不呵。王侯通爵，越录受之；觐聘不来，几杖扶之；逆息虏胤，皇子嫔之；装缘采饰，无不备之。是以地益广，兵益强，僭拟益甚，侈心益昌。于是土田名器，分划殆尽，而贼夫贪心，未及畔岸，遂有淫名越号，或帝或王，盟诅自立，恬淡不畏，走兵四略以饱其志者也。是以赵、魏、燕、齐卓起大唱，梁、蔡、吴、蜀蹑而和之，其馀混澒轩嚣，欲相效者，往往而是。运遭孝武，宵旰不忘，前英后杰，夕思朝议，故能大者诛锄，小者惠来。不然，周、秦之郊，几为犯猎哉！大抵生人油然多欲，欲而不得则怒，怒则争乱随之，是以教笞于家，刑罚于国，征伐于天下，此所以裁其欲而塞其争也。大历、贞元之间，尽反此道，提区区之有而塞无涯之争，是以首尾指支，几不能相运掉也。今者不知非此，而反用以为经，愚见为盗者非止于河北而已。呜呼！大历、贞元守邦之术，永戒之哉！”

又注《孙子》，为之序，以为：“兵者，刑也；刑者，政事也。为夫子之徒，实仲由、冉有之事也。不知自何代何人分为二道曰文、武，离而俱行，因使缙绅之士不敢言兵，或耻言之，

于是，这些人自命不凡，口出大言，培植私党而自成体系，违法乱纪而妄自称尊，天子顾忌自己的尊严，视而不问，有关部门为了保持安宁，也不加斥责。并且把高官厚禄无功授予他们；他们不主动来朝参拜皇上，朝廷反而赐给几杖，加以安慰；尤其是对长期割据的河北三镇，不加讨伐，反而把公主嫁给他们的子孙，嫁妆竭尽豪华，无所不备。朝廷对藩镇节将如此姑息迁就，所以，他们的领地日益广大，兵力日益强盛，僭越冒犯日益严重，骄奢淫逸日益滋长。国家的土地和爵位、法制几乎都被他们分割破坏，但他们仍然贪心不足，认为没有达到目的，于是，公然超越自己应有的名分，李希烈、朱泚先后称帝，朱滔、王武俊、田悦、李纳相继称王，随后，互相结盟而独立，对朝廷毫无惧色，出兵四处侵掠以满足他们的贪欲。这样，由成德、魏博、幽州、淄青首先发难，宣武、淮西、浙西、西川随而响应叛乱，其馀混水摸鱼，喧嚣钻营，企图效法的藩镇节将，处处都是。幸好宪宗励精图治，重用德才兼备的将相大臣，废寝忘食，朝夕商议平叛大计，所以能够诛除首恶，降服随从。不然的话，京城长安到东都洛阳一带，几乎也要遭到掠夺！人从生下来的一开始就有欲望，欲望得不到满足就会恼怒，恼怒则战乱纷争随之而来，所以，家庭必须有教育和惩罚，国家必须有法律和刑罚，天子治理国家，则应当掌握征伐大权，这些措施和手段，都是为了制裁人类的欲望，阻止战乱而产生的。然而，大历、贞元年间，朝廷完全背离了这些原则，幻想用朝廷有限的官爵土地满足藩镇无限的欲望，遏止战乱纷争，结果反受其害，几乎遭到灭顶之灾。现在，朝廷中一些人不仅不知道这样做不对，反而奉若经典，我认为这样下去，恐怕割据跋扈的藩镇就不仅仅限于河北了。呜呼！朝廷在大历、贞元年间对藩镇姑息迁就的治国方针，应当永远引以为戒！”

杜牧又给《孙子》一书作注释，并撰写了序言，认为：“军队就是刑法，刑法也就是治理国家的主要手段。在孔夫子的弟子中，只有仲由和冉有真正理解他的这种思想。但是，不知道从什么时候，从什么人开始，把这本来同一的事物区分为文、武两个方面，于是，二者截然分离，并行不悖，文官不敢再谈论军事，甚至以谈论军事为耻，

苟有言者，世以为粗暴异人，人不比数。呜呼！亡失根本，斯最为甚！《礼》曰：‘四郊多垒，此卿大夫之辱也。’历观自古，树立其国，灭亡其国，未始不由兵也。主兵者必圣贤、材能、多闻博识之士乃能有功，议于廊庙之上，兵形已成，然后付之于将。汉祖言‘指踪者人也，获兔者犬也’，此其是也。彼为相者曰：‘兵非吾事，吾不当知。’君子曰：‘勿居其位可也！’”

17　前邠宁行军司马郑注，依倚王守澄，权势熏灼，上深恶之。九月丙寅，侍御史李款阁内奏弹注：“内通敕使，外连朝士，两地往来，卜射财贿，昼伏夜动，干窃化权，人不敢言，道路以目。请付法司。”旬日之间，章数十上。守澄匿注于右军，左军中尉韦元素、枢密使杨承和、王践言皆恶注。左军将李弘楚说元素曰：“郑注奸猾无双，卵彀不除，使成羽翼，必为国患。今因御史所劾匿军中，弘楚请以中尉意，诈为有疾，召使治之，来则中尉延与坐，弘楚侍侧，伺中尉举目，擒出杖杀之。中尉因见上叩头请罪，具言其奸，杨、王必助中尉进言。况中尉有翼戴之功，岂以除奸而获罪乎！”元素以为然，召之。注至，蠖屈鼠伏，佞辞泉涌。元素不觉执手款曲，谛听忘倦。弘楚诇伺再三，元素不顾，以金帛厚遗注而遣之。

如果有人谈论，大家则把他视为粗人，不把他视为同类。呜呼！现今朝廷最大的弊端，莫过于此！《礼记》中说：‘敌人包围都城，在四郊扎营结寨，这是卿大夫的耻辱。’古往今来，凡是创建一个国家，灭亡一个国家，没有不依仗军队而成功的。指挥军队的人，必须具备高度的智慧、优秀的品德、杰出的才能，并且博闻强识，才能在战争中运用自如，有所建树，所以，有关军事问题，首先应当在朝廷充分讨论，决定战略方针，然后再命将帅出征执行。这就像汉高祖说的那样‘指示踪迹的是人，而捉兔的是狗’。现在，有些宰相说：‘军事不关我的事，我不必懂得。’那么，君子就应当说：‘你不懂军事，就不要担任宰相！’”

17　前邠宁行军司马郑注依赖右神策军中尉王守澄，权势熏天，唐文宗十分憎恨他。九月丙寅（十三日），侍御史李款在紫宸殿弹劾郑注说：“郑注在宫中交结宦官，在外朝交结百官，两地往来奔走，收取贿赂，昼伏夜动窥测动向，窃取大权，人们都敢怒而不敢言。请求朝廷批准把他交付御史台审查治罪。”在十多天的时间里，他接连几十次上书弹劾郑注。王守澄把郑注藏在右神策军中，左神策军中尉韦元素、枢密使杨承和、王践言也都憎恨郑注。这时，左神策军将李弘楚劝韦元素说：“郑注阴险狡诈，举世无双，如果不乘他尚未成形的时候及时除去，等到羽毛丰满时，必定成为国家的心腹大患。现在，他被侍御史李款弹劾，躲藏在右神策军中，我请求让我以您的名义去见他，借口说您身体有病，请他前来诊断，来后您请他坐下来谈话，我站在旁边侍候，看到您用眼睛向我示意，我就把他抓出去杀掉。然后，您面见皇上，叩头请罪，把他以往的罪行一一向皇上汇报，届时，枢密使杨承和、王践言肯定会帮助您说话。况且您对皇上有拥立的功劳，怎么会因为除去一个奸人而被怪罪！”韦元素认为很有道理，就派李弘楚去召唤郑注。郑注来后，对韦元素点头哈腰，毕恭毕敬，接着，夸夸其谈，谄媚的言辞像泉水一样，源源不断。韦元素听得入了迷，不知不觉亲切地拉住他的手，聚精会神，不觉疲倦。李弘楚在旁边多次暗示韦元素应该动手，韦元素根本不理，随后，赠送郑注大批金银钱帛，送他回去。

弘楚怒曰："中尉失今日之断，必不免他日之祸矣！"因解军职去。顷之，疽发背卒。王涯之为相，注有力焉，且畏王守澄，遂寝李款之奏。守澄言注于上而释之；寻奏为侍御史，充右神策判官。朝野骇叹。

18　甲寅，以前忠武节度使王智兴为河中节度使。

19　群臣以上即位八年，未受尊号，冬，十二月甲午，上尊号曰太和文武仁圣皇帝。会有五坊中使薛季稜自同、华还，言闾阎凋弊。上叹曰："关中小稔，百姓尚尔，况江、淮比年大水，其人如何！吾无术以救之，敢崇虚名乎！"因以通天带赏季稜。群臣凡四上表，竟不受。

20　庚子，上始得风疾，不能言。于是王守澄荐昭义行军司马郑注善医。上征注至京师，饮其药，颇有验，遂有宠。

李弘楚大怒，说："您失去今天诛杀他的机会，将来必然难免遭受他的陷害。"于是，辞职而去。不久，背部长疮去世。当初王涯升任宰相时，郑注曾在幕后为他活动，这时，王涯惧怕王守澄的权势，因而把李款弹劾郑注的奏章压下来，不在朝廷讨论。王守澄又在文宗面前为郑注辩护，于是，文宗赦免了郑注；不久，王守澄又奏请朝廷任命郑注为侍御史，充任右神策军判官。朝廷内外无不惊讶感叹。

18 甲寅，唐文宗任命前忠武节度使王智兴为河中节度使。

19 群臣考虑到文宗已即位八年了，尚未接受尊号，冬季，十二月甲午（十二日），百官为文宗上尊号，称为太和文武仁圣皇帝。这时，五坊使薛季稜从同州、华州出使回京，向文宗汇报说百姓穷困。文宗感叹地说："关中今年收成不错，百姓尚且如此，何况江、淮地区近年连连水灾，百姓生活可想而知！我既然没有办法救济百姓，怎么敢接受尊号的虚名呢！"于是，把自己的通天犀带赏给薛季稜。群臣百官四次为文宗上尊号，文宗最后仍不接受。

20 庚子（十八日），唐文宗中风后不能说话。王守澄向文宗推荐说，昭义行军司马郑注擅长医术。文宗召郑注来京城，吃了他开的药后，很有效果，于是，郑注开始得到文宗的宠爱。

卷第二百四十五　唐纪六十一

起甲寅(834)尽丁巳(837)凡四年

文宗元圣昭献孝皇帝中

太和八年(甲寅,834)

1　春,正月,上疾小瘳,丁巳,御太和殿见近臣,然神识耗减,不能复故。

2　二月壬午朔,日有食之。

3　夏,六月丙戌,莒王纾薨。

4　上以久旱,诏求致雨之方。司门员外郎李中敏上表,以为:"仍岁大旱,非圣德不至,直以宋申锡之冤滥,郑注之奸邪。今致雨之方,莫若斩注而雪申锡。"表留中。中敏谢病归东都。

5　鄜王经薨。

6　初,李仲言流象州,遇赦,还东都。会留守李逢吉思复入相,仲言自言与郑注善,逢吉使仲言厚赂之。注引仲言见王守澄,守澄荐于上,云仲言善《易》。上召见之。时仲言有母服,难入禁中,乃使衣民服,号王山人。仲言仪状秀伟,倜傥尚气,颇工文辞,有口辩,多权数。上见之,大悦,以为奇士,待遇日隆。

仲言既除服,秋,八月辛卯,上欲以仲言为谏官,置之翰林。李德裕曰:"仲言向所为,计陛下必尽知之,岂宜置之近侍?"

文宗元圣昭献孝皇帝中

唐文宗太和八年(甲寅,公元834年)

1　春季,正月,唐文宗的病情稍有好转,丁巳(初五),亲临太和殿接见左右亲近的臣僚,然而精神萎靡不振,不能和从前一样了。

2　二月壬午朔(初一),出现日食。

3　夏季,六月丙戌(初七),莒王李纾去世。

4　文宗鉴于大旱很久,下诏征求能够下雨的方法。司门员外郎李中敏上表认为:"现在连年大旱,并非陛下的品德不高,而是由于前宰相宋申锡被贬的案件太冤,郑注的行为奸邪不轨。因此,现在求雨的最好方法,莫过于处死郑注而为宋申锡平反。"李中敏的奏章被留在宫中,没有答复。于是,李中敏以身体有病为由,辞职回到东都洛阳。

5　郑王李经去世。

6　当初,李仲言被流放到象州,后来,由于朝廷大赦,回到东都洛阳。这时,东都留守李逢吉正想再入朝担任宰相,李仲言自称和郑注关系密切,于是,李逢吉派李仲言用重金向郑注行贿。郑注引李仲言拜见右神策军护军中尉王守澄,王守澄又把李仲言推荐给文宗,声称李仲言精通《周易》。于是,文宗召见李仲言。这时,李仲言正在为母亲服丧,身着丧服,不便进入宫中,文宗便让他穿上百姓的服装,号为王山人。李仲言身材魁梧,潇洒豪爽,擅长文辞,而且口才好,足智多谋。文宗召见后,十分高兴,认为他是一个奇才,因而对他的待遇日益隆重。

李仲言已经为母亲服丧期满,秋季,八月辛卯(十三日),文宗想任命他为谏官,安置在翰林院。宰相李德裕说:"李仲言过去的所作所为,我想陛下都知道,这种人怎么能安排到您的身旁作为侍从呢?"

上曰："然岂不容其改过?"对曰："臣闻惟颜回能不贰过。彼圣贤之过，但思虑不至，或失中道耳。至于仲言之恶，著于心本，安能悛改邪!"上曰："李逢吉荐之，朕不欲食言。"对曰："逢吉身为宰相，乃荐奸邪以误国，亦罪人也。"上曰："然则别除一官。"对曰："亦不可。"上顾王涯，涯对曰："可。"德裕挥手止之，上回顾适见，色殊不怿而罢。始，涯闻上欲用仲言，草谏疏极愤激。既而见上意坚，且畏其党盛，遂中变。

寻以仲言为四门助教，给事中郑肃、韩佽封还敕书。德裕将出中书，谓涯曰："且喜给事中封敕!"涯即召肃、佽谓曰："李公适留语，令二阁老不用封敕。"二人即行下，明日，以白德裕，德裕惊曰："德裕不欲封还，当面闻，何必使人传言！且有司封驳，岂复禀宰相意邪!"二人怅恨而去。

九月辛亥，征昭义节度副使郑注至京师。王守澄、李仲言、郑注皆恶李德裕，以山南西道节度使李宗闵与德裕不相悦，引宗闵以敌之。壬戌，诏征宗闵于兴元。

7　冬，十月辛巳，幽州军乱，逐节度使杨志诚及监军李怀仵，推兵马使史元忠主留务。

8　庚寅，以李宗闵为中书侍郎、同平章事。甲午，以中书侍郎、同平章事李德裕同平章事，充山南西道节度使。是日，以李仲言为翰林侍讲学士。给事中高铢、郑肃、韩佽、谏议大夫郭承嘏、中书舍人权璩等争之，不能得。承嘏，晞之孙；

文宗说:“难道不允许他改正错误?”李德裕回答说:“我听说只有颜回能不犯相同的第二次错误。颜回犯的错误,是圣贤一时对问题考虑不周,偏离了中庸之道造成的。而李仲言的过错,则是出自内心,怎么能改得了!”文宗说:“李逢吉推荐李仲言,朕不愿食言。”李德裕说:“李逢吉身为宰相,却不负责任地推荐李仲言这种奸人危害国家,所以,他也是罪人。”文宗说:“那么,就另外授任他一个职务。”李德裕说:“那也不行。”文宗回头看着宰相王涯,王涯赶快回答说:“可以。”李德裕连连挥手阻止他,被文宗回头看见,文宗很不高兴,宣布结束商议。在这以前,王涯听说文宗打算任用李仲言,急忙起草了一篇劝阻的上疏,措辞十分激烈。后来,他看文宗任用李仲言的态度很坚决,并且畏惧李逢吉的党羽势力强盛,于是,在文宗召集宰相讨论时临时变卦。

不久,朝廷任命李仲言为四门助教,给事中郑肃、韩佽封还任命敕书。这时,李德裕刚要从政事堂出门,对王涯说:“给事中封还敕书,真值得高兴!”王涯听后,随即召来郑肃和韩佽说:“李德裕刚才留话说,让二位不要封还敕书。”于是,二人署名通过,第二天,将此事告诉李德裕,李德裕大吃一惊,说:“我如果不同意你们二人封还敕书,肯定会当面对你们说,何必叫别人转达!况且给事中行使封驳权,难道还要秉承宰相的意图!”二人这才明白被王涯欺骗,于是,懊恨而去。

九月辛亥(初三),文宗命昭义节度副使郑注来京城。王守澄、李仲言、郑注都憎恨李德裕,鉴于山南西道节度使李宗闵和李德裕有矛盾,于是,向文宗推荐李宗闵,以便排挤李德裕。壬戌(十四日),文宗下诏,召李宗闵从山南西道的治所兴元来京城。

7　冬季,十月辛巳(初四),幽州军队内乱,将士驱逐节度使杨志诚和监军李怀仵,推举兵马使史元忠主持留守事务。

8　庚寅(十三日),唐文宗任命李宗闵为中书侍郎、同平章事。甲午(十七日),任命中书侍郎、同平章事李德裕以同平章事头衔,充任山南西道节度使。同日,任命李仲言为翰林侍讲学士。给事中高铢、郑肃、韩佽,谏议大夫郭承嘏,中书舍人权璩等人争辩认为不可,但他们的意见不被文宗采纳。郭承嘏是郭晞的孙子,

璩，德舆之子也。

9　乙巳，贡院奏进士复试诗赋，从之。

10　李德裕见上自陈，请留京师。丙午，以德裕为兵部尚书。

11　杨志诚过太原，李载义自殴击，欲杀之，幕僚谏救得免，杀其妻子及从行将卒。朝廷以载义有功，不问。载义母兄葬幽州，志诚发取其财。载义奏乞取志诚心以祭母，不许。

12　十一月，成德节度使王庭凑薨，军中奉其子都知兵马使元逵知留后。元逵改父所为，事朝廷礼甚谨。

13　史元忠献杨志诚所造衮衣及诸僭物。丁卯，流志诚于岭南，道杀之。

14　李宗闵言李德裕制命已行，不宜自便。乙亥，复以德裕为镇海节度使，不复兼平章事。时德裕、宗闵各有朋党，互相挤援。上患之，每叹曰："去河北贼易，去朝廷朋党难！"

臣光曰：夫君子小人之不相容，犹冰炭之不可同器而处也。故君子得位则斥小人，小人得势则排君子，此自然之理也。然君子进贤退不肖，其处心也公，其指事也实；小人誉其所好，毁其所恶，其处心也私，其指事也诬。公且实者谓之正直，私且诬者谓之朋党，

权璩是权德舆的儿子。

9　乙巳(二十九日),礼部贡院奏请进士科考试仍然加试诗赋,文宗批准。

10　李德裕面见文宗,表示不愿出任山南西道节度使,请求留在京城任职。丙午(二十九日),文宗任命他为兵部尚书。

11　杨志诚被将士从幽州驱逐后,路过太原,河东节度使李载义亲自动手殴打杨志诚,并想把他杀死,李载义的幕僚极力劝阻,杨志诚才得以免死,李载义于是杀了杨志诚的妻子儿女和随从将士。朝廷鉴于李载义曾参预平定横海李同捷叛乱有功,因而不加责问。此前,李载义的母亲和兄弟去世后埋葬在幽州,杨志诚发掘他们的坟墓,掠取墓中的陪葬财物。李载义奏请挖杨志诚的心用来祭祀他的母亲,文宗不许。

12　十一月,成德节度使王庭凑去世,军中将士推举他的儿子都知兵马使王元逵暂为留后。王元逵改变父亲骄横跋扈的行为,对朝廷十分恭敬。

13　史元忠把杨志诚擅自织造的皇帝衮衣和其他超越自己名分的器物奉献朝廷。丁卯(二十一日),唐文宗下令把杨志诚流放到岭南,杨志诚走到半路,被朝廷派人杀死。

14　宰相李宗闵上言说,朝廷任命李德裕为山南西道的制书已经下达,不应当由于他自己不愿上任就中途改变。乙亥(二十九日),唐文宗任命李德裕为镇海节度使,不再兼任同平章事。这时,李德裕和李宗闵各有自己的党羽,相互之间极力排挤对方,声援同党。文宗对此十分忧虑,经常感叹地说:“诛除河北三镇的叛贼容易,但去除朝廷的朋党实在太难!”

> 臣司马光说:君子和小人之间不能相容,就像冰和炭火不能放在同一个容器中相处一样。所以,如果君子执政,就排斥小人;小人得势,就排斥君子,这是很自然的道理。然而,君子提拔德才兼备的人,撤免庸俗无能的人,办事出于公心,实事求是;而小人则赞誉他喜欢的,诋毁他厌恶的,办事出于私心,捏造事实。办事出于公心,实事求是的人被称为正直的君子,而办事出于私心,捏造事实的人则被称为朋党,

在人主所以辨之耳。是以明主在上：度德而叙位，量能而授官；有功者赏，有罪者刑；奸不能惑，佞不能移。夫如是，则朋党何自而生哉！彼昏主则不然。明不能烛，强不能断；邪正并进，毁誉交至；取舍不在于己，威福潜移于人。于是谗慝得志而朋党之议兴矣。

夫木腐而蠹生，醯酸而蚋集，故朝廷有朋党，则人主当自咎而不当以咎群臣也。文宗苟患群臣之朋党，何不察其所毁誉者为实，为诬，所进退者为贤，为不肖，其心为公，为私，其人为君子，为小人？苟实也，贤也，公也，君子也，匪徒用其言，又当进之；诬也，不肖也，私也，小人也，匪徒弃其言，又当刑之。如是，虽驱之使为朋党，孰敢哉！释是不为，乃怨群臣之难治，是犹不种不芸而怨田之芜也。朝中之党且不能去，况河北贼乎！

15　丙子，李仲言请改名训。

16　幽州奏莫州军乱，刺史张元汎不知所在。

17　十二月己卯，以昭义节度副使郑注为太仆卿。郭承嘏累上疏言其不可，上不听。于是注诈上表固辞，上遣中使再以告身赐之，不受。

究竟是正直的君子还是朋党，关键在于君主认真辨别。所以，凡是英明的君主执政，根据国家的需要而设置不同的职位，根据官员的才能大小授予他们不同的职务；对于有突出政绩的官员，加以提拔赏赐，有严重罪行者，则撤免惩罚；既不被奸臣的谗言所迷惑，也不因他们的花言巧语而改变自己的主见。如能这样做，朋党又怎么能够产生呢！凡是昏庸的君主执政，则恰恰相反。他们既不能明辨是非，处理问题又优柔寡断，以致奸邪小人和正人君子都被任用，诋毁赞美充斥耳畔。朝廷的大政方针自己不能做主，决策权渐渐转移到他人手中。于是，奸邪小人得志猖狂，朝廷中必然出现朋党。

凡是树木腐朽，就会产生蠹虫，食醋酸败，就会集聚蚋虫，所以，如果朝廷出现朋党，君主应当首先自责，而不应当责备群臣百官。唐文宗如果忧虑群臣朋比为党，为什么不去核查他们所诽谤和赞誉的是事实，还是捏造？他们所荐举的官员是德才兼备，还是庸俗无能？办事是出于公心，还是出于私心？他们本人是君子，还是小人？如果他们的言行实事求是，荐举的官员德才兼备，办事出于公心，那么，他们就一定是君子，朝廷不但应当采纳这些人的意见，而且应当提拔他们；如果他们捏造事实，荐举的官员庸俗无能，办事出于私心，那么，他们就一定是小人，朝廷不但应当拒绝这些人的意见，而且应当惩罚他们。如果唐文宗能够这样去做，那么，就是命令百官结党营私，也肯定没有人胆敢那样去干！唐文宗不去这样做，反而埋怨群臣百官难以驾驭，这就好像一个农夫，自己不种田也不锄草，反而抱怨田地荒芜一样。唐文宗对朝廷中的朋党尚且不能铲除，何况对于河北三镇的叛贼呢！

15　丙子（三十日），李仲言奏请改名为李训。

16　幽州奏报，莫州发生军队变乱，刺史张元汎去向不明。

17　十二月己卯（初三），唐文宗任命昭义节度副使郑注为太仆卿。谏议大夫郭承嘏多次上疏认为不可，文宗不听。于是，郑注上表，虚假地一再表示不能接受任命，文宗又派宦官把任命书授予郑注，郑注仍然不接受。

18　癸未，以史元忠为卢龙留后。

19　初，宋申锡与御史中丞宇文鼎受密诏诛郑注，使京兆尹王璠掩捕之。璠密以堂帖示王守澄，注由是得免，深德璠。璠又与李训善，于是训、注共荐之，自浙西观察使征为尚书左丞。

九年（乙卯，835）

1　春，正月乙卯，以王元逵为成德节度使。

2　巢公凑薨，追赠齐王。

3　郑注上言秦地有灾，宜兴役以禳之。辛卯，发左、右神策千五百人浚曲江及昆明池。

4　三月，冀王绒薨。

5　丙辰，以史元忠为卢龙节度使。

6　初，李德裕为浙西观察使，漳王傅母杜仲阳坐宋申锡事放归金陵，诏德裕存处之。会德裕已离浙西，牒留后李蟾使如诏旨。至是，左丞王璠、户部侍郎李汉奏德裕厚赂仲阳，阴结漳王，图为不轨。上怒甚，召宰相及璠、汉、郑注等面质之。璠、汉等极口诬之，路隋曰："德裕不至有此。果如所言，臣亦应得罪！"言者稍息。夏，四月，以德裕为宾客分司。

7　癸巳，以郑注守太仆卿，兼御史大夫，注始受之，仍举仓部员外郎李款自代曰："加臣之罪，虽于理而无辜；在款之诚，乃事君而尽节。"时人皆哂之。

8　丙申，以门下侍郎、同平章事路隋充镇海节度使，趣之赴镇，不得面辞。坐救李德裕故也。

18 癸未(初七),唐文宗任命史元忠为卢龙留后。

19 当初,宋申锡和御史中丞宇文鼎一同接受文宗下达的诛除郑注的密诏,二人派京兆尹王璠去逮捕郑注。王璠把逮捕令秘密地告诉王守澄,于是,郑注得以逃脱,因而他十分感激王璠。王璠又和李训关系密切,于是郑注和李训一起向文宗推荐王璠,王璠因此从浙西道观察使被召入京城,任命为尚书左丞。

唐文宗太和九年(乙卯,公元835年)

1 春季,正月乙卯(初九),唐文宗任命王元逵为成德节度使。

2 巢公李凑去世,朝廷追赠他为齐王。

3 郑注上言朝廷,声称关中发生灾害,应当征发劳役,以便消灾。二月辛卯(十六日),唐文宗征发左、右神策军一千五百人疏浚曲江池和昆明池。

4 三月,冀王李绒去世。

5 丙辰(十一日),唐文宗任命史元忠为卢龙节度使。

6 当初,李德裕担任浙西观察使时,漳王李凑的女师傅杜仲阳由于宋申锡案件的牵连,被遣送回金陵,文宗诏命李德裕予以关照。正好李德裕此时已奉命调离浙江西道,于是,命留后李蟾按文宗诏令办理。这时,尚书左丞王璠和户部侍郎李汉上奏,说李德裕厚赂杜仲阳,秘密地和漳王交结,企图谋反。文宗大怒,召集宰相及王璠、李汉、郑注等人当面询问。王璠、李汉等人众口一辞,极力诬陷李德裕,宰相路隋说:“李德裕不至于这样。如果真像他们说的那样的话,我也应当有罪了!”于是,王璠等人这才不再说了。夏季,四月,唐文宗任命李德裕为太子宾客、分司东都。

7 癸巳(十八日),唐文宗任命郑注为太仆卿,兼御史大夫,郑注这才接受任命,同时推荐仓部员外郎李款代替自己原来的职务,他说:“李款以前虽然无故地弹劾过我,但是,他这样做也是对皇上尽忠。”当时人都耻笑他假装宽宏大度。

8 丙申(二十一日),唐文宗任命门下侍郎、同平章事路隋为镇海节度使,同时命他尽快离京上任,不得向自己当面告辞。这是由于前此在王璠等人诬告李德裕时,他出面为李德裕辩解的缘故。

9　初，京兆尹河南贾悚，性褊躁轻率，与李德裕有隙，而善于李宗闵、郑注。上巳，赐百官宴于曲江，故事，尹于外门下马，揖御史。悚恃其贵势，乘马直入，殿中侍御史杨俭、苏特与之争，悚骂曰："黄面儿敢尔！"坐罚俸。悚耻之，求出，诏以为浙西观察使。尚未行，戊戌，以悚为中书侍郎、同平章事。

10　庚子，制以向日上初得疾，王涯呼李德裕奔问起居，德裕竟不至。又在西蜀征逋悬钱三十万缗，百姓愁困。贬德裕袁州长史。

11　初，宋申锡获罪，宦官益横。上外虽包容，内不能堪。李训、郑注既得幸，揣知上意，训因进讲，数以微言动上。上见其才辨，意训可与谋大事。且以训、注皆因王守澄以进，冀宦官不之疑，遂密以诚告之。训、注遂以诛宦官为己任，二人相挟，朝夕计议，所言于上无不从，声势烜赫。注多在禁中，或时休沐，宾客填门，赂遗山积。外人但知训、注倚宦官擅作威福，不知其与上有密谋也。

上之立也，右领军将军兴宁仇士良有功。王守澄抑之，由是有隙。训、注为上谋，进擢士良以分守澄之权。五月乙丑，以士良为左神策中尉，守澄不悦。

12　戊辰，以左丞王璠为户部尚书，判度支。

9　当初，京兆尹、河南人贾𫗧性情急躁轻率，他和李德裕有矛盾，和李宗闵、郑注关系亲近。上巳（三月三日），唐文宗在曲江举行宴会，招待百官，按照以往惯例，京兆尹应当在门外下马，向御史台官员行礼，然后进门。贾𫗧依恃他的地位和权势，乘马直接入门，殿中侍御史杨俭、苏特和他争论起来，贾𫗧破口大骂，说："你们这些黄脸儿怎么敢挡我！"于是，因罪而被罚俸禄。贾𫗧觉得十分耻辱，请求出任藩镇职务，文宗下诏，任命他为浙西观察使。尚未成行，戊戌，唐文宗任命他为中书侍郎、同平章事。

10　庚子（二十五日），朝廷下制，鉴于文宗前不久刚刚患病时，王涯招呼李德裕去探视文宗病情，李德裕竟然不去。同时，李德裕担任剑南西川节度使时，曾经征收百姓的赋税欠款三十万缗，导致百姓穷困。因此，贬李德裕为袁州长史。

11　当初，宋申锡被判罪贬官后，宦官更加骄横。文宗虽然外表不露声色，内心却不能容忍。李训、郑注得到文宗信用后，揣摩了解了文宗的心思，于是，李训在给文宗讲读经典时，多次暗示文宗。文宗觉得李训很有才能，能言善辩，认为可以和他商议诛除宦官。同时考虑到李训和郑注都是宦官王守澄推荐的，估计宦官不会疑心二人，于是，把自己的意图秘密地告诉了二人。李训、郑注因此以诛除宦官为己任，二人相互依赖，昼夜商议对策，凡给文宗的建议，文宗无不采纳，声势烜赫。郑注经常待在宫中，有时休假在家，要求拜见他的人站满他的门前，贿赂他的财物堆积如山。外面人只知道李训和郑注依靠宦官的权势擅自作威作福，却不知道他们二人和文宗密谋诛除宦官。

当初文宗被拥立为皇帝时，右领军将军、循州兴宁县人仇士良曾经有很大的功劳。但他受到王守澄的压制，于是，二人产生了矛盾。这时，李训、郑注向文宗建议，提拔仇士良以便分割王守澄的权力。五月乙丑（二十一日），文宗任命仇士良为左神策军护军中尉，王守澄得知后很不高兴。

12　戊辰（二十四日），唐文宗任命尚书左丞王璠为户部尚书，判度支。

13 京城讹言郑注为上合金丹，须小儿心肝，民间惊惧，上闻而恶之。郑注素恶京兆尹杨虞卿，与李训共构之，云此语出于虞卿家人。上怒，六月，下虞卿御史狱。注求为两省官，中书侍郎、同平章事李宗闵不许，注毁之于上。会宗闵救杨虞卿，上怒，叱出之。壬寅，贬明州刺史。

14 左神策中尉韦元素、枢密使杨承和、王践言居中用事，与王守澄争权不叶，李训、郑注因之出承和于西川，元素于淮南，践言于河东，皆为监军。

15 秋，七月甲辰朔，贬杨虞卿虔州司马。

16 庚戌，作紫云楼于曲江。

17 辛亥，以御史大夫李固言为门下侍郎、同平章事。

李训、郑注为上画太平之策，以为当先除宦官，次复河、湟，次清河北，开陈方略，如指诸掌。上以为信然，宠任日隆。

初，李宗闵为吏部侍郎，因驸马都尉沈㦂结女学士宋若宪、知枢密杨承和得为相。及贬明州，郑注发其事，壬子，再贬处州长史。

著作郎、分司舒元舆与李训善，训用事，召为右司郎中，兼侍御史知杂，鞫杨虞卿狱。癸丑，擢为御史中丞。元舆，元褒之兄也。

贬吏部侍郎李汉为汾州刺史，刑部侍郎萧澣为遂州刺史，皆坐李宗闵之党。

是时李训、郑注连逐三相，威震天下，于是平生丝恩发怨无不报者。

13　京城长安盛传谣言，说郑注为皇上合制金丹，必须用小孩的心肝入药，百姓为此而惊扰惧怕，文宗得知后十分恼恨。郑注向来憎恶京兆尹杨虞卿，于是，他和李训一起诬陷杨虞卿，说谣言出于杨虞卿的家属。文宗大怒，六月，下令将杨虞卿逮捕，押在御史台狱中。此前，郑注曾经求做中书、门下两省的官员，中书侍郎、同平章事李宗闵不许，郑注因此在文宗面前诽谤李宗闵。这时，正好李宗闵为杨虞卿辩解，文宗大怒，呵斥李宗闵出宫。壬寅（初四），贬李宗闵为明州刺史。

14　左神策护军中尉韦元素、枢密使杨承和、王践言在朝中当权，与王守澄争权不和，李训和郑注乘机劝文宗任命杨承和为剑南西川监军，韦元素为淮南监军，王践言为河东监军。

15　秋季，七月甲辰朔（初一），唐文宗贬杨虞卿为虔州司马。

16　庚戌（初七），唐文宗下令在曲江修筑紫云楼。

17　辛亥（初八），唐文宗任命御史大夫李固言为门下侍郎、同平章事。

李训、郑注为文宗谋划达到天下大治太平的策略，认为应当首先诛除宦官，其次出兵收复河、湟地区，最后平定河北三镇，二人陈述方针策略，了如指掌。文宗认为言之有理，宠信日益隆重。

当初，李宗闵担任吏部侍郎时，曾通过驸马都尉沈𬮱交结宫中女学士宋若宪和知枢密杨承和，因而被任命为宰相。等到李宗闵被贬为明州刺史时，郑注向文宗揭发了这件事，壬子（初九），文宗再贬李宗闵为处州长史。

著作郎、分司东都舒元舆和李训关系亲近，李训掌权后，推荐舒元舆为右司郎中，兼侍御史知杂，负责审问杨虞卿的案件。癸丑（初十），舒元舆被擢拔为御史中丞。舒元舆是补阙舒元褒的哥哥。

唐文宗贬吏部侍郎李汉为汾州刺史，刑部侍郎萧澣为遂州刺史，二人都是由于李宗闵的同党而被贬。

这时，李训、郑注接连诬陷贬逐李德裕、路隋、李宗闵三位宰相，权势威震天下，于是，凡是过去对自己稍有恩德的人无不提拔，和自己稍有怨恨的人无不报复。

18　李训奏僧尼猥多，耗蠹公私。丁巳，诏所在试僧尼诵经不中格者，皆勒归俗。禁置寺及私度人。

19　时人皆言郑注朝夕且为相，侍御史李甘扬言于朝曰："白麻出，我必坏之于庭！"癸亥，贬甘封州司马。然李训亦忌注，不欲使为相，事竟寝。

20　甲子，以国子博士李训为兵部郎中、知制诰，依前侍讲学士。

21　贬左金吾大将军沈议为邵州刺史。八月丙子，又贬李宗闵潮州司户。赐宋若宪死。

22　丁丑，以太仆卿郑注为工部尚书，充翰林侍讲学士。注好服鹿裘，以隐沦自处，上以师友待之。注之初得幸，上尝问翰林学士、户部侍郎李珏曰："卿知有郑注乎？亦尝与之言乎？"对曰："臣岂特知其姓名，兼深知其为人。其人奸邪，陛下宠之，恐无益圣德。臣忝在近密，安敢与此人交通！"戊寅，贬珏江州刺史。再贬沈议柳州司户。

23　丙申，诏以杨承和庇护宋申锡，韦元素、王践言与李宗闵、李德裕中外连结，受其赂遗。承和可驩州安置，元素可象州安置，践言可恩州安置，令所在锢送。杨虞卿、李汉、萧澣为朋党之首，贬虞卿虔州司户，汉汾州司马，澣遂州司马。寻遣使追赐承和、元素、践言死。时崔潭峻已卒，亦剖棺鞭尸。

18　李训奏称，现今僧尼太多，虚耗国家和百姓的财产。丁巳（十四日），文宗下诏，命各地测试僧尼，凡读经不合格者，一律遣归还俗。同时禁止再修建新的寺院和私自剃度百姓为僧尼。

19　这时，人们都认为郑注很快会被任命为宰相，侍御史李甘在朝廷扬言说："如果皇上任命郑注为宰相的白麻诏书颁布，我一定要在这里当众予以弹劾驳回！"癸亥（二十日），李甘被贬为封州司马。不过，这时李训也妒忌郑注，不愿让他担任宰相，所以，这件事就被搁置下来。

20　甲子（二十一日），唐文宗任命国子博士李训为兵部郎中、知制诰，并仍为翰林侍讲学士。

21　唐文宗贬左金吾大将军沈䜣为邵州刺史。八月丙子（初三），又贬李宗闵为潮州司户。命女学士宋若宪自尽。

22　丁丑（初四），唐文宗任命太仆寺卿郑注为工部尚书，充任翰林侍讲学士。郑注喜好穿鹿皮缝制的衣服，自居为隐士，文宗把他作为老师、朋友看待。郑注最初得到文宗信用的时候，一次，文宗问翰林学士、户部侍郎李珏说："你知道郑注这个人吗？过去曾经和他谈过话吗？"李珏回答说："我不仅知道他的姓名，而且深知他的为人。郑注是一个奸邪小人，陛下宠信他，恐怕很不适当。我作为陛下的亲信臣僚，怎么敢和这种人交结！"戊寅（初五），文宗贬李珏为江州刺史。再贬沈䜣为柳州司户。

23　丙申（二十三日），唐文宗下诏，鉴于剑南西川监军杨承和当年曾袒护宋申锡的罪行，淮南监军韦元素、河东监军王践言和前宰相李宗闵、李德裕在朝廷内外相互勾结，接受他们的贿赂。因此，免去三人的职务，把他们分别发放到边远的驩州、象州、恩州监管，命令西川、淮南和河东分别派人把他们枷锢押送到监管地区。杨虞卿、李汉、萧澣都是朋党的首领，贬杨虞卿为虔州司户，李汉为汾州司马，萧澣为遂州司马。不久，又派人追命杨承和、韦元素、王践言自尽。这时，前枢密使崔潭峻已经去世，文宗命把他剖棺鞭尸。

己亥，以前庐州刺史罗立言为司农少卿。立言赃吏，以赂结郑注而得之。

郑注之入翰林也，中书舍人高元裕草制，言以医药奉君亲，注衔之，奏元裕尝出郊送李宗闵，壬寅，贬元裕阆州刺史。元裕，士廉之六世孙也。

时注与李训所恶朝士，皆指目为二李之党，贬逐无虚日，班列殆空，廷中恟恟，上亦知之。训、注恐为人所摇，九月，癸卯朔，劝上下诏："应与德裕、宗闵亲旧及门生故吏，今日以前贬黜之外，馀皆不问。"人情稍安。

24　盐铁使王涯奏改江淮、岭南茶法，增其税。

25　庚申，以凤翔节度使李听为忠武节度使，代杜悰。

26　宪宗之崩也，人皆言宦官陈弘志所为。时弘志为山南东道监军，李训为上谋召之，至青泥驿，癸亥，封杖杀之。

27　郑注求为凤翔节度使，门下侍郎、同平章事李固言不可。丁卯，以固言为山南西道节度使，注为凤翔节度使。李训虽因注得进，及势位俱盛，心颇忌注。谋欲中外协势以诛宦官，故出注于凤翔。其实俟既诛宦官，并图注也。

注欲取名家才望之士为参佐，请礼部员外郎韦温为副使，温不可。或曰："拒之必为患。"温曰："择祸莫若轻。拒

己亥(二十六日),唐文宗任命前庐州刺史罗立言为司农寺少卿。罗立言是一个贪官污吏,他是通过贿赂郑注才得到任命的。

郑注在此前被任命为翰林侍讲学士时,是由中书舍人高元裕起草的任命制书,制书说郑注曾以医术侍奉皇上,郑注于是十分痛恨高元裕,向文宗奏称,李宗闵被贬时,高元裕曾出城到郊外送他。壬寅(二十九日),唐文宗贬高元裕为阆州刺史。高元裕是高士廉的六世孙。

这时,郑注和李训对他们所厌恶的朝官,都指斥为李德裕和李宗闵的党羽,每天都有人被贬逐,上朝时,百官的班列为之一空,朝廷上下人心恐惧,文宗也得知这种情况。郑注和李训担心被人控告,动摇自己的地位,于是,九月癸卯朔(初一),二人劝文宗下诏:"凡是李德裕、李宗闵的亲戚朋友,以及他们的学生弟子和原来的部下,除今日以前贬黜的以外,其馀一律不再追究。"于是,人心逐渐安定。

24　盐铁使王涯奏请改革江淮、岭南地区的茶叶税收办法,增加茶税。

25　庚申(十八日),唐文宗任命凤翔节度使李听为忠武节度使,代替杜悰。

26　当年唐宪宗去世,宫中侍从都说是被宦官陈弘志所暗害的。这时,陈弘志担任山南东道监军,李训建议文宗召陈弘志来京,陈弘志走到青泥驿,癸亥(二十一日),被朝廷派人杖杀。

27　郑注请求担任凤翔节度使,门下侍郎、同平章事李固言认为不行。丁卯(二十五日),唐文宗任命李固言为山南西道节度使,郑注为凤翔节度使。李训虽然是通过郑注推荐而被提拔的,但当他的职务和权势都已达到顶点时,心中十分妒忌郑注。他密谋在朝廷里应外合诛除宦官,所以建议郑注担任凤翔节度使。其实,是想等诛除宦官后,连同郑注也一同除掉。

郑注想征召朝廷中出身名门世家并有威望的官员作为自己的僚佐,邀请礼部员外郎韦温为节度副使,韦温不同意。有人对韦温说:"您拒绝他的邀请,将来肯定要被诬陷。"韦温说:"如果做两件事同样都不可避免地遭受灾难的话,那就选择较轻一点的灾难。拒绝

之止于远贬，从之有不测之祸。”卒辞之。

28　戊辰，以右神策中尉、行右卫上将军、知内侍省事王守澄为左、右神策观军容使，兼十二卫统军。李训、郑注为上谋，以虚名尊守澄，实夺之权也。

29　己巳，以御史中丞兼刑部侍郎舒元舆为刑部侍郎，兵部郎中知制诰、充翰林侍讲学士李训为礼部侍郎，并同平章事。仍命训三二日一入翰林讲《易》。元舆为中丞，凡训、注所恶者，则为之弹击，由是得为相。又上惩李宗闵、李德裕多朋党，以贾餗及元舆皆孤寒新进，故擢为相，庶其无党耳。

训起流人，期年致位宰相，天子倾意任之。训或在中书，或在翰林，天下事皆决于训。王涯辈承顺其风指，惟恐不逮。自中尉、枢密、禁卫诸将，见训皆震慑，迎拜叩首。

壬申，以刑部郎中兼御史知杂李孝本权知御史中丞。孝本，宗室之子，依训、注得进。

30　李听自恃勋旧，不礼于郑注。注代听镇凤翔，先遣牙将丹骏至军中慰劳，诬奏听在镇贪虐。冬，十月乙亥，以听为太子太保、分司，复以杜悰为忠武节度使。

郑注每自负经济之略，上问以富人之术，注无以对，乃请榷茶。于是以王涯兼榷茶使，涯知不可而不敢违，人甚苦之。

郑注的邀请，最多被他诬陷贬逐到边远的地方，但如果同意而跟随他，恐怕有难以预测的更大灾难。"最后，还是拒绝了。

28　戊辰（二十六日），唐文宗任命右神策军护军中尉、行右卫上将军、知内侍省事王守澄为左、右神策军观军容使，兼十二卫统军。李训、郑注为文宗策划，擢拔王守澄担任荣誉性的最高级军职，以表示对他的尊崇，实际上削除他的兵权。

29　己巳（二十七日），唐文宗任命御史中丞兼刑部侍郎舒元舆为刑部侍郎，兵部郎中知制诰、充翰林侍讲学士李训为礼部侍郎，二人并为同平章事。同时，命李训仍然三天或两天到翰林院一次，为文宗讲解《周易》。舒元舆担任御史中丞时，对于李训、郑注所厌恶的朝官，一律进行弹劾，因此，被任命为宰相。同时，文宗也鉴于以前李宗闵、李德裕担任宰相时朋比为党，认为贾餗和舒元舆都是家世寒微而刚刚考中进士不久的朝官，所以擢任为宰相，希望他们不致朋比为党。

李训由被流放的罪人而重新起用，刚刚一年就被任命为宰相，得到文宗全心全意地重用。李训有时在中书省办公，有时在翰林院办公，朝廷的大政方针都由他决断。宰相王涯等人对他阿谀逢迎，惟恐有所违背。从神策军护军中尉、枢密使以至禁军诸将，见到李训无不震惊恐惧，迎拜叩首。

壬申（三十日），唐文宗任命刑部郎中兼御史知杂李孝本暂时代理御史中丞。李孝本是皇室的后代，依附李训、郑注，因而得到提拔。

30　李听自恃自己是对朝廷立有大功的老臣，对郑注不大礼貌。这时，郑注被任命为凤翔节度使，代替李听的职务，于是，先派牙将丹骏到凤翔慰问将士，随后，诬奏李听在担任凤翔节度使时贪污暴虐。冬季，十月乙亥（初三），唐文宗任命李听为太子太保，分司东都，同时，任命杜悰为忠武节度使。

郑注常常自负有治理国家的才智方略，文宗向他咨询能够使百姓富裕的方法，郑注无言以对，于是，请求实行茶叶专卖制度。文宗于是任命王涯兼任榷茶使，王涯自知茶叶专卖不妥，但又不敢违背，百姓因此大受其苦。

31　郑注欲收僧尼之誉，固请罢沙汰，从之。

32　李训、郑注密言于上，请除王守澄。辛巳，遣中使李好古就第赐鸩，杀之，赠扬州大都督。训、注本因守澄进，卒谋而杀之，人皆快守澄之受佞而疾训、注之阴狡。于是元和之逆党略尽矣。

乙酉，郑注赴镇。

33　庚子，以东都留守、司徒兼侍中裴度兼中书令，馀如故。李训所奖拔，率皆狂险之士，然亦时取天下重望以顺人心，如裴度、令狐楚、郑覃皆累朝耆俊，久为当路所轧，置之散地，训皆引居崇秩。由是士大夫亦有望其真能致太平者，不惟天子惑之也。然识者见其横甚，知将败矣。

34　十一月丙午，以大理卿郭行馀为邠宁节度使。癸丑，以河东节度使、同平章事李载义兼侍中。丁巳，以户部尚书、判度支王璠为河东节度使。戊午，以京兆尹李石为户部侍郎、判度支；以京兆少尹罗立言权知府事。石，神符之五世孙也。己未，以太府卿韩约为左金吾卫大将军。

始，郑注与李训谋，至镇，选壮士数百，皆持白棓，怀其斧，以为亲兵。是月，戊辰，王守澄葬于浐水，注奏请入护葬事，因以亲兵自随。仍奏令内臣中尉以下尽集浐水送葬，注因阖门，令亲兵斧之，使无遗类。约既定，训与其党谋："如此事成，

31 郑注想得到僧尼的支持和赞誉，于是，再三请求文宗停止继续淘汰僧尼，文宗批准。

32 李训、郑注秘密地向文宗建议，请求诛杀王守澄。辛巳（初九），文宗派遣宦官李好古前往王守澄的住宅，赐王守澄毒酒，把他杀死，随后，追赠王守澄为扬州大都督。李训、郑注本来是通过王守澄的推荐才被提拔的，但最后却密谋把他杀死，所以，百官都为王守澄因奸佞被杀而拍手称快，同时厌恶李训、郑注的阴险狡诈。这样，元和末年暗害唐宪宗的叛贼逆党几乎被诛除干净。

乙酉（十三日），郑注前往凤翔上任。

33 庚子（二十八日），唐文宗任命东都留守、司徒兼侍中裴度兼中书令，其他职务仍旧不变。这时，李训所推荐提拔的官员，大多是狂妄阴险之徒，然而，他有时也任命个别在朝廷内外有崇高威望的人来顺应人心，如裴度、令狐楚、郑覃，都是几朝德高望重的老臣，但很久以来，被当朝权贵所倾轧，仅仅担任散官而无所事事，现在，都被李训推荐担任要职。于是，不仅文宗受到他的花言巧语迷惑，而且士大夫也有不少人希望他真的能够辅佐皇上达到天下太平。然而一些具有远见卓识的官员看他那么骄横，预料他肯定会失败。

34 十一月丙午（初五），唐文宗任命大理卿郭行馀为邠宁节度使。癸丑（十二日），任命河东节度使、同平章事李载义兼侍中。丁巳（十六日），任命户部尚书、判度支王播为河东节度使。戊午（十七日），任命京兆尹李石为户部侍郎、判度支；京兆少尹罗立言暂时处理京兆府的政务。李石是李神符的第五代子孙。己未（十八日），任命太府卿韩约为左金吾卫大将军。

最初，郑注和李训商议，待郑注到凤翔上任后，挑选几百名壮士，每人携带一根白色棍棒，怀揣一把利斧，作为亲兵。二人约定，本月戊辰（二十七日），朝廷在浐河旁埋葬王守澄时，由郑注奏请文宗批准率兵护卫葬礼，于是便可带亲兵随从前往。同时奏请文宗，命神策军护军中尉以下所有宦官都到浐河旁为王守澄送葬，届时，郑注下令关闭墓门，命亲兵用利斧砍杀宦官，全部诛除。计划已经定好，李训又和他的同党密谋说："如果这个计划成功，

则注专有其功，不若使行馀、璠以赴镇为名，多募壮士为部曲，并用金吾、台府吏卒，先期诛宦者，已而并注去之。”行馀、璠、立言、约及中丞李孝本，皆训素所厚也，故列置要地，独与是数人及舒元舆谋之，他人皆莫之知也。

壬戌，上御紫宸殿。百官班定，韩约不报平安，奏称：“左金吾听事后石榴夜有甘露，臣递门奏讫。”因蹈舞再拜，宰相亦帅百官称贺。训、元舆劝上亲往观之，以承天贶，上许之。百官退，班于含元殿。日加辰，上乘软舆出紫宸门，升含元殿。先命宰相及两省官诣左仗视之，良久而还。训奏：“臣与众人验之，殆非真甘露，未可遽宣布，恐天下称贺。”上曰：“岂有是邪！”顾左、右中尉仇士良、鱼志弘帅诸宦者往视之。宦者既去，训遽召郭行馀、王璠曰：“来受敕旨！”璠股栗不敢前，独行馀拜殿下。时二人部曲数百，皆执兵立丹凤门外，训已先使人召之，令入受敕。独东兵入，邠宁兵竟不至。

仇士良等至左仗视甘露，韩约变色流汗，士良怪之曰：“将军何为如是？”俄风吹幕起，见执兵者甚众，又闻兵仗声。士良等惊骇走出，门者欲闭之，士良叱之，关不得上。士良等奔诣上告变。训见之，

那么，诛除宦官的功劳就全部归于郑注，不如让郭行馀和王璠以赴邠宁、河东上任为名，多招募一些壮士，作为私兵，同时调动韩约统领的金吾兵和御史台、京兆府官吏和士卒，先于郑注一步，在京城诛除宦官，随后，把郑注一并除掉。"邠宁节度使郭行馀、河东节度使王璠、京兆少尹罗立言、左金吾卫大将军韩约和御史中丞李孝本，都是李训所信用的官员，所以，任命他们担任要职，李训只和这几个人以及宰相舒元舆密谋，其他朝廷百官都一概不知。

壬戌（二十一日），唐文宗御临紫宸殿。百官列班站定后，左金吾卫大将军韩约不按规定报告平安，奏称："左金吾衙门后院的石榴树上，昨晚发现有甘露降临，这是祥瑞的征兆，昨晚我已通过守卫宫门的宦官向皇上报告。"于是，行礼舞蹈，再次下拜称贺，宰相也率领百官向文宗祝贺。李训、舒元舆乘机劝文宗亲自前往观看，以便承受上天赐予的祥瑞，文宗表示同意。接着，百官退下，列班于含元殿。辰时刚过，文宗乘软轿出紫宸门，到含元殿升朝。先命宰相和中书、门下两省的官员到左金吾后院察看甘露，过了很久才回来。李训奏报说："我和众人去检查过了，不像是真正的甘露，不可匆忙向全国宣布，否则，全国各地就会向陛下祝贺。"文宗说："难道还有这种事！"随即命左、右神策军护军中尉仇士良、鱼志弘率领诸位宦官再次前往左金吾后院察看。宦官走后，李训急忙召集郭行馀、王璠，说："快来接受皇上的圣旨！"王璠紧张得两腿发抖，不敢前去，只有郭行馀一人拜倒在含元殿下接旨。这时，二人招募的私兵几百人都手执兵器，立在丹凤门外等待命令，李训已经先派人去叫他们来含元殿前，接受文宗下达的诛除宦官的命令。结果，只有郭行馀率领的河东兵来了，王璠率领的邠宁兵竟没有来。

仇士良率领宦官到左金吾后院去察看甘露，韩约紧张得浑身流汗，脸色十分难看，仇士良觉得很奇怪，问："将军为什么这样？"过了一会儿，一阵风把院中的帐幕吹起来，仇士良发现很多手执兵器的士卒，又听到兵器的碰撞声音。仇士良等人大惊，急忙往外跑，守门的士卒正想关门，被仇士良大声呵叱，门闩没有关上。仇士良等人急奔含元殿，向文宗报告发生兵变。被李训看见，

遽呼金吾卫士曰："来上殿卫乘舆者，人赏钱百缗！"宦者曰："事急矣，请陛下还宫！"即举软舆，迎上扶升舆，决殿后罘罳，疾趋北出。训攀舆呼曰："臣奏事未竟，陛下不可入宫！"金吾兵已登殿。罗立言帅京兆逻卒三百馀自东来，李孝本帅御史台从人二百馀自西来，皆登殿纵击，宦官流血呼冤，死伤者十馀人。乘舆迤逦入宣政门，训攀舆呼益急，上叱之，宦者郗志荣奋拳殴其胸，偃于地。乘舆既入，门随阖，宦者皆呼万岁，百官骇愕散出。训知事不济，脱从吏绿衫衣之，走马而出，扬言于道曰："我何罪而窜谪！"人不之疑。王涯、贾悚、舒元舆还中书，相谓曰："上且开延英，召吾属议之。"两省官诣宰相请其故，皆曰："不知何事，诸公各自便！"士良等知上豫其谋，怨愤，出不逊语，上惭惧不复言。

士良等命左、右神策副使刘泰伦、魏仲卿等各帅禁兵五百人，露刃出阁门讨贼。王涯等将会食，吏白："有兵自内出，逢人辄杀！"涯等狼狈步走，两省及金吾吏卒千馀人填门争出。门寻阖，其不得出者六百馀人皆死。士良等分兵闭宫门，索诸司，捕贼党。诸司吏卒及民酤贩在中者皆死，死者又千馀人，横尸流血，狼藉涂地，诸司印及图籍、帷幕、器皿俱尽。又遣骑各千馀出城追亡者，又遣兵大索城中。舒元舆

急呼金吾士卒说："快来上殿保护皇上，每人赏钱百缗！"宦官对文宗说："事情紧急，请陛下赶快回宫！"随即抬来软轿，迎上前去搀扶文宗上轿，冲断殿后面的丝网，向北急奔而去。李训拉住文宗的软轿大声说："我奏请朝政还没有完，陛下不可回宫！"这时，金吾兵已经登上含元殿。同时，罗立言率领京兆府担负巡逻任务的士卒三百多人从东边冲来，李孝本率领御史台随从两百多人从西边冲来，一齐登上含元殿，击杀宦官，宦官血流如注，大声喊冤，死伤十几个人。文宗的软轿一路向北进入宣政门，李训拉住软轿不放，呼喊更加急迫，文宗呵斥李训，宦官郗志荣挥拳奋击李训的胸部，李训被打倒在地。文宗的软轿进入宣政门后，大门随即关上，宦官都大呼万岁，这时，正在含元殿上朝的百官都大吃一惊，四散而走。李训知道大事不好，于是，换上随从官吏的绿色官服，骑马而逃，一路上大声扬言说："我有什么罪而被贬逐！"因而，人们也不怀疑。宰相王涯、贾餗、舒元舆回到政事堂，相互商议说："皇上过一会儿就会开延英殿，召集我们商议朝政。"中书、门下两省的官员来问王涯三人，到底发生了什么事，三人都说："我们也不知怎么回事，诸位各自随便行动吧！"仇士良等宦官知道文宗参与了李训的密谋，十分愤恨，在文宗面前出语不逊，文宗羞愧惧怕，不再作声。

仇士良等人命令左、右神策军副使刘泰伦、魏仲卿等各率禁兵五百人，持刀露刃从紫宸殿冲出讨伐贼党。这时，王涯等宰相在政事堂正要吃饭，忽然有官吏报告说："有一大群士兵从宫中冲出，逢人就杀！"王涯等人狼狈徒步逃奔，中书、门下两省和金吾卫的士卒和官吏一千多人拥挤着向门外逃跑。不一会儿，大门被关上，尚未逃出的六百多人全被杀死。仇士良等分兵关闭各个宫门，搜查南衙各司衙门，逮捕贼党。各司的官吏和担负警卫的士卒，以及正在里面做买卖的百姓和商人一千多人全部被杀，尸体狼藉，流血遍地，各司的大印、地图和户籍档案、衙门的帷幕和办公用具被捣毁、抄掠一空。仇士良等人又命左、右神策军各出动骑兵一千多人出城追击逃亡的贼党，同时派兵在京城大搜捕。舒元舆

易服单骑出安化门，禁兵追擒之。王涯徒步至永昌里茶肆，禁兵擒入左军。涯时年七十馀，被以桎梏，掠治不胜苦，自诬服，称与李训谋行大逆，尊立郑注。王璠归长兴里私第，闭门，以其兵自防。神策将至门，呼曰："王涯等谋反，欲起尚书为相，鱼护军令致意！"璠喜，出见之。将趋贺再三，璠知见绐，涕泣而行。至左军，见王涯曰："二十兄自反，胡为见引？"涯曰："五弟昔为京兆尹，不漏言于王守澄，岂有今日邪！"璠俯首不言。又收罗立言于太平里，及涯等亲属奴婢，皆入两军系之。户部员外郎李元皋，训之再从弟也，训实与之无恩，亦执而杀之。故岭南节度使胡证，家钜富，禁兵利其财，托以搜贾餗入其家，执其子溵，杀之。又入左常侍罗让、詹事浑鐬、翰林学士黎埴等家，掠其赀财，扫地无遗。鐬，瑊之子也。坊市恶少年因之报私仇，杀人，剽掠百货，互相攻劫，尘埃蔽天。

癸亥，百官入朝，日出，始开建福门，惟听以从者一人自随，禁兵露刃夹道。至宣政门，尚未开。时无宰相御史知班，百官无复班列。上御紫宸殿，问："宰相何为不来？"仇士良曰："王涯等谋反系狱。"因以涯手状呈上，召左仆射令狐楚、右仆射郑覃等升殿示之。上悲愤不自胜，谓楚等曰："是涯手书乎？"对曰："是也！""诚如此，罪不容诛！"因命楚、覃留宿中书，参决机务。

更换服装后，一人骑马从安化门逃出，被骑兵追上逮捕。王涯步行到永昌里的一个茶馆，被禁兵逮捕，押送到左神策军中。王涯这时已七十多岁，被戴上脚镣手铐，遭受毒打，无法忍受，因而违心地承认和李训一起谋反，企图拥立郑注为皇帝。王璠回到长兴里家中后，闭门不出，用招募的私兵防卫。神策将前来搜捕，到他的门口时，大声喊道："王涯等人谋反，朝廷打算任命您为宰相，护军中尉鱼志弘派我们来向您致意！"王璠大喜，马上出来相见。神策将再三祝贺他升迁，王璠发现被骗，流着眼泪跟随神策将而去。到了左神策军中，见到王涯，王璠说："你参与谋反，为什么要牵连我？"王涯说："你过去担任京兆尹时，如果不把宋申锡诛除宦官的计划透露给王守澄，哪里会发生今天的事！"王璠自知理亏，低头不语。神策军又在太平里逮捕了罗立言，以及王涯的亲属奴婢，都关押在左、右神策军中。户部员外郎李元皋是李训的远房表弟，其实李训并没有提拔重用他，也被逮捕杀死。前岭南节度使胡证是京城的巨富，禁军士卒想掠夺他的财物，借口说贾餗藏在他家，进行搜查，把他的儿子胡溵抓住杀死。禁军又到左常侍罗让、詹事浑鐬、翰林学士黎埴等人的家中掠夺财产劫掠一空。浑鐬是中唐名将浑瑊的儿子。这时，京城的恶少年也乘机报平日的私仇，随意杀人，剽掠商人和百姓的财物，甚至相互攻打，以致尘埃四起，漫天蔽日。

癸亥（二十三日），百官开始上朝，直到太阳已经出来时，大明宫右侧的建福门才打开，宫中传话说，百官每人只准带一名随从进门，里面禁军手持刀枪，夹道防卫。到宣政门时，大门尚未打开。这时，由于没有宰相和御史大夫率领，百官队伍混乱，不成班列。唐文宗亲临紫宸殿，问："宰相怎么没有来？"仇士良回答："王涯等人谋反，已经被逮捕入狱。"接着，把王涯的供词递呈文宗，文宗召左仆射令狐楚、右仆射郑覃上前，让他们观看王涯的供词。文宗既悲伤又气愤，几乎难以自持，问令狐楚和郑覃说："是不是王涯的笔迹？"二人回答说："是！"文宗说："如果真的这样，那就罪不容诛！"于是，命令二人留在政事堂，参预决策朝廷大政方针。

使楚草制宣告中外。楚叙王涯、贾悚反事浮泛，仇士良等不悦，由是不得为相。

时坊市剽掠者犹未止，命左、右神策将杨镇、靳遂良等各将五百人分屯通衢，击鼓以警之，斩十馀人，然后定。

贾悚变服潜民间经宿，自知无所逃，素服乘驴诣兴安门，自言："我宰相贾悚也，为奸人所污，可送我诣两军！"门者执送西军。李孝本改衣绿，犹服金带，以帽障面，单骑奔凤翔，至咸阳西，追擒之。

甲子，以右仆射郑覃同平章事。

李训素与终南僧宗密善，往投之。宗密欲剃其发而匿之，其徒不可。训出山，将奔凤翔，为盩厔镇遏使宋楚所擒，械送京师。至昆明池，训恐至军中更受酷辱，谓送者曰："得我则富贵矣！闻禁兵所在搜捕，汝必为所夺，不若取我首送之！"送者从之，斩其首以来。

乙丑，以户部侍郎、判度支李石同平章事，仍判度支。前河东节度使李载义复旧任。

左神策出兵三百人，以李训首引王涯、王璠、罗立言、郭行馀，右神策出兵三百人，拥贾悚、舒元舆、李孝本献于庙社，徇于两市。命百官临视，腰斩于独柳之下，枭其首于兴安门外。亲属无问亲疏皆死，孩稚无遗，妻女不死者没为官婢。百姓观者怨王涯榷茶，或诟詈，或投瓦砾击之。

同时，又命令狐楚起草制书，将平定李训、王涯等人叛乱之事宣告朝廷内外。令狐楚在制书中叙述王涯、贾悚谋反的事实时，浮泛而不切要害，仇士良等人对此很不满，由此令狐楚未能被擢拔为宰相。

这时，京城街坊和集市中的剽掠仍未停止，朝廷命左、右神策军将领杨镇、靳遂良等人各率五百人分别把守街道的主要路口，敲击街鼓加以警告，同时斩首十几个罪犯，这才安定下来。

贾悚换掉官服以后，潜藏在百姓家里，过了一夜，感到实在无法逃脱，于是，换上丧服，骑驴到兴安门，说："我是宰相贾悚，被奸人所污蔑，你们把我抓起来送到左、右神策军去吧！"守门人随即把他押送到右神策军中。李孝本改换六品、七品官员穿的绿色官服，但仍旧系着只有五品以上官员才能穿戴的金带，用帽子遮住脸，一个人骑着马直奔凤翔，打算投靠郑注，到了咸阳城西，被追兵逮捕。

甲子（二十二日），唐文宗任命右仆射郑覃为同平章事。

李训向来和终南山的僧人宗密关系亲近，于是，前往投奔。宗密想为李训剃发，装扮成僧人，然后藏在寺院中，他的徒弟们都认为不妥。李训只好出山，打算前往凤翔投靠郑注，被盩厔镇遏使宋楚逮捕，戴上脚镣手铐，押送到京城。走到昆明池，李训恐怕到神策军后被毒打污辱，便对押送他的人说："无论谁抓住我都能得到富贵！听说禁军到处搜捕，他们肯定会把我夺走，不如把我杀了，拿我的首级送到京城！"押送他的人表示同意，于是，割下李训的头送往京城。

乙丑（二十四日），唐文宗任命户部侍郎、判度支李石为同平章事，仍兼判度支。命前河东节度使李载义官复原职。

左神策军出兵三百人，以李训的首级引导王涯、王璠、罗立言和郭行馀，右神策军出兵三百人，押贾悚、舒元舆和李孝本，献祭太庙和太社，接着，在东、西两市游街示众。命百官前往观看，在京城独柳树下把他们腰斩，首级挂在兴安门外示众。李训等人的亲属不管亲疏老幼，全部被杀，妻子女儿没有死的，没收为官奴婢。观看的百姓都怨恨王涯主持茶叶专卖，有的人大声怒骂，有的人拿瓦块往他身上打。

臣光曰：论者皆谓涯、悚有文学名声，初不知训、注之谋，横罹覆族之祸。臣独以为不然。夫颠危不扶，焉用彼相！涯、悚安高位，饱重禄；训、注小人，穷奸究险，力取将相。涯、悚与之比肩，不以为耻；国家危殆，不以为忧。偷合苟容，日复一日，自谓得保身之良策，莫我如也。若使人人如此而无祸，则奸臣孰不愿之哉！一旦祸生不虞，足折刑剭，盖天诛之也，士良安能族之哉！

35　王涯有再从弟沐，家于江南，老且贫。闻涯为相，跨驴诣之，欲求一簿、尉。留长安二岁馀，始得一见，涯待之殊落莫。久之，沐因嬖奴以道所欲，涯许以微官，自是旦夕造涯之门以俟命。及涯家被收，沐适在其第，与涯俱腰斩。

舒元舆有族子守谦，愿而敏，元舆爱之，从元舆者十年，一旦忽以非罪怒之，日加谴责，奴婢辈亦薄之。守谦不自安，求归江南，元舆亦不留，守谦悲叹而去。夕，至昭应，闻元舆收族，守谦独免。

是日，以令狐楚为盐铁转运使，左散骑常侍张仲方权知京兆尹。时数日之间，杀生除拜，皆决于两中尉，上不豫知。

臣司马光说：凡是谈论甘露之变的人都认为，王涯、贾餗有才学卓著的声誉，他们开始并不知道李训、郑注企图诛除宦官的密谋，但最后却意外地惨遭灭族的灾难。我却认为不是这样。作为宰相，当国家出现危机的时候，不能奋起而救危扶难，还要宰相有什么用呢！王涯、贾餗安然居于朝廷的崇高职位，领取优厚的俸禄；而李训、郑注都是小人，依靠施展奸邪和阴险的才能，窃取节度使和宰相职务。王涯、贾餗和他们一起共事，不以为耻；国家危难，不以为忧。苟且偷安，一天接着一天，自以为获得保护自己的万全良策，没有人能和自己相比。如果百官人人都像他们这样尸位素餐，而不遭受灾祸，那么，奸臣谁不愿意如此呢！然而，一旦发生意想不到的灾难，就不免家破人亡，我认为，他们是被上天所诛杀，仇士良怎么能够轻易族灭他们全家呢！

35　王涯有一个远房弟弟名叫王沐，家住江南，年老而且贫穷。在这以前，当他听说王涯担任了宰相，于是骑着毛驴来京城求见王涯，想求得主簿或县尉一类的小官。王沐抵达长安后两年多，才见到王涯，王涯对他十分冷落。过了很久，王沐通过王涯的亲信家奴再次转达了自己的请求，王涯同意授予他一个小官，从此以后，王沐经常到王涯的家中等待消息。等到王涯的家被抄时，他正好在王涯的家中，于是和王涯一起被腰斩。

舒元舆有一个侄子名叫舒守谦，性情既老实而又聪敏，舒元舆十分喜爱，舒守谦跟随舒元舆十年，有一天，忽然被舒元舆无端怪罪，成天受到谴责，舒元舆的奴婢们也鄙薄他。舒守谦内心十分不安，请求回江南，舒元舆也不挽留，舒守谦悲伤感叹离去。当天晚上，舒守谦走到昭应县，听到舒元舆被灭族的消息，舒元舆全家只有舒守谦一人逃脱。

同日，唐文宗任命令狐楚为盐铁转运使，左散骑常侍张仲方暂时代理京兆尹。这时，在几天之内，朝廷的大政方针，包括处决罪犯和任免官员，都由左、右神策军护军中尉决定，文宗事前全然不知。

初，王守澄恶宦者田全操、刘行深、周元稹、薛士幹、似先义逸、刘英诩等，李训、郑注因之遣分诣盐州、灵武、泾原、夏州、振武、凤翔巡边，命翰林学士顾师邕为诏书赐六道，使杀之。会训败，六道得诏，皆废不行。丙寅，以师邕为矫诏，下御史狱。

先是，郑注将亲兵五百，已发凤翔，至扶风。扶风令韩辽知其谋，不供具，携印及吏卒奔武功。注知训已败，复还凤翔。仇士良等使人赍密敕授凤翔监军张仲清令取注，仲清惶惑，不知所为。押牙李叔和说仲清曰："叔和为公以好召注，屏其从兵，于坐取之，事立定矣！"仲清从之，伏甲以待注。注恃其兵卫，遂诣仲清。叔和稍引其从兵，享之于外，注独与数人入。既啜茶，叔和抽刀斩注，因闭外门，悉诛其亲兵。乃出密敕，宣示将士，遂灭注家，并杀副使钱可复、节度判官卢简能、观察判官萧杰、掌书记卢弘茂等及其枝党，死者千馀人。可复，徽之子；简能，纶之子；杰，俛之弟也。朝廷未知注死，丁卯，诏削夺注官爵，令邻道按兵观变。以左神策大将军陈君奕为凤翔节度使。戊辰夜，张仲清遣李叔和等以注首入献，枭于兴安门，人情稍安，京师诸军始各还营。

诏将士讨贼有功及婗队者，官爵赐赉各有差。右神策军获韩约于崇义坊，己巳，斩之。仇士良等各进阶迁官有差。自是

当初，王守澄厌恶宦官田全操、刘行深、周元稹、薛士幹、似先义逸、刘英诩等人，李训、郑注乘机建议文宗派遣他们分别到盐州、灵武、泾原、夏州、振武、凤翔去巡视边防，同时，命翰林学士顾师邕起草诏书，下令盐州等六道杀掉田全操等六人。这时，恰好李训失败，六道接到诏书后，都未执行。丙寅（二十五日），仇士良等人认为顾师邕伪造诏书，把他逮捕，押到御史台监狱。

此前，郑注按照事先和李训的约定，率亲兵五百人已经从凤翔出发，到达扶风县。扶风县令韩辽知道他和李训的密谋，因此，不加接待，携带县印和下属胥吏、士卒逃往武功。这时，郑注得到李训失败的消息，于是，又返回凤翔。仇士良等人派人携带文宗的密敕授予凤翔监军张仲清，命令他诛除郑注，张仲清疑惧不知所措。押牙李叔和劝张仲清说："我以您的名义用好言好语召来郑注，然后设计退下他的亲兵，在坐席把他杀死，叛乱即刻就可平定！"张仲清同意，于是，设下伏兵等待郑注。郑注依恃他的亲兵，因而也不害怕，径直进入凤翔城来见张仲清。李叔和把郑注的亲兵引到门外予以款待，只有郑注和几个随从进入监军使院。郑注刚刚喝完茶，被李叔和抽刀斩首，随即关闭外门，全部诛杀郑注的亲兵。于是，张仲清出示文宗的密敕，向将士宣布，接着，杀死郑注的家眷，以及节度副使钱可复、节度判官卢简能、观察判官萧杰、掌书记卢弘茂等人和他们的同党，总共一千多人。钱可复是钱徽的儿子，卢简能是卢纶的儿子，萧杰是萧俛的弟弟。这时，朝廷还不知道郑注已经被杀，丁卯（二十六日），文宗下诏，免去郑注的职务和爵位，命令与凤翔邻近的藩镇按兵不动，观察凤翔城中的动静。同时，任命左神策大将军陈君奕为凤翔节度使。戊辰（二十七日）夜晚，张仲清派李叔和等人前往京城献上郑注的首级，朝廷命挂在兴安门上示众，于是，京城的人心逐渐安定，禁军诸军开始各回军营。

唐文宗下诏，凡讨伐贼党有功的禁军将士以及追捕逃亡贼党有功者，各根据功劳大小授予官爵和赏赐财物。右神策军在崇义坊抓获韩约，己巳（二十八日），把他斩首。文宗又下令，仇士良等有功的宦官，各根据功劳大小迁升阶品和职位。从此以后，

天下事皆决于北司，宰相行文书而已。宦官气益盛，迫胁天子，下视宰相，陵暴朝士如草芥。每延英议事，士良等动引训、注折宰相。郑覃、李石曰："训、注诚为乱首，但不知训、注始因何人得进？"宦者稍屈，缙绅赖之。

时中书惟有空垣破屋，百物皆阙。江西、湖南献衣粮百二十分，充宰相召募从人。辛未，李石上言："宰相若忠正无邪，神灵所祐，纵遇盗贼，亦不能伤。若内怀奸罔，虽兵卫甚设，鬼得而诛之。臣愿竭赤心以报国，止循故事，以金吾卒导从足矣。其两道所献衣粮，并乞停寝。"从之。

十二月壬申朔，顾师邕流儋州，至商山，赐死。

36　榷茶使令狐楚奏罢榷茶，从之。

37　度支奏籍郑注家赀，得绢百馀万匹，他物称是。

庚辰，上问宰相："坊市安未？"李石对曰："渐安。然比日寒冽特甚，盖刑杀太过所致。"郑覃曰："罪人周亲前已皆死，其馀殆不足问。"时宦官深怨李训等，凡与之有瓜葛亲，或暂蒙奖引者，诛贬不已，故二相言之。

李训、郑注既诛，召六道巡边使。田全操追忿训、注之谋，在道扬言："我入城，凡儒服者，无贵贱当尽杀之！"癸未，全操等乘驿疾驱入金光门，京城讹言有寇至，士民惊噪纵横走，尘埃四起。两省诸司官闻之，皆奔散，有不及束带袜而乘马者。

凡朝政大事都由北司的宦官决定，宰相仅仅奉命下达文书而已。宦官的气焰更加嚣张，逼迫威胁皇上，鄙视宰相，凌辱百官如同草芥。每逢延英殿商议朝政，仇士良等人动不动就拿李训、郑注谋反的事折辱宰相。郑覃、李石说："李训、郑注的确是谋反的首犯，但究竟他们是由谁推荐提拔的呢？"宦官理屈词穷，嚣张气焰逐渐有所收敛，百官由此都倚赖郑覃和李石。

这时，中书省只有空房破屋，办公用具荡然无存。江西、湖南两道奉献一百二十个人的衣粮，让宰相招募随从警卫。辛未（三十日），李石上言说："如果宰相忠正无邪，那么，神灵就会保佑他们的安全，即使遇到盗贼，也不可能受到伤害。但如果宰相心术不正，即使警卫严密，也会被鬼神诛杀。我愿意竭尽忠心报效国家，因此，请求按照过去的惯例，由金吾士卒作为导从也就足够了。对于江西和湖南两道奉献的衣粮，请求停罢退回。"文宗同意。

十二月壬申朔（初一），文宗下令，把翰林学士顾师邕流放到儋州。顾师邕走到商州，被赐自尽。

36　榷茶使令狐楚奏请停罢茶叶专卖，文宗批准。

37　度支上奏，没收郑注的家产，总共得到绢一百万匹，其他财物还有许多。

庚辰（初九），唐文宗问宰相："京城街坊和集市安定了没有？"李石回答说："逐渐安定了。不过，近日天气特别寒冷，恐怕是杀人太多的缘故。"郑覃说："犯人的直系亲属目前都已被杀，其馀的恐怕不值得再问罪了。"这时，由于宦官十分痛恨李训等人，凡是和李训他们稍有关系的亲友，或者一时被他们所推荐提拔过的人，仍不断地被诛杀贬逐，所以，两位宰相向文宗言及此事。

李训、郑注被杀以后，朝廷下令召回盐州等六道的巡边使。田全操追究李训、郑注企图诛杀自己的阴谋，在回京途中扬言说："等我到京城后，凡是看到穿读书人衣服的，不管贵贱，都全部杀死！"癸未（十二日），田全操等人乘驿马急速驰入京城西北的金光门，京城有谣言说盗贼攻进城中，官吏和百姓惊扰喧哗，到处奔逃，尘埃四起。中书、门下两省各司的官员听到谣言后，也都四散奔逃，有人甚至在乘马逃跑时都来不及系上袜子上的带子。

郑覃、李石在中书，顾吏卒稍稍逃去，覃谓石曰："耳目颇异，宜且出避之！"石曰："宰相位尊望重，人心所属，不可轻也！今事虚实未可知，坚坐镇之，庶几可定。若宰相亦走，则中外乱矣。且果有祸乱，避亦不免！"覃然之。石坐视文案，沛然自若。

敕使相继传呼："闭皇城诸司门！"左金吾大将军陈君赏帅其众立望仙门下，谓敕使曰："贼至，闭门未晚，请徐观其变，不宜示弱！"至晡后乃定。是日，坊市恶少年皆衣绯皂，持弓刀北望，见皇城门闭，即欲剽掠，非石与君赏镇之，京城几再乱矣。时两省官应入直者，皆与其家人辞诀。

38　甲申，敕罢修曲江亭馆。

39　丁亥，诏："逆人亲党，自非前已就戮及指名收捕者，馀一切不问。诸司官虽为所胁从，涉于诖误，皆赦之。他人无得相告言及相恐愒。见亡匿者，勿复追捕，三日内各听自归本司。"

时禁军暴横，京兆尹张仲方不敢诘，宰相以其不胜任，出为华州刺史，以司农卿薛元赏代之。元赏常诣李石第，闻石方坐听事与一人争辩甚喧，元赏使觇之，云有神策军将诉事。元赏趋入，责石曰："相公辅佐天子，纪纲四海。今近不能制一军将，使无礼如此，何以镇服四夷！"即趋出上马，命左右擒军将，俟于下马桥。元

这时，郑覃和李石正在中书省办公，看到手下的官吏和士卒渐渐逃去，郑覃对李石说："现在很乱，人心难测，最好暂且出去避一会儿！"李石说："宰相的职位崇高，责任重大，一举一动，都为天下人所瞩目，不可轻动！现在，事情的虚实还不知道，如果静坐镇守于此，也许很快可以安定。相反，如果宰相也跟着逃走，那么，朝廷内外就会大乱。况且真的发生灾祸，就是逃避也难免受害！"郑覃表示同意。李石继续坐在那里审阅公文，神情自若。

这时，朝廷的敕使不断传达命令说："关皇城诸司门！"左金吾大将军陈君赏率领士卒站在大明宫南面的望仙门下，对敕使说："如果盗贼来临，关门也不晚，请求先慢慢地观察情况的变化，不要现在马上关门，对盗贼表示出朝廷的软弱！"结果，一直到黄昏时，京城才安定下来。当天，街坊和集市中的邪恶少年都穿着大红色和黑色的衣服，手拿弓箭、刀枪向北眺望，一旦皇城门关闭，就要开始剽掠，如果不是李石和陈君赏压制住，京城几乎再次大乱。当时中书、门下两省值班的官员，都认为不可能再回来了，离开家时和亲属诀别。

38 甲申（十三日），文宗下敕，罢修曲江的亭榭楼馆。

39 丁亥（十六日），文宗下诏："凡李训等叛逆人的亲属党羽，除此前已经被杀和朝廷指名逮捕的，其馀一概不予追究。南衙各司的官员，虽然被迫跟随了李训遭受牵连，一律予以赦免。其他人不得再进行揭发控告，或者加以恐吓。已经逃亡躲藏的官员，不再追寻逮捕，必须在三天内各回本司。"

这时，禁军暴虐骄横，京兆尹张仲方不敢依法查办，宰相以他不称职，任命他出任华州刺史，让司农卿薛元赏代任。一次，薛元赏到李石的家中，听到李石正坐在厅中和一人大声争论，薛元赏派人窥测，报告说有一个神策军将正向李石上诉事情。薛元赏急忙走到厅中，责备李石说："您作为宰相辅佐皇上，治理天下。但现在却不能制服一个军将，让他对您这样无礼，您还凭什么去镇服周边的夷戎呢！"随即又匆匆出来上马，命左右侍从擒拿军将，到下马桥待命。等到薛元

赏至，则已解衣跽之矣。其党诉于仇士良，士良遣宦者召之曰："中尉屈大尹。"元赏曰："属有公事，行当继至。"遂杖杀之。乃白服见士良，士良曰："痴书生何敢杖杀禁军大将！"元赏曰："中尉大臣也，宰相亦大臣也，宰相之人若无礼于中尉，如之何？中尉之人无礼于宰相，庸可恕乎！中尉与国同体，当为国惜法，元赏已囚服而来，惟中尉死生之！"士良知军将已死，无可如何，乃呼酒与元赏欢饮而罢。

初，武元衡之死，诏出内库弓矢、陌刀给金吾仗，使卫从宰相，至建福门而退。至是，悉罢之。

开成元年(丙辰,836)

1　春，正月辛丑朔，上御宣政殿，赦天下，改元。仇士良请以神策仗卫殿门，谏议大夫冯定言其不可，乃止。定，宿之弟也。

2　二月癸未，上与宰相语，患四方表奏华而不典，李石对曰："古人因事为文，今人以文害事。"

3　昭义节度使刘从谏上表请王涯等罪名，且言："涯等儒生，荷国荣宠，咸欲保身全族，安肯构逆！训等实欲讨除内臣，两中尉自为救死之谋，遂致相杀，诬以反逆，诚恐非辜。设若宰相实有异图，当委之有司，正其刑典，岂有内臣擅领甲兵，恣行剽劫，延及士庶，横被杀伤！流血千门，僵尸万计，搜罗枝蔓，

赏来到，军将已被解掉衣服，跪在那里。军将的同党向仇士良报告，仇士良派宦官召薛元赏，说："中尉叫你屈驾前去。"薛元赏说："我这里正有公事，等办完后马上就去。"于是，把军将用刑杖打死。接着，穿上待罪的白衣，去见仇士良，仇士良说："你这个傻书生，怎么敢仗杀禁军的大将！"薛元赏回答说："中尉是大臣，宰相也是大臣，如果宰相的部下对您无礼，该怎么惩处呢？您的部下对宰相无礼，难道可以宽恕吗！您和朝廷的关系，如同手足一体，为了国家应当珍惜朝廷的法律，现在，我已经穿着罪犯的囚衣而来，是死是生，由您决定！"仇士良得知军将已死，也无可奈何，于是，叫人端酒，和薛元赏一起高高兴兴地对饮，然后作罢。

当初，宰相武元衡被刺客暗杀后，唐宪宗下诏，命从内库调出弓箭、长刀给金吾兵，护送宰相上朝，到建福门而退。李训等人被杀后，全部停罢。

唐文宗开成元年（丙辰，公元836年）

1　春季，正月辛丑朔（初一），唐文宗御临宣政殿，大赦天下，改年号为开成。仇士良请求调神策军代替金吾兵护卫殿门，谏议大夫冯定上言，认为不妥，于是才作罢。冯定是冯宿的弟弟。

2　二月癸未（十三日），唐文宗和宰相商议朝政时，对百官和藩镇给朝廷的上奏文字华而不实表示担忧，李石回答说："古人写文章时，总是根据事情的不同情况来决定文章的体裁和用语，现在的人则只顾语言华丽，不惜妨碍对事实的表述。"

3　昭义节度使刘从谏上表朝廷，请问宰相王涯等人被杀的罪名，说："王涯等人都是读书人出身，享受国家的荣华恩宠，谁不愿意保全自己的身家性命，怎么能够谋反呢！李训等人实际上是想诛讨宦官，左、右神策军护军中尉是为自身性命考虑，因而把他们杀掉，却诬陷说他们要谋反，我认为，他们实在都是无辜的。假如宰相真是想谋反，那也应当交给御史台等有关部门，根据国家法律治罪，怎么能够由宦官擅自率领兵马，恣意剽掠杀戮，以致士大夫和百姓都遭到伤亡！宫门附近流血遍地，尸体达万人之多，接着，又以搜捕同党为名，牵连亲朋好友。

中外恫疑。臣欲身诣阙庭，面陈臧否，恐并陷孥戮，事亦无成。谨当修饰封疆，训练士卒，内为陛下心腹，外为陛下藩垣。如奸臣难制，誓以死清君侧！"丙申，加从谏检校司徒。

4　天德军奏吐谷浑三千帐诣丰州降。

5　三月壬寅，以袁州长史李德裕为滁州刺史。

6　左仆射令狐楚从容奏："王涯等既伏辜，其家夷灭，遗骸弃捐。请官为收瘗，以顺阳和之气。"上惨然久之，命京兆收葬涯等十一人于城西，各赐一袭。仇士良潜使人发之，弃骨于渭水。

7　丁未，皇城留守郭皎奏："诸司仪仗有锋刃者，请皆输军器使，遇立仗别给仪刀！"从之。

8　刘从谏复遣牙将焦楚长上表让官，称："臣之所陈，系国大体。可听则涯等宜蒙湔洗，不可听则赏典不宜妄加。安有死冤不申而生者荷禄！"因暴扬仇士良等罪恶。辛酉，上召见楚长，慰谕遣之，时士良等恣横，朝臣日忧破家。及从谏表至，士良等惮之。由是郑覃、李石粗能秉政，天子倚之亦差以自强。

9　夏，四月己卯，以潮州司户李宗闵为衡州司马。凡李训指为李德裕、宗闵党者，稍收复之。

朝廷内外，人人自危。我本想前往京城，向陛下当面陈述我对朝政得失的看法，但又恐怕连我也被诬陷杀害，以致于事无成。因此，我想最好还是恪守自己的职位，训练士卒，在朝廷内部充当陛下的心腹，在朝廷外部则充当捍卫陛下的疆吏。如果朝廷中的奸臣确实骄横难以控制的话，我向陛下保证，誓死出兵以清君侧！”丙申（二十六日），唐文宗任命刘从谏为检校司徒。

4 天德军奏报：吐谷浑族三千帐人马来丰州投降。

5 三月壬寅（初三），唐文宗任命袁州长史李德裕为滁州刺史。

6 左仆射令狐楚从容不迫地上奏说：“王涯等人既然已经被杀，他们的家族也都被株连灭绝，遗体丢弃在野外。我请求朝廷派人予以埋葬，以便顺和春天祥和的气候。”文宗听后，不免悲伤很久，命京兆府派人收葬王涯等十一个人的尸体，埋葬在京城的西郊，同时，每人各赐予葬服一套。随后，仇士良秘密地派人发掘王涯等十一人的坟墓，把他们的尸骨都丢到渭河里。

7 丁未（初八），皇城留守郭皎上奏说：“南衙各司的仪仗队中，如果有锋利的刀枪，请求一律上交军器库使，以后，凡是仪仗队在列队的时候，另外给予用木头做成的仪刀！”文宗批准。

8 昭义节度使刘从谏又派牙将焦楚长上表朝廷，辞让授予自己的检校司徒的职务，上表说：“我在这以前上奏朝廷的意见，都是关系到国家前途命运的大事。如果朝廷采纳，那么，就应当为王涯等人平反昭雪；如果不予采纳，那么，也不应当随便给我升迁。现在，怎么能不去为王涯等含冤而死的官员申冤平反，反而为我们这些活着的人升官加赏呢！”于是，他大肆宣扬仇士良等人的罪恶。辛酉（二十二日），文宗召见焦楚长，好言安抚，然后命他返回，这时，仇士良等人骄横跋扈，百官人人自危，每天都担心会家破人亡。等到刘从谏的上奏送达朝廷后，仇士良等人畏惧。由此宰相郑覃、李石开始能够主持朝政，文宗也倚赖刘从谏而得以自强。

9 夏季，四月己卯（初十），唐文宗任命潮州司户李宗闵为衡州司马。凡是当初李训指斥为李德裕、李宗闵同党的官员，逐渐迁升复职。

10　淄王协薨。

11　甲午，以山南西道节度使李固言为门下侍郎、同平章事，以左仆射令狐楚代之。

12　戊戌，上与宰相从容论诗之工拙，郑覃曰："诗之工者，无若三百篇，皆国人作之以刺美时政，王者采之以观风俗耳，不闻王者为诗也。后代辞人之诗，华而不实，无补于事。陈后主、隋炀帝皆工于诗，不免亡国，陛下何取焉！"覃笃于经术，上甚重之。

13　己酉，上御紫宸殿，宰相因奏事拜谢，外间因讹言："天子欲令宰相掌禁兵，已拜恩矣。"由是中外复有猜阻，人情恟恟，士民不敢解衣寝者数日。乙丑，李石奏请召仇士良等面释其疑。上为召士良等出，上及石等共谕释之，使毋疑惧，然后事解。

14　闰月乙酉，以太子太保、分司李听为河中节度使。上尝叹曰："付之兵不疑，置之散地不怨，惟听为可以然。"

15　乙未，李固言荐崔球为起居舍人，郑覃再三以为不可，上曰："公事勿相违！"覃曰："若宰相尽同，则事必有欺陛下者矣！"

16　李孝本二女配没右军，上取之入宫。秋，七月，右拾遗魏谟上疏，以为："陛下不迩声色，屡出宫女以配鳏夫。窃闻数月以来，教坊选试以百数，庄宅收市犹未已。又

10　淄王李协去世。

11　甲午(二十五日),唐文宗任命山南西道节度使李固言为门下侍郎、同平章事,任命左仆射令狐楚为山南西道节度使。

12　戊戌(二十九日),唐文宗和宰相一起从容不迫地谈论历代诗作的优劣,郑覃说:"历代的优秀诗作,没有能够和《诗经》相媲美的,《诗经》三百篇,都是当时的国人讽刺或赞美朝政得失的作品,君主派人把这些诗篇收集起来,以便了解民间的风俗和对朝政的意见,君主自己并不写诗。《诗经》以后诗人的作品,大都华而不实,对改善朝政无所助益。陈后主、隋炀帝都擅长作诗,却不免亡国,对于他们,陛下有什么值得效法的呢!"郑覃精通经学,文宗十分器重他。

13　五月己酉(十一日),唐文宗御临紫宸殿,宰相上奏朝政后下拜辞谢,于是,宫外有人乘机造谣,说:"皇上要下令由宰相统辖禁军,宰相已向皇上下拜谢恩了。"由此朝廷内外又相互出现猜忌,人心喧扰不安,士大夫和百姓好几天都不敢脱衣而睡。乙丑(二十七日),宰相李石奏请文宗召见仇士良等人,当面消除他们的疑忌。文宗于是派人召见仇士良等人,和李石等人一起解释事情的经过,让他不要轻信谣言,猜疑恐惧,这件事因此得以平息。

14　闰五月乙酉(十七日),唐文宗任命太子太保、分司东都李听为河中节度使。文宗曾感慨地说:"交付兵权而不必猜疑,任命为散官而毫无怨恨,只有李听才能做到这些。"

15　乙未(二十七日),宰相李固言推荐崔球为起居舍人,郑覃再三反对,认为不妥,文宗说:"对于朝廷的公事,宰相之间不要矛盾重重!"郑覃说:"如果宰相的意见都一致,那么,肯定有人欺骗陛下!"

16　前御史中丞李孝本因参与李训诛杀宦官的密谋,他的两个女儿被株连籍没,分配给右神策军,文宗把二人调到宫中。秋季,七月,右拾遗魏谟上疏,认为:"陛下以往不近声色,多次把宫女放出,让她们和鳏夫配婚。但近几个月以来,我听说教坊使已经测试挑选了一百多个擅长乐舞的宫女,庄宅使至今仍在挑选。又

召李孝本女入宫，不避宗姓，大兴物论，臣窃惜之。昔汉光武一顾列女屏风，宋弘犹正色抗言，光武即撤之。陛下岂可不思宋弘之言，欲居光武之下乎！”上即出孝本女。擢谟为补阙，曰：“朕选市女子，以赐诸王耳。怜孝本女髫龀孤露，故收养宫中。谟于疑似之间皆能尽言，可谓爱我，不忝厥祖矣！”命中书优为制辞以赏之。谟，徵之五世孙也。

17　鄜坊节度使萧洪诈称太后弟，事觉，八月甲辰，流驩州，于道赐死。赵缜、吕璋等皆流岭南。

初，李训知洪之诈，洪惧，辟训兄仲京置幕府。先是，自神策军出为节度使者，军中皆资其行装，至镇，三倍偿之。有自左军出镇鄜坊，未偿而死者，军中征之于洪，洪恃训之势，不与。又征于死者之子，洪教其子遮宰相自言，训判绝之。仇士良由是恨洪。

太后有异母弟在闽中，孱弱不能自达。有闽人萧本从之得其内外族讳，因士良进达于上，且发洪之诈，洪由是得罪。上以本为真太后弟，戊申，擢为右赞善大夫。

18　九月丁丑，李石为上言宋申锡忠直，为谗人所诬，窜死遐荒，未蒙昭雪。上俯首久之，既而流涕泫然曰：“兹事朕久知其误，奸人逼我，以社稷大计，兄弟几不能保，况申锡，

把李孝本的女儿召入宫中，连同宗同姓都不加回避，以致议论纷纷，我为您感到痛惜。过去，汉光武帝在一次宴会上，回头观看画在屏风上的侍女像，大司空宋弘严肃地提出批评，光武帝随即下令撤去屏风。陛下怎能不记取宋弘的批评，难道甘居于光武帝之下吗！”文宗当即下令放出李孝本的两个女儿。同时，擢拔魏谟为补阙，文宗说：“我挑选女子，是打算赐给各位王。至于李孝本的两个女儿，我是可怜她们年幼孤独，所以想收养在宫中。魏谟对这件事虽然不清楚，但却能直言尽忠，可见他爱我之至，无愧于他的祖先！”于是，命中书省起草制书，褒奖魏谟。魏谟是魏徵的第五代子孙。

17 鄜坊节度使萧洪诈称为萧太后弟弟的事情败露，八月甲辰（初七），萧洪被流放到驩州，走到半路，被赐自尽。赵缜、吕璋等人因推荐萧洪，都被流放到岭南。

当初，李训知道萧洪是在诈骗，萧洪恐惧，把李训哥哥李仲京召入自己的幕府。在此以前，凡神策军将出任藩镇节度使，军中都为他们准备行装，军将上任以后，再用三倍的财物偿还。有一个左神策军将曾出任鄜坊节度使，还未偿还完军中为他准备的行装就去世了，后来，萧洪继任鄜坊节度使，左神策军向萧洪索债，萧洪依恃李训的权势，拒不还给。左神策军又向已死军将的儿子索债，萧洪教这个军将的儿子在半路上拦住宰相进行申诉，李训判定不再偿还。于是，左神策军护军中尉仇士良因此而痛恨萧洪。

萧太后有一个同父异母的弟弟在福建，性情懦弱，一直没有向官府申报自己和萧太后的姐弟关系。有一个福建人名叫萧本，从他那里，得知他家族内外的亲属姓名，于是，通过仇士良向文宗上奏，声称自己是萧太后的弟弟，同时揭发萧洪的诈骗行为，萧洪因此而被判罪。文宗认为萧本是萧太后真正的弟弟，戊申（十一日），擢拔他为右赞善大夫。

18 九月丁丑（十一日），宰相李石上言文宗，认为前宰相宋申锡忠厚正直，被奸臣诬陷，贬逐死在荒远的地方，至今未蒙昭雪平反。文宗听后低头无言，过了很久，然后满面泪流，说：“这件事我很早就知道宋申锡冤枉，当时奸臣逼迫我，我从国家利益的大局出发，连自己的兄弟漳王几乎都不能保护，何况宋申锡呢？

仅全腰领耳。非独内臣，外廷亦有助之者。皆由朕之不明，向使遇汉昭帝，必无此冤矣！”郑覃、李固言亦共言其冤，上深痛恨，有惭色。庚辰，诏悉复申锡官爵，以其子慎微为成固尉。

19　李石用金部员外郎韩益判度支桉，益坐赃三千馀缗，系狱。石曰：“臣始以益颇晓钱谷，故用之，不知其贪乃如是！”上曰：“宰相但知人则用，有过则惩，如此则人易得。卿所用人不掩其恶，可谓至公。从前宰相用人好曲蔽其过，不欲人弹劾，此大病也！”冬，十一月丁巳，贬益梧州司户。

20　上自甘露之变，意忽忽不乐，两军毬鞠之会什减六七，虽宴享音伎杂遝盈庭，未尝解颜。闲居或徘徊眺望，或独语叹息。壬午，上于延英谓宰相曰：“朕每与卿等论天下事，则不免愁。”对曰：“为理者不可以速成。”上曰：“朕每读书，耻为凡主。”李石曰：“方今内外之臣，其间小人尚多疑阻，愿陛下更以宽御之，彼有公清奉法如刘弘逸、薛季稜者，陛下亦宜褒赏以劝为善。”甲申，上复谓宰相曰：“我与卿等论天下事，有势未得行者，退但饮醇酒求醉耳！”对曰：“此皆臣等之罪也。”

21　有司以左藏积弊日久，请行检勘，且言官典罪在赦前者，请宥之，上许之。既而果得缯帛妄称渍污者，赦

最后，也就仅仅保全他的性命而已。当时，不光宦官诬陷宋申锡，百官也有人帮助他们。这件事都是由于朕不贤明，假如宋申锡遇到汉昭帝，肯定不会如此冤死！”郑覃、李固言也一同称宋申锡冤枉，文宗感到十分痛心，脸上有惭愧的神色。庚辰（十四日），下诏恢复宋申锡的所有官爵，任命他的儿子为成固县尉。

19　李石任用金部员外郎韩益兼管度支的文案工作，韩益乘机贪污三千多缗钱币，被逮捕入狱。李石说：“我原来认为韩益通晓财务，所以任用他，却没想到他如此贪心！”文宗说：“宰相只要认为一个人真正有才能，就应当任用他，发现他有过失，则加以惩罚，这样，人才就容易获得。你对自己所任用的人不掩饰他的过失，可以说是一心为公。以前，宰相对自己任用的官员，喜好掩饰他们的过失，不愿让别人弹劾，这实在是朝廷的一大弊端！”冬季，十一月丁巳，朝廷贬韩益为梧州司户。

20　唐文宗自从甘露之变以后，常常显出闷闷不乐的样子，左、右神策军踢毬的集会也因此而十减六七，即使在出席宴会时，奏乐的伎工遍布庭院，也无法解除文宗的苦闷。文宗在退朝后闲暇的时候，有时徘徊眺望，有时一个人自言自语地叹息。壬午（十七日），文宗在延英殿对宰相说：“朕每次和你们商议天下大事，就不免发愁。”宰相说：“治理天下不可能速成。”文宗说：“朕每次读书，看到古往今来的君臣事迹，以作碌碌无为的平凡君主为耻。”李石说：“现今南衙和北司的臣僚中，有些小人对陛下还有很多的疑惑隔阂，但愿陛下以宽容的态度对待他们，如果他们中间有人能像刘弘逸、薛季稜那样奉公守法，就应当加以表彰，以便提倡官员们都奉公守法。”甲申（十九日），文宗又对宰相说：“我和你们商议天下大事后，有些被奸臣所迫而无法实行，只好退朝后喝醇酒以便大醉，借酒浇愁罢了！”宰相说：“这都是我们失职的罪责。”

21　有关部门考虑到左藏库在管理方面的弊端由来已久，请求朝廷批准，对库中财物进行核对，同时上言，如果掌管库房的官员有罪，但是在朝廷大赦以前所犯的，请求宽宥，文宗同意。检查后，果然发现掌管库房的官员虚报库中的丝织品受潮腐烂，而乘机贪污，文宗下敕

赦之，给事中狄兼谟封还敕书曰："官典犯赃，理不可赦！"上谕之曰："有司请检之初，朕既许之矣。与其失信，宁失罪人。卿能奉职，朕甚嘉之！"

22　十二月庚戌，以华州刺史卢钧为岭南节度使。李石言于上曰："卢钧除岭南，朝士皆相贺。以为岭南富饶之地，近岁皆厚赂北司而得之。今北司不挠朝权，陛下亦宜有以褒之，庶几内外奉法，此致理之本也。"上从之。钧至镇，以清惠著名。

23　己未，淑王纵薨。

二年（丁巳，837）

1　春，二月己未，上谓宰相："荐人勿问亲疏。朕闻窦易直为相，未尝用亲故。若亲故果才，避嫌而弃之，是亦不为至公也。"

2　均王纬薨。

3　三月，有彗星出于张，长八丈馀。壬申，诏撤乐减膳，以一日之膳分充十日。

4　夏，四月甲辰，上对中书舍人、翰林学士兼侍书柳公权于便殿，上举衫袖示之曰："此衣已三浣矣！"众皆美上之俭德，公权独无言，上问其故，对曰："陛下贵为天子，富有四海，当进贤退不肖，纳谏诤，明赏罚，乃可以致雍熙。服浣濯之衣，乃末节耳。"上曰："朕知舍人不应复为谏议，以卿有诤臣风采，须屈卿为之。"乙巳，以公权为谏议大夫，馀如故。

赦免，给事中狄兼谟封还敕书，说："掌管库房的官员贪污，根据法律，不可赦免！"文宗对他解释说："有关部门奏请检查的时候，朕已经同意不予追究。与其让朕失信，不如赦免罪人。你能尽职守责，朕十分赞赏！"

22　十二月庚戌（十五日），唐文宗任命华州刺史卢钧为岭南节度使。宰相李石对文宗说："卢钧被授予岭南节度使，百官都相互庆贺。认为岭南是个富饶的地方，近年来，谁想担任此职，都必须用重金贿赂北司的当权宦官，才能如愿以偿。现在，北司不再干扰朝政，陛下也应表彰他们，以使南衙、北司的官员都能守法。这是治理朝政的根本途径。"文宗采纳了李石的建设。卢钧上任以后，以清廉宽惠而著名。

23　己未（二十四日），溆王李纵去世。

唐文宗开成二年（丁巳，公元837年）

1　春季，二月己未（二十五日），文宗对宰相说："你们向朝廷推荐官员时，不要考虑是否对自己亲近还是疏远。我听说窦易直担任宰相时，未曾任用过自己的亲戚朋友。如果自己的亲戚朋友真有才能，为了避嫌弃而不用，也不算是真正的公正。"

2　均王李纬去世。

3　三月，有彗星出自张宿，达八丈多长。壬申（初九），文宗下诏，撤除乐舞，减少膳食，把自己一天的御膳分充十天食用。

4　夏季，四月甲辰（十一日），文宗在一座别殿召见中书舍人、翰林学士兼侍书柳公权，文宗举起自己穿的衣服说："这件衣服已经洗过三次了！"众人都称誉文宗节俭的美德，只有柳公权默不作声，文宗问他是什么缘故，柳公权回答说："陛下尊贵而为天子，富裕而有四海，应当提拔贤才，撤免庸才，听取百官的规劝，赏罚分明，这样，才能够达到天下太平。至于穿洗过的衣裳，不过是小节罢了。"文宗说："朕知道中书舍人不应当再任谏议官，鉴于你有谏臣的风采，所以，要让你屈尊担任谏官。"乙巳（十二日），任命柳公权为谏议大夫，仍兼任其他职务。

5　戊戌，以翰林学士、工部侍郎陈夷行同平章事。

6　六月，河阳军乱，节度使李泳奔怀州。军士焚府署，杀泳二子，大掠数日方止。泳，长安市人，寓籍禁军，以赂得方镇，所至恃所交结，贪残不法，其下不堪命，故作乱。丁未，贬泳澧州长史。戊申，以左金吾将军李执方为河阳节度使。

7　秋，七月，癸亥，振武奏党项三百馀帐剽掠逃去。

8　给事中韦温为太子侍读，晨诣东宫，日中乃得见，温谏曰："太子当鸡鸣而起，问安视膳，不宜专事宴安！"太子不能用其言，温乃辞侍读。辛未，罢守本官。

9　振武突厥百五十帐叛，剽掠营田。戊寅，节度使刘沔击破之。

10　八月庚戌，以昭仪王氏为德妃，昭容杨氏为贤妃。立敬宗之子休复为梁王，执中为襄王，言杨为杞王，成美为陈王。癸丑，立皇子宗俭为蒋王。

11　河阳军士既逐李泳，日相扇，欲为乱。九月，李执方索得首乱者七十馀人，悉斩之，馀党分隶外镇，然后定。

12　冬，十月，国子监《石经》成。

13　福建奏晋江百姓萧弘称太后族人，诏御史台按之。

14　戊申，以门下侍郎、同平章事李固言同平章事，充西川节度使。

15　甲寅，御史台奏萧弘诈妄。诏递归乡里，不之罪，冀得其真。

5　戊戌，唐文宗任命翰林学士、工部侍郎陈夷行为同平章事。

6　六月，河阳发生军队变乱，节度使李泳逃奔怀州。军士焚烧节度使官署，杀死李泳的两个儿子，大肆掠夺几天后才停止。李泳是长安的市民，在禁军中取得兵籍，然后，贿赂当朝权贵，被任命为河阳节度使，他上任后，依恃自己交结当朝权贵的势力，贪婪暴虐，骄横不法，部下无法忍受，所以起兵作乱。丁未（十五日），唐文宗贬李泳为澧州长史。戊申（十六日），任命左金吾将军李执方为河阳节度使。

7　秋季，七月癸亥（初二），振武奏报：党项族三百多帐人马剽掠后逃走。

8　给事中韦温担任太子侍读，每天早晨到达东宫，一直到中午才能见到太子，韦温规劝太子说："作为皇太子，应当在鸡鸣就起床，然后向皇上问安，检查皇上的餐食是否正常，而不应当整天游乐饮宴！"太子不采纳他的意见，于是，韦温请求辞职。辛未（初十），被免去太子侍读的职务，仍为给事中。

9　振武的一百五十帐突厥族叛乱，剽掠边防的营田。戊寅（十七日），振武节度使刘沔率兵击败突厥。

10　八月庚戌（十九日），唐文宗册封昭仪王氏为德妃，昭容杨氏为贤妃。立唐敬宗的儿子李休复为梁王，李执中为襄王，李言杨为杞王，李成美为陈王。癸丑（二十二日），立儿子李宗俭为蒋王。

11　河阳的军士驱逐节度使李泳以后，每天相互煽动，准备叛乱。九月，新任节度使李执方抓到为首的叛乱士兵七十多人，全部斩首，接着，把他们的馀党分遣外镇，然后得以安定。

12　冬季，十月，国子监《石经》刻成。

13　福建上奏：本道晋江县百姓萧弘自称是萧太后的同族亲属，文宗下诏，命御史台核实。

14　戊申（十八日），唐文宗任命门下侍郎、同平章事李固言以同平章事的头衔，充任西川节度使。

15　甲寅（二十四日），御史台奏报：萧弘虚妄欺诈朝廷。文宗下诏，命将萧弘送回原乡，并由沿途驿站供给食宿，不加判罪，希望以后能寻到萧太后的真正亲属。

卷第二百四十六　唐纪六十二

起戊午(838)尽壬戌(842)凡五年

文宗元圣昭献孝皇帝下

开成三年(戊午,838)

1　春,正月甲子,李石入朝,中涂有盗射之,微伤,左右奔散,石马惊,驰归第。又有盗邀击于坊门,断其马尾,仅而得免。上闻之大惊,命神策六军遣兵防卫,敕中外捕盗甚急,竟无所获。乙丑,百官入朝者九人而已。京城数日方安。

2　丁卯,追赠故齐王凑为怀懿太子。

3　戊申,以盐铁转运使、户部尚书杨嗣复,户部侍郎、判户部李珏并同平章事,判、使如故。嗣复,於陵之子也。

4　中书侍郎、同平章事李石,承甘露之乱,人情危惧,宦官恣横,忘身徇国,故纪纲粗立。仇士良深恶之,潜遣盗杀之,不果。石惧,累表称疾辞位。上深知其故而无如之何。丙子,以石同平章事,充荆南节度使。

5　陈夷行性介直,恶杨嗣复为人,每议政事,多相诋斥。壬辰,夷行以足疾辞位,不许。

文宗元圣昭献孝皇帝下

唐文宗开成三年(戊午,公元838年)

1　春季,正月甲子(初五),宰相李石上朝时,半路上有盗贼用弓箭暗杀他,受了轻伤,左右侍从一哄而散,李石的马受惊后驰回他的住宅。又有盗贼在街坊的门口进行拦击,斩断马的尾巴,李石幸免于难。唐文宗得知后大惊,下令神策军和禁军六军派兵防卫宰相,同时下敕,命朝廷内外迅速派兵捉拿刺客,最后一无所获。乙丑(初六),百官仅有九个人去上朝。京城几天后才安定下来。

2　丁卯(初八),唐文宗追封已经去世的齐王李凑为怀懿太子。

3　戊申,唐文宗任命盐铁转运使、户部尚书杨嗣复,户部侍郎、判户部李珏并为同平章事,仍兼任原盐铁转运使和判户部的职务。杨嗣复是杨於陵的儿子。

4　中书侍郎、同平章事李石在甘露之变以后,人心恐惧不安、宦官骄横的情况下,为国家忘我操劳,以致朝廷的法制初步恢复,朝政运转基本正常。左神策军护军中尉仇士良因此十分痛恨他,秘密地派遣刺客去暗杀他,没有达到目的。李石非常恐惧,多次以身体有病为由,上表请求辞职。唐文宗完全明白李石辞职的原因,但也无可奈何。丙子(十七日),任命李石以同平章事的头衔,充任荆南节度使。

5　宰相陈夷行性情耿介正直,厌恶杨嗣复的为人,每次宰相在一起商议朝政,二人往往争论不休。壬辰,陈夷行以脚病为由,请求辞职,文宗不准。

6　上命起居舍人魏谟献其祖文贞公笏。郑覃曰："在人不在笏。"上曰："亦甘棠之比也。"

7　杨嗣复欲援进李宗闵，恐为郑覃所沮，乃先令宦官讽上，上临朝，谓宰相曰："宗闵积年在外，宜与一官。"郑覃曰："陛下若怜宗闵之远，止可移近北数百里，不宜再用。用之，臣请先避位。"陈夷行曰："宗闵向以朋党乱政，陛下何爱此纤人！"杨嗣复曰："事贵得中，不可但徇爱憎。"上曰："可与一州。"覃曰："与州太优，止可洪州司马耳。"因与嗣复互相诋讦以为党。上曰："与一州无伤。"覃等退，上谓起居郎周敬复、舍人魏谟曰："宰相喧争如此，可乎？"对曰："诚为不可。然覃等尽忠愤激，不自觉耳。"丁酉，以衡州司马李宗闵为杭州刺史。李固言与杨嗣复、李珏善，故引居大政以排郑覃、陈夷行，每议政之际，是非锋起，上不能决也。

8　三月，牂柯寇涪州清溪镇，镇兵击却之。

9　初，太和之末，杜悰为凤翔节度使，有诏沙汰僧尼。时有五色云见于岐山，近法门寺，民间讹言佛骨降祥，以僧尼不安之故。监军欲奏之，悰曰："云物变色，何常之有！佛若果爱僧尼，当见于京师。"未几，获白兔，监军又欲奏之，曰："此西方之瑞也。"

6　唐文宗命起居舍人魏谟把他的先祖魏徵用过的笏板奉献朝廷。宰相郑覃说："关键在于表彰魏徵对朝廷忠正直言的精神，而不在于他的笏板。"文宗说："我思念魏徵，因此，看到他的笏板就自然想起他。这就像西周时人们思念召公，因而称颂他曾休息乘凉过的甘棠树一样。"

7　宰相杨嗣复打算向朝廷推荐提拔李宗闵，但恐怕被郑覃阻拦，于是，先让宦官在宫中私下向文宗建议，文宗上朝时对宰相说："李宗闵被贬到外地多年，应当授予一个职位。"郑覃说："陛下如果怜悯李宗闵贬逐的地方太远，只可把他向京城方向迁移几百里，而不宜再召回朝廷任职。如果把他召回朝廷任职，我请求先辞职。"陈夷行说："李宗闵过去在朝廷朋比为党，扰乱朝政，陛下为什么喜爱这种卑鄙小人！"杨嗣复说："处理问题贵在用心公道，不可只凭自己的爱憎。"文宗说："可以让他担任一个州刺史。"郑覃说："授予州刺史恐怕对他太优待，最多让他担任洪州司马。"于是，郑覃、陈夷行和杨嗣复相互争论攻击，指斥对方为朋党。文宗说："授予李宗闵一个州刺史问题不大。"郑覃等人退下后，文宗对起居郎周敬复、起居舍人魏谟说："宰相之间如此争论喧哗，难道能够允许吗？"二人回答说："这样下去确实不行。不过，郑覃等人是由于对陛下尽忠，因而不自觉地对杨嗣复态度激愤。"二月丁酉（初九），唐文宗任命衡州司马李宗闵为杭州刺史。宰相李固言和杨嗣复、李珏关系亲密，所以推荐二人为宰相，以排挤郑覃、陈夷行，朝廷每次商议朝政的时候，双方争论不休，是非竞起，文宗不能决断。

8　三月，牂柯族侵犯涪州清溪镇，被驻扎在当地的镇兵击退。

9　当初，在太和末年的时候，杜悰担任凤翔节度使，朝廷曾下诏令各地淘汰寺院僧尼。这时，岐山县的天空中出现五色彩云，距离法门寺很近，于是，民间传谣说，这是僧尼得知要被淘汰恐惧不安，所以，法门寺的佛骨显灵保佑僧尼。凤翔监军打算奏报朝廷，杜悰说："天上的云彩变换颜色，是常有的事！如果佛真的保佑僧尼的话，肯定五色彩云也会出现在京城的上空。"不久凤翔捉到一只白兔，监军又提出奏报朝廷，说："这是从西方来的祥瑞。"

悰曰："野兽未驯，且宜畜之。"旬日而毙，监军不悦，以为掩蔽圣德，独画图献之。及郑注代悰镇凤翔，奏紫云见，又献白雉。是岁，八月，有甘露降于紫宸殿前樱桃之上，上亲采而尝之，百官称贺。其十一月，遂有金吾甘露之变。

及悰为工部尚书、判度支，河中奏驺虞见，百官称贺。上谓悰曰："李训、郑注皆因瑞以售其乱，乃知瑞物非国之庆。卿前在凤翔，不奏白兔，真先觉也。"对曰："昔河出图，伏羲以画八卦；洛出书，大禹以叙九畴，皆有益于人，故足尚也。至于禽兽草木之瑞，何时无之！刘聪桀逆，黄龙三见；石季龙暴虐，得苍麟十六、白鹿七，以驾芝盖。以是观之，瑞岂在德！玄宗尝为潞州别驾，及即位，潞州奏十九瑞，玄宗曰：'朕在潞州，惟知勤职业，此等瑞物，皆不知也。'愿陛下专以百姓富安为国庆，自馀不足取也。"上善之。他日，谓宰相曰："时和年丰，是为上瑞；嘉禾灵芝，诚何益于事！"宰相因言："《春秋》记灾异以儆人君，而不书祥瑞，用此故也！"

夏，五月乙亥，诏："诸道有瑞，皆无得以闻，亦勿申牒所司。其腊飨太庙及飨太清宫，元日受朝奏祥瑞，皆停。"

杜悰说："这类野兽未加驯服，应当暂且畜养。"过了十几天，白兔死了，监军很不高兴，认为杜悰不向朝廷报告祥瑞，掩盖皇上的大圣大德，于是，独自把五色彩云和白兔画成图画，奉献朝廷。等到郑注代替杜悰为凤翔节度使后，奏报天空出现紫色云彩，又向朝廷奉献白色的野鸡。当年八月，紫宸殿前院的樱桃树上发现有甘露降临，文宗亲自采集品尝，百官齐声称贺，认为是祥瑞。在十一月，发生了李训策划的甘露之变。

等到杜悰担任工部尚书、判度支时，河中奏称发现一种不吃其他兽类的驺虞，是天下祥瑞的象征，于是，百官都向文宗祝贺。文宗对杜悰说："李训、郑注都是自称发现祥瑞，从而乘机作乱的，由此可见，所谓祥瑞的东西，并非是国家太平的象征。你从前在凤翔的时候，不向朝廷奏报发现白兔，真可谓是先知先觉。"杜悰说："过去，黄河边发现图，伏羲用它来策画八卦；洛河旁发现天书，大禹用它来制定治理天下的九种法则，这些，都对百姓有益，所以值得效法。至于禽兽草木一类的所谓祥瑞之物，什么时候都有！刘聪桀骜不驯，叛变朝廷，但却几次发现黄龙；石虎残虐无道，但却在各地捉获了苍麟十六个，白鹿七个，用来驾驶自己的车乘。由此可见，所谓的祥瑞之物和帝王的圣德毫无关系！玄宗曾经担任过潞州别驾，他即位当皇帝以后，潞州奏报发现十九种祥瑞之物，玄宗说：'朕在潞州的时候，只知道勤勉于本职工作，对于你们报告的祥瑞之物，丝毫不知。'因此，我希望陛下一心一意地以百姓富足安乐作为国家兴隆的象征，对于其他所谓的祥瑞之物，都不要采纳。"文宗称赞杜悰的意见。过了几天，文宗对宰相说："现在，风调雨顺，庄稼丰收，这是最大的祥瑞。至于嘉禾灵芝，对国家又有什么用呢！"宰相于是说："孔子在《春秋》中之所以专门记载自然灾害和某些怪异的自然现象，以警告帝王要勤政爱民，但并不记载所谓的祥瑞之物，也就是这个原因！"

夏季，五月乙亥（十九日），唐文宗下诏："各地凡发现祥瑞之物，一律不得奏报朝廷，也不准向自己的上司报告。凡腊月祭献太庙和太清宫，以及正月初一朝廷举行大典时按规定上奏祥瑞，一律停罢。"

10　初，灵武节度使王晏平自盗赃七千馀缗，上以其父智兴有功，免死，长流康州。晏平密请于魏、镇、幽三节度使，使上表雪己。上不得已，六月壬寅，改永州司户。

11　八月己亥，嘉王运薨。

12　太子永之母王德妃无宠，为杨贤妃所谮而死。太子颇好游宴，昵近小人，贤妃日夜毁之。九月壬戌，上开延英，召宰相及两省、御史、郎官，疏太子过恶，议废之，曰："是宜为天子乎？"群臣皆言："太子年少，容有改过。国本至重，岂可轻动！"御史中丞狄兼谟论之尤切，至于涕泣。给事中韦温曰："陛下惟一子，不教，陷之至是，岂独太子之过乎！"癸亥，翰林学士六人、神策六军军使十六人复上表论之，上意稍解。是夕，太子始得归少阳院，如京使王少华等，及宦官宫人坐流死者数十人。

13　义武节度使张璠在镇十五年，为幽、镇所惮。及有疾，请入朝，朝廷未及制置，疾甚，戒其子元益举族归朝，毋得效河北故事。及薨，军中欲立元益，观察留后李士季不可，众杀之，又杀大将十馀人。壬申，以易州刺史李仲迁为义武节度使。义武马军都虞候何清朝自拔归朝，癸酉，以为仪州刺史。

14　朝廷以义昌节度使李彦佐在镇久，甲戌，以德州刺史刘约为节度副使，欲以代之。

10　当初，灵武节度使王晏平贪污七千馀缗钱，文宗鉴于他的父亲王智兴对国家曾经立过战功，因而免除死刑，流放康州。晏平秘密地请求魏博、镇州和幽州三位节度使上奏朝廷，为自己申冤。唐文宗无可奈何，六月壬寅（十六日），改任王晏平为永州司户。

11　八月己亥（十四日），嘉王李运去世。

12　皇太子李永的母亲王德妃不得唐文宗宠爱，被杨贤妃向文宗进谗言诬陷，以致死去。太子十分喜好游乐饮宴，而且亲近身旁小人，于是，杨贤妃昼夜不停地在文宗面前诽谤太子。九月壬戌（初七），文宗亲临延英殿，召集宰相以及中书、门下两省的官员，御史台官员和尚书省各司的郎官，向大家介绍太子的罪过，提议废除，文宗说："像他这样，今后适合做天子吗？"群臣都说："太子年轻，应当容许他改正错误。太子作为陛下的继承人，至关重要，岂可轻易废除！"御史中丞狄兼谟劝阻最为恳切，以至哭泣。给事中韦温说："陛下只有这么一个儿子，平时不重视教诲，以致今天这样，难道仅仅是太子个人的过错吗！"癸亥（初八），翰林学士六人、神策军和禁军六军军使十六人再次联名上表劝阻，文宗才逐渐回心转意。当天晚上，太子才得以回到少阳院，如京使王少华等人，以及宦官、宫女几十个人因此而牵连被流放或判处死刑。

13　义武节度使张璠在任十五年，和他邻接的幽州、镇州两个割据藩镇十分惧怕他。等到他有病时，请求朝廷批准自己离职赴京，朝廷尚未来得及安排由谁代替他的职务，张璠已经病重，于是，告诫儿子张元益率全族人返归京城，不准效法河北藩镇的惯例，继承节度使的职务。张璠去世后，义武的将士打算拥立张元益为节度使，观察留后李士季反对，被将士杀死，同时，又杀大将十几人。壬申（十七日），唐文宗任命易州刺史李仲迁为义武节度使。义武马军都虞候何清朝率兵归顺朝廷，癸酉（十八日），被任命为仪州刺史。

14　朝廷鉴于义昌节度使李彦佐任职太久，甲戌（十九日），任命德州刺史刘约为义昌节度副使，准备让他代替李彦佐。

15　开成以来，神策将吏迁官，多不闻奏，直牒中书令覆奏施行，迁改殆无虚日。癸未，始诏神策将吏改官皆先奏闻，状至中书，然后检勘施行。

16　冬，十月，易定监军奏军中不纳李仲迁，请以张元益为留后。

17　太子永犹不悛，庚子，暴薨，谥曰庄恪。

18　乙巳，以左金吾大将军郭旻为邠宁节度使。

19　宰相议发兵讨易定。上曰："易定地狭人贫，军资半仰度支。急之则靡所不为，缓之则自生变。但谨备四境以俟之。"乃除张元益代州刺史。顷之，军中果有异议，乃上表以不便李仲迁为辞，朝廷为之罢仲迁。十一月，诏俟元益出定州，其义武将士始谋立元益者，皆赦不问。

20　以义昌节度使李彦佐为天平节度使，以刘约为义昌节度使。

21　丁卯，张元益出定州。

22　庚午，上问翰林学士柳公权以外议，对曰："郭旻除邠宁，外间颇以为疑。"上曰："旻，尚父之侄，太后叔父，在官无过，自金吾作小镇，外间何尤焉？"对曰："非谓旻不应为节度使也。闻陛下近取旻二女入宫，有之乎？"上曰："然，入参太皇太后耳。"

15　自从开成年间以来，神策军军将和下属官吏升迁，大多不向文宗上奏请求批准，而由神策军直接行文到中书省，中书省复核后便予以施行，以至神策军军将和下属官吏迁升官爵，几乎没有一日停止。癸未（二十八日），唐文宗下诏，命令今后神策军军将和官吏迁升官爵，一律首先上奏，待奏折批准送递中书省复核后再予以施行。

16　冬季，十月，义武监军奏报：军中将士不予接受新任节度使李仲迁，请求任命张元益为留后。

17　皇太子李永仍不改过自新，庚子（十六日），突然去世，朝廷赠他谥号为庄恪。

18　乙巳（二十一日），唐文宗任命左金吾大将军郭旻为邠宁节度使。

19　宰相商议发兵征讨义武。文宗说："义武的地方狭小，百姓贫困，军需有一半靠朝廷度支调拨供给。如果急于攻讨，那么，他们什么事都干得出来；如果暂缓，则内部必定发生分化。现在，只要命它的四邻藩镇严密防守，等待它的内部分化。"于是，任命张元益为代州刺史。不久，义武军中果然产生分歧，他们上表借口李仲迁不适宜担任义武节度使，朝廷于是罢免李仲迁。十一月，唐文宗下诏，等张元益从定州出发，赴代州上任后，凡义武最初密谋拥立张元益的将士，一律赦免不再问罪。

20　唐文宗任命义昌节度使李彦佐为天平节度使，义昌节度副使刘约为义昌节度使。

21　丁卯（十三日），张元益离开定州。

22　庚午（十六日），唐文宗问翰林学士柳公权，朝廷近日有什么议论，柳公权回答说："郭旻被任命为邠宁节度使，朝廷不少人对此很有疑问。"文宗说："郭旻是尚父郭子仪的侄子，又是太皇太后的叔父，在此以前，他做官从无过失，从左金吾大将军而转任邠宁这个小地方的节度使，不知朝廷百官有何疑问？"柳公权回答说："百官并不是议论说郭旻不应当担任邠宁节度使。我听说陛下近日让郭旻的两个女儿进入宫中，不知是否属实？"文宗说："是有这回事，她俩入宫是参见太皇太后。"

公权曰："外间不知，皆云旻纳女后宫，故得方镇。"上俯首良久曰："然则奈何？"对曰："独有自南内遣归其家，则外议自息矣！"是日，太皇太后遣中使送二女还旻家。

23　上好诗，尝欲置诗学士，李珏曰："今之诗人浮薄，无益于理。"乃止。

24　甲戌，以蔡州刺史韩威为义武节度使。

25　河东节度使、司徒、中书令裴度以疾求归东都，十二月辛丑，诏度入知政事，遣中使敦谕上道。

26　郑覃累表辞位，丙午，诏：三五日一入中书。

27　是岁，吐蕃彝泰赞普卒，弟达磨立。彝泰多病，委政大臣，由是仅能自守，久不为边患。达磨荒淫残虐，国人不附，灾异相继，吐蕃益衰。

四年(己未,839)

1　春，闰正月己亥，裴度至京师，以疾归第，不能入见。上劳问赐赉，使者旁午。三月丙戌，薨，谥曰文忠。上怪度无遗表，问其家，得半稿，以储嗣未定为忧，言不及私。度身貌不逾中人，而威望远达四夷，四夷见唐使，辄问度老少用舍，以身系国家轻重如郭子仪者，二十馀年。

2　夏，四月戊辰，上称判度支杜悰之才，杨嗣复、李珏因请除悰户部尚书，陈夷行曰："恩旨当由上出，自古失其国未始不由权在臣下也。"珏曰："陛下尝语臣云，人主当择宰相，

柳公权说："百官不知陛下的用意，都认为郭旻把女儿送入陛下后宫，所以才被任命为节度使。"文宗低头无言，过了很久才说："那么，该怎么平息百官的非议呢？"柳公权回答说："只要把郭旻女儿从兴庆宫送还她们家，百官的非议自然就平息了！"当天，太皇太后派宦官把郭旻的两个女儿送回家。

23　唐文宗爱好诗歌，曾打算设置诗学士，宰相李珏说："当今的诗人都很轻浮，设置诗学士，对朝廷没有什么好处。"于是作罢。

24　甲戌（二十日），唐文宗任命蔡州刺史韩威为义成节度使。

25　河东节度使、司徒、中书令裴度由于疾病，请求辞职返回东都洛阳，十二月辛丑（十七日），唐文宗下诏，命裴度来京参与朝政决策，并派宦官前往河东，传达文宗的旨意，敦促裴度上路。

26　宰相郑覃多次上表请求辞职，丙午（二十二日），唐文宗下诏：命郑覃三五天到中书省办公一次。

27　本年，吐蕃彝泰赞普去世，他的弟弟达磨被立为新赞普。彝泰在位时身体多病，把朝政委任大臣，所以仅能自守边疆，很久没有侵扰唐朝。达磨继位后，荒淫残虐，国内人民离心离德，灾害和怪异的现象接连发生，吐蕃因此更加衰弱。

唐文宗开成四年（己未，公元839年）

1　春季，闰正月己亥（十六日），河东节度使裴度抵达京城，由于身体疾病而回到家中，未能拜见文宗。文宗接连派遣使者到他家中慰劳赏赐。三月丙戌（初四），裴度去世，朝廷追赠谥号为文忠。文宗奇怪裴度没留下给朝廷的遗表，派人问他的家属，找到一份没有写完的手稿，手稿中只说自己为皇上没有立太子而担忧，而不提及自己个人的要求。裴度的身材和相貌并未超过一般人，但威望却远达周边的夷蛮各族，夷蛮各族酋长见到唐朝的使者，常常问裴度的年龄多少，是否还得到朝廷重用，他和郭子仪一样，都是在二十多年的时间内，德高望重，而以自己的身家性命维系国家安危的重要人物。

2　夏季，四月戊辰（十七日），唐文宗称誉判度支杜悰有才能，杨嗣复、李珏乘机奏请任命杜悰为户部尚书，陈夷行说："对臣下任命的旨意应当由皇上作出，自古以来，国家大凡灭亡，最初无不是大权旁落，而由臣下专权的。"李珏说："陛下曾对我说，帝王应当谨慎地挑选宰相，

不当疑宰相。”五月丁亥，上与宰相论政事，陈夷行复言不宜使威福在下，李珏曰：“夷行意疑宰相中有弄陛下威权者耳。臣屡求退，苟得王傅，臣之幸也。”郑覃曰：“陛下开成元年、二年政事殊美，三年、四年渐不如前。”杨嗣复曰：“元年、二年郑覃、夷行用事，三年、四年臣与李珏同之，罪皆在臣！”因叩头曰：“臣不敢更入中书！”遂趋出。上遣使召还，劳之曰：“郑覃失言，卿何遽尔！”覃起谢曰：“臣愚拙，意亦不属嗣复，而遽如是，乃嗣复不容臣耳。”嗣复曰：“覃言政事一年不如一年，非独臣应得罪，亦上累圣德。”退，三上表辞位，上遣中使召出之，癸巳，始入朝。丙申，门下侍郎、同平章事郑覃罢为右仆射，陈夷行罢为吏部侍郎。覃性清俭，夷行亦耿介，故嗣复等深疾之。

3　上以盐铁推官、检校礼部员外郎姚勖能鞫疑狱，命权知职方员外郎，右丞韦温不听，上奏称：“郎官朝廷清选，不宜以赏能吏。”上乃以勖检校礼部郎中，依前盐铁推官。六月丁丑，上以其事问宰相杨嗣复，对曰：“温志在澄清流品。若有吏能者皆不得清流，则天下之事孰为陛下理之？恐似衰晋之风。”然上素重温，终不夺其所守。

4　秋，七月癸未，以张元益为左骁卫将军，以其母侯莫陈氏为赵国太夫人，赐绢二百匹。易定之乱，侯莫陈氏说谕将士，且戒元益以顺朝命，故赏之。

但不应当猜疑宰相。”五月丁亥(初七),文宗和宰相一起议论朝政,陈夷行又说不应使臣下专权而作威作福,李珏说:“从陈夷行的用意看,他是怀疑宰相中有人玩弄陛下的权威。我以前多次请求辞职,现在,如果能担任皇子诸王的太傅,也就是我的幸运了。”郑覃说:“陛下在开成元年、二年处理朝政都很好,三年、四年渐渐不如以前。”杨嗣复说:“开成元年、二年是郑覃、陈夷行担任宰相,三年、四年我和李珏也一同升任宰相,看来,郑覃的意思是说罪责在我了!”于是,接着叩头说:“我不敢再到中书省去办公!”随即退出。文宗派人把他召回,用好言安慰,说:“郑覃失言,你何必这样!”郑覃起身谢罪说:“我性情愚笨,刚才说的意思不是专指嗣复,没想到他竟然这样反感,看来,是嗣复不能容我。”杨嗣复说:“郑覃认为朝政一年不如一年,不仅我一个人应当有罪,而且也牵连皇上。”于是退下,再三上表请求辞职,文宗派宦官召他上朝,癸巳(十三日),杨嗣复才开始上朝。丙申(十六日),门下侍郎、同平章事郑覃被罢免宰相职务,担任右仆射;陈夷行被罢免宰相职务,担任吏部侍郎。郑覃的性情清正俭约,陈夷行也性情耿直,所以,杨嗣复等人十分痛恨他们。

3　唐文宗鉴于盐铁推官、检校礼部员外郎姚勖擅长审断疑难狱案,任命他暂为职方员外郎,尚书右丞韦温拒不听命,上奏说:“郎官历来是朝廷任命有名望的士大夫的职位,不应当轻易用它来奖赏有才干的官吏。”于是,文宗改任姚勖为检校礼部郎中,仍担任盐铁推官。六月丁丑(初三),文宗问宰相杨嗣复对这件事的看法,杨嗣复说:“韦温的目的在于澄清官员的出身和等级。如果官员因为出身和社会地位不高,但很有才干,却不能担任那些有名望的职务,那么,天下的种种事务谁去为陛下处理呢?我认为,这恐怕是晋朝重视出身地位的衰败遗风。”然而,文宗向来器重韦温,最后还是没有违背他的奏请。

4　秋季,七月癸未(初四),唐文宗任命张元益为左骁卫将军,任命他的母亲侯莫陈氏为赵国太夫人,赏赐绢二百匹。此前义武发生变乱的时候,侯莫陈氏劝说将士,同时告诫张元益听从朝廷命令,所以文宗予以赏赐。

5　甲辰，以太常卿崔郸同中书门下平章事。郸，郾之弟也。

6　八月辛亥，鄜王憬薨。

7　癸酉，昭义节度使刘从谏上言："萧本诈称太后弟，上下皆称萧弘是真，以本来自左军，故弘为台司所抑。今弘诣臣，求臣上闻。乞追弘赴阙，与本对推，以正真伪。"诏三司鞫之。

8　冬，十月乙卯，上就起居舍人魏谟取记注观之，谟不可，曰："记注兼书善恶，所以儆戒人君。陛下但力为善，不必观史！"上曰："朕向尝观之。"对曰："此向日史官之罪也。若陛下自观史，则史官必有所讳避，何以取信于后！"上乃止。

9　杨妃请立皇弟安王溶为嗣，上谋于宰相，李珏非之。丙寅，立敬宗少子陈王成美为皇太子。

丁卯，上幸会宁殿作乐，有童子缘橦，一夫来往走其下如狂。上怪之，左右曰："其父也。"上泫然流涕曰："朕贵为天子，不能全一子！"召教坊刘楚材等四人，宫人张十十等十人责之曰："构会太子，皆尔曹也，今更立太子，复欲尔邪？"执以付吏，己巳，皆杀之。上因是感伤，旧疾遂增。

10　十一月，三司按萧本、萧弘皆非真太后弟。本除名，流爱州，弘流儋州。而太后真弟在闽中，终不能自达。

5　甲辰(二十五日),唐文宗任命太常卿崔郸为同中书门下平章事。崔郸是崔郾的弟弟。

6　八月辛亥(初二),鄜王李憬去世。

7　癸酉(二十四日),昭义节度使刘从谏上言朝廷:"萧本诈称是萧太后的弟弟,朝廷上下都认为萧弘才是萧太后真正的弟弟,但由于萧本是经左神策军护军中尉仇士良引见给皇上的,所以萧弘被御史台官员所冤枉。现在,萧弘来见我,请求我向朝廷奏明真相。我乞请朝廷召见萧弘,让他和萧本二人当面对证,以辨别真伪。"文宗下诏,命御史台、刑部和大理寺三司会审。

8　冬季,十月乙卯(初七),唐文宗命起居舍人魏谟把《起居注》拿来观看,魏谟认为不妥,说:"《起居注》既记载善行,也记载恶事,用来警诫帝王,去恶从善。陛下只管努力勤政为善,而不必观看《起居注》!"文宗说:"过去我曾经看过。"魏谟说:"这是以往史官的过错。如果陛下亲自观看本朝的《起居注》,那么,史官在记载时就会有所避讳,将来怎样让后人相信呢!"文宗这才作罢。

9　杨妃请求文宗立皇弟安王李溶为太子,文宗和宰相商议,李珏反对。丙寅(十八日),文宗立敬宗的小儿子陈王李成美为皇太子。

丁卯(十九日),文宗亲临会宁殿观赏音乐杂技,有一个儿童表演爬杆,底下有一人来往如狂奔,进行保护。文宗很奇怪,左右侍从说:"那人是这个儿童的父亲。"文宗顿时伤心流泪说:"朕贵为天子,却不能保全自己的一个儿子!"于是,召见教坊刘楚材等四人、宫女张十十等十人责斥说:"当初设计陷害皇太子李永,都是你们这些人,现在已重新立皇太子,难道你们还要陷害他吗?"随即命人把他们逮捕,己巳(二十一日),下令全部杀死。文宗由此而感伤不已,旧病逐渐加重。

10　十一月,三司审问萧本、萧弘二人,结果都不是萧太后真正的弟弟。于是,萧本被免职除名,流放爱州,萧弘流放儋州。而萧太后真正的弟弟在福建,始终未能自己申报,和萧太后相认。

11　乙亥，上疾少间，坐思政殿，召当直学士周墀，赐之酒，因问曰："朕可方前代何主？"对曰："陛下尧、舜之主也。"上曰："朕岂敢比尧、舜！所以问卿者，何如周赧、汉献耳？"墀惊曰："彼亡国之主，岂可比圣德！"上曰："赧、献受制于强诸侯，今朕受制于家奴，以此言之，朕殆不如！"因泣下沾襟，墀伏地流涕，自是不复视朝。

12　是岁，天下户口四百九十九万六千七百五十二。

13　回鹘相安允合、特勒柴革谋作乱，彰信可汗杀之。相掘罗勿将兵在外，以马三百赂沙陀朱邪赤心，借其兵共攻可汗。可汗兵败，自杀，国人立𫷷馺特勒为可汗。会岁疫，大雪，羊马多死，回鹘遂衰。赤心，执宜之子也。

五年(庚申,840)

1　春，正月己卯，诏立颍王瀍为皇太弟，应军国事权令句当。且言太子成美年尚冲幼，未渐师资，可复封陈王。时上疾甚，命知枢密刘弘逸、薛季稜引杨嗣复、李珏至禁中，欲奉太子监国。中尉仇士良、鱼弘志以太子之立，功不在己，乃言太子幼，且有疾，更议所立。李珏曰："太子位已定，岂得中变！"士良、弘志遂矫诏立瀍为太弟。是日，士良、弘志将兵诣十六宅，迎颍王至少阳院，百官谒见于思贤殿。瀍沈毅有断，喜愠不形于色，与安王溶皆素为上所厚，异于诸王。

11　乙亥(二十七日)，唐文宗病情稍有好转，这一天，坐在思政殿，召见翰林院值班学士周墀，赐给他酒喝，问道："朕可以和前代的哪些帝王相比?"周墀回答说："陛下是尧、舜一类的帝王。"文宗说："朕岂敢和尧、舜相比！我问你的意思是，我是否能赶上周赧王和汉献帝?"周墀大惊，说："周赧王和汉献帝都是最后亡国的帝王，怎么比得上陛下的大圣大德。"文宗说："周赧王、汉献帝不过受制于各地强大的诸侯，而今朕受制于宦官家奴，就此而言，我实在还不如他们!"文宗因此哭泣，泪下沾襟，周墀也拜伏在地，流泪不已。从此以后，文宗不再上朝。

12　本年，天下户口总计四百九十九万六千七百五十二户。

13　回鹘国宰相安允合、特勒柴革密谋作乱，被彰信可汗杀死。这时，宰相掘罗勿正率兵在外，于是，用三百匹马贿赂沙陀酋长朱邪赤心，借沙陀兵一起攻打彰信可汗。可汗兵败自杀，国内百姓立㕎驳特勒为可汗。以后，草原连年发生疾疫，天下大雪，羊马大批死亡，回鹘因此逐渐衰落。朱邪赤心是沙陀酋长朱邪执宜的儿子。

唐文宗开成五年(庚申，公元 840 年)

1　春季，正月己卯(初二)，唐文宗下诏，立颍王李瀍为皇太弟，凡国家大事，由他全权决定。诏令又说，皇太子李成美尚年幼，没有经过老师的训导，仍封为陈王。当时，文宗病重，命知枢密刘弘逸、薛季稜带宰相杨嗣复、李珏来宫中，打算由二人辅佐太子代行皇上职权，处理朝政。左、右神策军护军中尉仇士良、鱼弘志鉴于当初立皇太子的时候，自己没有一点功劳，于是上言，说皇太子年幼，而且有病，建议废除重立。李珏说："皇太子的地位已定，怎么能轻易改变!"于是仇士良、鱼弘志假称文宗的诏令，立李瀍为皇太弟。当天，仇士良、鱼弘志率禁兵至十六宅宫，迎颍王李瀍到少阳院，接着，百官在思贤殿拜见李瀍。李瀍性情深沉而刚毅，处理问题十分果断，喜怒不形于色，他和安王李溶，都向来为文宗所厚爱，而区别于其他皇子诸王。

辛巳，上崩于太和殿。以杨嗣复摄冢宰。

癸未，仇士良说太弟赐杨贤妃、安王溶、陈王成美死。敕大行以十四日殡，成服。谏议大夫裴夷直上言期日太远，不听。时仇士良等追怨文宗，凡乐工及内侍得幸于文宗者，诛贬相继。夷直复上言："陛下自藩维继统，是宜俨然在疚，以哀慕为心，速行丧礼，早议大政，以慰天下。而未及数日，屡诛戮先帝近臣，惊率土之视听，伤先帝之神灵，人情何瞻！国体至重，若使此辈无罪，固不可刑；若其有罪，彼已在天网之内，无所逃伏，旬日之外行之何晚！"不听。

辛卯，文宗始大敛。武宗即位。甲午，追尊上母韦妃为皇太后。

二月乙卯，赦天下。

丙寅，谥韦太后曰宣懿。

2　夏，五月己卯，门下侍郎、同平章事杨嗣复罢为吏部尚书，以刑部尚书崔珙同平章事兼盐铁转运使。

3　秋，八月壬戌，葬元圣昭献孝皇帝于章陵，庙号文宗。

4　庚午，门下侍郎、同平章事李珏坐为山陵使龙辒陷，罢为太常卿。贬京兆尹敬昕为郴州司马。

5　义武军乱，逐节度使陈君赏。君赏募勇士数百人，复入军城，诛乱者。

辛巳(初四),唐文宗在太和殿驾崩。朝廷任命杨嗣复暂摄冢宰,主持治丧。

癸未(初六),仇士良劝说皇太弟李瀍下令,命杨贤妃、安王李溶、陈王李成美自尽。李瀍又下敕,命于本月十四日举行文宗入棺大殓的仪式,凡亲属和百官等一律穿上丧服。谏议大夫裴夷直上言大殓的日期太远,李瀍不听。这时,仇士良等人仍怨恨文宗,于是,凡教坊的乐工和曾经被文宗宠爱的宦官,相继被诛杀或贬逐。裴夷直又上言说:"陛下由藩王的身份继承帝位,所以应当像真正有病一样,尽心哀悼文宗皇帝,迅速举行丧礼,从而早日亲政,以便安抚天下人心。但现在文宗皇帝去世还没几天,就多次诛杀他的亲近臣僚,以致各地的官员都被惊扰,先帝的神灵不免也被伤害,这样下去,人们会怎样看待陛下呢!现在,国家的体面最为重要,假如先帝的亲近臣僚无罪,就不应惩罚他们;假如有罪,他们已经处于国家法律的天罗地网之中,无法脱逃,等十天后先帝入棺大殓结束,再加惩罚也不晚!"李瀍不听。

辛卯(十四日),文宗的尸体正式入棺大殓。同日,武宗李瀍即位。甲午(十七日),武宗追尊母亲韦妃为皇太后。

二月乙卯(初八),唐武宗大赦天下。

丙寅(十九日),唐武宗追赠母亲韦太后的谥号为宣懿。

2　夏季,五月己卯(初四),唐武宗免去门下侍郎、同平章事杨嗣复的职务,任命他为吏部尚书;任命刑部尚书崔珙为同平章事兼盐铁转运使。

3　秋季,八月壬戌(十九日),朝廷在章陵埋葬元圣昭献孝皇帝李昂,庙号为文宗。

4　庚午(二十七日),门下侍郎、同平章事李珏因担任山陵使时,运载文宗皇帝灵柩的龙輴因故在半路失陷,被免去宰相职务,担任太常卿。京兆尹敬昕因此被贬为郴州司马。

5　义武发生军队变乱,驱逐节度使陈君赏。陈君赏招募勇士几百人,重新攻入义武的治所定州城,诛杀作乱的将士。

6　初，上之立非宰相意，故杨嗣复、李珏相继罢去，召淮南节度使李德裕入朝。九月甲戌朔，至京师，丁丑，以德裕为门下侍郎、同平章事。

庚辰，德裕入谢，言于上曰："致理之要，在于辩群臣之邪正。夫邪正二者，势不相容，正人指邪人为邪，邪人亦指正人为邪，人主辩之甚难。臣以为正人如松柏，特立不倚；邪人如藤萝，非附他物不能自起。故正人一心事君，而邪人竞为朋党。先帝深知朋党之患，然所用卒皆朋党之人，良由执心不定，故奸人得乘间而入也。夫宰相不能人人忠良，或为欺罔，主心始疑，于是旁询小臣以察执政。如德宗末年，所听任者惟裴延龄辈，宰相署敕而已，此政事所以日乱也。陛下诚能慎择贤才以为宰相，有奸罔者立黜去，常令政事皆出中书，推心委任，坚定不移，则天下何忧不理哉！"又曰："先帝于大臣好为形迹，小过皆含容不言，日累月积，以至祸败。兹事大误，愿陛下以为戒！臣等有罪，陛下当面诘之。事苟无实，得以辩明；若其有实，辞理自穷。小过则容其悛改，大罪则加之诛谴，如此，君臣之际无疑间矣。"上嘉纳之。

初，德裕在淮南，敕召监军杨钦义，人皆言必知枢密，德裕待之无加礼，钦义心衔之。一旦，独延钦义，置酒中堂，

6　当初，武宗被立为皇太弟，不是出于宰相的建议，所以，武宗即位后，相继罢免宰相杨嗣复、李珏的职务，召淮南节度使李德裕来京。九月甲戌朔（初一），李德裕抵达京城，丁丑（初四），李德裕被任命为门下侍郎、同平章事。

庚辰（初七），李德裕上朝向武宗谢恩，他对武宗说："治理天下的关键，在于辨别群臣中谁是邪恶的小人，谁是正直的君子。邪恶和正直之间，难以相容，所以，君子指斥小人邪恶，而小人也指斥君子邪恶，以致皇上难以辨别。我认为，正直的君子就像松柏一样，独立生长，不必依赖别的器物；而邪恶的小人就像藤萝一样，如果不攀附其他器物，就不能自立。所以，正直的君子一心一意地侍奉皇上，而邪恶的小人则争先恐后地朋比为党。先帝文宗皇帝深知朋党的危害，然而，他所信用的官员却大多是朋党的成员，这主要是由于他自己没有主见，所以奸邪小人得以乘间而入。我认为，宰相不可能人人都是忠臣，皇上有时发现一个宰相欺骗自己，心中就开始猜疑其他宰相，于是，通过身边的侍从和宦官了解宰相的情况。例如德宗在他晚年的时候，只信任裴延龄一人，其他宰相不过在朝廷的敕书中签名而已，这是当时朝政紊乱的主要原因。陛下如果真的能谨慎地选拔德才兼备的官员担任宰相，把那些奸邪虚罔的官员立即罢免；同时，诚心诚意地委任宰相，坚定不移，凡是朝廷的政令，都由中书省审定颁布，那么，就不必忧虑天下不会大治了！"李德裕又说："先帝文宗皇帝在大臣面前，很注意自己的言行举止，对于群臣小的过失，一般都容忍不言，这样日积月累，以至酿成大祸。这实在是一大失误，希望陛下引以为戒。今后，如果我们有罪，陛下应该当面责问。假如事实不符，应当允许我们申辩清楚；假如确是事实，我们就会在申辩时理屈词穷。对于群臣小的过失，应当允许他们改过自新，如有大罪，则加以惩罚，甚至诛杀，这样，君臣之间就不会产生猜疑了。"武宗称赞并采纳了他的意见。

当初，李德裕担任淮南节度使时，朝廷曾下敕召监军杨钦义进京，人们都说杨钦义此番进京肯定会被任命为枢密使，李德裕对待杨钦义却并未增加礼节，杨钦义心中十分痛恨。一天，李德裕单独召请杨钦义，在节度使府正厅设酒为杨钦义送行，

情礼极厚。陈珍玩数床，罢酒，皆以赠之，钦义大喜过望。行至汴州，敕复还淮南，钦义尽以所饷归之。德裕曰：“此何直！”卒以与之。其后钦义竟知枢密。德裕柄用，钦义颇有力焉。

7　初，伊吾之西，焉耆之北，有黠戛斯部落，即古之坚昆，唐初结骨也，后更号黠戛斯，乾元中为回鹘所破，自是隔阂不通中国。其君长曰阿热，建牙青山，去回鹘牙，橐驼行四十日。其人悍勇，吐蕃、回鹘常赂遗之，假以官号。回鹘既衰，阿热始自称可汗。回鹘遣相国将兵击之，连兵二十馀年，数为黠戛斯所败，詈回鹘曰：“汝运尽矣，我必取汝金帐！”金帐者，回鹘可汗所居帐也。

及掘罗勿杀彰信，立㕎馺，回鹘别将句录莫贺引黠戛斯十万骑攻回鹘，大破之，杀㕎馺及掘罗勿，焚其牙帐荡尽，回鹘诸部逃散。其相馺职、特勒厖等十五部西奔葛逻禄，一支奔吐蕃，一支奔安西。可汗兄弟嗢没斯等，及其相赤心、仆固、特勒那颉啜，各帅其众抵天德塞下，就杂虏贸易谷食，且求内附。冬，十月丙辰，天德军使温德彝奏：“回鹘溃兵侵逼西城，亘六十里，不见其后。边人以回鹘猥至，恐惧不安。”诏振武节度使刘沔屯云迦关以备之。

8　魏博节度使何进滔薨，军中推其子都知兵马使重顺知留后。

情义和礼节都极为优厚。李德裕又拿出很多珍玩陈列在几个几案上，喝完酒后，全部赠送杨钦义，杨钦义大喜过望。杨钦义进京走到汴州，朝廷又下敕命他返回淮南，于是，杨钦义把李德裕赠送他的珍玩如数奉还。李德裕说："这能值几个钱！"最后，又都赠给杨钦义。以后，杨钦义果然担任了枢密使。李德裕被任命为宰相，和杨钦义有直接关系。

7　当初，在伊州的西方，焉耆镇的北方，有一个部落名叫黠戛斯，就是古代的坚昆，唐初的结骨，以后改名叫黠戛斯。唐肃宗乾元年间，黠戛斯被回鹘国击败，从此以后，由于回鹘阻隔，和唐朝失去联系。黠戛斯的君长称为阿热，在青山建立牙帐，距离回鹘国牙帐，骑骆驼要走四十天。黠戛斯部众剽悍勇敢，因此，吐蕃国和回鹘国常常贿赂他，并授予官位名号，加以拉拢。回鹘国衰落以后，阿热开始自称可汗。回鹘国派宰相率兵攻击黠戛斯，双方大战二十多年，回鹘国多次被黠戛斯击败，黠戛斯斥责回鹘可汗说："你的命数已经到了尽头，我必将要夺取你的金帐！"金帐，是回鹘可汗居住的帐幕。

等到回鹘宰相掘罗勿杀死彰信可汗，拥立㕎驭特勒为新可汗，回鹘国一个名叫录莫贺的偏将引诱黠戛斯十万骑兵攻打回鹘，将其打得大败，杀死㕎驭和掘罗勿，把回鹘国的牙帐焚烧殆尽，回鹘国的各个部落四散逃亡。宰相驭职、特勒厖等十五个部落往西方逃跑，投奔葛逻禄；另有一支投奔吐蕃国；一支逃到安西。回鹘可汗的兄弟嗢没斯等人，以及宰相赤心、仆固、特勒那颉啜，各率自己的部落兵马抵达唐朝天德军的边塞一带，依靠和杂居这一地区的各族部落贸易而生活，同时，请求归附唐朝。冬季，十月丙辰（十四日），天德军使温德彝奏报："回鹘国的逃兵侵逼西受降城，逃兵连绵六十里，看不到尾。边防的居民由于回鹘国的逃兵大举侵扰，都恐惧不安。"唐武宗下诏，命振武节度使刘沔出兵屯守云迦关以防回鹘。

8　魏博节度使何进滔去世，军中将士推举他的儿子都知兵马使何重顺为留后。

9 萧太后徙居兴庆宫积庆殿，号积庆太后。

10 十一月癸酉朔，上幸云阳校猎。

11 故事，新天子即位，两省官同署名。上之即位也，谏议大夫裴夷直漏名，由是出为杭州刺史。

12 开府仪同三司、左卫上将军兼内谒者监仇士良请以开府荫其子为千牛，给事中李中敏判曰：“开府阶诚宜荫子，谒者监何由有儿？”士良惭恚。李德裕亦以中敏为杨嗣复之党，恶之，出为婺州刺史。

13 十二月庚申，以何重顺知魏博留后事。

14 立皇子峻为杞王。

武宗至道昭肃孝皇帝上

会昌元年（辛酉，841）

1 春，正月辛巳，上祀圜丘，赦天下，改元。

2 刘沔奏回鹘已退，诏沔还镇。

3 二月，回鹘十三部近牙帐者立乌希特勒为乌介可汗，南保错子山。

4 三月甲戌，以御史大夫陈夷行为门下侍郎、同平章事。

5 初，知枢密刘弘逸、薛季稜有宠于文宗，仇士良恶之。上之立，非二人及宰相意，故杨嗣复出为湖南观察使，李珏出为桂管观察使。士良屡谮弘逸等于上，劝上除之，乙未，赐弘逸、季稜死，遣中使就潭、桂州诛嗣复及珏。户部尚书

9　萧太后迁居到兴庆宫积庆殿，尊号为积庆太后。

10　十一月癸酉朔（初一），唐武宗前往云阳县围猎。

11　按照惯例，新皇帝即位时，中书、门下两省的官员在册书上共同署名。唐武宗即位时，谏议大夫裴夷直的名字遗漏，由此而被调出朝廷，担任杭州刺史。

12　开府仪同三司、左卫上将军兼内谒者监仇士良请求朝廷批准，根据自己的官爵等级，授予儿子千牛备身的职务，给事中李中敏批文说："按照开府仪同三司的品级，应当授予他的儿子官位，但仇士良作为宦官，怎么能有儿子呢？"仇士良惭愧而愤怒。李德裕也因为李中敏是杨嗣复的党羽，因而厌恶他，把他调出朝廷担任婺州刺史。

13　十二月庚申（十八日），唐武宗任命何重顺为魏博留后。

14　立皇子李峻为杞王。

武宗至道昭肃孝皇帝上

唐武宗会昌元年（辛酉，公元841年）

1　春季，正月辛巳（初九），唐武宗亲临圜丘祭天，大赦天下，改年号为会昌。

2　振武节度使刘沔奏报回鹘国兵马已退走，武宗下诏，命刘沔返还本镇。

3　二月，回鹘国邻近可汗牙帐的十三个部落拥立乌希特勒为乌介可汗，往南迁移，驻守于错子山。

4　三月甲戌（初三），唐武宗任命御史大夫陈夷行为门下侍郎、同平章事。

5　当初，知枢密刘弘逸、薛季稜很得唐文宗的宠信，因而仇士良厌恶他二人。唐武宗即位，并非出于刘、薛二人和宰相的本意，所以武宗即位后，罢免宰相杨嗣复、李珏的职务，把他们调出朝廷，分别担任湖南观察使和桂管观察使。仇士良又多次在武宗面前说刘弘逸等人的坏话，劝武宗诛除他们，乙未（二十四日），武宗命刘弘逸、薛季稜自尽，并派宦官前往潭州、桂州杀杨嗣复和李珏。户部尚书

杜悰奔马见李德裕曰："天子年少，新即位，兹事不宜手滑！"丙申，德裕与崔珙、崔郸、陈夷行三上奏，又邀枢密使至中书，使入奏。以为："德宗疑刘晏动摇东宫而杀之，中外咸以为冤，两河不臣者由兹恐惧，得以为辞。德宗后悔，录其子孙。文宗疑宋申锡交通藩邸，窜谪至死。既而追悔，为之出涕。嗣复、珏等若有罪恶，乞更加重贬。必不可容，亦当先行讯鞫，俟罪状著白，诛之未晚。今不谋于臣等，遽遣使诛之，人情莫不震骇。愿开延英赐对！"至晡时，开延英，召德裕等入。

德裕等泣涕极言："陛下宜重慎此举，毋致后悔！"上曰："朕不悔。"三命之坐，德裕等曰："臣等愿陛下免二人于死，勿使既死而众以为冤。今未奉圣旨，臣等不敢坐。"久之，上乃曰："特为卿等释之。"德裕等跃下阶舞蹈。上召升坐，叹曰："朕嗣位之际，宰相何尝比数！李珏、季稜志在陈王，嗣复、弘逸志在安王。陈王犹是文宗遗意，安王则专附杨妃。嗣复仍与妃书云：'姑何不效则天临朝！'向使安王得志，朕那复有今日？"德裕等曰："兹事暧昧，虚实难知。"上曰："杨妃尝有疾，文宗听其弟玄思入侍月馀，以此得通指意。朕细询内人，情状皎然，非虚也。"遂追还二使，更贬嗣复为潮州刺史，李珏为昭州刺史，裴夷直为驩州司户。

杜悰得知后，急忙快马加鞭去见李德裕，说："皇上年轻，刚刚即位，这件事不应当让他放手蛮干！"丙申（二十五日），李德裕和同僚崔珙、崔郸、陈夷行联名几次上奏，又邀请枢密使到中书省，让他们也劝阻武宗。李德裕等人的奏折说："过去，德宗曾怀疑刘晏动摇自己当初为皇太子时的地位，因而把他诛杀，朝廷内外的官员都认为刘晏冤枉，黄河南北割据跋扈的藩镇因而都感到恐惧，于是，以此为理由，更加骄横跋扈。德宗后来悔悟，录用刘晏的子孙到朝廷做官。文宗曾猜疑宋申锡和漳王李凑交结，结果贬逐宋申锡，以至于死。但后来又后悔，为宋申锡冤死而流泪。杨嗣复、李珏等人如果真有罪恶，请求陛下再加重贬。假如陛下还不能容忍，也应当先进行审讯，待他们的犯罪事实昭然若揭，再杀也不晚。现在，陛下不和我们商议，就急忙派使者前往诛杀，百官得知后，无不震惊。希望陛下开延英殿让我们当面奏对！"直到傍晚，武宗才命开延英殿，召见李德裕等人。

李德裕等人哭泣着，极力劝阻武宗说："陛下应慎重地决定这件事，不要以后再后悔！"武宗说："朕不后悔。"随即几次命李德裕等人坐下，李德裕等人说："我们希望陛下赦免杨嗣复和李珏的死刑，以免二人死后，百官都认为冤枉。现在，陛下尚未批准，我们不敢坐。"过了很久，武宗才说："朕考虑到你们的请求，特此赦免他们。"李德裕等人高兴地跳下台阶，向武宗舞蹈行礼。武宗命李德裕等人向前坐下，慨叹说："朕被立为皇太弟的时候，当时的宰相哪里曾想到要我继位！李珏、薛季稜的意图是立陈王李成美，杨嗣复、刘弘逸的意图是立安王李溶。立陈王还算是文宗的遗言，立安王，则是专意阿附杨妃。据说杨嗣复曾给杨妃写信说：'您为什么不效法武则天而临朝称帝！'假如安王被立为皇太子继承帝位，朕哪里还有今日？"李德裕等人说："这件事十分暧昧，是真是假难以得知。"武宗说："杨妃曾经患病，文宗同意他的弟弟到宫中侍候过一个多月，杨嗣复就是通过他向杨妃转达自己的书信的。朕已经仔细问过宫中的宦官，事实一清二楚，绝不是虚构。"于是，武宗派人追回诛杀杨嗣复和李珏的使者，再贬杨嗣复为潮州刺史，李珏为昭州刺史，裴夷直为驩州司户。

6　夏，六月乙巳，诏：“自今臣下论人罪恶，并应请付御史台按问，毋得乞留中，以杜谗邪。”

7　以魏博留后何重顺为节度使。

8　上命道士赵归真等于三殿建九天道场，亲授法箓。右拾遗王哲上疏切谏，坐贬河南府士曹。

9　秋，八月，加仇士良观军容使。

10　天德军使田牟、监军韦仲平欲击回鹘以求功，奏称：“回鹘叛将嗢没斯等侵逼塞下，吐谷浑、沙陀、党项皆世与为仇，请自出兵驱逐。”上命朝臣议之，议者皆以为嗢没斯叛可汗而来，不可受，宜如牟等所请，击之便。上以问宰相，李德裕以为：“穷鸟入怀，犹当活之，况回鹘屡建大功。今为邻国所破，部落离散，穷无所归，远依天子，无秋毫犯塞，奈何乘其困而击之！宜遣使者镇抚，运粮食以赐之，此汉宣帝所以服呼韩邪也。”陈夷行曰：“此所谓借寇兵资盗粮也，不如击之。”德裕曰：“彼吐谷浑等各有部落，见利则锐敏争进，不利则鸟惊鱼散，各走巢穴，安肯守死为国家用！今天德城兵才千馀，若战不利，城陷必矣。不若以恩义抚而安之，必不为患。纵使侵暴边境，亦须征诸道大兵讨之，岂可独使天德击之乎！”

时诏以鸿胪卿张贾为巡边使，使察回鹘情伪，未还。上问德裕曰：“嗢没斯等请降，可保信乎？”对曰：“朝中之人，臣不敢

6　夏季，六月乙巳（三十日），唐武宗下诏："从今以后，凡百官奏论他人罪恶时，应当同时奏请将犯罪人交付御史台审问，而不得请求留在宫中审问，以便杜绝奸臣的谗言。"

7　唐武宗任命魏博留后何重顺为节度使。

8　唐武宗命道士赵归真等人在三殿建置九天道场，武宗亲自接受赵归真等人授予的道家法箓。右拾遗王哲上疏极力规劝，被贬为河南府士曹参军。

9　秋季，八月，唐武宗加封左神策军护军中尉仇士良为观军容使。

10　天德军使田牟、监军韦仲平想出兵攻击回鹘，以便求取功名，于是奏称："回鹘国的叛将嗢没斯等人侵逼天德边塞，吐谷浑、沙陀、党项族部落都和回鹘世代为仇，请求朝廷批准我们出兵驱逐回鹘。"武宗命百官商议，百官都认为嗢没斯叛变可汗而来，不可接受他的归附，应当批准田牟等人的请求，出兵驱逐回鹘。武宗又问宰相，李德裕认为："鸟飞不动了落到人的怀里，尚且应当保护存活。何况回鹘帮助国家平定安史之乱，多次立有大功。现在，回鹘被邻国黠戛斯击败，部落分离逃散，困窘无所依靠，远来归附皇上，并无丝毫侵犯边塞，为什么要乘他们困窘的时候进行攻击呢！我认为，朝廷应当派遣使者前往安抚他们，运送粮食赈济他们，这也就是当年汉宣帝之所以能臣服匈奴呼韩邪单于的策略。"陈夷行说："德裕的建议，正像古人所说，是借给敌人兵马，而资助盗贼粮食，恐怕对国家不利，不如出兵驱逐。"李德裕说："吐谷浑等族各有许多部落，他们认为有利可图，就争先出兵进攻，形势不利则像鸟兽一样四散而去，各回自己的巢穴，怎么会拼死为国家效力呢！现在，天德城仅有一千多士卒，如果出战不利，该城必定失陷。因此，不如对回鹘用恩德和大义进行安抚，使他们在边塞安定下来，必然不会成为国家的祸害。假如回鹘果真侵掠边境，也需征发各道的大批兵力讨伐，怎么能让天德独自出兵攻击呢！"

这时，唐武宗诏命鸿胪卿张贾为巡边使，让他侦察回鹘的动向，尚未返回。武宗问李德裕："回鹘嗢没斯等人请求投降，你能保证他们守信用吗？"李德裕回答："对于朝廷百官是否每个人都讲信用，我都不敢

保，况敢保数千里外戎狄之心乎！然谓之叛将，则恐不可。若可汗在国，嗢没斯等帅众而来，则于体固不可受。今闻其国败乱无主，将相逃散，或奔吐蕃，或奔葛逻禄，惟此一支远依大国。观其表辞，危迫恳切，岂可谓之叛将乎！况嗢没斯等自去年九月至天德，今年二月始立乌介，自无君臣之分。愿且诏河东、振武严兵保境以备之，俟其攻犯城镇，然后以武力驱除。或于吐谷浑等部中少有抄掠，听自雠报，亦未可助以官军。仍诏田牟、仲平毋得邀功生事，常令不失大信，怀柔得宜，彼虽戎狄，必知感恩。”辛酉，诏田牟约勒将士及杂虏，毋得先犯回鹘。九月戊辰朔，诏河东、振武严兵以备之。牟，布之弟也。

11　癸巳，卢龙军乱，杀节度使史元忠，推陈行泰主留务。

12　李德裕请遣使慰抚回鹘，且运粮三万斛以赐之，上以为疑。闰月己亥，开延英，召宰相议之，陈夷行于候对之所，屡言资盗粮不可。德裕曰：“今征兵未集，天德孤危，傥不以此粮啖饥虏，且使安静，万一天德陷没，咎将谁归！”夷行至上前，遂不敢言。上乃许以谷二万斛赈之。

13　以前山南东道节度使、同平章事牛僧孺为太子少师。先是汉水溢，坏襄州民居。故李德裕以为僧孺罪而废之。

保证,何况对几千里之外的戎狄呢!不过,要说嗢没斯等人是回鹘的叛将,则恐怕不妥。如果回鹘的可汗还在位,嗢没斯等人率部落来投降,从两国关系的大局考虑,的确不能接受。现在,听说回鹘国败乱无主,大将和宰相都逃跑离散,有的投奔吐蕃,有的投奔葛逻禄,只有嗢没斯这一部分远来依附我国。我看了他们请求归附的上表,感觉他们现在的处境确实很窘迫,请求归附的心情也十分恳切。因此,怎么能说他们是叛将呢!何况嗢没斯等人是去年九月抵达天德,而回鹘国内今年二月才立乌介可汗,自然他们没有君臣关系。希望陛下下诏,命河东、振武两道部署军队保卫边境,做好防守的准备,等到回鹘进犯城镇,然后用兵,以武力驱除。如果回鹘对吐谷浑等其他部族的部落稍有掠夺,朝廷应允许他们出兵报仇,让他们相互残杀,而不必出动官军助战。同时下诏命田牟、韦仲平不得为了立功而妄生事端,攻击回鹘,而必须给予适当的笼络和安抚,表示朝廷对他们不失信义,回鹘虽然是不知诗书礼仪的戎狄,也会对朝廷感恩不尽的。”辛酉(二十四日),武宗下诏,命田牟约束将士和吐谷浑、沙陀、党项等部族,不得首先出兵侵犯回鹘。九月戊辰朔(初一),下诏命河东、振武部署军队防备回鹘。田牟是前魏博节度使田布的弟弟。

11　癸巳(二十六日),卢龙军队发生哗乱,杀节度使史元忠,推举陈行泰主持留后。

12　李德裕请求朝廷派遣使者慰问并安抚回鹘,同时运粮三万斛赈济回鹘,武宗怀疑这样做是否妥当。闰月己亥(初三),武宗开延英殿,召集宰相商议,商议开始前,陈夷行在延英殿门外一再对李德裕说,不能用粮食帮助盗贼。李德裕说:“现在,朝廷征发各道的兵马尚未到前线集中,天德城孤立无援,如果不用这些粮食救济处于饥饿边缘的回鹘,使他们暂且安定下来,那么,万一天德城被回鹘攻陷,谁担当这个罪责!”于是,陈夷行在武宗面前,不敢再加反对。武宗于是同意运粮两万斛赈济回鹘。

13　唐武宗任命山南东道节度使、同平章事牛僧孺为太子少师。此前,汉江发生水灾,毁坏襄州百姓的房屋。于是,李德裕认为是牛僧孺失职,建议罢免他的职务,改任散官。

14　卢龙军复乱，杀陈行泰，立牙将张绛。

初，陈行泰逐史元忠，遣监军傔，以军中大将表来求节钺。李德裕曰：“河朔事势，臣所熟谙。比来朝廷遣使赐诏常太速，故军情遂固。若置之数月不问，必自生变。今请留监军傔，勿遣使以观之。”既而军中果杀行泰，立张绛，复求节钺，朝廷亦不问。会雄武军使张仲武起兵击绛，且遣军吏吴仲舒奉表诣京师，称绛惨虐，请以本军讨之。

冬，十月，仲舒至京师。诏宰相问状，仲舒言：“行泰、绛皆游客，故人心不附。仲武幽州旧将，性忠义，通书，习戎事，人心向之。向者张绛初杀行泰，召仲武，欲以留务让之，牙中一二百人不可，仲武行至昌平，绛复却之。今计仲武才发雄武，军中已逐绛矣。”李德裕问：“雄武士卒几何？”对曰：“军士八百，外有土团五百人。”德裕曰：“兵少，何以立功？”对曰：“在得人心。苟人心不从，兵三万何益？”德裕又问：“万一不克，如何？”对曰：“幽州粮食皆在妫州及北边七镇，万一未能入，则据居庸关，绝其粮道，幽州自困矣！”

德裕奏：“行泰、绛皆使大将上表，胁朝廷，邀节钺，故不可与。今仲武先自发兵为朝廷讨乱，与之则似有名。”乃以仲武知卢龙留后。仲武寻克幽州。

14　卢龙军队再次哗变，杀陈行泰，拥立牙将张绛。

当初，陈行泰发动兵变，驱逐节度使史元忠后，派遣幽州监军的侍从赴京城，以军中大将的名义上表朝廷，请求授任自己为留后。宰相李德裕说："对于河朔藩镇的情况，我了如指掌。以往那里发生兵变后，朝廷往往匆匆下诏，任命被拥立的军将为留后，以致军心稳定下来。如果朝廷搁置几个月不理，他们内部肯定会再次动乱。因此，我请求朝廷把幽州派来的监军侍从暂留京城，不要派遣使者前往，坐以待变。"不久，果然幽州又发生变乱，杀陈行泰，立张绛，再次派人来朝廷请求任命，朝廷仍然不理。这时，幽州雄武军使张仲武起兵进攻张绛，派遣军中官吏吴仲舒携带上奏朝廷的表章来京城，声称张绛对将士残虐无道，请求批准以本部兵马讨伐。

冬季，十月，吴仲舒抵达京城。武宗下诏，命宰相向吴仲舒询问幽州的情况，吴仲舒说："陈行泰和张绛都是外地来幽州的游客，所以军心不附。张仲武则是幽州的老将，不但性情忠义，精通书札，而且熟悉军事，众望所归。过去，张绛刚刚诛杀陈行泰时，曾派人召张仲武到幽州，打算把留后让给他，后来，亲兵中有一二百人不同意，于是，张仲武走到昌平县时，张绛又命他返回。现在，估计张仲武率兵刚从雄武军出发，幽州的将士已经驱逐张绛。"李德裕问："雄武军有多少士卒？"吴仲舒回答说："士卒有八百人，另外还有不脱离生产的土团五百人。"李德裕问："士卒这么少，怎么能够攻打幽州成功？"吴仲舒回答说："关键在于是否得人心。如果人心不附，就是有三万大军又有什么用？"李德裕又问："万一攻打幽州而不克，该怎么办？"吴仲舒说："幽州的粮食都储存在妫州和北边的七个军镇，万一攻打不下幽州，就据守居庸关，断绝通往幽州的运粮道路，幽州自然会被困死！"

于是，李德裕上奏说："陈行泰、张绛都是让军中大将上表，胁迫朝廷授予他们留后，所以不能同意。现在，张仲武先率兵为朝廷讨伐叛乱，同时上奏朝廷，授予他留后，似乎还有点名分。"唐武宗于是任命张仲武为卢龙留后。张仲武不久攻克幽州。

15　上校猎咸阳。

16　十一月，李德裕上言："今回鹘破亡，太和公主未知所在。若不遣使访问，则戎狄必谓国家降主虏庭，本非爱惜，既负公主，又伤虏情。请遣通事舍人苗缜赍诏诣嗢没斯，令转达公主，兼可卜嗢没斯逆顺之情。"从之。

17　上颇好田猎及武戏，五坊小儿得出入禁中，赏赐甚厚。尝谒郭太后，从容问为天子之道，太后劝以纳谏。上退，悉取谏疏阅之，多谏游猎。自是上出畋稍稀，五坊无复横赐。

18　癸亥，以中书侍郎、同平章事崔郸同平章事，充西川节度使。

19　初，黠戛斯既破回鹘，得太和公主。自谓李陵之后，与唐同姓，遣达干十人奉公主归之于唐。回鹘乌介可汗引兵邀击达干，尽杀之，质公主，南度碛，屯天德军境上。公主遣使上表，言可汗已立，求册命。乌介又使其相颉干伽斯等上表，借振武一城以居公主、可汗。十二月庚辰，制遣右金吾大将军王会等慰问回鹘，仍赈米二万斛。又赐乌介可汗敕书，谕以"宜帅部众渐复旧疆，漂寓塞垣，殊非良计"。又云："欲借振武一城，前代未有此比。或欲别迁善地，求大国声援，亦须于漠南驻止。朕当许公主入觐，亲问事宜。傥须应接，必无所吝。"

15　唐武宗在咸阳围猎。

16　十一月，李德裕上言说："现在，回鹘国破人亡，太和公主不知去向。如果不派遣使者访问寻找，那么，回鹘就会认为，国家把公主嫁给可汗，本来就不珍惜，这样，既辜负公主，又伤害回鹘的感情。建议派遣通事舍人苗缜携带陛下的诏书去见嗢没斯，让他转送公主，这样，也可试探嗢没斯对朝廷的真正态度。"武宗批准。

17　唐武宗十分喜爱打猎，以及踢毬、骑射、摔跤等习拳练武一类的游戏，于是，五坊使下属的当差杂役得以出入宫中，武宗常常给予他们优厚的赏赐。一次，武宗到兴庆宫去看望祖母郭太后，从容不迫地问她怎样当好皇帝，太后劝武宗虚心听取百官的劝阻。武宗回宫后，把百官规劝自己的上疏都拿出来阅览，发现百官大多劝阻自己游乐打猎。从此以后，武宗外出打猎逐渐减少，对于五坊的当差杂役也不再随便赏赐。

18　癸亥（二十七日），唐武宗任命中书侍郎、同平章事崔郸以同平章事的头衔，充任西川节度使。

19　当初，黠戛斯打败回鹘以后，俘虏了太和公主。黠戛斯自认为是汉朝李陵的后裔，与唐朝皇帝同姓，于是，派遣达干十人送公主回唐。走到半路，遭回鹘乌介可汗率兵袭击，达干都被杀死，乌介可汗以太和公主做人质，往南迁移，越过沙漠，屯兵于天德军北境。太和公主派遣使者上表朝廷，说回鹘国新可汗已经继位，请求朝廷册封。乌介可汗又让他的宰相颉干伽斯等人上表朝廷，请求暂借振武军的一个城池，以便让太和公主和乌介可汗居住。十二月庚辰（十四日），武宗下制，派右金吾大将军王会等人前往慰问回鹘，并赈济米两万斛。接着，又赐乌介可汗一封敕书，说："你应当率领部落兵马，逐渐收复失去的国土，像现在这样漂流不定，暂时寓居边塞，决不是长久之计。"又说："你提出想借振武军的一座城池，但前代还没有这样的先例。如果你们打算迁移到其他有水草的地方，请求我大唐声援，也须把牙帐设置在沙漠以南。现在，我同意太和公主来京城觐见，以便向她亲自询问有关情况。如果你们确实需要朝廷应接的话，我们肯定不会拒绝。"

二年(壬戌,842)

1 春,正月,以张仲武为卢龙节度使。

2 朝廷以回鹘屯天德、振武北境,以兵部郎中李拭为巡边使,察将帅能否。拭,鄘之子也。

3 二月,淮南节度使李绅入朝。丁丑,以绅为中书侍郎、同平章事、判度支。

4 河东节度使苻澈修杷头烽旧戍以备回鹘。李德裕奏请增兵镇守,及修东、中二受降城以壮天德形势,从之。

5 右散骑常侍柳公权素与李德裕善,崔珙奏为集贤学士、判院事。德裕以恩非己出,因事左迁公权为太子詹事。

6 回鹘复奏求粮,及寻勘吐谷浑、党项所掠,又借振武城。诏遣内使杨观赐可汗书,谕以城不可借,馀当应接处置。

三月,李拭巡边还,称振武节度使刘沔有威略,可任大事。时河东节度使苻澈疾病,庚申,以沔代之,以金吾上将军李忠顺为振武节度使。遣将作少监苗缜册命乌介可汗,使徐行,驻于河东,俟可汗位定,然后进。既而可汗屡侵扰边境,缜竟不行。

7 回鹘嗢没斯以赤心桀黠难知,先告田牟云,赤心谋犯塞,乃诱赤心并仆固杀之,那颉啜收赤心之众七千帐东走。河东奏:"回鹘兵至横水,杀掠兵民,今退屯释迦泊东。"李德裕上言:"释迦泊西距可汗帐三百里,未知此兵为那颉所部,为可汗遣来。宜且指此兵云不受可汗指挥,擅掠边鄙。密诏刘沔、仲武先经略此兵,如可以讨逐,事亦有名。摧此一支,可汗必自知惧。"

唐武宗会昌二年(壬戌,公元842年)

1　春季,正月,唐武宗任命张仲武为卢龙节度使。

2　朝廷鉴于回鹘屯居天德、振武北边边境,任命兵部郎中李拭为巡边使,让他考察将帅的军事才能。李拭是李鄘的儿子。

3　二月,淮南节度使李绅来到京城。丁丑(十二日),唐武宗任命李绅为中书侍郎、同平章事、判度支。

4　河东节度使苻澈修筑杷头烽的旧有营垒,以便防备回鹘。宰相李德裕奏请增兵镇守杷头烽,同时修筑东受降城和中受降城,以便壮大天德的势力,武宗批准。

5　右散骑常侍柳公权向来和李德裕关系亲密,宰相崔珙推荐柳公权担任集贤学士、判院事。李德裕鉴于提拔柳公权的恩德不是出于自己,于是,因故而贬柳公权为太子詹事。

6　回鹘又上奏朝廷请求赈济粮食,以及寻找被吐谷浑、党项族所掠夺的人口,同时,再次请借振武的城池。唐武宗下诏,命内使杨观递交可汗敕书,说振武的城池不能借给,其他要求可以批准。

三月,李拭巡边结束回到京城,报告说振武节度使刘沔很有谋略威望,可以担当大任。这时,河东节度使苻澈病重,庚申(二十五日),唐武宗任命刘沔代替苻澈为河东节度使,任命金吾上将军李忠顺为振武节度使。派遣将作少监苗缜前往册命乌介可汗,要求他暂缓起程,暂时驻在河东,等乌介可汗的地位巩固后,再前往册封。后来,可汗多次侵扰边境,苗缜一直未能成行。

7　回鹘嗢没斯认为宰相赤心桀骜狡黠,内心难测,于是,他先告诉天德军使田牟说,赤心密谋侵犯边塞,然后,设计诱杀赤心和仆固,那颉啜收留赤心的七千帐部落往东逃去。河东奏报:"回鹘兵已到横水,杀掠士卒百姓,现在退到释迦泊东屯守。"宰相李德裕上言说:"释迦泊西距乌介可汗的牙帐三百里,不知这部分回鹘兵是那颉啜率领的,还是可汗派来的。我们就说这部分回鹘兵不听可汗的指挥,擅自侵掠边境。因而,下密诏给刘沔和张仲武,命他二人先筹划处置这部分回鹘兵,如果可以讨伐驱逐的话,也算是师出有名。先把这一支回鹘兵打败,可汗肯定会闻讯而恐惧的。"

夏，四月庚辰，天德都防御使田牟奏："回鹘侵扰不已，不俟朝旨，已出兵三千拒之。"壬午，李德裕奏："田牟殊不知兵。戎狄长于野战，短于攻城。牟但应坚守以待诸道兵集，今全军出战，万一失利，城中空虚，何以自固！望亟遣中使止之。如已交锋，即诏云、朔、天德以来羌、浑各出兵奋击回鹘，凡所虏获，并令自取。回鹘羁旅二年，粮食乏绝，人心易动，宜诏田牟招诱降者，给粮转致太原，不可留于天德。唱没斯情伪虽未可知，然要早加官赏。纵使不诚，亦足为反间。且欲奖其忠义，为讨伐之名，令远近诸蕃知但责可汗犯顺，非欲尽灭回鹘。石雄善战无敌，请以为天德都团练副使，佐田牟用兵。"上皆从其言。

初，太和中，河西党项扰边，文宗召石雄于白州，隶振武军为裨将，屡立战功，以王智兴故，未甚进擢。至是，德裕举用之。

甲申，唱没斯帅其国特勒、宰相等二千二百馀人来降。

8 上信任李德裕，观军容使仇士良恶之。会上将受尊号，御丹凤楼宣赦。或告士良，宰相与度支议草制减禁军衣粮及马刍粟，士良扬言于众曰："如此，至日，军士必于楼前喧哗！"德裕闻之，乙酉，乞开延英自诉。上怒，遽遣中使宣谕两军："赦书初无此事。且赦书皆出朕意，非

夏季，四月庚辰（十六日），天德都防御使田牟上奏说："回鹘不断侵扰边境，我不等朝廷下令，已经出兵三千抵抗回鹘兵马。"壬午（十八日），李德裕上奏说："田牟根本不懂军事。戎狄骑兵擅长野战，而不善于攻城。所以，他应该坚守天德城，等待各道兵增援，现在，他率领全部兵力出战，万一失利，而城中空虚，将来怎样防守！希望陛下快派宦官去阻止他。如果他已经和回鹘交战，就请陛下赶快下诏，命云州、朔州和天德一带的党项和吐谷浑族各自出兵，奋勇攻击回鹘，凡是他们所俘虏缴获的战利品，都一律归他们所有。回鹘至今已流亡在边境两年，粮食困乏断绝，人心易于动摇，陛下应当下诏，命田牟引诱招降，然后给予粮食，把他们转送太原，不可留在天德。嗢没斯对朝廷的态度，现在虽然还不真正了解，但是，也应早日加官进赏，以便安抚。即使他归降朝廷的用心不诚，这样做，也足以起到离间他们内部关系的作用。况且朝廷奖赏他忠心归降，也可作为今后讨伐叛乱的理由，让远近周围的戎狄部落明白，朝廷只是指责乌介可汗侵犯边境，并非要灭绝回鹘。另外，石雄善战而无敌，建议任命他为天德都团练副使，辅佐田牟用兵。"武宗全部采纳了他的意见。

当初，太和年间，河西的党项族侵扰边境，唐文宗把石雄从白州召回，任命他为振武的副将，石雄在振武屡立战功，但文宗鉴于王智兴忌恨他，所以，没怎么提拔他。至此，被李德裕推荐而得到任用。

甲申（二十日），嗢没斯率回鹘特勒、宰相等两千两百多人前来归降。

8　唐武宗信任宰相李德裕，观军容使仇士良因此憎恨李德裕。这时，武宗即将接受百官上尊号，御临丹凤楼宣赦天下。于是，有人告诉仇士良，说宰相正和度支商议起草制书，减少禁军的衣粮待遇，以及军马的草料，仇士良在稠人广众中扬言说："如果这样，那么到了百官上尊号的那天，禁军军士肯定要在丹凤楼前喧哗闹事！"李德裕得知后，乙酉（二十一日），请求武宗开延英殿，让自己当面申诉。武宗得知后大怒，立即派宦官转告左、右神策军中尉说："赦书从一开始就没有这方面的内容。况且赦书的内容都出自朕的本意，而不是

由宰相，尔安得此言！”士良乃惶愧称谢。丁亥，群臣上尊号曰仁圣文武至神大孝皇帝。赦天下。

9　五月戊申，遣鸿胪卿张贾安抚嗢没斯等，以嗢没斯为左金吾大将军、怀化郡王；其次酋长官赏有差。赐其部众米五千斛，绢三千匹。

那颉啜帅其众自振武、大同，东因室韦、黑沙，南趣雄武军，窥幽州。卢龙节度使张仲武遣其弟仲至将兵三万迎击，大破之，斩首捕虏不可胜计，悉收降其七千帐，分配诸道。那颉啜走，乌介可汗获而杀之。

时乌介众虽衰减，尚号十万，驻牙于大同军北闾门山。杨观自回鹘还，可汗表求粮食、牛羊，且请执送嗢没斯等。诏报以“粮食听自以马价于振武籴三千石；牛，稼穑之资，中国禁人屠宰；羊，中国所鲜，出于北边杂虏，国家未尝科调。嗢没斯自本国初破，先投塞下，不随可汗已及二年，虑彼猜嫌，穷迫归命。前可汗正以猜虐无亲，致内离外叛。今可汗失地远客，尤宜深矫前非。若复骨肉相残，则可汗左右信臣谁敢自保！朕务在兼爱，已受其降。于可汗不失恩慈，于朝廷免亏信义，岂不两全事体，深叶良图！”

10　嗢没斯入朝。六月甲申，以嗢没斯所部为归义军，以嗢没斯为左金吾大将军，充军使。

宰相的意思，你们怎能这样讲！”仇士良惊慌而惭愧，连连谢罪。丁亥（二十三日），群臣为武宗上尊号，称为仁圣文武至神大孝皇帝。然后，武宗大赦天下。

9　五月戊申（十四日），唐武宗派遣鸿胪卿张贾安抚嗢没斯等人，任命嗢没斯为左金吾大将军、怀化郡王；其馀的酋长等人，根据他们的地位分等级任命官爵赏赐。同时，赐给嗢没斯的部落米五千斛，绢三千匹。

那颉啜率领他的部落从振武、大同向东迁徙，经过室韦、黑沙，向南直到雄武军，窥测幽州。卢龙节度使张仲武派遣他的弟弟张仲至率兵三万人迎战，大败那颉啜，斩首和俘虏回鹘部落兵不计其数，全部收降他的七千帐部落，分配到各道安置。那颉啜逃走，被乌介可汗擒获斩首。

这时，乌介可汗虽然势力衰弱，但仍号称有十万人，他的牙帐设在河东大同军以北的闾门山。杨观出使回鹘回到京城，向武宗转达乌介可汗的上表，请求朝廷赈济粮食和牛羊，以及把嗢没斯逮捕送还等。武宗下诏答复说：“朝廷同意你们用马匹在振武换取三千石粮食；牛是百姓耕地所不可缺少的，大唐的法律禁止随便屠宰；羊则中国很少畜养，大多出于北边杂居的各夷族部落，国家未曾向他们课取调拨，所以，无法给予你们。嗢没斯自从回鹘刚刚被黠戛斯击败，就率先投奔到天德边塞，已经有两年没有随从可汗了，他正是由于受到可汗的猜忌，困窘不堪走投无路，才归降朝廷的。前可汗也正是由于猜忌臣下，残虐无道，以至内外无亲，众叛亲离而国破人亡。现今可汗失地远来，客居于边塞，特别应当痛改前非。如果仍然兄弟之间互相残杀，那么，可汗左右的亲信大臣人人自危，谁能保证自己不被猜忌而受害呢！朕从来都尽力平等爱人，所以，已经接受了他的归降。这样，对于可汗来说，不致失去兄弟间的恩爱仁慈，对于朝廷来说，也不致亏欠信义，岂不两全其美，希望你深切地领会朕的一片好意！”

10　嗢没斯来京朝拜。六月甲申（二十一日），唐武宗授予嗢没斯所统辖的部落以归义军的名号，任命嗢没斯为左金吾大将军，充任归义军使。

11　门下侍郎、同平章事陈夷行罢为左仆射。秋，七月，以尚书右丞李让夷为中书侍郎、同平章事。

12　岚州人田满川据州城作乱，刘沔讨诛之。

13　嗢没斯请置家太原，与诸弟竭力扞边。诏刘沔存抚其家。

乌介可汗复遣其相上表，借兵助复国，又借天德城，诏不许。

初，可汗往来天德、振武之间，剽掠羌、浑，又屯杷头烽北。朝廷屡遣使谕之，使还漠南，可汗不奉诏。李德裕以为“那颉啜屯于山北，乌介恐其与奚、契丹连谋邀遮，故不敢远离塞下。望敕张仲武谕奚、契丹与回鹘共灭那颉啜，使得北还。”及那颉啜死，可汗犹不去。议者又以为回鹘待马价，诏尽以马价给之，又不去。八月，可汗帅众过杷头烽南，突入大同川，驱掠河东杂虏牛马数万，转斗至云州城门。刺史张献节闭城自守，吐谷浑、党项皆挈家入山避之。庚午，诏发陈、许、徐、汝、襄阳等兵屯太原及振武、天德，俟来春驱逐回鹘。

丁丑，赐嗢没斯与其弟阿历支、习勿啜、乌罗思皆姓李氏，名思忠、思贞、思义、思礼；国相爱邪勿姓爱，名弘顺；仍以弘顺为归义军副使。

上遣回鹘石戒直还其国，赐可汗书，谕以“自彼国为纥吃斯所破，来投边境，抚纳无所不至。今可汗尚此近塞，

11　门下侍郎、同平章事陈夷行被罢免宰相职务，担任左仆射。秋季，七月，唐武宗任命尚书右丞李让夷为中书侍郎、同平章事。

12　河东岚州人田满川占领州城作乱，被节度使刘沔讨伐诛杀。

13　嗢没斯请求把家属安置在太原，以便和自己的兄弟们尽力防守边境。唐武宗下诏，命河东节度使刘沔安抚并供养嗢没斯的家属。

乌介可汗又派遣宰相上表朝廷，请求借兵帮助他收复失地，同时再次请求借天德城，武宗下诏不准。

当初，乌介可汗率兵往来于天德和振武之间，剽掠党项和吐谷浑部落，后来，又屯驻在杷头烽的北面。朝廷多次派遣使者告谕他返回沙漠以南，乌介可汗拒不听命。宰相李德裕认为："那颉啜屯驻在燕山以北，乌介可汗恐怕他和奚族、契丹族同谋，在自己返回沙漠以南时半路袭击，所以不敢远离边塞。建议朝廷命卢龙节度使张仲武向奚族、契丹族传达朝廷的命令，让他们和乌介可汗一起消灭那颉啜，消除乌介可汗的后顾之忧，得以返回沙漠以南。"后来，那颉啜被杀后，乌介可汗仍不走。朝廷有人认为乌介可汗是等待朝廷支付他马匹的价钱，于是，武宗下诏，命将回鹘和国家交易的马匹价钱全部支给，但乌介可汗还是不走。八月，乌介可汗率兵越过杷头烽以南，驰骋突击，进入大同川，掠夺驱赶杂居在河东一带的戎狄各族牛马几万头，然后，转战到云州城门下。云州刺史张献节闭门坚守，吐谷浑、党项族部落都携家带口逃入山中躲避。庚午(初九)，武宗下诏，征发陈州、许州、徐州、汝州、襄阳等地的兵力屯防太原和振武、天德，待来年春天出兵驱逐回鹘。

丁丑(十六日)，唐武宗赐予嗢没斯和他的弟弟阿历支、习勿啜、乌罗思都姓李，分别名叫李思忠、李思贞、李思义、李思礼；宰相爱邪勿姓爱，名叫爱弘顺；任命爱弘顺为归义军副使。

唐武宗命久留京城的回鹘人石戒直携带给乌介可汗的书信返回，书信说："自从你们国家被黠戛斯灭亡以后，你率残馀部落远来投居我国边境，朝廷对你们接纳安抚，无所不至。但至今可汗仍居住在边塞，

未议还蕃，或侵掠云、朔等州，或钞击羌、浑诸部。遥揣深意，似恃姻好之情，每观踪由，实怀驰突之计。中外将相咸请诛翦，朕情深屈己，未忍幸灾。可汗宜速择良图，无贻后悔！”

上又命李德裕代刘沔答回鹘相颉干迦斯书，以为：“回鹘远来依投，当效呼韩邪遣子入侍，身自入朝。及令太和公主入谒太皇太后，求哀乞怜，则我之救恤，无所愧怀。而乃睥睨边城，桀骜自若，邀求过望，如在本蕃，又深入边境，侵暴不已，求援继好，岂宜如是！来书又云胡人易动难安，若令忿怒，不可复制。回鹘为纥吃斯所破，举国将相遗骸弃于草莽，累代可汗坟墓，隔在天涯，回鹘忿怒之心，不施于彼，而蔑弃仁义，逞志中华，天地神祇岂容如此！昔郅支不事大汉，竟自夷灭，往事之戒，得不在怀！”

戊子，李德裕等上言：“若如前诏，河东等三道严兵守备，俟来春驱逐，乘回鹘人困马羸之时，又官军免盛寒之苦，则幽州兵宜令止屯本道以俟诏命。若虑河冰既合，回鹘复有驰突，须早驱逐，则当及天时未寒，决策于数月之间。以河朔兵益河东兵，必令收功于两月之内。今闻外议纷纭，互有异同，傥不一询群情，

不打算返回，甚至还侵犯掠夺云州、朔州等地，攻击剽掠党项、吐谷浑等各族部落。朕猜想你的用意，似乎是依恃因太和公主而结下的姻亲之好，因而每次行动都恣意驰骋唐突，无所顾忌。现在，朝廷内外的将相大臣都一致要求诛灭你们，但朕仍然从以往两国的友好关系出发，宁愿自己受委屈，也不忍使你们遭受灾难。所以，可汗应当迅速作出正确抉择，率领部落尽快返回沙漠以南，以免将来后悔！”

武宗又命宰相李德裕代河东节度使刘沔答复回鹘宰相颉干迦斯的书信，信中说：“回鹘远来投靠我国，应当效法当年匈奴呼韩邪单于投靠汉朝时，派遣儿子入京侍卫，并且亲自来京城拜见汉宣帝的做法。现在，如果可汗同意让太和公主来京城看望她的母亲太皇太后，届时请求朝廷可怜回鹘国破人亡，那么，朝廷救济体恤你们，也就无愧于心了。但是，你们却一直桀骜不驯，窥视我国的边境城池，不断提出非分的要求，就好像是在自己部落中一样，有时，甚至还出兵深入到我国境内，侵扰掠夺不已，你们一再请求援助，两国和好，难道就是这样吗！前不久，你来信又说回鹘人性情躁动，难以安定，如果不满足要求把他们激怒，就无法制止。回鹘被黠戛斯灭亡，将相大臣的遗骨都被抛弃在荒草中，历代可汗的陵墓远隔天涯海角，回鹘人的怒气不往黠戛斯身上发泄，却蔑视朝廷，抛弃仁义，在我国逞威，天地神灵如果知道的话，怎么能够容忍你们这样做！过去，匈奴郅支单于不顺从汉朝，结果被消灭，前车之鉴，怎能不认真记取！”

戊子（二十七日），宰相李德裕等人上言说：“按照陛下前日所下诏书，命河东等三道严兵守备，等来年春天出兵驱逐回鹘，这样，既可乘回鹘人困马乏的大好时机，又可免除官军严冬出兵不堪寒冷的苦恼，按照这个部署，则应当命幽州兵暂且屯防本道，等待朝廷诏令。如果陛下担忧黄河在冬天结冰后，回鹘再次纵兵侵扰，打算早日出兵驱逐他们，那么，就应当在天气尚未寒冷以前，尽早作出决策。把河朔藩镇的兵力调拨给河东，争取在两个月内完成战斗。现在听说朝廷议论纷纷，对作战方案各持己见，如果不广泛听取百官意见，

终为浮辞所挠。望令公卿集议!”诏从之。时议者多以为宜俟来春。

九月,以刘沔兼招抚回鹘使,如须驱逐,其诸道行营兵权令指挥;以张仲武为东面招抚回鹘使,其当道行营兵及奚、契丹、室韦等并自指挥,以李思忠为河西党项都将回鹘西南面招讨使。皆会军于太原。令沔屯雁门关。

初,奚、契丹羁属回鹘,各有监使,岁督其贡赋,且诇唐事。张仲武遣牙将石公绪统二部,尽杀回鹘监使等八百馀人。仲武破那颉啜,得室韦酋长妻子,室韦以金帛羊马赎之,仲武不受,曰:“但杀监使则归之!”

癸卯,李德裕等奏:“河东奏事官孙俦适至,云回鹘移营近南四十里。刘沔以为此必契丹不与之同,恐为其掩袭故也。据此事势,正堪驱除。臣等问孙俦,若与幽州合势,迫逐回鹘,更须益几兵。俦言不须多益兵,唯大同兵少,得易定千人助之足矣。”上皆从之,诏河东、幽州、振武、天德各出大兵,移营稍前,以迫回鹘。

14　上闻太子少傅白居易名,欲相之,以问李德裕。德裕素恶居易,乃言居易衰病,不任朝谒。其从父弟左司员外郎敏中,辞学不减居易,且有器识。甲辰,以敏中为翰林学士。

15　李思忠请与契苾、沙陀、吐谷浑六千骑合势击回鹘。乙巳,以银州刺史何清朝、蔚州刺史契苾通分将河东蕃兵诣振武,受李思忠指挥。通,何力之五世孙。

恐怕陛下的决心终究会被某些不切实际的意见所阻挠。希望召集百官进行商议！”武宗批准。百官多数人认为等明年春天出兵为妥。

九月，唐武宗任命河东节度使刘沔兼招抚回鹘使，同时下令，如须出兵驱逐回鹘，凡各道抵达前线的行营兵马一律由刘沔暂时指挥；任命张仲武为东面招抚回鹘使，指挥幽州的行营兵和奚族、契丹族、室韦族的部落兵；任命李思忠为河西党项都将、回鹘西南面招讨使。各道兵马都赶赴太原集中。又命刘沔率兵屯防雁门关。

当初，奚族、契丹族都隶属于回鹘，回鹘在这两个民族的部落中分别设置了监使，每年督征上贡回鹘的赋税，并且侦察唐朝的动向。这时，卢龙节度使张仲武命牙将石公绪统辖奚族和契丹族部落，把回鹘的监使等八百多人一律诛杀。张仲武打败那颉啜后，俘获室韦酋长的妻子，室韦派人用金子、丝帛、羊马前来赎取，张仲武拒不接受，说：“只要杀死回鹘的监使，我就把她送回！”

癸卯（十二日），宰相李德裕等人上奏：“河东的奏事官孙俦刚才来京城，报告说回鹘往南迁移了四十里。刘沔认为这肯定是契丹族与回鹘不和，回鹘恐怕被契丹袭击的缘故。根据这个情况，现在正是出兵驱除回鹘的大好时机。我们已问孙俦，如果河东和幽州联合出兵驱逐回鹘，还要增加多少兵力。孙俦说不用增加多少，只是大同军的兵力少，只要得易定一千人援助就足够了。”武宗都予以批准，下诏命河东、幽州、振武、天德各出动大军，军营逐渐向边境迁移，以便逼迫回鹘。

14　唐武宗听说太子少傅白居易很有名望，打算任命他为宰相，于是，问宰相李德裕。李德裕向来厌恶白居易，因而说白居易衰老多病，不堪担负朝廷重任。白居易的堂弟左司员外郎白敏中的学问不低于白居易，而且很有见识和器量。甲辰（十三日），武宗任命白敏中为翰林学士。

15　李思忠请求率兵和契苾、沙陀、吐谷浑族六千骑兵联合攻击回鹘。乙巳（十四日），唐武宗命银州刺史何清朝、蔚州刺史契苾通分别率领河东的各族蕃兵前往振武，受李思忠指挥。契苾通是契苾何力的第五代子孙。

16 冬,十月丁卯,立皇子岘为益王,岐为兖王。

17 黠戛斯遣将军踏布合祖等至天德军,言:“先遣都吕施合等奉公主归之大唐,至今无声问,不知得达,或为奸人所隔。今出兵求索,上天入地,期于必得”。又言“将徙就合罗川,居回鹘故国,兼已得安西、北庭达靼等五部落。”

18 十一月辛卯朔,昭义节度使刘从谏上言,请出部兵五千讨回鹘,诏不许。

19 上遣使赐太和公主冬衣,命李德裕为书赐公主,略曰:“先朝割爱降婚,义宁家国,谓回鹘必能御侮,安静塞垣。今回鹘所为,甚不循理,每马首南向,姑得不畏高祖、太宗之威灵!欲侵扰边疆,岂不思太皇太后之慈爱!为其国母,足得指挥,若回鹘不能禀命,则是弃绝姻好,今日已后,不得以姑为词!”

20 上幸泾阳校猎。乙卯,谏议大夫高少逸、郑朗于阁中谏曰:“陛下比来游猎稍频,出城太远,侵星夜归,万机旷废。”上改容谢之。少逸等出,上谓宰相曰:“本置谏官使之论事,朕欲时时闻之。”宰相皆贺。己未,以少逸为给事中,朗为左谏议大夫。

21 刘沔、张仲武固称盛寒未可进兵,请待岁首,李忠顺独请与李思忠俱进。十二月丙寅,李德裕奏请遣思忠进屯保大栅,从之。

16　冬季，十月丁卯（初七），唐武宗立儿子李岘为益王，李岐为兖王。

17　黠戛斯派遣将军踏布合祖等人到天德军，说："以前，我国派遣都吕施合等人保护太和公主返归大唐，但至今却无消息，不知是已经回到了长安，还是被奸人在半路劫持了。现在，我们出兵搜寻，即使是上天入地，也决心找到。"又说："我国即将迁居合罗川，占据回鹘国以往的疆域，加上已经攻占的安西、北庭和居住在那里的鞑靼族等五个部落。"

18　十一月辛卯朔（初一），昭义节度使刘从谏上言朝廷，请求出动本道兵力五千人征讨回鹘，武宗下诏不准。

19　唐武宗派遣使者给太和公主送去冬装，命宰相李德裕起草书信给太和公主，信中的大概意思是："穆宗皇帝割爱让你出嫁回鹘可汗，目的是为了国家安宁，当时认为回鹘肯定能抵御外来侵略，保卫朝廷的北部边疆。但今天回鹘的所作所为，根本不遵循常理，往往铁骑南下，侵扰边境，这样做，难道姑姑就不惧怕高祖、太宗的在天威灵！不思念太皇太后对你的慈爱！你作为回鹘的国母，应当能够指使他们，如果回鹘不听你的指令，那么，就是断绝两国长期和亲的友好关系，从今以后，不得再以姑姑的名义和朝廷交往！"

20　唐武宗前往泾阳县围猎。乙卯（二十五日），谏议大夫高少逸、郑朗在紫宸殿劝阻武宗说："陛下近来游猎逐渐频繁，出离京城也太远，早出晚归，荒废了朝政。"武宗脸色一变，承认错误。高少逸等人退出后，武宗对宰相说："朝廷设置谏官的本意，就是让他们直言朝政得失，朕愿常常听到。"宰相齐声祝贺。己未（二十九日），武宗擢拔高少逸为给事中，郑朗为左谏议大夫。

21　河东节度使刘沔、卢龙节度使张仲武再三奏称，寒冬季节不可出兵，请求等待明年春天，振武节度使李忠顺独自请求和归义军使李思忠共同进兵，攻击回鹘。十二月丙寅（初七），宰相李德裕上奏，建议命李思忠率军进驻保大栅，武宗同意。

22 丁卯，吐蕃遣其臣论普热来告达磨赞普之丧，命将作少监李璟为吊祭使。

23 刘沔奏移军云州。

24 李忠顺奏击回鹘，破之。

25 丙戌，立皇子峄为德王，嵯为昌王。

26 初，吐蕃达磨赞普有佞幸之臣，以为相。达磨卒，无子，佞相立其妃綝氏兄尚延力之子乞离胡为赞普，才三岁，佞相与妃共制国事，吐蕃老臣数十人皆不得预政事。首相结都那见乞离胡不拜，曰："赞普宗族甚多，而立綝氏子，国人谁服其令，鬼神谁飨其祀！国必亡矣。比年灾异之多，乃为此也。老夫无权，不得正其乱以报先赞普之德，有死而已！"拔刀剺面，恸哭而出。佞相杀之，灭其族，国人愤怒。又不遣使诣唐求册立。

洛门川讨击使论恐热，性悍忍，多诈谋，乃属其徒告之曰："贼舍国族立綝氏，专害忠良以胁众臣，且无大唐册命，何名赞普！吾当与汝属举义兵，入诛綝妃及用事者以正国家。天道助顺，功无不成。"遂说三部落，得万骑。是岁，与青海节度使同盟举兵，自称国相。

至渭州，遇国相尚思罗屯薄寒山，恐热击之，思罗弃辎重西奔松州。恐热遂屠渭州。思罗发苏毗、吐谷浑、羊同等兵，合八万，

22　丁卯（初八），吐蕃国派遣大臣论普热前来长安，报告达磨赞普去世，武宗任命将作少监李璟为吊祭使。

23　河东节度使刘沔奏报已率军移到云州。

24　振武节度使李忠顺奏报率军击败回鹘。

25　丙戌（二十七日），唐武宗立儿子李峄为德王，李嵯为昌王。

26　当初，吐蕃国达磨赞普有一个靠谄媚阿谀而得宠信的大臣，达磨任命他为宰相。达磨去世后，没有儿子，这个宰相立达磨的妃子綝氏的哥哥尚延力的儿子乞离胡为赞普，赞普即位仅仅三年，这个宰相就和綝氏联合起来专制朝政，吐蕃的十来个老臣都被排斥，不能过问朝政。首席宰相结都那见乞离胡不下拜，说："赞普的同宗后代很多，但却把綝氏家的人立为赞普，国内百姓谁愿服从他，如果他死了，鬼神又有谁愿意接受他的祭祀呢！看来，国家是必亡无疑了。近年来天灾和怪异的现象不断发生，也是这个原因。我现在手中无权，无法制止朝政紊乱，以报答达磨赞普的恩德，只有一死而已！"于是，拔刀割脸流血，表示对达磨的忠诚哀痛，然后痛哭而出。随即他被专制朝政的那个宰相杀死，他的家属和族人也全部被杀死，国内百姓无不愤怒。与此同时，乞离胡又不派遣使者到唐朝来请求正式册立他为赞普。

吐蕃国洛门川讨击使论恐热性情剽悍残忍，奸诈而有谋略，召集将士说："叛贼不立达磨赞普的宗族后代，反而拥立綝氏兄弟的儿子，专门坑害朝廷的忠良大臣以胁迫群臣，而且至今没有大唐皇帝的正式册命，怎么能称为赞普呢！现在，我要和你们一起共举义兵，诛讨綝氏和当权的宰相，以便扶正国家的名分。天道历来帮助正义的一方，所以，我们兴举义兵，一定会大功告成。"接着，论恐热又去劝说居住在周围的三个部落，获得一万骑兵。这一年，论恐热和吐蕃国青海节度使同盟举兵，自称国相。

论恐热率兵到渭州时，遇到国相尚思罗正屯驻在薄寒山，论恐热率兵进攻尚思罗，尚思罗丢弃军需辎重，往西逃奔松州。论恐热于是大肆屠杀渭州的军民。尚思罗征发苏毗、吐谷浑、羊同等族的部落兵共八万人，

保洮水，焚桥拒之。恐热至，隔水语苏毗等曰："贼臣乱国，天遣我来诛之，汝曹奈何助逆！我今已为宰相，国内兵我皆得制之，汝不从，将灭汝部落！"苏毗等疑不战，恐热引骁骑涉水，苏毗等皆降。思罗西走，追获，杀之。恐热尽并其众，合十馀万。自渭州至松州，所过残灭，尸相枕藉。

屯保洮河一带，焚烧桥梁以抗拒论恐热。论恐热率兵抵达洮河后，隔河水对苏毗等部落说："叛臣败乱国家，上天派我率兵前来诛讨，你们为什么帮助叛贼！现在，我已经身为宰相，国内的兵马都必须听从我的调遣，你们如果不听，我就消灭你们的部落！"苏毗等部落顿时对尚思罗产生疑心，不再帮助他作战，这时，论恐热乘机率骁骑渡河，苏毗等部落一齐投降。尚思罗急忙往西逃走，被论恐热的追兵擒获杀死。论恐热于是全部兼并了尚思罗的兵马，共计十多万人。论恐热率军从渭州到达松州，凡是经过的地方，都遭到残杀屠灭，尸体随处可见。

卷第二百四十七　唐纪六十三

起癸亥(843)尽甲子(844)七月凡一年有奇

武宗至道昭肃孝皇帝中

会昌三年(癸亥,843)

1　春,正月,回鹘乌介可汗帅众侵逼振武,刘沔遣麟州刺史石雄、都知兵马使王逢帅沙陀朱邪赤心三部及契苾、拓跋三千骑袭其牙帐,沔自以大军继之。雄至振武,登城望回鹘之众寡,见毡车数十乘,从者皆衣朱碧,类华人。使谍问之,曰:"公主帐也。"雄使谍告之曰:"公主至此,家也,当求归路。今将出兵击可汗,请公主潜与侍从相保,驻车勿动!"雄乃凿城为十馀穴,引兵夜出,直攻可汗牙帐,至其帐下,虏乃觉之。可汗大惊,不知所为,弃辎重走,雄追击之。庚子,大破回鹘于杀胡山,可汗被疮,与数百骑遁去,雄迎太和公主以归。斩首万级,降其部落二万馀人。丙午,刘沔捷奏至。

李思忠入朝,自以回鹘降将,惧边将猜忌,乞并弟思贞等及爱弘顺皆归阙庭。

庚戌,以石雄为丰州都防御使。

乌介可汗走保黑车子族,其溃兵多诣幽州降。

武宗至道昭肃孝皇帝中

唐武宗会昌三年(癸亥,公元843年)

1　春季,正月,回鹘乌介可汗率兵逼近振武,河东节度使刘沔派遣麟州刺史石雄、都知兵马使王逢率领沙陀朱邪赤心三部,以及契苾、拓跋三千骑兵袭击乌介可汗的牙帐,刘沔亲率大军随后赶来。石雄到达振武后,登到城上察看回鹘有多少兵马,发现回鹘的队伍中有十来辆毡车,跟随毡车的人都穿着红色和青绿色的衣服,类似汉人。于是,派侦探前去询问,随从毡车的人回答说:“这是太和公主的帐幕。”石雄又派侦探去告诉公主说:“公主到这里,也就算是到家啦,应当寻找安全返回的办法。现在,官军即将出兵袭击可汗,请公主秘密地和侍从相互保护,毡车驻守原地,不要惊慌乱动!”石雄随即下令从城里向城外挖凿十多个地道,半夜率兵从地道冲出,直攻乌介可汗的牙帐,石雄的兵马抵达可汗牙帐外面的时候,回鹘兵才发觉。乌介可汗大惊失色,不知所措,丢弃辎重逃走,石雄率兵追击。庚子(十一日),在杀胡山大败回鹘兵,乌介可汗被枪刺伤,和几百名骑兵慌忙逃走,石雄迎接太和公主返回。这一仗,石雄斩杀回鹘一万人,收降回鹘部落两万多人。丙午(十七日),刘沔上奏朝廷的捷报到达京城。

归义军使李思忠来京城朝拜,李思忠鉴于自己是回鹘的降将,惧怕朝廷边防将领的猜忌,于是,乞请让自己和弟弟李思贞等人,以及副使爱弘顺都留居京城。

庚戌(二十一日),唐武宗任命石雄为丰州都防御使。

乌介可汗往东北方向逃去,依附黑车子族,回鹘溃散的士兵大多到幽州投降。

2　二月庚申朔，日有食之。

3　诏停归义军，以其士卒分隶诸道为骑兵，优给粮赐。

4　辛未，黠戛斯遣使者注吾合索献名马二。诏太仆卿赵蕃饮劳之。甲戌，上引对，班在勃海使之上。

上欲令赵蕃就颉戛斯求安西、北庭。李德裕等上言："安西去京师七千馀里，北庭五千馀里，借使得之，当复置都护，以唐兵万人戍之，不知此兵于何处追发，馈运从何道得通，此乃用实费以易虚名，非计也。"上乃止。

5　中书侍郎、同平章事崔珙罢为右仆射。

6　黠戛斯求册命，李德裕奏，宜与之结欢，令自将兵求杀使者罪人及讨黑车子。上恐加可汗之名即不修臣礼，踵回鹘故事求岁遗及卖马，犹豫未决。德裕奏："黠戛斯已自称可汗，今欲藉其力，恐不可吝此名。回鹘有平安、史之功，故岁赐绢二万匹，且与之和市。黠戛斯未尝有功于中国，岂敢遽求赂遗乎！若虑其不臣，当与之约，必如回鹘称臣，乃行册命。又当叙同姓以亲之，使执子孙之礼。"上从之。

7　庚寅，太和公主至京师，改封安定大长公主；诏宰相帅百官迎谒于章敬寺前。公主诣光顺门，去盛服，脱簪珥，

2　二月庚申朔(初一),出现日食。

3　唐武宗下诏,停罢归义军,归义军的回鹘士卒分别隶属各道为骑兵,从优供给衣粮。

4　辛未(十一日),黠戛斯派使者注吾合索来长安,向唐武宗奉献两匹名马。武宗命太仆卿赵蕃设宴招待注吾合索。甲戌(十五日),武宗召见各族使者,命注吾合索列班于勃海国使者的前面。

唐武宗打算命赵蕃出使黠戛斯,要求把安西、北庭归还唐朝。宰相李德裕等人上言说:“安西离京城长安七千多里,北庭五千多里,假如黠戛斯归还,朝廷就必须重新设置都护府,征发一万名唐兵防守,不知道这么多的兵力从哪里征发,军需物资从哪条路打通运输,这实在是耗费大量的钱财去换取一个收复失地的好名声,恐怕不妥。”武宗于是作罢。

5　中书侍郎、同平章事崔珙被罢免宰相职务,担任右仆射。

6　黠戛斯请求唐武宗下诏正式册封自己为可汗,宰相李德裕上奏认为,应当册封黠戛斯为可汗,这样,可以下令让他率兵搜捕当年杀黠戛斯送太和公主返唐使者的回鹘罪犯,以及出兵征讨黑车子族。武宗恐怕册封黠戛斯可汗以后,黠戛斯不再对朝廷称臣纳贡,反而沿袭回鹘以往的惯例,要求朝廷每年赐给他们丝绢以及卖马交易,因而犹豫不决。李德裕上奏说:“黠戛斯已经自称可汗,现在,朝廷要想借助他的兵力消灭回鹘残馀,恐怕不应当吝惜一个可汗的名号。回鹘当年帮助国家平定安史之乱,立有大功,所以才每年赐予丝绢两万匹,同时许可在边境进行交易。黠戛斯未曾对国家有功,怎敢随便要求朝廷赐给丝绢贿赂他们呢!如果担忧黠戛斯不再称臣纳贡,可以和他首先约定,必须像回鹘可汗当年向朝廷称臣以后,才能进行册封。同时,黠戛斯自称是汉朝李陵的后裔,和皇上同姓李,所以,还应当和他叙说同姓的关系,以便更加亲近,今后,按照同姓子孙的礼节对待皇上。”武宗批准。

7　庚寅,太和公主抵达京城,唐武宗改封太和公主为安定大长公主;下诏命宰相率领百官在章敬寺的前面迎接拜见公主。公主到光顺门时,脱去华丽的服装,卸掉头上的首饰,

谢回鹘负恩、和蕃无状之罪。上遣中使慰谕，然后入宫。阳安等七公主不来慰问安定公主，各罚俸物及封绢。

8　赐魏博节度使何重顺名弘敬。

9　三月，以太仆卿赵蕃为安抚黠戛斯使。上命李德裕草《赐黠戛斯可汗书》，谕以“贞观二十一年黠戛斯先君身自入朝，授左屯卫将军、坚昆都督，迄于天宝，朝贡不绝。比为回鹘所隔，回鹘凌虐诸蕃，可汗能复仇雪怨，茂功壮节，近古无俦。今回鹘残兵不满千人，散投山谷，可汗既与为怨，须尽歼夷。傥留馀烬，必生后患。又闻可汗受氏之源，与我同族，国家承北平太守之后，可汗乃都尉苗裔。以此合族，尊卑可知。今欲册命可汗，特加美号，缘未知可汗之意，且遣谕怀，待赵蕃回日，别命使展礼。”自回鹘至塞上及黠戛斯入贡，每有诏敕，上多命德裕草之。德裕请委翰林学士，上曰：“学士不能尽人意，须卿自为之。”

10　刘沔奏：“归义军回鹘三千馀人及酋长四十三人准诏分隶诸道，皆大呼，连营据滹沱河，不肯从命，已尽诛之。回鹘降幽州者前后三万馀人，皆散隶诸道。”

11　李德裕追论维州悉怛谋事云：“维州据高山绝顶，三面临江，在戎虏平川之冲，是汉地入兵之路。初，河、陇并没，

对于回鹘辜负国家的恩德以及自己和亲没有达到预期目的表示谢罪。武宗派宦官慰问公主，然后公主回到宫中。阳安等七位公主没有出宫来慰问安定大长公主，被罚俸禄以及朝廷每年供给她们的丝绢。

8　唐武宗赐魏博节度使何重顺名字为何弘敬。

9　三月，唐武宗任命太仆卿赵蕃为安抚黠戛斯使。又命宰相李德裕起草《赐黠戛斯可汗书》，说："贞观二十一年，黠戛斯的祖辈酋长来长安拜见太宗，被任命为左屯卫将军、坚昆都督，此后一直到天宝年间，向朝廷贡献不绝。但近年来被回鹘阻挠隔断，回鹘凌辱虐待周围的各藩国，可汗能够举兵而报仇雪恨，劳苦功高，近代以来无人可比。现在，回鹘的残兵不到一千人，散居在山谷中，可汗既然和回鹘有深仇大恨，那么，就应当继续出兵，把回鹘全部歼灭。如果留下残馀，将来必有后患。听说可汗姓氏的渊源，和我大唐同族，大唐是汉朝北平太守李广的后代，可汗是汉朝都尉李陵的后裔。按照这种情况，我们合为同族一姓，尊卑上下的名分也就很清楚了。现在，朝廷打算册封你为可汗，特意授予你美好的名号，但由于还不知道可汗的意向，所以，先派使者传达朝廷的意图，等赵蕃返回后，再另外派遣使者正式册封。"自从回鹘亡国后逃到边境，以及黠戛斯来长安上贡，武宗每次发布诏书敕令，大多命李德裕起草。李德裕请求委托翰林学士起草，武宗说："翰林学士的手笔不能尽如人意，我要你亲自动手起草。"

10　河东节度使刘沔奏报："归义军回鹘三千人，以及酋长四十三人按照陛下诏令分别隶属各道，回鹘人得知后，都大声喧哗，聚集并占据滹沱河，不肯听从诏令，已经被我全部诛杀。回鹘乌介可汗被官军打败逃亡后，溃散的兵马相继有三万多人投降幽州，都被分散隶属各道。"

11　宰相李德裕追诉太和五年，吐蕃国维州守将悉怛谋降唐后又被送回而惨遭杀害的事件，说："维州城位于高山险峻的地方，三面临江，是吐蕃和西川平原之间的交通要道，也是我们出兵攻打吐蕃的必经之地。当初，河西、陇右地区被吐蕃攻占后，

唯此独存。吐蕃潜以妇人嫁此州门者，二十年后，两男长成，窃开垒门，引兵夜入，遂为所陷，号曰无忧城。从此得并力于西边，更无虞于南路，凭陵近甸，旰食累朝。贞元中，韦皋欲经略河、湟，须此城为始，万旅尽锐，急攻数年，虽擒论莽热而还，城坚卒不可克。

“臣初到西蜀，外扬国威，中缉边备。其维州熟臣信令，空壁来归，臣始受其降，南蛮震慑，山西八国，皆愿内属。其吐蕃合水、栖鸡等城，既失险厄，自须抽归，可减八处镇兵，坐收千馀里旧地。且维州未降前一年，吐蕃犹围鲁州，岂顾盟约！臣受降之初，指天为誓，面许奏闻，各加酬赏。当时不与臣者，望风疾臣，诏臣执送悉怛谋等令彼自戮，臣宁忍以三百馀人命弃信偷安！累表陈论，乞垂矜舍，答诏严切，竟令执还。体备三木，舆于竹畚，及将就路，冤叫呜呜，将吏对臣，无不陨涕。其部送者更为蕃帅讥诮，云既已降彼，何用送来！复以此降人戮于汉境之上，恣行残忍，用固携离。至乃掷其婴孩，承以枪槊。绝忠款之路，

只有维州还在我们手中。后来，吐蕃秘密地把一个妇女嫁给维州的守门人，过了二十年，守门人的两个儿子长大成人，于是，一天夜里，偷偷地打开城门，把吐蕃兵引进城中，维州因此被吐蕃攻占，称为无忧城。从此以后，吐蕃在南路无后顾之忧，集中兵力进攻我国的西部边境，连年侵犯京畿地区，以致几朝皇上都为此寝食不安。贞元年中，西川节度使韦皋准备出兵收复河、湟地区，但必须从维州首先下手，于是，调动一万多名精兵，昼夜攻打了好几年，最后，虽然擒获了吐蕃大将论莽热，班师告捷，但维州因城池坚固，始终未能攻克。

“我最初到西川担任节度使时，对外宣扬国家的威严，对内则加强边防守备。吐蕃维州守将悉怛谋熟知我的政令和信誉后，举城前来归降，我刚开始接受悉怛谋的归降，南诏国就受到极大的震惊和威慑，邛崃山以西的八国，都表示愿意前来归附。吐蕃国的合水、栖鸡等城，在失去维州作为屏障后，自然会退兵，这样，不仅我国可减少八个地方的镇守兵力，而且不必出兵，即可收复一千多里的失地。况且吐蕃在维州归降的前一年，仍在围攻鲁州，这难道表明他们真有诚意遵守两国签订的长庆盟约！我在接受悉怛谋归降时，曾经指天发誓，当面保证要向朝廷上奏，对悉怛谋等人酬劳赏赐。当时，朝廷中执意和我作对的牛僧孺等人，百般对我进行攻击，于是，文宗皇帝下诏，命将悉怛谋等人逮捕送还，任凭吐蕃诛杀，我怎么能忍心背弃信义，不顾这三百人的生命，自己苟且偷安呢！因而，多次上表朝廷，请求可怜赦免他们，但朝廷诏书答复严厉，命令必须逮捕送还。结果，只好把悉怛谋等人捆绑起来，甚于不惜用竹筐抬着押送吐蕃，悉怛谋等人在即将上路时，齐声喊冤，西川的将士官吏也无不对我流泪哭泣。押送悉怛谋等人的西川将士还遭到吐蕃人的讥笑，说：‘他既然已经投降你们了，为什么又要送回来！’随即，把悉怛谋等人在我国境内全部杀害，手段极为残忍。就连婴儿也不放过，他们先把婴儿扔向空中，然后用枪尖在下面承接，目的是吓唬那些已经对吐蕃离心离德的各族部落。朝廷这种处置办法，实在是自我断绝今后再有人效忠归降朝廷的门路，

怏凶虐之情，从古已来，未有此事。虽时更一纪，而运属千年，乞追奖忠魂，各加褒赠！”诏赠悉怛谋右卫将军。

臣光曰：论者多疑维州之取舍，不能决牛、李之是非。臣以为昔荀吴围鼓，鼓人或请以城叛，吴弗许，曰：“或以吾城叛，吾所甚恶也，人以城来，吾独何好焉！吾不可以欲城而迩奸。”使鼓人杀叛者而缮守备。是时唐新与吐蕃修好而纳其维州，以利言之，则维州小而信大；以害言之，则维州缓而关中急。然则为唐计者，宜何先乎？悉怛谋在唐则为向化，在吐蕃不免为叛臣，其受诛也又何矜焉！且德裕所言者利也，僧孺所言者义也，匹夫徇利而忘义犹耻之，况天子乎！譬如邻人有牛，逸而入于家，或劝其兄归之，或劝其弟攘之，劝归者曰：“攘之不义也，且致讼。”劝攘者曰：“彼尝攘吾羊矣，何义之拘！牛大畜也，鬻之可以富家。”以是观之，牛、李之是非，端可见矣。

12　夏，四月辛未，李德裕乞退就闲局，上曰：“卿每辞位，使我旬日不得所。今大事皆未就，卿岂得求去！”

而使吐蕃人心大快，从古至今，再没有比这件事更愚蠢的了。现在，这起事件已经过去十二年了，恰逢陛下即位这千载难遇的好机会，请求追念奖励悉怛谋等人的忠魂，对他们加以褒奖并追赠官爵！"于是，唐武宗下诏，追赠悉怛谋为右卫将军。

臣司马光说：以往凡谈论维州事件的人，都对维州究竟应当夺取还是丢弃而感到疑惑，不能判断牛僧孺和李德裕之间的是非曲直。我认为，过去春秋的时候，荀吴有一次围攻鼓城，城中有人请求举城投降，荀吴不许，他说："如果我国有人举城叛变，我肯定痛恨他们；但别国的人举城叛变而投降我，我怎么能反而喜欢他们呢！我不能因为想夺取鼓城就容纳他们的奸谋。"于是，纵使鼓人杀掉叛变的人，并让他们加强防守。当时，唐朝和吐蕃签订长庆盟约不久，就接纳吐蕃维州守将的归降，从国家的利益来说，夺取维州的事小，而遵守盟约的信义为大；从吐蕃对国家危害的程度来说，也是维州稍缓而关中最为紧迫。那么，从唐朝来说，究竟利益和信义、维州和关中，哪方面更重要呢？悉怛谋降唐，从唐朝方面说，他这样做是向化，但从吐蕃方面说，则不免为叛臣，因此，他被诛杀，又有什么理由值得同情呢！同时，李德裕所考虑的是国家的利益，而牛僧孺所考虑的则是国家的信义，即使老百姓对见利忘义的行为都以为耻，何况一个国家的天子！打个譬喻来说，如果邻居家的牛丢了，跑到自己家里，有人劝这家人的哥哥把牛还给邻居，有人劝他的弟弟把牛留下，劝还的人说："留下来不仁义，而且可能被人告发。"劝留的人说："邻居过去曾偷过我的羊，对他还拘泥什么仁义！牛是大牲畜，卖了可以使家里富裕。"对于牛僧孺和李德裕争论维州事件的是非曲直，由此最终可以作出明确的判断了。

12　夏季，四月辛未（十三日），宰相李德裕乞请辞职，退居闲散的职位，唐武宗说："你每次提出辞职，都让我十来天心神不宁。现在，朝廷的大政方针还都没有安排就序，你怎么能辞职呢！"

13　初，昭义节度使刘从谏累表言仇士良罪恶，士良亦言从谏窥伺朝廷。及上即位，从谏有马高九尺，献之，上不受。从谏以为士良所为，怒杀其马，由是与朝廷相猜恨。遂招纳亡命，缮完兵械，邻境皆潜为之备。

从谏榷马牧及商旅，岁入钱五万缗，又卖铁、煮盐亦数万缗。大商皆假以牙职，使通好诸道，因为贩易。商人倚从谏势，所至多陵轹将吏，诸道皆恶之。

从谏疾病，谓妻裴氏曰："吾以忠直事朝廷，而朝廷不明我志，诸道皆不我与。我死，他人主此军，则吾家无炊火矣!"乃与幕客张谷、陈扬庭谋效河北诸镇，以弟右骁卫将军从素之子稹为牙内都知兵马使，从子匡周为中军兵马使，孔目官王协为押牙亲事兵马使，以奴李士贵为使宅十将兵马使，刘守义、刘守忠、董可武、崔玄度分将牙兵。谷，郓州人；扬庭，洪州人也。

从谏寻薨，稹秘不发丧。王协为稹谋曰："正当如宝历年样为之，不出百日，旌节自至。但严奉监军，厚遗敕使，四境勿出兵，城中暗为备而已。"使押牙姜崟奏求国医，上遣中使解朝政以医问疾。稹又逼监军崔士康奏称从谏疾病，请命其子稹为留后。上遣供奉官薛士幹往谕指云："恐从谏疾未平，宜且就东都疗之，俟稍瘳，别有任使。仍遣稹入朝，必厚加官爵。"

13　当初，昭义节度使刘从谏多次上表指斥左神策军护军中尉仇士良的罪行，仇士良也向朝廷上言，说刘从谏窥伺朝廷的动向。唐武宗即位以后，刘从谏把自己一匹高达九尺的良马献给武宗，武宗拒绝没有接受。刘从谏认为是仇士良从中作梗，大怒，杀掉了这匹良马，从此以后，和朝廷之间相互猜忌怨恨。于是，招收亡命之徒，修造完善各种兵器军械，与昭义邻接的藩镇都秘密地防备他。

刘从谏对昭义境内的马场和商业实行专卖，每年收入钱五万缗，同时，又由官府主持卖铁和盐，每年收入也有几万缗。对于大商人，刘从谏授予他们节度使衙前的军职，然后，派他们出使各个藩镇，发展双方的友好关系，同时贩运买卖商品。商人都依赖刘从谏的权势，每到一个地方，往往凌辱将士官吏，各个藩镇无不厌恶他们。

后来，刘从谏身患疾病，对他的妻子裴氏说："我对朝廷忠心直言，但朝廷却不明了我的心意，各个藩镇也都不了解我。我死了以后，如果朝廷另外派人来担任昭义节度使，我们家的香火从此也就断绝了！"于是，他和幕僚张谷、陈扬庭密谋效法河北藩镇，实行割据，任命他的弟弟右骁卫将军刘从素的儿子刘稹为牙内都知兵马使，侄子刘匡周为中军兵马使，孔目官王协为押牙亲事兵马使，家奴李士贵为使宅十将兵马使，命令刘守义、刘守忠、董可武、崔玄度分别统辖亲兵。张谷是郓州人，陈扬庭是洪州人。

不久，刘从谏去世，刘稹封锁消息，不为刘从谏治丧。王协为刘稹谋划说："现在，只要你按照宝历元年刘悟去世后，刘从谏得以世袭而为节度使那样行事，尊奉监军，对朝廷的使者厚加贿赂，四邻边境切勿出兵侵扰，城中秘密地进行防备。这样，不出一百天，朝廷任命你为节度使的旌节自然就会送来。"于是，刘稹命押牙姜崟向朝廷上奏，请求派宫廷中著名的医生为刘从谏治病，武宗派遣宦官解朝政携朝廷医官前往昭义，为刘从谏诊断。刘稹又逼迫监军崔士康上奏，说刘从谏身患疾病，请求朝廷任命他的儿子刘稹为留后。武宗于是又派供奉官薛士幹出使昭义，传达武宗的旨意说："朝廷恐怕刘从谏的病一直不好，因此让他暂且到东都洛阳去治病，等到病情逐渐好转，再另外安排任命。并让刘从谏命刘稹到京城朝拜，朝廷必定授予优厚的官爵。"

上以泽潞事谋于宰相，宰相多以为："回鹘馀烬未灭，边境犹须警备，复讨泽潞，国力不支，请以刘稹权知军事。"谏官及群臣上言者亦然。李德裕独曰："泽潞事体与河朔三镇不同。河朔习乱已久，人心难化，是故累朝以来，置之度外。泽潞近处心腹，一军素称忠义，尝破走朱滔，擒卢从史。顷时多用儒臣为帅，如李抱真成立此军，德宗犹不许承袭，使李缄护丧归东都。敬宗不恤国务，宰相又无远略，刘悟之死，因循以授从谏。从谏跋扈难制，累上表迫胁朝廷，今垂死之际，复以兵权擅付竖子。朝廷若又因而授之，则四方诸镇谁不思效其所为，天子威令不复行矣！"上曰："卿以何术制之？果可克否？"对曰："稹所恃者河朔三镇。但得镇、魏不与之同，则稹无能为也。若遣重臣往谕王元逵、何弘敬，以河朔自艰难以来，列圣许其传袭，已成故事，与泽潞不同。今朝廷将加兵泽潞，不欲更出禁军至山东，其山东三州隶昭义者，委两镇攻之；兼令遍谕将士，以贼平之日厚加官赏。苟两镇听命，不从旁沮桡官军，则稹必成擒矣！"上喜曰："吾与德裕同之，保无后悔。"遂决意讨稹，群臣言者不复入矣。

唐武宗召集宰相商议如何处置昭义的事宜，多数宰相认为："回鹘的残馀还未消灭，边境仍然需要加强防守，现在，又要征讨昭义，恐怕国家的财政难以支持，因此，请求任命刘稹暂为昭义留后。"谏官和凡是上言朝廷的百官也都持同样看法。只有宰相李德裕说："昭义的情况和河朔地区的魏博、成德、幽州三个割据跋扈的藩镇不同。河朔地区割据跋扈已有很长时间，人心难以感化，所以，几朝皇上都承认现状，不再讨伐他们。昭义则邻近京城，处于国家的心腹地区，昭义的将士向来以忠义而闻名，曾经在贞元元年出兵击退幽州节度使朱滔的叛乱，元和三年擒拿本镇的叛将卢从史。过去，朝廷大多任用文官担任昭义节度使，如李抱真，最初组建昭义的军队，有很大的功劳，唐德宗仍不许他的儿子李缄世袭为该镇的节度使，命令他护送父亲的灵柩回归东都洛阳。后来，唐敬宗不理朝政，当时的宰相也缺乏远见卓识，因此，在节度使刘悟去世后，命他的儿子刘从谏世袭担任了节度使。刘从谏跋扈骄横，朝廷难以控制，他多次上表逼迫威胁朝廷，现在，在临死的时候，又擅自把兵权传给自己的侄子。如果朝廷又沿袭过去的惯例，任命刘稹为节度使，那么，全国各地的藩镇谁不想效法他们的做法，这样一来，皇上的威严和诏令也就难以在全国贯彻执行了！"武宗问："你有什么办法能够制服刘稹？而且，果真能够奏效吗？"李德裕回答说："刘稹所依赖的是河朔魏博、成德和幽州三个割据藩镇。如果能使成德和魏博不与他相互勾结，那么，刘稹就无所作为了。假如朝廷能够派遣一位德高望重的大臣前往成德和魏博，向两镇的节度使王元逵、何弘敬转达皇上的旨意，说明自从安史之乱以后，历代皇上许可他们传位子孙，世袭节度使，已经成为惯例，和昭义不同。现在，朝廷准备出兵讨伐昭义，但不打算派禁军攻打昭义在太行山以东的邢、洺、磁三州，而命成德和魏博两镇攻讨；同时也向这两个藩镇的将士转达皇上的旨意，在平定昭义的叛乱后，朝廷将给予将士优厚的官爵和赏赐。如果成德和魏博听从朝廷的命令，不从旁阻挠官军的行动，那么，刘稹肯定会被官军擒获！"武宗大喜，说："我和德裕意见一致，以后保证不后悔。"于是，决心讨伐刘稹，百官再有人上言劝阻，武宗不再听取。

上命德裕草诏赐成德节度使王元逵、魏博节度使何弘敬，其略曰："泽潞一镇，与卿事体不同，勿为子孙之谋，欲存辅车之势。但能显立功效，自然福及后昆。"丁丑，上临朝，称其语要切，曰："当如此直告之是也！"又赐张仲武诏，以"回鹘馀烬未灭，塞上多虞，专委卿御侮"。元逵、弘敬得诏，悚息听命。

解朝政至上党，刘稹见朝政曰："相公危困，不任拜诏。"朝政欲突入，兵马使刘武德、董可武蹑帘而立，朝政恐有他变，遽走出。稹赠赆直数千缗，复遣牙将梁叔文入谢。薛士幹入境，俱不问从谏之疾，直为已知其死之意。都押牙郭谊等乃大出军，至龙泉驿迎候敕使，请用河朔事体。又见监军言之，崔士康懦怯，不敢违。于是将吏扶稹出见士众，发丧。士幹竟不得入牙门，稹亦不受敕命。谊，兖州人也。解朝政复命，上怒，杖之，配恭陵，囚姜崟、梁叔文。

辛巳，始为从谏辍朝，赠太傅，诏刘稹护丧归东都。又召见刘从素，令以书谕稹，稹不从。丁亥，以忠武节度使王茂元为河阳节度使，邠宁节度使王宰为忠武节度使。茂元，栖曜之子；宰，智兴之子也。

武宗命李德裕起草给成德节度使王元逵、魏博节度使何弘敬的诏令，大略说："昭义和你们两镇的情况不同，你们不必为自己的子孙考虑，而和刘稹相互勾结，互相依存。只要在讨伐刘稹时建立战功，朝廷自然承认你们两镇的现状，允许传位于子孙。"丁丑（十九日），武宗上朝时，称赞李德裕起草的诏令切中要害，说："就应当这样直言不讳地告诉他们！"接着，又命李德裕起草给幽州节度使张仲武的诏令，说："回鹘的残馀还没有消灭干净，北方边境不免遭受侵扰，现在，朝廷委任你专门防备。"王元逵、何弘敬二人接到朝廷诏令后，都恐惧惊慌，表示听从。

朝廷派宦官解朝政出使昭义，抵达昭义的治所上党后，刘稹会见解朝政，说："相公刘从谏病重，无法出来接诏。"解朝政想乘其不备，突然冲进去，看看刘从谏到底病情如何，忽然发现昭义兵马使刘武德、董可武踩着门帘站在门口，解朝政恐怕有什么变故，急忙走出。随后，刘稹赠送解朝政钱几千缗，又派牙将梁叔文向朝廷拜谢。供奉官薛士幹抵达昭义境内后，从不询问刘从谏的病情如何，好像他已经知道刘从谏死去的样子。昭义都押牙郭谊得知后，出动大批人马，前往龙泉驿迎接薛士幹，请他向朝廷上奏，按照河朔藩镇的惯例，任命刘稹为昭义的留后。郭谊又去见昭义的监军崔士康，向他表明同样的意图，崔士康性情怯懦，不敢违抗。于是，昭义节度使府的部将和官吏扶刘稹出来，与将士见面，公开为刘从谏治丧。薛士幹最后竟然未能进入昭义节度使的衙门，刘稹也不接受朝廷命他赴京城另有任命的敕令。郭谊是兖州人。解朝政回到京城后，向武宗报告出使昭义的经过，武宗大怒，下令用刑杖责打，然后，发配守护恭陵，同时下令拘捕昭义的使者姜崟、梁叔文。

辛巳（二十三日），唐武宗下令停止上朝，为刘从谏去世哀悼，追封刘从谏为太子太傅，同时下诏，命刘稹护送刘从谏的灵柩回东都洛阳。武宗又召见刘从素，命他写信给侄子刘稹，劝他执行朝廷的诏令，刘稹拒不服从。丁亥（二十九日），武宗任命忠武节度使王茂元为河阳节度使，邠宁节度使王宰为忠武节度使。王茂元是王栖曜的儿子，王宰是王智兴的儿子。

黄州刺史杜牧上李德裕书，自言："尝问淮西将董重质以三州之众四岁不破之由，重质以为由朝廷征兵太杂，客军数少，既不能自成一军，事须帖付地主。势羸力弱，心志不一，多致败亡，故初战二年，战则必胜，是多杀客军。及二年已后，客军殚少，止与陈许、河阳全军相搏，纵使唐州兵不能因虚取城，蔡州事力亦不支矣。其时朝廷若使鄂州、寿州、唐州只保境，不用进战，但用陈许、郑滑两道全军，帖以宣、润弩手，令其守隘，即不出一岁，无蔡州矣。今者上党之叛，复与淮西不同。淮西为寇仅五十岁，其人味为寇之腴，见为寇之利，风俗益固，气焰已成，自以为天下之兵莫与我敌，根深源阔，取之固难。夫上党则不然。自安、史南下，不甚附隶。建中之后，每奋忠义。是以鄓公抱真能窘田悦，走朱滔，常以孤穷寒苦之军，横折河朔强梁之众。以此证验，人心忠赤，习尚专一，可以尽见。刘悟卒，从谏求继，与扶同者，只郓州随来中军二千耳。值宝历多故，因以授之，今才二十馀岁，风俗未改，故老尚存，虽欲劫之，必不用命。今成德、魏博虽尽节效顺，

黄州刺史杜牧向宰相李德裕上书，说："我曾经询问淮西的大将董重质，为什么淮西只有三个州的兵力，当年官军四面围攻四年却不能攻克，董重质认为，主要是因为朝廷征发各个藩镇的兵力太杂，从远地调来的藩镇兵力人数较少，不能独当一面，因而，必须依附于当地的藩镇军队。这样，官军各支兵马势单力弱，众心不齐，就经常招致失败，所以，在最初交战的两年中，淮西出战必胜，主要是杀伤从远地调来的藩镇军队。两年以后，从远地调来的藩镇军队人数减少，淮西只与陈许、河阳两个藩镇的军队作战，即使李愬不能率唐州兵乘虚攻取淮西的治所蔡州，淮西的兵力也难于继续和官军抗衡。当时，如果朝廷命令鄂州、寿州、唐州不用出兵，仅仅防守州境，只用陈许、郑滑两个藩镇的全部兵力攻打淮西，同时，命宣州、润州的弓箭手防守淮西周围的交通要塞，不出一年，淮西就可平定。现在，昭义叛变的情况和淮西很不相同。当年淮西割据跋扈将近五十年，那里的将士和官吏都亲身体会到割据的实际好处，亲眼看到割据给自己带来的很多利益，所以，桀骜不驯的风俗日益强化，骄横跋扈的嚣张气焰业已形成，自认为天下的兵马无人敢与我为敌，割据势力盘根错节，出兵攻讨确实困难。但是，昭义则不同。早在安史叛军大举南下时，昭义曾顽强坚守，不肯依附叛军。建中年以后，国家多难，昭义将士每每以忠义而激奋报效朝廷，所以，当时担任该镇节度使的李抱真，常常在孤立无援的情况下，率领这支处于贫寒之地的军队，多次挫败河朔叛乱藩镇的骄兵悍将，他不仅击退并进而围攻魏博节度使田悦的叛军，而且还打败幽州节度使朱滔的狂妄叛乱。由此充分证明，昭义的将士历来是忠于朝廷的，那里的风俗习惯也一直没有变化。后来，昭义节度使刘悟去世后，他的儿子刘从谏请求继承父亲的职务，真正同心同德支持他的，也不过是当初刘悟从郓州带去的两千亲兵。当时正值宝历年间朝廷多事之秋，所以，只好任命他为节度使，至今才二十多年，昭义的风俗未变，过去的将士和官吏也还有不少人在世，虽然刘稹企图胁迫他们一起叛乱，他们肯定不会轻易跟从。成德、魏博这两个河朔地区的藩镇，目前尽管已表示尽力效忠朝廷，

亦不过围一城，攻一堡，系累稚老而已。若使河阳万人为垒，窒天井之口，高壁深堑，勿与之战。只以忠武、武宁两军，帖以青州五千精甲，宣、润二千弩手，径捣上党，不过数月，必覆其巢穴矣！”时德裕制置泽潞，亦颇采牧言。

14 上虽外尊宠仇士良，内实忌恶之。士良颇觉之，遂以老病求散秩。诏以左卫上将军兼内侍监、知省事。

15 李德裕言于上曰：“议者皆云刘悟有功，稹未可亟诛，宜全恩礼。请下百官议，以尽人情。”上曰：“悟亦何功，当时迫于救死耳，非素心徇国也。藉使有功，父子为将相二十馀年，国家报之足矣，稹何得复自立！朕以为凡有功当显赏，有罪亦不可苟免也。”德裕曰：“陛下之言，诚得理国之要。”

16 五月，李德裕言太子宾客、分司李宗闵与刘从谏交通，不宜置之东都。戊戌，以宗闵为湖州刺史。

17 河阳节度使王茂元以步骑三千守万善；河东节度使刘沔步骑二千守芒车关，步兵一千五百军榆社；成德节度使王元逵以步骑三千守临洺，掠尧山；河中节度使陈夷行以步骑一千守翼城，步兵五百益冀氏。辛丑，制削夺刘从谏及子稹官爵，以元逵为泽潞北面招讨使，何弘敬为南面招讨使，与夷行、刘沔、茂元合力攻讨。

但他们如果出兵攻打昭义，最多不过围一城，攻一堡，然后乘机俘掠那里的人口而已。假如朝廷命令河阳出动一万兵力在天井关修筑营垒，堵塞昭义向南的通道，高壁深沟，坚守而不出战。同时，只要征调忠武、武宁两个藩镇的军队，加上青州的五千精兵，宣州和润州的两千弓箭手，大军长驱直捣上党，不出几个月，必定倾覆刘稹的巢穴！”这时，李德裕正在制定讨伐昭义的军事方案，对杜牧的建议，多所采纳。

14 唐武宗虽然在表面上尊重和宠遇左神策军护军中尉仇士良，心中其实非常忌恨厌恶他。仇士良也逐渐感觉到了，于是，以年老多病为由，请求辞职担任散官。武宗因此下诏，任命他为左卫上将军兼内侍监，主持内侍省的事宜。

15 李德裕对武宗说：“现在，凡是议论昭义的官员都说，刘悟曾经立过战功，因此不可匆忙诛讨他的孙子刘稹，应当保全朝廷对他以往的恩典。我请求陛下将此事交百官讨论，以便让大家充分发表意见。”武宗说：“刘悟有什么功劳，当年他起兵诛杀李师道，只不过是迫于李师道要杀他，为了自救而已，并非一贯忠于朝廷。即使他有战功，父子两人担任将相职务二十多年，国家对他的报答也足够了，现在，刘稹凭什么又要世袭自立！朕认为凡是对国家有功的人，都应当重赏，但如果犯罪，也不可苟且赦免。”李德裕说：“陛下这番话，确实抓住了治理国家的关键。”

16 五月，李德裕对武宗说，太子宾客、分司东都李宗闵曾和刘从谏交结，不宜再让他继续留在东都，以免妨碍讨伐昭义的军事行动。戊戌（初十），武宗任命李宗闵为湖州刺史。

17 河阳节度使王茂元命三千步兵和骑兵防守万善镇；河东节度使刘沔命两千步兵和骑兵防守芒车关，一千五百步兵驻屯于榆社县；成德节度使王元逵命三千步兵和骑兵防守临洺，进而掠夺昭义的尧山；河中节度使陈夷行命一千步兵和骑兵屯守翼城，五百步兵增援冀氏县。辛丑（十三日），武宗下制令，削除刘从谏和他的儿子刘稹的官爵，任命王元逵为昭义北面招讨使，何弘敬为南面招讨使，与陈夷行、刘沔、王茂元共同出兵，讨伐刘稹。

先是河朔诸镇有自立者，朝廷必先有吊祭使，次册赠使、宣慰使继往商度军情。必不可与节，则别除一官；俟军中不听出，然后始用兵。故常及半岁，军中得缮完为备。至是，宰相亦欲且遣使开谕，上即命下诏讨之。王元逵受诏之日，出师屯赵州。

18　壬寅，以翰林学士承旨崔铉为中书侍郎、同平章事。铉，元略之子也。上夜召学士韦琮，以铉名授之，令草制，宰相、枢密皆不之知。时枢密使刘行深、杨钦义皆愿悫，不敢预事，老宦者尤之曰："此由刘、杨懦怯，堕败旧风故也。"琮，乾度之子也。

19　以武宁节度使李彦佐为晋绛行营诸军节度招讨使。

20　刘沔自代州还太原。

21　筑望仙观于禁中。

22　六月，王茂元遣兵马使马继等将步骑二千军于天井关南科斗店，刘稹遣卫内十将薛茂卿将亲军二千拒之。

23　黠戛斯可汗遣将军温仵合入贡。上赐之书，谕以速平回鹘、黑车子，乃遣使行册命。

24　癸酉，仇士良以左卫上将军、内侍监致仕。其党送归私第，士良教以固权宠之术曰："天子不可令闲，常宜以奢靡娱其耳目，使日新月盛，无暇更及他事，然后吾辈可以得志。慎勿使之读书，亲近儒生，彼见前代兴亡，心知

此前，河朔地区的藩镇凡是有节度使去世，他们的子孙世袭自立，朝廷一般先派遣吊祭使，然后册赠使、宣慰使相继前往了解军心向背。如果肯定不可任命，则另外授予一个职务；如果他们拒不从命，然后才开始发兵征讨。所以，从朝廷开始派遣吊祭使到最后发兵征讨，往往中间有半年的时间，以致他们能够做好防守的准备。这时，宰相仍打算先派遣使者前往昭义，开导规劝刘稹听从朝廷的诏令，武宗则立即命令下诏讨伐。王元逵接到诏令的当天，出兵屯驻赵州。

18　壬寅（十四日），唐武宗任命翰林学士承旨崔铉为中书侍郎、同平章事。崔铉是崔元略的儿子。此前，武宗在夜里召见翰林学士韦琮，把崔铉的名字告诉他，令他起草任命的制书，宰相和枢密使都不知道。这时，枢密使刘行深、杨钦义二人都谨慎朴实，不敢干预朝政，老宦官们都埋怨二人说："这都是由于刘、杨二人懦弱胆怯，败坏以往风气的缘故。"韦琮是韦乾度的儿子。

19　唐武宗任命武宁节度使李彦佐为晋绛行营诸军节度招讨使。

20　河东节度使刘沔从代州返回太原。

21　唐武宗下令，在宫中修建望仙观。

22　六月，河阳节度使王茂元命兵马使马继等人率步兵和骑兵两千人，屯驻于天井关南面的科斗店，刘稹命衙内十将薛茂卿率亲军两千人前往抵抗。

23　黠戛斯可汗派遣将军温仵合来长安向唐朝贡献物产。武宗写信给黠戛斯可汗，让他从速出兵平定回鹘和黑车子族，唐朝派遣使者正式册命他为可汗。

24　癸酉（十六日），仇士良以左卫上将军、内侍监的职位退休。他的党羽送他返回家中，仇士良教给他们保持权力和恩宠的秘诀，说："对于天子，不能让他有闲暇的时间，应当经常变换花样，供他游戏玩乐，以便沉湎于骄奢侈靡的生活之中，无暇顾及朝政，这样，我们才可以得志。千万不要让他读书，亲近读书人，如果天子喜爱读书，明白了以前各个朝代兴亡更替的经验教训，心里知道

忧惧，则吾辈疏斥矣。”其党拜谢而去。

25　丙子，诏王元逵、李彦佐、刘沔、王茂元、何弘敬以七月中旬五道齐进，刘稹求降皆不得受。又诏刘沔自将兵取仰车关路以临贼境。

26　吐蕃鄯州节度使尚婢婢，世为吐蕃相，婢婢好读书，不乐仕进，国人敬之。年四十馀，彝泰赞普强起之，使镇鄯州。婢婢宽厚沈勇，有谋略，训练士卒多精勇。

论恐热虽名义兵，实谋篡国，忌婢婢，恐袭其后，欲先灭之。是月，大举兵击婢婢，旌旗杂畜千里不绝。至镇西，大风震电，天火烧杀裨将十馀人，杂畜以百数，恐热恶之，盘桓不进。婢婢谓其下曰：“恐热之来，视我如蝼蚁，以为不足屠也。今遇天灾，犹豫不进，吾不如迎伏以却之，使其志益骄而不为备，然后可图也。”乃遣使以金帛、牛酒犒师，且致书言：“相公举义兵以匡国难，阖境之内，孰不向风！苟遣一介，赐之折简，敢不承命！何必远辱士众，亲临下藩。婢婢资性愚僻，惟嗜读书，先赞普授以藩维，诚为非据，夙夜惭惕，惟求退居。相公若赐以骸骨，听归田里，乃惬平生之素愿也。”恐热得书喜，遍示诸将曰：“婢婢惟把书卷，安知用兵！待吾得国，当位以宰相，坐之于家，亦无所用也。”乃复为书，勤厚答之，引兵归。婢婢闻之，抚髀笑曰：“我国无主，则归大唐，岂能事此犬鼠乎！”

惧怕丧失政权，就会励精图治，那么，我们就会被斥责疏远。”他的党羽都下拜感谢，然后离去。

25　丙子（十九日），唐武宗下诏，命王元逵、李彦佐、刘沔、王茂元、何弘敬五个藩镇，于七月中旬共同进兵讨伐刘稹，刘稹如果请求投降，都不得接受。同时又下诏命刘沔亲自率兵，取道仰车关，以兵临昭义的边境。

26　吐蕃国鄯州节度使尚婢婢，世代担任吐蕃国宰相，尚婢婢爱好读书，不愿做官，国内人民都很敬重他。尚婢婢四十岁时，彝泰赞普强行召他出来做官，任命为鄯州节度使。尚婢婢性情宽厚大度，深沉果敢，很有计谋权略，训练的士卒大多精锐勇敢。

论恐热虽然自称是义兵，实际上密谋篡夺国家大权，因此，忌恨尚婢婢，他恐怕尚婢婢袭击他的后方，打算先歼灭尚婢婢的军队。本月，论恐热大举出兵进攻尚婢婢，旌旗和各种家畜长达一千里，绵延不绝。到达镇西时，碰到大风雷电，十几个部将和几百头家畜被雷电引起的大火烧死，论恐热认为是不祥之兆，心中厌恶，犹豫不进。这时，尚婢婢对部下说：“论恐热这次出兵，把我们看作蝼蛄和蚂蚁，以为可以轻易地消灭。现在，他在途中遇到天灾，犹豫不进，我们不如假装欢迎并服从他，以便让他退兵，使他更加骄横而不防备，然后乘机消灭他。”于是派遣使者带大批金银、丝帛和牛、酒前往犒劳论恐热的军队，同时写信给论恐热说：“您这次大举义兵挽救国家的危难，国内谁不闻风而仰慕您的作为！如果您写信派遣一个使者送来，我怎么敢不服从！何必兴师动众，劳您大驾亲临鄯州。我的本性愚笨，只是爱好读书，已经去世的彝泰赞普命我镇守鄯州，我感到很不称职，昼夜惶恐不安，只求能够辞职引退。现在，假如您同意我辞职回家，也就了却了我平生的愿望。”论恐热接到尚婢婢的信后大喜，拿给部将看，说：“尚婢婢只知道读书，怎么会用兵作战呢！等我夺取国家大权，就任命他为宰相，让他坐在家里，也不会有所作为。”于是，复信给尚婢婢，用好言好语答复，随后引兵退去。尚婢婢得知后，拍着大腿大笑说：“即使我国没有赞普，则归降大唐，怎能服从像论恐热这种老鼠和狗一样的败类呢！”

27　秋，七月，以山南东道节度使卢钧为昭义节度招抚使。朝廷以钧在襄阳宽厚有惠政，得众心，故使领昭义以招怀之。

28　上遣刑部侍郎兼御史中丞李回宣慰河北三镇，令幽州乘秋早平回鹘，镇、魏早平泽潞。回，太祖之八世孙也。

甲辰，李德裕言于上曰："臣见向日河朔用兵，诸道利于出境仰给度支。或阴与贼通，借一县一栅据之，自以为功，坐食转输，延引岁时。今请赐诸军诏指，令王元逵取邢州，何弘敬取洺州，王茂元取泽州，李彦佐、刘沔取潞州，毋得取县。"上从之。

晋绛行营节度使李彦佐自发徐州，行甚缓，又请休兵于绛州，兼请益兵。李德裕言于上曰："彦佐逗遛顾望，殊无讨贼之意，所请皆不可许，宜赐诏切责，令进军翼城。"上从之。德裕因请以天德防御使石雄为彦佐之副，俟至军中，令代之。乙巳，以雄为晋绛行营节度副使，仍诏彦佐进屯翼城。

刘稹上表自陈："亡父从谏为李训雪冤，言仇士良罪恶，由此为权幸所疾，谓臣父潜怀异志，臣所以不敢举族归朝。乞陛下稍垂宽察，活臣一方！"何弘敬亦为之奏雪，皆不报。李回至河朔，何弘敬、王元逵、张仲武皆具櫜鞬郊迎，立于道左，不敢令人控马，让制使先行，自兵兴以来，未之有也。

27　秋季，七月，唐武宗任命山南东道节度使卢钧为昭义节度招抚使。朝廷认为卢钧在山南东道宽厚大度，很有政绩，得到人们的拥护，所以任命他担任此职，以便招抚昭义的将士、官吏和百姓。

28　唐武宗命刑部侍郎兼御史中丞李回出使安抚河北的幽州、成德、魏博三个藩镇，令幽州乘秋季早日平定回鹘馀部，令成德和魏博早日进兵平定昭义的叛乱。李回是唐太祖李虎的第八代子孙。

甲辰（十七日），宰相李德裕对唐武宗说："据我观察，朝廷过去发兵讨伐河朔的叛乱藩镇时，各个藩镇都贪图出兵离开自己管辖区域后，由朝廷度支供给军需。有的甚至与敌军秘密交往，暂借敌人一个县城或一个营地驻屯，然后向朝廷谎报战功，坐食朝廷的军需供给，故意拖延时间。现在，我请陛下下诏给各个藩镇，令王元逵攻取昭义管辖的邢州，何弘敬攻取洺州，王茂元攻取泽州，李彦佐、刘沔攻取潞州，不许进攻县城。"武宗同意李德裕的建议。

晋绛行营节度使李彦佐自从徐州出发赴任后，行动十分缓慢，他又请求在绛州暂且休整部队，又请求朝廷给他增加兵力。李德裕对唐武宗说："李彦佐在沿途不断停顿观望，根本没有讨伐贼兵的意向，凡是他的请求，都不可准许，应当下诏严厉责斥，命他向翼城进发。"武宗同意。李德裕于是请求任命天德防御使石雄为李彦佐的副手，等石雄上任后，代替李彦佐。乙巳（十八日），武宗任命石雄为晋绛行营节度副使，同时下诏，命李彦佐进兵屯驻翼城。

刘稹上表向朝廷陈诉说："亡父刘从谏曾为李训申冤，指责仇士良的罪恶，因此而遭朝廷中得宠的当权大臣的憎恨，认为我父亲暗地里心怀异志，所以我不敢按朝廷诏令要求，带全族人赶赴京城，归顺朝廷。乞请陛下了解以上情况，给我全族人一条活路！"魏博节度使何弘敬也上奏为刘从谏申冤，武宗都不作答复。李回抵达河朔地区后，何弘敬、王元逵、张仲武都佩带櫜鞬到城外迎接，立在道路的左边，恭恭敬敬地等候李回，李回到达后，他们让李回走在前面，自己跟在后面，也不敢让人为自己牵马，自从安史之乱以来，河朔地区的藩镇还没有对朝廷的使者如此恭敬过。

回明辩有胆气，三镇无不奉诏。

王元逵奏拔宣务栅，击尧山，刘稹遣兵救尧山，元逵击败之。诏切责李彦佐、刘沔、王茂元，使速进兵逼贼境，且称元逵之功以激厉之。加元逵同平章事。

八月乙丑，昭义大将李丕来降。议者或谓贼故遣丕降，欲以疑误官军。李德裕言于上曰："自用兵半年，未有降者，今安问诚之与诈！且须厚赏以劝将来，但不要置之要地耳。"

29　上从容言："文宗好听外议，谏官言事多不著名，有如匿名书。"李德裕曰："臣顷在中书，文宗犹不尔。此乃李训、郑注教文宗以术御下，遂成此风。人主但当推诚任人，有欺罔者，威以明刑，孰敢哉！"上善之。

30　王元逵前锋入邢州境已逾月，何弘敬犹未出师，元逵屡有密表，称弘敬怀两端。丁卯，李德裕上言："忠武累战有功，军声颇振。王宰年力方壮，谋略可称。请赐弘敬诏，以'河阳、河东皆阂山险，未能进军，贼屡出兵焚掠晋、绛。今遣王宰将忠武全军径魏博，直抵磁州，以分贼势'。弘敬必惧，此攻心伐谋之术也。"从之。诏宰悉选步骑精兵自相、魏趣磁州。

李回既能明辨是非，而且很有胆量，三个藩镇节度使都表示服从朝廷诏令。

王元逵奏报攻拔昭义的宣务栅，进攻尧山，刘稹派兵援救尧山，被王元逵打败。唐武宗下诏，严厉指责李彦佐、刘沔、王茂元行动迟缓，命三人迅速进兵逼近昭义边境，诏书中还称赞王元逵的战功，以便激励三人。同时任命王元逵兼任同平章事的荣誉职务。

八月乙丑（初九），昭义大将李丕前来向朝廷投降。这时，议论这件事的官员有人认为，刘稹故意派李丕归降，以便迷惑官军。李德裕对武宗说："自从出兵至今已有半年，一直没有人来归降，现在李丕来降，不用管是真是假！都必须给予优厚的赏赐，以使鼓励再来投降的将士，只是任命他时，不要安排到重要的地方。"

29　唐武宗从容不迫地说："文宗爱听取朝廷以外的议论，因此，谏官向朝廷上言，大多不署名，就像匿名信一样。"李德裕说："我当时担任宰相，文宗并不这样。这都是以后李训、郑注教给文宗的，让文宗用这种权术来驾驭百官，以致形成风气。我认为，作为皇上，应当对任用的官员以诚相待，如果有人欺骗皇上，就严刑惩罚，这样，谁还再敢如此！"武宗称赞他说的对。

30　成德节度使王元逵的前锋兵力进入昭义邢州境内已超过一个月，而魏博节度使何弘敬仍未出兵，王元逵多次秘密地上表朝廷，说何弘敬骑墙观望，对朝廷不忠。丁卯（十一日），李德裕上言说："忠武的军队过去曾多次立过战功，有很高的声誉。节度使王宰正值年富力强，足智多谋，为人们所称道。请求陛下下诏给何弘敬，说：'河阳、河东两道与昭义之间，都隔着高山峻岭，不便进兵，以致贼军多次出兵焚烧掠夺晋、绛二州。现在，朝廷命王宰率领忠武的全部人马通过魏博，直抵昭义的磁州，以便分散贼军的兵力。'这样，何弘敬肯定恐惧，必然出兵，这就是用计谋而攻心的策略。"武宗同意。于是下诏，命王宰挑选步兵和骑兵的精锐兵力从魏博的相、魏二州前往磁州。

甲戌，薛茂卿破科斗寨，擒河阳大将马继等，焚掠小寨一十七，距怀州才十馀里。茂卿以无刘稹之命，故不敢入。时议者鼎沸，以为刘悟有功，不可绝其嗣。又，从谏养精兵十万，粮支十年，如何可取！上亦疑之，以问李德裕，对曰："小小进退，兵家之常。愿陛下勿听外议，则成功必矣！"上乃谓宰相曰："为我语朝士：有上疏沮议者，我必于贼境上斩之！"议者乃止。

何弘敬闻王宰将至，恐忠武兵入魏境，军中有变，苍黄出师。丙子，弘敬奏，已自将全军渡漳水，趣磁州。

庚辰，李德裕上言："河阳兵力寡弱，自科斗店之败，贼势愈炽。王茂元复有疾，人情危怯，欲退保怀州。臣窃见元和以来诸贼，常视官军寡弱之处，并力攻之，一军不支，然后更攻他处。今魏博未与贼战，西军阂险不进，故贼得并兵南下。若河阳退缩，不惟亏沮军声，兼恐震惊洛师。望诏王宰更不之磁州，亟以忠武军应援河阳。不惟扞蔽东都，兼可临制魏博。若令全军供饷难给，且令发先锋五千人赴河阳，亦足张声势。"甲申，又奏请敕王宰以全军继进，仍急以器械缯帛助河阳窘乏。上皆从之。

王茂元军万善，刘稹遣牙将张巨、刘公直等会薛茂卿共攻之，期以九月朔围万善。乙酉，公直等潜师先过万善南五里，

甲戌(十八日),昭义衙内十将薛茂卿率兵攻破河阳的科斗寨,擒获河阳大将马继等人,焚烧并掠夺河阳的小营寨十七个,进兵距怀州十几里才停止。薛茂卿鉴于没有刘稹的命令,所以才没敢进攻怀州。朝廷得知后,议论哗然,百官都认为刘悟过去有功,不应该讨伐灭绝他的后代。又有人说,刘从谏豢养精兵十万,储存的粮食可以支持十年,怎么能够轻易攻取!武宗也感到疑惑,问李德裕,李德裕说:"小小失败,是兵家的常事。希望陛下不要听外人的议论,肯定讨伐昭义能够成功!"于是,武宗对宰相说:"请向百官转达我的命令,如果有人胆敢上疏劝阻讨伐昭义,我一定要在贼兵的边境上把他斩首!"百官的议论这才停止。

魏博节度使何弘敬听说王宰率兵即将到来,恐怕忠武兵进入魏博境内后,自己军中发生变乱,于是仓促出兵。丙子(二十日),何弘敬奏报已率魏博全部人马渡过漳河,向昭义的磁州进发。

庚辰(二十四日),李德裕上言说:"河阳兵力寡弱,自从在科斗店被昭义军打败后,贼兵的气焰越来越嚣张。节度使王茂元现在又在生病,因此,河阳的人都惊慌胆怯,准备退守怀州。我发现,自从元和年以来,朝廷发兵讨伐叛乱,贼兵往往窥测官军兵力寡弱的地方,集中兵力进攻,得手以后,又集中兵力再攻别处。现在,魏博出兵还未与贼兵交战,西面的官军由于和昭义隔着高山峻岭,暂时不便进攻,所以,贼兵得以集中全力南下,进攻河阳。如果河阳败退,不仅影响官军士气,而且恐怕震惊东都洛阳。希望陛下下诏,命王宰不再率军前往磁州,急速援救河阳。这样,不仅能够保障东都安全,而且还可临近制约魏博。假如命王宰全部人马出动,朝廷军需供给困难,可以先让他征发先锋五千人援救河阳,也足以壮大河阳的声势。"甲申(二十八日),李德裕又请武宗下敕,命王宰率忠武的全部人马随后出发,援救河阳,同时,急速运军械和丝帛救助河阳的窘困。武宗对李德裕的建议都予以采纳。

河阳节度使王茂元率兵屯驻在万善,刘稹命牙将张巨、刘公直等人会同薛茂卿一起进攻,准备在九月初一包围万善。乙酉(二十九日),刘公直等人先率军秘密地从万善南面五里的地方通过,

焚雍店。巨引兵继之，过万善，觇知城中守备单弱，欲专有功，遂攻之。日昃，城且拔，乃使人告公直等。时义成军适至，茂元困急，欲帅众弃城走。都虞候孟章谏曰："贼众自有前却，半在雍店，半在此，乃乱兵耳。今义成军才至，尚未食，闻仆射走，则自溃矣。愿且强留！"茂元乃止。会日暮，公直等不至，巨引兵退，始登山，微雨晦黑，自相惊曰："追兵近矣！"皆走，人马相践，坠崖谷死者甚众。

上以王茂元、王宰两节度使共处河阳非宜，庚寅，李德裕等奏："茂元习吏事而非将才，请以宰为河阳行营攻讨使。茂元病愈，止令镇河阳，病困亦免他虞。"九月辛卯，以宰兼河阳行营攻讨使。

何弘敬奏拔肥乡、平恩，杀伤甚众。得刘稹榜帖，皆谓官军为贼，云遇之即须痛杀。癸巳，上谓宰相："何弘敬已克两县，可释前疑。既有杀伤，虽欲持两端，不可得已。"乃加弘敬检校左仆射。

丙午，河阳奏王茂元薨。李德裕奏："王宰止可令以忠武节度使将万善营兵，不可使兼领河阳，恐其不爱河阳州县，恣为侵扰。又，河阳节度先领怀州刺史，常以判官摄事，割河南五县租赋隶河阳。不若遂置孟州，其怀州别置刺史。俟昭义平日，仍割泽州隶河阳节度，则太行之险不在昭义，而河阳遂为重镇，东都无复忧矣！"上采其言。戊申，

焚烧雍店。张巨率兵随后应接，从万善城外经过的时候，探知城中守备薄弱，张巨想独占战功，于是，率兵攻城。太阳快落的时候，眼看万善城就要攻克，才派人去转告刘公直等人。这时，义成的军队奉命援助河阳，恰好赶到，王茂元被攻打得困乏危急，准备率兵弃城逃走。都虞候孟章劝阻他说："贼兵自然应当有进有退，现在，贼兵一半在雍店，一半在这里攻城，可见不过是乱兵而已。义成兵现在刚刚到达，还没有吃饭，如果知道您率兵逃走，就会不战自溃。希望暂且留下坚守！"王茂元这才作罢。等到傍晚的时候，刘公直仍未率兵来到，张巨只好引兵退走，他们开始登太行山，天已昏暗，又下起毛毛细雨，士卒自相惊扰，说："追兵来了！"都拼命逃跑，人马相互践踏，很多士卒从山崖上被挤下去跌死。

唐武宗认为王茂元、王宰两个节度使同处河阳一地，很不妥当，九月庚寅（初四），李德裕等人上奏说："王茂元熟悉吏治，而非将才，请求任命王宰为河阳行营攻讨使。王茂元病好以后，只让他镇守河阳，即使再病重也没有关系。"九月辛卯（初五），唐武宗任命王宰兼河阳行营攻讨使。

何弘敬奏报攻拔昭义洺州的肥乡、平恩两县，杀伤很多贼兵。同时报告说，缴获刘稹公开张贴的告示，都把官军称为贼，说如果遇到官军，即应痛杀。癸巳（初七），武宗对宰相说："何弘敬已攻克昭义两县，可以消除以前对他的怀疑。既然他已经杀伤了昭义的兵马，再想采取骑墙观望的态度，谁也不得罪，已经不可能了。"于是，擢拔何弘敬为检校左仆射。

丙午（二十日），河阳奏报王茂元去世。李德裕上奏说："对于王宰，只可令他以忠武节度使的身份统辖万善的行营兵，不可让他兼任河阳节度使，以免他不爱惜河阳的州县百姓，恣意侵扰。河阳节度使曾兼怀州刺史，通常由判官主持州里的政事，河南府有五个县的租税被朝廷割让隶属河阳。不如以这五个县设置孟州，怀州也另外任命刺史。等昭义平定以后，把泽州割让归属河阳，这样太行山的天险就不全为昭义所有，而河阳则成为重要的藩镇，东都洛阳的安危就不必再忧虑了！"武宗采纳了李德裕的意见。戊申（二十二日），

以河南尹敬昕为河阳节度、怀孟观察使，王宰将行营以扞敌，昕供馈饷而已。

庚戌，以石雄代李彦佐为晋绛行营节度使，令自冀氏取潞州，仍分兵屯翼城以备侵轶。

31　是月，吐蕃论恐热屯大夏川，尚婢婢遣其将厖结心及莽罗薛吕将精兵五万击之。至河州南，莽罗薛吕伏兵四万于险阻，厖结心伏万人于柳林中，以千骑登山，飞矢系书骂之。恐热怒，将兵数万追之，厖结心阳败走，时为马乏不进之状。恐热追之益急，不觉行数十里，伏兵发，断其归路，夹击之。会大风飞沙，溪谷皆溢，恐热大败，伏尸五十里，溺死者不可胜数，恐热单骑遁归。

32　石雄代李彦佐之明日，即引兵逾乌岭，破五寨，杀获千计。时王宰军万善，刘沔军石会，皆顾望未进。上得雄捷书，喜甚。冬，十月庚申，临朝，谓宰相曰："雄真良将！"李德裕因言："比年前潞州市有男子磬折唱曰：'石雄七千人至矣！'刘从谏以为妖言，斩之。破潞州者必雄也。"诏赐雄帛为优赏，雄悉置军门，自依士卒例先取一匹，馀悉分将士，故士卒乐为之致死。

33　初，刘沔破回鹘，得太和公主，张仲武疾之，由是有隙。上使李回至幽州和解之，仲武意终不平。朝廷恐其以私憾败事，辛未，徙沔为义成节度使，以前荆南节度使李石为河东节度使。

任命河南尹敬昕为河阳节度使、怀孟观察使，王宰率行营兵攻讨昭义，敬昕供给军饷而已。

庚戌（二十四日），唐武宗任命石雄代替李彦佐为晋绛行营节度使，令他由冀氏县进兵攻取昭义的治所潞州，同时分兵屯守翼城，以便防备昭义军队的侵扰。

31　本月，吐蕃国论恐热屯驻于河州大夏川，鄯州节度使尚婢婢命部将厖结心和莽罗薛吕率五万精兵进击论恐热。到了河州的南面，莽罗薛吕率四万人埋伏在险要的地方，厖结心率一万人埋伏在柳树林中，然后，率一千骑兵登山，写信辱骂论恐热，把信系在箭上，射向论恐热的军营。论恐热接信后大怒，率兵几万人追击，厖结心假装败逃，逃跑中，经常表现出马匹困乏跑不动的样子。于是，论恐热追击得更加性急，不知不觉已追了几十里，这时，伏兵冲出，切断他的归路，厖结心和莽罗薛吕前后夹击。正好天又刮起大风，飞沙走石，山谷中的溪水四溢而出，论恐热大败，士兵尸体横卧五十里，淹死者不计其数，论恐热一人骑马逃回。

32　石雄接到朝廷任命自己代替李彦佐职务的第二天，立即率兵从翼城出发，越过乌岭，攻破昭义五个营寨，杀死和擒获近千人。这时，王宰屯驻于万善，刘沔屯驻在石会，都观望不进。唐武宗接到石雄上奏的捷报，大喜。冬季，十月庚申（初五），武宗上朝时，对宰相说："石雄真是一员优秀的将领！"李德裕借机说："几年前，潞州集市上有一个男人蜷曲着身体喊道：'石雄率七千人来了！'刘从谏认为是荒诞不经的妖言，下令将他斩首。看来，能够攻破潞州的人肯定是石雄了。"武宗下诏，命赐予石雄大批丝帛作为重赏，石雄把丝帛都放在军营门口，自己先按士卒应得的份额拿一匹，其馀都分给将士，所以士卒都甘愿为他尽死效力。

33　当初，河东节度使刘沔击败回鹘乌介可汗，接回太和公主，幽州节度使张仲武忌妒刘沔的功劳，由此二人产生矛盾。武宗派李回赴幽州进行调解，但张仲武仍然很不服气。朝廷担忧张仲武由于个人的恩怨而影响讨伐昭义的军事行动，辛未（十六日），调刘沔担任义成节度使，任命前荆南节度使李石为河东节度使。

34　党项寇盐州，以前武宁节度使李彦佐为朔方灵盐节度使。十一月，邠宁奏党项入寇。李德裕奏："党项愈炽，不可不为区处。闻党项分隶诸镇，剽掠于此则亡逃归彼。节度使各利其驼马，不为擒送，以此无由禁戢。臣屡奏不若使一镇统之，陛下以为一镇专领党项权太重。臣今请以皇子兼统诸道，择中朝廉干之臣为之副，居于夏州，理其辞讼，庶为得宜。"乃以兖王岐为灵、夏等六道元帅兼安抚党项大使，又以御史中丞李回为安抚党项副使，史馆修撰郑亚为元帅判官，令赍诏往安抚党项及六镇百姓。

35　安南经略使武浑役将士治城，将士作乱，烧城楼，劫府库。浑奔广州，监军段士则抚安乱众。

36　忠武军素号精勇，王宰治军严整，昭义人甚惮之。薛茂卿以科斗寨之功，意望超迁。或谓刘稹曰："留后所求者节耳，茂卿太深入，多杀官军，激怒朝廷，此节所以来益迟也。"由是无赏。茂卿愠怼，密与王宰通谋，十二月丁巳，宰引兵攻天井关，茂卿小战，遽引兵走，宰遂克天井关守之。关东西寨闻茂卿不守，皆退走，宰遂焚大小箕村。茂卿入泽州，密使谍召宰进攻泽州，当为内应。宰疑，不敢进，失期不至，茂卿拊膺顿足而已。稹知之，诱茂卿至潞州，杀之，并其族，以兵马使刘公直代茂卿，安全庆守乌岭，李佐尧守雕黄岭，郭僚守石会，康良佺守武乡。僚，谊之侄也。

34　党项族侵扰盐州，唐武宗任命前武宁节度使李彦佐为朔方灵盐节度使。十一月，邠宁奏报党项族侵扰。李德裕上奏说："党项族的势力越来越强盛，不能不制定对策了。我听说以往由于党项族的部落分别隶属各个藩镇统辖，他们在这里剽掠，然后就逃到那里。各个节度使都贪图他们的骆驼和马匹，因此，也不擒拿送回，这样，就一直不能禁止。我曾多次上奏朝廷，认为不如让一个藩镇统辖党项族，陛下认为如果由一个藩镇专门统辖，权力太大，所以没有批准。现在，我请求由陛下的一个皇子兼领各个有党项族部落的藩镇，从朝廷中挑选一位廉正能干的臣僚作为他的副手，居留在夏州，统一处理党项族的诉讼是非，这样，估计比较适宜。"武宗同意，于是，任命兖王李岐为灵、夏等六道元帅兼安抚党项大使，御史中丞李回为安抚党项副使，史馆修撰郑亚为元帅判官，令他们携带诏书前往安抚党项族以及灵、夏等六个藩镇的百姓。

35　安南经略使武浑役使将士修筑城池，将士不满而作乱，焚烧城楼，劫夺仓库。武浑逃奔广州，监军段士则安抚作乱的将士，使他们安定下来。

36　忠武藩镇的军队向来以精锐勇敢闻名，节度使王宰治军严格，昭义人对王宰十分惧怕。昭义衙内十将薛茂卿在科斗寨战役立功后，希望能够得到升迁。有人对刘稹说："您所企求的是节度使的职位，薛茂卿入河阳境内太深，杀死很多官军，激怒了朝廷，这正是朝廷迟迟不任命您的缘故。"于是，刘稹对薛茂卿不加赏赐。薛茂卿十分怨恨，秘密地和王宰通谋，十二月丁巳（初三），王宰率兵进攻天井关，薛茂卿假装交战一会儿，就率兵退走，王宰于是攻克天井关，进行防守。天井关东西两翼的昭义营寨得知薛茂卿失守，也都退走，于是，王宰出兵焚掠大小箕村。薛茂卿退回泽州，密派侦探召王宰进攻泽州，表示愿做内应。王宰猜疑有诈，不敢出兵，到约定的日期没有到达，薛茂卿捶胸顿足，无可奈何。刘稹得知后，把薛茂卿诱骗到潞州，连同他的宗族，全部杀死，然后，命兵马使刘公直代替薛茂卿，命安全庆防守乌岭，李佐尧防守雕黄岭，郭谊防守石会关，康良佺防守武乡县。郭谊是郭谊的侄子。

戊辰，王宰进攻泽州，与刘公直战，不利，公直乘胜复天井关。甲戌，宰进击公直，大破之。遂围陵川，克之。河东奏克石会关。

洺州刺史李恬，石之从兄也。石至太原，刘稹遣军将贾群诣石，以恬书与石云：'稹愿举族归命相公，奉从谏丧归葬东都。"石囚群，以其书闻。李德裕上言："今官军四合，捷书日至，贼势穷蹙，故伪输诚款，冀以缓师，稍得自完，复来侵轶。望诏石答恬书云：'前书未敢闻奏。若郎君诚能悔过，举族面缚，待罪境上，则石当亲往受降，护送归阙。若虚为诚款，先求解兵，次望洗雪，则石必不敢以百口保人。'仍望诏诸道，乘其上下离心，速进兵攻讨，不过旬朔，必内自生变。"上从之。右拾遗崔碣上疏请受其降，上怒，贬碣邓城令。

37　初，刘沔破回鹘，留兵三千戍横水栅。河东行营都知兵马使王逢奏乞益榆社兵，诏河东以兵二千赴之。时河东无兵，守仓库者及工匠皆出从军，李石召横水戍卒千五百人，使都将杨弁将之诣逢，壬午，戍卒至太原。先是，军士出征，人给绢二匹。刘沔之去，竭府库自随，石初至，军用乏，以己绢益之，人才得一匹。时已岁尽，军士求过正旦而行，监军吕义忠累牒趣之。杨弁因众心之怒，又知城中空虚，遂作乱。

戊辰(十四日),王宰率军进攻泽州,与刘公直交战失利,刘公直乘胜收复天井关。甲戌(二十日),王宰率军进击刘公直,大败刘公直的军队。于是,进兵围攻陵川县城,随即攻克。这时,河东奏报攻克石会关。

昭义洺州刺史李恬,是河东节度使李石的堂兄。李石抵达太原后,刘稹派遣军将贾群携带李恬的书信去见李石,信中说:“刘稹愿率全族人归降您,同时,护送刘从谏的灵柩回东都洛阳埋葬。”李石把贾群拘禁起来,将李恬的书信上奏朝廷。李德裕上言说:“现在,官军四面围攻昭义,捷报频传,贼军内外交困,所以伪装投降,企图暂缓官军的讨伐,得以喘息休整,然后再来侵扰。因此,希望陛下下诏,命李石写信答复李恬说:‘前此来信未敢向朝廷奏报。如果刘稹真心悔过自新,那么,就应把自己和全族亲戚的双手反绑,到边境上待罪投降,这样,我就会亲自前往接受他的归降,然后派人把他护送到京城。如果刘稹伪装投降,企图借此机会暂缓官军的进攻,进而再让朝廷为他洗冤雪耻,那么,我就肯定不敢用我宗族一百多人的性命为您替刘稹作保。’陛下同时给前线各个藩镇下诏,命他们乘刘稹上下离心离德的机会,迅速进兵攻讨,这样,不出一个月,刘稹的内部肯定会发生变乱。”武宗同意。右拾遗崔碣上疏,请求接受刘稹的归降。武宗大怒,贬崔碣为邓城令。

37　当初,河东节度使刘沔击败回鹘乌介可汗后,留下三千兵马防戍横水栅。这时,河东行营都知兵马使王逢率军讨伐刘稹,驻屯在榆社县,上奏乞请增援,朝廷诏命河东出兵两千人赴援。河东的兵马都已调往前线,无兵可发,于是,守仓库的差役和工匠都被征发从军,仍然不够,新任河东节度使李石下令调横水栅的戍卒一千五百人,命都将杨弁率领前往榆社,壬午(二十八日),戍卒到达太原。此前,凡军士出征,每人赏赐丝绢两匹。刘沔从河东离任时,把仓库的储备几乎全部随身带走,因而,李石刚刚上任时,军需物资十分困乏,李石便把自己家中的丝绢拿出来添补,这样,每个士卒也才得到一匹。这时,又正值年终,士卒请求过了初一上路,监军吕义忠却多次催促。杨弁乘士卒怨怒,又得知太原城中空虚,于是发动兵变。

四年(甲子,844)

1 春,正月乙酉朔,杨弁帅其众剽黥城市,杀都头梁季叶,李石奔汾州。弁据军府,释贾群之囚,使其侄与之俱诣刘稹,约为兄弟,稹大喜。石会关守将杨珍闻太原乱,复以关降于稹。

戊子,吕义忠遣使言状,朝议喧然。或言两地皆应罢兵,王宰又上言:"游弈将得刘稹表,臣近遣人至泽潞,贼有意归附。若许招纳,乞降诏命!"李德裕上言:"宰擅受稹表,遣人入贼中,曾不闻奏,观宰意似欲擅招抚之功。昔韩信破田荣,李靖擒颉利,皆因其请降,潜兵掩袭。止可令王宰失信,岂得损朝廷威命!建立奇功,实在今日,必不可以太原小扰,失此事机。望即遣供奉官至行营,督其进兵,掩其无备,必须刘稹与诸将皆举族面缚,方可受纳。兼遣供奉官至晋绛行营,密谕石雄以王宰若纳刘稹,则雄无功可纪。雄于垂成之际,须自取奇功,勿失此便。"又为相府与宰书,言:"昔王承宗虽逆命,犹遣弟承恭奉表诣张相祈哀,又遣其子知感、知信入朝,宪宗犹未之许。今刘稹不诣尚书面缚,又不遣血属祈哀,置章表于衢路之间,游弈将不即毁除,实恐非是。况稹与杨弁通奸,逆状如此,

唐武宗会昌四年（甲子，公元844年）

1　春季，正月乙酉朔（初一），杨弁率士卒剽掠太原集市，杀死都头梁季叶，李石逃奔汾州。杨弁占据河东节度使府衙门，释放昭义的使者贾群，派自己的侄子和贾群一起前往昭义去见刘稹，和刘稹结拜为兄弟，刘稹大喜。石会关守将杨珍得知太原发生兵乱，又以石会关投降刘稹。

戊子（初四），河东监军吕义忠派遣使者向朝廷奏报杨弁兵乱的情况，百官议论哗然。有人认为朝廷对昭义和河东两地都应罢兵休战，这时，王宰又上言说："前不久，我部下的游弈将收到刘稹送来的上表，近日，我又派人到昭义的泽州，发现贼军确实有诚意归降。如果朝廷许可我招降贼军，请求下达诏书！"李德裕上言说："王宰擅自接收刘稹的表章，又派人到贼军中去，却从不向朝廷奏报，我看他的用意似乎是想独占招降刘稹的功劳。过去，韩信击败田横，李靖擒获突厥颉利可汗，都是乘他们请求投降的时候，秘密地出兵袭击，而大获全胜的。所以，现在只能让王宰对刘稹失信，而不能损害朝廷的威严！自从讨伐昭义以来，官军建立奇功，一举平定贼军的机遇，正是在今天，所以，绝不可由于杨弁在太原的小小骚扰丧此良机。希望陛下立即派遣供奉官到前线行营，乘贼军没有防备的机会，督促各个藩镇急速进兵攻讨，只有刘稹和他的部将与同族的亲戚一起把双手反绑前来投降，才可接受。同时，再派一名供奉官到晋绛行营，秘密地转告石雄，如果王宰招降刘稹成功，那么，石雄就无功可言。石雄现在正处于垂手可破昭义的时候，肯定会自动进兵，建立奇功，而不会放弃目前的机遇。"李德裕又为政事堂起草一封给王宰的书信，说："过去，成德节度使王承宗虽然叛乱抗拒朝廷，还派自己的弟弟王承恭向宰相张弘靖祈请哀怜，请求朝廷赦免，后又把儿子王知感、王知信遣送京城，作为人质，宪宗仍然不许。现在，刘稹既不把自己反绑起来向你请降，又不派遣亲属到京城做人质，请求朝廷哀怜，而在野外的道路上向游弈将递交请降的章表，游弈将接到后不及时焚毁，反而向上奏报，恐怕很不妥当。况且刘稹和杨弁勾结为奸，反叛朝廷如此严重，

而将帅大臣容受其诈，是私惠归于臣下，不赦在于朝廷，事体之间，交恐不可。自今更有章表，宜即所在焚之。惟面缚而来，始可容受。”德裕又上言：“太原人心从来忠顺，止是贫虚，赏犒不足。况千五百人何能为事！必不可姑息宽纵。且用兵未罢，深虑所在动心。顷张延赏为张朏所逐，逃奔汉州，还入成都。望诏李石、义忠还赴太原行营，召旁近之兵讨除乱者。”上皆从之。

是时，李石已至晋州，诏复还太原。辛卯，诏王逢悉留太原兵守榆社，以易定千骑、宣武兖海步兵三千讨杨弁；又诏王元逵以步骑五千自土门入，应接逢军。忻州刺史李丕奏：“杨弁遣人来为游说，臣已斩之，兼断其北出之路，发兵讨之。”

辛丑，上与宰相议太原事，李德裕曰：“今太原兵皆在外，为乱者止千馀人，诸州镇必无应者。计不日诛翦，惟应速诏王逢进军，至城下必自有变。”上曰：“仲武见镇、魏讨泽潞有功，必有慕羡之心，使之讨太原何如？”德裕对曰：“镇州趣太原路最便近。仲武去年讨回鹘，与太原争功，恐其不戢士卒，平人受害。”乃止。

上遣中使马元实至太原，晓谕乱兵，且觇其强弱。杨弁与之酣饮三日，且赂之。戊申，元实自太原还，上遣诣宰相议之，元实于众中大言：“相公须早与之节！”李德裕曰：“何故？”

你作为朝廷的将帅大臣，竟然接受他的欺诈，这样做，就是把个人的恩惠归于臣下，而不予赦免的名声归于朝廷，从国家大局出发，恐怕不妥。从今以后，如果刘稹再有请降的章表，应当命接收的将吏当即焚毁。只有刘稹把自己反绑着前来投降，才能接受。”李德裕又上言说：“太原的人心从来就忠于朝廷，只是由于一时贫乏，对士卒犒赏不足，才导致兵乱。况且一千五百人怎么能闹事成功！因此，决不可对杨弁姑息放纵。而且，现在朝廷正用兵讨伐昭义，如果姑息放纵杨弁，恐怕又有人会效法作乱。过去，西川节度使张延赏被部将张朏驱逐，逃奔汉州，后来又攻入成都，杀张朏。所以，希望陛下下诏，命李石和吕义忠返回太原行营，召集驻屯在附近的兵马讨除杨弁。”武宗都予以采纳。

这时，李石已到达晋州，武宗诏命他返回太原。辛卯（初七），武宗下诏，命王逢将河东兵全部留守榆社县，率易定的一千骑兵、宣武和兖海的三千步兵讨伐杨弁；又命王元逵率五千步兵和骑兵从土门进发，接应王逢。忻州刺史李丕上奏说：“杨弁派人前来游说，我已把来人斩首，并切断杨弁往北方的出路，同时发兵南下讨伐杨弁。”

辛丑（十七日），唐武宗和宰相商议太原杨弁作乱的事，李德裕说：“现在，太原兵都在前线讨伐昭义，作乱者仅一千多人，各州镇肯定无人响应。估计不出几天就可诛除，只要下诏命王逢迅速进兵，到太原城下，杨弁的内部就会发生变乱。”武宗说：“幽州节度使张仲武眼看成德、魏博讨伐昭义有功，必定十分羡慕，如果让他出兵讨伐杨弁怎样？”李德裕回答说：“成德出兵太原，距离最近，也最方便。张仲武去年讨伐回鹘时，和前河东节度使刘沔争功，恐怕他出兵不加约束士卒，使百姓受害。”武宗于是作罢。

武宗派遣宦官马元实前去太原，向乱兵讲明利害得失，规劝他们归顺朝廷，同时窥测杨弁的兵力强弱。杨弁盛宴接待马元实，两人醉饮了三天，杨弁又向马元实行贿。戊申（二十四日），马元实从太原返回京城，武宗命马元实与宰相一起商议太原的情况，马元实在众人中夸大其辞地说：“你们当早日任命杨弁为节度使！”李德裕说：“为什么？”

元实曰："自牙门至柳子列十五里曳地光明甲，若之何取之？"德裕曰："李相正以太原无兵，故发横水兵赴榆社。库中之甲尽在行营，弁何能遽致如此之众乎？"元实曰："太原人劲悍，皆可为兵，弁召募所致耳。"德裕曰："召募须有货财，李相止以欠军士绢一匹，无从可得，故致此乱，弁何从得之？"元实辞屈。德裕曰："从其有十五里光明甲，必须杀此贼！"因奏称："杨弁微贼，决不可恕。如国力不及，宁舍刘稹。"河东兵戍榆社者闻朝廷令客军取太原，恐妻孥为所屠灭，乃拥监军吕义忠自取太原。壬子，克之，生擒杨弁，尽诛乱卒。

2　二月甲寅朔，日有食之。

3　乙卯，吕义忠奏克太原。丙辰，李德裕言于上曰："王宰久应取泽州，今已迁延两月。盖宰与石雄素不相叶，今得泽州，距上党犹二百里，而石雄所屯距上党才百五十里。宰恐攻泽州缀昭义大军，而雄得乘虚入上党独有其功耳。又宰生子晏实，其父智兴爱而子之，晏实今为磁州刺史，为刘稹所质。宰之顾望不敢进，或为此也。"上命德裕草诏赐宰，督其进兵。且曰："朕顾兹小寇，终不贷刑。亦知晏实是卿爱弟，将申大义，在抑私怀。"

4　丁巳，以李石为太子少傅、分司，以河中节度使崔元式为河东节度使，石雄为河中节度使。元式，元略之弟也。

5　己未，石雄拔良马等三寨一堡。

马元实说:“从河东节度使衙门到柳子列之间十五里内,遍地都是光明甲,这么强盛的兵力,怎么能讨伐平定呢?”李德裕说:“李石正是由于太原无兵可发,才命横水栅的戍兵赴榆社增援。库房中的兵器都已带到前线行营,杨弁怎么能骤然有这么多的兵士和兵器!”马元实说:“太原人性情剽悍,都可当兵,这些兵士都是杨弁招募的。”李德裕说:“招募兵士必须要有财物,李石正是由于欠兵一匹丝绢无处可得,才导致兵乱,杨弁又从哪里得到财物呢?”马元实被问得无言可答。李德裕说:“即使杨弁有十五里光明甲,也必须诛杀这个叛贼!”于是,上奏说:“杨弁小贼,决不可宽恕。如果朝廷顾虑昭义和太原两处用兵,财力不支,那么,宁愿赦免刘稹。”这时,在榆社县屯戍的河东兵听说朝廷命其他藩镇的兵马进攻太原,恐怕自己的妻子儿女被他们所屠杀,于是,簇拥着监军吕义忠,自动出兵攻取太原。壬子(二十八日),河东兵攻克太原,活捉杨弁,把乱卒全部诛杀。

2　二月甲寅朔(初一),出现日食。

3　乙卯(初二),吕义忠奏报攻克太原。丙辰(初三),李德裕对唐武宗说:“王宰早就应当攻取昭义的泽州,至今已拖延两个月了。原因是他和石雄向来不和,如果他攻取了泽州,距离昭义的治所上党还有二百里,而石雄现在屯驻的地方距离上党只有一百五十里。王宰恐怕攻取泽州后牵制昭义的大军,石雄得以乘虚攻入上党独有战功。另外,王宰有一个儿子名叫王晏实,王宰的父亲王智兴喜爱王晏实,把他作为自己的儿子对待,王晏实现在担任昭义磁州刺史,被刘稹扣押作为人质。王宰观望迟迟不敢进兵,可能是由于这个缘故。”武宗命李德裕起草给王宰的诏令,督促他进兵。诏令说:“朕对于刘稹这个小贼,决不宽恕。但也知道晏实是你的爱弟,希望你从大义出发,暂且抑制自己的私情。”

4　丁巳(初四),唐武宗任命李石为太子少傅、分司东都,任命河中节度使崔元式为河东节度使,石雄为河中节度使。崔元式是崔元略的弟弟。

5　己未(初六),石雄攻拔昭义的良马等三个营寨,一个城堡。

6　辛酉，太原献杨弁及其党五十四人，皆斩于狗脊岭。

7　壬申，李德裕言于上曰："事固有激发而成功者：陛下命王宰趣磁州，而何弘敬出师；遣客军讨太原，而戍兵先取杨弁。今王宰久不进军，请徙刘沔镇河阳，仍令以义成精兵两千直抵万善，处宰肘腋之下。若宰识朝廷此意，必不敢淹留。若宰进军，沔以重兵在南，声势亦壮。"上曰："善！"戊寅，以义成节度使刘沔为河阳节度使。

8　王逢击昭义将康良佺，败之。良佺弃石会关，退屯鼓腰岭。

9　黠戛斯遣将军谛德伊斯难珠等入贡，言欲徙居回鹘牙帐，请发兵之期，集会之地。上赐诏，谕以"今秋可汗击回鹘、黑车子之时，当令幽州、太原、振武、天德四镇出兵要路，邀其亡逸，便申册命，并依回鹘故事"。

10　朝廷以回鹘衰微，吐蕃内乱，议复河、湟四镇十八州。乃以给事中刘濛为巡边使，使之先备器械糗粮及诇吐蕃守兵众寡。又令天德、振武、河东训卒砺兵，以俟今秋黠戛斯击回鹘，邀其溃败之众南来者。皆委濛与节度团练使详议以闻。濛，晏之孙也。

11　以道士赵归真为右街道门教授先生。

6　辛酉（初八），太原把杨弁和他的党羽五十四人押送到京城，奉献朝廷，全部被斩首于京城东市的狗脊岭。

7　壬申（十九日），李德裕对唐武宗说："有些事只有给予必要的刺激才能成功，例如：陛下命王宰取道魏博攻打昭义的磁州，魏博节度使何弘敬担忧内部发生变故，慌忙出兵讨伐昭义；陛下命讨伐昭义的各个藩镇出兵诛讨河东杨弁的乱兵，结果河东驻屯榆社的戍兵恐怕妻子儿女遭受蹂躏，自动出兵平定了杨弁的叛乱。现在，王宰拖延很久而不进兵，请调义成节度使刘沔为河阳节度使，令他率义成精兵两千人直达万善，和王宰邻近相处。如果王宰理解朝廷的意图，必定不敢再观望不前；如果他随即出兵，刘沔率精兵在南面，也可为他声援。"武宗说："好！"戊寅（二十五日），任命义成节度使刘沔为河阳节度使。

8　王逢出兵打败昭义将康良佺。康良佺丢弃石会关，退兵屯守鼓腰岭。

9　黠戛斯可汗派遣将军谛德伊斯难珠等人来京城贡献物产，说可汗打算迁居原回鹘国可汗居住的牙帐，同时请示出兵平定回鹘乌介可汗的日期，以及和唐兵会合的地点。武宗下诏给黠戛斯可汗说："今年秋季，可汗出兵攻击回鹘和黑车子族的时候，朕下令，让幽州、太原、振武、天德四个藩镇出兵屯守于交通要道，拦击回鹘和黑车子族的逃亡人员，然后，按照过去册封回鹘国可汗的惯例，册封您为可汗。"

10　朝廷鉴于回鹘国已灭亡，部落逃散，吐蕃国也发生了内乱，商议收复河、湟地区的四个藩镇，总共十八个州的失地。于是，任命给事中刘濛为巡边使，让他先准备兵器、干粮，并侦察吐蕃防守兵力的情况。又命天德、振武、河东三个藩镇训练士卒，修造兵器，等待今年秋季黠戛斯攻击回鹘残馀时，拦击回鹘向南逃亡的残兵败将。上述部署，都委托刘濛和各个藩镇的节度使、团练使详细商议安排，然后向朝廷报告。刘濛是刘晏的孙子。

11　唐武宗任命道士赵归真为右街道门教授先生。

12　吐蕃论恐热之将岌藏丰赞恶恐热残忍，降于尚婢婢。恐热发兵击婢婢于鄯州，婢婢分兵为五道拒之。恐热退保东谷，婢婢为木栅围之，绝其水原。恐热将百馀骑突围走保薄寒山，馀众皆降于婢婢。

13　夏，四月，王宰进攻泽州。

14　上好神仙，道士赵归真得幸，谏官屡以为言。丙子，李德裕亦谏曰："归真，敬宗朝罪人，不宜亲近！"上曰："朕宫中无事时与之谈道涤烦耳。至于政事，朕必问卿等与次对官，虽百归真不能惑也。"德裕曰："小人见势利所在，则奔趣之，如夜蛾之投烛。闻旬日以来，归真之门，车马辐凑。愿陛下深戒之！"

15　戊寅，以左仆射王起同平章事，充山南西道节度使，起以文臣未尝执政，直除使相，前无此比，固辞。上曰："宰相无内外之异，朕有阙失，卿飞表以闻！"

16　李德裕以州县佐官太冗，奏令吏部郎中柳仲郢裁减。六月，仲郢奏减一千二百一十四员。仲郢，公绰之子也。

17　宦官有发仇士良宿恶，于其家得兵仗数千。诏削其官爵，籍没家赀。

18　秋，七月辛卯，上与李德裕议以王逢将兵屯翼城，上曰："闻逢用法太严，有诸？"对曰："臣亦尝以此诘之，逢言：'前有白刃，

12　吐蕃国论恐热的部将岌藏丰赞厌恶论恐热残忍无道，投降鄯州节度使尚婢婢。论恐热出兵前往鄯州攻击尚婢婢，尚婢婢将军队分成五支兵马，抗拒论恐热。论恐热退兵屯守河州的东谷，尚婢婢命将士伐木修筑栅栏，围困论恐热，同时，切断论恐热的水源。于是，论恐热率一百多名骑兵突围逃跑，屯守薄寒山，其馀将士都投降了尚婢婢。

13　夏季，四月，王宰出兵进攻昭义的泽州。

14　唐武宗喜好道教的神仙，于是，道士赵归真等人得到宠爱，谏官多次上言劝阻武宗。丙子（二十三日），李德裕劝阻武宗说："赵归真是敬宗朝的罪人，这种人不应当亲近！"武宗说："朕只不过是在宫中没事的时候和他谈论道教，以便解除烦闷罢了。至于朝政大事，朕肯定要和你以及其他宰相、次对官商议，即使有一百个赵归真，也不可能迷惑我。"李德裕说："小人唯利是图，看到有利的地方，就拼命钻营，就像黑夜中的飞蛾扑向烛火一样。听说近十多天以来，赵归真的门口，车马拥挤，不少人看他得陛下的宠爱，争相去和他交结。希望陛下深加戒备。"

15　戊寅（二十五日），唐武宗任命左仆射王起以同平章事的头衔，充任山南西道节度使，王起鉴于自己是文官，并未曾担任宰相，现在，直接被任命为使相，以前还没有这种先例，因此，一再推辞。武宗说："作为宰相，无论是在朝廷执政，还是出任藩镇节度使，都没有什么不同，今后，如果朕有缺点失误，你就送紧急的奏表指出。"

16　宰相李德裕鉴于州县的僚佐官员太多，奏请命吏部郎中柳仲郢裁减。六月，柳仲郢奏报减少州县僚佐官员一千二百一十四人。柳仲郢是柳公绰的儿子。

17　宦官中有人揭发仇士良过去的罪恶，朝廷派人在仇士良家中检查，发现几千件兵器。于是，武宗下诏，削除仇士良的官爵，没收所有家产。

18　秋季，七月辛卯（初十），唐武宗和李德裕商议命王逢率兵屯守翼城县，武宗说："听说王逢在军中用法太严，有没有这回事？"李德裕回答说："我曾经当面问过王逢，他说：'军队打仗前有刀枪，

法不严，其谁肯进！’”上曰：“言亦有理，卿更召而戒之！”德裕因言刘稹不可赦。上曰：“固然。”德裕曰：“昔李怀光未平，京师蝗旱，米斗千钱，太仓米供天子及六宫无数旬之储。德宗集百官，遣中使马钦绪询之。左散骑常侍李泌取桐叶挼破，以授钦绪献之。德宗召问其故，对曰：‘陛下与怀光君臣之分，如此叶不可复合矣！’由是德宗意定。既破怀光，遂用为相，独任数年。”上曰：“亦大是奇士！”

19　上闻扬州倡女善为酒令，敕淮南监军选十七人献之。监军请节度使杜悰同选，且欲更择良家美女，教而献之。悰曰：“监军自受敕，悰不敢预闻！”监军再三请之，不从。监军怒，具表其状，上览表默然。左右请并敕节度使同选，上曰：“敕藩方选倡女入宫，岂圣天子所为！杜悰不徇监军意，得大臣体，真宰相才也。朕甚愧之！”遽敕监军勿复选。甲辰，以悰同平章事，兼度支、盐铁转运使。及悰中谢，上劳之曰：“卿不从监军之言，朕知卿有致君之心。今相卿，如得一魏徵矣！”

军法不严，士卒谁肯冒死前进！’”武宗说：“这样说也有道理，不过，你要再召见他，告诫不要太严了！”李德裕借机说，对刘稹千万不可赦免。武宗说：“当然。”李德裕说：“过去，李怀光叛乱尚未平定的时候，京城一带发生蝗灾和旱灾，一斗米涨价到一千钱，国家太仓的米不够供给天子和六宫几十天。德宗召集百官，让他们讨论讨伐李怀光还能不能继续进行，随后，派宦官马钦绪去询问讨论的结果。左散骑常侍李泌拿一片桐树叶子，用手拍破，送给马钦绪，让他转献德宗。德宗召见李泌，问他这是什么意思，李泌回答说：‘陛下和李怀光的君臣关系，就像这片树叶一样，不可能再重新复合了！’于是，德宗平定李怀光的决心大大坚定。平定李怀光以后，就任命李泌为宰相，让他主持朝政好几年。”武宗说：“李泌也确实是一个奇才！”

19　唐武宗听说扬州的歌女擅长酒令，命淮南监军挑选十七人奉献宫中。监军请求节度使杜悰一同挑选，同时打算再挑几个良家美女，教会酒令后一并奉献给武宗。杜悰说：“你个人接受皇上敕令，我不敢参与这件事！”监军再三请求，杜悰仍然不同意。监军大怒，把杜悰的情况上奏武宗，武宗看后沉默不语。左右侍从请求武宗下敕，命杜悰和监军一起挑选，武宗说：“敕令藩镇挑选歌女入宫，难道是圣明的天子应该做的事吗！杜悰不曲从监军的意见，很符合大臣的身份，真正具有宰相才能。朕感到非常惭愧！”随即敕令监军停止挑选歌女。甲辰（十三日），任命杜悰为同平章事，兼度支、盐铁转运使。杜悰向武宗感谢任命时，武宗安慰他说：“你不曲从监军的请求，朕知道你有爱护朕的心意。现在，任命你为宰相，朕如同得到一个魏徵！”

卷第二百四十八　唐纪六十四

起甲子(844)闰七月尽己巳(849)凡五年有奇

武宗至道昭肃孝皇帝下

会昌四年(甲子,844)

1　闰月壬戌,以中书侍郎、同平章事李绅同平章事,充淮南节度使。

2　李德裕奏:"镇州奏事官高迪密陈意见二事:其一,以为'贼中好为偷兵术,潜抽诸处兵聚于一处,官军多就迫逐,以致失利;经一两月,又偷兵诣他处。官军须知此情,自非来攻城栅,慎勿与战。彼淹留不过三日,须散归旧屯,如此数四空归,自然丧气。官军密遣谍者诇其抽兵之处,乘虚袭之,无不捷矣'。其二,'镇、魏屯兵虽多,终不能分贼势。何则?下营不离故处,每三两月一深入,烧掠而去。贼但固守城栅,城外百姓,贼亦不惜。宜令进营据其要害,以渐逼之。若止如今日,贼中殊不以为惧'。望诏诸将各使知之!"

刘稹腹心将高文端降,言贼中乏食,令妇人挼穗舂之以给军。德裕访文端破贼之策,文端以为:"官军今直攻泽州,恐

武宗至道昭肃孝皇帝下

唐武宗会昌四年(甲子,公元844年)

1 闰七月壬戌(初十),唐武宗任命中书侍郎、同平章事李绅挂同平章事衔,出任淮南节度使。

2 宰相李德裕上奏唐武宗:"镇州派遣来朝廷的奏事官高迪,秘密地向朝廷陈述两条意见:第一,'泽潞叛贼喜好用偷兵术对付官军,他们暗中抽调诸处兵马,聚集于一处,官军往往就其聚兵之处攻击追逐,以致大都失利;经过一两个月之后,叛贼又偷偷地移兵聚于他处。官军必须知道这些情况,如果不是贼众主动来攻掠城堡栅寨,就应谨慎,按兵不动,不与贼军接战。贼军在聚屯处停留不会超过三天,就会分散回归其旧屯居地,这样往返到四次,不战而空归,自然要影响军心,士兵垂头丧气。官军则可秘密地派遣间谍,探知贼军调出兵马的地方,乘虚袭击,则没有不取胜告捷的'。第二,'朝廷派遣的藩镇军队如镇州、魏州兵虽然屯驻很多,但最终不能分减叛贼的军势。这是为什么呢?因为镇、魏诸藩军队扎营没有远离他们原先的驻扎地,每三两个月才派军深入敌境一次,而仅仅是大肆烧杀掠夺一番就匆匆离去。叛贼只要固守其城栅寨,军队就不会受到什么损失,而对于城外百姓,叛贼当然不加顾惜。朝廷应该命令镇、魏诸藩镇军队深入进兵占据要害之处扎营,逐渐进逼叛贼老巢。如果仅仅只是像今天摆出的这种阵势,叛贼当然不会感到畏惧'。希望皇上将高迪的两条意见用诏书颁告各路讨贼将领,务使周知!"

刘稹的心腹将领高文端向官军投降,说叛贼军营中缺乏粮食,以至于命令妇女们用手搓麦穗,再将麦粒舂碎,供军队食用。李德裕又访问高文端,求破贼的计策,高文端认为:"官军如果现在就直接进攻泽州,恐怕

多杀士卒，城未易得。泽州兵约万五千人，贼常分兵太半，潜伏山谷，伺官军攻城疲弊，则四集救之，官军必失利。今请令陈许军过乾河立寨，自寨城连延筑为夹城，环绕泽州，日遣大军布陈于外以扞救兵，贼见围城将合，必出大战；待其败北，然后乘势可取。”德裕奏请诏示王宰。

文端又言：“固镇寨四崖悬绝，势不可攻。然寨中无水，皆饮涧水，在寨东约一里许。宜令王逢进兵逼之，绝其水道，不过三日，贼必弃寨遁去，官军即可追蹑。前十五里至青龙寨，亦四崖悬绝，水在寨外，可以前法取也。其东十五里则沁州城。”德裕奏请诏示王逢。

文端又言：“都头王钊将万兵戍洺州，刘稹既族薛茂卿，又诛邢洺救援兵马使谈朝义兄弟三人，钊自是疑惧。稹遣使召之，钊不肯入，士卒皆哗噪，钊必不为稹用。但钊及士卒家属皆在潞州，又士卒恐已降为官军所杀，招之必不肯来。惟有谕意于钊，使引兵入潞州取稹，事成之日，许除别道节度使，仍厚有赐与，庶几肯从。”德裕奏请诏何弘敬潜遣人谕以此意。

刘稹年少懦弱，押牙王协、宅内兵马使李士贵用事，专聚货财，府库充溢，而将士有功无赏，由是人心离怨。刘从谏妻裴氏，冕之支孙也，忧稹将败，其弟问，典兵在山东，欲召之使掌军政。

造成士卒大量伤亡，而未可轻易攻破城池。泽州叛军约有兵一万五千人，叛贼经常分出一大半兵力，暗中埋伏于山谷之间，刺探得官军攻城未克，疲惫不堪之时，伏兵便从四周集合，回救城下，官军为此必遭失利。如果朝廷今天能命令陈许的军队渡过乾河扎下营寨，自寨城连延到泽州，环绕泽州筑起两边立栅，中间留有通道的夹城，每天派遣大军于夹城外布阵，以抵御救兵，叛贼看到环绕泽州的夹城行将合围，必定要出城拼死决战。官军可待击败出城的贼军后，乘势将泽州城攻破。”李德裕上奏唐武宗，请求将高文端的建议诏告前线将领王宰。

高文端又说：“叛贼所据的固镇寨建在四崖悬绝的山上，其形势险要，不可攻取。然而寨中没有水，军士都饮用涧水，这股涧水在固镇寨以东约一里路外。应该命令王逢率官军进逼，断绝固镇寨贼军的水道，这样不过三天，贼军必定放弃固镇寨而逃走，官军即可跟踪追击。固镇寨前面十五里外可到青龙寨，也处于四崖悬绝的山上，水也在寨外，可以依照同样的方法攻取。青龙寨以东十五里就是沁州城。”李德裕又奏请唐武宗将此策用诏书告示王逢。

高文端再建议说：“叛军都头王钊率领士兵万人戍守洺州，贼首刘稹既已将薛茂卿灭族，又诛杀邢洺救援兵马使谈朝义兄弟三人，王钊于是深感疑惧。刘稹派遣使者召王钊，王钊不肯入潞州城，士卒们也都喧哗噪骂，可知王钊必定不会为刘稹所用。但王钊及所部士卒家属都在潞州，另外，士卒们恐怕自己投降后又被官军所杀，所以招谕他们，他们肯定不敢前来。只有向王钊宣示皇上谕旨，使他引所部兵马入潞州攻取刘稹，事成之日，许诺任命他为别道节度使，并给予丰厚的赏赐，或许王钊肯听从。”李德裕再奏告唐武宗，并请武宗诏告何弘敬，让何弘敬暗中派人向王钊告谕皇上的旨意。

刘稹年轻性情懦弱，其部将押牙王协、宅内兵马使李士贵居中用事掌权，两人专事聚敛财货，使府库财货充斥溢满，而部下将士却有功而得不到赏赐，于是人心离散怨恨。刘从谏的妻子裴氏，是前宰相裴冕的旁支孙女，忧虑刘稹将遭败亡，她的弟弟裴问，率领军队在太行山以东戍守，裴氏想召裴问回来掌握昭义镇的军政。

士贵恐问至夺己权，且泄其奸状，乃曰："山东之事仰成于五舅，若召之，是无三州也。"乃止。

王协荐王钊为洺州都知兵马使，钊得众心，而多不遵使府约束，同列高元武、安玉言其有贰心。稹召之，钊辞以"到洺州未立少功，实所惭恨，乞留数月，然后诣府"。许之。

王协请税商人，每州遣军将一人主之，名为税商，实籍编户家赀，至于什器无所遗，皆估为绢匹，十分取其二，率高其估。民竭浮财及糗粮输之，不能充，皆汹汹不安。

军将刘溪尤贪残，刘从谏弃不用。溪厚赂王协，协以邢州富商最多，命溪主之。裴问所将兵号"夜飞"，多富商子弟，溪至，悉拘其父兄。军士诉于问，问为之请，溪不许，以不逊语答之。问怒，密与麾下谋杀溪归国，并告刺史崔嘏，嘏从之。丙子，嘏、问闭城，斩城中大将四人，请降于王元逵。时高元武在党山，闻之，亦降。

先是使府赐洺州军士布，人一端，寻有帖以折冬赐。会税商军将至洺州，王钊因人不安，谓军士曰："留后年少，政非己出。今仓库充实，足支十年，岂可不少散之以慰劳苦之士！使帖不可用也。"乃擅开仓库，给士卒人绢一匹，谷十二石，

李士贵担心裴问到来后夺取自己的权柄，且使自己的奸状暴露，于是向刘稹进言说："太行山以东的军政大事全仰仗于五舅裴问，如果将裴问召回，邢、洺、磁三州之地将无法控制。"由于李士贵从中作梗，所以召裴问回镇之事不再提了。

昭义军府押牙王协推荐王钊为洺州都知兵马使，王钊很得部众的心，而其部众大都不遵从节度使府的约束，王钊的同僚将领高元武、安玉声言王钊有二心。刘稹召王钊，王钊推辞说："到洺州来没有立下多少功劳，实在是惭愧自恨，乞求再留任洺州几个月，然后再回节度使府效劳。"刘稹也只好准许。

王协又请刘稹向商人收税，每州派遣军将一人主持收税事宜，名义上是收税，实际上却是籍没编户居民的家产，以至于连家庭日用器具也一扫无遗，这些器具全用来估价折算成绢匹，按其价值十分收取其二，并动不动就将其价估高，多收税钱。百姓虽然竭尽浮财以及干粮交纳给军府，也无法充实军府的税收，以致群情激愤，上下不安。

昭义军将刘溪尤其贪暴残忍，以前刘从谏对他弃而不用。刘溪用丰厚的财物贿赂王协，王协见邢州富商最多，任命刘溪为邢州主税官。当时裴问所率领的兵将号称"夜飞"，大多是富商子弟，刘溪到邢州主税，将他们的父兄全部拘捕。夜飞军士向裴问申诉，裴问为他们向刘溪求情，并请求释放士兵家属，刘溪不许，竟用极不礼貌的语言回答裴问。裴问勃然大怒，秘密与麾下谋划杀刘溪，归降朝廷，并将其谋密告邢州刺史崔嘏，崔嘏表示赞同。丙子（二十五日），崔嘏、裴问将邢州城关闭，斩杀城中四员大将，向成德节度使王元逵请降。当时高元武在党山，闻知此讯，也向官军投降。

先前昭义节度使府曾赐给洺州军士布匹，每人得一端，不久使府又下帖文，要以这一端布折充为冬赐。恰值使府派遣的税商军将来到洺州，致使人心不安，王钊趁机向军士鼓动说："留后刘稹年少，军政命令并非由刘稹所出。今军府仓库充实，足可支付十年的用度，岂可以不稍微散出一些财物，用以慰劳辛苦备至的士兵！节度使府的使帖我们不能信用听命。"于是擅自打开仓库，分给士卒每人绢一匹，谷十二石，

士卒大喜。钊遂闭城请降于何弘敬。安玉在磁州，闻二州降，亦降于弘敬。尧山都知兵马使魏元谈等降于王元逵，元逵以其久不下，皆杀之。

八月辛卯，镇、魏奏邢、洺、磁三州降，宰相入贺。李德裕曰："昭义根本尽在山东，三州降，则上党不日有变矣。"上曰："郭谊必枭刘稹以自赎。"德裕曰："诚如圣料。"上曰："于今所宜先处者何事？"德裕请以卢弘止为三州留后，曰："万一镇、魏请占三州，朝廷难于可否。"上从之。诏山南东道兼昭义节度使卢钧乘驿赴镇。

潞人闻三州降，大惧。郭谊、王协谋杀刘稹以自赎。稹再从兄中军使匡周兼押牙，谊患之，言于稹曰："十三郎在牙院，诸将皆莫敢言事，恐为十三郎所疑而获罪，以此失山东。今诚得十三郎不入，则诸将始敢尽言，采于众人，必获长策。"稹召匡周谕之，使称疾不入。匡周怒曰："我在院中，故诸将不敢有异图；我出院，家必灭矣！"稹固请之，匡周不得已，弹指而出。

谊令稹所亲董可武说稹曰："山东之叛，事由五舅，城中人人谁敢相保！留后今欲何如？"稹曰："今城中尚有五万人，且当闭门坚守耳。"可武曰："非良策也。留后不若束身归朝，如张元益，不失作刺史。且以郭谊为留后，俟得节之日，

士卒皆大为欢喜。王钊趁势关闭洺州城门，请求归降于魏博节度使何弘敬。安玉在磁州，闻知邢州、洺州都已投降，也以磁州请求归降于何弘敬。尧山都知兵马使魏元谈等也投降于成德节度使王元逵，王元逵对魏元谈等人据守尧山久不投降感到愤怒，于是，将他们全都杀掉。

八月辛卯（十一日），镇州、魏州藩镇使府向朝廷上奏，称邢、洺、磁三州皆已投降，宰相们入朝向唐武宗庆贺。李德裕对唐武宗说："昭义镇的根本尽在太行山以东，邢、洺、磁三州归降朝廷后，上党肯定在不久之内会有变故。"唐武宗说："郭谊必定会斩下刘稹的首级，挂在竹竿上，归降朝廷以赎自己的罪。"李德裕回答说："实际情况必定会如皇上所预料的那样。"唐武宗说："那么，现在首先应该处理什么事呢？"李德裕请求以卢弘止为邢、洺、磁三州留后，说："万一镇、魏藩镇请求占有三州，朝廷将难于作出可与不可的回答。"唐武宗同意了李德裕的请求。颁下诏书任命山南东道兼昭义节度使卢钧乘驿马赶赴镇治。

潞州人听说邢、洺、磁三州降唐，大为恐惧。郭谊、王协密谋杀刘稹以向朝廷赎罪。刘稹的堂兄中军使刘匡周兼任押牙，郭谊对他感到忧虑，于是对刘稹说："由于十三郎刘匡周在牙院，诸位将领都不敢说话言事，恐怕为十三郎猜疑而获罪，正因如此，我们才失去了太行山以东三个州。今天十三郎不入牙院，诸位将领才敢于尽其所言，您如果听计于众人，必定能获得万全长策。"刘稹听后召刘匡周晓以道理，让刘匡周宣称有疾病而不入牙院。刘匡周勃然大怒说："正由于我在牙院中，诸将领才不敢有异图；我若出牙院，刘家必遭破灭！"刘稹还是坚持要刘匡周出牙院，刘匡周不得已，又气又恨，只得即刻走出了牙院。

郭谊又指使刘稹所信任的董可武游说刘稹说："太行山以东三州的叛变，事由您的五舅裴问发起，现在上党城中人谁敢保护您！您今天想怎么办？"刘稹回答说："目前上党城中尚有五万人，应当紧闭城门坚守吧。"董可武说："这不是良策。留后您不如将自己捆绑起来归降朝廷，如文宗时张元益那样，还不失作一个刺史。应暂让郭谊充任留后，待到适当的时候，

徐奉太夫人及室家金帛归之东都，不亦善乎？”稹曰：“谊安肯如是？”可武曰：“可武已与之重誓，必不负也。”乃引谊入。稹与之密约既定，乃白其母，母曰：“归朝诚为佳事，但恨已晚。吾有弟不能保，安能保郭谊！汝自图之！”稹乃素服出门，以母命署谊都知兵马使。王协已戒诸将列于外厅，谊拜谢稹已，出见诸将，稹治装于内厅。李士贵闻之，帅后院兵数千攻谊。谊叱之曰：“何不自取赏物，乃欲与李士贵同死乎！”军士乃退，共杀士贵。谊易置将吏，部署军士，一夕俱定。

明日，使董可武入谒稹曰：“请议公事。”稹曰：“何不言之？”可武曰：“恐惊太夫人。”乃引稹步出牙门，至北宅，置酒作乐。酒酣，乃言：“今日之事欲全太尉一家，须留后自图去就，则朝廷必垂矜闵。”稹曰：“如所言，稹之心也。”可武遂前执其手，崔玄度自后斩之，因收稹宗族，匡周以下至襁褓中子皆杀之。又杀刘从谏父子所厚善者张谷、陈扬庭、李仲京、郭台、王羽、韩茂章、茂实、王渥、贾庠等凡十二家，并其子侄甥婿无遗。仲京，训之兄；台，行馀之子；羽，涯之从孙；茂章、茂实，约之子；渥，璠之子；庠，餗之子也。甘露之乱，仲京等亡归从谏，从谏抚养之。凡军中有小嫌者，谊日有所诛，流血成泥。乃函稹首，遣使奉表及书，

从容不迫地奉太夫人以及家室财产归居东都洛阳，不是也很好吗?”刘稹说:“郭谊怎么肯这么做呢?”董可武说:“我已与郭谊立下重誓，必定不会背负誓约的。”于是引郭谊入见刘稹。刘稹与郭谊密谋降唐事宜，密约既定，然后告诉母亲裴氏，裴氏说:“归降朝廷当然是一件好事，只恨已经太晚。我弟裴问尚不忠于你，又如何能保证郭谊不背负于你呢！请你自己再三考虑吧!”刘稹不加思索，穿着素服出使府牙门，以母亲裴氏之命任郭谊为都知兵马使。这时王协已经告诫诸将领，于使府外庭站立排列，郭谊拜谢刘稹礼毕后，出了使府门接见诸位将领，刘稹则于内厅整理行装。李士贵听说事变，率领后院兵数千人攻击郭谊。郭谊向后院兵大喊说:“你们为何不各自求取赏物，而想与李士贵同死吗!”军士听后纷纷后退，共同将李士贵杀死。郭谊改换使府将吏，安插自己的亲信，重新部署军士，一个晚上就全部准备就绪。

次日，郭谊又指使董可武入室谒见刘稹，说:“郭公请您商讨公事。”刘稹说:“为何不到此对我讲?”董可武说:“恐怕惊动了太夫人。”于是引刘稹步行出使府牙门，来到使府之北的别宅，摆设酒宴作乐痛饮。当喝得痛快之时，董可武对刘稹说:“今天的事是想保全您祖父太尉刘悟传下的一家人，但必须决定您自己的去留，这样朝廷才会因您的自裁而怜悯您的家属。”刘稹回答说:“如您所说，我心里也这么想。”于是董可武上前抓住刘稹的手，崔玄度自后面将刘稹斩首，接着，收捕刘稹宗族家人，刘匡周以下以至襁褓之中的婴儿全部杀死。又杀死原刘从谏父子所信任善待的张谷、陈扬庭、李仲京、郭台、王羽、韩茂章、韩茂实、王渥、贾庠等总共十二家，并株连他们的子侄、外甥、女婿等，无一人能幸存。李仲京是李训的兄长，郭台为郭行馀的儿子，王羽是王涯的族孙，韩茂章、韩茂实兄弟都是韩约的儿子，王渥是王璠的儿子，贾庠为贾𫗧的儿子。唐文宗时甘露之变，李仲京等人逃亡投奔刘从谏，得到刘从谏的保护和抚养。这时郭谊总揽昭义军政大权，凡军中对他稍有嫌隙的人，郭谊都将其诛杀，以致每天都要杀人，血流在地上碾成了血泥。大局稳定后，郭谊将刘稹的首级封装在一个盒子里，派遣使者带着表文和书札，

降于王宰。首过泽州，刘公直举营恸哭，亦降于宰。

乙未，宰以状闻。丙申，宰相入贺。李德裕奏："今不须复置邢、洺、磁留后，但遣卢弘止宣尉三州及成德、魏博两道。"上曰："郭谊宜如何处之？"德裕曰："刘稹騃孺子耳，阻兵拒命，皆谊为之谋主；及势孤力屈，又卖稹以求赏。此而不诛，何以惩恶！宜及诸军在境，并谊等诛之！"上曰："朕意亦以为然。"乃诏石雄将七千人入潞州，以应谣言。杜悰以馈运不给，谓谊等可赦，上熟视不应。德裕曰："今春泽潞未平，太原复扰，自非圣断坚定，二寇何由可平！外议以为若在先朝，赦之久矣。"上曰："卿不知文宗心地不与卿合，安能议乎！"罢卢钧山南东道，专为昭义节度使。

戊戌，刘稹传首至京师。诏："昭义五州给复一年，军行所过州县免今年秋税。昭义自刘从谏以来，横增赋敛，悉从蠲免。所籍土团并纵遣归农。诸道将士有功者，等级加赏。"

郭谊既杀刘稹，日望旌节，既久不闻问，乃曰："必移他镇。"于是阅鞍马，治行装，及闻石雄将至，惧失色。雄至，谊等参贺毕，敕使张仲清曰："郭都知告身来日当至，诸高班告身在此，晚牙来受之！"乃以河中兵环毬场，晚牙，谊等至，

向王宰投降。刘稹的首级经过泽州，刘公直及其营垒的将士痛哭失声，也就一同投降王宰。

乙未（十五日），王宰将情况写成状奏告朝廷。丙申（十六日），宰相们入朝向唐武宗祝贺。李德裕奏言："如今不需要再设置邢、洺、磁留后，只须派遣卢弘止去宣慰这三州以及成德、魏博两道。"唐武宗问："郭谊应当如何处置呢？"李德裕说："刘稹是个傻小子罢了，其调兵遣将抗拒朝廷命令，都是郭谊为他出主意，作谋主；到刘稹势孤力单不能支持时，郭谊又出卖刘稹以求朝廷的赏赐。对这种人不加以诛除，又如何能说是惩治罪魁祸首！应该趁诸征讨大军压境之时，将郭谊等人一并诛除！"唐武宗说："我也认为这样处置为好。"于是下诏命石雄率领七千人进入潞州，以和先前的谣言相应。杜悰则以军饷运输困难，不能供给为由，声言郭谊等人可以赦免，唐武宗对其奏议不予理睬。李德裕说："今年春天泽潞未能平定，太原又出现骚扰，如果不是皇上圣明坚决果断，两处贼寇怎么可能平定！朝外议论认为如果是先朝皇上，像郭谊这种情况早就赦免了。"唐武宗说："你不知文宗心里和你意见不合，怎么能议到一处去呢！"于是，罢除卢钧山南东道节度使的职务，让他专任昭义节度使。

戊戌（十八日），刘稹的首级被传送至京师长安。唐武宗颁布诏书："昭义镇所属泽、潞、邢、洺、磁五州免除赋役一年，为攻打刘稹，官军行军所过的州县也免除今年秋季的税收。昭义镇所辖之境自刘从谏以来，所增加的无理赋税，全部予以免除。抽调平民所组建的土团也全部解散回家务农。诸道征讨刘稹的军队中有功的将士，按等级给予赏赐。"

郭谊既已杀死刘稹，日夜盼望着朝廷赐予留后的旗子和符节，却久没有消息，朝廷对此不闻也不问，为此郭谊自言自语："必定要移往其他藩镇。"于是开始检阅自己的鞍马，整治自己的行装，待听说石雄将到来，大惊失色。石雄赶到，郭谊等人参贺既毕，宣示皇帝诏书的敕者张仲清说："都知兵马使郭谊的委任状过几天就会到来，其他诸将领的委任状在我这里，晚上牙院参拜时来受命！"于是调河中镇兵马包围毬场，至晚上牙院参拜时，郭谊等人纷纷赶到，

唱名引入，凡诸将桀黠拒官军者，悉执送京师。加何弘敬同平章事。丁未，诏发刘从谏尸，暴于潞州市三日，石雄取其尸置毬场斩剉之。

戊申，加李德裕太尉、赵国公，德裕固辞。上曰："恨无官赏卿耳！卿若不应得，朕必不与卿。"

初，李德裕以"韩全义以来，将帅出征屡败，其弊有三：一者，诏令下军前，日有三四，宰相多不预闻。二者，监军各以意见指挥军事，将帅不得专进退。三者，每军各有宦者为监使，悉选军中骁勇数百为牙队，其在陈战斗者，皆怯弱之士；每战，监使自有信旗，乘高立马，以牙队自卫，视军势小却，辄引旗先走，陈从而溃"。德裕乃与枢密使杨钦义、刘行深议，约敕监军不得预军政，每兵千人听监使取十人自卫，有功随例沾赏。二枢密皆以为然，白上行之。自御回鹘至泽潞罢兵，皆守此制。自非中书进诏意，更无他诏自中出者。号令既简，将帅得以施其谋略，故所向有功。

自用兵以来，河北三镇每遣使者至京师，李德裕常面谕之曰："河朔兵力虽强，不能自立，须藉朝廷官爵威命以安军情。归语汝使：与其使大将邀宣慰敕使以求官爵，何如自奋忠义，立功立事，结知明主，使恩出朝廷，不亦荣乎！且以

张仲清点名将他们一个一个地引入毬场，凡是诸将领狡猾凶狠曾死命抗拒官军者，全都逮捕，囚送京师长安。唐武宗又加何弘敬为同平章事衔。丁未(二十七日)，武宗下诏命令掘刘从谏墓，将刘从谏尸首暴露于潞州街市三天，石雄又取刘从谏尸放置于毬场剁成碎块。

戊申(二十八日)，唐武宗加封李德裕为太尉、赵国公，李德裕坚决推辞。唐武宗说："我只恨没有什么好官赏给你呀！你如果不该得，朕必定不会轻易赏给你的。"

起初，李德裕认为："自德宗派遣韩全义讨吴少诚失败以来，官军将帅出征屡遭失败，分析其弊约有三条：第一，皇帝的诏令下达于军队之前，有三四天时间，宰相大多不能预先知道。第二，宦官监军每人都总是以自己的意见来指挥军事，领军将帅反而不能指挥军队的进退。第三，每支官军都各有宦官为监军使，他们都选择军队中骁勇精壮的士兵数百人组成牙队，而在阵上战斗的士兵，却都是一些怯懦体弱的人；每次战斗，监军使自己掌有指挥进退的信号旗，乘马登高处观察，而以牙队自卫，当见到军队稍有退却，立即便带着旗帜先逃走，其他军队也跟着跑，阵势于是溃散。"李德裕与枢密使杨钦义、刘行深商议，相约监军不得干预军政，军队每一千人听任监军选取十人自卫，有战功时监军照例可沾光得到奖赏。两位枢密使都认为有道理，表示同意，于是奏告唐武宗下诏执行。自后抵御回鹘的骚扰以至泽潞镇的罢兵，都遵守以上制度。在朝廷，如果不是中书门下宰相们向皇帝进言颁布诏书旨意，就不再有其他诏旨自宫禁中通过宦官颁发出来。号令既简明统一，将帅们也就得以施展他们的谋略，所以每战所向无敌，立有战功。

自对泽潞用兵以来，河北三大藩镇经常派遣使者到京师长安，李德裕常当面告谕他们说："河朔藩镇的兵力虽然强大，但不能依恃兵力自立，必须凭藉朝廷委任官爵，凭借威命，才能安定军情。回去告诉你们的节度使：与其派大将请求宣慰敕使代为邀求官爵，还不如自己奋发忠义，为朝廷立功做事，结好圣明的天子，让皇上知道你们的忠义，而使恩命由朝廷主动直接地赐予，不是更为光荣吗！就以

耳目所及者言之，李载义在幽州，为国家尽忠平沧景，及为军中所逐，不失作节度使，后镇太原，位至宰相。杨志诚遣大将遮敕使马求官，及为军中所逐，朝廷竟不赦其罪。此二人祸福足以观矣。”德裕复以其言白上，上曰：“要当如此明告之。”由是三镇不敢有异志。

3　九月，诏以泽州隶河阳节度。

4　丁巳，卢钧入潞州。钧素宽厚爱人，刘稹未平，钧已领昭义节度，襄州士卒在行营者，与潞人战，常对陈扬钧之美。及赴镇，入天井关，昭义散卒归之者，钧皆厚抚之，人情大洽，昭义遂安。

刘稹将郭谊、王协、刘公直、安全庆、李道德、李佐尧、刘武德、董可武等至京师，皆斩之。

臣光曰：董重质之在淮西，郭谊之在昭义，吴元济、刘稹，如木偶人在伎儿之手耳。彼二人始则劝人为乱，终则卖主规利，其死固有馀罪。然宪宗用之于前，武宗诛之于后，臣愚以为皆失之。何则？赏奸，非义也；杀降，非信也。失义与信，何以为国！昔汉光武待王郎、刘盆子止于不死，知其非力竭则不降故也。樊崇、徐宣、王元、牛邯之徒，岂非助乱之人乎？而光武不杀，盖以既受其降，则不可复诛故也。若既赦而复逃亡叛乱，则其死固无辞矣！

我自己耳闻目睹的来说吧,李载义当年在幽州,为国家尽忠平定沧景的叛乱,后来被幽州镇军队驱逐,朝廷未忘他的功劳,使他仍不失为节度使,后移镇太原,位至于宰相。杨志诚派遣大将挡住朝廷所派敕使的坐马,邀求官爵,后来被所部军队驱逐,朝廷最后竟不赦免他的罪。这两个人的荣辱福祸足以看得很清楚。"李德裕将这些话告诉唐武宗,唐武宗说:"就是要这样明白地告诫他们。"因此,河北三镇不敢趁朝廷对泽潞用兵而有异志。

3 九月,唐武宗颁下诏书将泽州改由河阳镇节度。

4 丁巳(初七),卢钧进入潞州。卢钧平素待人宽厚爱护,刘稹还未平定时,卢钧已经领昭义节度使衔,襄州士卒在征讨行营与潞州人作战时,常对阵喊话,宣扬卢钧的美德。到卢钧赴镇上任,入天井关,昭义溃散的士卒归镇者,卢钧都善意抚慰,待他们十分厚道,以致上下人情大为融洽,昭义镇于是安定。

刘稹的部将郭谊、王协、刘公直、安全庆、李道德、李佐尧、刘武德、董可武等被押送至京师长安,全被斩首。

臣司马光说:唐宪宗时董重质在淮西叛乱,今郭谊又在昭义叛乱,其淮西镇主吴元济和昭义镇主刘稹,实际上如木偶在耍把戏人的手掌上。董重质、郭谊二人起初劝主人作乱,最后又都卖主窥求私利,处死他们当然是死有馀辜。然而,唐宪宗任用董重质在前,唐武宗诛杀郭谊在后,二者处置却截然不同,谁是谁非?我虽然愚钝,但认为以上两种处置都有不当。为什么这样说呢?唐宪宗赏赐奸贼董重质,是不义;唐武宗杀死降虏郭谊,是不守信用。失去义和信,如何能治好国家!过去汉光武帝刘秀对待向他投降的王郎、刘盆子,仅止于不死,除留他们一条命外,没有任何赏赐,这是因为汉光武帝知道王郎、刘盆子不到穷途末路,力竭不能抵抗时,是不会投降的。另外樊崇、徐宣、王元、牛邯这帮人,岂能说他们不是助纣为乱之人?而光武帝刘秀也不杀他们,大概是因为既已接受他们的投降,就不可再诛杀他们的缘故。如果他们不知恩义,既已受到赦免不死,却又逃亡叛乱,那么,再行诛杀他们也没什么好说的!

如谊等，免死流之远方，没齿不还，可矣！杀之，非也！

5　王羽、贾庠等已为谊所杀，李德裕复下诏称："逆贼王涯、贾悚等已就昭义诛其子孙。"宣告中外，识者非之。刘从谏妻裴氏亦赐死，又令昭义降将李丕、高文端、王钊等疏昭义将士与刘稹同恶者，悉诛之，死者甚众。卢钧疑其枉滥，奏请宽之，不从。

昭义属城有尝无礼于王元逵者，元逵推求得二十馀人，斩之；馀众惧，复闭城自守。戊辰，李德裕等奏："寇孽既平，尽为国家城镇，岂可令元逵穷兵攻讨！望遣中使赐城内将士敕，招安之，仍诏元逵引兵归镇，并诏卢钧自遣使安抚。"从之。

乙亥，李德裕等请上尊号，且言："自古帝王，成大功必告天地；又，宣懿太后祔庙，陛下未尝亲谒。"上瞿然曰："郊庙之礼，诚宜亟行，至于徽称，非所敢当！"凡五上表，乃许之。

6　李德裕奏："据幽州奏事官言：诇知回鹘上下离心，可汗欲之安西，其部落言亲戚皆在唐，不如归唐；又与室韦已相失，计其不日来降，或自相残灭。望遣识事中使赐仲武诏，谕以镇、魏已平昭义，惟回鹘未灭，仲武犹带北面招讨使，宜早思立功。"

而如果唐武宗对待郭谊等人，免他们死罪，流放到远方，到老得连牙齿都掉光了也不让他们归还，不是也可以吗！将他们一股脑儿全杀死，实在是不对的！

5　王羽、贾庠等已经被郭谊所杀，李德裕又以唐武宗的名义下诏宣称："逆贼王涯、贾悚等人在昭义的子孙已被诛灭。"宣告朝野内外，有见识的人对此颇有非议。刘从谏的妻子裴氏也被赐死，又命令昭义镇的降将李丕、高文端、王钊等人揭发昭义镇将士中与刘稹共同作恶者，将他们全部诛杀，被杀死的人很多。卢钧疑虑杀人太多恐有冤枉，怕滥杀了无辜，奏请朝廷宽待他们，朝廷没有听从。

昭义镇所属城堡有人曾对成德节度使王元逵无礼，王元逵穷加追究，抓到二十多人，处以斩首；其馀人感到恐惧，将城门再行关闭自守抵抗。戊辰（十八日），李德裕等人上奏唐武宗说："叛寇馀孽既全部平定，昭义所属城垒现已尽为国家的城镇，岂可以任王元逵随意穷兵攻讨！希望皇上派遣宦官，赐昭义所属城堡内的将士敕书，招安他们，并且下诏书命令王元逵率领成德镇的军队归还本镇，再下诏书给卢钧，让他自己派遣使者去进行安抚。"唐武宗表示同意。

乙亥（二十五日），李德裕等人奏请给唐武宗上尊号，并且声言："自古以来帝王成就大功者，必定要告天地；再者，宣懿太后追谥名号时，陛下也没有亲自到陵墓去拜谒。"唐武宗听后惊喜地回答说："郊庙谒陵的礼仪，当然应该赶快举行，至于给我加什么美称，真是不敢当啊！"李德裕等人共上了五次表，唐武宗才准许。

6　李德裕上奏唐武宗，称："根据幽州奏事官所说，已探知回鹘上下离心，可汗想迁往安西，而其部落声称亲戚都在唐朝，不如归降大唐；加上回鹘与室韦已经失和，估计不几天回鹘将会来投降，或者回鹘内部将自相残杀，自我毁灭。希望陛下派遣识事知情的宦官使者往幽州赐给张仲武诏书，告谕说镇州、魏州藩镇军队已协助朝廷讨平昭义的叛乱，现在只有回鹘还未消灭，而张仲武仍然带有北面招讨使的职衔，应该尽早想着立功报国。"

7　李德裕怨太子太傅东都留守牛僧孺、湖州刺史李宗闵，言于上曰："刘从谏据上党十年，太和中入朝，僧孺、宗闵执政，不留之，加宰相纵去，以成今日之患，竭天下力乃能取之，皆二人之罪也。"德裕又使人于潞州求僧孺、宗闵与从谏交通书疏，无所得，乃令孔目官郑庆言从谏每得僧孺、宗闵书疏，皆自焚毁。诏追庆下御史台按问，中丞李回、知杂郑亚以为信然。河南少尹吕述与德裕书，言稹破报至，僧孺出声叹恨。德裕奏述书，上大怒，以僧孺为太子少保、分司，宗闵为漳州刺史；戊子，再贬僧孺汀州刺史，宗闵漳州长史。

8　上幸鄠校猎。

9　十一月，复贬牛僧孺循州长史，宗闵长流封州。

10　十二月，以忠武节度使王宰为河东节度使，河中节度使石雄为河阳节度使。

11　上幸云阳校猎。

五年(乙丑,845)

1　春，正月己酉朔，群臣上尊号曰仁圣文武章天成功神德明道大孝皇帝，尊号始无"道"字，中旨令加之。庚戌，上谒太庙；辛亥，祀昊天上帝，赦天下。

2　筑望仙台于南郊。

3　庚申，义安太后王氏崩。

4　以秘书监卢弘宣为义武节度使。弘宣性宽厚而难犯，为政简易，其下便之。河北之法，军中偶语者斩，弘宣至，

7　李德裕怨恨太子太傅、东都留守牛僧孺和湖州刺史李宗闵，他对唐武宗上言说："刘从谏占据上党有十年，文宗太和年间曾入朝，当时牛僧孺、李宗闵执政任宰相，不扣留刘从谏，反而给他加上宰相名号，放纵他归还上党，以致形成今天的祸患，竭尽天下人力物力才将上党攻取，这都是牛僧孺、李宗闵二人的罪过。"李德裕又派人到潞州搜求牛僧孺、李宗闵与刘从谏相互交往的书信，却一无所得，于是命令孔目官郑庆上言，称刘从谏每次得到牛僧孺、李宗闵的书信，都要自己将信烧毁。唐武宗下诏催促郑庆往御史台进行查问，御史中丞李回、御史台侍御史知杂事郑亚查问后认为情况属实。河南少尹吕述也给李德裕写信，声称刘稹被剿灭的捷报传到东都洛阳时，牛僧孺发出叹惜声，有怨恨之言。唐武宗得知后勃然大怒，将牛僧孺降为太子少保、分司东都，李宗闵降为漳州刺史；十月戊子（初九），再将牛僧孺贬为汀州刺史，将李宗闵贬为漳州长史。

8　唐武宗到鄠县进行游猎。

9　十一月，唐朝廷再贬牛僧孺为循州长史，李宗闵长期流放于封州。

10　十二月，唐武宗任命忠武节度使王宰为河东节度使，任命河中节度使石雄为河阳节度使。

11　唐武宗到云阳游猎。

唐武宗会昌五年（乙丑，公元845年）

1　春季，正月己酉朔（初一），满朝大臣给唐武宗上尊号，称仁圣文武章天成功神德明道大孝皇帝，尊号起初并没有"道"字，唐武宗崇信道教，中间下旨命令群臣加上道字。庚戌（初二），唐武宗行谒太庙之礼；辛亥（初三），唐武宗又祭祀昊天上帝，宣诏大赦天下。

2　按唐武宗的旨意于南郊筑望仙台。

3　庚申（十二日），义安太后王氏驾崩。

4　朝廷任秘书监卢弘宣为义武节度使。卢弘宣性情宽厚，而态度严肃，人们不敢冒犯，为政比较简易，其部下称便。按河北的法规，军队中相对私语者就要斩首，卢弘宣来到义武镇，

除其法。诏赐粟三十万斛，在飞狐西，计运致之费逾于粟价，弘宣遣吏守之。会春旱，弘宣命军民随意自往取之，粟皆入境，约秋稔偿之。时成德、魏博皆饥，独易定之境无害。

5 淮南节度使李绅按江都令吴湘盗用程粮钱，强娶所部百姓颜悦女，估其资装为赃，罪当死。湘，武陵之兄子也，李德裕素恶武陵。议者多言其冤，谏官请覆按，诏遣监察御史崔元藻、李稠覆之。还言："湘盗程粮钱有实；颜悦本衢州人，尝为青州牙推，妻亦士族，与前狱异。"德裕以为无与夺，二月，贬元藻端州司户，稠汀州司户。不复更推，亦不付法司详断，即如绅奏，处湘死。谏议大夫柳仲郢、敬晦皆上疏争之，不纳。稠，晋江人；晦，昕之弟也。

6 李德裕以柳仲郢为京兆尹，素与牛僧孺善，谢德裕曰："不意太尉恩奖及此，仰报厚德，敢不如奇章公门馆！"德裕不以为嫌。

7 夏，四月壬寅，以陕虢观察使李拭为册黠戛斯可汗使。

8 五月壬戌，葬恭僖皇后于光陵柏城之外。

废除这种残酷的法规。唐武宗下诏赐给义武粟米三十万斛，存放在飞狐之西，从飞狐将这些粟米运至义武镇，所需费用超过粟米本身的价值，卢弘宣于是派遣官吏至飞狐仓加以看守。恰值春季大旱，卢弘宣命令义武军民自己随意往飞狐仓领取粟米，使粟米全部运入义武辖境，卢弘宣又与得到粟米的军民相约，待到秋天粮食丰收时再向官府偿还。当时成德和魏博两镇也都因旱灾发生饥馑，唯独只有义武节度使卢弘宣所辖的易定境内没有出现饥馑灾害。

5　淮南节度使李绅按查所部江都县令吴湘，说他擅自盗用官家因公出差用的程粮钱，并强横逼娶管下百姓颜悦的女儿，将他家的资产衣装估价作为赃款，论其罪当处死刑。吴湘是吴武陵哥哥的儿子，李德裕平素就厌恶吴武陵。议论此案的人都声言吴湘冤枉，谏官于是向唐武宗请求重新审理，唐武宗颁下诏书，派遣监察御史崔元藻、李稠复审此案。崔元藻、李稠经过复查，回奏朝廷说："吴湘偷盗程粮钱实有其事；而颜悦这个人本是衢州人，曾经任青州牙推官，他的妻子也是士族，情况与初审论罪事实有异。"李德裕认为崔元藻和李稠论事模棱两可，没有给吴湘定重罪论死刑，二月，朝廷将崔元藻贬为端州司户，将李稠贬为汀州司户。对吴湘案不再复审，也不交付司法官署依法详细判罪论刑，即按照李绅所奏，将吴湘处死。谏议大夫柳仲郢、敬晦都上疏文论争，均不被采纳。李稠是晋江人，敬晦是敬昕的弟弟。

6　李德裕提拔柳仲郢任京兆尹，柳仲郢平素与牛僧孺相友善，于是向李德裕道谢说："想不到太尉对我恩奖这么高，为报答您的厚德，今后我不敢再走进奇章公牛僧孺的门馆了！"李德裕对这些话并不以为嫌。

7　夏季，四月壬寅(二十六日)，朝廷任命陕虢观察使李拭为册封黠戛斯可汗使。

8　五月壬戌(十六日)，唐武宗命将唐穆宗恭僖皇后安葬于光陵的柏城之外。

9　门下侍郎、同平章事杜悰罢为右仆射，中书侍郎、同平章事崔铉罢为户部尚书。乙丑，以户部侍郎李回为中书侍郎、同平章事，判户部如故。

10　祠部奏括天下寺四千六百，兰若四万，僧尼二十六万五百。

11　诏册黠戛斯可汗为宗英雄武诚明可汗。

12　秋，七月丙午朔，日有食之。

13　上恶僧尼耗蠹天下，欲去之，道士赵归真等复劝之；乃先毁山野招提、兰若，敕上都、东都两街各留二寺，每寺留僧三十人；天下节度、观察使治所及同、华、商、汝州各留一寺，分为三等：上等留僧二十人，中等留十人，下等五人。馀僧及尼并大秦穆护、祆僧皆勒归俗。寺非应留者，立期令所在毁撤，仍遣御史分道督之。财货田产并没官，寺材以葺公廨驿舍，铜像、钟磬以铸钱。

14　以山南东道节度使郑肃检校右仆射、同平章事。

15　诏发昭义骑兵五百、步兵千五百戍振武，节度使卢钧出至裴村饯之。潞卒素骄，惮于远戍，乘醉，回旗入城，闭门大噪，钧奔潞城以避之。监军王惟直自出晓谕，乱兵击之，伤，旬日而卒。李德裕奏："请诏河东节度使王宰以步骑一千守石会关，三千自仪州路据武安，以断邢、洺之路；又令河阳节度使石雄引兵守泽州，河中节度使韦恭甫发步骑千人戍晋州。如此，贼必无能为。"皆从之。

9　门下侍郎、同平章事杜悰被唐武宗罢相，改任右仆射，中书侍郎、同平章事崔铉也被罢相，改领户部尚书衔。乙丑（十九日），唐武宗任命户部侍郎李回为中书侍郎、同平章事，依旧判户部。

10　祠部上奏朝廷声称，经查证全国有佛教寺院四千六百座，小佛祠四万，僧尼有二十六万五百人。

11　唐武宗册封黠戛斯可汗为宗英雄武诚明可汗。

12　秋季，七月丙午朔（初一），出现日食。

13　唐武宗厌恶像蠹虫一样耗费天下财物的和尚和尼姑，企图将他们罢废还俗，道士赵归真等人又竭力劝武宗废佛。于是唐武宗下令先拆毁山野之间的菩萨佛像和小佛祠，上都长安和东都洛阳的左、右两街各留佛寺两所，每个寺院留僧侣三十人；天下各镇凡节度使、观察使的治所以及同州、华州、商州、汝州各留一所佛寺，将佛寺分为三等；上等可留僧侣二十人，中等可留僧侣十人，下等可留僧侣五人。其馀僧侣及尼姑以及大秦穆护（摩尼教）、祆教僧人也一并勒令还俗。寺庙除应该留下的以外，立即命令所在官府拆毁，并且由朝廷派遣御史到各道去进行监督。佛寺的财产、田产全部没收入官府，寺庙的建筑材料用以修缮公家的官舍和驿传的棚屋，佛教铜像、钟磬等器物熔化后用以铸造钱币。

14　唐武宗任命山南东道节度使郑肃为检校右仆射、同平章事。

15　唐武宗下诏调发昭义骑兵五百、步兵一千五百人戍守振武，昭义节度使卢钧出城行至裴村为戍卒饯行。潞州士卒素来骄横，害怕出门远戍，乘着酒醉，举旗回到上党城，关闭城门大声喧噪，卢钧逃奔于潞城以躲避军乱。昭义监军王惟直亲自出来晓以大义，对乱军进行劝谕，乱兵竟大打出手，将王惟直击伤，十天后死去。李德裕为此上奏唐武宗说："请皇上下诏命令河东节度使王宰率步、骑兵一千人守石会关，派三千人自仪州的道路去据守武安，以便截断潞州去邢州、洺州的道路；再命令河阳节度使石雄率领军队驻守泽州，河中节度使韦恭甫调发步、骑兵一千人戍守晋州。这样的话，叛贼必定无所作为。"唐武宗接受了这些建议。

16　八月，李德裕等奏："东都九庙神主二十六，今贮于太微宫小屋，请以废寺材复修太庙。"

17　壬午，诏陈释教之弊，宣告中外。凡天下所毁寺四千六百馀区，归俗僧尼二十六万五百人，大秦穆护、祆僧二千馀人，毁招提、兰若四万馀区。收良田数千万顷，奴婢十五万人。所留僧皆隶主客，不隶祠部。百官奉表称贺。寻又诏东都止留僧二十人，诸道留二十人者减其半，留十人者减三人，留五人者更不留。

五台僧多亡奔幽州。李德裕召进奏官谓曰："汝趣白本使，五台僧为将必不如幽州将，为卒必不如幽州卒，何为虚取容纳之名，染于人口！独不见近日刘从谏招聚无算闲人，竟有何益!"张仲武乃封二刀付居庸关曰："有游僧入境则斩之。"

主客郎中韦博以为事不宜太过，李德裕恶之，出为灵武节度副使。

18　昭义乱兵奉都将李文矩为帅，文矩不从，乱兵亦不敢害。文矩稍以祸福谕之，乱兵渐听命，乃遣人谢卢钧于潞城。钧还入上党，复遣之戍振武，行一驿，乃潜选兵追之，明日，及于太平驿，尽杀之。具以状闻，且请罢河东、河阳兵在境上者，从之。

19　九月，诏修东都太庙。

16　八月，李德裕等人向唐武宗奏言："东都洛阳九庙有高祖以来神主二十六尊，现在贮藏在太微宫小屋子里，请求用拆毁佛寺所得的木材来修复太庙。"

17　壬午(初七)，唐武宗下诏陈述佛教的危害弊端，并宣告朝廷内外。在全国范围内拆毁佛寺四千六百多区，勒令还俗的僧侣、尼姑有二十六万零五百人，大秦穆护(摩尼教)、祆教僧人也有两千多人，又拆毁菩萨佛像、小佛祠四万多区。从寺院收得良田数千万顷，收得寺院奴婢十五万人。其馀所留下的僧侣都隶属于尚书省礼部主客郎中管辖，而不再隶属于尚书省礼部祠部郎中。对于上述处置，朝廷百官都奉表称赞庆贺。不久，唐武宗又颁布诏书命令东都只留僧侣二十人，诸道原留僧侣二十人的减去一半，留十人的减去三人，留五人的全部减去，一个不留。

五台山的僧侣有很多逃亡投奔幽州。李德裕召来幽州的进奏官，对他说："你回去告诉你的节度使，五台山的僧人充当将领必定不如幽州的将领，为士卒也必定不如幽州的士卒，为何要平白无故地得一个容纳僧侣的恶名，而成为人家的口实！你没有看见不久前刘从谏招纳收聚没有算计的无用闲人，最终有什么好处！"幽州节度使张仲武于是将两把刀封好送给居庸关的守将，宣称："若有游僧进入幽州之境，一概斩首。"

主客郎中韦博认为毁佛之事不应做得太过分，李德裕深感厌恶，将韦博贬谪为灵武节度副使。

18　昭义乱兵推举都将李文矩为帅，李文矩不从命，乱兵也不敢加害。李文矩趁机对乱军进行一些劝谕，晓以祸福，乱兵渐渐听命，于是派人到潞城向卢钧谢罪。卢钧回到上党城，再派遣这些士卒往振武镇去戍守，走过一个驿程，卢钧暗中挑选士兵追赶这些士卒，第二天，至太平驿追及，将曾参与叛乱的士兵全部杀死。卢钧又将情况写成状文向朝廷汇报，并且请求罢除河东、河阳在昭义边境驻守的军队，朝廷一概听从。

19　九月，唐武宗下诏修复东都太庙。

20　李德裕请置备边库，令户部岁入钱帛十二万缗匹，度支盐铁岁入钱帛十二万缗匹，明年减其三之一，凡诸道所进助军财货皆入焉，以度支郎中判之。

21　王才人宠冠后庭，上欲立以为后。李德裕以才人寒族，且无子，恐不厌天下之望，乃止。

22　上饵方士金丹，性加躁急，喜怒不常。冬，十月，上问李德裕以外事，对曰："陛下威断不测，外人颇惊惧。向者寇逆暴横，固宜以威制之；今天下既平，愿陛下以宽理之，但使得罪者无怨，为善者不惊，则为宽矣。"

23　以衡山道士刘玄静为银青光禄大夫、崇玄馆学士，赐号广成先生，为之治崇玄馆，置吏铸印。玄静固辞，乞还山，许之。

24　李德裕秉政日久，好徇爱憎，人多怨之。自杜悰、崔铉罢相，宦官左右言其太专，上亦不悦。给事中韦弘质上疏，言宰相权重，不应更领三司钱谷。德裕奏称："制置职业，人主之柄。弘质受人教导，所谓贱人图柄臣，非所宜言。"十二月，弘质坐贬官，由是众怒愈甚。

25　上自秋冬以来，觉有疾，而道士以为换骨。上秘其事，外人但怪上希复游猎，宰相奏事者亦不敢久留。诏罢来年正旦朝会。

20　李德裕向唐武宗请求设置备边仓库，命令户部每年输入钱、帛十二万缗、匹，度支使和盐铁使每年输入钱、帛十二万缗、匹，第二年减少其三分之一的输入，举诸道所进的助军财产财物也都输入备边仓库，任命度支郎中来掌管这项事务。

21　唐武宗的王才人，在后宫最得武宗喜爱，唐武宗想立王才人为皇后。李德裕认为王才人出身寒族，而且没有生儿子，恐怕不合天下人的愿望，因而上言劝阻，唐武宗于是放弃了这一想法。

22　唐武宗吃下道教方士炼的金丹，性情更加暴躁，喜怒无常。冬季，十月，唐武宗问李德裕朝外之事，李德裕回答说："您的严厉决断人们难以猜测，朝外人士感到很惊诧和恐惧。以前贼寇叛逆专横暴虐，当然应该用严厉的威刑来制服他们；但如今天下既已平定，希望您能以宽容治理政事，如果能使犯罪的人服罪无怨言，为善的人不感到惊慌恐怖，那就能称得上为政宽容了。"

23　唐武宗任命衡山道士刘玄静为银青光禄大夫、崇玄馆学士，赐号广成先生，为他建崇玄馆，并署置吏员，铸有印章。刘玄静坚决推辞，乞求让他回衡山继续修道，唐武宗同意了他的请求。

24　李德裕秉掌权柄的时间久了，喜欢根据自己的好恶处置官吏，使很多人心怀怨言。自从杜悰、崔铉罢免相位后，宦官在唐武宗左右说李德裕太专权，唐武宗也感到不高兴。给事中韦弘质上疏于唐武宗，声言宰相的权力太重，不应该再掌管户部、度支、盐铁三司的钱谷。李德裕为此也上奏唐武宗，声称："设置官职，给职官以权力处置事务，本是皇帝的权柄。韦弘质受人教唆，竟然对皇帝赋予宰相的权力妄持异议，真是卑贱人企图谮害掌有权柄的大臣，这些话哪里是韦弘质这种人可以妄说的呢。"十二月，韦弘质为此贬官，于是众朝臣打抱不平，怨怒更甚。

25　唐武宗自从秋冬之际以来，感觉患有疾病，而道士却认为是换骨。唐武宗将疾病隐瞒起来，宫禁之外的朝臣只是奇怪唐武宗很少出来游猎，宰相入朝奏事也不敢停留太久。武宗又下诏书停罢明年元旦的大朝会。

26　吐蕃论恐热复纠合诸部击尚婢婢，婢婢遣厖结藏将兵五千拒之，恐热大败，与数十骑遁去。婢婢传檄河、湟，数恐热残虐之罪曰："汝辈本唐人，吐蕃无主，则相与归唐，毋为恐热所猎如狐兔也！"于是诸部从恐热者稍稍引去。

27　是岁，天下户四百九十五万五千一百五十一。

28　朝廷虽为党项置使，党项侵盗不已，攻陷邠、宁、盐州界城堡，屯叱利寨。宰相请遣使宣慰，上决意讨之。

六年（丙寅，846）

1　春，二月庚辰，以夏州节度使米暨为东北道招讨党项使。

2　上疾久未平，以为汉火德，改"洛"为"雒"，唐土德，不可以王气胜君名，三月，下诏改名炎。

上自正月乙卯不视朝，宰相请见，不许，中外忧惧。

初，宪宗纳李锜妾郑氏，生光王怡。怡幼时，宫中皆以为不慧，太和以后，益自韬匿，群居游处，未尝发言。文宗幸十六宅宴集，好诱其言以为戏笑，上性豪迈，尤所不礼。及上疾笃，旬日不能言，诸宦官密于禁中定策，辛酉，下诏称："皇子冲幼，须选贤德，光王怡可立为皇太叔，更名忱，应军国政事令权句当。"太叔见百官，哀戚满容，裁决庶务，咸当于理，人始知有隐德焉。

26　吐蕃的论恐热又纠合诸部落攻击吐蕃宰相尚婢婢，尚婢婢派遣厖结藏率领五千兵进行抵抗，论恐热被打得大败，只与数十个骑兵逃走。尚婢婢传布檄文于河、湟地区，历数论恐热的残忍暴虐罪行，说："你们本来都是大唐的臣民，吐蕃王国没有了国王，你们应该相互联结归奉唐朝，不应该被论恐热所控制，像狐狸抓兔子一样！"于是河、湟地区汉人诸部跟从论恐热的，逐渐离他而去。

27　这一年，全国共有四百九十五万五千一百五十一户。

28　唐朝廷虽然为对付党项设置了三处使职，但党项部族仍然侵盗唐边境不已，攻陷唐邠州、宁州、盐州边界的城堡，屯兵于叱利寨。宰相请求唐武宗派遣使者宣慰招抚党项部，但唐武宗决意要派军队讨伐。

唐武宗会昌六年（丙寅，公元 846 年）

1　春季，二月庚辰（九日），唐武宗任命夏州节度使米暨为东北道招讨党项使。

2　唐武宗患疾病很久未能痊愈，认为汉朝属火德，光武帝刘秀因而改洛阳的"洛"为"雒"，唐朝属土德，不可以王气胜过君主的名字，三月，唐武宗李瀍颁下诏书，宣告改名为炎。炎从火，火能生土。

唐武宗自从正月乙卯（十三日）以来就不再上朝视事，宰相请求见皇上，也不获允许，朝廷内外都深感忧惧。

起初，唐宪宗收纳李锜的妾郑氏，生光王李怡。李怡年幼时，后宫中人们都认为他不聪明，唐文宗太和年以后，李怡更是自己韬光养晦，在大庭广众游乐相处时，从不发言。唐文宗到十六宅为诸王设宴集会，喜欢引诱李怡发言以作调戏笑料，唐武宗性格强韧豪迈，对光王李怡更加无礼。唐武宗危病，十来天不能说话，诸宦官于是暗中在宫禁内策划立新皇帝，辛酉（二十日），禁中传出以唐武宗名义颁发的诏书称："皇子们都太年幼，必须选择贤德的皇族成员继立皇位，光王李怡可以立为皇太叔，改其名称李忱，所有军国政事可让他暂时处置。"皇太叔李忱出宫见百官时，满脸悲哀戚惨的样子，而裁决细小军政事务时，都能合情合理，人们这才知道他很内秀。

甲子，上崩。以李德裕摄冢宰。丁卯，宣宗即位。宣宗素恶李德裕之专，即位之日，德裕奉册。既罢，谓左右曰："适近我者非太尉邪？每顾我，使我毛发洒淅。"夏，四月辛未朔，上始听政。

3　尊母郑氏为皇太后。

4　壬申，以门下侍郎、同平章政事李德裕同平章事，充荆南节度使。德裕秉权日久，位重有功，众不谓其遽罢，闻之莫不惊骇。甲戌，贬工部尚书、判盐铁转运使薛元赏为忠州刺史，弟京兆少尹、权知府事元龟为崖州司户，皆德裕之党也。

5　杖杀道士赵归真等数人，流罗浮山人轩辕集于岭南。五月乙巳，赦天下。上京两街先听留两寺外，更各增置八寺。僧、尼依前隶功德使，不隶主客，所度僧、尼仍令祠部给牒。

6　以翰林学士、兵部侍郎白敏中同平章事。

7　辛酉，立皇子温为郓王，渼为雍王，泾为雅王，滋为夔王，沂为庆王。

8　六月，礼仪使奏"请复代宗神主于太庙，以敬宗、文宗、武宗同为一代，于庙东增置两室，为九代十一室。"从之。

9　秋，七月壬寅，淮南节度使李绅薨。

10　回鹘乌介可汗之众稍稍降散及冻馁死，所馀不及三千人。国相逸隐啜杀乌介于金山，立其弟特勒遏捻为可汗。

甲子(二十三日),唐武宗驾崩。李德裕受命兼任冢宰办理后事。丁卯(二十六日),唐宣宗李忱即皇帝位。唐宣宗李忱平素厌恶李德裕专政,即皇帝位的那一天,由李德裕手捧册封的诏书。册立仪式既罢,宣宗对左右近侍说:“刚才靠近我的是不是李太尉呢?每看我一眼,都使人毛骨悚然,肃然可畏。”夏季,四月辛未朔(初一),唐宣宗开始上朝听政。

3 唐宣宗尊自己的生母郑氏为皇太后。

4 壬申(初二),唐宣宗下令调门下侍郎、同平章政事李德裕仍充平章事,出任荆南节度使。李德裕在朝掌握权柄很久,位望崇重,立有大功,众朝官想不到他突然被罢免,消息传来,百官无不感到惊骇。甲戌(初四),唐宣宗又下令贬工部尚书、判盐铁转运使薛元赏为忠州刺史,他的弟弟京兆少尹、权知府事薛元龟贬为崖州司户,因为他们都是李德裕的党羽。

5 唐宣宗下令用棍棒打杀道士赵归真等数人,将罗浮山人轩辕集流放到岭南。五月乙巳(初五),宣告大赦天下。又宣告上京长安两街除以前留下的两座佛教寺庙外,再各增置八座寺庙。佛教僧侣、尼姑依照以前的规定隶属于左、右街功德使,不隶属于尚书省礼部主客郎中,这些寺庙所度的僧侣、尼姑都可由祠部发给度牒,准许他们出家。

6 唐宣宗任命翰林学士、兵部侍郎白敏中为同平章事。

7 辛酉(二十一日),唐宣宗立皇子李温为郓王,李渼为雍王,李泾为雅王,李滋为夔王,李沂为庆王。

8 六月,礼仪使向唐宣宗上奏称:“请皇上恢复唐代宗的神主像于太庙,由于唐敬宗、唐文宗、唐武宗为同一代,都是唐穆宗的儿子,所以可于太庙之东增置两个室,共为九代十一室神主像。”唐宣宗表示同意。

9 秋季,七月壬寅(初三),淮南节度使李绅去世。

10 回鹘国乌介可汗的部众渐渐减少,有的降唐,有的离散,有的冻饿而死,所馀下的已不及三千人。回鹘国相逸隐啜在金山将乌介可汗杀死,立乌介可汗的弟弟特勒遏捻为可汗。

11　八月壬申，葬至道昭肃孝皇帝于端陵，庙号武宗。

初，武宗疾困，顾王才人曰："我死，汝当如何?"对曰："愿从陛下于九泉!"武宗以巾授之。武宗崩，才人即缢。上闻而矜之，赠贵妃，葬于端陵柏城之内。

12　以循州司马牛僧孺为衡州长史，封州流人李宗闵为郴州司马，恩州司马崔珙为安州长史，潮州刺史杨嗣复为江州刺史，昭州刺史李珏为郴州刺史。僧孺等五相皆武宗所贬逐，至是，同日北迁。宗闵未离封州而卒。

13　九月，以荆南节度使李德裕为东都留守，解平章事；以中书侍郎、同平章事郑肃同平章事、充荆南节度使。

14　以兵部侍郎、判度支卢商为中书侍郎、同平章事。商，翰之族孙也。

15　册黠戛斯可汗使者以国丧未行，或以为僻远小国，不足与之抗衡；回鹘未平，不应遽有建置。诏百官集议，事遂寝。

16　蛮寇安南，经略使裴元裕帅邻道兵讨之。

17　以右常侍李景让为浙西观察使。

初，景让母郑氏，性严明，早寡，家贫，居于东都。诸子皆幼，母自教之。宅后古墙因雨隤陷，得钱盈船，奴婢喜，走告母。母往，焚香祝之曰："吾闻无劳而获，身之灾也。天必以先君馀庆，矜其贫而赐之，则愿诸孤他日学问有成，乃

11　八月壬申(初三),唐宣宗及朝臣将至道昭肃孝皇帝李炎葬于端陵,庙号为武宗。

起初,唐武宗被疾病困扰,望着宠妃王才人说:“我死了,你该怎么办呢?”王才人回答说:“我愿意随从您一起到九泉之下!”唐武宗即送给她一条围巾。待唐武宗驾崩,王才人即用围巾上吊自缢而死。唐宣宗听说后对王才人深感怜悯,赠给她贵妃的名号,安葬于端陵柏城之内。

12　唐宣宗任命循州司马牛僧孺为衡州长史,任命流放封州的李宗闵为郴州司马,任命恩州司马崔珙为安州长史,任命潮州刺史杨嗣复为江州刺史,任命昭州刺史李珏为郴州刺史。牛僧孺等五位前宰相都是唐武宗所贬逐的,到这时,五人同日北还。李宗闵还未离开封州就死了。

13　九月,唐宣宗任荆南节度使李德裕为东都留守,解除他平章事的名号;任命中书侍郎、同平章事郑肃挂同平章事衔、充任荆南节度使。

14　唐宣宗任命兵部侍郎、判度支卢商为中书侍郎、同平章事。卢商是卢翰的同族孙子。

15　唐武宗派出册封黠戛斯可汗的使者李拭等,因为国丧而未前行,有人认为黠戛斯是僻远小国,不足以与大国抗衡;回鹘的侵扰并未平定,不应该马上就有所建置。唐宣宗于是下诏请百官来集体议论,册封黠戛斯可汗的事也就放下来了。

16　蛮族南诏入侵安南,唐安南经略使裴元裕率领相邻几道的军队攻讨蛮族。

17　唐宣宗任命右散骑常侍李景让为浙西观察使。

起初,李景让的母亲郑氏,性格严明,很早就守寡,家境贫困,居住在东都洛阳。几个儿子的年纪都很小,由郑氏亲自教育。李景让家住宅后面的古旧墙壁因为下雨而陷塌,得到的钱能装满一船,奴婢们欢喜,跑来告诉李景让的母亲。李母赶来,烧香祷告,说:“我听说没有劳动而获利,是自身的灾祸。老天必定是因为我死去的丈夫积下了功德,怜悯我家贫困而赐给我们钱财,但愿几个孤儿来年学问有成,这才是

其志也，此不敢取！”遽命掩而筑之。三子景让、景温、景庄，皆举进士及第。景让官达，发已斑白，小有过，不免捶楚。

景让在浙西，有左都押牙迕景让意，景让杖之而毙。军中愤怒，将为变。母闻之，景让方视事，母出坐听事，立景让于庭而责之曰：“天子付汝以方面，国家刑法，岂得以为汝喜怒之资，妄杀无罪之人乎！万一致一方不宁，岂惟上负朝廷，使垂年之母衔羞入地，何以见汝之先人乎！”命左右褫其衣坐之，将挞其背。将佐皆为之请，拜且泣，久乃释之，军中由是遂安。

景庄老于场屋，每被黜，母辄挞景让。然景让终不肯属主司，曰：“朝廷取士自有公道，岂敢效人求关节乎！”久之，宰相谓主司曰：“李景庄今岁不可不收，可怜彼翁每岁受挞！”由是始及第。

18　冬，十月，礼院奏禘祭祝文于穆、敬、文、武四室，但称“嗣皇帝臣某昭告”，从之。

19　甲申，上受三洞法箓于衡山道士刘玄静。

20　十二月戊辰朔，日有食之。

宣宗元圣至明成武献文睿智章仁神聪懿道大孝皇帝上

大中元年（丁卯，847）

1　春，正月甲寅，上祀圜丘，赦天下，改元。

我丈夫的志向，这些份外之钱我不敢取！”于是即命人将钱掩埋于原处，并重新修筑好墙壁。郑氏的三个儿子李景让、李景温、李景庄，都中进士及第。李景让已当上大官，头发都已斑白，在家小有过错，仍不免遭母亲的捶打。

李景让在浙西做官，部下有左都押牙违背他的意旨，李景让竟举杖将左都押牙打死。引起军中愤怒，眼看就将发生变乱。李景让母亲郑氏得知消息，当时李景让正在官厅办理公事，郑氏出来坐在厅堂上听李景让理政，然后让李景让站在庭院中，愤怒地责备说：“天子付给你镇守一方的重任，国家的刑法，岂能成为你个人喜怒的资本，由你随意杀无罪的人！万一造成一方不安宁，岂止是上负于朝廷，就是垂老之年的我也要带着羞颜入坟地，有什么脸面见你的先人前辈！”说完命令左右家人剥下李景让的衣服，坐在庭中，准备鞭挞李景让的背。将佐们都为李景让请罪求情，拜谢以至于哭泣，郑氏很久才放手，将李景让释放，军中于是安定下来了。

李景庄多年入贡院参加科举考试，每次考不上被黜退时，母亲郑氏就要鞭挞李景让。然而李景让始终不肯依附于知贡举的校文主司官，说：“朝廷科举取士自会有公道的，岂敢像别人那样去打通关节呢！”过了很久，宰相对知贡举的主司说：“李景庄今年科举不能不予录取，可怜他的哥哥每年都要受鞭挞！”于是李景庄才得以进士及第。

18　冬季，十月，礼院向唐宣宗奏称，在禘祭的祝文上，对于唐穆宗及其儿子唐敬宗、唐文宗、唐武宗四室，因唐宣宗辈分并不比他们低，所以祝文上只是自称“嗣皇帝臣某昭告”，唐宣宗表示同意。

19　甲申（十六日），唐宣宗接受道教三洞法箓于衡山道士刘玄静。

20　十二月戊辰朔（初一），出现日食。

宣宗元圣至明成武献文睿智章仁神聪懿道大孝皇帝上

唐宣宗大中元年（丁卯，公元847年）

1　春季，正月甲寅（十七日），唐宣宗举行祀圜丘大礼，大赦天下，改年号为大中。

2　二月，加卢龙节度使张仲武同平章事，赏其破回鹘也。

3　癸未，上以旱故，减膳彻乐，出宫女，纵鹰隼，止营缮，命中书侍郎、同平章事卢商与御史中丞封敖疏理京城系囚。大理卿马植奏称："卢商等务行宽宥，凡抵极法，一切免死。彼官典犯赃及故杀人，平日大赦所不免，今因疏理而原之，使贪吏无所惩畏，死者衔冤无告，恐非所以消旱灾、致和气也。昔周饥，克殷而年丰；卫旱，讨邢而雨降。是则诛罪戮奸，式合天意，雪冤决滞，乃副圣心也。乞再加裁定。"诏两省五品以上议之。

4　初，李德裕执政，引白敏中为翰林学士，及武宗崩，德裕失势，敏中乘上下之怒，竭力排之，使其党李咸讼德裕罪，德裕由是自东都留守以太子少保、分司。

左谏议大夫张鹭等上言："陛下以旱理系囚，虑有冤滞。今所原死罪，无冤可雪，恐凶险侥幸之徒常思水旱为灾，宜如马植所奏。"诏从之，皆论如法。以植为刑部侍郎，充盐铁转运使。

植素以文学政事有名于时，李德裕不之重。及白敏中秉政，凡德裕所薄者，皆不次用之。以卢商为武昌节度使。

2　二月，唐宣宗加给卢龙节度使张仲武同平章事的名号，以奖赏他击破回鹘的功劳。

3　癸未（十七日），由于旱灾，唐宣宗减少自己的膳食，撤除伎乐，将后宫宫女放回家，将宫廷中养的鹰和鹞放飞天空，并停止经营修缮宫庭，命令中书侍郎、同平章事卢商与御史中丞封敖审查疏理关押在京城监狱中的囚徒。大理卿马植奏告唐宣宗说："卢商等人遵从您的旨意疏理囚徒时，务行宽大原宥，罪囚凡须抵命处极刑的，也一概免死。有些得罪的官是因为贪赃犯罪以及故意杀人，平日就是遇到大赦也不能免罪，今天因为卢商等人的疏理而获得赦免，这样做必定使贪官污吏得不到应有的惩罚，因而更加不怕触犯法律，被无辜杀死的人含冤无告，因为没有人为他们主持公道，这恐怕不是消除旱灾，导致和气的好办法。过去周朝遇到大饥荒，灭亡暴虐的殷朝而致丰收年；卫国发生旱灾，因攻讨邢国而降下大雨。说明诛讨罪犯，杀戮奸邪盗贼，正合天意，使冤枉昭雪，滞留的案情得到判决，我认为这才是符合皇上的圣心呀。乞求陛下对疏理囚徒之事再加以裁定。"唐宣宗于是颁下诏书，请中书、门下两省五品以上的官员对此加以议论。

4　起初，李德裕任宰相执掌朝政时，提拔白敏中为翰林学士，到唐武宗死后，李德裕失势，白敏中于是趁朝廷上下对李德裕一片愤怒，竭力排挤李德裕，指使李德裕的党羽李咸揭发李德裕执政时的罪过，李德裕因此而由东都留守贬为太子少保、分司东都，为闲官。

左谏议大夫张鹭等人向唐宣宗上言："您因为旱灾而疏理被关押的囚犯，并为冤情和滞留案件而深感忧虑。目前所原宥的犯有死罪的囚徒，本没有冤情可以昭雪，恐怕因此凶恶阴险而心存侥幸的罪犯常希望发生水旱灾害，所以应该听从马植的奏请。"唐宣宗颁下诏书，批准了马植的奏议，对关押于狱中的罪徒，全都依法论处。并提升马植为刑部侍郎，充任盐铁转运使。

马植平素以有文学才能和善理政事而闻名于当时，李德裕对他不加以重用。到白敏中任宰相执政之时，凡以前受李德裕鄙薄的人，都一个接一个地加以重用。唐宣宗听白敏中的荐举，任命卢商为武昌节度使。

以刑部尚书、判度支崔元式为门下侍郎，翰林学士、户部侍郎韦琮为中书侍郎，并同平章事。

5　闰三月，敕："应会昌五年所废寺，有僧能营葺者，听自居之，有司毋得禁止。"是时君、相务反会昌之政，故僧、尼之弊皆复其旧。

6　己酉，积庆太后萧氏崩。

7　五月，幽州节度使张仲武大破诸奚。

8　吐蕃论恐热乘武宗之丧，诱党项及回鹘馀众寇河西，诏河东节度使王宰将代北诸军击之。宰以沙陀朱邪赤心为前锋，自麟州济河，与恐热战于盐州，破走之。

9　六月，以鸿胪卿李业为册黠戛斯英武诚明可汗使。

10　上谓白敏中曰："朕昔从宪宗之丧，道遇风雨，百官、六宫四散避去，惟山陵使长而多髯，攀灵驾不去，谁也？"对曰："令狐楚。"上曰："有子乎？"对曰："长子绪今为随州刺史。"上曰："堪为相乎？"对曰："绪少病风痹。次子绹，前湖州刺史，有才器。"上即擢为考功郎中、知制诰。绹入谢，上问以元和故事，绹条对甚悉，上悦，遂有大用之意。

11　秋，八月丙申，以门下侍郎、同平章事李回同平章事、充西川节度使。

12　葬贞献皇后于光陵之侧。

13　上敦睦兄弟，作雍和殿于十六宅，数临幸，置酒，作乐，击毬尽欢。诸王有疾，常亲至卧内存问，忧形于色。

任命刑部尚书、判度支崔元式为门下侍郎，翰林学士、户部侍郎韦琮为中书侍郎，三人并为同平章事。

5　闰三月，唐宣宗颁下诏敕："在会昌五年毁佛时所拆毁的寺庙，如果僧人有能力修缮或营造的，听任他自己居处，官府不得禁止。"这时，唐宣宗和白敏中等君主、宰相，都竭力反对会昌年间唐武宗和李德裕的政策，所以僧侣、尼姑的弊端全部恢复了原样。

6　四月己酉（十五日），唐文宗的母亲积庆太后萧氏驾崩。

7　五月，幽州节度使张仲武率军大破诸奚族部落。

8　吐蕃统帅论恐热趁唐武宗逝世办丧的机会，引诱党项族以及回鹘国的残馀部众入侵唐朝河西诸郡，唐宣宗颁下诏书，令河东节度使王宰率领代北诸支军队讨伐论恐热。王宰任命沙陀族酋领朱邪赤心为前锋，从麟州渡过黄河，与论恐热接战于盐州，将论恐热击败并赶走。

9　六月，唐宣宗任命鸿胪卿李业为册封黠戛斯英武诚明可汗使。

10　唐宣宗将白敏中请到便殿问道："朕以前为宪宗发丧，去陵墓的路途中遇到大风雨，朝臣百官和六宫妃主都四散逃走避雨，只有长得高大而多胡须的山陵使扶着宪宗的灵柩车驾不走，这个人是谁呢？"白敏中回答说："是令狐楚。"唐宣宗说："他有儿子吗？"白敏中回答说："他的长子令狐绪现在是随州刺史。"唐宣宗又问："是不是可以当宰相？"白敏中回答说："令狐绪年少时得过风湿病。令狐楚的次子令狐绹是前湖州刺史，很有才器。"唐宣宗立即将令狐绹提拔为考功郎中、知制诰。令狐绹入朝向唐宣宗谢恩，唐宣宗问起元和年间的事，令狐绹逐条对答，十分熟悉，唐宣宗甚为欢喜，于是有重用令狐绹的意思。

11　秋季，八月丙申（初三），唐宣宗任命门下侍郎、同平章事李回挂同平章事衔、出任西川节度使。

12　安葬贞献皇后萧氏于穆宗光陵旁侧。

13　唐宣宗为了与兄弟们和睦友爱，于十六宅建造雍和殿，并多次亲临此殿，设置酒宴，与兄弟诸王饮酒作乐，击毬游戏，尽情欢乐。诸王患有疾病，唐宣宗经常亲自来到患病亲王的卧室内加以慰问，忧虑焦急之形现于脸上。

14　突厥掠漕米及行商，振武节度使史宪忠击破之。

15　九月丁卯，以金吾大将军郑光为平卢节度使。光，润州人，太后之弟也。

16　乙酉，前永宁尉吴汝纳，讼其弟湘罪不至死，“李绅与李德裕相表里，欺罔武宗，枉杀臣弟，乞召江州司户崔元藻等对辨”。丁亥，敕御史台鞫实以闻。冬，十二月庚戌，御史台奏，据崔元藻所列吴湘冤状，如吴汝纳之言。戊午，贬太子少保、分司李德裕为潮州司马。

17　吏部奏，会昌四年所减州县官内复增三百八十三员。

二年(戊辰,848)

1　正月甲子，群臣上尊号曰圣敬文思和武光孝皇帝，赦天下。

2　初，李德裕执政，有荐丁柔立清直可任谏官者，德裕不能用。上即位，柔立为右补阙；德裕贬潮州，柔立上疏讼其冤。丙寅，坐阿附贬南阳尉。

3　西川节度使李回、桂管观察使郑亚坐前不能直吴湘冤，乙酉，回左迁湖南观察使，亚贬循州刺史，李绅追夺三任告身。中书舍人崔嘏坐草李德裕制不尽言其罪，己丑，贬端州刺史。

4　回鹘遏捻可汗仰给于奚王石舍朗。及张仲武大破奚众，回鹘无所得食，日益耗散，至是，所存贵人以下不满五百人，依于室韦。使者入贺正，过幽州，张仲武使归取遏捻等，

14　突厥部族掠夺唐朝的漕米和行商，振武节度使史宪忠率军讨击，大破突厥。

15　九月丁卯(初五)，唐宣宗任命金吾大将军郑光为平卢节度使。郑光是润州人，郑太后的弟弟。

16　乙酉(二十三日)，前永宁县尉吴汝纳，上表申诉其弟弟吴湘犯罪不至于处死，而“李绅与李德裕内外相通，互为表里，欺瞒迷惑唐武宗，冤枉杀死我弟吴湘，乞求陛下召江州司户崔元藻等人来对质辨诬”。丁亥(二十五日)，唐宣宗颁下敕书给御史台，令调查出真实情况向上汇报。冬季，十二月庚戌(十九日)，御史台上奏唐宣宗，据崔元藻所列举的吴湘冤枉情况，和吴汝纳申诉的差不多。戊午(二十七日)，唐宣宗下令贬太子太保、分司东都李德裕为潮州司马。

17　吏部奏报唐宣宗：在会昌四年所减少的州、县官中，恢复三百八十三员官吏。

唐宣宗大中二年(戊辰，公元848年)

1　正月甲子(初三)，唐朝廷众位大臣给唐宣宗上尊号，称为圣敬文思和武光孝皇帝，唐宣宗为此大赦天下。

2　起初，李德裕任宰相执朝政，有人推荐丁柔立为人清廉正直，可以担任谏官，李德裕不予任用。唐宣宗即皇帝位后，任丁柔立为右补阙；李德裕被贬至潮州，丁柔立向唐宣宗上疏为李德裕申冤。丙寅(初五)，朝廷以丁柔立阿附李德裕而将他贬为南阳县尉。

3　西川节度使李回、桂管观察使郑亚因为以前不能辨白吴湘的冤情，乙酉(二十四日)，李回被降职调任湖南观察使，郑亚被贬为循州刺史，李绅虽死，也被追夺三任委任状。中书舍人崔嘏因为起草贬李德裕官的制书没有全部写上李德裕的罪状，己丑(二十八日)，也被贬为端州刺史。

4　回鹘国的遏捻可汗因穷困，生活仰仗于奚族王石舍朗。至唐卢龙节度使张仲武大破奚族部众，回鹘没有地方可求得食物，于是部众日益消耗离散，到这时，所留下的贵族以下人员还不满五百人，转而依附于室韦部族。回鹘派遣使者入大唐帝国祝贺正旦佳日，路过幽州，张仲武让其使者回去擒取遏捻可汗等人，

遏捻闻之，夜与妻葛禄、子特勒毒斯等九骑西走，馀众追之不及，相与大哭。室韦分回鹘馀众为七，七姓共分之。居三日，黠戛斯遣其相阿播帅诸胡兵号七万来取回鹘，大破室韦，悉收回鹘馀众归碛北。犹有数帐，潜窜山林，钞盗诸胡；其别部庞勒，先在安西，亦自称可汗，居甘州，总碛西诸城，种落微弱，时入献见。

5 二月庚子，以知制诰令狐绹为翰林学士。上尝以太宗所撰《金镜》授绹，使读之，"至乱未尝不任不肖，至治未尝不任忠贤"，上止之曰："凡求致太平，当以此言为首。"又书《贞观政要》于屏风，每正色拱手而读之。上欲知百官名数，令狐绹曰："六品已下，官卑数多，皆吏部注拟；五品以上，则政府制授，各有籍，命曰具员。"上命宰相作《具员御览》五卷，上之，常置于案上。

6 立皇子泽为濮王。上欲作五王院于大明宫，以处皇子之幼者，召术士柴岳明使相其地。岳明对曰："臣庶之家，迁徙不常，故有自阳宅入阴宅，阴宅入阳宅。刑克祸福，师有其说，今陛下深拱法宫，万神拥卫，阴阳书本不言帝王家。"上善其言，赐束帛遣之。

7 夏，五月己未朔，日有食之。

8 门下侍郎、同平章事崔元式罢为户部尚书；以兵部侍郎、判度支、户部周墀，刑部侍郎、盐铁转运使马植并同平章事。

遏捻可汗得知消息，趁夜与妻子葛禄、儿子特勒毒斯等九人骑马西走，回鹘馀众追遏捻可汗不及，相对痛哭流泪。于是室韦将回鹘馀众分为七个部分，由室韦族的七姓部落平分，每姓分得一部。留居了三天，黠戛斯派遣宰相阿播率领诸胡族之兵号称七万来夺取回鹘人，大破室韦部族，将回鹘馀众全部收归沙漠之北。还有几帐回鹘人，秘密地逃窜到山林之中，经常出来攻掠劫取诸胡部落；回鹘族的别部厖勒，起先在安西，也自称可汗，居住于甘州，总领沙漠以西诸城镇，这时回鹘部落已很微弱，时常入唐朝贡献，朝见大唐皇帝。

5　二月庚子（初十），唐宣宗任知制诰令狐绹为翰林学士。唐宣宗曾经以唐太宗所撰写的《金镜》授于令狐绹，让他读给自己听，书中有“大乱之世必是委任了不肖之徒为官，大治之世必是委任了忠贤之士掌政”，唐宣宗听到这句时止住令狐绹，说：“凡是要求致太平的，应当以这句话为首要的信条。”又将《贞观政要》书写于屏风之上，经常严肃地拱手细读其中的警句。唐宣宗想知道朝廷百官的名字和数额，令狐绹说：“六品以下的官，官位卑下而数目很多，都由尚书省吏部注册授职；五品以上的官，则由中书门下政事堂节制授理，他们各有名籍，叫作具员。”唐宣宗于是命令宰相撰写《具员御览》五卷，宰相撰修完后奏上，唐宣宗将其经常放置于桌上，以备查考。

6　唐宣宗立皇子李泽为濮王。唐宣宗想在大明宫内建造五王院，以让年龄幼小的皇子居处，召来术士柴岳明，让他来相风水。柴岳明回答说：“一般臣民之家，常迁徙不定，所以有的从向阳的屋子迁入朝阴的屋子，有的从朝阴的屋子迁进向阳的屋子。阴阳家所谓三刑祸福，五行相克，是有这种说法，但陛下您高筑起宏伟的路寝正殿，受到万神的拥戴守卫，而阴阳家的书是无法预测帝王之家的。”唐宣宗对柴岳明的话表示赞同，赐给他束帛将他送走。

7　夏季，五月己未朔（初一），出现日食。

8　唐宣宗将门下侍郎、同平章事崔元式罢相，任为户部尚书；任命兵部侍郎、判度支、户部周墀和刑部侍郎、盐铁转运使马植一并为同平章事。

初，墀为义成节度使，辟韦澳为判官，及为相，谓澳曰："力小任重，何以相助?"澳曰："愿相公无权。"墀愕然，不知所谓。澳曰："官赏刑罚，与天下共其可否，勿以己之爱憎喜怒移之，天下自理，何权之有!"墀深然之。澳，贯之之子也。

9　己卯，太皇太后郭氏崩于兴庆宫。

六月，礼院检讨官王皞贬句容令。

初，宪宗之崩，上疑郭太后预其谋。又，郑太后本郭太后侍儿，有宿怨，故上即位，待郭太后礼殊薄。郭太后意怏怏，一日，登勤政楼，欲自陨，上闻之，大怒，是夕，崩，外人颇有异论。

上以郑太后故，不欲以郭后祔宪宗，有司请葬景陵外园，皞奏宜合葬景陵，神主配宪宗室，奏入，上大怒。白敏中召皞诘之，皞曰："太皇太后，汾阳王之孙，宪宗在东宫为正妃，逮事顺宗为妇。宪宗厌代之夕，事出暧昧，太皇太后母天下，历五朝，岂得以暧昧之事遽废正嫡之礼乎!"敏中怒甚，皞辞气愈厉。诸相会食，周墀立于敏中之门以俟之，敏中使谢曰："方为一书生所苦，公弟先行。"墀入，至敏中厅问其事，见皞争辨方急，墀举手加颡，叹皞孤直。明日，皞坐贬官。

起初，周墀为义成节度使，征聘韦澳为自己的判官，及为宰相，周墀对韦澳说："我的能力很小，而任务很重，你将如何帮助我呢？"韦澳回答说："希望相公没有权力。"周墀听后感到愕然，不知道韦澳的话指的是什么意思。韦澳解释说："对于官的赏赐和用刑处罚，您应该与天下人持相同的意见，不要以自己的爱憎喜怒来转移公论，这样天下就自然得到治理，又有什么必要去谋求权力！"周墀听后深表赞同。韦澳是韦贯之的儿子。

9 己卯(二十一日)，太皇太后郭氏于兴庆宫驾崩。

六月，礼院的检讨官王皞被贬为句容县令。

起初，唐宪宗驾崩，唐宣宗怀疑郭太后参预了谋害唐宪宗的密谋。另外，郑太后本是侍候郭太后的小婢，她们之间有宿怨，因此，唐宣宗即皇帝位后，对待郭太后的礼遇特别薄。郭太后为此怏怏不得意，有一天，郭太后登上兴庆宫的勤政楼，企图跳楼自杀，唐宣宗得知情状，勃然大怒，这天夜里，郭太后身死，宫禁外人们对此有不少异议。

唐宣宗因为郑太后的缘故，不希望让郭太后祔于唐宪宗的墓中安葬，主管丧礼的官府请求将郭太后埋葬于景陵的外园，王皞向唐宣宗上奏论说应该与唐宪宗同葬于景陵，郭太后的神主像也应该和唐宪宗的神主像配置于同一室，王皞的奏状入于朝廷，唐宣宗勃然大怒。白敏中召来王皞质问并指责他，王皞说："太皇太后，是汾阳王郭子仪的孙女，宪宗在东宫时就是正妃娘娘，成为顺宗的媳妇。宪宗驾崩的那天夜里，似乎死得有些不明不白，但太皇太后郭氏为天下之母，已经历了穆、敬、文、武及今朝共五朝，岂可以因为不明不白的事就突然废止按正宫嫡妻安葬的礼仪呢！"白敏中听完后怒气冲天，而王皞却越说越有劲，语气更加严厉。待到宰相在政事堂会餐，周墀站在白敏中的公堂门口等待，白敏中派人向周墀道谢说："刚才正为一个书生所困扰，您请先走一步。"周墀于是进入白敏中的公堂，问事出何由，只见王皞正争辩得厉害，周墀不由得举手按住脑门，赞叹王皞为人正直。第二天，王皞即因此而被贬官。

10　秋，九月甲子，再贬潮州司马李德裕为崖州司户，湖南观察使李回为贺州刺史。

11　前凤翔节度使石雄诣政府自陈黑山、乌岭之功，求一镇以终老。执政以雄李德裕所荐，曰："向日之功，朝廷以蒲、孟、岐三镇酬之，足矣。"除左龙武统军。雄怏怏而薨。

12　十一月庚午，万寿公主适起居郎郑颢。颢，絪之孙，登进士第，为校书郎、右拾遗内供奉，以文雅著称。公主，上之爱女，故选颢尚之。有司循旧制请用银装车，上曰："吾欲以俭约化天下，当自亲者始。"令依外命妇以铜装车。诏公主执妇礼，皆如臣庶之法，戒以毋得轻夫族，毋得预时事。又申以手诏曰："苟违吾戒，必有太平、安乐之祸。"颢弟顗，尝得危疾，上遣使视之，还，问"公主何在？"曰："在慈恩寺观戏场。"上怒，叹曰："我怪士大夫家不欲与我家为婚，良有以也！"亟命召公主入宫，立之阶下，不之视。公主惧，涕泣谢罪。上责之曰："岂有小郎病，不往省视，乃观戏乎！"遣归郑氏。由是终上之世，贵戚皆兢兢守礼法，如山东衣冠之族。

13　壬午，葬懿安皇后于景陵之侧。

14　以中书侍郎、同平章事韦琮为太子宾客、分司。

10　秋季，九月甲子（八日），唐宣宗再次将潮州司马李德裕贬为崖州司户，将湖南观察使李回贬为贺州刺史。

11　前凤翔节度使石雄来到中书门下政事堂，向宰相们陈述自己在黑山、乌岭建立的功劳，请求领一藩镇任节度使，直至终老。当朝执政的宰相认为石雄是李德裕所推荐，对石雄说："以前的战功，朝廷已经让你统辖蒲州、孟州、岐州三镇，算是给你的酬劳，够可以的了。"于是任石雄为左龙武统军。石雄怏怏不乐而死。

12　十一月庚午（十四日），万寿公主嫁起居郎郑颢。郑颢是郑絪的孙子，举进士第，任校书郎、右拾遗内供奉，以文才风度儒雅而著称于士林。而万寿公主是唐宣宗的爱女，所以宣宗选郑颢娶公主。有关礼官请遵循旧制度用银子装饰马车，唐宣宗说："我正想以俭朴节约来教化天下人，应当从我的亲族开始。"于是命令礼官依照一品外命妇的标准用铜装饰车辆。唐宣宗又颁下诏书令万寿公主要执守妇人的礼节，不能因为自己是皇帝的女儿而失礼不守规矩，一切规矩都依照臣下庶民的习惯法律，并告诫万寿公主不得轻视丈夫家族的人，不得干预时事。唐宣宗自写诏书告诫万寿公主说："如果违背我给你的告诫，必然会有当年太平公主、安乐公主那样的祸患。"郑颢之弟郑颉，曾患有重病，十分危急，唐宣宗派遣使者去探视，回宫后，唐宣宗问道："万寿公主在什么地方？"使者回答说："在慈恩寺观戏场。"唐宣宗听后勃然大怒，叹惜说："我一直奇怪士大夫家族不想与我家结婚，现在看来是有原因的！"立即命令召万寿公主入禁宫，让她站立在庭殿台阶之下，看也不看她一眼。万寿公主感到恐慌，泪流满面，向父皇谢罪。唐宣宗责备女儿说："哪有小叔子病危，嫂子不去探望，反而有兴致去看戏的道理！"派人将万寿公主送回郑颢家。于是直到唐宣宗死，终其朝，皇亲贵戚都兢兢遵守礼法，不敢有违逆，像崤山以东以礼法门风相尚的世族一样。

13　壬午（二十六日），将懿安皇后安葬于景陵旁侧。

14　唐宣宗将中书侍郎、同平章事韦琮罢相，改任太子宾客、分司东都。

15　十二月，凤翔节度使崔珙奏破吐蕃，克清水。清水先隶秦州，诏以本州未复，权隶凤翔。

16　上见宪宗朝公卿子孙，多擢用之。刑部员外郎杜胜次对，上问其家世，对曰："臣父黄裳，首请宪宗监国。"即除给事中。翰林学士裴谂，度之子也，上幸翰林，面除承旨。

17　吐蕃论恐热遣其将莽罗急藏将兵二万略地西鄙，尚婢婢遣其将拓跋怀光击之于南谷，大破之，急藏降。

三年(己巳,849)

1　春，正月，上与宰相论元和循吏孰为第一，周墀曰："臣尝守土江西，闻观察使韦丹功德被于八州，没四十年，老稚歌思，如丹尚存。"乙亥，诏史馆修撰杜牧撰《丹遗爱碑》以纪之，仍擢其子河阳观察判官宙为御史。

2　二月，吐蕃论恐热军于河州，尚婢婢军于河源军。婢婢诸将欲击恐热，婢婢曰："不可。我军骤胜而轻敌，彼穷困而至死，战必不利。"诸将不从。婢婢知其必败，据河桥以待之，诸将果败。婢婢收馀众，焚桥，归鄯州。

3　吐蕃秦、原、安乐三州及石门等七关来降。以太仆卿陆耽为宣谕使，诏泾原、灵武、凤翔、邠宁、振武皆出兵应接。

15　十二月，凤翔节度使崔珙上奏朝廷，称击破吐蕃，攻克清水县，清水县起先隶属于秦州，唐宣宗颁下诏书称，由于秦州尚未收复，清水县暂时隶属于凤翔。

16　唐宣宗凡是看到宪宗朝公卿大臣的子孙，多半要提拔选用。刑部员外郎杜胜上朝参加次对，唐宣宗问到他的家世，杜胜回答说："我父亲杜黄裳，首先提议请宪宗监国。"唐宣宗立即任命杜胜为给事中。翰林学士裴谂，是裴度的儿子，唐宣宗来到翰林院，当面提升裴谂为翰林学士承旨。

17　吐蕃酋领论恐热派遣部将莽罗急藏率兵两万人攻略西部边境之地，尚婢婢派遣部将拓跋怀光抗击论恐热于南谷，结果大破论恐热军，莽罗急藏投降尚婢婢。

唐宣宗大中三年(己巳，公元849年)

1　春季，正月，唐宣宗与宰相讨论唐宪宗元和年间地方上循职守法的官吏谁为第一，周墀说："我曾经在江西做官，听说江西观察使韦丹的功德被江西道所辖洪、江、鄂、岳、虔、吉、袁、抚八州人民传诵，在他死后四十年，江西无论是老人还是小孩，仍然歌唱思念他，就像韦丹还活着一样。"乙亥(二十日)，唐宣宗下诏命令史馆修撰杜牧撰写《丹遗爱碑》以资纪念，并且拔擢韦丹的儿子河阳观察判官韦宙为御史。

2　二月，吐蕃酋领论恐热屯军于河州，尚婢婢屯军于唐鄯州以东的河源军。尚婢婢部下诸将企图攻击论恐热，尚婢婢说："不可轻易出战。我军骤然间获得胜利而产生了轻敌情绪，敌军因战败穷困无路，只有拼死战斗才能求生，所以现在接战对我军必然不利。"诸将领不信，不肯听从。尚婢婢知道部将出战必然失败，于是占据河桥以等待各军的归来，果然诸将进击遭受败绩。尚婢婢于是收集馀众，焚烧河桥，率军退归鄯州。

3　吐蕃占领的秦、原、安乐三州以及石门等七座关隘遣使向唐朝投降。唐宣宗任命太仆卿陆耽为宣谕使，颁发诏令让泾原、灵武、凤翔、邠宁、振武等镇调发军队去接应。

4　河东节度使王宰入朝，以货结权幸，求以使相领宣武。刑部尚书、同平章事周墀上疏论之，宰遂还镇。驸马都尉韦让求为京兆尹，墀言京兆尹非才望不可为，让议竟寝。墀又谏上开边，由是忤旨。夏，四月，以墀为东川节度使。以御史大夫崔铉为中书侍郎、同平章事，兵部侍郎、判户部魏扶同平章事。

5　癸巳，卢龙奏节度使张仲武薨，军中立其子节度押牙直方。

6　翰林学士郑颢言于上曰："周墀以直言入相，亦以直言罢相。"上深感悟，甲午，墀入谢，加检校右仆射。

7　戊戌，以张直方为卢龙留后。

8　五月，徐州军乱，逐节度使李廓。廓，程之子也，在镇不治，右补阙郑鲁上言其状，且曰："臣恐新麦未登，徐师必乱，速命良帅，救此一方。"上未之省。徐州果乱，上思鲁言，擢为起居舍人。

以义成节度使卢弘止为武宁节度使。武宁士卒素骄，有银刀都尤甚，屡逐主帅。弘止至镇，都虞候胡庆方复谋作乱，弘止诛之，抚循其馀，训以忠义，军府由是获安。

9　六月戊申，以张直方为卢龙节度使。

10　泾原节度使康季荣取原州及石门、驿藏、木峡、制胜、六磐、石峡六关。秋，七月丁巳，灵武节度使朱叔明取长乐州。甲子，邠宁节度使张君绪取萧关。甲戌，凤翔节度使李玭取秦州。诏邠宁节度权移军于宁州以应接河西。

4　河东节度使王宰入朝，用财货巴结当权的幸臣，求他们游说唐宣宗让自己能以使相的身份领宣武节度使。刑部尚书、同平章事周墀向唐宣宗上疏评论此事，王宰于是回到河东镇。驸马都尉韦让请求任京兆尹，周墀声言京兆尹没有才能和声望的人不可以担当，韦让的请求最后没有实现。周墀又谏阻唐宣宗开拓边境，经略河西，因而触犯了唐宣宗的旨意。夏季，四月，唐宣宗任周墀为东川节度使。提拔御史大夫崔铉为中书侍郎、同平章事，又任命兵部侍郎、判户部魏扶为同平章事。

5　癸巳（初八），卢龙镇上奏节度使张仲武逝世，军中已立张仲武的儿子节度押牙张直方继掌卢龙军政。

6　翰林学士郑颢向唐宣宗上言："周墀因为敢于直言而升任宰相，也因为敢于直言而罢除相职。"唐宣宗听后深为感动而觉悟，甲午（九日），周墀入朝谢恩，唐宣宗给他加检校右仆射的衔名。

7　戊戌（十三日），唐宣宗任命张直方为卢龙留后。

8　五月，徐州发生军乱，驱逐节度使李廓。李廓是李程的儿子，在镇不修政治，右补阙郑鲁曾向唐宣宗告发其情状，并且说："我恐怕还等不到新麦丰收，徐州的军队就已发生变乱，请陛下赶快派一位优秀的统帅，去解救这一方大难。"唐宣宗并未省悟。而徐州果然发生军乱，唐宣宗回想起郑鲁的上言，于是提擢郑鲁为起居舍人。

唐宣宗任命义成节度使卢弘止为武宁节度使。武宁的士卒一贯骄横，其中银刀都尤其凶暴，屡次驱逐主帅。卢弘止来到武宁，都虞候胡庆方企图作乱，被卢弘止诛杀，卢弘止好言安抚其他人，向士卒们训以忠义，武宁军府于是获得了平安。

9　六月戊申（二十六日），唐宣宗任命张直方为卢龙节度使。

10　唐泾原节度使康季荣从吐蕃手中夺得原州，以及石门、驿藏、木峡、制胜、六磐、石峡六座关隘。秋季，七月丁巳（初六），唐灵武节度使朱叔明从吐蕃手中攻取得长乐州。甲子（十三日），唐邠宁节度使张君绪又从吐蕃手中夺回萧关县。甲戌（二十三日），唐凤翔节度使李玭从吐蕃手中攻取秦州。唐宣宗颁下诏书令邠宁节度使暂将军队移驻于宁州，以便应接河西地区。

八月乙酉，改长乐州为威州。

河、陇老幼千馀人诣阙，己丑，上御延喜门楼见之，欢呼舞跃，解胡服，袭冠带，观者皆呼万岁。诏："募百姓垦辟三州、七关土田，五年不租税；自今京城罪人应配流者皆配十处；四道将吏能于镇戍之地营田者，官给牛及种粮。温池盐利可赡边陲，委度支制置。其三州、七关镇戍之卒，皆倍给衣粮，仍二年一代。道路建置堡栅，有商旅往来贩易及戍卒子弟通传家信，关镇毋得留难。其山南、剑南边境有没蕃州县，亦令量力收复。"

11　冬，十月，改备边库为延资库。

12　西川节度使杜悰奏取维州。

13　闰十一月丁酉，宰相以克复河、湟请上尊号，上曰："宪宗常有志复河、湟，以中原方用兵，未遂而崩，今乃克成先志耳。其议加顺、宪二庙尊谥以昭功烈。"

14　卢龙节度使张直方，暴忍，喜游猎。军中将作乱，直方知之，托言出猎，遂举族逃归京师，军中推牙将周綝为留后。直方至京师，拜金吾大将军。

15　甲戌，追上顺宗谥曰至德弘道大圣大安孝皇帝，宪宗谥曰昭文章武大圣至神孝皇帝。仍改题神主。

16　己未，崖州司户李德裕卒。

17　山南西道节度使郑涯奏取扶州。

八月乙酉(初四),唐朝改长乐州为威州。

河西、陇右地区的百姓老幼一千馀人来到长安,己丑(初八),唐宣宗登上延喜门楼接见他们,河西、陇右人欢呼雀跃,脱下胡人服装,戴上唐人的冠带,围观的人都高呼万岁。唐宣宗为此颁发诏书,宣告:"招募百姓开辟耕垦河西、陇右三州、七关土地农田,五年免收租税;自今以后凡京城长安的罪人应发配流放的,全都发配这三州、七关地方;泾原、邠宁、灵武、凤翔四道的将领官吏能在镇戍的地方经营田地的,由官府发给耕牛和种粮。温池的盐利可以用来赡养边陲,委交给度支制办处置。凡三州、七关的镇守戍卫士卒,都加倍发给衣服和粮食,两年即进行轮换。在通往边陲的道路上建置城堡栅寨,凡有商旅往来贩卖贸易以及戍军士兵的子弟寄家信的,据守关、镇的官员都不得滞留刁难。山南、剑南边境地区有陷没于吐蕃的州县,也应该量力而收复。"

11　冬季,十月,唐朝廷将备边库改为延资库。

12　西川节度使杜悰上奏朝廷,宣告已从吐蕃手中夺取维州。

13　闰十一月丁酉(十七日),唐朝宰相们以收复河、湟地区为由,请给唐宣宗上尊号,唐宣宗说:"宪宗常有志要收复河、湟地区,由于当时正用兵中原,未能如愿而身死,今天是完成了先辈的遗志罢了。应该商议加给顺宗、宪宗二庙的尊谥,以昭示先辈的功烈。"

14　卢龙节度使张直方残暴凶狠,喜欢游猎。军中将要发生变乱,张直方知道情况不妙,声称外出行猎,带着全族逃归京师长安,卢龙军中推牙将周綝为留后。张直方来到京师,被任为金吾大将军。

15　甲戌(二十五日),唐宣宗君臣给唐顺宗追上谥号为至德弘道大圣大安孝皇帝,给唐宪宗追上谥号为昭文章武大圣至神孝皇帝。于是据新谥号改题唐顺宗和唐宪宗的神主像。

16　己未,崖州司户李德裕去世。

17　山南西道节度使郑涯奏告朝廷已从吐蕃手中攻取扶州。

卷第二百四十九　唐纪六十五

起庚午(850)尽己卯(859)凡十年

宣宗元圣至明成武献文睿智章仁神聪懿道大孝皇帝下

大中四年(庚午,850)

1　春,正月庚辰朔,赦天下。

2　二月,以秦州隶凤翔。

3　夏,四月庚戌,以中书侍郎、同平章事马植为天平节度使。上之立也,左军中尉马元贽有力焉,由是恩遇冠诸宦者,植与之叙宗姓。上赐元贽宝带,元贽以遗植,植服之以朝,上见而识之,植变色,不敢隐。明日,罢相,收植亲吏董侔,下御史台鞫之,尽得植与元贽交通之状,再贬常州刺史。

4　六月戊申,兵部侍郎、同平章事魏扶薨。以户部尚书、判度支崔龟从同平章事。

5　秋,八月,以白敏中判延资库。

6　卢龙节度使周綝薨,军中表请以押牙兼马步都知兵马使张允伸为留后,九月丁酉,从之。

7　党项为边患,发诸道兵讨之,连年无功,戍馈不已。右补阙孔温裕上疏切谏,上怒,贬柳州司马。温裕,戣之兄子也。

8　吐蕃论恐热遣僧莽罗蔺真将兵于鸡项关南造桥,以击尚婢婢,军于白土岭。婢婢遣其将尚铎罗榻藏将兵据临蕃军以拒之,

宣宗元圣至明成武献文睿智章仁神聪懿道大孝皇帝下

唐宣宗大中四年(庚午,公元850年)

1 春季,正月庚辰朔(初一),唐宣宗宣告大赦天下。

2 二月,唐朝廷将秦州隶属于凤翔。

3 夏季,四月庚戌(初二),唐宣宗任命中书侍郎、同平章事马植为天平节度使。唐宣宗被立为皇帝,宦官左神策军中尉马元贽出了大力,于是唐宣宗对他的恩遇超过其他宦官,马植与马元贽攀亲,叙为马姓宗族。唐宣宗赐给马元贽金宝腰带,马元贽转赠给马植,马植系上宝带上朝,被唐宣宗看见并认出,马植当即脸上变色,不敢隐瞒。第二天,唐宣宗罢马植宰相官位,收捕马植的亲信胥吏董侔,送交御史台加以审问,将马植与马元贽内外交通的情况全部查清,于是再贬马植为常州刺史。

4 六月戊申(初二),兵部侍郎、同平章事魏扶去世。唐宣宗任命户部尚书、判度支崔龟从为同平章事。

5 秋季,八月,唐宣宗任白敏中掌管延资库。

6 卢龙节度使周綝去世,卢龙藩镇军中向朝廷上表请求任押牙兼马步都知兵马使张允伸为留后,九月丁酉(二十三日),唐宣宗表示同意。

7 党项族成为唐朝的边境祸患,朝廷调发诸道兵攻讨,连年未获成功,而戍边的给养却输送不已。右补阙孔温裕向唐宣宗上疏进行谏阻,词语痛切,唐宣宗发怒,将孔温裕贬为柳州司马。孔温裕是孔戣哥哥的儿子。

8 吐蕃首领论恐热派遣僧人莽罗蔺真率领军队在鸡项关以南造桥,用以攻击尚婢婢部,在白土岭屯驻军队。尚婢婢派遣其部将尚铎罗榻藏率领军队据守临蕃军,以抗拒论恐热军,

不利，复遣磨离罴子、烛卢巩力将兵据氂牛峡以拒之。巩力请“按兵拒险，勿与战，以奇兵绝其粮道，使进不得战，退不得还，不过旬月，其众必溃”。罴子不从。巩力曰：“吾宁为不用之人，不为败军之将。”称疾，归鄯州。罴子逆战，败死。婢婢粮乏，留拓跋怀光守鄯州，帅部落三千馀人就水草于甘州西。恐热闻婢婢弃鄯州，自将轻骑五千追之，至瓜州，闻怀光守鄯州，遂大掠河西鄯、廓等八州，杀其丁壮，劓刖其羸老及妇人，以槊贯婴儿为戏，焚其室庐，五千里间，赤地殆尽。

9　冬，十月辛未，以翰林学士承旨、兵部侍郎令狐绹同平章事。

10　十一月壬寅，以翰林学士刘瑑为京西招讨党项行营宣慰使。

11　以卢龙留后张允伸为节度使。

12　十二月，以凤翔节度使李业、河东节度使李拭并兼招讨党项使。

13　吏部侍郎孔温业白执政求外官，白敏中谓同列曰：“我辈须自点检，孔吏部不肯居朝廷矣。”温业，戣之弟子也。

五年（辛未，851）

1　春，正月壬戌，天德军奏摄沙州刺史张义潮遣使来降。义潮，沙州人也，时吐蕃大乱，义潮阴结豪杰，谋自拔归唐。一旦，帅众被甲噪于州门，唐人皆应之，吐蕃守将惊走，义潮遂摄州事，奉表来降。以义潮为沙州防御使。

接战不利，尚婢婢又派遣磨离罴子、烛卢巩力统率军队据守氂牛峡以抗拒论恐热的进攻。烛卢巩力请求："按兵不动，据守险要，不与乱军接战，而出奇兵断绝敌军的粮道，使论恐热进不能作战，退又不得回还，不过几个月，敌军必然溃败。"磨离罴子不加理会。烛卢巩力说："我宁愿成为不被任用的人，也不愿成为败军之将。"于是宣称有疾病，回到鄯州。磨离罴子率领军队与论恐热军交战，大败而死。尚婢婢由于部众缺乏粮草，留下拓跋怀光据守鄯州，率领部落三千馀人逐水草来到甘州西部地区。论恐热听说尚婢婢放弃鄯州，亲自统率轻骑五千人追赶，追至瓜州，听说拓跋怀光据守鄯州，于是命令部下在河西鄯州、廓州等八州地方大肆杀掠，将青壮年男子杀死，将老弱者以及妇女的鼻子和膝盖骨割去，用长矛刺穿婴儿作为游戏，焚烧居民的住房，使河西五千里之内，一片赤红，烧了个精光。

9　冬季，十月辛未（二十七日），唐宣宗任命翰林学士承旨、兵部侍郎令狐绹为同平章事。

10　十一月壬寅（二十八日），唐宣宗任命翰林学士刘瑑为京西招讨党项行营宣慰使。

11　唐宣宗任命卢龙留后张允伸为节度使。

12　十二月，唐宣宗任命凤翔节度使李业、河东节度使李拭一并兼任招讨党项使。

13　吏部侍郎孔温业向执朝政的宰相请求到地方上任外官，白敏中对其他宰相说："我们这些当朝宰相应该检点一些，孔吏部不肯居于朝廷为官了。"孔温业是孔戣弟弟的儿子。

唐宣宗大中五年（辛未，公元851年）

1　春季，正月壬戌，唐天德军向朝廷奏称代理沙州刺史张义潮派遣使者来归降。张义潮是沙州人，时值吐蕃内部发生大变乱，张义潮暗中交结沙州豪杰之士，谋划以自己的力量攻拔沙州，归降唐朝。一天早晨，张义潮率领部众全副武装在州门前喧噪鼓动，原属唐朝的汉族人全都响应，吐蕃族的守将惊慌失措逃走，于是张义潮摄领沙州军政事务，向唐朝上表归降。唐宣宗任命张义潮为沙州防御使。

2　以兵部侍郎裴休为盐铁转运使。休，肃之子也。自太和以来，岁运江、淮米不过四十万斛，吏卒侵盗、沈没，舟达渭仓者什不三四，大堕刘晏之法。休穷究其弊，立漕法十条，岁运米至渭仓者百二十万斛。

3　上颇知党项之反由边帅利其羊马，数欺夺之，或妄诛杀，党项不胜愤怨，故反，乃以右谏议大夫李福为夏绥节度使。自是继选儒臣以代边帅之贪暴者，行日复面加戒励，党项由是遂安。福，石之弟也。

4　上以南山、平夏党项久未平，颇厌用兵。崔铉建议，宜遣大臣镇抚。三月，以白敏中为司空、同平章事，充招讨党项行营都统、制置等使，南北两路供军使兼邠宁节度使。敏中请用裴度故事，择廷臣为将佐，许之。夏，四月，以左谏议大夫孙景商为左庶子，充邠宁行军司马；知制诰蒋伸为右庶子，充节度副使。伸，係之弟也。

初，上令白敏中为万寿公主选佳婿，敏中荐郑颢，时颢已婚卢氏，行至郑州，堂帖追还，颢甚衔之，由是数毁敏中于上。敏中将赴镇，言于上曰："郑颢不乐尚主，怨臣入骨髓。臣在政府，无如臣何；今臣出外，颢必中伤，臣死无日矣！"上曰："朕知之久矣，卿何言之晚邪！"命左右于禁中取小柽函以授敏中曰："此皆郑郎谮卿之书也。朕若信之，岂任卿以至今日！"敏中归，置柽函于佛前，焚香事之。

2　唐宣宗任命兵部侍郎裴休为盐铁转运使。裴休是裴肃的儿子。自从唐文宗太和年间以来，每年漕运到京师的江、淮地区的大米不过四十万斛，由于路上遭受官吏和士卒的偷盗侵吞以及船沉没于河底，运米船到达渭仓的不到十分之三四，使刘晏创立的漕运之法遭到极大的破坏。裴休坚决追究漕运过程中的弊端，制定漕运法规十条，使每年通过漕运输送至渭仓的江、淮大米达到一百二十万斛。

3　唐宣宗很清楚党项族的反叛是由于唐边镇将帅贪图党项族的羊、马，经常欺侮党项人，夺取他们的羊、马，有的竟妄加诛杀，党项族人不胜愤怒和怨恨，所以被迫造反。唐宣宗为此任命右谏议大夫李福为夏绥节度使。此后继续选任文臣来替代边镇贪暴的将帅，临行前唐宣宗还要当面告诫和勉励戍边的文臣，于是党项的叛乱得以安定。李福是李石的弟弟。

4　南山、平夏党项部族的叛乱许久不能平息，唐宣宗不愿动用军队进行征讨。崔铉建议，应该派遣朝中大臣去进行镇压招抚，方能有成效。三月，唐宣宗任命白敏中为司空、同平章事，充当招讨党项行营都统、制置等使，南北两路供军使兼邠宁节度使。白敏中请求依照裴度过去的做法，选择朝廷的大臣为部下将佐，唐宣宗表示同意。夏季，四月，唐宣宗任命左谏议大夫孙景商为左庶子，充任邠宁行军司马；又任命知制诰蒋伸为右庶子，充任邠宁节度副使。蒋伸是蒋係的弟弟。

起初，唐宣宗命令白敏中为女儿万寿公主选择佳婿，白敏中选中并推荐郑颢，当时郑颢已经与卢氏女订婚，走到郑州时，被宰相府中书门下的堂帖追回，为此郑颢对白敏中很不满意，经常在唐宣宗面前诋毁白敏中。白敏中将赶赴边镇，对唐宣宗说："郑颢不愿意娶公主，对我怨恨入于骨髓。我在中书门下政事堂掌政，他不能对我有什么奈何；今我要出朝赴边镇，郑颢必定趁机恶语中伤，我恐怕死期不远了！"唐宣宗说："朕早就知道了，你为什么这么晚才提醒我！"于是命左、右近侍从宫禁中取出一个红柳木盒子，交给白敏中说："这里面都是郑郎诋毁您的书信。朕如果相信，哪里能重用你到今天呢！"白敏中回到家中，将红柳木盒子放到佛像前，烧香下拜，供若神明。

敏中军于宁州，壬子，定远城使史元破党项九千馀帐于三交谷，敏中奏党项平。辛未，诏："平夏党项，已就安帖。南山党项，闻出山者迫于饥寒，犹行钞掠，平夏不容，穷无所归。宜委李福存谕，于银、夏境内授以闲田。如能革心向化，则抚如赤子，从前为恶，一切不问，或有抑屈，听于本镇投牒自诉。若再犯疆埸，或复入山林，不受教令，则诛讨无赦。将吏有功者甄奖，死伤者优恤，灵、夏、邠、鄜四道百姓，给复三年，邻道量免租税。向由边将贪鄙，致其怨叛，自今当更择廉良抚之。若复致侵叛，当先罪边将，后讨寇虏。"

5　吐蕃论恐热残虐，所部多叛。拓跋怀光使人说诱之，其众或散居部落，或降于怀光。恐热势孤，乃扬言于众曰："吾今入朝于唐，借兵五十万来诛不服者，然后以渭州为国城，请唐册我为赞普，谁敢不从！"五月，恐热入朝，上遣左丞李景让就礼宾院问所欲。恐热气色骄倨，语言荒诞，求为河渭节度使。上不许，召对三殿，如常日胡客，劳赐遣还。恐热怏怏而去，复归落门川，聚其旧众，欲为边患。会久雨，乏食，众稍散，才有三百馀人，奔于廓州。

白敏中驻军于宁州，壬子（十日），定远城使史元在三交谷击破党项族九千多帐，白敏中奏告朝廷称党项已平定。辛未（二十九日），唐宣宗颁下诏令："平夏党项部族现在已经安定服帖了。听说南山党项部族有些出山的帐落，由于饥寒交迫，仍然在进行抢掠，而为平夏党项部所不容，穷困得无路可走，没有归处。应该请李福向南山党项部存抚告谕，在银州、夏州境内授给他们一些闲置的田地。如果他们能洗心革面，听从教化，而不再剽掠，就应该像赤子一样抚慰他们，从前他们作恶多端，现在一切不加穷追，如果有的帐落有冤屈，可让他们自己随时到所在军镇向主管官吏投牒申诉。如果还有帐落再敢侵犯我边疆牧场，或者重新逃入山林之中，不受我大唐王朝的教令，就对他们进行诛讨，决不赦免。我边镇将领有功劳的人在经过甄别后给予奖赏，战死、受伤的人给予优厚的抚恤，凡是灵州、夏州、邠州、鄜州四处地方的百姓，给予免征赋税三年的优待，相邻的道根据具体情况适当地减免一些租税。过去由于边镇将帅贪暴卑鄙，致使党项族怨愤而叛乱，自今以后应当更加慎重地选择廉洁、品行优良的将吏来镇抚党项部族。如果党项族再侵扰边疆发动叛乱，应当先问边镇将吏的罪，然后再征讨叛乱的虏寇。"

5　吐蕃酋领论恐热残忍暴虐，所率部众大多叛亡。拓跋怀光派人去游说引诱其部众，使论恐热的部众或者从部落中散居出去，或者投降拓跋怀光。论恐热的势力越来越孤单，于是向其部众扬言说："我今天要朝拜大唐帝国，向唐朝借兵五十万人来诛讨不服从我的人，然后将渭州当作国都，请大唐皇帝册封我为吐蕃赞普，谁敢不服从我！"五月，论恐热来到长安朝见大唐皇帝，唐宣宗派遣左丞李景让到礼宾院问论恐热有什么要求。论恐热趾高气扬，骄横傲慢，出言不逊，语句荒诞，请求唐宣宗任命他为河渭节度使。唐宣宗没有允许，将论恐热召到三殿问对，就像对待一般的胡人宾客，稍事慰劳，赐给一些东西后即让他回去。论恐热没有达到目的，怏怏不乐而去，回到落门川，聚集他原先的部众，企图作乱，成为唐朝的边患。值久雨时节，缺乏粮食，其部众逐渐散去，仅剩下三百多人，投奔廓州。

6　六月，立皇子润为鄂王。

7　进士孙樵上言："百姓男耕女织，不自温饱，而群僧安坐华屋，美衣精馔，率以十户不能养一僧。武宗愤其然，发十七万僧，是天下一百七十万户始得苏息也。陛下即位以来，修复废寺，天下斧斤之声至今不绝，度僧几复其旧矣。陛下纵不能如武宗除积弊，奈何兴之于已废乎！日者陛下欲修国东门，谏官上言，遽为罢役。今所复之寺，岂若东门之急乎？所役之功，岂若东门之劳乎？愿早降明诏，僧未复者勿复，寺未修者勿修，庶几百姓犹得以息肩也。"秋，七月，中书门下奏："陛下崇奉释氏，群下莫不奔走，恐财力有所不逮，因之生事扰人，望委所在长吏量加撙节。所度僧亦委选择有行业者，若容凶粗之人，则更非敬道也。乡村佛舍，请罢兵日修。"从之。

8　八月，白敏中奏南山党项亦请降。时用兵岁久，国用颇乏，诏并赦南山党项，使之安业。

9　冬，十月乙卯，中书门下奏："今边事已息，而州府诸寺尚未毕功，望且令成之。其大县远于州府者，听置一寺，其乡村毋得更置佛舍。"从之。

6　六月，唐宣宗立皇子李润为鄂王。

7　进士孙樵向唐宣宗上言："老百姓男耕女织，辛勤劳动却不能使自己获得温饱，而一大群不劳而获的佛教僧侣却安然自得地坐在华丽的房间里，身穿华美的衣裳，吃精美的饭菜，大概十户农家也养不起一个僧侣。武宗对僧侣不劳而食，蠹耗国家感到愤慨，勒令十七万僧侣蓄发还俗，使得天下一百七十万农户得以喘息复苏。而陛下即位以来，却下令修复被废的佛教寺庙，以致今天天下修复庙宇的斧头刀锯之声仍不绝于耳，重新剃度的僧尼几乎恢复到以前的数目。您即使不能像武宗那样革除僧侣蠹国的积弊，又为什么要使已废除的积弊重新复兴呢！近日您想修缮长安城东门，谏官上言劝阻，您立即就罢除这项工役。而目前所恢复的寺庙，岂能比修复东门更加急迫？所花费的工役，岂能比修缮东门更少？希望您尽早降下圣明的诏书，命令凡僧尼还没有恢复身份的不准再予恢复，寺庙还未修复的也不准再修，或许劳苦的百姓为此仍然可以获得喘息的机会。"秋季，七月，中书门下政事堂向唐宣宗奏称："陛下您崇奉佛教，使下面的人莫不为之奔走，恐怕国家的财力无法承受，且因为推奉佛教而引发事端，骚扰人民，希望陛下能命令掌管佛事的有关官吏，对修建寺庙的费用适当地加以节约。对所剃度的僧侣也让有关部门加以选择，让有道行通佛性的人出家，如果容纳凶残粗野的人入佛门，当然就不是敬奉佛法了。乡村间的小佛舍，请等到收复河、湟罢兵后再修。"唐宣宗表示同意。

8　八月，白敏中奏告朝廷称南山党项请求投降唐朝。当时用兵的时间已经很久，国家各项用度的费用相当困乏，唐宣宗颁下诏书，命令对南山党项部族如平夏党项部族一样一并赦免，使他们能安居乐业。

9　冬季，十月乙卯（十七日），中书门下政事堂向唐宣宗上奏："如今边境上的事已经平息，而地方州府所要修复的诸寺庙还没有完工，希望这时下令让州府完成此项工程。如果大县离州府较远者，可以建置一座寺庙，而乡村就不得再建置佛舍了。"唐宣宗表示同意。

10 戊辰，以户部侍郎魏谟同平章事，仍判户部。时上春秋已高，未立太子，群臣莫敢言。谟入谢，因言："今海内无事，惟未建储副，使正人辅导，臣窃以为忧。"且泣。时人重之。

11 蓬、果群盗依阻鸡山，寇掠三川。以果州刺史王贽弘充三川行营都知兵马使以讨之。

12 制以党项既平，罢白敏中都统，但以司空、平章事充邠宁节度使。

13 张义潮发兵略定其旁瓜、伊、西、甘、肃、兰、鄯、河、岷、廓十州，遣其兄义泽奉十一州图籍入见，于是河、湟之地尽入于唐。十一月，置归义军于沙州，以义潮为节度使、十一州观察使，又以义潮判官曹义金为归义军长史。

14 以中书侍郎、同平章事崔龟从同平章事，充宣武节度使。

15 右羽林统军张直方坐出猎累日不还宿卫，贬左骁卫将军。

六年(壬申,852)

1 春，二月，王贽弘讨鸡山贼，平之。

是时，山南西道节度使封敖奏巴南妖贼言辞悖慢，上怒甚。崔铉曰："此皆陛下赤子，迫于饥寒，盗弄陛下兵于溪谷间，不足辱大军，但遣一使者可平矣。"乃遣京兆少尹刘潼诣果州招谕之。潼上言请不发兵攻讨，且曰："今以日月之明烛愚迷之众，

10　戊辰(三十日),唐宣宗任命户部侍郎魏谟为同平章事,仍然负责户部事务。当时唐宣宗年事已高,还未立皇太子,群臣没有谁敢提这件事。魏谟入朝向唐宣宗谢恩,趁机上言:“现在海内已经无事,只是至今还没有建立储君,使正人君子加以辅导,我心里对此深感忧虑。”说着就流下眼泪。当时人因魏谟敢说别人不敢说的话而特别敬重。

11　蓬州、果州的群盗以鸡山为根据地,侵扰掠夺东川、西川、山南西道等三川地区。唐宣宗任命果州刺史王贽弘充当三川行营都知兵马使进行讨伐。

12　唐宣宗颁下制书,因党项的叛乱既已平定,罢除白敏中的招讨党项行营都统的职务,只以司空、平章事的名义充任邠宁节度使。

13　张义潮调发军队略取并平定沙州近旁的瓜、伊、西、甘、肃、兰、鄯、河、岷、廓十州之地,派遣他的兄长张义泽奉十一州地图名籍入朝见唐宣宗,于是河、湟之地全部归入唐朝版图。十一月,唐宣宗置归义军于沙州,任命张义潮为归义军节度使、十一州观察使,又任命张义潮的判官曹义金为归义军长史。

14　唐宣宗任命中书侍郎、同平章事崔龟从为同平章事,充任宣武节度使。

15　右羽林统军张直方因为外出游猎,数日不回来宿卫宫城,玩忽职守,被贬为左骁卫将军。

唐宣宗大中六年(壬申,公元852年)

1　春季,二月,王贽弘讨伐鸡山盗贼,将贼寇平定。

这时,山南西道节度使封敖向唐宣宗上奏,称巴南的妖贼出言不逊,唐宣宗怒气冲天。崔铉说:“这些人都是陛下的赤子,由于饥寒交迫,于溪谷之间抢夺并戏弄您的军队,其实并不足以辱没您强大的军队,只要派遣一个使者就可以平定他们。”于是派遣京兆少尹刘潼到果州去招抚劝谕。刘潼向唐宣宗上言,请求不要调发军队去攻讨,并且说:“今天我用太阳和月亮的光明去照亮那群愚昧迷惑之众的心,

使之稽颡归命，其势甚易。所虑者，武臣耻不战之功，议者责欲速之效耳。”潼至山中，盗弯弓待之，潼屏左右直前曰：“我面受诏赦汝罪，使汝复为平人。闻汝木弓射二百步，今我去汝十步，汝真欲反者，可射我！”贼皆投弓列拜，请降。潼归馆，而王赞弘与中使似先义逸引兵已至山下，竟击灭之。

2　三月，敕先赐右卫大将军郑光鄠县及云阳庄并免税役。中书门下奏，以为：“税役之法，天下皆同。陛下屡发德音，欲使中外画一，今独免郑光，似稍乖前意。事虽至细，系体则多。”敕曰：“朕以郑光元舅之尊贵，欲优异令免征税，初不细思。况亲戚之间，人所难议，卿等苟非爱我，岂进嘉言！庶事能尽如斯，天下何忧不理！有始有卒，当共守之。并依所奏。”

3　夏，四月甲辰，以邠宁节度使白敏中为西川节度使。

4　湖南奏，团练副使冯少端讨衡州贼帅邓裴，平之。

5　党项复扰边，上欲择可为邠宁帅者而难其人，从容与翰林学士、中书舍人须昌毕諴论边事，諴援古据今，具陈方略。上悦曰：“吾方择帅，不意颇、牧近在禁廷。卿其为朕行乎？”諴欣然奉命。上欲重其资履，六月壬申，先以諴为刑部侍郎，癸酉，乃除邠宁节度使。

6　雍王渼薨，追谥靖怀太子。

让他们向您叩头归命，做到这一点十分容易。所忧虑的是，武臣们对我的不战之功感到耻辱，议论者责备我企图达成的功效。”刘潼来到山中，贼盗弯着弓接待他，刘潼屏去左右随从独自走上前说：“我已经面受皇帝的诏敕，赦免你们的罪，使你们重新做平民百姓。听说你们的木弓能射二百步，现在我距你们只有十步，你们如果真想造反，可以射死我！”贼众全都将弓箭抛在一边，排成列队向刘潼拜谢，请求投降。刘潼回到馆舍，王贽弘与中使似先义逸率领军队已来到山下，竟然袭击已投降的人，将他们消灭。

2　三月，唐宣宗下敕令原先赐给右卫大将军郑光鄠县以及云阳的庄园一并免除税役。为此中书门下政事堂宰相们向唐宣宗上奏，认为：“收取税役的法规，天下都应相同。您屡次发布德音，希望使中外法令整齐划一，今天唯独免除郑光的税役，似乎与前面的意思稍有悖离。虽然这是一件很细微的事，但牵涉的问题却很多。”唐宣宗为此下敕宣称：“朕以为郑光有皇帝元舅的尊贵身份，企图给他优异的待遇，免征租税，起初没有细加思考。况且亲戚之间，正是人们难以议论的，你们如果不是热爱我，岂能向我进如此好的意见！其他一般性事务如果都能这样，天下何忧不能治理！有始有终，君臣应当共同遵守。按照你们所奏请的去办。”

3　夏季，四月甲辰（初八），唐宣宗任命邠宁节度使白敏中为西川节度使。

4　湖南奏告朝廷，团练副使冯少端讨伐衡州贼帅邓裴，将他们讨平。

5　党项部族又侵扰边境，唐宣宗想选择可充任邠宁统帅的人，而难以找到合适者，便从容地与翰林学士、中书舍人须昌人毕诚议论边境之事，毕诚援古据今，向唐宣宗陈述征讨党项的一整套方略。唐宣宗欢喜地说：“朕正要选择统帅，想不到廉颇、李牧就近在朕禁廷。您原意为朕出征边镇吗？”毕诚欣然表示愿奉命前往。唐宣宗企图加重毕诚的官资履历，六月壬申，先任命毕诚为刑部侍郎，癸酉，再任命毕诚为邠宁节度使。

6　雍王李渼去世，被追谥为靖怀太子。

7　河东节度使李业纵吏民侵掠杂虏，又妄杀降者，由是北边扰动。闰月庚子，以太子少师卢钧为河东节度使。业内有所恃，人莫敢言，魏谟独请贬黜，上不许，但徙义成节度使。

卢钧奏度支郎中韦宙为副使。宙遍诣塞下，悉召酋长，谕以祸福，禁唐民毋得入虏境侵掠，犯者必死，杂虏由是遂安。

掌书记李璋杖一牙职，明日，牙将百馀人诉于钧，钧杖其为首者，谪戍外镇，馀皆罚之，曰："边镇百馀人，无故横诉，不可不抑。"璋，绛之子也。

8　八月甲子，以礼部尚书裴休同平章事。

9　獠寇昌、资二州。

10　冬，十月，邠宁节度使毕诚奏招谕党项皆降。

11　骁卫将军张直方坐以小过屡杀奴婢，贬恩州司户。

12　十一月，立宪宗子惴为棣王。

13　十二月，中书门下奏："度僧不精，则戒法堕坏；造寺无节，则损费过多。请自今诸州准元敕许置寺外，有胜地灵迹许修复，繁会之县许置一院。严禁私度僧、尼，若官度僧、尼有阙，则择人补之，仍申祠部给牒。其欲远游寻师者，须有本州公验。"从之。

7　河东节度使李业放纵所部吏民侵犯和掠夺杂居的各族胡人，又随意乱杀投降的胡人，于是北部边境出现动乱。闰七月庚子（初六），唐宣宗任命太子少师卢钧为河东节度使。李业因为在宫内有所依恃，人们不敢说他的罪过，唯独魏谟请唐宣宗将李业贬黜罢官，唐宣宗没有允许，只是将李业调任义成节度使。

卢钧向唐宣宗奏请度支郎中韦宙为河东节度副使。韦宙走遍塞下，将诸杂胡酋长全部召来，向他们告谕以祸福，又限制唐朝民众，要他们不得进入胡人地境侵占掠夺，有犯者必处死，诸杂居胡人部落由此安定了下来。

掌书记李璋杖打一名牙职小官，第二天，牙将一百多人来向卢钧申诉，卢钧用棍杖打其中为首者，将他贬谪于外镇戍守，其馀的人都受到了处罚，卢钧说："边镇一百多人，无辜强横地申诉，不能不予抑制。"李璋是李绛的儿子。

8　八月甲子（初一），唐宣宗任命礼部尚书裴休为同平章事。

9　獠族人侵掠昌州、资州之地。

10　冬季，十月，邠宁节度使毕诚奏告唐宣宗，称招抚告谕党项叛乱部众，已使他们全部归降。

11　骁卫将军张直方因为以小过失而屡次杀死奴婢，被贬官徙任恩州司户。

12　十一月，唐宣宗立唐宪宗的儿子李惴为棣王。

13　十二月，中书门下政事堂向唐宣宗上奏："剃度僧尼不精，就会使佛教的戒法堕坏；建造寺庙没有节制，就会耗损费用过多。请求自今以后，诸州在原先所颁布的诏敕所允许设置的寺庙之外，在有名胜灵迹的地方许予修复寺庙，人烟车马繁盛的县准许设置一所寺院。严禁私自剃度僧侣、尼姑，如果官府剃度僧侣、尼姑有缺额，可以选择合格的人补上，但仍要申报祠部发给度牒。远游寻找师傅的僧侣，必须有本州的公文，以便到达目的地时，由当地官府对照验证。"唐宣宗表示同意。

七年(癸酉,853)

1　春,正月戊申,上祀圜丘,赦天下。

2　夏,四月丙寅,敕:“自今法司处罪,用常行杖。杖脊一,折法杖十;杖臀一,折笞五。使吏用法有常准。”

3　冬,十二月,左补阙赵璘请罢来年元会,止御宣政。上以问宰相,对曰:“元会大礼,不可罢。况天下无事。”上曰:“近华州奏有贼光火劫下邽,关中少雪,皆朕之忧,何谓无事!虽宣政亦不可御也。”

4　上事郑太后甚谨,不居别宫,朝夕奉养。舅郑光历平卢、河中节度使,上与之论为政,光应对鄙浅,上不悦,留为右羽林统军,使奉朝请。太后数言其贫,上辄厚赐金帛,终不复任以民官。

5　度支奏:“自河、湟平,每岁天下所纳钱九百二十五万馀缗,内五百五十万馀缗租税,八十二万馀缗榷酤,二百七十八万馀缗盐利。”

八年(甲戌,854)

1　春,正月丙戌朔,日有食之。罢元会。

2　上自即位以来,治弑宪宗之党,宦官、外戚乃至东宫官属,诛窜甚众。虑人情不安,丙申,诏:“长庆之初,乱臣贼子,顷搜擿馀党,流窜已尽,其馀族从疏远者,一切不问。”

唐宣宗大中七年(癸酉,公元853年)

1　春季,正月戊申(十七日),唐宣宗在圜丘举行祭祀活动,宣告大赦天下。

2　夏季,四月丙寅(初六),唐宣宗颁布诏敕:“自今以后司法衙门处以刑罚,用经常行用的杖刑。用棍杖打脊背一下,依法规折算为用棍杖打臀部十下;用棍杖打臀部一下,折算为用鞭挞五下。这样可以使官吏用刑有一定的标准。”

3　冬季,十二月,左补阙赵璘请求罢除明年元旦大朝会典礼,让唐宣宗只到宣政殿见朝臣。唐宣宗就此问于宰相,宰相回答说:“元旦朝会大礼,不可以罢废。况且现在天下无事。”唐宣宗说:“最近华州奏称有盗贼无所忌惮,在光天化日之下抢劫下邽城,关中地区下雪太少,这都是朕的忧虑,怎么能说无事!即使是让我到宣政殿举行典礼,也是不可以的。”

4　唐宣宗服侍郑太后甚为谨慎,不让她居住于别宫,以便自己能朝夕奉养。舅舅郑光历官平卢节度使和河中节度使,唐宣宗与他议论为政之道,郑光应对时表现得鄙陋浅薄,唐宣宗很不高兴,留郑光在朝廷任右羽林统军,使他便于奉朝请示。郑太后几次向唐宣宗说郑光贫穷,唐宣宗即丰厚地赐给郑光金帛,而始终不再委任他以治民之官。

5　度支奏告唐宣宗:“自河、湟地区得到平定,每年天下所收纳的钱有九百二十五万多缗,其中五百五十万多缗是租税,八十二万多缗是专卖酒的税钱,二百七十八万多缗是盐利。”

唐宣宗大中八年(甲戌,公元854年)

1　春季,正月丙戌朔(初一),出现日食。罢除元旦大朝会。

2　唐宣宗自从即皇帝位以来,整治弑唐宪宗的逆党,宦官、外戚以致东宫的官属,很多人受牵连,被诛杀的和被流放的人很多。由于怕造成人心不安,丙申(十一日),唐宣宗颁布诏书宣称:“长庆初年的乱臣贼子,前一段时间搜捕其馀党,已经全部依罪流放,其馀与罪犯较疏远的亲族,一概不予追究。”

3　二月，中书门下奏，拾遗、补阙缺员，请更增补。上曰："谏官要在举职，不必人多，如张道符、牛丛、赵璘辈数人，使朕日闻所不闻足矣。"丛，僧孺之子也。

久之，丛自司勋员外郎出为睦州刺史，入谢，上赐之紫。丛既谢，前言曰："臣所服绯，刺史所借也。"上遽曰："且赐绯。"上重惜服章，有司常具绯、紫衣数袭从行，以备赏赐，或半岁不用其一，故当时以绯、紫为荣。上重翰林学士，至于迁官，必校岁月，以为不可以官爵私近臣也。

4　秋，九月丙戌，以右散骑常侍高少逸为陕虢观察使。有敕使过硖石，怒饼黑，鞭驿吏见血，少逸封其饼以进。敕使还，上责之曰："深山中如此食岂易得！"谪配恭陵。

5　立皇子洽为怀王，汭为昭王，汶为康王。

6　上猎于苑北，遇樵夫，问其县，曰："泾阳人也。""令为谁？"曰："李行言。""为政何如？"曰："性执。有强盗数人，军家索之，竟不与，尽杀之。"上归，帖其名于寝殿之柱。冬，十月，行言除海州刺史，入谢，上赐之金紫。问曰："卿知所以衣紫乎？"对曰："不知。"上命取殿柱之帖示之。

3　二月，中书门下政事堂奏告唐宣宗，称拾遗、补阙官员缺额，请求再增补一些。唐宣宗说："谏官关键在于能称职，不必要人很多，如张道符、牛丛、赵璘这样几个人，使朕每天能知道许多朕所无法知道的事，这样就足够了。"牛丛是牛僧孺的儿子。

一段时间之后，牛丛自司勋员外郎出任睦州刺史，入朝向唐宣宗谢恩，唐宣宗赐给他紫衣。牛丛谢恩之后，走上前进言说："我现在穿的绯衣，是刺史的凭借。"唐宣宗立即说："那就再赐给您一件绯衣吧。"唐宣宗重视和珍惜代表官吏身份和地位的官服，有关部门经常预备绯衣、紫衣好几套跟从着唐宣宗，以备随时赏赐给官吏，但有时半年也不用其中一件，所以当时人均以穿绯衣、紫衣为荣耀。唐宣宗信重翰林学士，但翰林学士升迁官位时，唐宣宗必定要查对他们任官的年月，看是否任期届满，有足够的资历升迁新位，认为不可以随意将官爵私下赏赐给近臣。

4　秋季，九月丙戌（初四），唐宣宗任命右散骑常侍高少逸为陕虢观察使。有一位敕使路过硖石县，因驿馆供给他食用的饼太黑愤怒，用鞭抽打驿吏，使驿吏流血，高少逸将那块饼封在盒中送交朝廷。当这位宦官敕使还朝时，唐宣宗斥责他说："在深山中这样的食物又岂能是容易得到的！"即将他降职发配去守恭陵。

5　唐宣宗立皇子李洽为怀王，李汭为昭王，李汶为康王。

6　唐宣宗出苑城之北游猎，遇到一位樵夫，问他是哪个县的人，樵夫回答："泾阳县人。"又问："县令是谁？"回答说："李行言。"唐宣宗再问："李行言在县为政情况怎么样？"樵夫回答说："李行言性格固执。有几个强盗关押在县监狱，宦官领掌的北司禁军来县府要人，李行言就是不放人，硬是将这几个强盗全部处死了。"唐宣宗回宫后，将李行言的名字行事写在一个帖子上，挂在自己寝殿中的柱子上。冬季，十月，李行言被任命为海州刺史，入朝向唐宣宗谢恩时，唐宣宗赐给他金紫衣裳。并问李行言说："你知道为什么赐给你紫衣吗？"李行言回答说："不知道。"唐宣宗即命左右取来挂于寝殿柱子上的帖文，给李行言看。

7　上以甘露之变，惟李训、郑注当死，自馀王涯、贾𫗧等无罪，诏皆雪其冤。

上召翰林学士韦澳，托以论诗，屏左右与之语曰："近日外间谓内侍权势何如？"对曰："陛下威断，非前朝之比。"上闭目摇首曰："全未，全未！尚畏之在。卿谓策将安出？"对曰："若与外廷议之，恐有太和之变，不若就其中择有才识者与之谋。"上曰："此乃末策。自衣黄、衣绿至衣绯，皆感恩，才衣紫则相与为一矣！"上又尝与令狐绹谋尽诛宦官，绹恐滥及无辜，密奏曰："但有罪勿舍，有阙勿补，自然渐耗，至于尽矣。"宦者窃见其奏，由是益与朝士相恶，南北司如水火矣。

九年（乙亥，855）

1　春，正月甲申，成德军奏节度使王元逵薨，军中立其子节度副使绍鼎，癸卯，以绍鼎为成德留后。

2　二月，以醴泉令李君奭为怀州刺史。初，上校猎渭上，有父老以十数，聚于佛祠，上问之，对曰："醴泉百姓也。县令李君奭有异政，考满当罢，诣府乞留，故此祈佛，冀谐所愿耳。"及怀州刺史阙，上手笔除君奭，宰相莫之测。君奭入谢，上以此奖励，众始知之。

7　唐宣宗认为甘露之变，唯有李训、郑注应当处死，其馀王涯、贾𫗧等人无罪，颁布诏书为他们平反昭雪。

唐宣宗召来翰林学士韦澳，假借讨论诗文，屏去左右近侍对韦澳说："近日禁宫外对内侍宦官的权势有哪些说法？"韦澳回答说："都说陛下对宦官的处置威严果断，不是前朝皇帝可以相比的。"唐宣宗闭上眼睛摇摇头说："都不是这么回事，都不是这么回事！朕对宦官还有畏惧呢。你看有什么良策能对付宦官呢？"韦澳回答说："如果与宫廷之外的宰相大臣谋议诛除宦官，恐怕会有像太和年间那样的变故，还不如就在宦官当中选择一些有才识的人，与他们来谋议。"唐宣宗说："这是末策。朕已试行过，当朕提拔他们，让他们穿上黄色衣裳、绿色衣裳，以致绯衣时，他们都感恩戴德，一旦赐给他们紫衣时，他们便与为首作恶的宦官抱成一团，不再听朕的话了！"唐宣宗又曾经与令狐绹密谋，企图将宦官全部诛杀干净，令狐绹恐怕会滥杀无辜，秘密地奏告唐宣宗说："只要对有罪的宦官不予放过，宦官有缺不予补充，他们就会自然而然地慢慢消耗，最后死光，用不着您操劳忧虑了。"有宦官偷看了令狐绹的奏状，于是与外朝士大夫关系更为恶化，使南衙朝官与北司宦官势如水火。

唐宣宗大中九年(乙亥，公元 855 年)

1　春季，正月甲申(初四)，唐成德军奏告朝廷称节度使王元逵去世，军中立王元逵的儿子节度副使王绍鼎主掌军政，癸卯(二十三日)，唐宣宗任命王绍鼎为成德军留后。

2　二月，唐宣宗任命醴泉县令李君奭为怀州刺史。起初，唐宣宗于渭上游猎，看见十几位老人聚集在一个佛祠前，唐宣宗上前讯问其缘故，老人们回答说："我们是醴泉县百姓。县令李君奭有优异的政绩，任期届满当罢官，我们到官府乞求他留任，为此而祈祷于佛祠，希望都能如我们所愿。"后来怀州刺史空缺，唐宣宗亲手写诏敕任命李君奭，宰相们对李君奭的升迁摸不到头脑。李君奭入朝向唐宣宗谢恩，唐宣宗才以所得于父老之言来奖励李君奭，众人这才明白了李君奭超升的缘故。

3　三月，诏邠宁节度使毕諴还邠州。先是，以河、湟初附，党项未平，移邠宁军于宁州，至是，南山、平夏皆安，威、盐、武三州军食足，故令还理所。

4　夏，闰四月，诏以"州县差役不均，自今每县据人贫富及役轻重作差科簿，送刺史检署讫，锁于令厅，每有役事委令，据簿定差"。

5　五月丙寅，以王绍鼎为成德节度使。

6　上聪察强记，宫中厮役给洒扫者，皆能识其姓名，才性所任，呼召使令，无差误者。天下奏狱吏卒姓名，一览皆记之。度支奏渍污帛，误书渍为清，枢密承旨孙隐中谓上不之见，辄足成之。及中书覆入，上怒，推按擅改章奏者罚谪之。

上密令翰林学士韦澳纂次诸州境土风物及诸利害为一书，自写而上之，虽子弟不知也，号曰《处分语》。他日，邓州刺史薛弘宗入谢，出，谓澳曰："上处分本州事惊人。"澳询之，皆《处分语》中事也。澳在翰林，上或遣中使宣旨草诏，事有不可者，澳辄曰："兹事须降御札，方敢施行。"淹留至旦，上疏论之，上多从之。

7　秋，七月，浙东军乱，逐观察使李讷。讷，逊之弟子也，性卞急，遇将士不以礼，故乱作。

3　三月，唐宣宗颁下诏书令邠宁节度使毕諴还治邠州。起先，由于河、湟地区刚归附朝廷，党项部族的叛乱还未平息，于是移邠宁军于宁州，到这时，南山党项和平夏党项部族都已安定下来，威州、盐州、武州三州的军粮充足，所以命令毕諴归还邠州治所。

4　夏季，闰四月，唐宣宗颁布诏令，认为"州县对民户调发的差役不平均，自今以后每县官府根据人的贫富情况，以及差役的轻重制作差科簿，送交州刺史检查签署完毕后，再收藏于县令衙署存档，每有派役之事委交县令时，即依据差科簿来定当差的人"。

5　五月丙寅（十九日），唐宣宗任命王绍鼎为成德节度使。

6　唐宣宗聪敏明察并且记忆力强，宫禁中当差扫地身份低贱的厮役，也都能知道他们的姓名，并熟悉这些人的性格及特长，所以招呼他们干活，从不会叫错人。天下各地方官府奏告于朝廷的狱吏小卒的姓名，唐宣宗也一看便都记得。有一次度支给唐宣宗上的奏文中有渍污帛一句，"渍"字被误写为"清"字，枢密承旨孙隐中以为唐宣宗不一定看到这个错字，就将错字改正，然后送交中书门下政事堂。奏状经宰相府官员签署后再送入宫禁，唐宣宗发现奏状被改，大为愤怒，即加以追究，将擅自修改奏章的人处罚降职。

唐宣宗密令翰林学士韦澳将各州境内的风俗名物以及各种利害关系次第编纂成为一本书，韦澳写完后即交给唐宣宗，就连自己的子弟也不知道这件事，书名为《处分语》。有一天，邓州刺史薛弘宗入宫向唐宣宗拜谢后出朝，对韦澳说："皇上对邓州的事务了如指掌，处置和分析令人惊讶。"韦澳询问其中之事，都是《处分语》中所写的事。韦澳在翰林院，唐宣宗有时派中使向韦澳传宣旨意，命令他据以草写诏书，有些事韦澳认为处置不当，即对传旨的中使说："此事必须皇上亲笔写下字据，我才敢据以草诏。"于是拖延到第二天天亮，再上疏给唐宣宗讨论，唐宣宗一般都能听从韦澳的意见。

7　秋季，七月，浙东发生军乱，驱逐观察使李讷。李讷是李逊弟弟的儿子，性情急躁，对部下将士不以礼相待，因此引起军乱。

8 淮南饥，民多流亡，节度使杜悰荒于游宴，政事不治。上闻之，甲午，以门下侍郎、同平章事崔铉同平章事，充淮南节度使。丁酉，以悰为太子太傅、分司。

9 九月乙亥，贬李讷为朗州刺史，监军王宗景杖四十，配恭陵。仍诏“自今戎臣失律，并坐监军”。以礼部侍郎沈询为浙东观察使。询，传师之子也。

10 冬，十一月，以吏部侍郎柳仲郢为兵部侍郎，充盐铁转运使。有闾阎医工刘集因缘交通禁中，上敕盐铁补场官。仲郢上言：“医工术精，宜补医官；若委务铜盐，何以课其殿最！且场官贱品，非特敕所宜亲，臣未敢奉诏。”上遽批：“刘集宜赐绢百匹，遣之。”他日，见仲郢，劳之曰：“卿论刘集事甚佳。”

上尝苦不能食，召医工梁新诊脉，治之数日，良已。新因自陈求官，上不许，但敕盐铁使月给钱三千缗而已。

11 右威卫大将军康季荣前为泾原节度使，擅用官钱二百万缗，事觉，季荣请以家财偿之。上以季荣有开河、湟功，许之。给事中封还敕书，谏官亦上言，十二月庚辰，贬季荣夔州长史。

12 江西观察使郑祗德以其子颢尚主通显，固求散地，甲午，以祗德为宾客、分司。

8　淮南发生饥荒，百姓大多流亡他乡，节度使杜悰游宴过多，不理政事。唐宣宗得知了这些情况，甲午（十八日），任命门下侍郎、同平章事崔铉为同平章事，充任淮南节度使。丁酉（二十一日），唐宣宗任杜悰为太子太傅、分司。

9　九月乙亥（二十九日），唐宣宗下令将浙东观察使李讷贬为朗州刺史，监军王宗景受杖刑四十下，发配去守恭陵。并颁下诏书："自今以后凡镇守一方的武臣违法乱纪，监军也要一同判罪。"唐宣宗另外任命礼部侍郎沈询为浙东观察使。沈询是沈传师的儿子。

10　冬季，十一月，唐宣宗任命吏部侍郎柳仲郢为兵部侍郎，充当盐铁转运使。有一位在闾巷自由行医的医生刘集通过关系交接宫庭，唐宣宗下敕任命刘集为盐铁补场官。柳仲郢向唐宣宗上言："医工刘集医术精明，应该补为医官；如果让他管理铜盐事务，怎么来考课他的政绩，论优劣！况且场官是品秩低贱的小官，本不是陛下的特别敕令所应该亲任的，我不敢奉陛下的诏命。"唐宣宗立即批道："刘集应赐给他绢一百匹，让他回去。"几天后，唐宣宗见到柳仲郢，慰劳他说："你所议论刘集的事好极了。"

唐宣宗曾经为不能吃东西而困扰，召医工梁新来把脉诊治，治疗了几天，病情好转。梁新为此开口向唐宣宗要求赏一个官位，唐宣宗不予准许，只是下敕命令盐铁使每月给梁新三千缗钱而已。

11　右威卫大将军康季荣先前为泾原节度使，曾擅自动用官府两百万缗钱，事被察觉，康季荣请求用自己的家财抵偿。唐宣宗以康季荣有开辟河、湟地区的战功，表示允许。给事中封还诏敕，谏官也向唐宣宗上言劝谏，十二月庚辰（初五），康季荣被贬任夔州长史。

12　江西观察使郑祇德因为自己的儿子郑颢娶公主为妻，位望通显，一再要求得到一个散官的荣衔，甲午（十九日），唐宣宗调郑祇德为太子宾客、分司东都。

十年(丙子,856)

1 春,正月丁巳,以御史大夫郑朗为工部尚书、同平章事。

2 上命裴休极言时事,休请早建太子,上曰:“若建太子,则朕遂为闲人。”休不敢复言。二月丙戌,休以疾辞位,不许。

3 三月辛亥,诏以:“回鹘有功于国,世为婚姻,称臣奉贡,北边无警,会昌中虏廷丧乱,可汗奔亡,属奸臣当轴,遽加殄灭。近有降者去,已厖历今为可汗,尚寓安西,俟其归复牙帐,当加册命。”

4 上以京兆久不理,夏,五月丁卯,以翰林学士、工部侍郎韦澳为京兆尹。澳为人公直,既视事,豪贵敛手。郑光庄吏恣横,积年租税不入,澳执而械之。上于延英问澳,澳具奏其状,上曰:“卿何以处之?”澳曰:“欲置于法。”上曰:“郑光甚爱之,何如?”对曰:“陛下自内庭用臣为京兆,欲以清畿甸之积弊。若郑光庄吏积年为蠹,得宽重辟,是陛下之法独行于贫户,臣未敢奉诏。”上曰:“诚如此。但郑光殢我不置,卿与痛杖,贷其死,可乎?”对曰:“臣不敢不奉诏,愿听臣且系之,俟征足乃释之。”上曰:“灼然可。朕为郑光故挠卿法,

唐宣宗大中十年(丙子,公元856年)

1　春季,正月丁巳(十三日),唐宣宗任命御史大夫郑朗为工部尚书、同平章事。

2　唐宣宗让裴休极尽所言,议论当时大事,裴休请求唐宣宗尽早立皇太子,唐宣宗说:“如果立皇太子,那朕就将成为闲人了。”裴休不敢再说了。二月丙戌(十三日),裴休以有病要求辞去官位,唐宣宗不允许。

3　三月辛亥(初八),唐宣宗颁布诏书,说:“回鹘曾有功于我大唐,世代与皇室通婚姻,向我大唐皇帝称臣并奉献贡物,使我北部边境无须警戒,会昌年间回鹘王廷动乱,可汗四处奔亡,当时正值奸臣李德裕掌握大唐中枢朝政,于是对回鹘残部加以歼灭。近来有归降我朝的回鹘人说,已厖历现在已为回鹘可汗,目前寓居于安西地区,等到他收复并回到原先回鹘王廷所在的牙帐时,朕将正式册命他为回鹘国可汗。”

4　唐宣宗因为京兆地方很久得不到治理,夏季,五月丁卯(二十五日),任命翰林学士、工部侍郎韦澳为京兆尹。韦澳为人公正爽直,既到京兆府上任办公,豪猾贵戚均有所收敛,不敢为非作歹。国舅郑光庄园的庄吏骄横无比,多年的租税不交官府,韦澳将他逮捕并锁了起来。唐宣宗在延英殿问韦澳,韦澳将逮捕郑光庄吏的原委全部向唐宣宗陈奏,唐宣宗说:“你怎么处置他呢?”韦澳回答说:“将依照法律处置。”唐宣宗又说:“郑光特别喜爱这个庄吏,怎么办呀?”韦澳回答说:“陛下从宫禁内庭的翰林院任用我为京兆尹,希望我清扫京畿地区多年的积弊。如果郑光的庄吏多年为蠹害,却能得到宽大处理免于刑事处分,那么陛下所制定的法律,看来只是用来约束贫困户,我实不敢奉陛下的诏命再去办事了。”唐宣宗说:“你说的确实全合乎道理。但朕舅舅郑光的面子朕不能不顾,你可以用棍杖狠狠地处罚庄吏,但免他一死,行吗?”韦澳回答说:“我不敢不听从陛下的当面诏告,请求陛下让我逮捕那个骄横的庄吏,等到对他施以足够的惩罚之后再释放他。”唐宣宗说:“你的话灼然可行。朕为母舅郑光的缘故阻挠你依法行事,

殊以为愧。”澳归府，即杖之，督租数百斛足，乃以吏归光。

5　六月戊寅，以中书侍郎、同平章事裴休同平章事，充宣武节度使。

6　司农卿韦厪欲求夏州节度使，有术士知之，诣厪门曰：“吾善醮星辰，求官无不如意。”厪信之，夜，设醮具于庭。术士曰：“请公自书官阶一通。”既得之，仰天大呼曰：“韦厪有异志，令我祭天。”厪举家拜泣曰：“愿山人赐百口之命！”家之货财珍玩尽与之。逻者怪术士服鲜衣，执以为盗，术士急，乃曰：“韦厪令我祭天，我欲告之，彼以家财求我耳。”事上闻。秋，九月，上召厪面诘之，具知其冤，谓宰相曰：“韦厪城南甲族，为奸人所诬，勿使狱吏辱之。”立以术士付京兆，杖死，贬厪永州司马。

7　户部侍郎、判户部、驸马都尉郑颢营求作相甚切。其父祗德与书曰：“闻汝已判户部，是吾必死之年；又闻欲求宰相，是吾必死之日也！”颢惧，累表辞剧务。冬，十月乙酉，以颢为秘书监。

8　上遣使诣安西镇抚回鹘，使者至灵武，会回鹘可汗遣使入贡。十一月辛亥，册拜为嗢禄登里罗汨没密施合俱录毗伽怀建可汗，以卫尉少卿王端章充使。

9　吏部尚书李景让上言：“穆宗乃陛下兄，敬宗、文宗、武宗乃兄之子，陛下拜兄尚可，拜侄可乎！是使陛下不得亲事七庙也，

的确是惭愧呀。”韦澳回到京兆府，即重杖庄吏，督促他交满数百斛租税后，才将他交还郑光。

5 六月戊寅(初七)，唐宣宗任命中书侍郎、同平章事裴休挂同平章事衔，出任宣武节度使。

6 司农卿韦厪企图谋求夏州节度使官位，有一个术士知道了韦厪的心事，即登韦厪家门造访，说:“我善于占星术，为人求官没有不如愿的。”韦厪相信了术士的话，夜晚，于庭院摆设好占星用的用具。术士说:“请您自己在纸上写上您想求得的官阶。”术士得到韦厪手写的求官字条后，即对着天空大声呼喊:“韦厪有异志，让我为他祭天。”韦厪惊恐万状，举家向术士拜求并哭泣，说:“希望山人赐给百口之家活命之路!”家中的财产珍玩全部给术士。巡逻闾巷的军吏对术士穿一身新衣服感到奇怪，以为他是盗贼加以逮捕，术士窘急，于是招供说:“韦厪让我为他祭天，我要告发他，他即以家财求我闭嘴。”唐宣宗知道了这件事。秋季，九月，唐宣宗将韦厪召来当面审问，知道了韦厪的全部冤情，便对宰相说:“韦厪出身于京城之南最大的望族，被奸人所诬陷，不要让狱吏任意污辱了他。”立即将术士送交京兆府治罪，术士受杖刑被乱棍打死，韦厪被贬为永州司马。

7 户部侍郎、判户部、驸马都尉郑颢急切地钻营权位，企图当宰相。郑颢的父亲郑祗德给郑颢写信说:“听说你已掌判户部事务，这可是我必死之年;又听说你企图求得宰相职，这更是我必死之日呀!”郑颢收信后深感畏惧，多次向唐宣宗上表请求辞去繁重的政务。冬季，十月乙酉(十五日)，唐宣宗任命郑颢为秘书监。

8 唐宣宗派遣使者到安西去镇抚回鹘部族，使者来到灵武，正值回鹘可汗派遣使臣入唐朝朝贡。十一月辛亥(十二日)，唐宣宗封拜回鹘可汗为嗢禄登里罗汨没密施合俱录毗伽怀建可汗，任命卫尉少卿王端章充当册封使者。

9 吏部尚书李景让向唐宣宗上言:“穆宗是陛下的兄长。敬宗、文宗、武宗是陛下兄长的儿子，陛下敬拜兄长还说得过去，敬拜自己的侄子怎么说得过去呢！为了让陛下不必亲自去敬拜七庙，

宜迁四主出太庙，还代宗以下入庙。”诏百官议其事，不决而止。时人以是薄景让。

10 敕“于灵感、会善二寺置戒坛，僧、尼应填阙者委长老僧选择，给公凭，赴两坛受戒，两京各选大德十人主其事。有不堪者罢之，堪者给牒，遣归本州。不见戒坛公牒，毋得私容。仍先选旧僧、尼，旧僧、尼无堪者，乃选外人”。

11 壬辰，以户部侍郎、判户部崔慎由为工部尚书、同平章事。上每命相，左右无知者。前此一日，令枢密宣旨于学士院，以兵部侍郎、判度支萧邺同平章事。枢密使王归长、马公儒覆奏：“邺所判度支应罢否？”上以为归长等佑之，即手书慎由名及新命付学士院，仍云“落判户部事”。邺，明之八世孙也。

12 内园使李敬寔遇郑朗不避马，朗奏之，上责敬寔，对曰：“供奉官例不避。”上曰：“汝衔敕命，横绝可也，岂得私出而不避宰相乎！”命剥色，配南牙。

十一年(丁丑，857)

1 春，正月丙午，以御史中丞兼尚书右丞夏侯孜为户部侍郎、判户部事。先是，判户部有缺，京兆尹韦澳奏事，上欲以澳补之。

所以应该将穆宗、敬宗、文宗、武宗四位神主移出太庙，而将唐代宗以下各宗移入太庙。”唐宣宗诏命朝廷百官讨论这件事，众口不一，无法裁决，最后不了了之。当时人对李景让逢迎宣宗的这种作法表示鄙薄。

10 唐宣宗颁下诏敕：“在灵感、会善两座寺庙设置戒坛，应该填补空缺的僧侣和尼姑交由长老僧来进行选择，官府发给证书，让他们赴灵感、会善两坛接受佛教戒律，两京长安、洛阳各选出能持戒行的大德和尚十人主持受戒之事。有不受戒的就罢除他的僧尼身份，能接受佛教戒律的人发给度牒，让他们回归本州。各地寺院若不见灵感、会善二寺发给的公家度牒，不得私容任何僧、尼。要先选择原有的僧侣和尼姑，原有的僧侣、尼姑不能受戒，再选择外人。”

11 十二月壬辰（二十三日），唐宣宗任命户部侍郎、判户部崔慎由为工部尚书、同平章事。唐宣宗每次任命宰相，左右人没有谁能预先知道。前一日，唐宣宗命令枢密使在翰林学士院宣旨，任命兵部侍郎、判度支萧邺为同平章事。枢密使王归长、马公儒当即复奏于唐宣宗，问道：“萧邺所任判度支是否应该罢除？”唐宣宗认为宦官王归长等人是想在内廷助萧邺一把，当即手写崔慎由的名字及新的任命交付翰林学士院，然后说道：“不再判户部事。”萧邺是南朝梁贞阳侯萧渊明的八世孙。

12 宦官内园使李敬寔在路上遇到宰相郑朗，不躲避郑朗的马，郑朗奏告唐宣宗，唐宣宗责备李敬寔，李敬寔回答说：“供奉皇帝的宦官按惯例可以不避宰相的马。”唐宣宗说：“如果你奉朕的敕命办公事，骄横到极点也没有什么可说的，岂可以私自出宫而不躲避宰相的马呢！”于是命令李敬寔脱去有标志其内官身份地位颜色的衣服，发配到南牙服役。

唐宣宗大中十一年（丁丑，公元857年）

1 春季，正月丙午（初七），唐宣宗任命御史中丞兼尚书右丞夏侯孜为户部侍郎、判户部事。先前，判户部一职有缺，京兆尹韦澳上朝向唐宣宗奏事，唐宣宗想让韦澳补任判户部一官。

辞曰："臣比年心力衰耗，难以处繁剧，屡就陛下乞小镇，圣恩未许。"上不悦。及归，其甥柳玭尤之，澳曰："主上不与宰辅佥议，私欲用我，人必谓我以他歧得之，何以自明！且尔知时事浸不佳乎？由吾曹贪名位所致耳。"丙辰，以澳为河阳节度使。玭，仲郢之子也。

2 上欲幸华清宫，谏官论之甚切，上为之止。上乐闻规谏，凡谏官论事、门下封驳，苟合于理，多屈意从之。得大臣章疏，必焚香盥手而读之。

3 二月辛巳，以门下侍郎、同平章事魏谟同平章事，充西川节度使。谟为相，议事于上前，他相或委曲规讽，谟独正言无所避，上每叹曰："谟绰有祖风，我心重之。"然竟以刚直为令狐绹所忌而出之。

4 岭南溪洞蛮屡为侵盗。夏，四月壬申，以右千牛大将军宋涯为安南、邕管宣慰使。五月乙巳，以涯为安南经略使。容州军乱，逐经略使王球。六月癸巳，以涯为容管经略使。

5 甲午，立皇子灌为卫王，滩为广王。

6 秋，七月庚子，以兵部侍郎、判度支萧邺同平章事，仍判度支。

7 教坊祝汉贞，滑稽敏给，上或指物使之口占，摹咏有如宿构，由是宠冠诸优。一日，在上前抵掌诙谐，颇及外事，

韦澳推辞说："我这些年精神和身体都衰老消耗过度，实在难以再处置繁杂艰巨的事务，多次向陛下乞求去主管一个小镇，而一直没有获得陛下的恩准。"唐宣宗听后很不高兴。韦澳回到家中，外甥柳玭责怪韦澳说错了话，韦澳说："皇上不与宰辅官商议，私下里想任用我，人们必定会说我通过其他关系得官，这怎么能够说得清楚！你知道当今的政治状况越来越糟吗？这都是由于我们这些当官的贪图名位所引起的呀。"丙辰（十七日），唐宣宗任命韦澳为河阳节度使。柳玭是柳仲郢的儿子。

2　唐宣宗想去华清宫，谏官们极力上言劝阻，为此唐宣宗放弃了去华清宫游玩的想法。唐宣宗喜欢听规谏之言，凡是谏官们论事、门下省封驳，只要合乎情理，大都能虚心接受，表示听从。得到重臣所奏上的章疏，必烧香洗手后才阅读。

3　二月辛巳（十三日），唐宣宗任命门下侍郎、同平章事魏谟挂同平章事衔，出朝充任西川节度使。魏谟为宰相，在唐宣宗面前议政事时，其他宰相多不敢直言，有时不过委婉地规劝几句，唯独魏谟敢直言无所避讳，唐宣宗每次听到魏谟的直言规劝之后，总是赞叹说："魏谟有其先祖魏徵的遗风，我从心里敬重他。"然而，竟因为刚直不阿而为令狐绹所忌，被排挤出朝廷外任节度使。

4　岭南地区的溪洞蛮屡次作乱侵盗。夏季，四月壬申（初五），唐宣宗任命右千牛大将军宋涯为安南、邕管宣慰使。五月乙巳（初九），又任命宋涯为安南经略使。容州发生军乱，驱逐经略使王球。六月癸巳（二十七日），唐宣宗任命宋涯为容管经略使。

5　甲午（二十八日），唐宣宗立皇子李灌为卫王，李灉为广王。

6　秋季，七月庚子（初五），唐宣宗任命兵部侍郎、判度支萧邺为同平章事，依旧掌判度支。

7　宫廷教坊里有一个优人叫祝汉贞，为人滑稽敏捷，唐宣宗有时随意指着某一物件，让祝汉贞当场表演口戏，祝汉贞即照着唐宣宗所指物编造故事笑话，口若悬河，就像早已编造好了一样，使听者捧腹大笑，于是得到唐宣宗的喜爱，受宠超过其他各位伎优。一天，祝汉贞又在唐宣宗面前拍着手掌表演诙谐戏，所说口戏涉及到许多外朝政事，

上正色谓曰:“我畜养尔曹,正供戏笑耳,岂得辄预朝政邪!”自是疏之。会其子坐赃,杖死,流汉贞于天德军。

乐工罗程,善琵琶,自武宗朝已得幸,上素晓音律,尤有宠。程恃恩暴横,以睚眦杀人,系京兆狱。诸乐工欲为之请,因上幸后苑奏乐,乃设虚坐,置琵琶,而罗拜于庭,且泣。上问其故,对曰:“罗程负陛下,万死,然臣等惜其天下绝艺,不复得奉宴游矣!”上曰:“汝曹所惜者罗程艺,朕所惜者高祖、太宗法。”竟杖杀之。

8　八月,成德节度使王绍鼎薨。绍鼎沉湎无度,好登楼弹射人以为乐,众欲逐之,会病薨,军中立其弟节度副使绍懿。戊寅,以绍懿为成德留后。

9　九月辛酉,以太子太师卢钧同平章事,充山南西道节度使。

10　冬,十月己巳,以秦成防御使李承勋为泾原节度使。承勋,光弼之孙也。先是,吐蕃酋长尚延心以河、渭二州部落来降,拜武卫将军。承勋利其羊马之富,诱之入凤林关,居秦州之西。承勋与诸将谋执延心,诬云谋叛,尽掠其财,徙其众于荒远。延心知之,因承勋军宴,坐中谓承勋曰:“河、渭二州,土旷人稀,因以饥疫。唐人多内徙三川,吐蕃皆远遁于叠宕之西,二千里间,

唐宣宗马上正色训斥祝汉贞："我养你们这群优人，只是要你演戏以供我嬉笑罢了，你岂得随意干预朝政呢！"从此以后就疏远了祝汉贞。正值祝汉贞的儿子因贪赃判杖刑被乱棍打死，唐宣宗将祝汉贞流放于天德军。

宫廷乐工罗程，善于弹奏琵琶，自唐武宗朝已得到宠幸，唐宣宗平素通晓音律，对罗程更加宠爱。罗程依恃皇帝的恩宠暴虐专横，有人对他斜视一眼，就将人杀死，因此被京兆府逮捕入狱。宫廷诸乐工想请求唐宣宗赦免罗程，等唐宣宗到后苑听音乐演奏时，为罗程设一虚坐，放上罗程的琵琶，并一起跪拜于庭前，哭泣不已。唐宣宗问诸乐工为何哭泣，乐工们回答说："罗程辜负了陛下的恩情，罪该万死，但我们可惜罗程的琵琶演奏是天下无双的绝艺，恐怕以后在陛下的宴会和游乐中，再也听不到这样精彩的表演了。"唐宣宗说："你们可惜的是罗程的琵琶演奏技艺，朕所珍惜的是高祖、太宗留下的法律。"最后，罗程被依法判处杖刑，被乱棍打死。

8　八月，成德节度使王绍鼎去世。王绍鼎沉湎于酒色，狂饮无度，喜欢登楼台用弓弹射楼下路人，作为娱乐，部下兵众企图驱逐他，正好王绍鼎得病死亡，成德军立他的弟弟节度副使王绍懿主掌军政。戊寅（十四日），唐宣宗任命王绍懿为成德留后。

9　九月辛酉（二十七日），唐宣宗任命太子太师卢钧为同平章事，出朝充任山南西道节度使。

10　冬季，十月己巳（初五），唐宣宗任命秦成防御使李承勋为泾原节度使。李承勋是李光弼的孙子。先前，吐蕃酋长尚延心率河州、渭州两州的部落归降唐朝，被任为武卫将军。李承勋贪图尚延心部众的羊马财富，将尚延心引诱到凤林关，居住到秦州以西地区。李承勋与部下诸将又谋划逮捕尚延心，诬称他谋叛，将他的财产全部抢来，并将他的部众迁徙到荒凉的边外地区。尚延心知道李承勋的阴谋，有一次参加李承勋的军宴，在坐席之中对李承勋说："河州、渭州两州之地，土地空旷，人烟稀少，因此常闹饥荒瘟疫。唐朝人多向内地平凉川、蔚如川、落门川这三川地区迁徙，吐蕃人也都远远地逃遁到叠宕以西地区，致使两千里之间，

寂无人烟。延心欲入见天子，请尽帅部众分徙内地，为唐百姓，使西边永无扬尘之警，其功亦不愧于张义潮矣。”承勋欲自有其功，犹豫未许，延心复曰：“延心既入朝，部落内徙，但惜秦州无所复恃耳。”承勋与诸将相顾默然。明日，诸将言于承勋曰：“明公首开营田，置使府，拥万兵，仰给度支，将士无战守之劳，有耕市之利。若从延心之谋，则西陲无事，朝廷必罢使府，省戍兵，还以秦州隶凤翔，吾属无所复望矣。”承勋以为然，即奏延心为河、渭都游弈使，使统其众居之。

11　中书侍郎、同平章事郑朗以疾辞位，壬申，以朗为太子太师。

12　上晚节颇好神仙，遣中使迎道士轩辕集于罗浮山。

13　王端章册立回鹘可汗，道为黑车子所塞，不至而还。辛卯，贬端章贺州司马。

14　十一月壬寅，以成德军留后王绍懿为节度使。

15　十二月，萧邺罢判度支。

十二年(戊寅,858)

1　春，正月，以康王傅、分司王式为安南都护、经略使。式有才略，至交趾，树芀木为栅，可支数十年。深堑其外，泄城中水，堑外植竹，寇不能冒。选教士卒甚锐。顷之，南蛮大至，去交趾半日程，式意思安闲，遣译谕之，中其要害，蛮

寂静而无人烟。尚延心我想入朝廷去见大唐天子，请求率领部众分别迁徙到内地，成为唐朝的百姓，使唐朝的西部边境永远不再出现战马扬尘的警报，这样的功劳也许不会亚于张义潮吧。”李承勋企图将此功劳归于自己，犹豫不决，没给尚延心许诺，尚延心又说：“我既然准备入朝廷，将部落迁徙到内地，只是可惜秦州不再有所依恃了。”李承勋听后与部下诸将面面相觑，无话可说。第二天，诸将向李承勋上言说：“明公您首先在秦州开置营田，设置防御使府，拥有军队万人，由朝廷度支发给军饷，我们将士没有作战守御的劳苦，却能收到耕垦交易的厚利。如果听从尚延心的谋议，就会使西部边陲没有战事，朝廷必定要罢除防御使府，裁省戍边军队，将秦州归还凤翔镇领辖，我们就再也没有什么希望了。”李承勋认为说得有理，即向唐宣宗上奏，请求任命尚延心为河、渭两州都游弈使，让他统率其部众居住在这两州地方。

11　中书侍郎、同平章事郑朗因患疾病要求辞去相位，壬申（初八），唐宣宗任命郑朗为太子太师。

12　唐宣宗晚年很迷信神仙道教，派遣中使到罗浮山迎接道士轩辕集。

13　王端章被派往安西册立回鹘可汗，因道路被黑车子所堵塞，没有到达目的地而返回。辛卯（二十七日），唐宣宗将王端章贬为贺州司马。

14　十一月壬寅（初八），唐宣宗任命成德军留后王绍懿为节度使。

15　十二月，萧邺被罢去判度支的职务。

唐宣宗大中十二年（戊寅，公元858年）

1　春季，正月，唐宣宗任命康王傅、分司王式为安南都护、经略使。王式有雄才大略，到达交趾，用棘树扎栅寨，其牢固可以支持数十年。栅寨外掘深壕堑，可将城中的水排泄出去，壕堑外种植竹子，使贼寇不能冒犯。又精选并教练士兵，使军队勇锐无比。不久，南诏军来侵，距离交趾只有半天路程，王式意态安闲，派遣翻译往南诏军中，告谕唐军早已作好防御准备，对蛮军不利，南诏军

一夕引去,遣人谢曰:"我自执叛獠耳,非为寇也。"安南都校罗行恭,久专府政,麾下精兵二千,都护中军才羸兵数百。式至,杖其背,黜于边徼。

2　初,户部侍郎、判度支刘瑑为翰林学士,上器重之。时为河东节度使,手诏征入朝,瑑奏发河东,外人始知之。戊午,以瑑同平章事。瑑,仁轨之五世孙也。

瑑与崔慎由议政于上前,慎由曰:"惟当甄别品流,上酬万一。"瑑曰:"昔王夷甫祖尚浮华,妄分流品,致中原丘墟。今盛明之朝,当循名责实,使百官各称其职;而遽以品流为先,臣未知致理之日!"慎由无以对。

3　轩辕集至长安,上召入禁中,问曰:"长生可学乎?"对曰:"王者屏欲而崇德,则自然受大遐福,何处更求长生!"留数月,坚求还山,乃遣之。

4　二月甲子朔,罢公卿朝拜光陵及忌日行香,悉移宫人于诸陵。

5　戊辰,以中书侍郎、同平章事崔慎由为东川节度使。

上欲御楼肆赦,令狐绹曰:"御楼所费甚广,事须有名。且赦不可数。"上不悦,曰:"遣朕于何得名!"慎由曰:"陛下未建

闻讯后在一个夜间即退走，并派人向王式道歉说："我们是来追捕叛乱的獠族人，并不是要侵犯唐朝边境。"安南都护府的都将罗行恭，专制府政已很久，麾下有精兵两千人，都护府的中军才有弱兵几百人。王式来到安南，用棍杖打罗行恭的背，以处罚他的专横，并将他罢黜到边境地方。

2　起初，户部侍郎、判度支刘瑑为翰林学士，唐宣宗对他十分器重。这时刘瑑任河东节度使，被唐宣宗以手诏征召回朝廷，刘瑑向唐宣宗上奏，告知已从河东出发，朝外百官才知道这件事。戊午（二十五日），唐宣宗任命刘瑑为同平章事。刘瑑是刘仁轨第五世孙。

刘瑑与崔慎由在唐宣宗面前议论政事，崔慎由说："应该甄别百官的等级辈分，皇上据此赐与职位。"刘瑑说："西晋时王夷甫祖尚浮华，妄将官员分为清浊流品，结果演成大祸，使中原地区变成了废墟。今天是明君在位，盛明之朝，应当根据实际才能任命官职，使百官能各称其职；如果为政以甄别百官的品流为先务，我不知道哪一天才能使国家得到治理，安享太平！"崔慎由无言以对。

3　道士轩辕集来到长安，唐宣宗将他召入宫禁中，问道："长生不死可以学得到吗？"轩辕集回答说："做帝王的人只要摒弃欲念，崇尚道德，就自然会有长命延年的福气，哪里还有什么地方能求得长生不死呢！"留居宫禁几个月后，轩辕集坚决要求返回罗浮山，唐宣宗于是放他回去。

4　二月甲子朔（初一），唐宣宗罢除公卿大臣朝拜唐穆宗光陵，以及唐穆宗忌日到其陵墓起居行香之礼，又命令将宫人移居到诸皇帝的陵墓前居住，朝夕供奉。

5　戊辰（初五），唐宣宗任命中书侍郎、同平章事崔慎由为东川节度使。

唐宣宗想登月凤楼宽赦罪犯，令狐绹说："登楼大赦费用太大，而且做这样一件事，应该有正当的名分。何况当今需要免祸赦灾的事太多，数不胜数。"唐宣宗听后很不高兴，说："对于朕来讲，登楼大赦以什么名分为最合适？"崔慎由说："陛下至今还没有建立

储宫，四海属望。若举此礼，虽郊祀亦可，况于御楼！”时上饵方士药，已觉躁渴，而外人未知，疑忌方深，闻之，俯首不复言。旬日，慎由罢相。

6　勃海王彝震卒。癸未，立其弟虔晃为勃海王。

7　夏，四月，以右街使、驸马都尉刘异为邠宁节度使，异尚安平公主，上妹也。

8　庚子，岭南都将王令寰作乱，囚节度使杨发。发，苏州人也。

9　戊申，以兵部侍郎、盐铁转运使夏侯孜同平章事。

10　五月丙寅，工部尚书、同平章事刘瑑薨。瑑病笃，犹手疏论事，上甚惜之。

11　以右金吾大将军李燧为岭南节度使，已命中使赐之节，给事中萧仿封还制书。上方奏乐，不暇别召中使，使优人追之，节及燧门而返。仿，俛之从父弟也。辛巳，以泾原节度使李承勋为岭南节度使，发邻道兵讨乱者，平之。

12　是日，湖南军乱，都将石载顺等逐观察使韩悰，杀都押牙王桂直。悰待将士不以礼，故及于难。

13　六月丙申，江西军乱，都将毛鹤逐观察使郑宪。

储宫，安排皇位继承人是四海之内广大臣民所日夜盼望的事。如果举行册立皇太子的典礼，就是举行郊祀典礼也可以，更何况于登楼大赦呢！”当时唐宣宗吃方士所炼的丹药，内心已感觉燥热饥渴，而外人并不知道，唐宣宗对臣下的猜忌疑虑已经很深重，听到崔慎由的话，低头不再说话。几天后，崔慎由被罢除宰相位。

6　勃海王李彝震去世。癸未（二十日），唐宣宗立李彝震的弟弟李虔晃为勃海王。

7　夏季，四月，唐宣宗任命右街使、驸马都尉刘异为邠宁节度使。刘异所娶的安平公主，是唐宣宗的妹妹。

8　庚子（初九），岭南都将王令寰发动叛乱，将节度使杨发囚禁。杨发是苏州人。

9　戊申（十七日），唐宣宗任命兵部侍郎、盐铁转运使夏侯孜为同平章事。

10　五月丙寅（初六），工部尚书、同平章事刘瑑去世。刘瑑病重之时，仍然给唐宣宗手写疏奏议论政事，唐宣宗对他的死深感痛惜。

11　唐宣宗将任命右金吾大将军李燧为岭南节度使，已经命令中使赐给李燧岭南节度使的符节，但所颁布的诏书被给事中萧仿封驳退还。当时唐宣宗正在奏乐游玩，没有闲暇再召中使执行任务，即派遣身边的一名伎优去追回符节，结果，岭南节度使的符节在刚送到李燧的家门口时被追回。萧仿是萧俛的堂弟。辛巳（二十一日），唐宣宗任命泾原节度使李承勋为岭南节度使，调发与岭南相邻的数道军队，征讨王令寰的叛乱，最后将岭南平定。

12　这一天，湖南又发生军乱，都将石载顺等人将湖南观察使韩悰驱逐出境，杀死都押牙王桂直。韩悰不以礼对待部下将士，所以遭此动乱。

13　六月丙申（初六），江西发生军乱，都将毛鹤将江西观察使郑宪驱逐出境。

14 初，安南都护李涿为政贪暴，强市蛮中马牛，一头止与盐一斗，又杀蛮酋杜存诚。群蛮怨怒，导南诏侵盗边境。

峰州有林西原，旧有防冬兵六千，其旁七绾洞蛮，其酋长曰李由独，常助中国戍守，输租赋。知峰州者言于涿，请罢戍兵，专委由独防遏。于是由独势孤，不能自立，南诏拓东节度使以书诱之，以甥妻其子，补拓东押牙，由独遂帅其众臣于南诏。自是安南始有蛮患。是月，蛮寇安南。

15 秋，七月丙寅，宣州都将康全泰作乱，逐观察使郑薰，薰奔扬州。

16 丁卯，右补阙内供奉张潜上疏，以为："藩府代移之际，皆奏仓库蓄积之数，以羡馀多为课绩，朝廷亦因而甄奖。窃惟藩府财赋，所出有常，苟非赋敛过差，及停废将士，减削衣粮，则羡馀何从而致！比来南方诸镇数有不宁，皆此故也。一朝有变，所蓄之财悉遭剽掠，又发兵致讨，费用百倍，然则朝廷竟有何利！乞自今藩府长吏，不增赋敛，不减粮赐，独节游宴，省浮费，能致羡馀者，然后赏之。"上嘉纳之。

17 容管奏都虞候来正谋叛，经略使宋涯捕斩之。

14　起初，安南都护府都护李涿为政贪鄙暴虐，强迫蛮人将马牛卖给他，一头马或一头牛只给盐一斗，又杀死蛮人酋长杜存诚。蛮人怨恨愤怒，于是勾结南诏王国的军队侵犯唐朝边境。

安南都护府所辖峰州有林西原，原有防冬兵六千人，在林西原旁边有七绾洞蛮，有酋长名叫李由独，经常协助唐朝戍守边境，并向唐朝州县地方官输纳租赋。掌峰州行政的地方官向李涿上言，请求罢去林西原防守的六千戍兵，把戍守边境防备蛮寇的责任委交给李由独。李由独由于势单力孤，不能自立，南诏王国的拓东节度使给李由独写信，劝诱他叛唐，并将外甥女嫁给李由独的儿子，补任李由独为南诏王国的拓东押牙，李由独于是率领其部众向南诏王国称臣。从此以后安南开始有了蛮患。这一月，南诏蛮军侵犯安南。

15　秋季，七月丙寅（初七），宣州都将康全泰发动叛乱，将宣州观察使郑薰驱逐出境，郑薰逃奔到扬州。

16　丁卯（初八），右补阙内供奉张潜向唐宣宗上疏，认为："藩镇使府每当主政官按期调任他官的时候，都得向朝廷奏告使府仓库所蓄积的钱粮数目，在规定数额之外的馀额多作为吏部考课的治绩，朝廷也以此对各使府主政官的政绩来进行甄别奖励。我想藩镇使府的财赋，所出有一定的限度，如果不是对所管辖的民众聚敛过多，以及停废所部将士的军饷，减扣士兵的衣粮，那朝廷所定税额之外的馀额从什么地方而来！近来南方几个藩镇常不安宁，都是这个缘故。一旦发生变故，使府仓库所积蓄的财富就全部遭到抢劫，而朝廷又调发军队去讨伐，所需费用更是使府仓库所蓄财物的百倍，这样来看对朝廷又有什么利益！希望自今以后，凡藩镇使府主政官吏，不必增加对管内民众的赋敛，不准减少所部将士的赐粮，并且节制府帅长官的游宴费用，省下一切浮华费用，能这样在朝廷现定的赋税数额之外有馀额，当然可以得到奖赏。"唐宣宗对张潜的疏奏表示同意，并对他的建议加以采纳。

17　容管军奏告朝廷，都虞候来正阴谋策动叛乱，被经略使宋涯拘捕并斩首。

初，忠武军精兵皆以黄冒首，号黄头军。李承勋以百人定岭南，宋涯使麾下效其服装，亦定容州。

安南有恶民，屡为乱，闻之，惊曰："黄头军渡海来袭我矣！"相与夜围交趾城，鼓噪："愿送都护北归，我须此城御黄头军。"王式方食，或劝出避之。式曰："吾足一动，则城溃矣。"徐食毕，擐甲，率左右登城，建大将旗，坐而责之，乱者反走。明日，悉捕诛之。有杜守澄者，自齐、梁以来拥众据溪洞，不可制。式离间其亲党，守澄走死。安南饥乱相继，六年无上供，军中无犒赏，式始修贡赋，飨将士。占城、真腊皆复通使。

18　淮南节度使崔铉奏已出兵讨宣州贼，八月甲午，以铉兼宣歙观察使。己亥，以宋州刺史温璋为宣州团练使。璋，造之子也。

19　河南、北、淮南大水，徐、泗水深五丈，漂没数万家。

20　冬，十月，建州刺史于延陵入辞，上曰："建州去京师几何？"对曰："八千里。"上曰："卿到彼为政善恶，朕皆知之，勿谓其远！此阶前则万里也，卿知之乎？"延陵悸慑失绪，上抚而遣之。到官，竟以不职贬复州司马。

令狐绹拟李远杭州刺史，上曰："吾闻远诗云：'长日惟消一局棋。'安能理人！"绹曰："诗人托此为高兴耳，未必实然。"

起初，忠武军的精兵都头戴黄帽，号称黄头军。李承勋率黄头军一百人平定岭南，宋涯让麾下精兵仿效忠武黄头军的服装，也平定了容州。

安南有一群顽固刁民，屡次发动叛乱，听说宋涯率黄头军平定了容州，惊慌失措地呼喊："黄头军将渡海来袭击我们了！"于是一同在夜晚围住交趾城，击鼓喧哗说："我们愿送都护回到北方去，这座城须留给我们抵御黄头军。"安南都护王式正在吃饭，有人劝他出城躲避一下。王式说："我的脚只要一动，交趾城就要被攻破了。"他慢慢地将饭吃完，然后披甲，率左右将佐登上城楼，将大将旗挂好，坐在帅椅上怒声责备城下叛民，叛民惶恐解围退兵。第二天，王式命将吏将叛民全部逮捕，一齐处死。有一个叫杜守澄的人，其家族自南朝齐、梁以来拥宗族部众占据溪洞，官府不能制服。王式采取离间杜氏宗族亲党的办法，使杜守澄逃走并被打死。安南地区由于饥荒和变乱相继，有六年时间没有向京师供输钱帛，都护府军中也没有犒赏，王式开始恢复贡赋，犒赏将士，使管辖内安宁。占城国、真腊国也都重新派来使者与唐朝通使。

18　淮南节度使崔铉奏告朝廷，声称已经派出军队去征讨宣州叛贼，八月甲午(初六)，唐宣宗命崔铉兼任宣歙观察使。己亥(十一日)，又任命宋州刺史温璋为宣州团练使。温璋是温造的儿子。

19　河南、河北、淮南地区发生大水灾，徐州、泗州地方的洪水深达五丈，有数万户人家被淹没于洪水中。

20　冬季，十月，建州刺史于延陵入朝向唐宣宗辞行，唐宣宗说："建州距离京师有多远？"于延陵回答说："八千里。"唐宣宗说："你到建州后为政的善恶，朕都知道，不要以为距朝廷太远就胡作非为！万里之遥就像在这台阶之前一样，你知道吗？"于延陵被吓得惊恐失措，应对错乱，唐宣宗抚慰他并让他出宫。于延陵到建州刺史任，最后因为不称职而被贬为复州司马。

令狐绹想任用李远为杭州刺史，唐宣宗说："我听说李远写过这么一句诗：'长日惟消一局棋'，这样一个棋迷怎么能处理好人事！"令狐绹说："诗人写诗，假托下棋以尽其兴致，李远不一定当真就是个棋迷。"

上曰："且令往试观之。"

上诏刺史毋得外徙，必令至京师，面察其能否，然后除之。令狐绹尝徙其故人为邻州刺史，便道之官。上见其谢上表，以问绹，对曰："以其道近，省送迎耳。"上曰："朕以刺史多非其人，为百姓害，故欲一一见之，访问其所施设，知其优劣以行黜陟。而诏命既行，直废格不用，宰相可畏有权！"时方寒，绹汗透重裘。

上临朝，接对群臣如宾客，虽左右近习，未尝见其有惰容。每宰相奏事，旁无一人立者，威严不可仰视。奏事毕，忽怡然曰："可以闲语矣！"因问闾阎细事，或谈宫中游宴，无所不至。一刻许，复整容曰："卿辈善为之，朕常恐卿辈负朕，后日不复得相见。"乃起入宫。令狐绹谓人曰："吾十年秉政，最承恩遇，然每延英奏事，未尝不汗沾衣也！"

21　初，山南东道节度使徐商，以封疆险阔，素多盗贼，选精兵数百人别置营训练，号捕盗将。及湖南逐帅，诏商讨之。商遣捕盗将二百人讨平之。

22　崔铉奏克宣州，斩康全泰及其党四百馀人。

23　上以光禄卿韦宙父丹有惠政于江西，以宙为江西观察使，发邻道兵以讨毛鹤。

唐宣宗说:“可暂且让李远任杭州刺史,试一试看吧。”

唐宣宗颁布诏令,命令各州刺史不得外调到他处做官,必须先到京师长安朝见皇帝,由皇帝当面考察其能否胜任政务,然后再委任官职。令狐绹曾经将其故旧迁任邻州刺史,未到京师就顺路赶到任所上任。唐宣宗见到这位刺史所上的谢恩表文,就其不到京师朝见皇帝一事询问令狐绹,令狐绹回答说:“因为所迁州治任所较近,所以不来长安,以省去迎送的礼节。”唐宣宗说:“朕以天下各州刺史大多用非其人,成为百姓的蠹害,所以想一一召见,当面询问他们上任后的施政方略,以知道他们的优劣,便于对他们进行升降黜陟。然而,我的诏令既已颁发,你却废弃搁置不用,看来宰相有权也真是可畏!”当时天气还很寒冷,令狐绹竟吓得汗流浃背,连几层衣服都湿透了。

唐宣宗临朝听政视事时,接待问对群臣犹如对待宾客,就是他的左右近侍,也不曾见过他有倦意。每次宰相奏对政事时,近旁没有一人站立,其威严的神态令人不敢仰视。宰相奏事完毕后,唐宣宗忽然会怡然地说:“我们可以谈些闲话了!”接着就问宰相们街道闾巷的细微事,有时谈论宫禁中游宴的事,无所不谈。谈了一刻钟左右,唐宣宗又收起面孔,训诫宰相们说:“你们这几人应当从政为善,朕经常忧虑你们会辜负朕,恐怕几天后不再能相见。”说完后即自御座起身回宫。令狐绹对人说:“我当了十年宰相,操掌政柄,最得皇上的恩遇,但每次在延英殿与皇上奏对政事,没有不汗流沾衣的!”

21　山南东道节度使徐商因为所管辖的疆域峻险广阔,平素就多有盗贼出没,于是挑选精兵数百人另外编成营队进行训练,号称捕盗将。当湖南发生驱逐主帅的军乱时,唐宣宗颁发诏书命令徐商率军队去镇压。徐商奉诏派遣捕盗将两百人将湖南叛乱的军队平定。

22　崔铉奏告朝廷,宣称已攻克宣州城,斩叛将康全泰及其党羽四百多人。

23　唐宣宗因为光禄卿韦宙的父亲韦丹在江西主政时曾有良好的政绩,任命韦宙为江西观察使,并调发与江西相邻道的军队,以讨伐毛鹤。

24　崔铉以宣州已平，辞宣歙观察使。十一月戊寅，以温璋为宣歙观察使。

25　兵部侍郎、判户部蒋伸从容言于上曰："近日官颇易得，人思徼幸。"上惊曰："如此，则乱矣！"对曰："乱则未乱，但徼幸者多，乱亦非难。"上称叹再三。伸起，上三留之，曰："异日不复得独对卿矣。"伸不谕。十二月甲寅，以伸同平章事。

26　韦宙奏克洪州，斩毛鹤及其党五百馀人。宙过襄州，徐商遣都将韩季友帅捕盗将从行。宙至江州，季友请夜帅其众自陆道间行，比明，至洪州，州人不知，即日讨平之。宙奏留捕盗将二百人于江西，以季友为都虞候。

十三年（己卯，859）

1　春，正月戊午朔，赦天下。

2　三月，割河东云、蔚、朔三州隶大同军。

3　夏，四月辛卯，以校书郎于琮为左拾遗内供奉。初，上欲以琮尚永福公主，既而中寝，宰相请其故，上曰："朕近与此女子会食，对朕辄折匕箸。性情如是，岂可为士大夫妻！"乃更命琮尚广德公主。二公主皆上女。琮，敖之子也。

4　武宁节度使康季荣不恤士卒，士卒噪而逐之。上以左金吾大将军田牟尝镇徐州，有能名，复以为武宁节度使，一方遂安。贬季荣于岭南。

5　六月癸巳，封宪宗子惕为彭王。

24　崔铉以宣州已经平定，请求辞去宣歙观察使的职务。十一月戊寅（二十一日），唐宣宗任命温璋为宣歙观察使。

25　兵部侍郎、判户部蒋伸从容地向唐宣宗上言："近日来官位得来似乎很容易，人们都存有侥幸心理。"唐宣宗大为惊奇地说："如果是这样，就乱了！"蒋伸接着说："乱倒还不至于，但心存侥幸的人太多，要乱倒是不难。"唐宣宗对蒋伸的上言倍加赞叹。蒋伸起身要走，唐宣宗再三留住他，说："别的时间就不再能单独与你谈论政事了。"蒋伸不明白这句话的意思。十二月甲寅（二十七日），唐宣宗任命蒋伸为同平章事，充任宰相。

26　韦宙向朝廷奏告攻克洪州，斩叛军都将毛鹤及其党羽五百多人。韦宙路过襄州时，徐商派遣都将韩季友率领捕盗将随韦宙赴任讨贼。韦宙等至江州，韩季友请求乘夜率其部众由陆路小道先行，到第二天天亮即赶到洪州城下，城里人毫不知觉，于是当天即将毛鹤叛军讨平。韦宙奏请朝廷留下捕盗将两百人在江西，以韩季友任都虞候。

唐宣宗大中十三年（己卯，公元859年）

1　春季，正月戊午朔（初一），唐宣宗宣布大赦天下。

2　三月，唐朝廷将河东所辖云州、蔚州、朔州三州之地割归大同军领辖。

3　夏季，四月辛卯（初五），唐宣宗任命校书郎于琮为左拾遗内供奉。起初，唐宣宗想让于琮娶永福公主，后又将婚事搁置下来，宰相问其中缘故，唐宣宗说："朕近日与这个女儿在一起吃饭，当朕的面她就把筷子折断。她性情这样坏，怎么可以做士大夫的妻子！"于是命于琮改娶广德公主。二位公主都是唐宣宗的亲生女儿。于琮是于敖的儿子。

4　武宁节度使康季荣不体恤部下士卒，士卒们起而喧噪，将康季荣驱逐出境。唐宣宗以左金吾大将军田牟曾经镇守过徐州，被人们称赞有才干，于是再任田牟为武宁节度使，徐州一方于是安定下来。康季荣被贬到岭南。

5　六月癸巳（初九），唐宣宗封唐宪宗的儿子李惕为彭王。

6　初，上长子郓王温，无宠，居十六宅，馀子皆居禁中。夔王滋，第三子也，上爱之，欲以为嗣，为其非次，故久不建东宫。

上饵医官李玄伯、道士虞紫芝、山人王乐药，疽发于背。八月，疽甚，宰相及朝士皆不得见。上密以夔王属枢密使王归长、马公儒、宣徽南院使王居方，使立之。三人及右军中尉王茂玄，皆上平日所厚也。独左军中尉王宗实素不同心，三人相与谋，出宗实为淮南监军。宗实已受敕于宣化门外，将自银台门出，左军副使亓元实谓宗实曰："圣人不豫逾月，中尉止隔门起居，今日除改，未可辨也。何不见圣人而出？"宗实感寤，复入，诸门已踵故事增人守捉矣。亓元实翼导宗实直至寝殿，上已崩，东首环泣矣。宗实叱归长等，责以矫诏，皆捧足乞命。乃遣宣徽北院使齐元简迎郓王。壬辰，下诏立郓王为皇太子，权句当军国政事，仍更名漼。收归长、公儒、居方，皆杀之。癸巳，宣遗制，以令狐绹摄冢宰。

宣宗性明察沈断，用法无私，从谏如流，重惜官赏，恭谨节俭，惠爱民物，故大中之政，讫于唐亡，人思咏之，谓之小太宗。

丙申，懿宗即位。癸卯，尊皇太后为太皇太后。以王宗实为骠骑上将军。李玄伯、虞紫芝、王乐皆伏诛。

7　九月，追尊上母晁昭容为元昭皇太后。

6　起初，唐宣宗的长子郓王李温不为父亲喜爱，居住于十六宅，而唐宣宗的其他儿子都居住于宫中。夔王李滋，是唐宣宗第三个儿子，备受父亲宠爱，唐宣宗想以他为皇嗣，因为李滋上有兄长，依照礼法轮不到他当皇太子，所以唐宣宗久久不建东宫。

唐宣宗吃了医官李玄伯、道士虞紫芝、山人王乐所炼的丹药，背上长起毒疮。八月，毒疮发作，唐宣宗卧病不起，宰相和朝士都不得见。唐宣宗密将夔王李滋托付给宦官枢密使王归长、马公儒、宣徽南院使王居方，让他们出来立李滋继承皇位。三人和右神策军中尉王茂玄都是唐宣宗平日所信重的人。唯有左神策军中尉王宗实素来就不与他们同心，王归长等三人密谋，将王宗实挤出禁廷，外任淮南监军。王宗实已于宣化门外接受出任淮南监军的敕令，将由银台门出禁宫，左神策军副使亓元实对王宗实说："皇上卧病不起已一个多月了，中尉您只是隔着门问皇上的起居，今日改任你为淮南监军的诏敕，真假未可分辨。为什么不见到皇上之后再出来呢！"王宗实恍然大悟，再入禁宫，禁宫诸门已按旧规矩增人把守。亓元实引导王宗实直走到唐宣宗的寝殿，唐宣宗已经驾崩，周围的人正在失声痛哭。王宗实大骂王归长等人，斥责他们假造皇帝的诏命，王归长等人皆跪下乞求饶命。王宗实于是派遣宣徽北院使齐元简去十六宅迎接郓王李温。壬辰（初九），王宗实等以唐宣宗的名义颁布诏书，立郓王为皇太子，暂时掌管军国政事，并改名为李漼。将王归长、马公儒、王居方收捕，全部杀死。癸巳（初十），宣布唐宣宗的遗诏，以令狐绹摄冢宰，主持后事。

唐宣宗聪明细致，沉着果断，用法不徇私情，能从谏如流，不轻易将官位赏人，谦恭谨慎，生活节俭，爱护百姓的财物，所以大中年间的政治较清明，一直到唐朝灭亡，都有人思念歌咏，称唐宣宗为小太宗。

丙申（十三日），唐懿宗即皇帝位。癸卯（二十日），唐懿宗尊皇太后为太皇太后。任命王宗实为骠骑上将军。给唐宣宗吃丹药的李玄伯、虞紫芝、王乐都被处死。

7　九月，唐懿宗追尊自己的母亲晁昭容为元昭皇太后。

8 加魏博节度使何弘敬兼中书令，幽州节度使张允伸同平章事。

9 冬，十月辛卯，赦天下。

10 十一月戊午，以门下侍郎、同平章事萧邺同平章事，充荆南节度使。

11 十二月甲申，以翰林学士承旨、兵部侍郎杜审权同平章事。审权，元颖之弟子也。

12 浙东贼帅裘甫攻陷象山，官军屡败，明州城门昼闭，进逼剡县，有众百人，浙东骚动。观察使郑祗德遣讨击副使刘勍、副将范居植将兵三百，合台州军共讨之。

13 司空、门下侍郎、同平章事令狐绹执政岁久，忌胜己者，中外侧目，其子滈颇招权受贿。宣宗既崩，言事者竞攻其短，丁酉，以绹同平章事，充河中节度使。以前荆南节度使、同平章事白敏中守司徒、兼门下侍郎、同平章事。

14 初，韦皋在西川，开青溪道以通群蛮，使由蜀入贡。又选群蛮子弟聚之成都，教以书数，欲以慰悦羁縻之，业成则去，复以他子弟继之。如是五十年，群蛮子弟学于成都者殆以千数，军府颇厌于禀给。又，蛮使入贡，利于赐与，所从傔人浸多，杜悰为西川节度使，奏请节减其数，诏从之。南诏丰祐怒，其贺冬使者留表付嶲州而还。又索习学子弟，移牒不逊，自是入贡不时，颇扰边境。

8　唐懿宗下令加魏博节度使何弘敬为中书令，加幽州节度使张允伸为同平章事。

9　冬季，十月辛卯(初九)，唐懿宗宣告大赦天下。

10　十一月戊午(初七)，唐懿宗任命门下侍郎、同平章事萧邺仍为同平章事，出任荆南节度使。

11　十二月甲申(初二)，唐懿宗任命翰林学士承旨、兵部侍郎杜审权为同平章事。杜审权是杜元颖弟弟的儿子。

12　浙江盗贼首领裘甫率众攻陷象山县，官军屡次被裘甫贼众击败，明州的城门白天都紧紧关闭，裘甫率众进逼剡县，所部贼众有一百人，使浙东地区一片骚动。浙东观察使郑祗德派遣讨击副使刘勍、副将范居植率兵三百，会合台州军共同讨伐裘甫贼众。

13　司空、门下侍郎、同平章事令狐绹任宰相执掌朝政多年，对才能胜过自己的人猜忌排挤，受到朝里朝外人士的怨恨，令狐绹的儿子令狐滈延揽权力，接受贿赂。唐宣宗既已驾崩，在唐懿宗面前言事的人竞相对令狐绹的短处加以攻击，丁酉(十六日)，唐懿宗命令狐绹仍为同平章事，出朝充任河中节度使。任命前荆南节度使、同平章事白敏中为守司徒、兼门下侍郎、同平章事。

14　起初，韦皋在西川主持军政时，开辟青溪道以通南诏诸蛮族人，让他们通过新开道路由蜀地向朝廷入贡。韦皋又选南诏诸蛮族人的子弟聚居于成都，教他们读书算术，企图以慰抚和欢悦来约束他们，群蛮子弟学成后即回去，其他子弟继续再来成都留学。这样前后五十年过去了，南诏群蛮子弟留学于成都的几乎有上千人，西川军府对供应留学生资粮已感厌烦。另外，南诏蛮人的使者向朝廷入贡时，贪图朝廷丰厚的赏赐，所带的随员私仆日渐增多，杜悰为西川节度使，向唐宣宗奏请减少南诏使者所带仆从的数目，唐宣宗下诏同意了杜悰的奏请。南诏国王丰祐对此极感愤怒，他派往长安向唐朝皇帝贺冬的使者将贺表留下交付给嶲州就回到南诏去了。丰祐又向杜悰索回留学成都的子弟，送交给杜悰的牒文也出言不逊，从此以后不按时向唐朝入贡，还时常侵扰唐朝边境。

会宣宗崩，遣中使告哀，时南诏丰祐适卒，子酋龙立，怒曰：“我国亦有丧，朝廷不吊祭。又诏书乃赐故王。”遂置使者于外馆，礼遇甚薄。使者还，具以状闻。上以酋龙不遣使来告丧，又名近玄宗讳，遂不行册礼。酋龙乃自称皇帝，国号大礼，改元建极，遣兵陷播州。

正值唐宣宗驾崩，唐懿宗派中使往南诏王国告哀，当时南诏国王丰祐恰巧也去世，丰祐的儿子酋龙继位，愤怒地说："我国也有国丧，唐朝廷为什么不派使来吊祭。另外，唐皇帝颁下的诏书还仍然赐给已故的国王，真不像话。"于是将唐朝使者安置在外面的旅馆，对他的礼遇相当鄙薄。使者回到朝廷，将情况全部向唐懿宗汇报。唐懿宗以酋龙不派遣使者入朝告丧，而且酋龙的名字与唐玄宗李隆基的讳字近音，于是也不给酋龙行册封为南诏国王的册礼。酋龙也就自称皇帝，国号为大礼，改年号为建极，并派遣军队攻陷唐朝的播州。